资金支持：国家社科基金重大项目
"国际能源新形势对中国发展与战略环境影响研究"
（项目编号：15ZDA059）

# 中国资源型城市转型预警指数：基于转型能力、压力的各地级市转型预警评价2017

李虹 等著

商务印书馆

2017年·北京

图书在版编目(CIP)数据

中国资源型城市转型预警指数:基于转型能力、压力的各地级市转型预警评价:2017 / 李虹等著. — 北京:商务印书馆,2017
ISBN 978 - 7 - 100 - 14681 - 4

Ⅰ.①中… Ⅱ.①李… Ⅲ.①城市经济—转型经济—经济监测—中国—2017 Ⅳ.①F299.2

中国版本图书馆CIP数据核字(2017)第136186号

权利保留,侵权必究。

**中国资源型城市转型预警指数:基于转型能力、压力的各地级市转型预警评价2017**

李虹 等著

商 务 印 书 馆 出 版
(北京王府井大街36号 邮政编码 100710)
商 务 印 书 馆 发 行
三河市尚艺印装有限公司印刷
ISBN 978 - 7 - 100 - 14681 - 4

2017年7月第1版  开本 787×1092 1/16
2017年7月第1次印刷 印张 32 1/4

定价:136.00元

# 丛书顾问委员会

（按姓氏音序排列）

陈大卫　原住建部副部长
仇保兴　原住建部副部长
杜祥琬　中国工程院院士、国家能源咨询专家委员会副主任、原中国工程院副院长
方　宁　国务院参事室副主任
范恒山　国家发改委副秘书长
傅成玉　原中国石油化工集团公司董事长、党组书记
辜胜阻　全国人大财经委副主任、民建中央副主席
胡存智　原国土资源部副部长
胡文瑞　中国工程院院士、原中国石油天然气股份有限公司副总裁
季晓南　国务院国有重点大型企业监事会主席
蒋省三　中国再生资源回收利用协会会长、原中华全国供销合作总社监事会主任
林毅夫　著名经济学家、全国工商联专职副主席、北京大学国家发展研究院名誉院长
李玉光　国务院参事、原国家知识产权局副局长
李肇星　原外交部部长、第十一届全国人大外事委员会主任委员、中国翻译协会会长
李忠杰　中央党史研究室副主任
刘东升　国家林业局副局长
刘　伟　中国人民大学校长
刘燕华　国务院参事、原科技部副部长
刘延申　国家数字化学习工程技术研究中心副主任、教育部全职委副主任、国家开放
　　　　大学数字化学习技术集成与应用教育部工程研究中心支部联盟主席
吕新华　南南促进会会长、原外交部副部长
倪维斗　中国工程院院士、原清华大学副校长
闪伟强　《紫光阁》杂志社社长
沈建国　中国民间商会副会长、原中国工商联副主席
石元春　中国工程院院士、中国科学院院士、原中国农业大学校长
王为民　国务院参事室副主任
吴晓青　环保部副部长
谢克昌　中国工程院院士、原中国工程院副院长、中国科协副主席
徐　林　国家发改委发展规划司司长

| | |
|---|---|
| 徐念沙 | 保利集团董事长 |
| 徐如人 | 中国科学院院士、吉林大学教授 |
| 许宪春 | 国家统计局副局长 |
| 张大卫 | 中国国际经济交流中心副理事长、原河南省副省长 |
| 张国宝 | 外交部外交政策顾问委员会委员、中国产业海外发展协会会长、原国家发改委副主任、原国家能源局局长 |
| 张军扩 | 国务院发展研究中心副主任 |
| 赵文智 | 中国工程院院士、中国石油勘探开发研究院院长 |

# 序 一

资源型城市为我国的经济建设输送了大量的原材料和能源，对我国现代工业体系的建立做出过不可磨灭的历史贡献，但是随着我国工业化建设进入中后期，尤其是经济发展进入"新常态"之后，大多数资源型城市在产业结构、社会治理、经济增长等方面都难以达到现代社会对城市治理的要求，且随着资源的日趋耗尽，部分资源型城市开始走向衰落，城市在民生、环境等诸多方面开始凸显矛盾，城市的转型工作已迫在眉睫。

国家一直高度重视资源型城市的转型工作，中国262个资源型城市的转型发展情况，直接关系到中国经济的整体走势与发展质量。近年来，在中央的统筹规划、国务院各部门的坚强领导和社会各方面共同努力下，以资源枯竭城市转型为突破口的资源型城市在可持续发展工作中取得了阶段性成果，政策体系逐步完善，资金渠道日趋丰富。

《汉书》有云："聪者听于无声，明者见于无形。"目前国家开展的资源型城市转型工作以资源枯竭型城市为主，为了更好地布局我国的资源型城市转型工作，有必要对所有资源型城市在转型中各自拥有的优势与症结进行系统性的梳理。尤其是尚处于成熟期的资源型城市，虽然目前面临的转型压力较小，但国外经验表明现阶段这些城市有必要对转型工作提前布局，以把握未来城市转型工作的主动权，实现"谋者谋于未成"。

北京大学国家资源经济研究中心针对资源型城市的转型做了长期、大量的研究工作，其先期发布的"中国资源型城市转型指数"已成为学界评价资源型城市转型效果的重要参考之一。此次发布并出版的"中国资源型城市转型预警指数"，更是在前期研究的基础上，开创性地从资源型城市转型压力与转型能力两个角度出发，对不同资源型城市的转型的深层动因与转型症结做了系统的梳理与评价，此项研究可以为从事资源型城市转型工作的管理部门与研究人员提供思路，有助于不同类型的资源型城市有针对性地制定符合自身发展规律的转型规划与转型政策，对于尚处于成熟期的资源型城市，此套指数的发布更是起到了使其居安思危、未雨绸缪作用。可以说北京大学国家资源经济研究中心所做的工作对我国资源型城市的转型提供了积极、有效的帮助。

张国宝
原国家发改委副主任、原国家能源局局长
2017年4月

# 序 二

我国的资源型城市数量众多,这些城市大多数成长、繁荣于计划经济时代,一度是我国国民经济生产的中间力量,它们的兴起与发展为建立我国独立完整的工业体系、推动我国的城市化与工业化进程做出过不可磨灭的历史贡献。然而,资源型城市产业结构单一,高度依赖对不可再生资源的开采生产,随着对资源开采程度的不断加深,一系列的矛盾开始凸显。随着比较优势和竞争优势的下降,大多数资源型城市陷入了经济增长迟缓、环境问题严重、失业问题突出等诸多困境。在此背景下,正确的引导资源型城市的经济转型,使其转变以往高度依赖资源产业的单一增长模式,实现产业结构的优化与升级已迫在眉睫。

国外的资源型城市转型经验表明,资源型城市的转型难以一蹴而就,是需要政府、企业、学界与社会力量的共同参与的一项庞大的系统工程,因地区资源禀赋、经济结构、社会环境等因素的差异,难以找到一条适用于不同资源型城市的转型路径,引导资源型城市转型必须要把握"因地制宜、有的放矢"这一重要原则,实现对症下药。国务院印发的《全国资源型城市可持续发展规划(2013—2020年)》也指出,我国的资源型城市数量众多,资源开发处于不同阶段,经济社会发展水平差异较大,面临的矛盾和问题也不尽相同。对于资源型城市的转型,必须遵循分类指导、特色发展的原则,不同类型的资源型城市应明确不同的发展方向和重点转型任务。在此背景下,有必要对资源型城市转型内涵进行了开创性探索,客观还原、呈现当前时间节点上我国资源型城市在探索转型中所面临的共性、特性问题,更重要的是发掘各资源型城市转型中的特有问题,为推动各资源型城市下一步转型找到突破口和发力点。

北京大学国家资源经济研究中心在本书中对不同资源型城市转型动因及其对城市转型效果的影响机理进行了分析。对于城市转型的动因,北大国家资源经济研究中心开创性的从"转型压力"与"转型能力"两个视角出发,构建了相应的资源型城市"转型压力指数"与"转型能力指数",并通过资源型城市转型"压力指数"和"能力指数"的相互关系,构建了资源型城市转型预警指数,对资源型城市可能出现的转型问题给予预警,对不同类型的资源型城市实现长效发展给出更有针对性的分类政策建议。这将对资源型城市提前发现转型问题,把准自身转型问题根源,从而对症下药的采取措施使城市顺利转型、实现可持续发展起到切实的指导作用,且具备较强的可操作性。

  "中国资源型城市转型指数"是北京大学国家资源经济研究中心发起推动的一项重要研究课题，也是该中心"中国资源型城市转型系列研究"的重要组成部分。2016年，该中心发布了首批"中国资源型城市转型指数"，开创性地对全国116个地级资源型城市的转型效果进行了评价，本书则是"中国资源型城市转型指数"第二批成果。这套指数无论是方法还是研究角度上都突破了以往的研究，具有高度的创新性。北京大学国家资源经济研究中心经过多年的努力，对全国116个地级资源型城市进行了梳理，而且形成了一套科学完整的指标体系，这在中国是极具开创性的，同时也是权威性的重要成果，相信对指导中国资源型城市转型具有重要的借鉴意义。

刘燕华

国务院参事、原科技部副部长

2017年4月

# 序 三

资源型城市的转型发展是一项艰巨复杂的系统工程，这不只是一个局部的城市发展问题，而是涉及整个国家实现可持续发展的全局性、战略性难题。为了更好地推动资源型城市的转型，不仅需要政府政策的支持引导和资源型城市的主动探索，更需要学术研究的理论先行。此书的出版是对我国资源型城市转型理论的充实与完善，对此我表示衷心祝贺。

关于资源型城市的转型，我个人有两点比较深的认识。一是资源型城市的兴起、衰退与转型是人类文明的一部分，不只是中国，国外包括欧美发达国家都为资源型城市的转型付出过巨大代价，可以说，资源型城市转型遭遇的困难有它的历史客观性，是一个世界性的普遍难题。基于这个认知，我们要看到资源型城市转型工作的永恒性、艰巨性和战略性，想要在短期内使资源型城市的转型工作取得立竿见影的效果是不现实的，必须要以战略眼光进行长远规划。二是我们要对资源型城市转型困难的特殊性有清晰的认识，概括来说，如何在城市转型过程中较好地兼顾经济与环境、公平与效率、失业与空位三大问题，是推进资源型城市转型工作的重点与难点。

国外资源型城市的转型经验表明，要处理好资源型城市转型中提到的上述三大问题，实属不易，往往代价巨大。但是我特别赞同习近平总书记前不久的一个讲话，就是只要方向对，就不怕路途遥远，慢慢走。解决资源型城市转型这样一个复杂难题需要系统的推动，需要政府、社会、学界等各种力量的参与支持。在这方面，北京大学国家资源经济研究中心做了大量的研究工作，许多是从我在北京大学当常务副校长期间就已展开的，其中部分重要的研究成果已在社会上产生了较为深远的影响。此次发布并出版的"中国资源型城市转型预警指数"，更是开创性地从"转型能力"与"转型压力"两个角度，系统地评价了不同资源型城市的转型优势与症结，对我国资源型城市转型工作的长远战略规划、对解决上述提到的三大难题，都可以提供切实有效的思路。

在祝贺北京大学国家资源经济研究中心所取得的研究成果的同时，我本人也对其下一步的研究有着更高的期许与期望，此次出版的指数较为量化，为下一步的研究打好了扎实的理论基础，但如何把学术成果更好地运用到实践中去，为破解资源型城市可持续发展难题提供更加有可操作性的智力支持,是我本人一直思考的问题,也是我希望北京大学国家资源经济研究中心在下一步研究中重点关注的问题。

刘伟
中国人民大学校长
2017 年 4 月

# 内容提要

加快推动资源型城市转型、实现资源型城市持续发展是我国区域发展中的重大战略问题。2013 年，国务院发布了《全国资源型城市可持续发展规划（2013—2020 年）》，提出到 2020 年基本解决资源枯竭城市的历史遗留问题，显著增强可持续发展能力，基本实现城市转型；基本形成资源富集地区资源开发与经济社会发展、生态环境保护相协调的格局；经济发展方式得到根本转变，资源型城市可持续发展的长效机制得以建立健全。2016 年，国家发展改革委、科技部、工业和信息化部、国土资源部和国家开发银行联合制定印发了《关于支持老工业城市和资源型城市产业转型升级的实施意见》（以下简称《意见》）。《意见》强调，要通过全力推进供给侧结构性改革，推进老工业城市和资源型城市产业转型升级，以深化改革开放，优化发展环境，激发创新活力为重点，着力优化产业结构，改造传统产业，提升支柱产业科技含量，推进新兴产业发展，争取通过 10 年左右的时间，健全内生动力机制、建立平台支撑体系，支撑产业转型升级，构建特色鲜明的现代产业集群，重新建立起老工业城市和资源型城市的产业竞争力。这表明，中国资源型城市转型工作已经由针对资源已经枯竭的城市进行"急救"转向针对资源型城市的全生命周期进行"护理"，将城市转型和可持续发展理念贯穿始终，逐步建立资源型城市长效发展的科学机制。

为更好地服务于资源型城市转型的政府决策和产业的需求，北京大学国家资源经济研究中心正在进行中国资源型城市转型系列研究，目前已发表《中国资源型城市转型指数：各地级市转型评价 2016》，完成了中国首套"资源型城市转型效果指数"的创建，并且对资源型城市转型内涵、评价内涵、评价方法、指标体系等多方面进行了开创性探索。更为重要的是，该研究开创性地对全国 116 个资源型地级城市的转型效果进行逐一评价，客观还原、呈现了当前时间节点上我国地级资源型城市在探索转型中所面临的共性、特性问题，为推动各资源型城市下一步转型找到了突破口和发力点。

在此基础上，我们将进一步对城市转型的动因及其对城市转型效果的影响机理进行分析。城市转型的动因可以分为两个部分，一是城市面临的由于资源开发产生的，需要转型才能解决的发展问题，我们称之为转型压力，另外一方面是城市具有的，解决资源开发中产生的问题，实现城市转型和可持续发展的能力，我们称之为转型能力。

从理论上讲，当城市面临的转型压力较大，而城市自身拥有的转型能力较弱时，城市转型将会出现严重的问题。因此，通过研究资源型城市转型的压力指数和能力指数的相互关系，可以构建资源型城市转型预警指数，对资源型城市可能出现的转型问题给予预警。

在研究中，我们首先将影响城市转型的动因分为城市转型客观上面临的压力和城市本身具备的、实现城市转型所需的转型能力，然后分别建立指标体系。在转型压力指标体系中，我们建立了资源压力、环境压力、经济压力、社会压力 4 个一级指标大类，并进一步细化为 13 个二级指标分类，共选取 28 个统计指标。在转型能力指标体系中，建立经济发展能力、创新驱动能力、资源利用能力、环境治理能力、民生保障能力 5 个一级指标大类，18 个二级指标分类，共选取 68 个统计指标。本研究选取了《全国资源型城市可持续发展规划（2013—2020 年）》中定义的我国资源型城市中的 116 个地级市，对其 2015 年的转型压力和能力进行了综合评价，并给出了最终的预警指数排名。本研究覆盖河北、山西、内蒙古、辽宁、山东、新疆、广东等 24 个省（自治区），占全国地级城市（293 个）的 39.25%，包含成长型、成熟型、衰退型、再生型资源型城市，体现了东中西部等不同区域之间的差异，同也包括了享受不同政策的区域。

从评价结果来看，2015 年地级资源型城市转型压力指数的均值为 0.335，其中资源压力指数均值为 0.276，环境压力指数均值为 0.418，经济压力指数均值为 0.335，社会压力指数均值为 0.311；地级资源型城市转型能力指数均值为 0.453，其中经济发展能力指数均值为 0.487，创新驱动能力指数均值为 0.348，环境治理能力均值为 0.567，资源利用能力均值为 0.499，民生保障能力指数均值为 0.365。总体来看，全国地级资源型城市的预警指数均值为 0.441。

分区域来看，东部资源型城市转型条件普遍较好，预警指数均值较低，为 0.411，而东北地区转型问题较为严重，预警指数均值高达 0.488。分指标来看，东部地区转型压力中等，但是由于经济社会发展水平较高，转型能力较为突出；中部地区转型压力与能力都不突出；西部地区转型压力较轻，这是由于西部地区资源开采时间相对较短，枯竭城市较少，但是转型能力较差；而东北地区则是转型压力最重，转型能力最弱，面临着严重的转型问题。

分生命周期阶段来看，再生型资源型城市转型条件普遍较好，预警指数均值较低，为 0.435，衰退型资源城市转型问题较为严重，预警指数均值则高达 0.466。成长型资源城市面临的总体压力最轻，但经济压力较重，转型能力最弱，尤其是创新驱动能力、民生保障能力和环境保护能力最弱；成熟型资源城市总体压力较轻，但是环境压力较重，另外社会压力逐渐开始显现，转型能力中等，但是经济发展能力和创新驱动能力相对较弱；衰退型资源城市全方位压力都较重，尤其是经济社会压力最为突出，转型能力较差，尤其是经济发展能力欠缺；再生型资源城市压力并不小，尤其是资源压力与社会压力遗留仍然较重，但是再生型资源城市转型能力全面突出，因此能够实现转型。

分城市来看，近期转型困难程度大，预警指数最高的十五座城市分别为：双鸭山（0.611）、七台河（0.597）、鸡西（0.594）、鹤岗（0.565）、吕梁（0.550）、伊春（0.546）、淮南（0.546）、石嘴山（0.542）、白银（0.528）、张家口（0.523）、娄底市（0.518）、阜新市（0.513）、六盘水市（0.510）、白山市（0.510）、晋城市（0.509）；而转型条件较好，预警指数最低的十五座城市分别为包头（0.315）、咸阳（0.330）、鄂尔多斯（0.333）、宝鸡（0.333）、东营（0.339）、枣庄（0.351）、湖州（0.352）、渭南（0.360）、大庆（0.360）、淄博（0.363）、泰安市（0.363）、淄博市（0.364）、铜陵市（0.366）、宜春市（0.376）、临沂市（0.378）。

我们将对不同区域、不同生命周期阶段的资源型城市的转型压力能力特点进行分类分析，并且分别提出针对性的政策建议，以期更有效地帮助资源型城市减轻转型压力，增强转型能力，实现城市顺利转型和持续发展。

# 目 录

## 第一章 绪论 ............................................. 1
### 1.1 资源型城市定义 ..................................... 1
### 1.2 我国资源型城市发展历程 ............................. 1
### 1.3 我国资源型城市的历史贡献 ........................... 3
### 1.4 当前资源型城市面临的转型问题 ....................... 4
### 1.5 新常态与资源型城市转型 ............................. 7
### 1.6 本书的研究意义 ..................................... 9

## 第二章 相关概念 ........................................ 10
### 2.1 资源型城市转型的内涵 .............................. 10
### 2.2 资源型城市转型压力 ................................ 10
### 2.3 资源型城市转型能力 ................................ 10
### 2.4 资源型城市转型预警指数 ............................ 11

## 第三章 国内外相关研究进展 .............................. 12
### 3.1 转型压力指数研究进展 .............................. 12
### 3.2 转型能力指数研究进展 .............................. 13
### 3.3 预警体系研究进展 .................................. 14
### 3.4 本书的结构与创新 .................................. 14

## 第四章 方法与数据 ...................................... 16
### 4.1 指标体系 .......................................... 16
### 4.2 计算方法 .......................................... 20
### 4.3 数据来源 .......................................... 21

| 第五章 | 计算结果与分析 | 22 |
|---|---|---|
| 5.1 | 全国地级资源型城市转型压力指数分析 | 22 |
| 5.2 | 全国地级资源型城市转型能力指数分析 | 25 |
| 5.3 | 全国地级资源型城市转型预警指数分析 | 29 |

| 第六章 | 城市预警指数分析 | 33 |
|---|---|---|
| 6.1 | 河北省 | 33 |
| 6.2 | 山西省 | 53 |
| 6.3 | 内蒙古自治区 | 93 |
| 6.4 | 辽宁省 | 114 |
| 6.5 | 吉林省 | 135 |
| 6.6 | 黑龙江省 | 152 |
| 6.7 | 江苏省 | 184 |
| 6.8 | 浙江省 | 192 |
| 6.9 | 安徽省 | 196 |
| 6.10 | 福建省 | 228 |
| 6.11 | 江西省 | 240 |
| 6.12 | 山东省 | 259 |
| 6.13 | 河南省 | 281 |
| 6.14 | 湖北省 | 307 |
| 6.15 | 湖南省 | 315 |
| 6.16 | 广东省 | 329 |
| 6.17 | 广西壮族自治区 | 337 |
| 6.18 | 四川省 | 350 |
| 6.19 | 贵州省 | 383 |
| 6.20 | 云南省 | 395 |
| 6.21 | 陕西省 | 416 |
| 6.22 | 甘肃省 | 439 |
| 6.23 | 宁夏回族自治区 | 469 |
| 6.24 | 新疆维吾尔自治区 | 473 |

## 第七章 结论与建议 ......................................................................... 478
### 7.1 结论 ............................................................................................ 478
### 7.2 政策建议 .................................................................................... 479
### 7.3 进一步研究方向 ........................................................................ 480

**主要参考文献** ....................................................................................... 481
**附表** ....................................................................................................... 482

# 第一章 绪论

## 1.1 资源型城市定义

### 1.1.1 资源型城市

根据国务院 2013 年发布的《全国资源型城市可持续发展规划（2013—2020 年）》，资源型城市是以本地区矿产、森林等自然资源开采、加工为主导产业的城市。资源型城市作为我国重要的能源资源战略保障基地，是国民经济持续健康发展的重要支撑。

### 1.1.2 资源型城市分类

资源型城市按照其资源禀赋，可分为矿业城市和森林工业城市，矿业城市又可以分为煤炭城市、石油城市、钢铁城市、有色金属城市等；根据资源型城市的生命周期阶段，可以划分为成长型、成熟型、衰退型和再生型资源型城市。

## 1.2 我国资源型城市发展历程

### 1.2.1 新中国成立以前的资源型城市

我国资源开采历史十分悠久。大约两万年前，已经出现了采集黏土烧制陶器的活动。到四千多年前的新石器时代晚期，我国先民开始开采金属进行冶炼。从战国时期开始，我国出现了以矿产开采与加工为主的城市，如楚国冶铁中心宛（今河南南阳）、魏国盐业中心解（今山西运城）等。到封建时代晚期，淮南、自贡、景德镇等资源型城镇，经济日趋发达，在国内外有较高的知名度。

鸦片战争之后，一批以矿业城市为主的近代资源型城镇兴起，通过洋务运动得到发展。清朝光绪二年（1876），慈禧太后"准奏"开办了我国第一个近代矿业企业——开平煤矿，为洋务派创建的轮船招商局、天津机器局供应燃料，同时在市场上销售。开平煤矿 1912 年与新创办的滦州煤矿联合，成立开滦矿务局，该矿区至今仍进行着正常生产。1908 年，清政府批准合并汉阳铁厂、大冶铁矿和江西萍乡煤矿，成立汉冶萍煤铁厂矿公司。汉冶萍公司是中国第一代新式钢铁联合企业，并催生了近代矿业城市大冶和萍乡。据统计，从鸦片战争开始直至1949年，我国已拥有各类矿业城市22座，包括大同（煤炭）、徐州（煤炭）、鞍山（铁矿）等。

### 1.2.2 新中国成立以来我国资源型城市发展历程

根据柳泽、刘晓忱（2012）的研究，中国资源型城市发展经历了快速发展、缓慢发展、停滞、恢复发展、转型与可持续发展5个时期。

（1）快速发展时期（1949—1957年）。这段时期国家通过引进苏联等社会主义国家援助，实施优先发展重工业的经济战略，开展了以苏联援建156个工业建设项目为中心，由限额以上694个建设项目组成的全国型工业体系建设。随着大型重工业项目的建设，能源和原材料需求迅速增加。同时，这些重点项目里边有相当一部分，如抚顺、阜新、鹤岗等地的大型煤矿项目，本身就是资源产业项目。在这个大背景下，一大批作为原材料工业基地的资源型城市应运而生，为我国建立现代工业体系基础提供了物质保证。个旧（1951，有色金属）、马鞍山（1956，钢铁）均为这一时代形成的资源型城市。

（2）缓慢发展时期（1958—1965年）。"大跃进"严重破坏了国民经济的运行，使得国民经济内部各部门之间出现了严重的失衡，导致了三年经济困难时期，经济社会发展出现了巨大挫折；随后，中央采取了"调整、巩固、充实、提高"的方针，大幅压缩工业项目，以保证国民经济恢复平衡。由于经济大环境的影响，我国城市化进程出现了波折，1965年底全国人口城镇化率仅为14%，城市总数169个，从1957到1965年，城市数量不但没有增加，还减少了7个。资源型城市的发展也相对缓慢，东川（1958，铜矿）、大庆（1960，石油）等城市产生于这一阶段。

（3）停滞时期（1966—1976年）。受"文化大革命"的影响，经济建设出现了时停时行的波动局面，对资源型城市发展构成了一定程度的干扰，同时，大三线建设使得资源型城市建设的精力主要集中在西南方向，这一方面影响了资源产业的经济效益，另一方面，大规模的工业建设对西部地区的开发起到了深远的作用。冷水江（1969，有色金属）就是这一时期建成的。

（4）恢复发展时期（1977—1996年）。改革开放以来，全社会的共识转移到以经济建设为中心上，经济开始快速发展，能源需求迅速增长，从而带动资源型城市快速发展。这一段时间，由于多数资源型城市已经建立，所以更多的是规模的扩大和技术的更新，新的资源型城市产生较少。依托中美合资的平朔煤矿建市的朔州（1989，煤炭）是这段时间建立的代表性资源城市。

（5）转型与可持续发展时期（1996年以来）。20世纪90年代中后期以后，随着经济持续快速发展，国内矿藏开始不能满足经济发展的需求，国外资源进口大幅增加。而国内资源型城市由于数十年甚至上百年的大规模开发,部分城市逐步进入了资源枯竭期,长期积累的问题开始显现,城市可持续发展理念深入人心。因此,资源型城市进入了转型和可持续发展的新阶段。

## 1.3 我国资源型城市的历史贡献

我国有着数量众多的资源型城市,广泛分布在各个地区,资源型城市有着巨大的历史贡献,也有着突出的现实地位。新中国成立以来,我国资源型城市在为国家经济建设保证原材料供应的同时,为国家创造了大量的利税,促进了区域和城市的发展,提供了各种就业岗位以及社会保障,提高了当地人民生活水平,为国家发展做出了巨大贡献。

### 1.3.1 提供了大量的矿物原料

新中国建立之后,我国相继建成了大庆、东营、克拉玛依、任丘等石油基地,大同、鹤岗、抚顺、鄂尔多斯、榆林等煤炭基地,鞍山、攀枝花、马鞍山等钢铁基地,白云鄂博、铜陵、金昌、娄底、白色等有色金属基地,为我国的经济建设形成了成熟的能源与原材料供应体系。资源型城市累计生产原煤529亿吨、原油55亿吨、铁矿石58亿吨、木材20亿立方米。我国的煤炭、钢铁、水泥产量居世界第一位;10种有色金属、石油、化工矿产品的产量居世界前列。矿产资源的开采利用为我国提供了95%的一次能源、80%的工业原材料、75%以上的农业生产资料、30%以上的农田灌溉用水和饮用水。其中,矿业城市为国家提供了94%的煤炭、90%以上的石油、80%以上的铁矿石、70%以上的天然气。大庆市的原油产量占全国的45%,鞍山的钢铁产量占全国的1/7,攀枝花的钒钛产品分别占全国的78%和60%,金川市(今安康市)提供了全国绝大部分的镍和铂(王青云,2003)。资源型城市为我国经济社会发展提供了雄厚的物质原料基础,已经成为我国主要的能源与原材料生产来源。

### 1.3.2 增强了国家和地区经济实力

资源型城市本身的发展,对推动我国经济社会快速发展,发挥了重大作用。我国资源型城市占了全国城市总数的1/3左右,资源型城市的发展,对于国民经济整体发展具有极为重要的作用。一五计划时期我国重点建设的156项重大项目中,有53个项目在资源型城市建设,投资额占到重大项目总投资的将近一半。其次,资源型城市及资源型企业为国家提供了大量的利税,为全国的经济建设提供了直接贡献。资源型城市本身的建立和发展,对区域起到了组织和带动的作用,主导和塑造了区域经济的空间分布，由于资源开发，资源型城市为周围的生产带来了大量的市场需求，从而促进了周边经济的发展，同时，通过集聚经济，加快了区域总体的发展速度。由于我国资源型城市多数分布于中西部地区、山区和贫困地区，资源型城市的发展，在改善当地经济社会面貌，促进区域均衡发展方面起到了不可替代的作用。

### 1.3.3 加快了城市化进程

我国的城市化过程起点低，基础薄。建国初期全国城市化率仅有 10.6%。随着大规模的资源开发，一批新型的资源型城市兴起，大大加速了我国城市化的进程。我国现有城市中，约有三分之一是资源型城市，这些城市在发展过程中，带动了一批新型城镇的关联发展，为城市化提供了强大的动力。随着资源开发的进一步深入，还会产生新的资源型城镇，尤其是在中西部贫困地区，这将为当地城市化提供最直接的推动。

### 1.3.4 提供了大量的就业机会

资源的开发对劳动力产生了旺盛的需求，资源产业本身提供了大量的就业岗位。据测算，全国资源型城市中就业的资源型产业劳动者约有 827 万。此外，资源产业的发展带动了矿物加工等大量关联产业的发展，而围绕这些产业链又为居民服务业等配套产业提供了就业机会。最后，资源型产业往往属于国有性质，承担了很重的社会保障责任，为劳动者提供了各种福利，丰富了人民群众的物质与文化生活水平，保证了社会稳定。

## 1.4 当前资源型城市面临的转型问题

进入 20 世纪 90 年代以来，随着我国经济结构的调整，资源型城市逐渐失去了原有的优势经济地位，经过数十年的开采，许多资源型城市的矿产资源开始枯竭，资源型产业难以为继，而企业和城市发展过程中产生的社会负担问题以及多年的资源开采活动导致的环境问题逐渐凸显。我国资源型城市开始在资源、环境、经济、社会各方面面临严峻的发展问题。

### 1.4.1 资源问题

资源型城市面临的资源问题主要来自两个方面：一方面矿产资源作为不可再生资源，资源储量逐年减少，资源产业衰退会进而导致城市衰退。另一方面资源型城市由于不合理的资源开采以及产业发展等因素，导致水资源、土地资源等非矿产类资源遭到破坏以及不合理开发，从而加重了城市可持续发展的压力。

案例一：东川的资源枯竭问题

东川是我国重要的铜矿基地，铜的地质储量居于全国第3，精矿含铜量排名全国第3，可是毕竟经过上千年的开采，矿产资源已濒临枯竭，加上东川以铜资源采选为主，其他产业服务于铜矿开采。这种单一的产业结构让东川经济发展后继无力，一损俱损，东川由地级市降级为区，失业率一度高达40.2%，直到2014年，失业率仍达9.6%，远高于全国和云南平均值。由于长期的铜矿开采、伐薪炼铜，整个东川地区的生态遭到严重损坏，青山破碎，洞老山空，滑坡、土壤沙石化和泥石流等多种地质灾害严重制约着东川的可持续发展。

案例二：大庆市土地可持续利用存在的主要问题

节约集约利用水平较低。大庆市建设初期，受经济社会发展条件和油田生产需要等因素限制，其城市用地规划不够长远，人均城镇用地标准、农村宅基地标准均超过本省标准，形成了"点多、线长、面广"的油田用地布局和中心城区分散的用地特征，城区用地结构不够紧凑，工业用地容积率仅0.3，存在较多的空闲地和废弃地，土地节约集约利用水平低。

土地供需矛盾日益加剧。随着哈大齐工业区的发展，大庆市被列入国家级资源型城市经济转型试点，市区内工业化、城镇化水平不断加快，城镇人口日益增长，各项建设用地需求量与日俱增，建设用地与农用地矛盾不断加深，土地供需矛盾日益加剧。

### 1.4.2 环境问题

矿产资源的开采活动常常会造成植被破坏、地表水渗漏、水体污染、尾矿堆积以及重金属污染等问题。多数资源型城市发展时间较长，早期对环境保护认识不足，环境污染问题不断积累，治理成本不断升高。

案例：大庆石油开采的生态破坏

大庆市的土地生态环境比较脆弱。且风沙、盐碱及污染问题十分突出，"三化"草场占草场面积的78.1%，耕地风蚀面积近四分之一，湿地面积比20世纪五十年代减少一半以上。水源涵养能力的大幅下降，更加剧了干旱、风沙、盐渍化灾害，再加上石油开采和石化生产过程中产生的"三废"对环境的破坏性污染，使大庆市成为全省生态环境最为脆弱的地区之一。

### 1.4.3 经济问题

资源型城市由于产业结构单一，对资源依赖性强，抵抗风险能力往往较弱，一旦出现资源价格下跌，就会对城市经济社会发展造成严重影响。因此，资源型城市的经济问题并不局限于资源枯竭型城市，而是普遍存在于各个资源型城市。

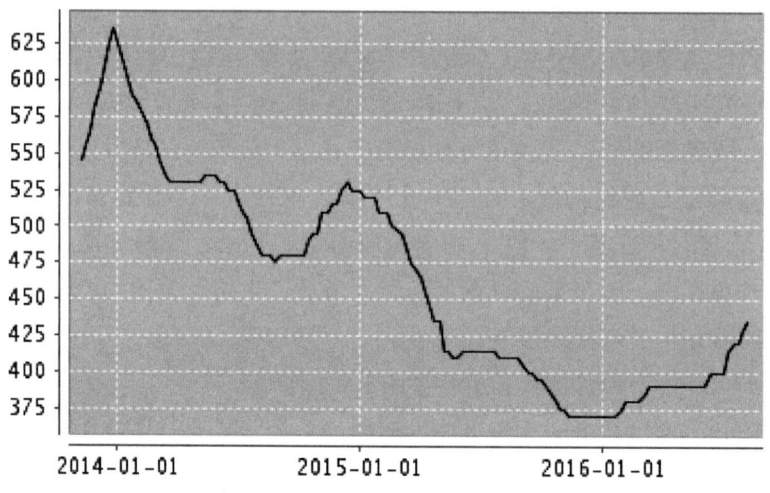

图 1.4.1　环渤海动力煤价格指数走势

2014年以来，资源价格再度大幅下跌。煤炭价格从2014年初的610元/吨，跌到2016年初372元/吨。由于资源价格下跌，资源型城市密集，资源产业依赖性较强的地区经济遇到较大波动。辽宁、吉林、黑龙江和山西的增速分别下降为5.8%、6.5%、5.6%和4.9%，2015年进一步下降到3.0%、6.5%、5.7%和3.1%，包揽全国增速倒数前四名。由于煤炭价格下跌，从2014年9月到2015年7月，山西财政收入连续11个月负增长；2016年上半年，山西省财政收入继续下滑，一般公共预算收入完成856.9亿元，较上年同期下降7.4%，减收68.1亿元。

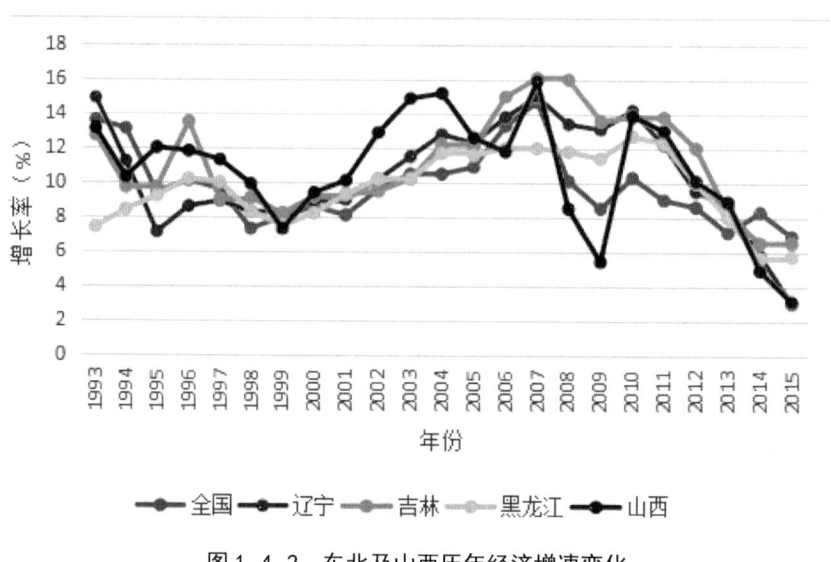

图 1.4.2　东北及山西历年经济增速变化

所谓的"资源诅咒"现象，是指对经验数据的研究结果显示，从长时间尺度来看，矿产资源丰富的国家和地区增长会慢于普通国家，甚至会出现严重的停滞和倒退。1965—1998 年全世界低中收入国家人均 GNP 以年均 2.2% 的速度递增，而石油输出国组织（OPEC）国家同期却仅有 1.3%。在全世界 65 个矿产资源禀赋丰富的国家中，仅有马来西亚、印度尼西亚、泰国、博茨瓦纳四个国家人均生产总值年增长率超过 4%。在国内，"资源诅咒"的现象同样存在，资源型城市由于对资源型产业的路径依赖，导致人才资本积累不足，资金附着性强、流转难，科技创新能力弱，基础设施建设滞后等问题，从而对经济的进一步发展构成阻碍。

多数资源型城市区位条件较差，影响了经济发展的能力。根据中国科学院地理科学与资源研究所孙威（2013）的研究，中国资源枯竭型城市中交通区位偏远的占到 55.1%，在西部地区枯竭城市中，77.8% 的煤炭城市、71.4% 的有色金属城市和 100% 森林工业城市均处在交通区位偏远的地区。

### 1.4.4 社会问题

数十年的资源型企业及城市发展形成了较大规模的社会保障系统。随着资源的枯竭和经济增速的下降，社会保障压力越来越大，同时由于经济形势恶化，城市就业难以保证。2013 年，国家发改委副主任杜鹰表示，69 个资源枯竭型城市人口仅占全国人口的 4%，棚户区面积却占到全国棚户区面积的四分之一，资源枯竭型城市的失业矿工数量占到全国采矿从业人员数量的 1/10，低保人口占到全国的 1/10。经济和就业问题，也导致了社会治安等问题的恶化。

## 1.5 新常态与资源型城市转型

目前，我国经济发展进入新常态，经济发展方式逐渐由投资和出口拉动变为消费主导，科技创新越来越成为经济发展的主要驱动力。新常态下的经济发展包括以下主要特征：

经济增速方面，由之前的高速增长开始降低，但仍然维持中高速增长，快于其他主要经济体；另外，由于中国经济总量已经很大，每年的实际增量依然是比较大的。

经济结构方面，产业不断升级，高科技产业、服务业比例持续增大。消费对中国经济的拉动作用已经超过投资，成为最重要的拉动力，第三产业也超越了第二产业，成为总量最大和增长最快的国民经济部门。战略性新兴产业增长率显著高于国民经济总体，单位产值的能源、资源消耗持续降低，经济结构不断优化，发展质量提升。

在增长的驱动力方面，则由过去的主要靠生产要素投入拉动变成靠技术创新推动。进入新常态以来，由于中国的投资和需求都出现了下滑，经济发展速度的下降难以回避。对此，一方面要调低增长目标预期，另一方面要积极加快创新，实现产业升级。推进新型工业化、信息化、城镇化、农业现代化和绿色化，着力培育新的经济增长点。

中国经济新常态呈现出"增长速度转换、产业结构调整、增长动力变化、资源配置方式转换、经济福祉包容共享"等一系列的新趋势，经济发展向结构更优、质量更好、效益更高的方向发展，也对中国经济发展提出"保持合理经济增长速度、重视防范风险、建设生态文明、全面深化改革"等一系列新的要求。

在经济发展的"新常态"条件下，我国供给结构与需求结构不匹配现象较为突出，一方面，大量的经济部门生产过剩，产品严重积压；另一方面，中国公民在海外的购买却十分强劲。这说明我国的国内供给结构不能对应需求结构的发展。中央审时度势，提出了供给侧结构新改革。

根据中央部署，供给侧改革现阶段主要有五大任务：去产能、去库存、去杠杆、降成本和补短板。所谓去产能，指的是限制过剩产业的扩张冲动，将生产向更高端的领域转化；去库存则是扩大有效内需，消灭业已存在的产品积压，如房地产领域，原材料产业领域等。去杠杆主要针对金融领域，优化投资结构，规范投资方式，化解可能出现的金融风险；降成本指的是减轻企业税负和利息负担，帮助企业顺利实现转型；补短板则是抓住经济转型的机遇，补齐企业之前在技术和制度创新方面的短板，实现更长远的发展。供给侧改革对资源型城市转型有着极为现实的意义。

资源型城市作为中国城市体系的重要组成部分和工业经济增长的重要动力，也应积极把握新常态下的特征和趋势，主动适应新常态，提出新对策，实现城市转型。新常态下，资源型城市发展需要重新审视和规制经济增长与资源环境可持续发展的关系，摒弃、修正原来粗放式的经济发展模式，寻找新的、可持续的经济增长点，把握转型机遇，从而实现城市的复兴。

资源型城市的主要任务应当是压缩过剩产能，提升产业水平。为实现这个目标，一方面自身应当主动补短板，延伸产业链，提升技术创新水平，推进体制改革，增强企业活力；另一方面，国家应当创造条件，积极消化资源产业的库存，对资源型产业进行税收减免，帮助资源型企业渡过难关。

产业转型是资源型城市转型和可持续发展的关键，是城市转型的核心内容。资源型城市转型通常都始于产业转型，并以产业转型为基础，只有充分满足新常态特征，加快供给侧结构性改革，加速完善资源产业链条，向高端环节转换，才能保持资源型城市的持久发展；积极培育和扶持新的主导产业，构建新的产业集群，才能减少或摆脱对资源的高度依赖，缓解城市发展的经济社会系统性风险，推动资源型城市健康发展。

## 1.6 本书的研究意义

北京大学国家资源经济研究中心发表了《中国资源型城市转型指数：各地级市转型评价2016》，形成了中国首个"资源型城市转型效果指数"，并且对资源型城市转型内涵、评价内涵、评价方法、指标体系等多方面进行了开创性探索，更为重要的是开创性地对全国116个资源型地级城市的转型效果进行逐一评价，客观还原、呈现当前时间节点上我国地级资源型城市在探索转型中所面临的共性、特性问题，成为推动各资源型城市下一步转型的突破口或发力点。

在此基础上，有必要进一步对城市转型的动因及其对城市转型效果的影响机理进行分析。城市转型的动因可以分为两个部分，一是城市面临的由于资源开发产生的，需要转型才能解决的资源、环境、经济、社会等方面的客观问题与困难，我们称之为转型压力，另外一方面是城市具有的解决资源开发中产生的问题、实现城市转型的能力，我们称之为转型能力。在本研究中，我们将对全国地级资源型城市的转型压力与能力进行分类研究，找出城市转型存在的问题及其深层原因，在此基础上通过资源型城市转型的压力指数和能力指数的相互关系，构建资源型城市转型预警指数，对资源型城市可能出现的转型问题给予预警。并通过分析，对资源型城市实现长效发展给出更有针对性的分类政策建议。这将对资源型城市提前发现转型问题，把准自身转型问题根源，对症下药，提升转型质量，从而实现顺利转型和可持续发展起到切实的指导作用，具有更强的可操作性。

# 第二章 相关概念

## 2.1 资源型城市转型的内涵

根据英国经济学家克拉克的结论,一个城市的经济发展,其实质是产业结构不断高级化的过程,因此,狭义的资源型城市转型,是指随着原有自然资源逐步枯竭,资源型城市通过产业结构调整,实现产业升级,从而推动城市持续发展的过程。

广义的资源型城市转型是指转变资源型城市发展模式,实现资源型城市经济、社会以及环境的可持续发展,涉及资源型城市的整个生命周期和经济社会发展的各个方面。李虹对全国地级以上资源型城市的转型效果进行了科学的评价。在此基础上,我们将试图对城市转型的动因及其对城市转型效果的影响机理进行分析。城市转型的动因可以分为两个部分,一是城市面临的由于资源开发产生的,需要转型才能解决的发展问题,我们称之为转型压力,另外一方面是城市具有的,解决资源开发中产生的问题,实现城市转型的能力,我们称之为转型能力。

## 2.2 资源型城市转型压力

资源型城市转型压力是指资源型城市由于资源开发以及资源枯竭而产生的,迫使资源型城市进行转型的困难和问题,它既是城市可持续发展的障碍,也是促使资源型城市转型的原动力。资源型城市转型压力表现在资源、环境、社会、经济各个方面,比较突出的资源型城市转型压力问题包括环境破坏、经济衰退、大规模失业、社会治安恶化等。

## 2.3 资源型城市转型能力

资源型城市转型能力是指资源型城市自身所具备的解决资源开采导致的困难与问题,从而实现城市转型发展的能力。将城市转型能力分为城市的经济发展能力、创新驱动能力、资源利用能力、环境治理能力以及民生保障能力等方面。

## 2.4 资源型城市转型预警指数

从理论上讲,当城市面临的转型压力较大,而城市自身拥有的转型能力较弱时,城市转型将会出现严重的问题。因此,通过资源型城市转型的压力指数和能力指数的相互关系,可以构建资源型城市转型预警指数,对资源型城市可能出现的转型问题给予预警。

# 第三章 国内外相关研究进展

## 3.1 转型压力指数研究进展

加拿大统计学家 David J.Rapport 和 Tony Friend（1979）提出了压力—状态—响应指标体系框架，后由经济合作与发展组织（OECD）和联合国环境规划署（UNEP）于 20 世纪八九十年代用于研究环境问题的框架体系。压力—状态—响应模型使用"原因—效应—反馈"这样一种逻辑结构，反映人类活动和资源环境之间的相互关系。人类通过各种活动从自然环境中获取其生存与发展所必需的资源，同时又向环境排放废弃物，从而改变了自然资源储量与环境质量，而自然和环境状态的变化又反过来影响人类的社会经济活动和福利，进而社会通过环境政策、经济政策和部门政策，以及通过意识和行为的变化而对这些变化做出反应。如此循环往复，构成了人类与环境之间的压力—状态—响应关系。该模型构建了压力指标、状态指标和响应指标共三类指标，其中，压力指标用来测度人类对资源环境的消耗、破坏和干扰，状态指标表征目前资源环境承载能力以及被破坏的现状，而相应指标则是人类对资源环境遭到破坏而采取的种种措施及其效果。

1996 年由联合国可持续发展委员会与联合国政策协调和可持续发展部牵头，联合国统计局，联合国开发计划署 UNDP，联合国环境规划署 UNEP，联合国儿童基金会 UNICEF 和亚太经社理事会 ESCAP 参加，在"经济、社会、环境和机构四大系统"的概念模型和驱使力（Driving force）—状态（state）—响应（Response）概念模型（DSR 模型）的基础上，结合 21 世纪议程中的各章节内容提出了一个初步的可持续发展核心指标框架。

上述可持续发展指标体系中提到的压力，与资源型城市转型压力，即都是表征可持续发展面临的挑战，不同之处在于，可持续发展指标体系中的压力，指的是生态环境面临的、人类活动造成的挑战，主题是生态环境；而城市转型压力指数的压力，是城市面临的有必要通过转型解决的问题和挑战，主体是资源型城市。但即使如此，压力—状态—响应模型仍是资源型城市转型压力概念的重要来源，相关研究也为资源型城市转型压力研究提供了有益的探索。

2003 年，Illing 和 Liu 提出了金融压力的概念，其定义为金融市场的预期损失或不确定性对于整个经济体的压力，并且分金融风险、外贸风险、债务风险和股市风险四个方面，构建了金融压力指数。2005年任志远等人通过计算区域内总人口的生态足迹构建了生态压力指数，用来衡量人类活动对生态环境的影响程度，其含义为区域生态压力总量与区域生态承载力的比值。2007年朱红波、张安录构建了耕地压力指数，通过实际人均耕地面积与理论人均最小耕地面积的比值，反映耕地资源的紧张程度。卫海燕、王威、杨芳在2008年提出了城市资源压力指数，通过建立包含水资源压力、土地资源压力、能源压力和人力资源压力四个子系统的指标体系，来评价城市所面临的资源压力。胡炳清、覃丽萍、柴发合等在2013年提出了环境压力指数，其定义为：人类的社会经济活动对环境产生的不利影响与作用进而产生的环境压力的综合指数。所有以上关于压力指数的研究，反映的是某类因素对某个主体的客观影响程度或者两者关系的紧张程度。这也为建立资源型城市转型压力指数提供了参照。

## 3.2 转型能力指数研究进展

从20世纪90年代末期以来，随着可持续发展理念的引入，开始出现了对资源型城市的可持续发展能力评价。李堂军、曹靖宇（1999）分经济、社会、资源、环境四个子系统，建立了资源型城市可持续发展评价指标体系，此后，学者们利用因子分析（孔令曦、韩传峰，2005；刘祥，2004；龙如银、何颜，2005；沙景华、欧玲，2008；余敬、高谋艳，2007；余际从，2009）、模糊隶属度（李堂军、孙承爱，2001；余敬、苏顺华，2009；项泾渭，2011）等方法，通过建立指标体系的方式对资源型城市可持续发展能力进行了研究。虽然这些研究不是直接针对城市转型问题，但对资源型城市转型能力评价的研究提供了有益的借鉴。

2013年，陶晓燕（2013）首次建立了资源型城市产业转型能力评价指标体系，利用主成分分析法，对河南省13个资源型城市的产业转型能力进行了评价。杜吉明（2013），吴雅云、高世葵（2015）分别通过不同的指标体系，对以煤矿为资源主体的内蒙古的产业转型能力进行了评价。

这些研究更加侧重产业转型。然而城市转型的概念涵盖经济、社会、环境、制度等各个方面，有些研究虽然已经向综合转型能力评价转变，但是没有真正建立一套资源型城市转型的综合能力评价体系。

## 3.3 预警体系研究进展

预警体系的研究始于对水资源和国家经济安全的预警分析。White 在 20 世纪 70 年代开始用指数概念研究洪水泛滥问题，并建立了用于实际预测洪水的预警体系，取得了良好的实践成果。年志远、李丹（2008）根据完备性原则、主要性原则、可测性原则和独立性原则，构建了包括财金安全预警指标、社会安全预警指标、外经安全预警指标、资源安全预警指标和产业安全预警指标等子系统的国家经济安全预警指标体系。鲍超、方创琳（2008）对河西走廊城市分水资源约束子系统和城市化发展子系统，对河西走廊城市水资源对城市化的约束进行了预警研究。黄小容（2009）利用层次分析法，通过水环境污染、水环境治理、水环境保护和社会经济发展水平四个方面，构建了水环境预警指数，并对三峡库区水环境进行了预警分析。所有这些预警指数研究，虽然不针对资源型城市转型，但是其研究思路与方法框架依然为资源型城市转型预警指数的构建提供了启迪和借鉴。

21 世纪以来，随着资源型城市问题的日益突出，预警分析被引入了资源型城市的可持续发展研究。李贤功、李新春（2007）分发展阶段、发展水平和资源依赖程度三个维度，对 25 个煤炭资源型城市发展做了预警分析。索贵彬、王哲（2016）利用突变级数法，分活力、组织结构、生态系统服务功能三个方面，构建了资源型城市的生态安全预警指数。这些都从不同的角度对资源型城市转型发展提供了有益的分析，然而到目前为止，尚未有针对资源型城市转型的较为全面的预警分析。

## 3.4 本书的结构与创新

本书将通过深入分析资源型城市转型的动因，分别建立衡量资源型城市面临的转型困难程度的资源型城市转型压力指数，以及衡量实现城市转型能力的资源型城市转型能力指数，在此基础上构建反映资源型城市转型问题严重性的资源型城市预警指数，并利用《中国城市统计年鉴2015》、《中国区域经济统计年鉴2015》以及各省市统计公报的数据，对全国资源型城市面临转型问题的严重性进行判断和预警分析，并通过国家发改委的区域经济划分方法和《全国资源型城市可持续发展规划（2013—2020 年）》的生命周期阶段划分，将地级资源型城市分别划分为东部、中部、西部、东北四大区域和成长型、成熟型、衰退型、再生型四个发展阶段分类，通过区域和生命周期阶段划分，对不同分类的资源型城市的预警水平以及他们的转型压力能力特点进行分析，并分类给出有针对性的建议。

本书首次提出了资源型城市转型预警指数的概念，并建立了首个完整的资源型城市转型预警指标体系，从而可以通过分析城市转型问题发生的机理，较早发现转型过程中存在的问题，对资源型城市转型与可持续发展研究有着较强的理论意义，同时本书将对资源型城市提前发现转型问题，把准自身转型问题根源，对症下药，提升转型质量，从而实现顺利转型和可持续发展起到切实的指导作用，具有迫切的现实意义。

# 第四章 方法与数据

## 4.1 指标体系

将转型压力指标按其领域分为资源、环境、经济、社会四个子系统，建立三级指标层。其中资源压力子系统分为主体资源压力和其他资源压力两个二级指标，分别反映资源型城市主要开采的矿产资源的压力以及遍在性资源如土地资源、水资源、能源的压力；环境压力子系统则分为大气环境压力、水环境压力、居住环境压力和矿山环境压力二级指标，以期全面衡量资源型城市环境压力的特点；经济压力子系统分为经济增长压力、经济结构压力、经济区位压力和财政压力四个二级指标；社会压力子系统则分为就业压力、社会保障压力和社会安全压力三个二级指标。综合相关研究成果，选取反应面临转型客观困难的30个指标，形成资源型城市转型压力指标体系。具体指标如表4.1.1。

表4.1.1 资源型城市转型压力指标体系

| 一级指标 | 二级指标 | 三级指标 | 指标方向 | 计算方法 |
|---|---|---|---|---|
| 资源压力 | 主体资源压力 | 预期开采年限 | 正向 | 保有可采储量/年开采量 |
| | | 资源相对价格 | 逆向 | （资源价格—资源开采成本）/资源价格 |
| | | 资源采出率 | 逆向 | 统计数据 |
| | 其他资源压力 | 国土开发强度 | 正向 | 建成区面积/土地总面积 |
| | | 水资源利用率 | 正向 | 年用水量/可利用水资源量 |
| | | 人均能耗 | 正向 | 能源消耗总量/人口数 |
| 环境压力 | 大气环境压力 | 空气质量指数 | 正向 | 统计数据 |
| | | 单位GDP废气排放量 | 正向 | 废气排放量/GDP |
| | 水环境压力 | 水环境质量指数 | 逆向 | 统计数据 |
| | | 单位GDP废水排放量 | 正向 | 污水排放量/GDP |

续表

| 一级指标 | 二级指标 | 三级指标 | 指标方向 | 计算方法 |
|---|---|---|---|---|
| | 居住环境压力 | 单位GDP固体废弃物排放量 | 正向 | 固体废弃物排放量/GDP |
| | | 人均绿地面积 | 逆向 | 城市绿地面积/人口 |
| | 矿山环境压力 | 土壤污染面积占比 | 正向 | 土壤污染面积/土地总面积 |
| | | 采矿破坏土地面积占比 | 正向 | 采矿破坏土地面积/土地总面积 |
| 经济压力 | 经济增长压力 | GDP增长率 | 逆向 | 统计数据 |
| | 经济结构压力 | 资源产业占GDP比例 | 正向 | 资源产业增加值/GDP |
| | 经济区位压力 | 交通区位条件 | 逆向 | 到省会城市铁路时间距离 |
| | 财政压力 | 税收增长率 | 逆向 | 统计数据 |
| | | 人均税负 | 正向 | 税收总额/人口 |
| | | 财政自给率 | 逆向 | 财政支出/地方财政收入 |
| | | 城市资产负债比 | 正向 | 城市负债/城市GDP |
| 社会压力 | 就业压力 | 城市失业率 | 正向 | 统计数据 |
| | | 资源产业从业人员比 | 正向 | 资源产业从业人数/总从业人数 |
| | | 人口增长率 | 正向 | 统计数据 |
| | 社会保障压力 | 棚户区居住人口占比（数据） | 正向 | 棚户区人口数/人口总数 |
| | | 低保人数比例 | 正向 | 低保人数/人口总数 |
| | | 基尼系数 | 正向 | 统计数据 |
| | | 老年人口占比 | 正向 | 60岁以上人口/人口总数 |
| | 社会安全压力 | 单位产值安全生产事故死亡率 | 正向 | 安全事故死亡率/GDP（安全生产监督局网站） |
| | | 犯罪率 | 正向 | 犯罪人数/人口总数 |

将城市转型能力分为城市的经济发展能力、创新驱动能力、资源利用能力、环境能力以及民生保障能力五个子系统，其经济发展能力子系统分为经济增长、经济规模、经济结构转换能力和经济效率四个二级指标，创新驱动能力子系统分为创新支撑条件、创新成果产出和创新产业化能力三个二级指标，环境能力子系统分为环境治理能力、环境保护能力两个二级指标，资源利用能力子系统分为主体资源利用能力和其

他资源利用能力两个二级指标，民生保障能力子系统则分为居民收入保障能力、住房与基础设施保障能力、医疗卫生保障能力、基础教育保障能力、文化体育服务保障能力等七个二级指标。总体来看，资源型城市转型能力指标体系共选取反映城市转型能力的指标67个，建立三级指标体系对城市转型的总体能力进行综合度量。具体指标见表4.1.2。

表4.1.2 资源型城市转型能力指标体系

| 一级指标 | 二级指标 | 三级指标 | 指标方向 | 计算方法 |
|---|---|---|---|---|
| 经济发展能力 | 经济增长 | GDP增长率 | 正向 | 统计数据 |
| | 经济规模 | 人均GDP | 正向 | 统计数据 |
| | | 人均消费支出 | 正向 | 社会消费总额/人口 |
| | | 人均社会总投资 | 正向 | 社会资本形成总额/人口 |
| | | 人均储蓄额 | 正向 | 储蓄总额/人口 |
| | | 人均财政收入 | 正向 | 财政总收入/人口 |
| | | 人均固定资产投资 | 正向 | 固定资产投资/人口 |
| | 结构转换能力 | 非资源产业财政收入占比 | 正向 | 非资源产业财政收入/财政总收入 |
| | | 接替产业GDP占比 | 正向 | 接替产业增加值/GDP |
| | | 服务业GDP占比 | 正向 | 服务业增加值/GDP |
| | 经济效率 | 企业利润率 | 正向 | 统计数据 |
| | | 劳动生产率 | 正向 | GDP/从业人员总数 |
| | | 单位总投资效益 | 正向 | GDP/上年社会资本形成总额 |
| | | 单位固定资产投资效益 | 正向 | GDP/上年固定资产投资总额 |
| | | 进出口占GDP比例 | 正向 | 进出口总额/GDP |
| 创新驱动能力 | 创新支撑条件 | 科技支出GDP占比 | 正向 | 科技投入/GDP |
| | | 专业技术人员比例 | 正向 | 专业技术人员数/人口 |
| | | 互联网普及率 | 正向 | 统计数据 |
| | | 人均科研机构数量 | 正向 | 科研机构数量/人口 |
| | | 大专以上学历人口比例 | 正向 | 统计数据 |
| | 创新成果产出 | 人均专利授权数 | 正向 | 专利授权数/人口 |
| | | 人均论文数 | 正向 | 科技论文数/人口 |
| | | 人均技术市场成交额 | 正向 | |

续表

| 一级指标 | 二级指标 | 三级指标 | 指标方向 | 计算方法 |
|---|---|---|---|---|
| | 创新产业化能力 | 战略性新兴产业GDP占比 | 正向 | 战略性新兴产业增加值/GDP |
| | | 战略新兴产业利润率 | 正向 | 统计数据 |
| | | 有研发机构的企业比例 | 正向 | 统计数据 |
| | | 技术创新贡献率 | 正向 | 算法较复杂 |
| 环境能力 | 环境治理能力 | 废气综合处理率 | 正向 | 统计数据 |
| | | 污水综合处理率 | 正向 | 统计数据 |
| | | 固体废弃物综合处理率 | 正向 | 统计数据 |
| | | 矿山复垦率 | 正向 | 已治理面积/应治理面积 |
| | | 环境保护投入占GDP比例 | 正向 | 环境保护投入/GDP |
| | 环境保护能力 | 绿色矿山比例 | 正向 | 绿色矿山数/矿山总数 |
| | | 环境保护区面积比例 | 正向 | 环境保护区面积/行政区总面积 |
| 资源利用能力 | 主体资源利用能力 | 资源采出率 | 正向 | 统计数据 |
| | | 资源就地转化率 | 正向 | 资源本地加工量/资源开采量 |
| | | 地质勘查投资额 | 正向 | 统计数据 |
| | | 共伴生资源综合利用率 | 正向 | 统计数据 |
| | 其他资源利用能力 | 单位GDP耗水 | 逆向 | 耗水量/GDP |
| | | 单位GDP能耗 | 逆向 | 能源消耗总量/GDP |
| | | 水资源循环利用率 | 正向 | 统计数据 |
| | | 单位建设用地产出率 | 正向 | GDP/城市建设用地 |
| | | 可再生资源回收利用率 | 正向 | 统计数据 |
| 民生保障能力 | 就业保障能力 | 人均新增就业岗位 | 正向 | 统计数据 |
| | 居民收入保障能力 | 居民人均可支配收入 | 正向 | 统计数据 |
| | | 城乡居民收入比例 | 逆向 | 城镇人均可支配收入/农民人均纯收入 |
| | | 恩格尔系数 | 逆向 | 统计数据 |
| | | 最低生活标准 | 逆向 | 统计数据 |
| | 住房与基础设施保障能力 | 人均住房面积 | 正向 | 统计数据 |
| | | 人均道路里程 | 正向 | 公路总里程/人口 |
| | | 人均绿地面积 | 正向 | 统计数据 |

| 一级指标 | 二级指标 | 三级指标 | 指标方向 | 计算方法 |
|---|---|---|---|---|
| | 医疗卫生保障能力 | 人均预期寿命 | 正向 | 统计数据 |
| | | 人均医疗卫生技术人员数 | 正向 | 医疗卫生人员数/总人口 |
| | | 人均卫生机构床位数 | 正向 | 卫生机构床位数/人口 |
| | | 人均医疗卫生支出 | 正向 | 医疗卫生支出/人口 |
| | | 城乡医疗保险覆盖率 | 正向 | 统计数据 |
| | | 城乡养老保险覆盖率 | 正向 | 统计数据 |
| | 基础教育保障能力 | 平均受教育年限 | 正向 | 统计数据 |
| | | 中小学班级平均人数 | 逆向 | 统计数据 |
| | | 高中升学率 | 正向 | 统计数据 |
| | | 每万人大学生人数 | 正向 | 统计数据 |
| | | 每万人中等职业学校学生数 | 正向 | 统计数据 |
| | 文化体育服务保障能力 | 每万人公共图书馆藏书数 | 正向 | 公共图书馆藏书数/人口 |
| | | 每万人文化场馆数 | 正向 | 文化场馆数/人口 |
| | | 每万人体育场馆数 | 正向 | 体育场馆数/人口 |
| | 社会安全保障能力 | 每万人交通事故量 | 逆向 | 交通事故量/人口 |
| | | 城市安全指数 | 正向 | 统计数据 |

在此基础上，根据数据的可获得性，对指标及其权重进行了适当删减与调整，并通过相关性分析，剔除同一标准层内信息重复 90% 以上的指标。

## 4.2 计算方法

### 4.2.1 权重确定

本研究以层次分析为框架，将指标体系设为三级，由于一级和二级指标层是按领域分类，逻辑上相互独立，因此对各子系统以及每个子系统的标准层平均赋权。对指标层，则根据主成分分析进行筛选后，按照主成分分析中指标包含信息量进行客观赋权。

### 4.2.2 数据标准化处理

采用模糊隶属度方法进行无量纲化处理，对正向指标，采用半升梯度隶属度函数：

$$\Phi_{(e_{ij})} = \frac{M_{ij}-e_{ij}}{M_{ij}-m_{ij}} = \begin{cases} 1, e_{ij} \leq m_{ij} \\ \dfrac{M_{ij}-e_{ij}}{M_{ij}-m_{ij}}, m_{ij} < e_{ij} < M_{ij} \\ 0, e_{ij} \geq M_{ij} \end{cases}$$

对逆向指标，采用半降梯度模糊隶属度函数：

$$\Phi_{(e_{ij})} = \frac{M_{ij}-e_{ij}}{M_{ij}-m_{ij}} = \begin{cases} 1, e_{ij} \leq m_{ij} \\ \dfrac{M_{ij}-e_{ij}}{M_{ij}-m_{ij}}, m_{ij} < e_{ij} < M_{ij} \\ 0, e_{ij} \geq M_{ij} \end{cases}$$

式中，$e_{ij}$ 代表第 i 个区域的第 j 个指标的原始数值，其中 i 表示区域序号，j 代指标序号；$M_{ij}$、$m_{ij}$ 分别代表第 i 区域第 j 个指标原始指标的理论最大值和理论最小值；$\Phi(e_{ij})$ 则表示最终得出的模糊隶属度数值。

### 4.2.3 指数计算方法

有了各指标的熵化权系数和隶属度值，就可以采用加权平均法分别计算各标准层、子系统，进而计算转型压力综合指数。其计算公式为：

$$F_i = \sum_{j=1}^{m}\sum_{k=1}^{n}\left[ w_j \times w_k \times \Phi(e_{ij}) \right]$$

式中，$F_i$ 为转型压力综合指数，$\omega_j$ 表示 j 指标相对标准层的权重，$\omega_k$ 表示标准层对总体层的权重，$\Phi(e_{ij})$ 为 i 区域 j 指标以总体层为目标的模糊隶属度数值，m、n 分别为指标层和标准层里评价资源型城市转型压力指数指标的个数。

## 4.3 数据来源

本研究的数据全部来源于《中国城市统计年鉴 2015》、《中国区域经济统计年鉴 2015》、各省市 2015 年统计公报以及各省市能源局、森林局数据。区域划分标准来自国家发改委区域司，生命周期阶段划分标准来自《全国资源型城市可持续发展规划（2013—2020 年）》。

# 第五章 计算结果与分析

## 5.1 全国地级资源型城市转型压力指数分析

### 5.1.1 总体评价

全国地级资源型城市转型压力指数均值为 0.337,最高为宁夏石嘴山市,压力指数为 0.524,最低为陕西省咸阳市,压力指数为 0.164。压力指数平均值以上的有 51 个,占全国地级资源型城市的 43.9%,在 0.5 以上的城市有 3 个,分别是石嘴山市(0.524)、七台河市(0.512)、乌海市(0.505);这些城市由于资源枯竭、资源依赖性强、资源价格下跌等因素,面临着最为严重的转型问题,应考虑通过外力协助减轻转型困难。

从图 5.1.1 来看,转型压力较大的区域主要集中在东北和华北一带,这主要是因为这些区域是新中国最早进行大规模开发的地区,资源枯竭现象突出,老国企多,社会负担沉重。南方地区资源型城市压力则普遍较轻,这一方面是因为南方资源型城市大规模开发普遍较晚,资源预期开采年限长;另一方面是因为南方地区经济发展势头较好,经济社会压力尚未凸显。

### 5.1.2 分区域资源型城市压力指数特征评价

按照国家发改委的区域经济划分方法,将地级资源型城市分别划分为东部、中部、西部、东北四大区域,对各地区之间城市转型压力指数进行统计。从统计结果可以看出,东部地区资源型城市转型压力指数均值为 0.330,排名第三,表现中等,继续细分指标,东部地区资源型城市资源压力指数均值为 0.387,在四个区域中排名第一;环境压力指数均值为 0.405,排名第二;经济压力指数均值为 0.229,排名第四;社会压力指数均值为 0.301,排名第四。可以看出,东部资源型城市转型的经济社会压力都较小,但是由于人口密度大、工业密集,对资源需求较大,资源与环境压力较为突出。从具体城市来看(附表 4),东部城市中转型压力较重的是张家口市、三明市、莱芜市,最轻的是宿迁市、临沂市和泰安市,总体来看,河北的资源型城市转型压力普遍较大,而南方沿海城市较轻。这不但与经济发展水平有关,也与南方沿海城市体制改革较早，观念领先有一定关系。

中部地区资源型城市转型压力指数均值为0.339，排名第二，意味着中部地区面临的转型压力仅次于东北地区，较为突出。进一步细分，中部地区资源型城市的资源压力指数均值为0.277，在四个区域中排名第三；环境压力指数均值为0.485，排名第一；经济压力指数均值为0.320，排名第三；社会压力指数均值为0.271，排名第四。可以看出中部地区资源型城市由于资源丰富、生活成本较低，资源压力、经济压力、社会压力均较为平缓，但是由于资源产业较为集中，环境压力最为突出。从具体城市来看（附表5），长治市、淮南市、马鞍山市转型压力最为突出，而邵阳市、宜春市、赣州市转型压力较轻。

西部地区资源型城市转型压力指数均值为0.311，是四个地区里边压力最小的，说明西部地区资源开发尚处于早期，资源丰富，可开采年限较长，枯竭城市较少，资源开采所带来的问题积累有限。继续细分，西部地区资源型城市资源压力指数均值为0.189，四个区域中最低，说明西部地区资源丰富，消耗量小；环境压力指数均值为0.390，低于东中部，排名第三，这说明由于西部地区资源型城市在工业化发展水平相对较低的情况下，环境尚有余量，有利于进一步发展；经济压力指数均值为0.344，仅次于东北，排名第二，这说明西部地区资源型城市由于区位偏远，资源依赖性强，经济压力较大；承受风险的能力不足；社会压力指数均值为0.320，排名第二，说明在社会保障和就业等方面尚存在差距。从具体城市来看（附表6），西部地区石嘴山市、乌海市、攀枝花市转型压力最大，而咸阳市、宝鸡市、渭南市压力较小。总体来看，西部地区资源型城市转型压力与其本身资源型产业占经济比例关系很大，其次，西部地区靠近中东部地区的城市，转型压力相对较轻，这与其经济发展水平有一定关系。

东北地区资源型城市转型压力指数均值为0.383，在四个地区中名列第一，并且与其他三个地区的差异都在1%的水平上显著，这说明东北地区转型压力极为突出，显著高于其他三个地区。标准层指标中，东北地区资源型城市资源压力指数均值为0.337，在四个区域中排名第三，说明东北地区资源型城市由于长时间高强度的开发，资源枯竭现象严重，接续资源不足，同时资源开发方式较为粗放；环境压力指数均值为0.361，在四个地区中最低，这说明东北地区生态条件较好，环境承载力尚有余量，有利于继续支撑经济社会发展；经济压力指数均值为0.455，排名第一且远高于其他三个地区，说明东北地区由于体制机制问题、产业结构、经济区位等原因，经济发展乏力；社会压力指数均值为0.379，排名第一且远高于其他三个地区，说明东北地区在资源枯竭和国企改革大背景下，社会负担极为沉重，社会保障压力极大，需要引起高度重视。具体城市来看（附表8），七台河市、鹤岗市、双鸭山市转型压力最大，而松原市、吉林市、大庆市转型压力较轻，总体来看，黑龙江省的资源型城市、转型煤炭城市压力较大，这与黑龙江省区位条件偏远，资源开发时间长，强度高，以及煤炭城市资源产业就业人口多、负担重有关。

### 5.1.3 分生命周期阶段资源型城市压力指数特征评价

根据《全国资源型城市可持续发展规划（2013—2020年）》的生命周期阶段划分，将地级资源型城市分别划分为成长型、成熟型、衰退型、再生型四个发展阶段分类，分别进行统计。从统计结果来看，成长型资源城市压力指数均值为0.285，不仅低于成熟型和枯竭型资源城市，也低于再生型资源城市，这说明在资源开发初期，资源带来的经济社会发展缓解了城市原有的压力，使得城市经济社会发展水平进一步提高。继续细分来看，成长型资源城市资源压力指数均值为0.285，排名最低，说明成长型资源城市资源丰富，压力尚未显现；环境压力指数均值为0.374，略高于再生型资源城市，排名第三，说明虽然成长型资源城市环境容量较大，但是由于资源产业的特殊性，环境污染压力依然大于再生型资源城市，要在资源开发初期就注重预防和及早治理，以防积重难返；经济压力指数均值为0.362，仅低于衰退型城市，排第二，这是由于新开发的成长型资源城市往往较为偏远，多数原为贫困地区，脱贫压力大，非资源产业发展困难，需要着力改善经济区位条件；社会压力指数均值为0.292，仅高于再生型资源城市，排名第三，说明成长型资源城市社会保障负担尚轻，未出现明显问题。

成熟型资源城市转型压力指数为0.328，高于成长型城市，低于衰退型和再生型城市，这说明随着资源开发的推进，造成的问题也在逐步突显。细分来看，成熟型资源城市资源压力指数均值为0.241，同样排名第二，这是由其所处的资源开发阶段决定的；环境压力指数均值为0.435，仅次于衰退型城市，排名第二，说明随着资源的大规模开采与加工，污染物产生与排放量巨大，环境污染压力十分突出，应当针对性的配套污染治理措施；经济压力指数均值为0.329，仅高于再生型城市，排名第三，说明成熟型资源城市随着资源开采的发展，财富积累较为雄厚，然而考虑到资源开发已进入顶峰，发展已无余量，应趁资金宽裕，尽早推进产业结构调整，谋求新的发展之路；社会压力指数均值为0.306，仅次于衰退型城市，排名第二，说明成熟型资源城市由于发展时间较长，社会负担已经较为沉重，应通过发展第三产业等方式，促进就业，并推进职工社保的社会化，减轻老企业负担。

衰退型资源城市转型压力指数为0.389，转型压力最大，细分来看，资源压力指数均值为0.366，环境压力指数均值为0.450，经济压力指数均值为0.378，社会压力指数均值为0.363，除资源压力以外，其他三项指标均排第一。说明衰退型资源城市的压力是全方位的，其中经济社会压力最为严重。

再生型资源城市转型压力指数为 0.331，仅次于衰退型城市，排名第二，这说明现阶段再生型资源城市虽然完成了产业转型，但是依然有许多遗留问题，给进一步发展带来压力。细分来看，资源压力指数均值为 0.444，为四种城市中最高，这是因为再生型资源城市由于资源枯竭，原先遗留的资源相关产业遇到较大问题，迫切需要重新组织原料产地，满足产业需求；环境压力指数均值为 0.342，经济压力指数均值为 0.268，社会压力指数均值为 0.269，排名均为四类城市最低，说明摆脱资源产业之后，城市环境污染问题有了根本好转，随着产业结构的调整和社会保障负担的下降，再生型资源城市获得了良好的发展前景。

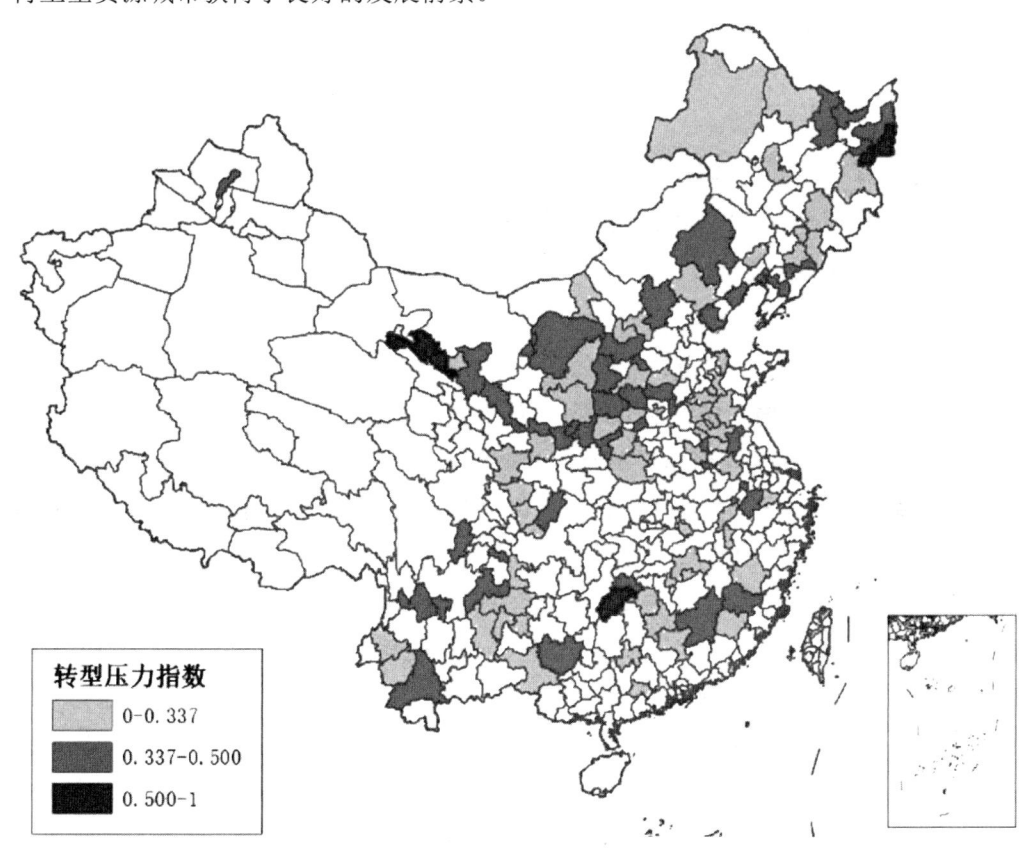

图 5.1.1　2015 年中国资源型城市转型压力指数分级

## 5.2　全国地级资源型城市转型能力指数分析

### 5.2.1　总体评价

全国地级资源型城市转型能力指数均值为 0.453，最高为安徽省铜陵市，能力指数为0.714，最低为黑龙江省鸡西市，能力指数为0.252。转型能力指数低于平均值的城市共59个，占到全国地级资源型城市的50.8%，其中低于0.3的城市有3个，分别为鸡西市（0.252）、双鸭山市（0.255）、南充市（0.278），这些城市由于社会经济发展落后、产业结构单一、科技创新能力弱等原因，转型能力极为欠缺，难以靠自身的力量推动城市转型发展，需要通过国家扶持等手段，增强城市的自我发展能力。从图5.2.1可以看出，转型能力较高的城市主要集中在东部地区和内蒙古。东部地区主要是因为经济社会发展水平高，城市产业结构多样，创新能力强，而内蒙古则主要是因为经过持续十余年的高速发展，经济社会各方面的能力都有了一定积累。西南地区转型能力普遍较弱，这是西南地区交通不便、经济社会发展落后而导致的。

### 5.2.2 分区域资源型城市能力指数特征评价

分区域来看，东部地区资源型城市能力指数均值为0.509，排名第一，分项看，所有五个标准层全部排名第一，这意味着东部地区资源型城市转型能力普遍较强，总体上可依靠自身能力实现城市转型。具体城市来看，东营市、淄博市、湖州市转型能力最强，而张家口市、云浮市、宿迁市转型能力较弱。

中部地区资源型城市转型能力指数均值为0.462，四个区域中排名第二，与压力排名接近。进一步细分，经济发展能力指数均值为0.456，排名第三，仅好于东北，这说明虽然中部地区面临的经济压力不是特别大，但是经济发展能力更弱，未来发展前景较差；创新驱动能力指数均值为0.385，排名第二，说明中部地区资源型城市有一定的创新能力，在转型过程中要充分发挥创新能力对经济结构调整的作用；环境保护能力指数均值为0.588，排名第二，说明虽然中部地区环境治理能力不弱，但是依然不足以解决所面临的环境压力，需要继续增强；资源利用能力指数均值为0.522，排名第二，说明中部地区在资源综合利用效率方面效果不错，同时还有上升空间；民生保障能力指数均值为0.359，四个地区中水平最低。这说明虽然中部地区社会压力总体尚不突出，但是保障能力弱，一旦资源产业形势恶化，将会遇到严重的问题。从具体城市来看，中部地区转型能力最强的城市包括铜陵市、马鞍山市、滁州市，转型能力最弱的则是吕梁市、宿州市、娄底市。

西部地区资源型城市转型能力指数为0.438，仅高于东北，排名第三，说明西部地区虽然转型压力较小，但是转型能力也较弱，尤其是自我发展能力不强。进一步细分，西部地区资源型城市的经济发展能力指数均值为0.489，仅次于东部，排名第二，说明西部地区虽然经济基础薄弱，但是发展能力尚好，未来有进步的空间；创新驱动能力指数均值为0.294，是四个地区中最弱，说明西部地区资源型城市发展主要靠要素投入而非创新，发展方式粗放，后劲不足，未来应着力加强创新能力；环境保护能力均值为 0.559，排名第三，说明由于西部地区资源型城市环境保护设备缺乏，重视程度不足，在环境压力较大的同时，环境保护能力较弱，如果不加以重视，在未来可能出现严重的环境问题；资源利用能力指数均值为 0.483，排名第三，这说明虽然西部地区资源型城市资源丰富，但是资源利用效率差，资源开发技术水平较低，改进空间较大；民生保障能力指数均值为 0.367，排名第二，说明西部地区在社会保障方面有一定基础，但是仍有进步空间。从城市尺度看，西部地区转型能力最强的城市是包头市、鄂尔多斯市、乌海市，而转型能力最低的是南充市、达州市、陇南市。

东北地区资源型城市发展指数均值为 0.406，是四个地区中最低的，从分项指标来看，东北地区资源型城市经济发展能力指数均值为 0.443，创新驱动能力指数均值为 0.305，环境保护能力指数均值为 0.466，资源利用能力指数均值为 0.458，民生保障能力指数均值为 0.360，除了创新驱动能力和民生保障能力指数均值排名倒数第二以外，其他均为倒数第一，说明东北地区资源型城市自身具备的完成城市转型的能力极弱，无法靠自身力量完成转型，迫切需要外部扶持，减轻城市转型压力，培养城市自身发展能力，以实现东北地区资源型城市的整体转型，如果不及时介入，问题将会更加恶化。从城市层面看，东北地区转型能力最强的资源型城市分别是大庆市、盘锦市、葫芦岛市，而转型能力最弱的是双鸭山市、鸡西市、七台河市。

### 5.2.3 分生命周期阶段资源型城市能力指数特征评价

成长型资源城市转型能力指数均值为 0.416，是四个地区中最弱的，说明成长型资源城市起步时间晚，自身积累非常有限，抵御风险能力较差，需要引起重视，增强城市自身发展和抵御风险的能力。进一步细分来看，成长型资源城市经济发展能力指数均值为 0.493，仅次于再生型城市，排名第二，说明在资源开发驱动下，成长型资源城市经济增长迅速，财政充裕，有利于经济进一步发展；创新驱动能力指数均值为 0.240，是四种城市中最低的，说明成长型资源城市的发展更多的是依赖资源禀赋，靠要素投入实现快速发展，城市创新能力很弱，这将对城市长远发展带来较大隐患，需要引起注意，应及时培养创新环境，加大创新投入；环境保护能力指数均值为 0.509，依然是最低，说明成长型资源城市虽然生态环境尚有余量，但是治理能力不足，随着资源产业的进一步发展，有可能出现严重问题，需要及早预防；资源利用能力指数均值为 0.529，为四种城市中最强，这是由于成长型资源城市往往资源开发起始时间往往较晚，开发方式较为先进，资源采出率和综合利用率均较高，对矿产资源利用较为充分；民生保障能力指数均值为 0.308，排名也是四种城市最低，说明成长型资源城市民生保障系统尚不健全,保障能力较低,在经济发展良好的表象之下,这个问题被掩盖,一旦经济或资源产业发展出现衰退,将会面临严重的社会问题,应当及早加强。

成熟型资源城市转型能力指数均值为0.449,仅次于再生型城市,排名第二,与压力指数升序排名相当,说明成熟型资源城市如果及早准备,提前开始转型,总体上还是基本可以靠自身的力量完成转型的。细分来看,经济发展能力指数均值为0.473,仅高于衰退型城市,名列第三,说明成熟型资源城市虽然经济发展水平较高,但是由于产业结构单一,产生了较大的资源依赖,而资源产业已发展到顶峰,后继乏力,经济总体发展前景堪忧,需要下决心转变发展方式;创新驱动能力指数均值为0.342,仅高于成长型资源城市,这是由于成熟型城市资源经济水平较高,问题较小,既无压力也无动力发展科技创新能力,这将会严重影响城市长远发展;环境保护能力指数均值为0.573,仅次于再生型资源城市,排名第二,说明随着环境压力的增长,成熟型资源城市的污染治理能力有所提升,但是仍不能满足环境污染防治的需求,需要继续加强;资源利用能力指数均值为0.510,排名第二,可见成熟型资源城市在资源利用方面积累了较为丰富的经验,利用较为充分,这有利于延缓资源产业衰退的到来,延伸产业链,实现相关产业的转型;民生保障能力指数均值为0.347,排名第二,说明成熟型资源城市的民生保障能力基本能够满足需要,但是需要为资源逐渐枯竭后出现的民生保障压力做好充分准备。

衰退型资源城市的能力指数均值为0.450,高于成长型资源城市,排名第三,表明虽然衰退型资源城市具备一定的转型能力,但是与面临的压力完全不能匹配,无法依靠自身力量完成转型。细分来看,衰退型资源城市经济发展能力指数均值为0.467,创新驱动能力指数均值是0.378,环境保护能力指数均值是0.566,资源利用能力指数均值是0.449,民生保障能力指数均值是0.404,其中经济发展能力指数均值和资源利用能力指数均值排名都是倒数第一,可见衰退型城市能力最为短缺的环节是经济发展和资源深度利用,环境保护能力指数均值排名第三,基本能够维持环境现状,但是由于历史欠账较多,仍需国家对历史遗留环境问题治理给予支持;民生保障能力排名第二,仅次于再生型城市,可见衰退型资源城市在社会保障覆盖方面相对成熟,但是面对巨大的社会压力,仍然是捉襟见肘,不能相匹配,需要通过扶持加强保证民生保障制度落实的能力;创新驱动能力指数均值排名第一,说明衰退型资源城市在压力迫使下,创新能力得到了较大的提升,在未来发展中要充分利用创新优势。

再生型资源城市发展能力指数均值排名第一,完成资源产业转型后城市发展后劲足,前景广阔。细分来看,再生型资源城市经济发展能力指数均值为0.572,创新驱动能力指数均值为 0.432，环境保护能力均值为 0.597，民生保障能力为 0.424，均为四类城市第一，只有资源利用能力稍弱，排第三。

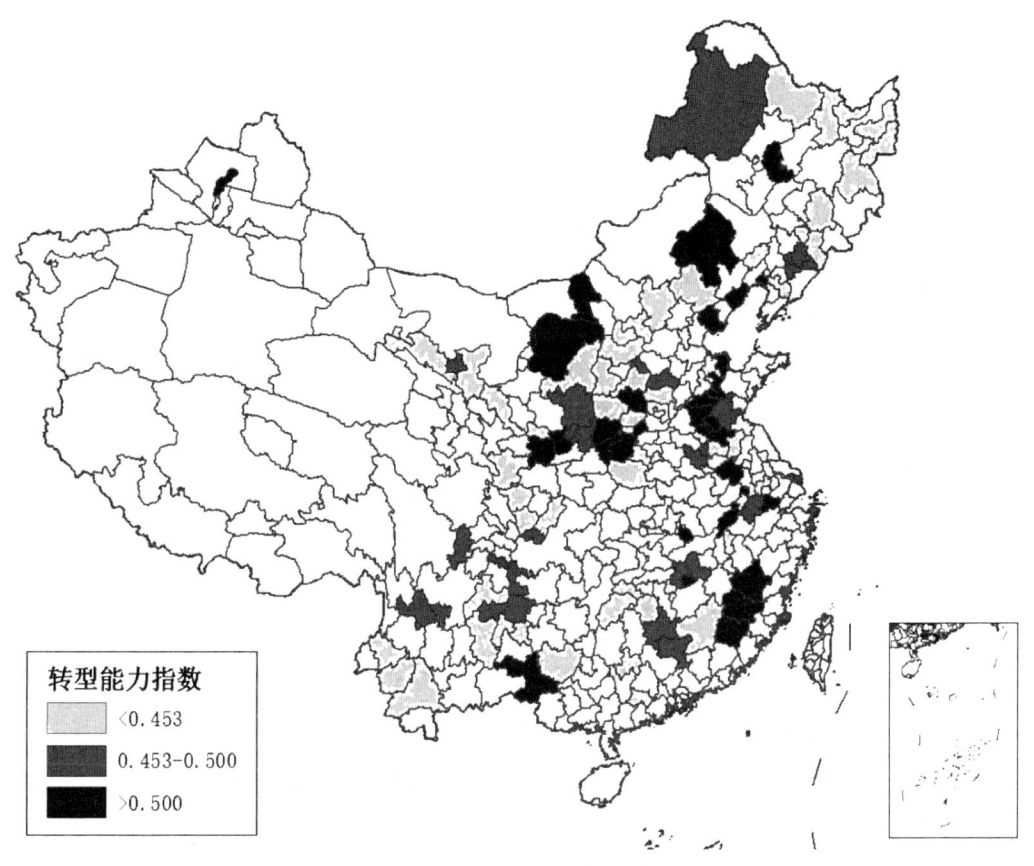

图 5.2.1 2015 年中国资源型城市转型能力指数分级

## 5.3 全国地级资源型城市转型预警指数分析

### 5.3.1 总体评价

全国地级资源型城市的转型预警指数均值为 0.441，最高为黑龙江省双鸭山市，预警指数为 0.611，最低为内蒙古包头市，预警指数为 0.315。其中转型预警指数最高的十五个城市分别为双鸭山市（0.611）、七台河市（0.597）、鸡西市（0.594）、鹤岗市（0.565）、吕梁市（0.550）、伊春市（0.546）、淮南市（0.546）、石嘴山（市0.542）、白银市（0.528）、张家口市（0.523）、娄底市（0.518）、阜新市（0.513）、六盘水市（0.510）、白山市（0.510）、晋城市（0.509）；是转型难度极为突出的城市，其中前四位的城市均为东北城市，这一定程度上反映了东北地区转型问题的严重性。从图5.3.1来看，预警指数较高的城市主要集中在东北和西部地区，东部地区预警指数则普遍较低，情况较好。按照城市预警指数的排序，将城市预警等级分为安全（绿色）、轻度困难（黄色）、中等困难（橙色）、严重困难（红色）四个等级，具体分类结果见附表2、附表3。

### 5.3.2 分区域资源型城市预警指数特征评价

分区域来看，东北地区情况最为严重，转型预警指数均值达0.488。东部资源型城市转型条件则普遍较好，预警指数均值较低，为0.411。通过T检验可知，中西部资源型城市的预警指数没有显著区别，但是东部和其他三个地区之间存在显著差异，而东中西部和东北之间也存在显著差异。具体来说，东部地区资源型城市转型情况较好，压力较轻，能力最大，但是资源和社会压力相对突出；中部地区资源型城市转型情况一般，压力较大，能力中等，其中资源环境压力较为突出，经济发展和社会保障能力不足；西部地区资源型城市转型情况较差，虽然面临的压力最轻，但是转型能力较弱，尤其是创新驱动能力、资源利用和环境保护能力弱；东北地区资源型城市转型情况最为严峻，面临转型压力最大，尤其是经济社会压力较重，而转型能力较差，尤其是经济发展能力、环境保护能力和资源利用能力较差。

### 5.3.3 分生命阶段资源型城市预警指数特征分析

分生命周期阶段来看，总体上说，衰退型资源城市转型困难最为突出，预警指数均值为0.466；再生型资源城市转型压力最小，为0.415。通过T检验可知，衰退型资源城市预警指数均值跟再生型城市有在5%水平上显著的差异，但是其他类型城市互相之间区别均不显著。这主要是由于成长型资源城市转型能力极为薄弱，而成熟型资源城市能力压力不匹配，因此也遇到了较大的困难。具体来看，成长型资源城市面临的总体压力最轻，但是由于处于发展初期，经济压力较重，转型能力最弱，尤其是创新驱动能力、民生保障能力和环境保护能力最弱；成熟型资源城市总体压力较轻，但是环境压力较重，另外社会压力逐渐开始显现，转型能力中等，但是经济发展能力和创新驱动能力相对较弱，未来将面临较明显的发展难题；衰退型资源城市全方位压力都较重，尤其是经济社会压力更为突出，转型能力较差，尤其是经济发展能力欠缺；再生型资源城市压力并不小，尤其是资源压力与社会压力遗留仍然较重；但是再生型资源城市转型能力全面突出，因此能够实现转型。

第五章　计算结果与分析

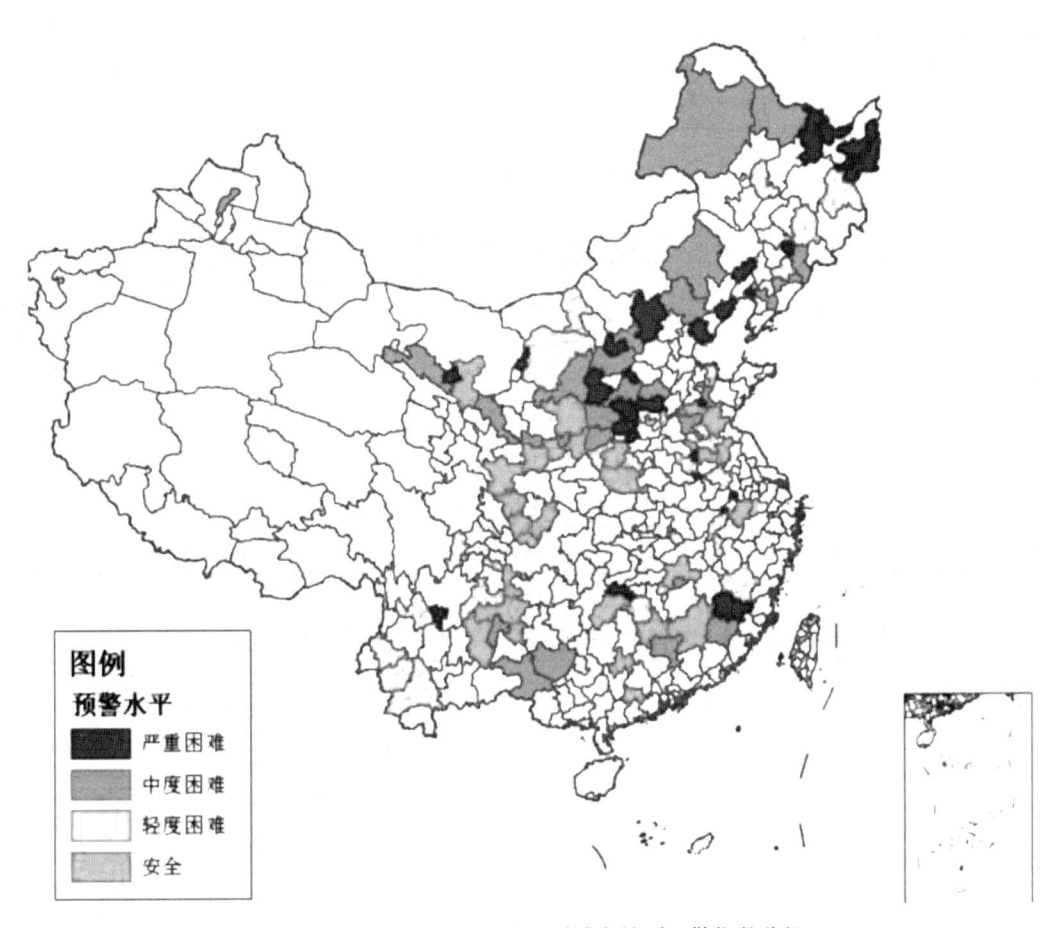

图例
预警水平
■ 严重困难
▨ 中度困难
□ 轻度困难
▦ 安全

图 5.3.1　2015 年中国资源型城市转型预警指数分级

表5.3.1　分地区地级资源型城市预警指数均值

| | 预警指数 | 转型压力指数 | 转型能力指数 | 资源压力 | 环境压力 | 经济压力 | 社会压力 | 经济发展能力 | 创新驱动能力 | 环境保护能力 | 资源利用能力 | 社会保障能力 |
|---|---|---|---|---|---|---|---|---|---|---|---|---|
| 全国 | 0.441 | 0.335 | 0.453 | 0.276 | 0.418 | 0.335 | 0.311 | 0.487 | 0.348 | 0.567 | 0.499 | 0.365 |
| 东部 | 0.411 | 0.330 | 0.509 | 0.387 | 0.405 | 0.229 | 0.301 | 0.583 | 0.427 | 0.638 | 0.525 | 0.374 |
| 中部 | 0.438 | 0.339 | 0.462 | 0.277 | 0.485 | 0.320 | 0.271 | 0.456 | 0.385 | 0.588 | 0.522 | 0.360 |
| 西部 | 0.436 | 0.311 | 0.438 | 0.189 | 0.390 | 0.344 | 0.320 | 0.489 | 0.294 | 0.559 | 0.483 | 0.367 |
| 东北 | 0.488 | 0.383 | 0.406 | 0.337 | 0.361 | 0.455 | 0.379 | 0.443 | 0.305 | 0.466 | 0.458 | 0.360 |

表5.3.2　地区间预警指数均值差异显著性系数

| Sig值 | 东部 | 中部 | 西部 | 东北 |
|---|---|---|---|---|
| 东部 | —— | 0.044 | 0.069 | 0.000 |
| 中部 | 0.044 | —— | 0.855 | 0.009 |

续表

| Sig值 | 东部 | 中部 | 西部 | 东北 |
|---|---|---|---|---|
| 西部 | 0.069 | 0.855 | —— | 0.007 |
| 东北 | 0.000 | 0.009 | 0.007 | —— |

表5.3.3　分生命周期阶段地级资源型城市转型预警指数均值

| | 预警指数 | 转型压力指数 | 转型能力指数 | 资源压力 | 环境压力 | 经济压力 | 社会压力 | 经济发展能力 | 创新驱动能力 | 环境治理能力 | 资源利用能力 | 社会保障能力 |
|---|---|---|---|---|---|---|---|---|---|---|---|---|
| 全国 | 0.441 | 0.335 | 0.453 | 0.276 | 0.418 | 0.335 | 0.311 | 0.487 | 0.348 | 0.567 | 0.499 | 0.365 |
| 成长型 | 0.435 | 0.285 | 0.416 | 0.113 | 0.374 | 0.362 | 0.292 | 0.493 | 0.240 | 0.509 | 0.529 | 0.308 |
| 成熟型 | 0.439 | 0.328 | 0.449 | 0.241 | 0.435 | 0.329 | 0.306 | 0.473 | 0.342 | 0.573 | 0.510 | 0.347 |
| 衰退型 | 0.466 | 0.389 | 0.457 | 0.366 | 0.450 | 0.378 | 0.363 | 0.467 | 0.378 | 0.566 | 0.449 | 0.424 |
| 再生型 | 0.415 | 0.331 | 0.500 | 0.444 | 0.342 | 0.268 | 0.269 | 0.572 | 0.432 | 0.597 | 0.495 | 0.404 |

表5.3.4　不同生命周期阶段资源型城市转型预警指数均值差异显著性系数

| Sig值 | 成长型 | 成熟型 | 衰退型 | 再生型 |
|---|---|---|---|---|
| 成长型 | —— | 0.770 | 0.125 | 0.297 |
| 成熟型 | 0.770 | —— | 0.109 | 0.110 |
| 衰退型 | 0.125 | 0.109 | —— | 0.013 |
| 再生型 | 0.297 | 0.110 | 0.013 | —— |

# 第六章 城市预警指数分析

## 6.1 河北省

### 6.1.1 唐山市

（1）城市概况

唐山市简称"唐"，是河北省的省辖市，位于河北东部、华北东北，南面靠近渤海，北靠燕山，紧挨京津，地处华北与东北的咽喉之地，唐山市是京津唐工业基地的中心城市、京津冀群东北部的副中心城市。在唐山诞生了中国的第一座机械化采煤矿井、拥有第一条标准轨距铁路、产生了第一台蒸汽机车和第一桶机制水泥，唐山市是中国近代工业的摇篮，唐山市的工业基础在多年的积累下十分雄厚，享有"北方瓷都"之称[①]。截至2015年，唐山市辖7个市辖区、5个县，2个县级市，全市常住人口780.1万人，其中城镇人口454.9万人，常住人口城镇化率58.31%。2015年地区生产总值达到6225.30亿元，较上年增长5.1%，全市人均生产总值80655元，比上年增长4.6%，位居河北省首位。[②]

（2）资源特点及利用情况

唐山矿产资源十分丰富，以煤炭、石油等能源矿产为主。唐山市大规模煤炭开采历史已经有100多年，煤炭保有量为62.5亿吨，是国内焦煤的重要产区之一，能够为唐山市提供足够的矿产资源。石油、天然气从1956年开始进行普查，目前已发现5个油气田资源，截止到2007年唐山市新探明储量石油10亿吨。目前在唐山市已经发现的油气资源不仅有常规油，而且还有凝析油和天然气等资源。此外，与煤炭伴生的煤层气储量也很大。唐山市的风能、太阳能、地热能等多种资源储量也十分丰富。在金属矿产方面，唐山市不仅拥有保有量为62亿吨的铁矿资源，为国家三大铁矿区之一，其金矿资源主要分布在遵化、迁西两县，其不仅拥有悠久的开采历史，并且已探明的黄金储量为78543公斤。同时，唐山市含锰地层储量达21.37万吨。除此之外，唐山还有银矿、铜矿、铝土矿、钼矿、锡矿、汞矿等多种稀有金属矿产；唐山市

---

① 资料来源：唐山市政府网站 http://www.tangshan.gov.cn/zhuzhan/tsgl/20160411/132478.html。
② 资料来源：唐山市经济与社会发展统计公报 2015。

非金属矿产主要有石灰岩、白云岩、石英砂岩、耐火黏土、铁矾土等。

唐山是一座依煤而建，以钢而兴的城市，有着绵长的历史渊源，享有"中国近代煤炭工业源头"、"中国北方民族工业摇篮"的美誉。近年来，唐山市以科学发展观为指导，居安思危，科学地研判形势，树立超前思维，着力转变唐山市的发展方式，深入推进结构调整和转型升级，加快优化煤炭产业、煤化工产业、煤电热产业、现代服务业等产业发展新格局，努力实现经济增长、产业结构和经营模式"三大转型"，传统产业质量和效益显著提升，新产业新业态快速成长，唐山市的工业化与信息化程度深度融合，其城市创新能力有了显著提高，主要经济指标更加平衡协调，空间布局有了进一步的优化，唐山市的服务业在 GDP 中所占比重有了显著提升，全市服务业产值年均增长 7% 以上，经济竞争力明显增强。

（3）指数计算结果

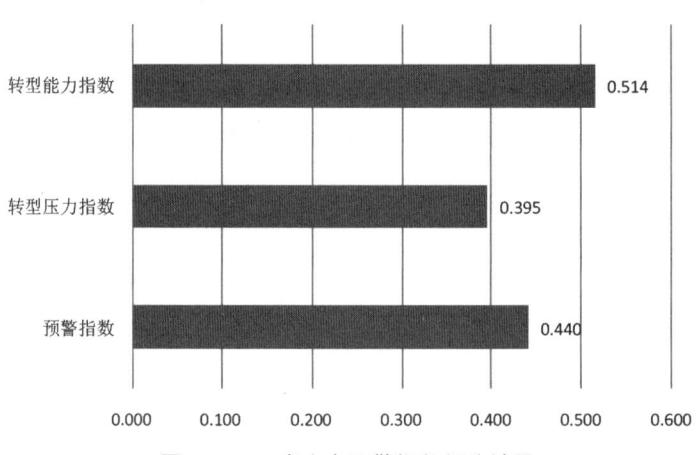

图 6.1.1　唐山市预警指数得分结果

- 转型能力指数：0.514
- 转型压力指数：0.395
- 预警指数：0.440

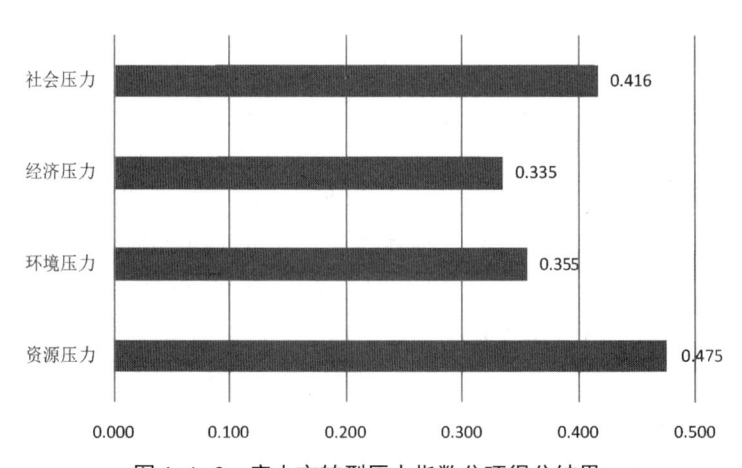

图 6.1.2　唐山市转型压力指数分项得分结果

- 社会压力：0.416
- 经济压力：0.335
- 环境压力：0.355
- 资源压力：0.475

## 第六章 城市预警指数分析

```
民生保障能力  ████████ 0.395
资源利用能力  █████████ 0.450
环境治理能力  ███████████████ 0.767
创新驱动能力  ███████ 0.367
经济发展能力  ████████████ 0.593
              0.000 0.100 0.200 0.300 0.400 0.500 0.600 0.700 0.800 0.900
```

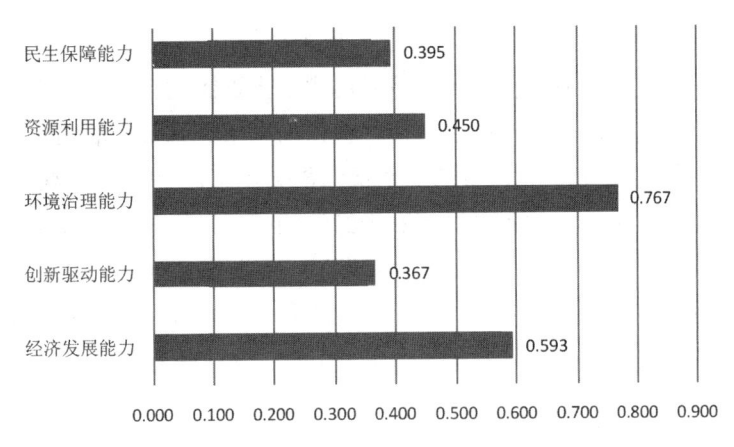

图 6.1.3 唐山市转型能力指数分项得分结果

（4）指数评价

转型压力分析

唐山市转型压力指数为 0.395，在全部 116 个资源型城市中排名 26 位，在东部资源型城市和再生型资源城市中均排名第 1。这说明唐山的转型发展遇到了较大的困难。分项来看，唐山面临的资源型压力较为突出，在所有资源型城市中排名第 25，在东部资源型城市中排名第 1，在再生型资源城市中排名第 8，可见唐山市在资源利用效率方面存在较大的差距，对城市发展形成明显阻碍。其次是社会压力，在所有资源型城市中排名第 25，进一步细分可以发现，唐山市各项社会压力均比较严重，说明唐山市的转型发展尚有较沉重的社会负担；其中最为突出的是安全压力，其次是就业压力，这说明唐山市产业结构不合理，生产方式粗放，安全生产能力和解决就业能力均待改善。唐山市也面临较大的经济压力，经济压力指数在全部资源型城市中排名第 44 名；细分来看，这主要是由于唐山市经济发展缓慢，也说明了唐山市资源加工业为代表的重工业一家独大的经济结构，尤其是钢铁产能过剩导致市场低迷、效益下行等问题，在经济波动中面临较大的风险。唐山市环境压力相对较小，排名全国 79 名，好于全国资源型城市的平均水平，这说明唐山市的生产方式较为环保，有利于持续发展，应当继续保持。

转型能力分析

唐山市转型能力指数为 0.514，在全国资源型城市中排名 27 位，在 15 个再生型资源城市里排名第 7，可以看出唐山市具备的转型能力还是比较强的。分项来看，唐山市环境治理能力最强，全国排名 11 位，这将有利于唐山市继续维持较小的环境压力，有利于经济社会可持续发展。其次是经济发展能力，在全国排名 19 位，说明唐山市经济虽然受产业结构影响，暂时遇到了问题，但是经济发展的条件还是不错的。分项来看，唐山市经济效率和经济发展水平较高，分别排名全国资源型城市的第 7 和第 10 位，但是经济结构转换能力排名很低，位于全国第 54 位。也就是说，唐山市遇到的问题，是在实现转型后，在较高经济发展水平上遇到的新问题，主要问题在于过高的资源加工业比例阻碍了经济的进一步优化，而由于经济效率的强劲，唐山市实现自我发展的能力依然很强。唐山市的民生保障能力尚可，全国排名 40 位，说明唐山市在民生保障方面具有一定的水平，有利于经济的长远发展与社会稳定；然而由于面临的社会压力较重，现有的民生保障能力尚不足以克服所遇到的困难。唐山市的科技能力和资源利用能力一般，创新驱动能力全国排名 46，相比其他指标并不突出，说明唐山市在科技创新方面尚需加强，尤其是居民生活、文化体育服务等方面。资源利用能力排名全国第 65 位，这一定程度上也是过高的高耗能占比导致的。

综合评价

综合来看，唐山市虽然转型能力不错，但是由于产业结构不合理和经济的波动，以及社会保障水平滞后，转型发展遇到了一定的困难。唐山市转型预警指数为 0.440，在全部 116 个城市中排名 58 名，在东部地区资源型城市中排名第 4，再生型城市中排名第 4，说明转型面临问题中等，在转型效果方面尚需巩固。

（5）政策建议

唐山应调整产业结构，着力改造提升钢铁、建材、化工、能源、装备制造等传统优势主导产业的进程，减少唐山市产业对资源加工产业的依赖。坚决压减过剩产能，通过严格的环保标准、实施差别化政策等措施，强力压减过剩产能，推进高耗能、高污染企业的关停并转，提升资源利用能力。

大力支持科技创新，做大做强先进装备制造、电子信息、节能环保、新能源、新材料等战略性新兴产业集群，配备新型产业和现代服务业这一"双引擎"，以此赢得未来竞争，使唐山市经济尽快成长为一棵"参天大树"，早日挑起发展大梁，打破产业结构固化的发展瓶颈。

另外，在民生保障方面应当加大重视力度，着力在提升人民群众生活质量上实现突破，妥善做好化解过剩产能过程中职工分流安置工作的问题，实施社会保障扩面提质工程，完善文化卫生服务体系，为经济社会发展保驾护航。

## 6.1.2 邯郸市

（1）城市概况

邯郸市位于河北省南端，太行山脉东麓，总面积 12066 平方公里，其中市区面积占地 419 平方公里。邯郸市是国家的一大历史文化名城，同时被评为中国优秀旅游城市、国家园林城市和中国成语典故之都。邯郸市是国务院批准的"较大的市"，具有地方立法权和拥有超过百万人口的大城市。邯郸区位交通条件优越，位于中原经济区腹心，是晋冀鲁豫四省交界区中唯一的特大城市，与石家庄、太原、济南、郑州等四个省会城市的距离均在 200 公里左右,并且与一线城市北京、天津距离均在 500 公里以内。邯郸拥有显著的地区位优势,三大经济圈环绕邯郸市,东接长三角经济圈,南连珠三角经济圈,北邻环渤海经济圈[①]。

截至 2015 年,邯郸市全市生产总值 3145.4 亿元,比上年增长 6.8%。三次产业结构由 2014 年的 13.1∶50.1∶36.8 变化为 12.8∶47.7∶39.5,第三产业比重比 2014 年提高 2.7 个百分点。全市年末总人口达到 1049.7 万人,比上年末增加 20.2 万人,增长 2.0%。邯郸市工业增加值 1323.6 亿元,较上年增长了 4.5%。在规模以上工业中,轻工业实现增加值 271.5 亿元,比上年增长 7.6%,增速高于重工业 3.6 个百分点,总量占规模以上工业比重 24.5%。高新技术产业增加值 119.6 亿元,增长 17.4%,占比重 10.8%,提高 2.3 个百分点;六大高耗能行业完成增加值 713.6 亿元,占比重 64.4%,下降 4.5 个百分点。[②]

(2)资源特点及利用情况

邯郸市蕴藏着品种丰富的矿产资源,是全国闻名的煤和高品质铁矿区,拥有储量巨大的"两黑"资源——煤和铁矿储量分别达到 40 亿吨和 4.8 亿吨,不仅拥有丰富的煤炭储量,而且有齐全的品种,煤质较好;铁矿品位较高、杂质含量少、可选性好。此外还有数量达到四十种以上的非金属矿资源矿藏,各种矿产地约 200 处。

邯郸工业门类齐全,是全国重要的冶金、电力、煤炭、建材、纺织、日用陶瓷、白色家电等工业生产基地。邯郸市商贸物流较为发达,创办了一大批轻纺、汽贸、建材、钢铁等物流流通企业,建成了能够辐射全国的大型批发市场。

(3)指数计算结果

|  |  |
|---|---|
| 转型能力指数 | 0.451 |
| 转型压力指数 | 0.388 |
| 预警指数 | 0.469 |

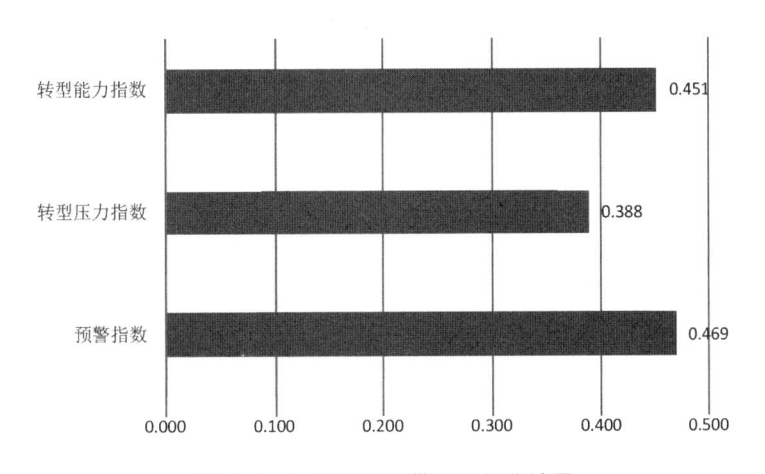

图 6.1.4 邯郸市预警指数得分结果

---

① 资料来源:邯郸市政府官网 http://www.hd.gov.cn/。
② 资料来源:邯郸市经济与社会发展统计公报 2015。

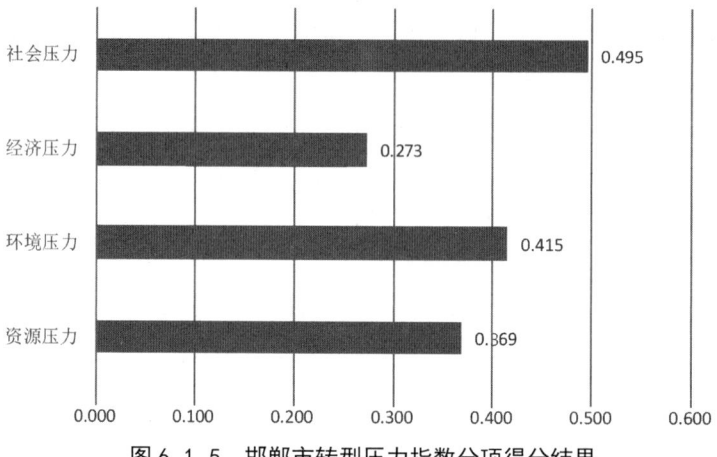

图 6.1.5　邯郸市转型压力指数分项得分结果

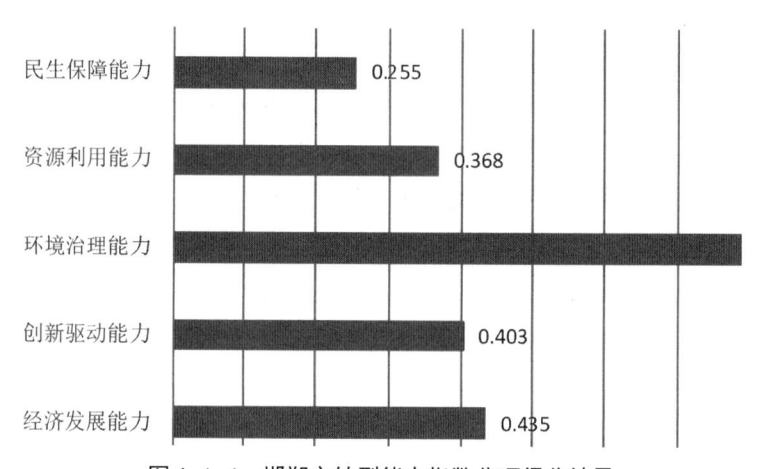

图 6.1.6　邯郸市转型能力指数分项得分结果

（4）指数评价

**转型压力分析**

邯郸市转型压力指数为 0.388，在全部 116 个资源型城市中排名 29 位，在东部资源型城市中排名第 5，在成熟型资源城市中排名第 13。这说明邯郸的转型发展遇到了较大的困难。分项来看，邯郸市面临的社会压力和资源压力较重，分别位于全国第 10 名和第 34 名。就社会压力而言，分项来看，其各项社会压力均比较严重，说明邯郸市的转型发展尚有较沉重的社会负担。社会保障压力位于全国第 27，就业压力位于 39，安全压力位于 14。这说明邯郸市安全生产能力和解决就业能力均待改善。从经济压力看来，虽然邯郸市的经济区位压力较大，对自然资源的经济依赖较强（位于全国第 96 位），但是更为严重的是其经济增长缓慢，政府财政负担大，且经济结构不合理。邯郸市以资源加工为主的经济结构导致了市场低迷、效益下行等问题,在经济波动中面临较大的风险。邯郸市的资源压力较为突出,位于全国第34,在所有资源型城市中排名第6,在东部资源型城市中排名第10,在成熟型资源城市中排名第15,可见邯郸市在资源利用效率方面存在较大的差距,对城市发展形成明显阻碍。其环境压力也为城市发展带来阻碍(位于全国第59)。细分来看,大气污染较为严重(全国第2),居住环境压力位于全国第54,其水污染问题和矿山开采带来的破坏也均位于全国前20。这说明邯郸市的生产方式亟待提高,若无所作为和改变,长此以往将不利于城市的可持续发展。

转型能力分析

邯郸市转型能力指数为0.451,在全国资源型城市中排名59位,在东部城市中排名第16,在成熟型资源城市里排名第33,可以看出邯郸市具备的转型能力中等。分项来看,邯郸市的环境治理能力最强,全国排名第8位,其水污染治理以及居住环境治理指数位于全国前列,矿山环境治理能力位于全国16。这将有利于邯郸市继续维持较小的环境压力,有利于经济社会可持续发展。其次是创新驱动能力,全国排名第35,邯郸市在培养创新人才、建造创新基础设施和投入等方面卓有成效。这将有利于邯郸市的长期发展。邯郸市的民生保障能力位于全国第16,说明邯郸市在民生保障方面具有一定的水平,有利于经济的长远发展与社会稳定,在居民收入、基础设施建设、医疗卫生、教育保障和文体服务等方面的能力均较为靠后(邯郸市居民收入保障、基础设施保障、医疗卫生保障、教育保障、文体服务保障能力排名分别为:60,57,77,78,109)。邯郸市的经济发展能力位于全国83,其经济结构转换能力影响力了经济的发展。邯郸市的资源利用能力位于全国第91位,说明其资源优势转换为经济优势的能力较弱。

综合评价

综合来看,尽管邯郸市转型能力不弱,环境治理能力较强,可以应付环境破坏带来的压力,但是资源、社会压力和经济压力均大于邯郸市自身的资源利用能力、民生保障能力和经济发展能力,因此仍遇到较为明显的困难。邯郸市转型预警指数为0.469,在全部116个城市中排名37名,在东部地区资源型城市中排名第3,成熟型城市中排名第19,说明转型面临问题在逐渐凸显。

(5)政策建议

邯郸市需要加强民生建设,着手抓民生创建和谐社会,增进人民可享受福利,在经济形势越是危急的时候越是需要邯郸市关注和改善民生的时候,做到顺民心、解民难、保民安。统筹发展社会事业,保证教育事业的有序发展,注重学前教育的实施,推进义务教育的优质均衡发展;同时,要争取能够拓宽居民增收和创业就业的渠道，激发全民创新创业活力，保证市民能够得到高质量的就业机会，并保证高校毕业生的就业状况，抓好农村转移劳动力、城镇困难人员和退役军人等重点群体的就业形势，合理解决过剩产能失业人员的就业问题。完善社会保障体系，进一步加快实施全民参保的计划，重点关注中小企业和灵活就业人员，以达到扩大社会保险覆盖面的效果。

邯郸市需要加强可持续建设工作，保证邯郸市的各项环境指标维持在平均水平，争取达到国内领先水平。一个好的环境才能够给到该市市民一个舒适的生活，不能够一味地为了经济的快速增长而放弃对环境的治理，这在一定程度上是得不偿失的。所以加强可持续建设也应该是一个市的市政府需要关心的重要问题。

经济上，邯郸市可以关注好的项目，增加项目投资，增强邯郸市的发展后劲。可以充分发挥投资的杠杆拉动作用，强化投资力度，优化投资结构，以优质的增量扩大总量、保证灵活存量，带动全市升级转型、绿色崛起；加强项目聚集平台建设。扩大对园区的投入，并且完善其配套设施等，以提高邯郸市的产业园区聚集项目的水平；完善项目管理机制。对项目准入、投资强度、产出效益、环境保护等进行严格把关，加强对项目的跟踪监测，完善对项目的考核，实施差别化的要素配置和改革试点工作。

进一步调整优化产业结构，促进工业转型升级进程。持续推进产业结构调整，尽快"让老树开出新花、让新芽长成大树"，打好钢铁整合重组攻坚硬仗。促进各大企业进行整合重组，力争在进行开工建设的过程中同时着力做好钢铁转型升级等前期工作，解决钢铁产能过剩问题，完成去产能对的任务，加快钢铁产业设备水平提升、产品结构的进一步优化、保证环保设施的达标、提高企业的产业效益。对钢铁深加工项目进行规模扩大，档次提高，同时提高钢铁生产效率；同时加大对企业技术的改造，促进传统工业产业向中高端进步，发展壮大战略性新兴产业。发展新材料、加快装备制造产业进程，培育发展生物、电子信息、新能源、节能环保和新能源汽车等高新产业，持续发展或引进新型龙头项目，寻找新的经济增长点。大力支持相关产业企业对标行业高端，明确其主攻方向，做大做强，提高企业对经济增长的贡献率。

### 6.1.3 邢台市

*（1）城市概况*

邢台位于河北省南部，东以卫运河为界与山东聊城相望，西依太行山与山西晋中毗邻，南与邯郸相连，北同石家庄接壤。邢台又称卧牛城，作为仰韶文化发源地之一，已有3500余年的悠久历史。邢台市总面积为1.24万平方公里，辖2个县级市、

15个县、2个区和2个管理区。境内地势海拔变化较大，主要表现为西高东低，自西而东山地、丘陵、平原阶梯排列，三者比例约为2:1:7[①]。截至2015年，邢台市全市生产总值达1668.1亿元、同比增长6%；三次产业对经济增长的贡献率依次为6.9%、39%和54.1%。其全部财政收入174.4亿元、增长4.4%，增幅为河北省全省第四，公共财政预算收入95.7亿元、增长6.4%，增幅为全省第六；全市规模以上工业企业增加值完成610.2亿元、增长4.6%。年末全市户籍总人口780.39万人，比上年末增加7.51万人。常住人口729.44万人，增加3.81万人。城乡居民人均可支配收入达到14785元，同比增长10.3%。[②]

（2）资源特点及利用情况

辖区蕴藏着丰富的黑色金属、辅助原料、煤炭、化工原料、建材原料及其他金属原料等38种矿产，其中有20种矿产资源经过地质勘查已初步探明储量，其中17种储量位居河北省前五位，蓝晶石储量位于全国第一，石膏储量华北第一，瓷土储量全省第一，岩盐储量经勘测达到超过1000亿吨。

邢台市作为国家老工业基地，拥有十分雄厚的工业基础，形成了以钢铁、机械、建材等重工业为主，门类齐全的工业体系。近年来，邢台市始终坚持提升创建特色与品牌化的装备制造、新能源、煤盐化工、新型建材、钢铁深加工、纺织服装、食品医药七大优势产业；同时还涌现出了一批以电线电缆、羊绒及制品、轴承、汽摩配件、自行车、机械制造等为六大特色的产业集群；抓住创建全国第一批新能源示范城市的契机，着重培养出了以御捷、红星等整车企业和超威、神州巨电等配套企业为代表的新能源汽车产业链；拥有排名世界500强的冀中能源和行业龙头旭阳、晶龙等大型企业；同时今麦郎食品、富岗苹果、蓝鸟家具等知名品牌在国内外均享有盛誉。工业生产稳中有进。全部工业增加值完成711.6亿元，比上年增长4.1%。其中，规模以上工业增加值完成576.7亿元，增长4.2%。在规模以上工业中，从不同的经济类型来看，国有及国有控股企业下降了0.9%；集体企业增长18.8%；股份制企业增长3.7%；外商及港澳台商投资企业增长3.0%。轻工业产值增长6.0%，重工业产值增长2.9%。邢台市七大优势产业占到全市规模以上工业增加值的比重为69.1%，比上年提高1.9个百分点。工业产品销售率为97.7%。

---

① 资料来源：邢台市政府官网 http://www.xingtai.gov.cn/hdjl/。
② 资料来源：邢台市经济与社会发展统计公报2015。

（3）指数计算结果

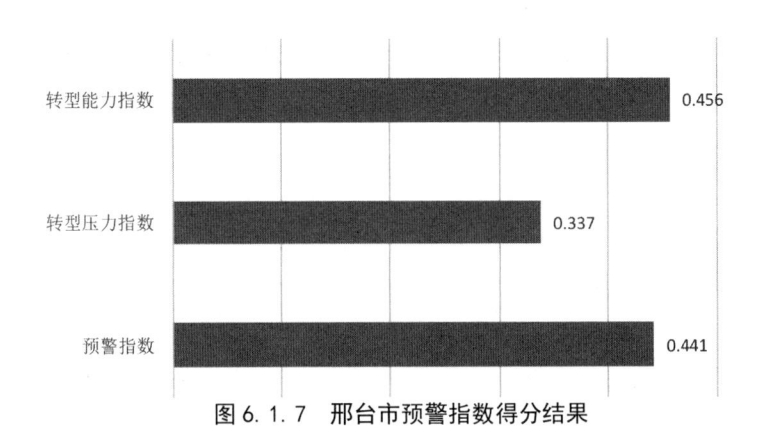

图 6.1.7　邢台市预警指数得分结果

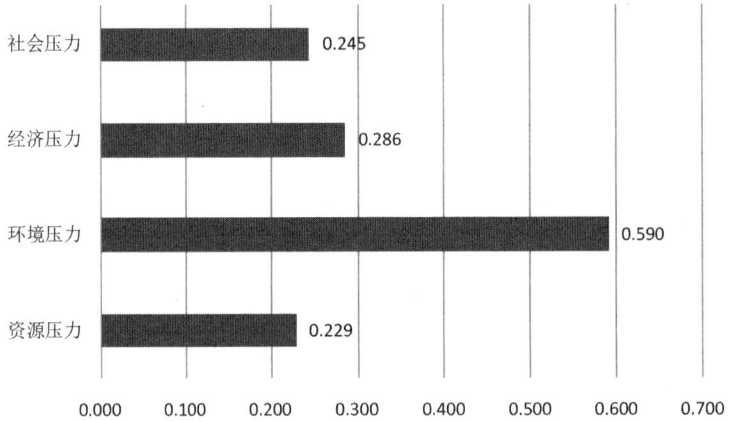

- 转型能力指数：0.456
- 转型压力指数：0.337
- 预警指数：0.441

图 6.1.8　邢台市转型压力指数分项得分结果

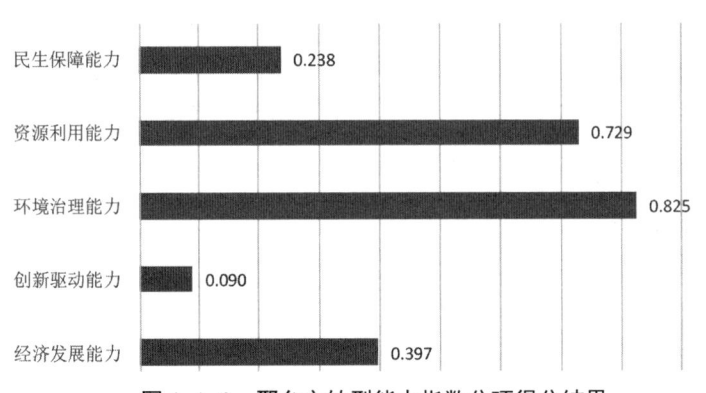

- 社会压力：0.245
- 经济压力：0.286
- 环境压力：0.590
- 资源压力：0.229

图 6.1.9　邢台市转型能力指数分项得分结果

- 民生保障能力：0.238
- 资源利用能力：0.729
- 环境治理能力：0.825
- 创新驱动能力：0.090
- 经济发展能力：0.397

（4）指数评价

转型压力分析

邢台市转型压力指数为 0.337，在全部 116 个资源型城市中排名 51 位，在东部资源型城市中排名第 10 位，在成熟型资源城市中均排名第 26。这说明邢台在转型过程中遇到的压力不小。分项来看，邢台面临的环境压力较为突出，在所有资源型城市中排名第 14，在东部资源型城市中排名第 1，在成熟型资源城市中排名第 10。尤其是水污染和空气污染这两个环境问题尤为严重（分别位于全国第 7 位和第 29 位），这在一定程度上也给居民居住环境带来压力（位于全国第 42 位）。这也说明邢台市在转型发展过程中未注意保护环境，长远看来将不利于经济社会等各方面的可持续发展。邢台市面临的资源压力位列全国资源型城市的第 54 位，稍微高于全国的平均水平，这说明邢台市在资源利用效率方面仍有待提高。其次是经济压力，位于全国资源型城市的第 61 位，进一步细分可以发现，经济增长缓慢以及政府财政压力是导致这一问题的主要原因。邢台市的社会压力低于全国平均水平，位于 116 个资源型城市的第 78 位。尽管社会保障压力较大（位于全国第 21 位），但是邢台市采取有效的措施保障就业和安全生产，在一定程度上减轻了社会压力。

转型能力分析

邢台市转型能力指数为 0.456，在全国资源型城市中排名 54 位，在 63 个成熟型资源城市里排名第 30，可以看出邢台市具备的转型能力一般。分项来看，邢台市环境治理能力最强，全国排名 7 位，这将有利于邢台市继续维持较小的环境压力，有利于经济社会可持续发展。其次是资源利用能力，位列全国第 14 位。邢台市的经济发展能力和民生保障能力均位于全国的第 94 位。在经济发展能力方面，尽管其经济结构转换较为合理（位于全国第 40 位），可经济效率低下（全国第 73 位），经济增长缓慢（全国第 90 位），规模较小（全国第 93 位）。在民生保障方面，邢台市在医疗卫生、居民收入、教育保障、基础设施建设以及文体服务保障方面都远远落后于全国平均水平，有待更多投入。若不提高民生保障能力，长此以往将不利于经济的长远发展与社会稳定。最为严重的是邢台市的创新驱动能力十分差，位于全国 116 个城市的倒数第 4 位。仔细看来，是因为邢台市对于创新资金投入、创新基础设施建设和创新人才的培养都落后于全国平均水平，邢台市在科技创新方面尚需加强。

综合评价

综合来看，邢台市的转型压力和能力都位于全国中等水平。创新能力亟待加强。邢台市环境治理压力大，但是治理能力强，长远看来不是转型的困难之处。同样，虽然资源压力大（邢台市的资源压力位列全国 54，稍高于平均水平，问题不是十分突出），但是资源利用能力强，可以支撑经济发展。社会压力小，但是民生保障方面却不尽人意，若不调整政策将会带来社会矛盾和不稳定。经济发展缓慢且规模较小等问题需要引起注意。邢台市转型预警指数为0.441，在全部116个城市中排名56名，在东部地区资源型城市中排名第6，成熟型城市中排名第35，转型预警情况中等，但问题正在逐渐凸显。

（5）政策建议

环境上：对生产环境监测和管理系统进行科学计划和完善，形成一个品种齐全、分布合理、面积合理的自然保护区，同时重点治理水土流失区的现状，改善农业的生态环境，建设城市绿地，改善生态环境的质量。

经济上：确定项目建设，加大投资力度，寻找新的经济增长点。一是加大项目建设推进力度。二是提高项目招商实效。在现有产业中立足，对软环境优化、动员全社会、依靠企业家、围绕产业链，进行各项商业合作模式，在教育、医疗、科研等领域同其他市进行错位竞争，力争再达成一批新的合作项目。探索推行PPP等政企合作模式，对财政投入方式进行进一步创新，撬动并引导社会资本的投入。三是加强项目质量管理。学习市开发区"八项必考察、七项评估"经验，对项目质量进行评估，着力提高企业的技术水平和产业关联度。

创新方面：对产业结构进行进一步的转型升级和创新驱动。一是加快传统产业改造升级。把七大产业、六大集群作为产业发展的重点项目，制定并主导产业发展的合理规划。抓好"三百"工程，推进"两化"融合，续建项目的实施进程进一步加快。二是加快培育新兴产业。学习"高端化引领、园区化承载、城市化带动"经验，力促产业向中高端迈进。做好全国新能源示范城市创建工作，继续支持光热企业发展，推广新能源产品的应用。三是加快发展现代服务业。

民生保障方面：改善民生、做到统筹兼顾，促进社会事业的相互协调发展。一是着力保障群众的基本生活条件。千方百计稳定和扩大就业，持续推进城乡低保范围扩大提高标准。推广"医养一体、两院融合"模式，扩大贫困家庭大学生资助范围。二是大力发展各项社会事业。三是全力维护社会稳定。进行安全生产，遏制重大事故的发生，深入开展食品药品隐患排查和整治，加强对学校食品供应的专项治理内容。金融监管进一步强化，加强城市诚信建设，建立金融风险预警和执法协作机制，严厉打击非法集资等违法行为。

### 6.1.4 张家口市

（1）城市概况

张家口市地处河北省西北部，东临首都北京、西连煤都大同、北靠内蒙古高原，南接华北平原，全市南北长289.2公里，东西宽216.2公里，总面积3.68万平方公里。区位交通优越,地处京、冀、晋、蒙四省市交界处。[①] 截至2015年,全市户籍总人口469.01万人,其中城镇人口230.81万人,乡村人口211.36万人,常住人口城镇化率为52.2%。全市实现生产总值1363.54亿元,比上年增长5.8%。人均生产总值达30840元,比上年增长5.7%。三次产业增加值占全市地区生产总值的比重分别为17.9%、40.0%和42.1%。[②]

(2)资源特点及利用情况

张家口市是河北省具有较为丰富的矿产资源的城市之一。截至2012年末,张家口市已发现矿产97种。探明资源储量的矿产已经有33种,其中包括1种能源矿产、2种黑色金属矿产、4种有色金属矿产、2种贵金属矿产、1种稀有金属矿产、5种冶金辅助矿产、3种化工原料矿产、1种特种非金属矿产、14种建筑原料及其他非金属矿产。

张家口市能源资源同样十分丰富,主要能源资源有煤炭、风能和太阳能等。煤炭总储量29.34亿吨,风资源储量在2000万千瓦以上,其中可开发量1170万千瓦以上,其中坝上地区风资源储量约1700万千瓦以上,可开发量1030万千瓦以上,坝下地区风资源储量约300万千瓦以上,可开发量140万千瓦以上。张家口市也拥有十分丰富的太阳能资源,地域日照时数2756—3062小时,年太阳总辐射为每平方米1500—1700千瓦时,属于太阳能辐射Ⅱ类区域。

2014年,张家口市共有526家规模以上工业企业,全年实现工业增加值428.10亿元,同比增长4.9%,矿产品及精深加工产业累计完成工业增加值167.01亿元,同比增长3.9%,2014年张家口发展质量有新的提高。工业加快转型升级,张家口市还被工信部列入"全国工业绿色转型发展试点"城市。

(3)指数计算结果

图6.1.10 张家口市预警指数得分结果

转型能力指数 0.388
转型压力指数 0.434
预警指数 0.523

---

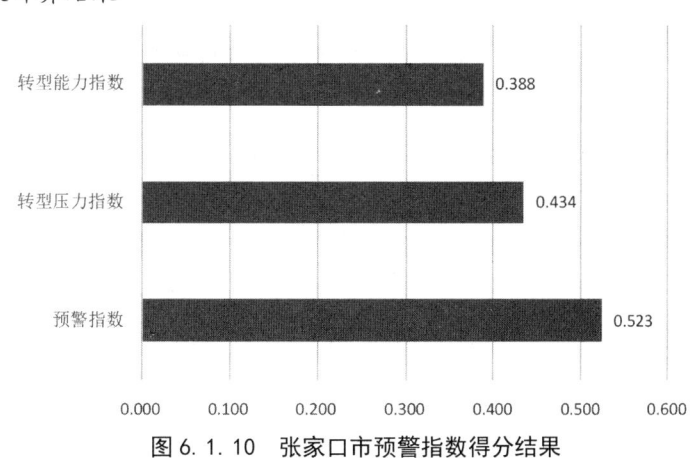

① 资料来源:张家口市政府官网 http://www.zjk.gov.cn/。
② 资料来源:张家口市经济与社会发展统计公报2015。

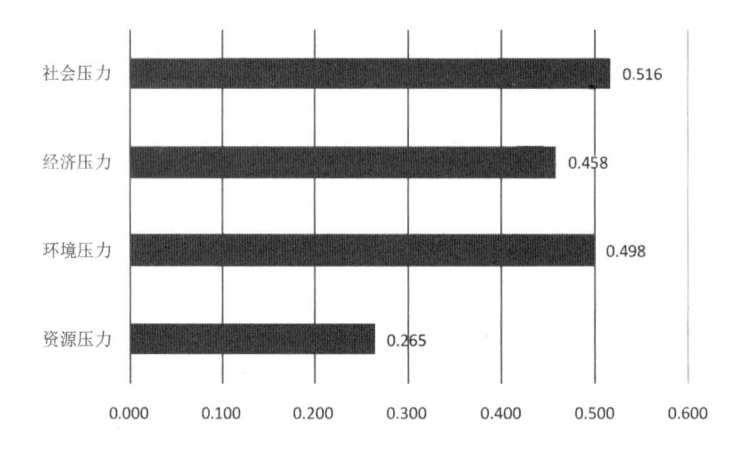

图 6.1.11 张家口市转型压力指数分项得分结果

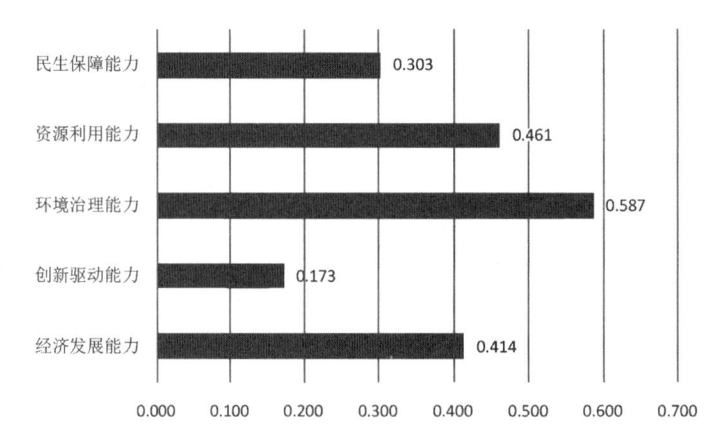

图 6.1.12 张家口市转型能力指数分项得分结果

（4）指数评价

转型压力分析

张家口市转型压力指数为 0.434，在全部 116 个资源型城市中排名 16 位，在东部资源型城市排名第 1，在成熟型资源城市中排名第 8。这说明张家口市的转型发展遇到了较大的困难。分项来看，张家口面临的社会型压力较为突出，在所有资源型城市中排名第 3。进一步细分可以发现，张家口的解决就业能力和安全生产能力均待改善（分别位于全国第 7 为和第 114 位）。张家口也面临较大的经济压力，其经济压力位于全国第 29 位，细分来看，这主要是因为其经济区位压力较大（位于全国第 19 位），对自然资源的地域性依赖较强。其经济增长较为缓慢也加重了该问题。张家口的环境压力位于全国第 33 位，高于全国资源型城市的平均水平，尤其是矿山开发（位于全国第 23 位）带来的破坏是导致该压力的主要原因。若不采取进一步措施，将不利于该地区的可持续发展。相较于其他压力，张家口的资源压力较小，位于全国第 47 位，但仍高于全国平均水平。

转型能力分析

张家口市转型能力指数为 0.388，在全国资源型城市中排名 91 位，在成熟型资源城市里排名第 52，可以看出张家口市具备的转型能力较弱。分项来看，张家口市环境治理能力和资源利用能力最强，分别位于全国排名 61 位与 61 位，可是和其他城市相比，该排位处于略低于全国平均水平的范围，这两项能力均有待提高。细分环境治理能力可以发现，居住环境治理和矿山环境治理是导致其治理能力较差的主要原因（分别位于全国第 87 位和第 85 位）。其次是民生保障能力，位于全国第 69 位。细分来看，可以发现张家口市在民生保障能力的各项指标表现都不尽人意，医疗卫生、文体服务保障能力分别为 80、78，这十分不利于经济的长远发展与社会稳定。张家口的经济发展能力在全国排名 90 位，说明张家口市经济发展不太顺畅，尽管其经济结构转换较好，但其经济效率低下且经济市场环境低迷，市场和企业规模较小，从而阻碍了经济能力的发展。最为严重的是张家口市的创新驱动能力，仅位于全国第 103 位，其各项指标（创新人才的培养、创新基础设施建设和资金投入）均远低于全国的平均水平（分别为第 82，第 75 和第 102）。

综合评价

综合来看，张家口市面临的社会、经济、环境和资源压力十分大，且其转型能力不足，各个指标都低于全国平均水平且不足以应付自身的压力。张家口市转型预警指数为 0.523，在全部 116 个城市中排名 10 名，在东部地区资源型城市中排名第 1，成熟型城市中排名第 4，说明转型面临问题仍然十分严峻。

（5）政策建议

持续有力改善民生。对事关群众切身利益的问题要贯彻落实解决，并且要达到保基本、兜底线、促公平的要求，全力扩大就业。在基本民生和低收入群众生活的保障上要进行重点突出，同时密切关注居民消费价格水平变化，落实社会救助和保障标准要与物价上涨挂钩联动机制，继续实施好营养改善计划。提升医疗保障，进一步落实"计生惠民"政策。实施文体惠民。打造一批文化艺术精品，进一步推进向社会开放学校、企业体育设施。完善公用设施。对一批城市主干道、小街小巷实施新建改建工程，加快垃圾污水处理、水源地改造等工程进度，推进平安城市建设。

坚持不懈改善生态环境。立足"京津冀水源涵养功能区"定位，不断靠近世界一流、奥运标准，争取早日达到"蓝天净水"的目标，深入治理大气污染。着重推进主城区及相关县城的供热，积极进行烟煤粉尘的治理。推动配送洁净煤的建设，在城中村或农村区域积极推广洁净型煤的使用。对宣化、怀来等重点区域采取强有力的措施，务必根本性改变大气污染。对各个市县区实行最严格的环保措施，努力实现"零排放"目标。

深入实施创新发展战略。张家口市是多年的老型工业基地，创新发展是张家口市的根本出路，以产业创新为核心，不断创造新的经济增长点。在园区这一平台上，大量集聚创新型的人才与技术。加强与国内知名科研院所、高等院校的联系，推广政府与科研机构的相关合作、形成"产学研"一体化的园区建设模式，推进各项高新产业园建设，吸引更多的人才、技术、资金进入张家口市，把科技人才优势变成张家口市的新兴产业优势，通过集聚的方式促进战略性新兴产业的快速发展。同时以基金为引导，形成创新企业板块。推广或复制与久有基金的合作模式，集中引进具有新一代高新技术的高科技企业，从根本上改造张家口市的产业结构。抓住国家和省设立新兴产业创业投资引导基金的机遇，积极推进与国内外各项创业投资、风险融资等股权投资基金的合作，为了达到"一个县区一直产业基金"的发展格局，要尽快完善"创投基金＋产业研究＋创新服务"的三位一体的融资服务体系。

### 6.1.5 承德市

（1）城市概况

承德市位于河北省东北部，总占地3.95万平方公里，拥有372.96万人口，其中满、蒙、回、朝鲜等25个少数民族人口达到130万。承德市辖8县3区、1个高新技术产业开发区。承德南邻京津，北接赤峰市和锡林郭勒盟，东西分别与朝阳市、秦皇岛、唐山和张家口市相邻，是连接京津冀辽蒙五大省市的重要节点，具有"一市连五省"独特的区位优势。承德位于环渤海经济圈和京津冀区域的加速崛起的形势之中，进入了加快发展的"黄金时期"。承德生态环境良好，资源富集，并且其森林覆盖率高达55.8%，是京津唐等的水源地和华北最"绿"的城市，拥有"华北之肺"的美誉。[①] 截至2015年，全市户籍人口382.35万人，比上年末增加1.61万人。全年实现生产总值1358.6亿元，比上年增长5.5%。全市居民人均可支配收入14167元，比上年增长9.5%。按常住地分，城镇居民人均可支配收入22885元，增长9.1%。三次产业比重由上年的16.8：50.1：33.1调整为17.4：46.8：35.8。全年实现全部财政收入163.5亿元，比上年下降16.8%。其中，公共财政预算收入

---

① 资料来源：承德市政府官网 http://www.chengde.gov.cn/。

97.4亿元，下降9.5%。[①]

（2）资源特点及利用情况

承德目前发现矿产98种，已经开发并加以利用的有50种，其已经探明的钒钛、钼、萤石的储量分别居全国第2位、第4位和第4位，铅、银、铂、钯、磷矿储量甚至居河北省首位，是我国除四川攀枝花市之外唯一的大型钒钛磁铁矿资源基地。承德市的黄金产量常年居河北省第一位，钼、银、铜、铅、锌等金属和花岗岩、大理石等非金属资源同样十分丰富。

2015年，全市实现全部工业产值增加545.6亿元，同比增长3.8%。从门类来看，采矿业增加236.6亿元，增长6.0%，制造业增加189.6亿元，增长2.5%，电力、热力、煤气及水生产和供应业增加41.9亿元，同比下降3.3%。在规模以上工业企业中，总计212家黑金属矿采企业实现增加值222.7亿元，增长6.2%，还有14家黑色金属冶炼及压延业产值增加87.7亿元，增长3.7%，两大行业共同拉动规模以上工业产值增长3.8个百分点，为全市工业贡献了95.8%的增加值。煤炭开采和洗选业、石油加工炼焦和核燃料加工业、化学原料和化学制品制造业、非金属矿物制品业、黑色金属冶炼和压延加工业、电力热力生产和供应业等六大高耗能行业增加154.2亿元，增长1.9%，64家高新技术产业企业最后实现增值35.8亿元，增长4.3%。

（3）指数计算结果

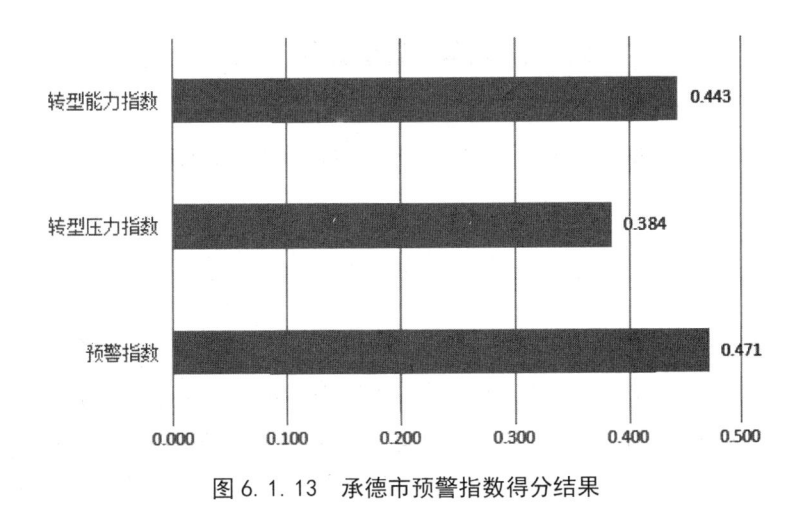

图6.1.13 承德市预警指数得分结果

- 转型能力指数：0.443
- 转型压力指数：0.384
- 预警指数：0.471

---

① 资料来源：承德市经济与社会发展统计公报2015。

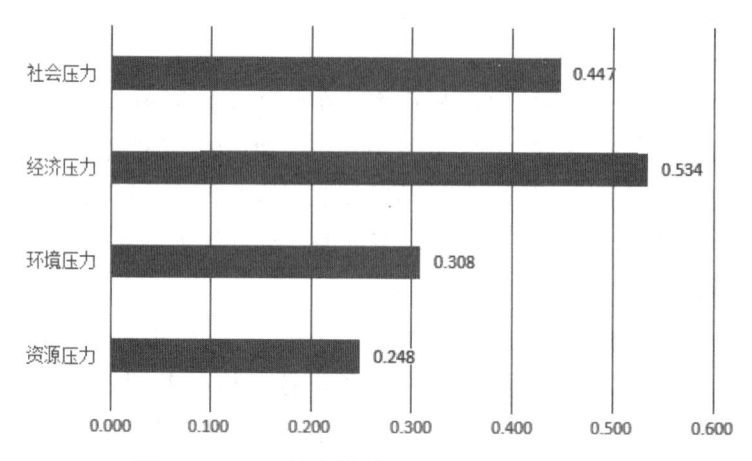

图 6.1.14 承德市转型压力指数分项得分结果

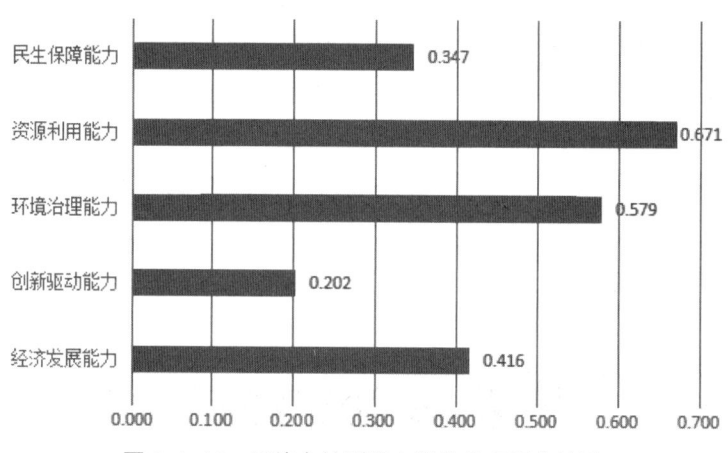

图 6.1.15 承德市转型能力指数分项得分结果

（4）指数评价

转型压力分析

承德市转型压力指数为 0.384，在全部 116 个资源型城市中排名 33 位，在东部资源型城市排名第 6，在成熟型资源城市中排名第 14。这说明承德的转型发展压力较大。分项来看，承德面临的经济型压力较为突出，在所有资源型城市中排名第 15。细分来看，这主要是由于承德市的经济区位压力较大，位于所有资源型城市的第 8 位，这说明承德的区位条件较差，需要改善对外交通联系。承德市的经济结构也不够完善。其次是社会压力，在所有资源型城市中排名第 21 位，其中较为突出的是安全生产压力（位于全国第 14 位），这说明承德市的安全生产能力有待提高。承德市的资源压力位于全国第 52，处于中等水平，可见承德市在资源利用效率方面仍有待提高。承德市的环境压力相对较小，排名全国90，好于全国资源型城市的平均水平，这说明承德市的生产方式较为环保，有利于持续发展，应当继续保持。

转型能力分析

承德市转型能力指数为0.443，在全国资源型城市中排名65位，在成熟型资源城市里排名第37位，可以看出承德市具备的转型能力较为一般。分项来看，承德市资源利用能力较强，位于全国第23位。其次是民生保障能力，位于全国第54位。细分来看，承德市在教育保障、医疗卫生和居民收入等方面能力处于全国中等水平，但是其基础设施建设能力较差，位于全国第80位。可见承德需在民生保障多投入精力，尤其是在基础设施建设方面，这在长远上才能促进经济的发展与社会稳定。其次是环境治理能力，位于全国第63位将不利于承德市的经济社会可持续发展。细分来看，尽管在水污染治理和矿山开采治理等方面表现不错，但是其大气污染和居住环境治理方面表现不足，分别位于全国第68位和第86位。至于经济发展能力，在全国排名第89位，远低于国家平均水平。说明尽管承德市的资源利用能力强，却没能把资源优势转化为经济优势。细分来看，各项指标（经济增长、经济规模和经济效率）的表现均不足（分别位于全国第70位，57位和64位），尤其是经济结构转化能力处于全国116个资源型城市的第99位，可见承德市的产业结构需得到进一步调整。最为严重的是其创新驱动能力，仅位于全国第100位，可见承德需在创新人才培养、创新基础设施建设和创新资金投入等方面多下功夫。

综合评价

综合来看，承德市的转型压力较大，尤其是经济转型压力和社会压力。承德市需进一步调整产业结构来促进经济发展；针对社会型压力而言，承德市的民生保障能力一般，尤其是基础设施建设能力有待提高。承德市的环境压力虽小，但是环境治理能力差，要想长远发展，仍需要进一步提高环境治理能力以防各种环境问题的出现。创新能力亟待提高，否则将进一步影响和制约其他方面的发展。承德市转型预警指数为0.471，在全部116个城市中排名33名，在东部地区资源型城市中排名第2，成熟型城市中排名第17，说明转型面临问题较大。

（5）政策建议

增强可持续发展投资力度，保证承德市的环境及各项资源的可持续性使用。促进各项生物处理、污染防治等节能环保产业的进步，开发更多高效节能的技术产品及装备，形成一个以先进技术为职称的废旧资源的回收利用体系。

经济上，坚定不移加快产业转型升级。坚持发展新型企业和无中生有型企业，通过增大流量以此带动存量调优，改造提升传统产业。大力发展市场倒逼机制，新技术、新模式来推动传统产业的中高端进步。同时要对钒钛制品产业进行大力度对的推动，整合治理冶金矿山等资源，从而促进黑色冶金采、选、炼纵向一体化的发展，建设钒钛基地新厂，让产业链条加以延长，实施氮化钒钛、全钒液流储能电池等一大批新材料项目，争取打造北方资源综合利用率最高的钒钛产品和特钢基地。做大装备制造产业，着重关注输送装备、石油装备、汽车零部件装备、仪器仪表装备等，关注汽车零部件、承德阀门工业园等项目的实施进程，促进装备制造业精品、系统、高端化发展。做强食品医药产业，推进各项产业项目建设，研发出新产品、同时打造新品牌、开拓新市场，实现食品医药工业快速增长。

培育战略性新兴产业。为赢得未来要把新兴产业作为强力支撑，积极推进3个千万千瓦级清洁能源基地建设，新增风光电装机66万千瓦，将清洁能源产业增加值提高到15%以上。促进建设大数据核心创业园进程，推进太谷的新兴信息技术等项目实施。

创新方面：改革发展创新项目以增强内生动力，将改革创新贯穿于整个经济社会发展领域和环节，全面实施创新驱动战略。

推进科技协同创新。依靠京津的地理优势，加强产学研一体的科技创新平台建设。建立产业技术联盟和院士工作站，加快建设钒钛新材料、仪器仪表、文化科技融合示范3个国家级基地和中关村国家自主创新承德示范基地，推动尾矿资源综合利用、中国钒钛、航天环境工程、发动机工艺、遥感技术、特种车辆、河北食用菌、围场马铃薯食品等8家研究院建设，争取培育一批省级工程技术研究中心和产业创新战略联盟，让北京科技成果转化及科技产业转移城建区能够在承德市完美打造。

推进重点产业创新。促进现代制造业与电子信息、现代服务业与传统产业、现代农业与电子商务等产业融合发展，推动企业"两化深度融合"，加快省级产业集群发展。建立市县科技成果交易市场，每个省级园区打造一个科技企业孵化器，推动创新成果变成实实在在的产业活动。通过产业引导基金和科技专项基金的设立，让科技创业投资、风险投资、科技担保等投融资机构得以建立，最终形成多方支持的产业创新投入保障体系。

推进企业自主创新。实施科技型中小企业创业服务、高新技术企业培育行动，鼓励企业开发拥有自主知识产权的产品和技术，培育创新品牌，对新认定国家和省级重点实验室、工程技术研究中心、企业技术中心给予支持奖励，将符合条件的新产品纳入政府采购目录。

基础设施建设和环境治理方面：完善城乡基础设施。加快农村基础设施建设进程，加快各地污水主管道工程建设，谋划建成再生水利用、污泥无害化处置项目。

## 6.2 山西省

### 6.2.1 大同市

（1）城市概况

大同市，作为山西省省辖市，是山西省的第二大城市，是中国首批24个国家历史文化名城之一、首批13个较大的市之一、著名古都、新能源示范城市、优秀旅游城市、国家园林城市、双拥模范城市、全国性交通枢纽城市、雕塑之都、十佳运动休闲城市之一。大同市位于山西北部，东与河北省张家口市、保定市接壤；西、南与省内朔州市、忻州市毗连；北面隔长城与内蒙古自治区乌兰察布市相连。大同市占地总面积14176平方公里，占到全省面积的9.1%。大同市1949年5月建市，行政范围经过多次调整形成大同市，1993年与雁北地区合并，形成现在的大同。大同市现辖4区7县，下辖乡镇街道145个[①]。截至2015年，年末全市常住人口为340.64万人，较上年末增加1.4万人。全年全市地区生产总值1052.9亿元，按可比价格计算，比上年增长9.0%。人均地区生产总值30975元，比上年增长8.5%。第一产业增加值占地区生产总值的比重为5.3%，第二产业增加值比重为41.8%，第三产业增加值比重为52.9%。[②]

（2）资源特点及利用情况

大同是中国最大的煤炭能源基地之一，同时也是国家重化工能源基地，是神府、准格尔新兴能源区与"京津唐"发达工业区的中点，大同素有"凤凰城"、"中国煤都"和"国家重要能源基地"的美誉。大同不仅拥有储量丰富的煤炭，而且煤炭品位很高，是世界著名的工业优质动力燃料，大同市的煤炭甚至被称为"工业精粉"。

煤炭：大同市境内含煤面积占到632平方公里，目前累计探明的煤炭储量为376亿吨。大同市坐落在大同煤田的东北位置，其煤炭资源是"大同煤田"的一部分。侏罗纪大同组含煤面积全市达540平方公里，保有储量58.7亿吨，累计探明储量65.5亿吨，到现代进行大规模开采的主要是这一部分侏罗纪大同组。石炭系煤累计探明储量为117亿吨。石灰系煤灰分较高，质量远不如侏罗纪系煤，属于气煤类。

石墨：石墨埋藏于前古生代的集宁群地层中，属沉积变质煤，山西省仅有一成矿

---

① 资料来源：大同市政府官网 http://www.sxdt.gov.cn/。
② 资料来源：大同市经济与社会发展统计公报2015。

带，仅分布在大同市区北部的宏赐堡、六亩地两处。它们属于同一成矿带，总探明储量石墨矿石5162.3万吨，其中含石墨224.7万吨。其中，宏赐堡保有储量石墨矿石3913.3万吨，内含石墨163万吨，含碳量甚至可以高达10%以上。六亩地表内保有储量石墨矿石1248.4万吨，内含石墨61.7万吨，平均含碳量4.9%，二者均为富矿型。

岩石：大同市的水泥石灰岩主要来源于上寒武系的海相地层中，总储量为两亿吨以上，主要分布于七峰山与狼儿沟两大矿区，现已大规模开采。储存于中、上寒武统地层中的熔剂石灰岩，是层状海相沉积矿床，累计探明储量7019.2万吨，分布在口泉西部地区。熔剂白云岩主要位于下奥陶统地层中，层位稳定，规模大，质量好，多为二级品，位置较浅，地质简单，极利于露天开采，累计探明储量5353万吨。高岭岩储存于石炭二叠纪的煤系地层之中，与煤共生。大同市的高岭岩有储量大、层位稳定、杂质少的特点，是陶瓷生产过程中优质的添加原料。现代对高岭岩的勘探程度很低，只作为煤矿的伴生矿来开采。而玄武岩产于晚第三系地层之中，探明储量为17424.35万立方米，孤山区有644.3万立方米，寺儿梁区有16780万立方米。

据2015年大同市统计公报，全年全市规模以上工业企业工业增加值比上年增长8.4%。原煤产量12259万吨，比上年增长7.4%；洗煤6415万吨，比上年增长4.9%；钢材产量4.5万吨，比上年减少91.6%。

（3）指数计算结果

|  |  |
|---|---|
| 转型能力指数 | 0.401 |
| 转型压力指数 | 0.368 |
| 预警指数 | 0.484 |

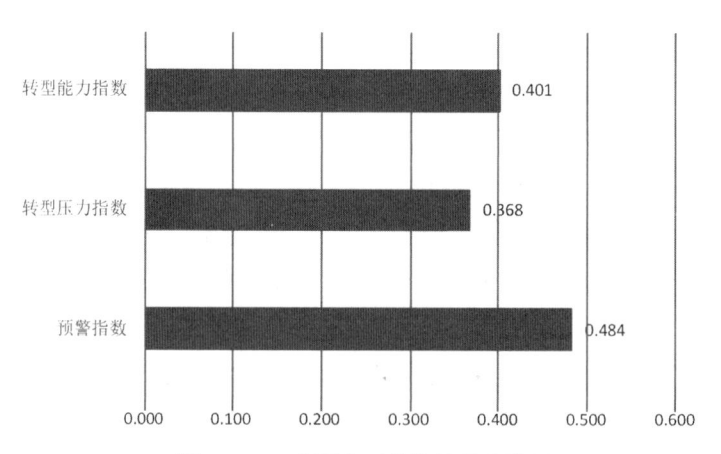

图6.2.1 大同市预警指数得分结果

图 6.2.2　大同市转型压力指数分项得分结果

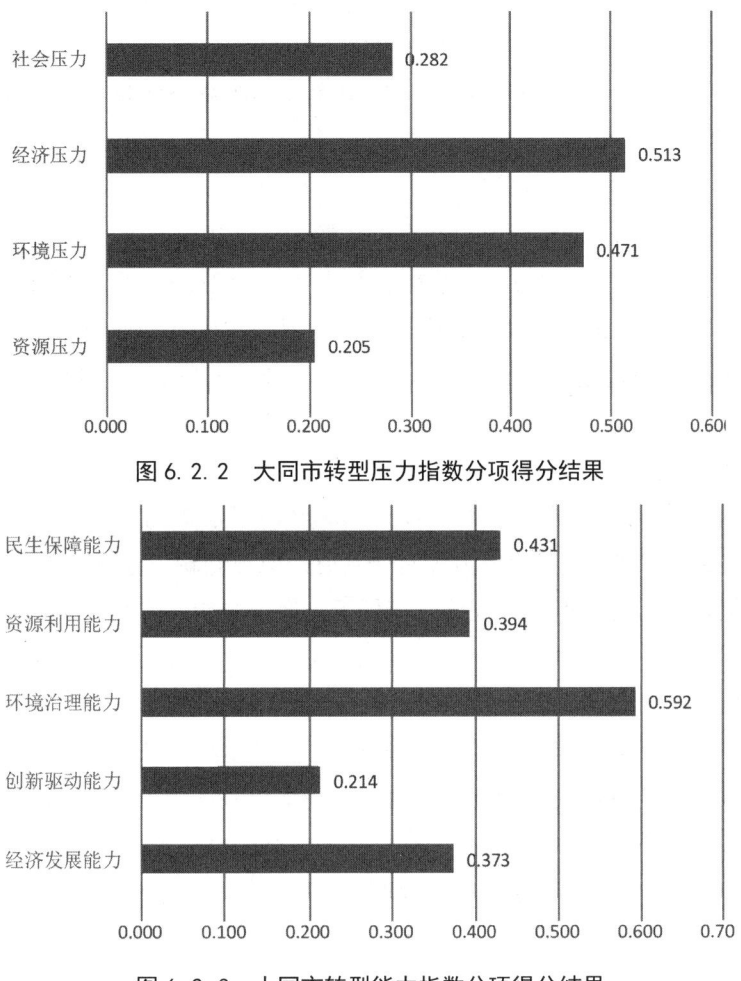

社会压力　0.282
经济压力　0.513
环境压力　0.471
资源压力　0.205

图 6.2.3　大同市转型能力指数分项得分结果

民生保障能力　0.431
资源利用能力　0.394
环境治理能力　0.592
创新驱动能力　0.214
经济发展能力　0.373

（4）指数评价

**转型压力分析**

大同市转型压力指数为 0.368，在全部 116 个资源型城市中排名 37 位，在中部资源型城市排名第 12 位，在成熟型资源城市中排名第 17。这说明大同的转型发展遇到了较大的困难。分项来看，大同面临的经济压力比较突出，位于全国 116 各资源型城市的第 18 位，细分来看，这主要是由于大同市经济结构十分不合理导致，也说明了大同市资源加工业为代表的重工业一家独大的经济结构，尤其是钢铁产能过剩导致市场低迷、效益下行等问题，在经济波动中面临较大的风险。其次是环境压力，排名位于全国第 42 位，好于全国资源型城市的平均水平。这说明大同市的生产方式较为环保，有利于持续发展，应当继续保持。大同市的资源压力较小，位于全国第 61，在中部资源型城市中排名第 19，在成熟型资源城市中排名第 27。这说明大同市的资源利用效率较好，资源优势明显。大同市的社会压力也较小，位于全国第 63 位，尽管就业压力位于全国第 1 位，但大同市在社会保障和安全生产等方面措施较为完善。

转型能力分析

大同市转型能力指数为 0.401，在全国资源型城市中排名 83，在成熟型资源城市里排名第 45，可以看出大同市具备的转型能力较弱。分项来看，大同市民生保障能力最强，位于全国第 30 位。说明大同市在民生保障方面具有一定的水平，有利于经济的长远发展与社会稳定，可文体服务方面的能力较弱（仅为全国第 94），大同市需在该方面进行提高。其次是环境治理能力，全国第 56，细分来看，主要是由于水污染和居住环境治理两方面表现不佳。资源利用能力位于全国第 78，这一定程度上也是过高的高耗能占比导致的。创新驱动能力和经济发展能力不足，分别位于全国第 96 和第 98。尽管在创新基础设施方面有所发展，但其创新资金投入和人才培养不够。而在经济发展能力方面，尤其是经济效率低下和经济结构转换两方面的不足阻碍了经济的发展。

综合评价

综合来看，转型压力较大且转型能力较弱，尤其是经济结构不合理和效率低下导致经济压力较大，而解决严重的就业压力、提高文体服务能力对于经济长远发展也十分必要。创新能力的提高对于城市发展也至关重要。大同市转型预警指数为 0.484，在全部 116 个城市中排名 21 名，在中部地区资源型城市中排名第 6，成熟型城市中排名第 11，说明转型面临问题严重。

（5）政策建议

**经济结构方面**：建立百企强市、百园立农、名城复兴工程，加速推动经济转型。按照产业基地化、基地园区化、园区项目化的思路，加大对具有特色优势的产业基地的建设力度，加快构建"1＋13＋1"产业体系，推动经济稳定快速增长的同时进行合理转型，全力推动项目建设。产业项目数量缺乏是制约大同市发展的最大因素，投资增速缓慢是大同市当前经济增长存在的主要问题。大同市要围绕十大领域，坚持"六位一体"原则，扎实地开展各项目提质增效的活动，使固定资产投资得到进一步增长。

**经济效率方面**：写好煤炭这篇大文章的同时也要推动非煤产业发展。积极贯彻落实好省市对煤炭管理体制深化改革的意见，推动煤炭供需管科革命，加快煤炭产业向"六型"转变，建设一个国家新型综合能源基地。加快热电联产、低热值煤发电、超超临界参数机组、特高压外送通道等高科技项目建设，打造一个千万千瓦级火电基地。培育一批活性炭潜力企业，将晋北煤化工基地打造成华北地区龙头基地。进一步抓好塔山循环经济园区建设，推动山西聚力节能环保产业园早日落地，大力发展粉煤灰新型材料、高岭土、脱硫石膏等产业，加大对秸秆、城市垃圾等废弃资源的反复综合再利用，打造资源循环利用和节能环保基地。

民生方面：就业上，努力促进城乡居民增收。越是经济下行，越要关注民生，特别是低收入、零就业家庭和农村贫困人口。坚持就业优先的原则，吸纳就业能力强的产业，充分发挥中小微企业促进就业，增加就业机会的作用，创业带动就业，促进高校毕业生以及零就业困难家庭等重点就业困难群体就业。推行企业职工工资集体协商制度，落实最低工资标准。提高机关事业单位职工工资水平，增加事业单位离退休人员离退休费用，落实县以下基层公务员职务职级并行制度。积极发展特色高效农业项目，提高农民日常经营性收入数额；不折不扣坚决执行强农惠农政策，提高对农民的转移性支出在财政支出中所占的比例；推动土地要素的资本产权登记制度改革，提高大同市农民财产性收入；做好农村劳动力转移工作问题解决，支持发展劳务品牌，扩大向京津等地区劳动力输出，尽可能使农民务工性收入增加，关注拖欠农民工工资问题并加大治理力度。

文体服务方面：加大国防和军队建设力度，加深军民融合，优抚安置和人防工作要贯彻执行到位，争创全国双拥模范城八连冠。落实大同全民健身计划，帮助民众建立健身观念，构建全民健身服务体系，提高人民身体素质水平。发展妇女儿童、老龄、红十字会等事业。加强防震减灾、气象、史志、档案、科普等工作。

创新方面：加大科技体制改革工作力度，促进科技创新取得突破。认真贯彻落实全省科技创新推进精神，持续实施创新驱动和低碳创新行动计划，构建以企业为创新主体、市场为创新导向、产学研用相结合的自主创新体系。加快创新企业孵化基地建设。实施重大科技专项，重点关注重载货运机车、现代煤化工、光伏新能源、采煤新技术等领域是否取得新进展，大力推广新技术、新材料、新设备、新产品应用，促进传统产业安全、清洁、高效、低碳向转型升级。积极引进国家"千人计划"、"万人计划"中的领军人才促进大同市人才建设。加快重点实验室、企业技术中心等创新平台建设进程。完善激励机制，让科研人员创新合法致富。支持大同大学的科技创新、成果转化项目，加强学科建设，大力发展短缺专业，用人才智力支撑经济社会发展。

### 6.2.2 阳泉市

（1）城市概况

阳泉市位于山西省东部，阳泉市作为一座新兴的工业城市，地域上就是晋东政治、经济、文化中心。现辖平定、盂县两县及城、矿、郊三区以及经济技术开发区，全市占地面积为4559平方公里，总人口138.6万人。阳泉是晋冀要衡，地处太原、石家庄两个省会城市的中间位置，相距均在100公里以内，一重一轻两大城市与阳泉经济相辅相成。同时，阳泉又处于东部发达地区与中西部的结合地带，战略上承东接西、双向支撑。[①] 截至2015年，人均地区生产总值42688元，按2015年平均汇率计算为6883美元，"十二五"年均增长6.0%。2015年实现地区生产总值595.7亿元，按可比价计算，比上年增长1.1%，"十二五"年均增长6.7%。三次产业构成由2010年1.5∶59.5∶39.0调整为1.7∶49.8∶48.5。[②]

（2）资源特点及利用情况

阳泉市地处沁水煤田东北部，煤炭资源储量得天独厚，煤炭不仅埋藏浅、储量大、易开采而且质量高。阳泉矿区中有含煤面积1835平方公里，地质储量共计173亿吨，其中仅阳泉市行政区域范围内含煤面积1051平方公里，地质储量102亿吨。阳泉矿区煤种70%以上都是低硫低灰优质无烟煤，发热量可以达到8000大卡/千克以上。全市共有煤矿53座，原煤产量6833万吨。阳泉市煤炭主要销往冀、鲁、苏、沪等全国16个省市，并向巴西、日本、韩国、比利时等国出口。近年来，为了实现可持续性发展的目标，阳泉煤炭工业结构大力进行产业、产品结构调整，通过整合煤炭资源，积极推动"一煤一企"政策，借助煤炭资源尽快实现转型跨越发展目标。

阳泉境内铝矾土保有资源储量7.1亿吨，依托丰富的资源，阳泉市的铝产业得到了蓬勃的发展。经过二十多年的建设，阳泉市已形成了以氧化铝、电解铝、铝型材等为主导产品的铝产业链。目前，规模较大的企业有：山西兆丰铝冶有限公司、阳泉铝业有限公司等。2012年，全市氧化铝产量35.8万吨。全市将继续发挥自身煤炭和电力优势，以发展氧化铝、电解铝、铝型材、铝箔、板带、盘条、合金棒等系列化化工产品为主导，走加工增值的道路，实施资产的重组整合和产权的加速改革，在未来几年，氧化铝将可能形成120万吨/年的生产规模，使铝工业成为阳泉市最重要的优势产业之一。

阳泉铝矾土因其储量大、品位高、杂质少、埋藏浅、易开采的特点而著称，境内已探明的铝矾土保有储量7.1亿吨，仅次于世界铝矾土王国圭亚那，是国内主要的铝矾土基地之一。阳泉市内规模较大的企业包括盂县西小坪耐火材料有限公司、阳泉下千耐火材料有限公司、山西圣火炉料有限公司以及正在建设中的白泉工业园区耐火小

---

① 资料来源：阳泉市政府官网 http://www.yq.gov.cn/。
② 资料来源：阳泉市经济与社会发展统计公报2015。

区等企业。阳泉市产品除满足国内各大钢铁企业需求外,还同时在世界各地销售,在国内外市场上享有盛名。

截至2015年,阳泉市规模以上工业企业达到133个,实现工业增加值178.8亿元,同比下降4.1%,"十二五"年均增长7.0%。规模以上工业企业原煤产量6463.2万吨,增长2.3%,"十二五"年均增长2.5%。洗煤3245.3万吨,下降14.1%;电力95.9亿千瓦时,下降10.9%。

(3)指数计算结果

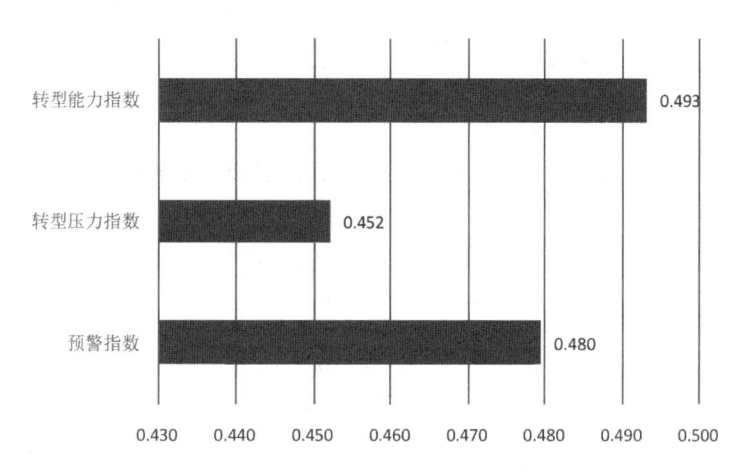

图6.2.4 阳泉市预警指数得分结果

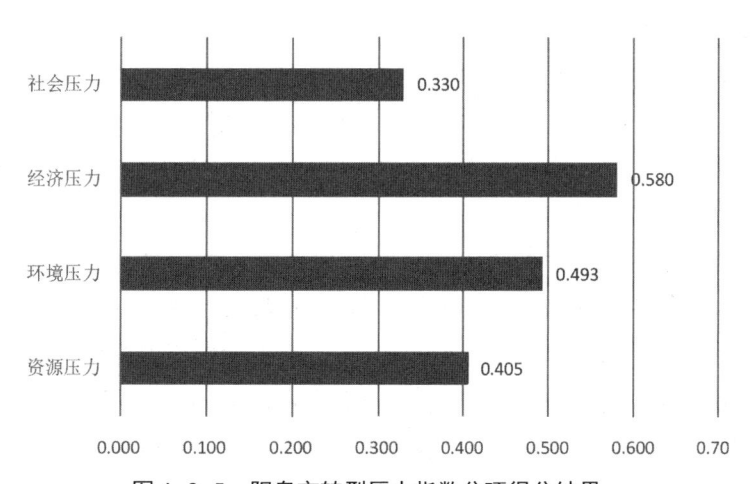

图6.2.5 阳泉市转型压力指数分项得分结果

```
民生保障能力    0.453
资源利用能力    0.785
环境治理能力    0.444
创新驱动能力    0.484
经济发展能力    0.300
```

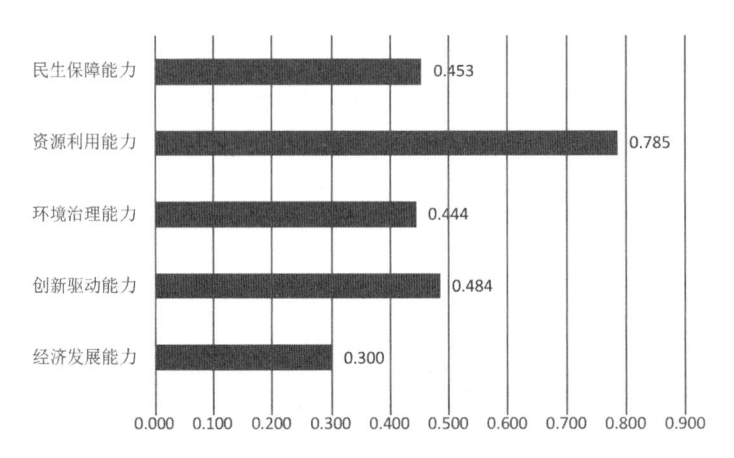

图 6.2.6　阳泉市转型能力指数分项得分结果

（4）指数评价

转型压力分析

阳泉市转型压力指数为 0.452，在全部 116 个资源型城市中排名 10 位，在中部资源型城市排名第 5，在成熟型资源城市中排名第 4。这说明阳泉的转型发展遇到了较大的困难。分项来看，阳泉面临的经济型压力较为突出，在所有资源型城市中排名第 12，分项来看，阳泉市的经济结构十分不合理，经济结构压力位于全国第 1。加上其经济增长缓慢，阻碍了经济的发展。其次是资源压力，在所有资源型城市排名第 30，这说明阳泉市的资源利用效率和其他城市相比还有一定差距。其环境压力位于全国第 34，细分来看主要是矿山开采带来的破坏较大，以及空气污染较严重。阳泉市的社会压力位于全国第 47，高于全国平均水平，而主要是由于安全生产带来的压力。

转型能力分析

阳泉市转型能力指数为 0.493，在全国资源型城市中排名 39，在成熟型资源城市里排名第 22，可以看出阳泉市具备的转型能力较强，处于中等偏上水平。分项来看，阳泉市资源利用能力最强，处于全国第 10 位，处于中部资源型城市的第 4 位，这说明阳泉市的资源优势较为明显。其次是创新驱动能力，处于全国第 21 位，尤其是创新人才的培养处于全国第 1 位。这将有利于阳泉市的长远的经济发展。阳泉市的民生保障能力位于全国第 25 位，高于全国平均水平。细分来看，尽管在居民收入保障能力和教育保障较弱，但在医疗卫生保障、基础设施建设和文体服务方面的能力均不错。阳泉市在环境治理方面能力不够，位于全国第 90，细分来看，阳泉市在环境治理的各个指标方面表现均不足，亟须在空气污染、水污染、矿山开采破坏以及居住环境治理能力方面提高。最差的是经济发展能力，仅位于全国第 105 位，这很大程度上制约了阳泉市的资源优势转化为经济优势。细分来看，这主要是由于其经济增长缓慢（全国第 105 位），经济结构不合理（全国第 88 位）和经济效率低下（全国第 114 位）导致。

综合评价

综合来看，转型能力较强，但是压力也比较大。阳泉市需要在经济结构方面进行调整，促进经济增长和利用效率。其次，在环境方面，需采取措施治理空气污染、水污染和矿山开采污染。阳泉市转型发展遇到了较为明显的困难。阳泉市转型预警指数为 0.480，在全部 116 个城市中排名 27 名，在中部地区资源型城市中排名第 8，成熟型城市中排名第 13，说明转型面临问题较大。

（5）政策建议

经济结构方面：加快产业转型升级速度，不仅要提升经济发展质量也要提升效益。首先，做好"革命兴煤"大文章。完成现代化矿井达标建设。积极推动各个地方煤矿的整合，提高产业集中度。提高对煤炭的洗选配能力，促进煤电联合经营，增加煤炭在当地的转化，实现集约高效的利用。加快煤炭综合信息平台建设，规范煤矿的建设和生产秩序的整合。技术创新、产业创新、商业模式创新和管理创新推进力度需要加大，推动煤炭产业向市场主导型、清洁低碳、集约高效、延伸加工、生态环保、安全保障的方向转变。同时，推进"非煤产业"大发展，积极争取项目早日核准、尽快开工建设，建设高铝黏土烧结产业集聚区，加大重组改造力度，以此争取能够彻底改变耐火材料行业"多、小、散、乱、差"乱象。其次，搭建"新兴产业"大舞台。注重发展水电、风能、生物质能等新能源产业，重点关注中广核风电二期、晋煤漾泉蓝焰煤层气开发利用等项目的建设实施，规划建设国家光伏产业基地。积极发展节能环保产业，重点建设河坡垃圾焚烧发电项目。

环境治理方面：加强大气污染防治，控扬尘。在建筑工地现场加强扬尘治理，严格规定运输物料车辆密闭苫盖；城市道路需要实行定点式机械化洗扫、精细化保洁、立体化喷雾降尘；尤其是大型煤场料场更要安装抑尘网和喷淋设施减少扬尘，坚决取缔城市周边的各种小煤场小料场。贯彻落实谁开采谁治理、谁生产谁负责的原则，尽可能做到根治矸山污染，不欠新账、渐还旧账，保证可持续发展；坚决阻止垃圾、秸秆的焚烧，加大对餐饮业油烟和露天烧烤的整治力度。减燃煤。对燃煤设施进行取缔和改造，在"城中村"和城乡接合部等地区推广清洁能源改造项目。淘汰黄标车、老旧车等尾气排放量大的车类，并加强机动车尾气的检测与管理。查违法。出重拳、严惩处，严厉打击各类违法排污行为。第二，深入实施节能减排。坚持"绿色发展"的原则，对重点耗能企业的节能监察和考核力度需要进行强化，积极推行合同能源管理。推进一大批工业企业进行节能改造。加强对交通运输、建筑行业、公共机构、居民生活等领域的节能工作实施。加快建设一批节能改造示范项目。强化农业面源污染治理，市县污水处理厂改造建设需要加快步伐。第三，扎实推进生态建设。对市区外围环城绿化、桃河流域综合治理、三北防护林打造、太行山绿化等造林工程进行重点实施，加快阳五高速通道绿化程度的建设，继续打造平定、盂县、郊区形成的绿色循环圈，确保持续完成更多营造林项目。积极开展生态环境治理修复工程，沉陷区治理、土地复垦、林地恢复、地下水保护和重点流域推进治理步伐。娘子关供水一期更新改造工程开工建设，娘子关供水二期续建；对娘子关饮用水源地污染企业的关闭搬迁要加快推进，从而确保水源地环境安全。

### 6.2.3 长治市

（1）城市概况

长治市位于山西省东南部，东倚太行山，与河北、河南两省为邻，西近太岳山，与临汾市相接，南部与晋城市毗邻，北部与晋中市交界。长治市域国土面积占地13896平方公里，总人口截止到2015年为335.36万人。现辖两区一市十县，是山西省传统能源重化工基地重要组成部分和新兴能源产业重要基地。长治市发达的陆路、航空交通运输业，承载起了其完善的城市架构，极大程度上缩短了长治市与国内沿海及世界各地的距离。[1] 截至2015年，全市地区生产总值完成1331.2亿元、增长5.1%，固定资产投资完成1245.6亿元、增长14.6%，规模以上工业增加值完成737.2亿元、增长5.1%。[2]

（2）资源特点及利用情况

长治地区有40多种地下矿藏种类，煤、铁藏量尤其丰富，享有"煤铁之乡"的美誉。预测煤铁地质储量为906亿吨，已经探明的储量为242.9亿吨；除沁县、黎城、平顺3县外的其余县区均有部分分布，长治地区的煤种不仅有肥煤、焦煤、瘦煤、无烟煤，重点是其煤种以无烟煤为主。铁矿的探明储量为1.4亿吨，矿石品种有赤铁矿、褐铁矿、赤褐铁矿和菱铁矿，矿床的类型多为山西式铁矿。锰铁矿分布于沁源、屯留、长子等县，矿石类型主要为含锰菱铁矿和含锰赤褐铁矿，工业分类称屯留式铁矿，已经探明的储量为5713万吨。长治市铝土矿的探明储量为5713万吨，主要分布于沁源、襄垣。耐火黏土的探明储量为1606万吨，主要分布于沁源、长治等县。大理石探明储量为1400万立方米，主要分布于平顺、壶关等县。同时，长治市光是熔制白云岩就有5827万吨，主要分布于黎城、潞城等县，还有铁矾土、硅石、石膏

---

[1] 资料来源：长治市政府官网 http://www.changzhi.gov.cn/。
[2] 资料来源：长治市经济与社会发展统计公报 2015。

等矿产资源，分别分布于襄垣、沁源、平顺、黎城、潞城、长治等县区内。长治市的其他矿藏还有钒矿、钛矿、镓矿、电石灰岩、制碱灰岩及铅、锌、铜等。

2012年末全市规模以上工业企业342家。全年规模以上工业增加值879.3亿元，增长13.4%。全社会原煤产量1.05亿吨，增长1.4%；焦炭产量1322.2万吨，增长2.4%；发电量348.7亿千瓦时，增长14.0%；钢材产量553.7万吨，增长30.7%。2012年全市向省外运输原煤3030.1万吨，下降8.5%，外运原煤占原煤产量28.8%。在外运原煤中，铁路运输1919.3万吨，下降18.0%；公路运输1110.8万吨，增长14.7%。向省外运输焦炭780.2万吨，下降6.8%，外运焦炭占焦炭产量59.0%。全市采区煤炭资源回采率达到81%。

（3）指数计算结果

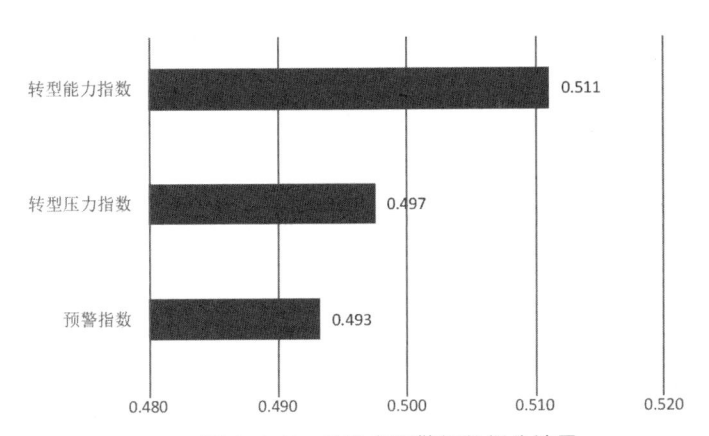

图 6.2.7　长治市预警指数得分结果

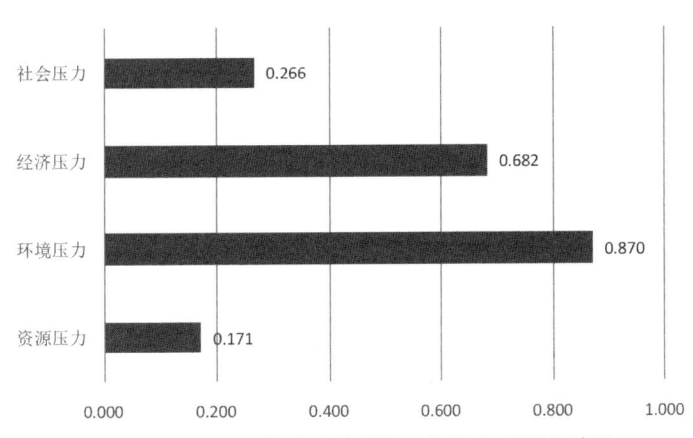

图 6.2.8　长治市转型压力指数分项得分结果

民生保障能力　0.360
资源利用能力　0.695
环境治理能力　0.560
创新驱动能力　0.653
经济发展能力　0.288

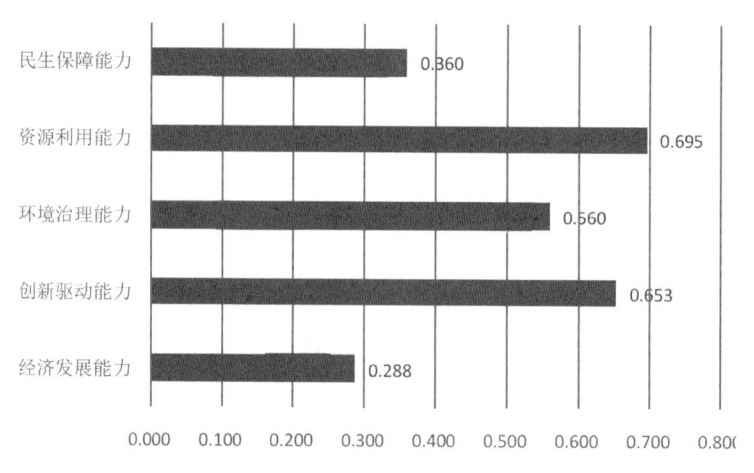

图 6.2.9　长治市转型能力指数分项得分结果

（4）指数评价

转型压力分析

长治市转型压力指数为 0.497，在全部 116 个资源型城市中排名 4 位，在中部资源型城市排名第 1，在成熟型资源城市排名第 1。这说明长治市的转型发展遇到了较大的困难。分项来看，长治面临的环境压力十分突出，位于所有资源型城市的第 1 位，不利于社会的可持续发展。细分来看，长治市的大气环境压力和矿山环境压力均位于全国第 1。其次是经济压力，位于全国第 7 位。细分来看，长治市的经济结构不合理是最为主要的原因（位于全国第 1 位）。长治市的资源压力和社会压力都较小（分别位于全国第 67 位和第 70 位），这有利于社会的稳定和经济的长远发展。

转型能力分析

长治市转型能力指数为 0.511，在全国资源型城市中排名 29，在成熟型资源城市里排名第 16，可以看出长治市具备的转型能力较强。分项来看，长治市创新驱动能力最强，位于全国第 6 位，尤其是在创新基础设施方面的建设，位于全国第 1 位。稍微不足的是资金投入较少（仅为全国第 82 位）。其次是资源利用能力，处于全国第 18 位，处于成熟型城市的第 11 位，这说明长治市的资源利用效率较高。长治市的民生保障能力尚可，位于全国第 51 位，但是在医疗卫生、基础设施建设和居民收入保障方面仍有待提高。长治市的环境治理能力一般，位于全国第 66，主要是由于居住环境治理和矿山环境治理能力的欠佳（分别位于全国第 97 位和 78 位）。最为严重的是其经济发展能力，位于全国 116 个资源型城市的第 75 位。长治市的经济结构不合理，加上其经济效率低下，经济增长缓慢，最终导致了经济落后。

综合评价

综合来看,长治市的转型压力较大,但是转型能力较强。长治市需重点加强环境治理和提高经济水平。在环境方面,尤其要提高大气环境和矿山环境治理能力;而在经济发展方面,尤其是要改变经济结构和经济发展效率。长治市转型预警指数为0.493,在全部116个城市中排名18名,在中部地区资源型城市中排名第5,成熟型城市中排名第8,说明转型面临问题较大。

(5)政策建议

环境治理方面:全面完成"十二五"中所规定的节能减排目标。在节能方面,积极推进国家新能源示范城市建设,大力培育和发展节能产业,推进长治市十大节能工程,坚决实施多个节能技改项目,确保达到一定量的节约标煤量。在减排方面,加快安装市污水处理厂二期工程进水管网和脱泥设备等设备,建成多个规模化养殖场的畜禽粪污处理设施。

经济结构转型方面:首先,抓好煤炭企业。根据煤炭产业"六型转变"要求,长治市需要重点做好以下三方面工作:稳定煤炭生产,落实煤炭企业清费立税等政策措施的实施力度,同时保障煤矿正常生产,特别是暂时尚未复工复产的矿井要加快复工复产进程,确保全年产量不会发生下降。促进煤炭销售,加快煤炭综合信息平台、电子交易平台建设进程,建立煤炭销售价格的协商机制,推进煤炭点价交易的期货销售新模式的探索,并考虑建立大型煤炭配送中心,与产业链下游煤炭用户形成新的产业联盟。提高煤炭就地转化率,让煤炭由燃料向原料转变,争取能够实现对煤炭的清洁高效利用。积极推进煤电一体化,做优做强非煤重点企业。加大实施"千企百强"工程力度,并且要牢牢抓住一批具有举足轻重意义的企业,对其进行重点帮扶。千方百计为企业解决资金短缺、市场开拓、债务纠纷、新产品开发、优势资源整合重组、手续办理等困难和问题,使各大企业能够开足马力进行生产,为长治市经济创造更多效益。

经济效率方面:抓好重点领域的投资同时抓好重大项目的开工建设。抢抓"一带一路"、京津冀一体化、综改区建设等国家战略机遇,主动融入、积极对接。按照全省部署赴北京、广州、上海、武汉等地开展招商推介,引进一批既符合国家产业政策,又与本市产业发展相关联的真转型、高科技、有前景的项目。特别要注重产学研对接,建立起长期有效的联系合作机制,形成创新驱动的新引擎。

## 6.2.4 晋城市

(1)城市概况

晋城市处于山西省东南部,东靠太行,南面中原,西临黄河,北近幽燕,位置适中,交通优势明显,便捷的交通使其成为山西通往中原的重要门户。陆路交通四通八达，十分便利。晋城市下辖城区、泽州、高平市、阳城、陵川和沁水六个县，总占地面积达到了 9490 平方公里，是全省总面积的 6%。晋城市全市人口中共有 22 个民族，其中回族人民最多，主要分布在晋城市城区。晋城市拥有悠久的历史和丰厚的文化遗产，是华夏文明的发祥地之一。[①] 截至 2015 年，全年全市生产总值 1040.2 亿元，按可比价格计算，比上年增长 3.3%。人均地区生产总值 44994 元，按 2015 年平均汇率计算为 7243 美元。年末全市常住人口为 231.50 万人，比上年末增加 0.60 万人。[②]

（2）资源特点及利用情况

晋城市拥有十分丰富的矿产资源。在晋城市东西面长 160 公里，南北方宽 100 公里的地下，蕴藏着数十种矿产资源，如煤、煤气层、锰铁矿、铝土矿、铜、锌、金、银、大理石、水晶石等。其中尤其是煤、铁的储量十分可观，使得晋城市有"煤铁之乡"之美称。晋城市的煤炭资源主要以无烟煤为主，其无烟煤储量占到全国无烟煤储量的 1/4 以上，占到山西省的一半以上。晋城市全市含煤矿地面积为 5350 平方公里，占全市国土总面积的 56.4%，总储量 808 亿吨，其中已探明储量 271 亿吨。晋城的煤炭大多是含硫量小，发热量高，可选性好的煤炭，所产块炭清澈透明，燃烧时无烟无味，其煤炭甚至有"白煤、香煤、兰花炭"之称，曾被英国皇室选为壁炉专用煤，销往全国 20 个省、市、自治区，并且同时向英国、日本、韩国、东南亚、西欧等国家和地区出口。2001 年在沁水县南部发现并探明了一个大型煤层气田——沁水煤层气田，煤层气目前探明储量为 1000 亿立方米。1984 年晋城市被国家定为全国化工原料煤基地。1996 年 3 月，八届全国人大四次会议通过的《国民经济和社会发展九五计划和 2010 年远景目标纲要》明确提出，一个以优质煤为原料的高浓度氮肥基地将会在晋城建成。

截至 2015 年，全年全社会原煤产量 9138 万吨，增长 8.3%；规模以上工业发电 226 亿千瓦时，下降 3.1%；水泥 224 万吨，下降 5.2%；农用化肥（折纯）262 万吨，增长 0.2%；焦炭 45 万吨，下降 15.5%；钢材产量 301 万吨，增长 0.8%；生铁 364 万吨，下降 2.1%。全年规模以上工业企业实现主营业务收入 963.8 亿元，下降 12.8% 煤炭、炼焦、冶铸和电力工业分别实现主营业务收入 453.9 亿元、3.7 亿元、96.2 亿元和 79.8 亿元，分别下降 16.0%、32.4%、22.1% 和 7.2%。

---

① 资料来源：晋城市政府官网 http://www.jconline.cn/。
② 资料来源：晋城市经济与社会发展统计公报 2015。

# 第六章 城市预警指数分析

（3）指数计算结果

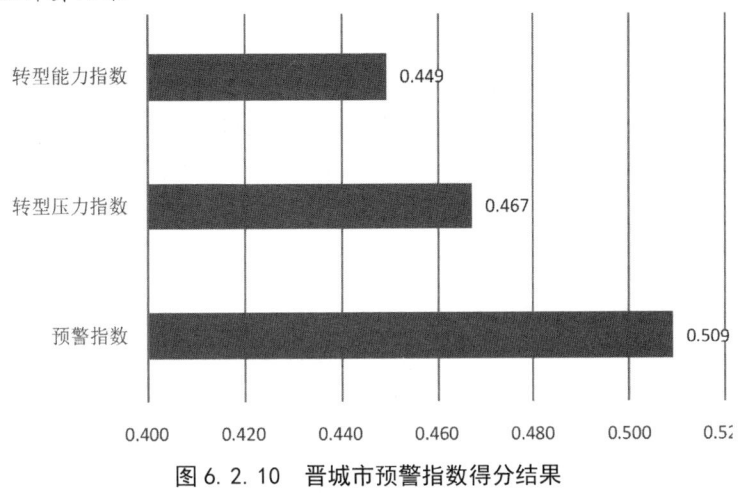

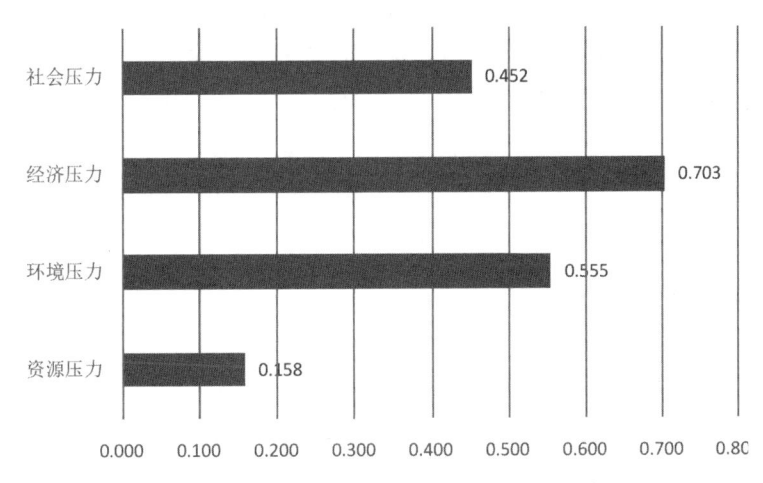

图 6.2.10 晋城市预警指数得分结果
- 预警指数：0.509
- 转型压力指数：0.467
- 转型能力指数：0.449

图 6.2.11 晋城市转型压力指数分项得分结果
- 资源压力：0.158
- 环境压力：0.555
- 经济压力：0.703
- 社会压力：0.452

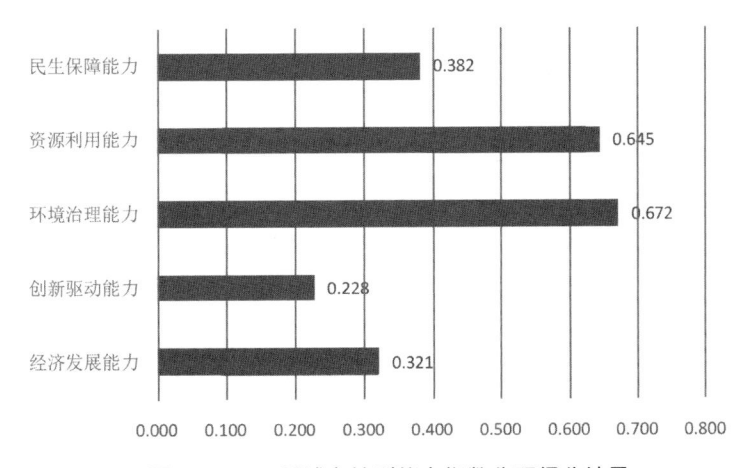

图 6.2.12 晋城市转型能力指数分项得分结果
- 经济发展能力：0.321
- 创新驱动能力：0.228
- 环境治理能力：0.672
- 资源利用能力：0.645
- 民生保障能力：0.382

（4）指数评价

转型压力分析

晋城市转型压力指数为0.467，在全部116个资源型城市中排名第9位，在中部资源型城市中位于第4位，在成熟型资源城市中排名第3。这说明晋城的转型发展遇到了较大的困难。分项来看，晋城面临的经济型压力较大，位于全国第5位。细分来看，这主要是由于经济结构不合理导致。其次是社会压力和环境压力，分别位于全国第20位和21位。在社会型压力方面，主要是非安全生产带来的压力。长期下去将不利于社会的发展和经济的稳定。在环境压力方面，主要是由于大气污染、水污染和矿山开采破坏导致的环境问题。晋城市的资源压力较小，位于全国第71，好于全国的平均水平，可见晋城市在资源利用效率方面表现较好。

转型能力分析

晋城市转型能力指数为0.449，在全国资源型城市中排名第63位，在成熟型资源城市里排名第36，可以看出晋城市具备的转型能力一般。分项来看，晋城市资源利用能力较强，位于全国第25，在中部城市位于第8位，可见晋城市在资源利用效率方面表现较好。其次是环境治理能力，位于全国第32，分项来看，尽管在居住环境治理能力方面位于全国第1，其矿山环境治理能力却位于全国116个资源型城市的第104。这对于晋城市经济社会的可持续发展十分不利。晋城市的民生保障能力尚可，位于全国第45位，但是细分来看，除了医疗卫生能力位于全国第8位，其他各项指标均落后于全国平均水平，比如说教育保障能力位于全国第61，基础设施保障能力位于全国文体服务保障能力第76以及居民收入保障能力位于全国第82。晋城市的创新驱动能力不足，仅位于全国第91位，尤其是创新人才的培养十分薄弱（位于全国第108位）。最为严重的是其经济发展能力，处于全国第106位。晋城市经济增长缓慢，且经济结构十分不合理，这在一定程度上限制了其经济的发展。

综合评价

晋城市的转型压力较大，且转型能力一般。一方面，矿山开采破坏严重且对其治理能力差是导致环境压力的主要原因。另一方面，经济结构不合理导致的巨大的经济压力和薄弱的经济发展能力也是阻碍其发展的另一个原因。晋城市转型预警指数为0.509，在全部116个城市中排名第15名，在中部地区资源型城市中排名第4，成熟型城市中排名第6，说明转型面临问题较大。

（5）政策建议

环境治理方面：树立建立生态文明，确立绿色发展、低碳发展、循环发展的可持续发展理念，持之以恒地推进环境保护和生态建设，着重建设一个美丽晋城。着力推进循环可持续发展。实现资源开发由单一采煤向综合开发利用矿井水、煤矸石、煤层气等伴生资源转变。通过矿区生态环境整治，推进绿色发展，加强煤矿安全生产，加快构建循环型煤炭产业发展模式；使煤炭及相关产业向市场主导、清洁低碳、集约高效、延伸循环、生态环保、安全保障型的方向转变，全力推动煤炭消费革命、供给革命、科技革命、管理革命；建设全国重要的无烟煤基地。目标定位于建设全国重要的集约、高效、清洁型无烟煤基地，最终形成一个以大型现代化矿井为主导，以无烟煤洁净利用和高效开发为开采发展方向的基地，建设出一个以坚实的煤转化下游产业为支撑的新型煤炭产业链结构。提升矿井现代化水平，以安全绿色开采、清洁高效利用为重点，普及推广绿色开采技术。大力引进和推广先进适用技术，建立商品煤分级分层利用体系，提高洗配煤占商品煤的比重，推进传统煤炭产业向高端、高质、高效迈进，保障国家清洁煤和综合能源基地生产原料的供给。

经济结构方面：加快产业转型升级进程，集中力量做到转方式、调结构、提质量、增效益，夯实新常态下发展的基础，是晋城市在转型发展中必须面临的一大挑战。首先，做好煤炭这篇大文章。推进煤炭产业向"六型"方向进行转变，巩固晋城经济基本面。在"保安全、保产量、保市场、保资金、促建设"等要求上下功夫，对煤炭市场运行加大监测力度，对煤炭的经营方式进行一定程度的创新，尽最大努力开拓煤炭市场。帮助各大煤炭企业用好用足融资手段，保障煤炭企业资金链的稳定性。其次，打造晋城工业经济升级版。以煤基新材料、煤基新能源为方向，发展煤化工产业要做到科学有序，进一步加快高硫煤洁净利用化电热一体化项目、天泽乙二醇和兰花纳米碳酸钙、己内酰胺等重点新能源项目的建设。进行精细化、差异化的高端化工产品的开发，实现由化肥单打到肥化并举的目标。将改革创新和科技创新作为晋城市的发展动力，同时要激活丝麻产业，形成丝麻融合发展的纺织类产业基地。最后，加快形成新的经济增长点。发挥煤层气的资源优势，在沁水煤层气总部基地建设的统领下，加快煤层气集输总站、国家煤层气质检中心、煤层气交易中心、煤层气远程智能化排采系统、应急调峰设施群和煤层气综合利用等重点中心建设项目建设，努力为晋城市打造出新一轮新能源战略新优势。

民生方面：切实抓好安全生产。深刻汲取过去的特别重大事故教训，积极树立牢固的安全生产"红线"意识。积极落实安全生产大检查和打非治违专项行动的开展，加强煤矿、煤层气、道路交通、消防、非煤矿山和危化品、水库、人员密集场所以及建筑施工、油气管道、城市燃气、特种设备等各行各业各领域的安全生产工作开展。强化应急管理和考核问责，严格落实安全生产目标责任考核的"一票否决制"，根据提出的"四不放过"原则，对事故查处要严肃对待，依法追究事故责任，杜绝重特大事故、减少一般性事故。

### 6.2.5 朔州市

（1）城市概况

朔州市，位于山西省北部，雁门关外，居内外长城之间。1989年朔州市建市，辖两区四县，总占地面积达到1.06万平方公里，总人口数量为176.2万。朔州历史悠久，文化底蕴厚重。朔州区位优越，交通便利。从东面来看，朔州市距首都北京约500公里的距离，南距山西省会太原约220公里，北离呼和浩特市约260公里。北面有同蒲铁路、大运高速公路和208国道，其206省道纵贯南北，荣乌高速公路跨越东西边界，神朔、朔黄铁路和109国道经过境内，县乡公路四通八达。[①]2016年第一季度，全市地区生产总值完成额为177.2亿元，工业增加值完成55.5亿元，公共财政预算收入完成11.4亿元，固定资产投资完成78.7亿元，社会消费品零售总额完成68.9亿元。据2015年人口抽样调查，年末全市常住人口176.22万人，比上年末增加0.83万人。人均地区生产总值51256元，按2015年平均汇率计算为8231美元。[②]

（2）资源特点及利用情况

朔州丰富的矿产资源给其带来了雄厚的煤电工业实力。目前朔州市已探明的矿产资源有30多种，包括煤炭、石灰岩、高岭土、铁矿石、铝矾土、长石、石英等，其中煤炭储量有420多亿吨，占到山西省的六分之一。朔州煤系分布面积宽达1603平方公里，占全市总面积的15个百分点。朔州是我国重要的动力煤基地。在朔州市，其煤炭生产、洗选、运输能力均达到2亿吨以上，位列全省第一。2015年，全市原煤产量甚至达到1.82亿吨。同时，朔州是我国重要的电力工业基地。2015年，全市电力运营装机容量达到953.35万千瓦，基本建成一个千万千瓦级电力基地。风电装机容量居全省第一。朔州曾经被评为全国工业固废综合利用示范基地、全国工业绿色转型试点城市和资源综合利用"双百"示范基地，年消化工业固废高达3000万吨以上，综合利用率也达到63%以上。与此同时，朔州还是全国最大的日用瓷生产基地之一，朔州市日用瓷年生产能力达18.5亿件。良好的工业基础也给朔州市的冶金、化工、制药、建材等工业发展带来了更大的便利。

---

① 资料来源：朔州市政府网站 http://www.shuozhou.gov.cn/。
② 同上。

（3）指数计算结果

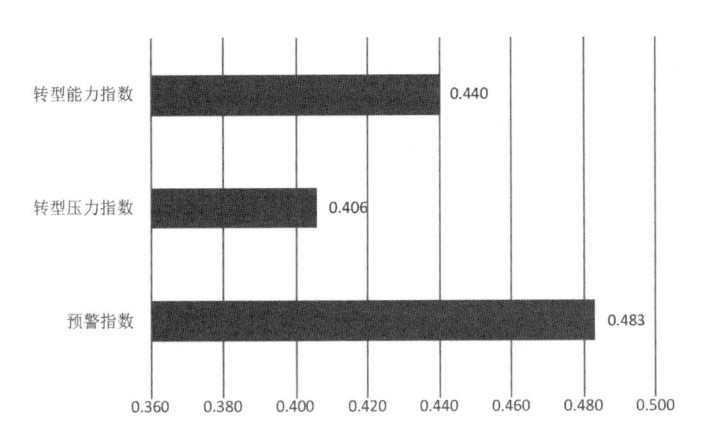

图 6.2.13　朔州市预警指数得分结果

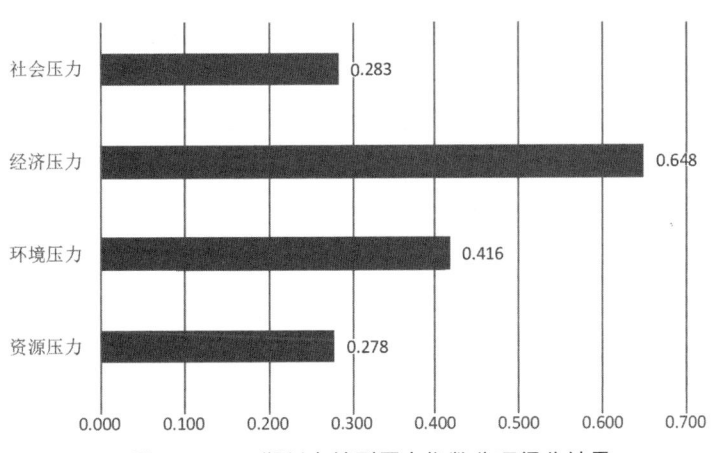

图 6.2.14　朔州市转型压力指数分项得分结果

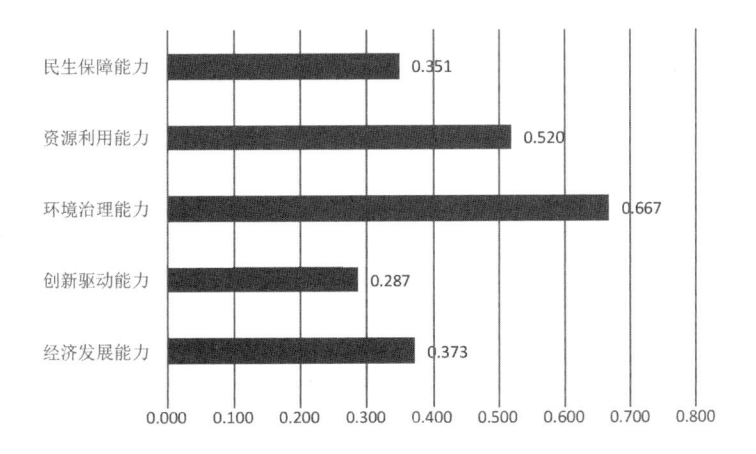

图 6.2.15　朔州市转型能力指数分项得分结果

(4)指数评价

转型压力分析

朔州市转型压力指数为0.406，在全部116个资源型城市中排名20位，在中部资源型城市中排名第8，在成长型资源城市中排名第1。这说明朔州的转型发展遇到了较大的困难。分项来看，相较于其他指标，朔州面临的经济压力较为突出，位于全国第9位，细分可知，这主要是由于经济结构不合理所致。此外，经济增长缓慢也是不可忽视的原因。其次是资源压力，位于全国第43位，处于中等偏上水平。在中部资源型城市中排名第16，在15个成长型城市排名第1，可见朔州市在资源利用效率方面存在较大的差距，对城市发展形成明显阻碍。朔州市的环境压力尚可，位于全国第58，这主要是由于大气污染和矿山开采导致的环境问题。而朔州的社会压力较小，位于全国第62位。细分看来可知，主要是由于安全生产带来的压力。

转型能力分析

朔州市转型能力指数为0.44，在全国资源型城市中排名第68，在15个成长型资源城市里排名第7，可以看出朔州市具备的转型能力较为一般。分项来看，朔州市各个指标都处于中后水平。其环境治理能力最强，位于全国第33位，尽管在大气环境治理和水环境治理表现不错，在居住环境治理和矿山环境治理方面却表现一般。其次是资源利用能力，处于全国第41位，说明朔州市的资源利用能力有待提高。朔州市的民生保障能力位于全国第54位，表现较差的是医疗卫生和教育保障能力（分别位于全国第62和第70位）。其创新驱动能力不足，仅位于全国第71位，主要表现在创新资金投入不够，仅排在75位，创新人才的匮乏位于全国第74位。最为严重的是其经济发展能力，位于全国第99位。这说明朔州市在将其资源优势转化为经济优势方面仍然存在巨大问题。尽管朔州市的经济规模和经济效率尚可，其经济增长缓慢且经济结构不合理极大地制约了经济的发展。

综合评价

综合来看，朔州市转型压力较大，且转型能力不足，由于产业结构不合理和经济的波动，以及社会保障水平滞后，转型发展遇到了较为明显的困难。且在资源利用方面仍有巨大的提升空间。朔州市转型预警指数为0.483，在全部116个城市中排名23名，在中部地区资源型城市中排名第7，成长型城市中排名第2，说明转型面临问题较大，未来可能出现严重的问题。

(5)政策建议

经济结构和资源利用方面：牢牢抓住优化经济结构作为核心任务，提质增效以进行快速升级。首先，推动传统产业转型升级。大力推进煤炭产业向"六型"内容转变，努力走出具有朔州特色的"革命兴煤"煤炭复兴之路。首先要突破现有煤炭产业链延伸。完全聚焦国家提出的新型综合能源基地建设，进而做到进一步延伸煤电、煤化工产业链。其次要突破煤炭资源循环利用。加快利用煤矸石进行综合利用发电、综合利用煤矸石新材料、开发利用粉煤灰资源化、综合利用脱硫石膏四大产业体系，从而构建一个循环经济发展促进机制、资源产业与环保产业协同发展的机制，从而达到煤矸石发电装机比重、工业固体废弃物综合利用率的提高。再次，需要加快促进新兴产业的发展壮大。重点培养发展文化旅游、装备制造、新能源、新材料、节能环保、日用陶瓷、食品医药、现代服务业八大非煤产业，培育一批主导产业。对于文化旅游业，落实财税、土地、价格等支持政策要做到贯彻落实，更需要建设一个文化产业示范园区，对广武边塞文化旅游区进行开发，提升杀虎口等旅游景区品质，打造具有朔州特色的旅游品牌。

经济增长方面：朔州市的当务之急是要做到稳定增长，全面促进经济形式稳步回升。在解决朔州发展中的矛盾和问题的过程中，朔州市必须把稳增长作为首要任务，在保持一定的增长速度的同时，保住并做大经济工业产值及 GDP 总量，这是朔州市的发展根基、当务之急所在。首先，努力稳定煤炭生产。稳增长，核心在稳煤炭。一要稳产量。只有在一定的煤炭产量支撑下才能实现经济总量稳定增长，未来朔州市的煤炭产量原则上不仅要维持过去的生产水平，还要保证未来的产出，中煤平朔就要站在大局的角度看问题，积极发挥其龙头作用。第二，加大帮扶企业力度，企业是稳增长的根基。朔州市如果能够将国家和省减轻企业负担促进工业稳定运行的各项政策措施认真落实，必能帮助企业渡过难关。同时，朔州市对各类政府性基金和专项扶持资金需要进行统筹规划，开展"助保贷"工作为企业带去融资机会。第三，狠抓投资增长和项目建设。朔州市需要做的不仅是把投资作为稳增长的关键，而且还需要稳定投资规模，同时对投资结构进行优化，培育新的经济增长点。扎实开展"项目提质增效年"活动，根据上级政府所提出的"开工一批、争取一批、签约一批、招商一批"的要求，大力发展固定资产投资和重点工程的建设。

创新能力方面：创新是发展全局的核心，朔州市需要积极落实实施创新驱动发展战略，将创新沃土培育出之后，聚合所能收集的创新资源，为朔州市经济发展营造一个创新的环境，同时凝聚创新动力才能够激发出朔州市的创新活力，构建一个新型的创新体制机制，认真写好煤与非煤两篇文章，构建一个现代产业体系，努力做到三大突破的内容，在创新中同时要求发展，推动朔州市经济发展升级转型、增效提质。第一，以全面改革创新为契机，积极推动朔州市的经济转型发展，尽可能有效地破解创新驱动发展中存在的瓶颈对朔州市的制约。第二，做优做强朔州市的优势产业——能源产业，对煤炭资源进行革命，认真写好煤炭这篇大文章，追随着"稳中求进保增长、转型升级促发展"的思路，将"科学转化、吃干榨净"作为发展原则，以支撑全面创新，打破传统发展模式的路径限制，做精煤炭主业、延伸产业链条，努力实现煤炭产业和眼伸产业绿色开采,提高煤炭的转化力度。第三,培育发展新兴接替产业。第四,提升朔州市的第三产业尤其是服务业发展水平,积极发展新型服务业。将创新驱动、技术牵引定为发展战略,进行自主创新,扩大应用范围,提高应用水平,完善硬条件与软环境,推动信息技术、专业服务高端化、加速化等进行发展。积极培育信息服务业,吸引信息产业集团、公司、研发中心、加工制造基地落户。

### 6.2.6 晋中市

(1) 城市概况

晋中是山西省地级市,地理上位于山西省中部,东依太行山,西临汾河,北与省会太原市毗邻,南与长治市、临汾市相交,东北与阳泉市相连,西南与吕梁市接壤,因此成为山西省的铁路、公路枢纽之一,同时,晋中市也是一座拥有深厚文化底蕴、古老而又活跃的现代化城市。[①] 截至2015年,晋中市年末全市常住人口为3335694人,比上年末增加15386人。初步核算,全年全市生产总值1046.1亿元,比上年增长6.4%。人均地区生产总值31434元,按2015年平均汇率计算为4985美元。[②]

(2) 资源特点及利用情况

晋中煤炭资源丰富,种类较全。全市除太谷、祁县、榆社3县因埋藏深,未产煤外,其余8个县区市均有煤炭产出。按地理位置划分,东部与北部为沁水煤田(北部)区;西南部属霍西煤田(北部)区。晋中市的含煤面积达到12582.93平方公里,占全市总面积76.71%,预测储量1082.15亿吨,占全省总量的16.32%。至2003年底已查明资源储量230.47亿吨,占全省查明资源量的8.68%。

金属矿产主要是铁矿,晋中市境内铁矿有内生、外生、变质3种类型。山西式铁矿和宣龙式铁矿属于外生矿床,朱崖式铁矿为内生矿床,鞍山式铁矿是变质矿床。其中山西式铁矿分布较广,规模小,品位较高,具群采意义;而鞍山式铁矿仅产于左权县东部一带,具一定规模,品位低,可选性好,属本市优势矿产之一。

非金属矿产:晋中市的耐火黏土资源主要分布于灵石、昔阳、左权、和顺、寿阳、介休等县市,已探明资源储量10208.6万吨,占全省储量的16.45%,为本市优势矿种,有大型矿床2处,中型矿体1处,矿化点多处。

据2015年晋中市统计公报,晋中市规模以上工业企业原煤产量8824.5万吨,比上年下降2.1%;发电量193.0亿千瓦时,下降7.2%;焦炭产量1060.7万吨,下降5.3%;粗钢产量166.5万吨,增长9.2%。

---

① 资料来源:晋中市政府网站 www.sxjz.gov.cn/。
② 资料来源:晋中市经济与社会发展统计公报2015。

（3）指数计算结果

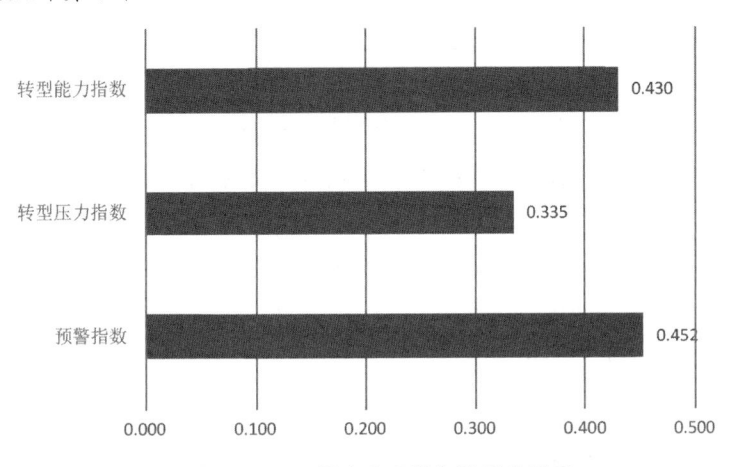

图 6.2.16　晋中市预警指数得分结果

|  |  |
|---|---|
| 转型能力指数 | 0.430 |
| 转型压力指数 | 0.335 |
| 预警指数 | 0.452 |

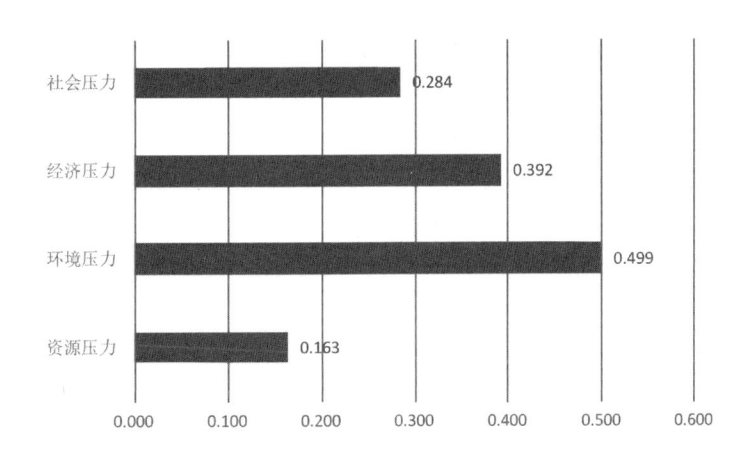

图 6.2.17　晋中市转型压力指数分项得分结果

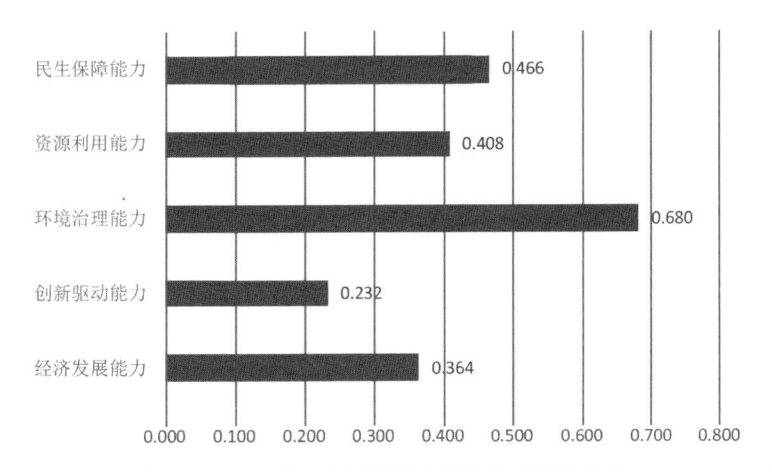

|  |  |
|---|---|
| 社会压力 | 0.284 |
| 经济压力 | 0.392 |
| 环境压力 | 0.499 |
| 资源压力 | 0.163 |

图 6.2.18　晋中市转型能力指数分项得分结果

|  |  |
|---|---|
| 民生保障能力 | 0.466 |
| 资源利用能力 | 0.408 |
| 环境治理能力 | 0.680 |
| 创新驱动能力 | 0.232 |
| 经济发展能力 | 0.364 |

（4）指数评价

转型压力分析

晋中市转型压力指数为0.335，在全部116个资源型城市中排名53位，在中部资源型城市中排名第16，在成熟型资源城市中排名第28。这说明晋中的转型发展压力一般。分项来看，晋中面临的环境压力是四项压力指标的首位，为全国第32位，细分来看，这主要是由于空气污染导致。晋中市的经济压力处于全国第36位，细分可知主要是经济结构不合理导致的经济压力。晋中市面临的社会压力和资源压力较小，这说明晋中市的资源利用效率尚可，且社会发展较为稳定。

转型能力分析

晋中市转型能力指数为0.430，在全国资源型城市中排名72位，在成熟型资源城市里排名第39，可以看出晋中市具备的转型能力较为一般。分项来看，晋中市民生保障能力较为突出，为全国第22位，其中尤其是教育保障能力十分突出，位于全国第4位。其次是环境治理能力，位于全国第27位，尤其是水环境治理能力位于全国第12。这有利于经济社会的可持续发展。晋中市的资源利用能力、创新驱动能力和经济发展能力均不足，分别位于全国第77，第88和第101位。资源利用能力不足说明晋中市对于其自身丰富的资源不擅利用。而创新驱动能力不足主要是由于晋中市对于创新人才的投入不够（位于全国第106位）。针对经济发展能力，由于晋中市经济规模小，且经济结构不合理，经济增长缓慢，尤其是经济效率的低下，导致了经济发展能力落后于全国平均水平。

综合评价

综合来看，晋中市面临的转型压力较小，但转型能力也不足。需要着重注意的是由经济结构不合理和效率低下导致的经济下行。晋中市转型预警指数为0.452，在全部116个城市中排名44位，在中部地区资源型城市中排名第14，成熟型城市中排名第24，说明转型面临的问题逐渐显现，需要引起注意。

（5）政策建议

推动经济提质增效加速项目，大力促进产业升级。深入开展项目"提质增效加速年"活动，通过项目来促进投资发展，同时投资将带动转型，转型从而加快发展。做实项目盘子。坚持激活存量、优化增量，深入研究挖掘项目线索，主动和项目主体进行对接，对存量项目进行相关梳理，加快推进创造条件的形成。完善招商引资分类目录和招商条件的相关招商内容，积极发挥招商引资平台作用，实现快速服务，加快要素供给，推动各大创新项目落地，并持续保持投资的后劲。做优项目结构，扶优汰劣、腾笼换鸟，对不好的项目要果断暂停，好的项目要随时跟进。推进煤电化基地建设，抓好风电、光伏发电项目；重点抓好平遥煤化天然气、阳煤寿阳乙二醇和昔阳煤电化工业园区煤化工产业项目建设。积极落实"中国制造2025"的战略目标,发展高端装备制造业,加快山西新能源汽车城建设进程,新能源汽车力争实现量产,全面推动发动机项目,电动客车项目落地实施;改造与提升晋中市冶金、液压、玛钢、纺机产业,支持培育壮大食品、玻璃器皿等消费品产业,参与建设山西消费品产业带和集聚区。加大新型材料发展力度,做大医药产业,依托创新城、大学城年内启动建设开发区科技园。

创新方面:进行煤炭革命和企业振兴,做到能够全力稳定经济基本面,稳定经济发展。牢牢抓住晋中市的支柱产业、优势企业和重点领域,突出"三个创新",迸发内生动力,在平稳健康中进行经济运行。其次,建设创新机制,推动煤炭产业升级。加快煤炭向"六型"方向进行转变,完善煤炭开发管理体制、进行监管方式改革,积极为企业减轻负担,引导并且鼓励企业之间能够签订长期供需协议,增加煤炭附加值,扩大就地转化能力。建设与完善煤炭产销信息共享平台和税收稽查监管机制,加快形成一个新型的煤炭营销秩序。加大煤层气开发力度,实现高瓦斯矿井瓦斯抽放全覆盖。安全高效地进行矿井建设,明确保证新建的多座现代化矿井的所有生产矿井安全生产质量和管理均要全部达标。其次,创新服务,帮扶企业健康发展。加强在经济运行过程中的监测、预警、调度力度,加快实现企业能够为市县级中小企业建设一个完善的窗口服务平台。继续进行松绑激活经济发展,严厉检查与抵制违规行政损坏企业利益的行为,不折不扣地落实上级政府下发的为企业减负措施,尽可能多的减轻企业负担。加大政府采购中本地产品的比例。大力推进中小微企业和民营企业经济成长工程,全面而积极地完成改革民营经济试点任务,加快完善推进工商登记制度便利化改革,优化晋中市的创业环境,激发市场主体活力。最后,创新供给,积极领导晋中市消费快速增长。提升高校新区的商业服务配套能力,进行基础设施建设加快建立一个多层次、多领域、广覆盖的生活服务体系,并且形成规模消费。充分发挥科创城、大学城、基础教育、职业教育、文化体育等领域的品牌优势,促进其与相关领域的合作与渗透,吸引创业就业和人口集聚,引导创新消费需求,加快培育新型消费业态。培育发展"互联网+"经济新模式,优化和集成要素配置。

### 6.2.7 运城市

(1)城市概况

运城,古时候又名河东,是三国之时关公故里,属于山西省辖地级市。运城位于山西西南部,北依吕梁山与临汾相接壤,东峙中条山和晋城、西南与陕西渭南、河南三门峡及洛阳隔黄河而相望。运城市总面积14233平方公里,占到整个山西省总面积的9%,其中包括8621平方公里平原区。运城以其是历史悠久的"盐运之城"而得名,有着"五千年文明看运城"的说法,是五千年中华文明的重要发祥地之一。[①] 截至2015年,晋城市年末全市常住人口为525.23万人,比上年末增加2.84万人。初步核算,全年全市生产总值1201.6亿元,按可比价格计算,比上年增长5.0%。人均地区生产总值22940.7元,比上年增长6.4%,按2014年平均汇率(6.1428)计算为3734.6美元。第一、第二和第三产业增加值占全市生产总值的比重分别为16.5%、41.3%和42.2%,对经济增长的贡献率分别为13.2%、54.0%和32.8%。[②]

(2)资源特点及利用情况

运城地区复杂的地质构造,在一定程度上也给运城市带来了丰富的矿产资源,经地质勘探发现运城市的矿产资源主要的有煤、铁、金、银、铜、铝、锌、铅、钴、钼、芒硝、岩盐、白钠镁矾、卤水、熔剂灰岩、灰岩、黏土、磷、长石、玻璃石英砂岩、重晶石等21种。其中,约54种资源十分具有开采价值,并拥有优势矿产资源铜、铅、镁(镁盐、白云岩)、芒硝、石灰岩、大理石、硅石等。运城市所拥有的优势矿种由北向南呈"二点一线"的直线型式分布,其中分别是河津市下化乡一带及平陆与垣曲交界处一带的煤矿和石灰岩、白云岩与中部盐湖区三路里至万荣县三文一带的白云岩,灰岩构成"二点";南部中条山区内生矿产铜、铁等重点矿产资源主要呈线状分布;单矿种分布相对集中,运城第一大矿业支柱便是铜矿,储量占全省总储量的93.99%,主要分布在垣曲县和闻喜县地区的接壤地区;同时,运城市石灰石资源丰富,大致分布于河津市龙门山—西皓口—魏家院一带,矿体平均厚度达到1.5—30米,适宜露天开采。

运城市一直十分强调"一产调优,二产调强,三产调大"的发展思路,并在这一思路的带领下形成了一个区域特色的优势产业集群:重型卡车、农用车、商用挂车、动车机车等现代装备制造产业为第一产业集群;二是电解铝、氧化铝、金属镁等铝镁资源的深加工产业;三是食品饮料、纺织服装等农产品的深加工产业;盐化工、日用化工、煤化工、焦化、医药化工等新型化工产业为第四产业;五是新能源、新材料等新技术产业。

---

① 资料来源:运城市政府网站 http://www.yuncheng.gov.cn/。
② 资料来源:运城市经济与社会发展统计公报2015。

# 第六章 城市预警指数分析

（3）指数计算结果

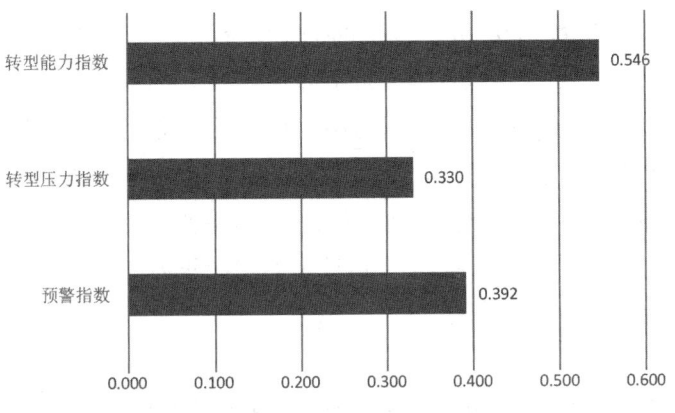

图 6.2.19 运城市预警指数得分结果

- 转型能力指数：0.546
- 转型压力指数：0.330
- 预警指数：0.392

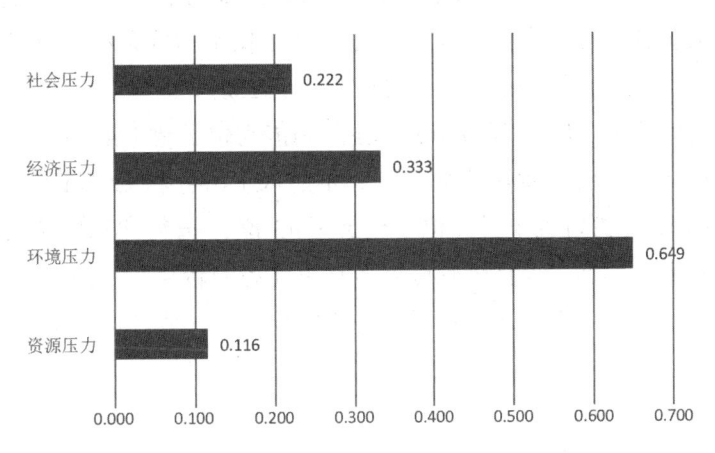

图 6.2.20 运城市转型压力指数分项得分结果

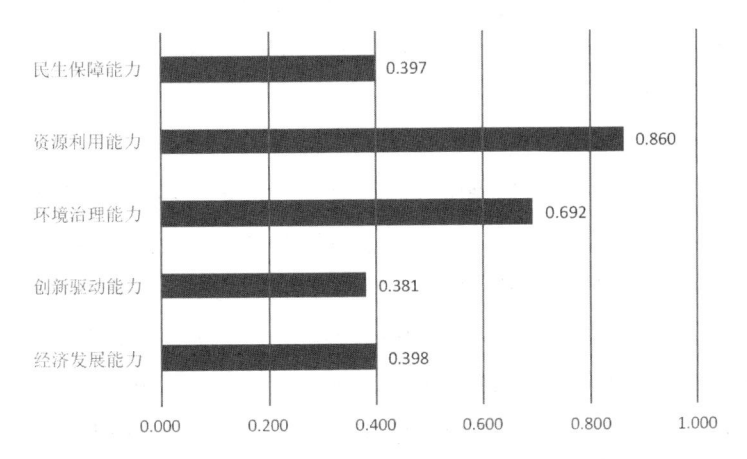

- 社会压力：0.222
- 经济压力：0.333
- 环境压力：0.649
- 资源压力：0.116

图 6.2.21 运城市转型能力指数分项得分结果

- 民生保障能力：0.397
- 资源利用能力：0.860
- 环境治理能力：0.692
- 创新驱动能力：0.381
- 经济发展能力：0.398

（4）指数评价

转型压力分析

运城市转型压力指数为0.330，在全部116个资源型城市中排名56位，在中部资源型城市排名第17，在成熟型资源城市中排名第29。这说明运城市的转型发展压力一般。分项来看，运城面临的环境压力相比其他压力较为突出，位于全国第5位。细分来看，这主要是由于大气污染、水污染和居住环境污染导致。其次是经济型压力，位于全国第46位，从各项指标的表现来看，这主要是由于运城市的经济增长缓慢（经济增长压力位于全国第18位）。运城市的资源压力和社会压力尚可，这有利于运城市的经济社会的可持续发展。

转型能力分析

运城市转型能力指数为0.546，在全国资源型城市中排名14位，在成熟型资源城市里排名第7，可以看出运城市具备的转型能力还是比较强的。分项来看，运城市资源利用能力是最强的，位于全国第4位。这说明运城市的资源利用效率较高。其次是环境治理能力，位于全国第23位。这将有利于运城市继续维持较小的环境压力，有利于经济社会可持续发展。运城市的民生保障能力位于全国第39位，好于全国平均水平，说明运城市在民生保障方面具有一定的水平，有利于经济的长远发展与社会稳定。其创新驱动能力也不错，位于全国第43位。值得注意的是其经济发展能力，仅位于全国第93位，这十分不利于其资源优势的转化。细分来看，这主要是经济增长速度不足以及效率和规模都不高的原因导致的（分别位于全国第99，97位以及92位）。

综合评价

综合来看，运城市面临的转型压力较小，且转型能力不错，但是仍需要注意环境的保护和经济结构的调整。运城市转型预警指数为0.392，在全部116个城市中排名92名，在中部地区资源型城市中排名第31，成熟型城市中排名第51，说明转型面临问题较轻。

（5）政策建议

产业结构方面，运城市可以确定以园区化发展、集群化招商为发展路径，加快优化升级工业结构进程。第一，加大扶持和引进产业集群龙头企业力度，重点关注龙头企业，带动企业产业集群实现横向配套、纵向延伸的效果。安排扶持基金，主要用于对产业集群的信贷融资奖励、信贷融资风险补偿、中小微企业发展等。重点抓好龙头企业的同时，注重引进新的龙头企业入驻园区，引领集群。第二，深化产学研合作。加强与中科院、西北工业技术研究院、西北工业大学等科研院所的合作，真正把这些科研机构作为产业集群延伸产业链条、增强竞争实力、提高市场话语的外脑，提升集群创新能力。在新能源汽车研发、焦化行业环保技术升级、生物医药开发、高精密复杂铸件研发等方面发挥技术引领作用。围绕九大产业集群，培育工业化、信息化"两化"融合示范标杆，要争做全国"两化"示范企业。第三，抓好改造提升传统产业工作。做大做强河津、永济、平陆、盐湖区4个铝工业园区，加快煤电铝材一体化进程，努力打造国家级铝工业示范基地。同时还要突出抓好焦化、钢铁等重点行业的改造提升，进一步保证提高传统产业竞争力。

环境治理方面需要加强城乡生态建设。加大造林绿化力度。城市绿化要按照"横有厚度、纵有层次、点成缀、线成景、片成林"的绿化建设模式，进行科学的规划和实施，全面提高绿化水平和品位。深入开展栽植"家庭亲情林"活动，让种树成为运城人的一种时尚、习惯和情怀。认真落实新《环保法》。提高资源综合利用效率，实现清洁生产。抓好循环经济试点市建设。加大对水环境治理力度，严格做到对饮用水水源地环境的监管，确保城市集中式饮用水水源地水质达标率进一步提高。抓好重点流域、"一河一渠"环境综合整治。深入开展大气污染防治。淘汰落后产能，全面完成"十二五"所规定的减排任务。

### 6.2.8 忻州市

（1）城市概况

忻州市处于山西省北中部，东倚太行，西临黄河，南接太原、阳泉、吕梁，北邻朔州、大同，是全省唯一一个横跨山西省际东西的市。全市南北长度约170公里，东西宽约达245公里，全市总占地面积2.515万平方公里，占山西省总面积的1/6，为全省第一位；平均人口达到312.8万，占到全省总人口的9%；辖14个县（市、区）、191个乡镇（办事处）以及4888个行政村。[①]年末全市常住人口316.1万人，比上年末增加1.3万人。初步核算，全年全市生产总值681.2亿元，按可比价格计算，比上年增长2.4%。人均地区生产总值21731元，按2015年平均汇率计算为3490美元。[②]

（2）资源特点及利用情况

忻州富集了多种矿藏资源，目前已探明的主要有50余种矿产，包括煤、铁、铝、钛、钒、钼、金、银、铜、铅、锌、硅、石英、大理石、花岗岩等。忻州境内含煤占地面积4386平方公里，资源地质储量共有1160亿吨，主要分布在宁武、河曲、五台三个煤田；同时拥有17.79亿吨铁储量，占整个山西省48.19%；铝矾土储量1.38亿

---

① 资料来源：忻州市政府网站 http://www.sxxz.gov.cn/。
② 资料来源：忻州市经济与社会发展统计公报2015。

吨，在山西省总储量中占 17.72%；159.26 万吨钛矿储量，占山西省一半以上；金矿储量 18508 公斤，占山西省 73.87%。同时还有钼、金、铝土、金红石、高岭岩、白云石、大理石等资源的保有储量在全省均占较大份额。地热田总面积 32.3 平方公里。

忻州市规模以上工业企业在 2015 年实现主营业务收入 492.5 亿元，同比下降 19.3%。其中，医药工业实现主营业务收入为 0.6 亿元，下降 34.5%；煤炭工业实现 114.1 亿元，下降 28.2%；冶金工业实现 177.3 亿元，下降 17.9%；同时装备制造业实现收入 66.6 亿元，较去年整体下降 19.4%；电力工业实现 71.6 亿元，下降 13.1%；焦炭工业实现 18.1 亿元，下降 26.3%；化学工业实现 13.1 亿元，增长 5.1%；食品工业实现 5.5 亿元，下降 15.3%；建材工业实现 12.6 亿元，下降 6.6%。

（3）指数计算结果

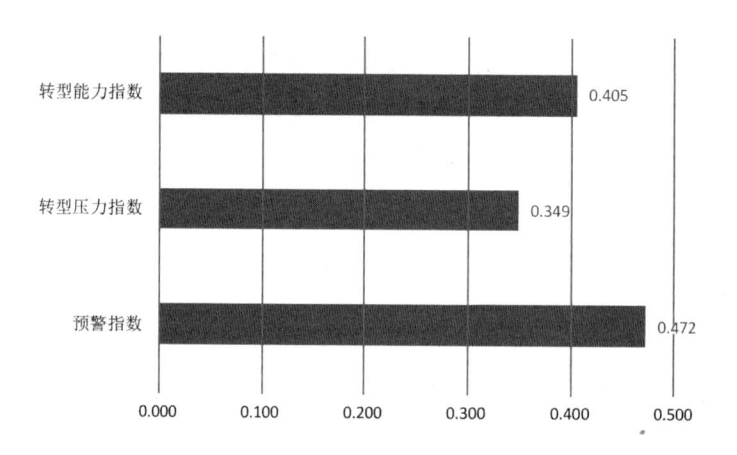

图 6.2.22　忻州市预警指数得分结果

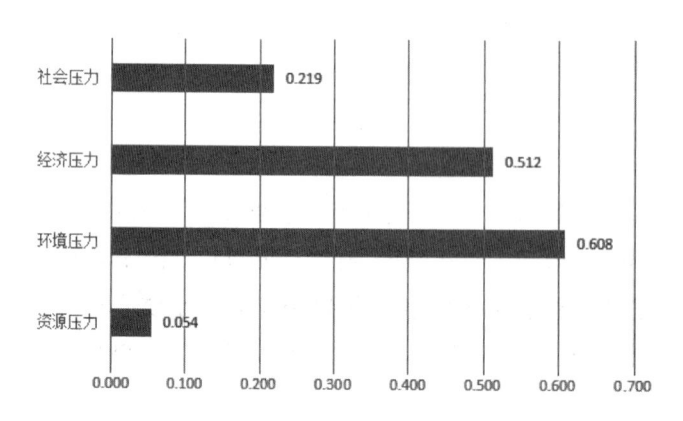

图 6.2.23　忻州市转型压力指数分项得分结果

## 第六章 城市预警指数分析

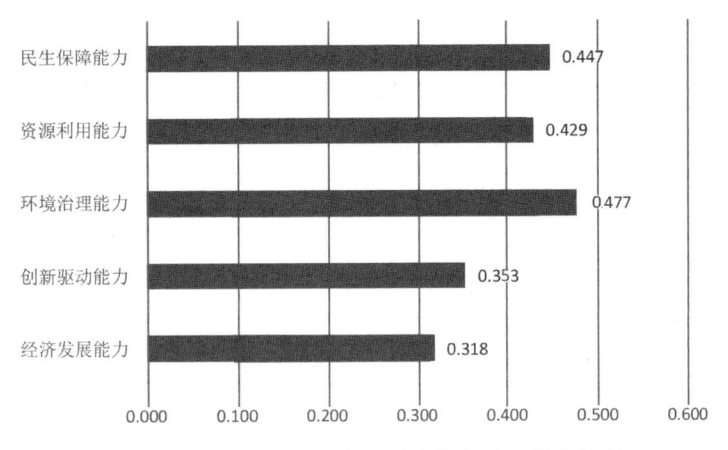

图 6.2.24 忻州市转型能力指数分项得分结果

|  |  |
|---|---|
| 民生保障能力 | 0.447 |
| 资源利用能力 | 0.429 |
| 环境治理能力 | 0.477 |
| 创新驱动能力 | 0.353 |
| 经济发展能力 | 0.318 |

（4）指数评价

转型压力分析

忻州市转型压力指数为 0.349，在全部 116 个资源型城市中排名 45 位，在中部资源型城市排名第 13，在成熟型资源城市中排名第 22。这说明忻州的转型发展压力一般。分项来看，忻州面临的环境压力较大，在所有资源型城市中排名第 10，不利于经济社会的可持续发展。细分来看，这主要是由于大气污染导致的环境压力。其次是经济压力，位于全国第 19 位，而经济结构不合理（位于全国第 8 位）和经济发展缓慢是导致这一问题的主要原因。忻州市的社会压力和资源压力较小，这有利于社会的稳定和资源的利用。

转型能力分析

忻州市转型能力指数为 0.405，在全国资源型城市中排名 81 位，在成熟型资源城市里排名第 44，可以看出忻州市具备的转型能力较弱。分项来看，忻州市的民生保障能力相较于其他能力而言较为突出，位于全国第 27 位。这其中医疗保障能力较好，位于全国第 7 位。忻州市的创新驱动能力一般，位于全国第 52 位，处于全国中等水平。尽管在创新人才的培养上有一定能力，可是在创新资金投入上仍有待加强。忻州市的资源利用能力低于全国平均水平，在全国资源型城市中位于第 72 位，这说明忻州市的资源利用有待提高。其环境治理能力仅为全国第 86 位，尤其是居住环境的治理能力（全国 116 个资源型城市的第 112 位）亟待提高。最为严重的是其经济发展能力，仅为全国第 104 位，其经济效率低下，经济增长缓慢，经济结构不合理等都是主要原因。

综合评价

综合来看,忻州市转型压力一般,能力也处于一般水平。需要注意的是其由于经济结构和经济发展缓慢导致的经济问题,以及环境(尤其是居住环境)治理问题。忻州市转型预警指数为0.472,在全部116个城市中排名31名,在中部地区资源型城市中排名第9,成熟型城市中排名第16,说明转型面临问题较大。

(5)政策建议

经济结构方面:加快进行发展方式的转变,调整产业结构,写好煤炭和非煤产业这两大篇文章。首先,忻州市需要加快综合能源基地建设步伐。积极贯彻落实煤炭产业向"六型"结构转变的要求,大力发展非煤能源产业,促进高碳资源的低碳发展、黑色煤炭的绿色发展、资源型产业的循环发展。对煤炭市场份额要进行巩固和拓展,戒骄戒躁,加快煤矿产业的标准化建设,适度提高煤炭产量。加快煤电一体化建设,加强天然气和煤层气产业发展,推进神池、五寨、偏关等城市的输气管网以及保德—河曲区块地面煤层气产业开发还有一批加气站项目工程建设。继续积极发展风电、光伏发电等新能源产业。推进煤矸石、焦炉煤气、煤焦油等资源型产业的循环利用,做到变废为宝。第二,加快资源型经济的转型进程。推进铝工业向新材料延伸,优化与整合提升装备制造业,推动"忻材忻用、忻用忻材"的发展进程,抓好"两型"产品的使用推广。提升忻州市重点景区的整体功能和整体服务档次。抓住五台山机场即将建成投运的发展机遇,注重旅游市场的开发,拓展旅游客源。加强文体和旅游业之间的相关互动,不断开发能够充分体现地方特色的文化旅游产品。

经济发展方面,攻坚引深项目,积极招商引资,促进经济平稳又健康地发展。深入开展"项目提质增效年"活动。自觉把"扩量、加速、提质、增效"作为项目建设的建设目标,始终在项目建设的全过程、各方面贯穿落实,坚决抵制低质低效项目进入储备盘子,对新上项目用地进行严格审核,加强对项目资金使用效益、单位土地产出效益以及节能节水、污染减排等约束性指标的基础性考核,在保障经济建设规模的基础上,加快建设资源节约型、环境友好型的项目,争取把全市项目建设推向注重质量效益的新阶段。第二,不断提升对外开放和招商引资的水平。对外开放的"三个门户"加快建设步伐,深化区域经济主体之间的交流合作,积极融入京津冀和环渤海经济圈,主动对接"一路一带"项目,抓住这一重大发展机会,同时加大和长三角、珠三角地区产业承接转移力度。围绕"336"布局和重点产业,努力抓好优势产业产业链上下游的延链、补链等项目招商。坚持组团招商、展会招商、小分队招商的招商方式,积极推动商会招商、企业招商、以商招商模式,探索并开展驻点招商、委托招商、点对点招商,实现精准招商。突出忻州市的差异化与个性化特色,切实增强招商引资政策的吸引力以引入更多资金和项目,以实际行动获得客商的信赖和认可,努力把忻州打造成"近者悦、远者来"的创业乐土和投资洼地。

环境治理方面：忻州市可以将启动城市人居环境改善工程纳入日程。积极加快设施提升、城市安居、城中村改造、环境提质等工程实施进程。忻州市的中心城区围绕完善干线路网、改造小街小巷、配套便民设施、加大生态建设、强化城市管理等目标，进一步对基础设施进行完善，同时大力提升城市管理服务水平。积极完善各大干线路网，形成一个完备的干线路网架构，从而做到畅通微循环。配套便民设施方面，坚决执行创卫标准，对一批游园、绿地、便民市场、停车场，新建和改造一批地坑式垃圾中转站、公厕等便民配套设施进行再建设。在加大生态建设方面，忻州市需要围绕创建省级园林城市目标，尽快启动九龙岗森林公园和云中河景区二期工程，扩大绿化面积、提高质量，强化城市的行政管理，充分发挥数字化城管"一个中心、四个平台"的积极作用，同时创新管理模式，加大管理力度，形成高效运行的事件发现、快速处置、巡查督查、责任落实一体化长效管理机制。

### 6.2.9 临汾市

（1）城市概况

临汾市处于山西省西南部，东依太岳，与长治、晋城相邻；西临黄河，与陕西省隔河相望；北起韩信岭，与晋中、吕梁毗连；南与运城市接壤。总面积20275平方公里，占全省13%。临汾市拥有"东临雷霍，西控河汾，南通秦蜀，北达幽并"的美称，地理位置重要，自古为兵家必争之地。[①] 截至2015年，初步核算，全年全市生产总值1161.1亿元，人均地区生产总值26239元，按2015年平均汇率计算为4213美元。[②]

（2）资源特点及利用情况

临汾市拥有品种丰富的矿产资源。目前已探明的矿种有38余种，其中包括2种燃料矿产、12种金属矿产以及24种非金属矿产，煤、铁、石膏、石灰岩、白云岩、膨润土、花岗石、大理石、油页岩、耐火黏土等在省内及全国均占重要地位，临汾市的矿产资源综合优势度得分0.73，在全省11个市中位列第二位。煤炭是临汾市所拥有的第一大矿产资源，目前已经探明储量为398亿吨，占全省煤炭储量的14%。主要煤种有主焦煤、气肥煤、贫煤、瘦煤、无烟煤等，其中临汾市的乡宁区甚至是全国三大主焦煤基地之一，而且具有煤层厚，埋藏浅，易开采的特点。铁矿是临汾市第二大矿产资源，总储量达到4.2亿吨，其中磁铁矿储量为1.8亿吨，富矿比例较高，占

---

① 资料来源：临汾市政府网站 http://www.linfen.gov.cn/。
② 资料来源：临汾市经济与社会发展统计公报2015。

全省富矿的 70% 以上。非金属资源如大理石储量 1.5 亿立方米，石英石储量 2000 万吨，石膏的远景储量为 234 亿吨，而被誉为"有千种用途黏土"的膨润土主要分布在本市永和县、大宁县和吉县。2011 年，全市原煤产量 4813 万吨，占全省原煤产量的 5%；焦炭产量 1920 万吨，占全省 21.2%；生铁产量 1053.7 万吨，占全省 27.96%；钢产量 864.4 万吨，占全省 24.77%；钢材产量 943 万吨，占全省 27.99%。

据 2015 年临汾市统计公报，临汾市规模以上工业企业实现主营业务收入 1268.35 亿元，下降 21.3%。其中，煤炭、焦炭、冶金和电力工业分别实现主营业务收入 404.15 亿元、197.02 亿元、457.26 亿元和 56.87 亿元，分别下降 19.8%、12.3%、29.7% 和 8.5%。

（3）指数计算结果

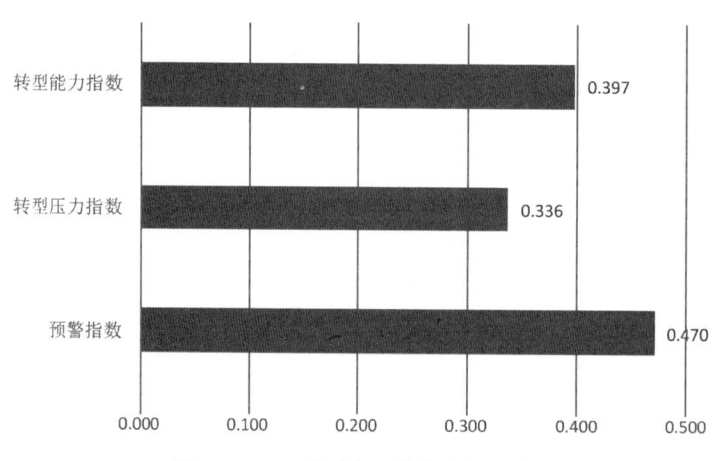

图 6.2.25　临汾市预警指数得分结果

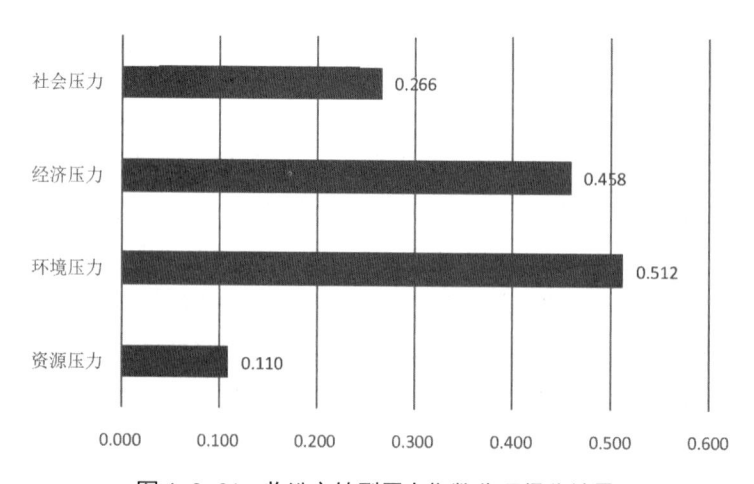

图 6.2.26　临汾市转型压力指数分项得分结果

民生保障能力 0.334
资源利用能力 0.620
环境治理能力 0.552
创新驱动能力 0.185
经济发展能力 0.293

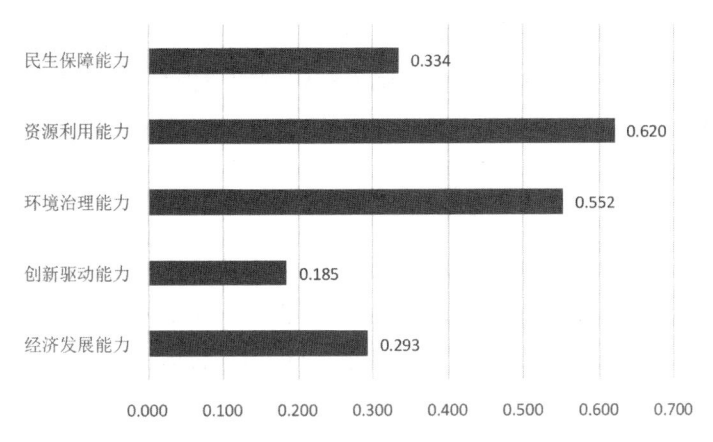

图 6.2.27　临汾市转型能力指数分项得分结果

（4）指数评价

转型压力分析

临汾市转型压力指数为 0.336，在全部 116 个资源型城市中排名 52 位，在中部资源型城市排名第 15 位，在成熟型资源城市中排名第 27 位。这说明临汾的转型发展压力一般。分项来看，临汾面临的环境压力和经济压力都较为突出，分别位于第 27 位和第 28 位。在环境压力方面，主要是大气污染和居住环境压力较大（分别位于第 22 位和第 26 位）。这在长远上不利于经济发展和社会的稳定。在经济压力方面，临汾市经济增长缓慢，且经济结构不合理，由此导致的经济压力逐日累增，限制了临汾市的发展。临汾市的社会压力和资源压力都较小（分别位于全国第 71 位和第 85 位），对于社会的稳定和资源开发有着积极的影响。

转型能力分析

临汾市转型能力指数为 0.397，在全国资源型城市中排名 87 位，在成熟型资源城市里排名第 49，可以看出临汾市具备的转型能力较弱。分项来看，临汾市资源利用能力较为突出，位于全国第 27 位，中部资源型城市第 9 位，成熟型城市第 16 位，这说明临汾市的资源利用较好。其次是民生保障能力，位于全国第 59 位，处于中等水平。细分来看，其各项指标（居民收入、基础设施、医疗卫生、教育和文体服务）都不太突出。临汾市的环境治理能力也一般，处于全国第 68 位，尤其是居住环境的治理能力（位于全国第 102 位）十分薄弱，有待提高。最为严重的是其经济发展能力，仅为全国 116 个资源型城市的第 107 位。经济规模较小和经济结构不合理是导致该能力不足的主要原因。

综合评价

综合来看，临汾市转型压力不是很大，可转型能力处于一般的水平，需要注意的是对于环境的治理和经济结构的转型。临汾市转型预警指数为 0.470，在全部 116 个城市中排名 34 名，在中部地区资源型城市中排名第 10，在成熟型城市中排名第 18，说明转型面临问题较大。

（5）政策建议

产业转型方面：做好煤与非煤两篇文章，推动产业结构优化升级的同时大力进行"煤炭革命"，贯彻落实临汾市《推进煤炭产业"六型"转变实施方案》的实施，积极促进煤炭产业向"市场主导型""清洁低碳型""集约高效型""延伸循环型""生态环保型"和"安全保障型"等方向进行转变。同时要进行传统产业改造提升，促进非煤矿山、焦化、钢铁、电力等传统产业改造步伐。非煤矿山产业需要重点做好铁矿资源整合和复工复产工作，加快各项铝业项目建设。焦化产业淘汰落后技术与企业、发展产业聚集、进行链条延伸。钢铁产业做好产品优化、整合重组工作，努力做强做大晋南钢铁集团，着力进行品种结构优化，逐步开发优特钢。电力产业要积极做好装备提升、做到超低排放。第二，培育壮大新兴产业。积极发展装备制造业，以煤炭机械、汽车零部件、工程机械配件、家电配件为重点，逐步向高端制造延伸，抓好新能源汽车核心零部件产业基地、德讯电梯等项目建设。积极发展新材料产业，推动新型建筑材料、高端金属结构材料、特种金属功能材料发展。积极发展食品医药产业，在食品医药企业中进行技术创新、精深加工和品牌建设。第三，加快发展现代服务业，做好洪洞大槐树、乡宁云丘山、吉县壶口瀑布等国家 5A 级景区创建工作，加大旅游业宣传营销的力度，推进智慧旅游。文化产业中对文化产业园区和骨干文化企业进行重点培育，推进融合发展文化创意和设计服务与相关产业进程。物流业行业中重点推进山西国际陆港、中信空港物流园等园区建设，加快发展第三方物流和多方物流企业。现代商贸业加快上东世纪 CBD、临汾建材家居博览城等城市综合体建设，实施"电商千人百企培训工程"，推进侯马开发区国家电子商务示范基地等项目建设。实施信息惠民工程，加快构建信息惠民综合服务体系。大力发展"互联网+"，推进各行各业商业模式创新，不断催生新兴业态。

环境治理方面：加强建设生态文明，改善生态环境，抓好节能减排工作。完善节能减排工作制度和推进措施，统筹工业、建筑、交通等重点领域的节能减排工作。全力实施好"国家节能减排财政政策综合示范城市"项目，重点推进城市环境整治及企业污染物减排进程、积极做到交通清洁化、绿色建筑、余热余压循环利用、产业低碳化等示范项目完美建设。做好控制能耗强度、节能评估和审查等工作，确保能够超额完成"十三五"节能减排目标。第二，加大环境保护力度。围绕创建国家环保模范城这一重大目标,新《环保法》要认真贯彻落实,积极做好大气、水、土壤污染治理工作。积极推进大气污染防治五年行动计划,组织开展工业企业污染治理、煤烟污染治理、建筑施工工地扬尘治理、道路扬尘治理、机动车污染治理和油气治理等大气污染防治工程,全面完成对黄标车的淘汰任务,确保室外PM2.5浓度稳步下降。继续实施地表水跨界断面考核,扎实开展河流清洁行动。加快市区污水处理厂推进力度。抓好龙祠等城市饮用水水源地的综合治理和监管工作。持续加大土壤污染防治工作力度,开展土壤污染调查及治理试点工作。第三,提升生态建设水平。按照林业建设"三加三不减"的要求,以"两山、两网、两林、两区、双保"五大国家、省级造林工程为龙头,重点实施好国家新一轮退耕还林、霍永高速绿化、吕梁山生态脆弱区植被恢复等工程。按照国家主体功能区定位,在西山实施生态试点示范区、特色生态农业发展、黄河旅游带建设、生态综合开发、绿色工业产业基地建设等五大行动计划,建立完善因地制宜、绿色发展的生态经济体系。在市区创建国家级园林城市。

### 6.2.10 吕梁市

(1) 城市概况

吕梁位置在山西省中部西侧,东邻太原市、晋中市,西隔黄河与陕北相望,南北分别与临汾市、忻州市接壤。吕梁市的国土面积为2.1万平方公里,占全省土地面积的13.5%,耕地面积为788万亩。现辖1区2市10县,161个乡镇、街道,总人口达到383万。吕梁曾经是红军东征的主战场,但由于受到长期封闭保守、开发相对滞后等重要因素的影响,吕梁还是全国14个集中连片特困地区之一,全市共有贫困县10个。[①]截至2015年,吕梁年末全市常住人口为383.22万人,比上年末增加1.91万人。初步核算,全年全市生产总值955.8亿元,同比下降4.7%。人均地区生产总值25003元,按2015年平均汇率计算为4014美元。分产业看:第一产业增加值53.5亿元,同比下降9%;第二产业增加值544.5亿元,同比下降7.6%;第三产业增加值357.8亿元,同比增长2.9%。[②]

(2) 资源特点及利用情况

吕梁已探明矿产资源40多种,其中煤、铁、铝资源不仅储量大,而且品位高。全市含煤面积1.14万平方公里,占总面积的54.3%,煤炭的保有储量420多亿吨,其中主要产于吕梁、被誉为"国宝"的4号主焦煤储量达114亿吨。同时,吕梁市的铁矿石有13亿吨保有储量,占到全省的34.6%;铝土矿保有储量6.49亿吨,占全省的45.7%。

---

① 资料来源:吕梁市政府网站 http://www.lvliang.gov.cn/node/index.htm。
② 资料来源:吕梁市经济与社会发展统计公报2015。

吕梁市在过去的发展中初步形成了一个以煤炭、焦炭、冶金等传统产业为支撑，同时铝系、电力、高新技术等新兴产业快速发展的产业结构。2015年，全市产出11556.7万吨原煤，洗煤9308.3万吨，焦炭1570.2万吨，生铁388.5万吨，钢材295.4万吨，白酒62231.7千升。煤炭产业，全市共有煤矿135个，产能1.97亿吨，煤炭产业工业增加值占全市工业增加值的48.5%。吕梁市共有36户企业焦炭企业，产能4500万吨，占到全省的1/4，全国的1/10，孝义梧桐、汾阳三泉、交城夏家营、离石大土河这四个焦炭园区产能占总量的90%，是全国优质焦炭生产与出口的基地。同时，吕梁市还有80户冶炼企业，其中，全市最大的两户钢铁企业，中阳钢厂形成400万吨产能、文水海威正在技改形成300万吨产能，在"十三五"末，全市粗钢目标产能控制在1000万吨以内。电力工业，共有企业65户，总装机容量1007万千瓦，其中运行企业有58个，总装机容量490万千瓦；在建企业5个，总装机容量315万千瓦；拥有路条企业2个，总装机容量202万千瓦。"十三五"末，全市燃煤电力总装机达到1900万千瓦，实现"煤炭大市"向"电力大市"转变。规模以上的白酒企业有八家，产能达到10万吨，酿酒企业72户，产能17万吨，并且有汾酒、杏花村、竹叶青、汾阳王等4个中国驰名商标，白酒产量占到全省的2/3以上。铝系产业，现有企业6户，氧化铝产能1160万吨，2015年产量达1174万吨。在"十三五"期间，吕梁市以"煤电铝材"一体化发展为发展途径，大力发展铝精深加工，形成1300万吨氧化铝、200万吨电解铝、200万吨铝材的产业产能，新增工业产值500亿元，建成全国重要的铝工业基地。新兴产业，现有高新技术企业达到17户，并与国防科技大学共建军民融合协同发展研究院，"天河二号"超级计算中心投入运行，"吕梁一号"微纳卫星成功发射升空，除此之外，公司目前正在积极引进华为公司建设大数据中心。

（3）指数计算结果

|  |  |
| --- | --- |
| 转型能力指数 | 0.316 |
| 转型压力指数 | 0.415 |
| 预警指数 | 0.550 |

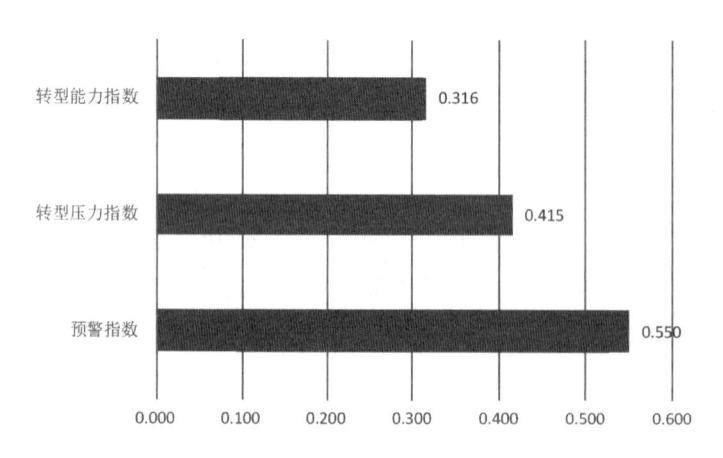

图 6.2.28　吕梁市预警指数得分结果

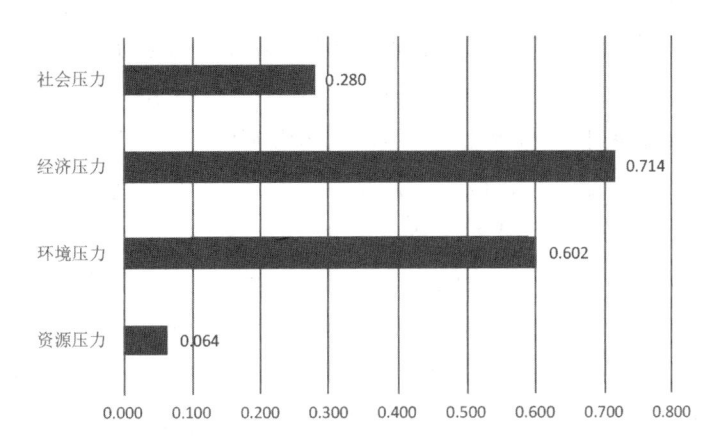

图 6.2.29　吕梁市转型压力指数分项得分结果

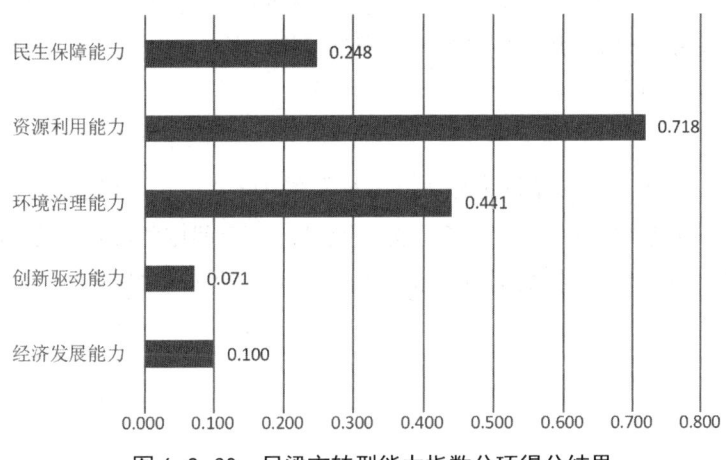

图 6.2.30　吕梁市转型能力指数分项得分结果

（4）指数评价

**转型压力分析**

吕梁市转型压力指数为 0.415，在全部 116 个资源型城市中排名 19 位，在中部资源型城市排名第 7，在成熟型资源城市中排名第 9。这说明吕梁的转型发展遇到了较大的困难。分项来看，吕梁面临的经济压力较大，位于全国第 4 位。细分来看，这主要是由于经济增长十分缓慢，再加上经济结构的不合理导致。二者皆位于全国第 1 位。其次是其环境压力，在全国位于第 12 位，这主要是由居住环境引起（位于全国第 8 位）。长期看来将影响社会和经济的发展。吕梁市的社会压力和资源压力较小，这有助于社会的稳定和资源的开发利用。

转型能力分析

吕梁市转型能力指数为 0.316，在全国资源型城市中排名 112 位，在中部资源型城市排名第 37 位，在成熟型资源城市里排名第 61，可以看出吕梁市具备的转型能力极差，位于全国倒数水平。分项来看，吕梁市资源利用能力最强，位于全国第 15 位，位于中部资源型城市的第 5 位，可见吕梁市对于其资源的开发利用优势。相较于资源利用能力，其他均处于较落后水平。吕梁市的民生保障能力位于全国第 89 位，细看除了居民收入能力较好之外，其余的基础设施、医疗卫生、教育保障和文体服务均亟待提高，否则将不利于社会的发展和稳定。至于环境治理能力，位于全国第 91 位，尤其是空气污染、水污染和居住环境破坏所需的治理能力较弱。吕梁市的创新驱动能力仅位于全国第 113 位，在创新资金投入、创新基础设施和创新人才的培养方面均表现不足，分别位于全国第 87 位、106 位和第 102 位。最弱的是其经济发展能力，在全国 116 个城市位于倒数第一位（116 名）。其经济增长缓慢、利用率低且规模较小，难以发挥出其资源优势。尤其是严重不平衡的经济结构（在全国处于倒数第一位）极大地制约了吕梁经济的发展。

综合评价

综合来看，吕梁市的转型压力较大，且转型能力不足。尤其需要注意的是经济结构不合理及经济发展缓慢带来的经济问题。此外，创新问题和环境治理问题也需要引起重视。吕梁市转型预警指数为 0.550，在全部 116 个城市中排名 5 名，在中部地区资源型城市中排名第 1，成熟型城市中排名第 2，说明转型面临问题十分严峻，亟须采取措施。

（5）政策建议

经济增长方面，千方百计应对严峻形势，努力遏制经济下行。第一，全力保持投资增长。以多渠道的方式尽可能增加全社会固定资产投资，从而做到持续增强经济发展后劲。第二，深入实施煤炭革命。贯彻落实煤炭管理体制改革意见的推进，促进煤炭产业向"六型"进行转变。加强市场预警体系的建立，科学引导煤炭企业采用科学的方法规避市场风险。实施科技兴煤，加快标准化、现代化矿井建设，控制高成本低质煤矿井生产。第三，多措并举促进消费。加快养老家政、文化、旅游、住房等重点领域消费工程的建设，激发与挖掘消费者们的消费潜力，加快培育消费增长点。以铁路战略装车点和高速公路为轴线，合理布局相关产业，建设功能完备、流通畅达的物流基地。

经济结构方面：坚定不移加快转方式调结构，促进产业优化升级。一方面，推进传统产业升级。一是坚持煤电一体化发展。推进低热值煤电厂上半年并网发电，稳步推进电力外送工程建设。二是壮大新型煤化工产业。另一方面，培育壮大新兴产业。旅游业方面，加快方山北武当山、临县碛口、离石白马仙洞、中阳柏洼山等旅游景区标准化建设；高新技术产业方面，加大和国防科技大学的合作力度，促进军民融合协同创新使得研究院科研成果转化，实现市场化交易。

创新方面：实施创新驱动战略。加大科技研发投入和扶持力度，增强企业自主创新能力，力争在煤焦、冶炼、农产品加工和生物资源开发等领域取得突破。实施人才战略，支持院士、博士后工作站建设，培养和引进一批产业领军人、职业经理人、学科带头人和高技能人才，用高端智慧为转型发展助力导航。积极推进各领域科技体制机制的创新，营造一个公平、开放、透明的创新环境。

环境治理方面：深入而又持久地推进节能减排和环境治理工作，切加强生态文明建设。第一，强化节能降耗。落实淘汰过剩产能的决心，推进重点领域和行业节能降耗工作。大力发展各项节能环保产业，开展企业节能低碳行动，实施节能改造示范项目建设，加强新建项目能耗达标管理，严格执行对企业的节能评估和审查制度，努力实现企业在节能降耗和提质增效标准上的高度统一。第二，强化环境保护，严格落实环境保护目标责任制，加强农业面源、工业和城市大气污染防治以及水环境治理。全面完成城镇生活污水收集管网建设攻坚行动任务，确保污水处理厂和配套污水收集管网建设工程年内竣工投运。加强燃煤型营业性炉灶清洁能源改造和燃煤锅炉、黄标车、老旧车辆淘汰等工作。第三，强化生态文明建设。按照"三加强三不减"要求，持续实施造林绿化"六大工程"，完成环城高速绿化，推进临离、岢临和太佳高速绿化，提升国省道、县乡村道路的建设品质和社区绿化覆盖率。

## 6.3 内蒙古自治区

### 6.3.1 包头市

（1）城市概况

包头，又名"鹿城"，地理位置处于内蒙古西部，北边与蒙古接壤，南面黄河，东西与默川平原和河套平原相接壤。包头作为华北和西北之间的重要枢纽，是国家以及内蒙古对外开放的重点发展地区，同时，包头市与呼和浩特、鄂尔多斯联合构成内蒙古最具发展活力的优势区域，也是中国重要的基础工业基地和全球轻稀土产业中心，有"草原钢城"、"稀土之都"的美誉[1]。截至2015年底，包头市共有5个市辖区、1个县、2个旗及一个国家级稀土高新技术产业开发区，年末全市常住总人口为282.9

---

[1] 资料来源：包头市政府网站 http://www.nxszs.gov.cn/。

万人，比上年末增加 3.0 万人，其中城镇人口 233.9 万人，乡村人口 49.0 万人，全市城镇化率达到 82.7%，较上年提高 0.3 个百分点。全市实现生产总值 3781.9 亿元，按基期价格计算，比上年增长 8.1%。全市人均生产总值达 134385 元，增长 7.0%[①]。

（2）资源特点及利用情况

包头市拥有世界上最大的稀土矿床——白云鄂博铁矿，该市的矿产资源种类繁多、储量丰富、品位高、分布集中、易于开采，在包头市尤其以其丰富的金属矿产得天独厚，其中稀土矿不只是包头的优势矿种，也是国家矿产资源的瑰宝。在包头市已发现 74 种矿物，14 个矿产类型。主要金属矿有铁、稀土、铌、钛、锰、金、铜等 30 个矿种，共计 6 个矿产类型；非金属矿有石灰石、白云岩、脉石英、萤石、蛭石、石棉、云母、石墨、石膏、大理石、花岗石、方解石、珍珠岩等 40 个矿种；能源矿有煤、油页岩等。

国家重点项目建设过程中包头是一座随国家重点项目建设过程而逐步发展壮大的工业城市，包头也是中国建设最早的少数民族地区工业城市，拥有涵盖稀土、钢铁制造、冶金、机械制造、军工等工业特色。包头也是中国重要的钢铁工业基地，包头极具发展潜力的一个优势产业是稀土，目前已初步形成产业集群。内蒙古最大的钢铁、铝业、装备制造和稀土加工企业都聚集在包头，这些资源都是国家和内蒙古重要的能源、原材料、稀土、新型煤化工和装备制造基地，被誉为"草原钢城"、"稀土之都"，是全国 20 个最适宜发展工业的城市和全国投资环境 50 优城市之一[②]。

（3）指数计算结果

|  |  |
|---|---|
| 转型能力指数 | 0.682 |
| 转型压力指数 | 0.313 |
| 预警指数 | 0.315 |

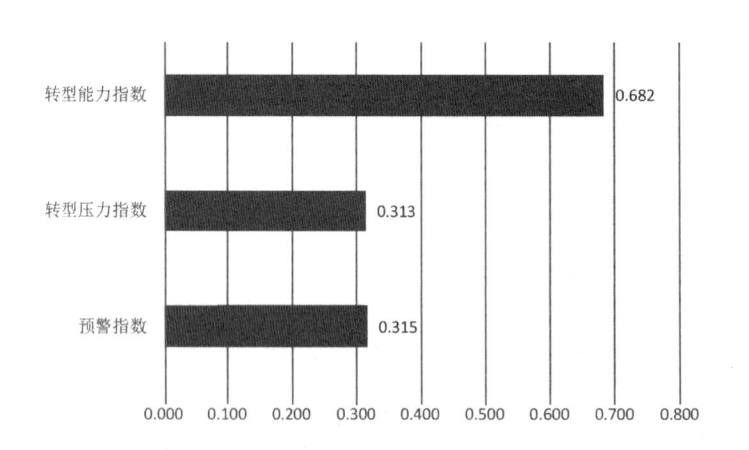

图 6.3.1 包头市预警指数得分结果

---

[①] 资料来源：包头市经济与社会发展统计公报 2014。
[②] 资料来源：包头市政府网站 http://www.nxszs.gov.cn/。

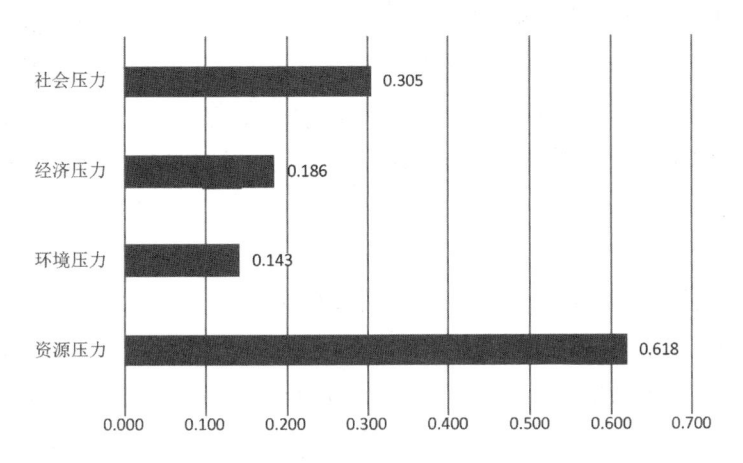

图 6.3.2 包头市转型压力指数分项得分结果

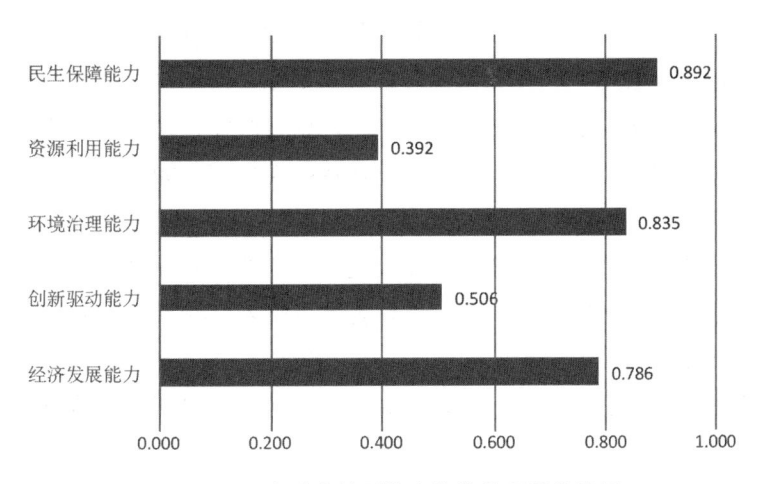

图 6.3.3 包头市转型能力指数分项得分结果

（4）指数评价

转型压力分析

包头市转型压力指数为 0.313，在全国 116 个资源型城市中排名 67 位，在 40 个西部资源型城市中排名第 19 位，在 15 个再生型资源城市中排名第 9，这说明包头的转型发展已经面临着一定程度的压力。分项来看，包头面临的资源压力最为突出，在全国所有资源型城市中排名第 12，说明包头市面临着钢铁资源日益衰竭、同时资源利用效率十分有限的现状，难以促进钢铁行业的继续发展，为经济增长提供动力。其次是社会压力，排名全国第 53 位，进一步细分来看，包头市的就业压力非常突出，位于全国前列，这说明包头市的失业现象非常严重，原因可能是钢铁行业的衰退产生大量的闲置人员，亟须对失业人员进行安置，以缓解失业过多带来的社会不稳定。包头市面临的经济压力较轻，经济压力指数在全部资源型城市中排名第94名，但是进一步细分看来，相比较而言，经济增长水平不高，反映出包头市的经济发展到达了增速放缓的平台期，需要进一步发现问题。包头市环境压力非常小，排名全国113名，远远超出全国资源型城市的平均水平，这说明包头市的生产方式较为环保，有利于持续发展，应当继续保持。

转型能力分析

包头市转型能力指数为0.682，在全国资源型城市中排名第2位，可以看出包头市的转型能力非常强。分项来看，包头市的民生保障能力最强，全国排名第1位，可见包头市在促民生方面做出了巨大的努力，这有助于缓解当下其面临的社会压力尤其是就业压力，为经济发展保驾护航。其次是经济发展能力，排名全国第2，分项来看，经济规模和经济结构转换能力表现突出，然而经济增长和经济效率表现一般，这说明包头市的产业结构比较合理，产业转型具有成效，并且各产业成熟度高，已经实现规模经济，但总体看来，产业结构单一化、重型化、前端化特征仍然比较突出，对资源的依赖性依旧较重，非资源型产业、战略性新兴产业、现代服务业发展不足，加之面临工业经济快速下行的总体局面，包头市传统支柱产业如煤炭行业、能源重工行业发展面临困境，导致总体经济增速明显放缓。包头市的环境治理能力也比较突出，在全国排名第6位，说明包头市在经济发展过程中非常重视环境保护，既有较小的环境压力，又具备较强的环境治理能力，这有助于其经济的可持续发展。包头市的创新驱动能力排名全国第18位，分项来看，其中创新人才指标排名前列，但是创新基础设施建设存在短板，导致其产业转型缺乏内在驱动力。包头市的资源利用能力最弱，全国排名第80位，加之包头市面临着突出的资源压力，这进一步强调了提升资源利用效率的重要性。

综合评价

综合来看，包头市面临着一定程度的转型压力，具备的转型能力非常强，能帮助化解其转型压力。目前其主要问题在于资源困境。包头市转型预警指数为0.315，在全部116个城市中排名最后一位，说明当下包头市面临的转型顺利，发展前景乐观。

（5）政策建议

包头市最主要的任务就是加快对工业的改造提升，进一步提高资源利用效率。钢铁产业要加大企业兼并重组力度，全面淘汰落后产能，发展稀土汽车板材、高强度不锈钢和高端装备制造用钢等高附加值产品。铝业要通过产能置换壮大规模，大力发展航空航天铝材、新型列车车体和轻量化铝型材。装备制造业要加强机床数字化改造，打造汽车、铁路装备、工程机械、特种钢延伸加工和煤化工装备等产业集群，让高端装备制造业规模进一步扩大。推动稀土产业资源整合和行业兼并重组，加快发展稀土磁材深加工及应用。延伸煤化工产业煤基、化基产业链条，发展焦炉煤气制甲醇、乙二醇及焦油深加工制农药、医药中间体等精细化工产品。解决能源产业"弃风窝电"问题，提高风光电等清洁能源装机容量。支持新能源汽车推广应用，加快发展节能环保产业。进一步加大战略性新兴产业培育力度，做好传统产业优化存量、新兴产业培育增量、节能减排淘汰减量，培育壮大新材料、装备制造、电石化工和冶金四大产业集群，加快发展新能源、生物医药、新型煤化工三个特色产业，实施节能降耗、治污减排、工业节水、化解和淘汰落后产能四大专项行动，打造四大园区转型平台，推动工业转型升级和结构调整。对钢铁、有色、装备制造企业鼓励其充分加强上下游产业协作，推进用电企业与电厂之间能够进行兼并重组，保证产业间也能够有较好的依存度和企业的抗风险能力。加强煤电油气运保障，引导企业降低生产成本，调整产品结构，扩大市场份额。[①]。

增强科技创新驱动能力。促进校地校企深度合作，充分释放大专院校、科研院所创新潜能，打通科技成果梳理、成立公司、平台孵化、与资本市场合作等关键环节，积极推动战略新兴和高新技术产业集群等的共同发展。把握产业发展信息化、专业化以及跨界嵌入特征，丰富新业态，引育新模式，推动产业迈向中高端。建立包头市科技创新服务中心，大力进行国家可持续发展实验区创建开展工作，加快全国质量强市示范城市建设步伐。加强人才强市工程建设，力争培养一批创新团队、领军人才和学术技术带头人，做好本土科研机构扶持和人才培养工作，促进创业，激发民间活力，促进产业结构转型。

包头市还应注重解决转型过程中面临的失业问题，落实失业保险稳岗补贴政策，积极发展经济发展和扩大就业更加紧密的联动机制探索建立，进一步创造更多的就业机会，大力鼓励创业。实施创业就业工程，加强政府购买基层公共管理和社会服务岗位力度，建设公共实训基地，培养技能型实用人才，扶持高校毕业生自主创业，缓解沉重的就业压力。

### 6.3.2 乌海市

（1）城市概况

乌海市作为中国内蒙古自治区西部新兴的工业城市，地理位置处于黄河上游，东临鄂尔多斯，南隔黄河与宁夏石嘴山市相望，西接阿拉善草原，北与肥沃的河套平原相靠。乌海市是华北与西北相的结合部，同时也是"宁蒙陕甘"经济区的结合部和沿

---

① 资料来源：包头市 2015 年政府工作报告。

黄经济带的中心区域①。截至 2015 年底，乌海市辖海勃湾、乌达、海南 3 个县级行政区和滨河新区管委会，年末全市常住总人口 55.58 万人，比上年增加 0.16 万人，其中城镇人口 52.57 万人，城镇人口比重 94.58%。全市实现地区生产总值 609.82 亿元，按可比价格计算，比上年增长 7.5%，人均 GDP 达到 109877 元，比上年增长 7.3%②。

（2）资源特点及利用情况

乌海市境内拥有富集的资源，有着"乌金之海"的称号。乌海市拥有较多矿种，同时多数质量较好，集中分布，有较好配套性。乌海境内拥有 37 种资源煤、铁、铅、锌、铜、镍、金、银、锗、镉、电石灰岩、水泥灰岩、制碱灰岩、熔剂灰岩、耐火黏土、高领土、水泥配料黏土、膨润土、白云岩、辉绿岩、紫砂黏土、砖瓦黏土、矿泉水等，共计 82 处矿产地，已经探明储量 25 种矿产。矿产规模有 8 处大型的矿床，21 处中型，25 处小型。截止到 2009 年，域内已探明的主要矿种的保有储量为：27 亿吨煤炭、757 万吨铁矿，514 万吨制镁白云岩，36940 万吨耐火黏土，81 万吨软质耐火黏土，213 万吨高岭土，35642 万吨溶剂灰岩，14340 万吨制碱灰岩，2554 万吨电石灰岩，18333 万吨水泥灰岩，2367 万吨含钾而岩，7436 万吨水泥配料及砖瓦黏土，1113 万吨硅质原料矿产，358 万吨紫砂黏土，1304 万吨石膏，潜在的经济价值为 4278 亿元。乌海市的矿产资源优势明显，为乌海市矿业产业的发展提供了资源保证和工业"食粮"③。

（3）指数计算结果

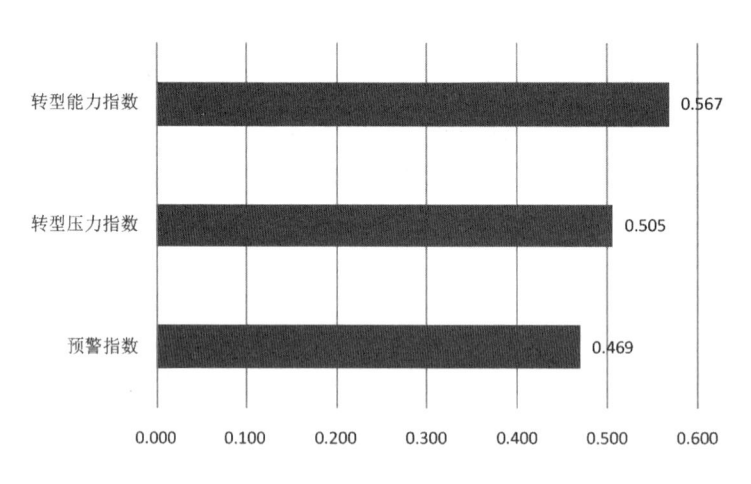

图 6.3.4　乌海市预警指数得分结果

转型能力指数　0.567
转型压力指数　0.505
预警指数　0.469

---

① 资料来源：乌海市政府网 http://www.wuhai.gov.cn/。
② 资料来源：乌海市经济与社会发展统计公报 2014。
③ 资料来源：乌海市政府网 http://www.wuhai.gov.cn/。

图 6.3.5 乌海市转型压力指数分项得分结果

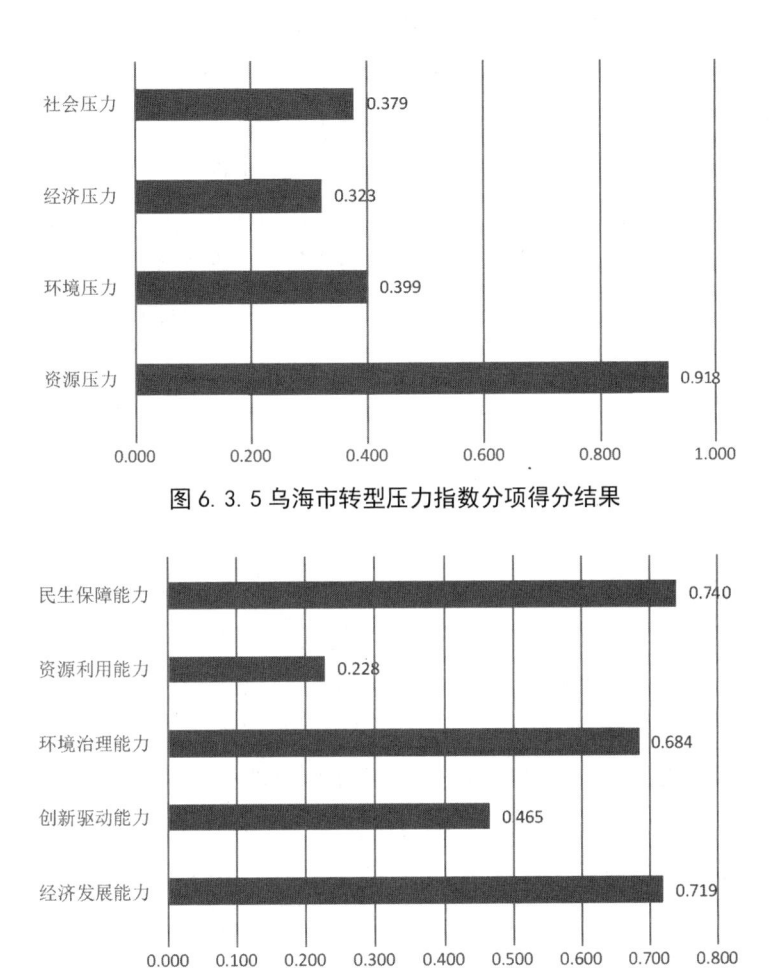

图 6.3.6 乌海市转型能力指数分项得分结果

（4）指数评价

转型压力分析

乌海市转型压力指数为 0.505，在全国 116 个资源型城市中排名第 3 位，在 40 个西部资源型城市中排名第 2 位，在 23 个衰退型资源城市中排名第 3，这说明乌海的转型发展已经面临着非常沉重的压力。分项来看，乌海面临的资源压力最为突出，在全国所有资源型城市中排名第 1，说明乌海市的资源面临着濒临衰竭的现状，资源利用效率不高，加上全市经济过分依赖资源，资源的短缺无法为支撑经济发展的工业产业提供原动力，极大地阻碍经济增长。其次是社会压力，排名全国第 37 位，进一步细分来看，乌海市的安全压力和就业压力较大，说明乌海市生产方式较为粗放，生产过程和城市日常运行的安全性难以得到保障，同时失业现象比较严重。乌海市面临的经济压力也比较大，经济压力指数在全部资源型城市中排名第49名，细分看来，经济区位压力和经济结构压力较为突出，说明乌海市的区位不占优势，同时产业结构过于固化，存在着单一化、低端化、重型化的特点，在全国工业经济下行的大局面下，乌海市已经处于经济结构亟须转型的节点时期。乌海市也面临着一定程度的环境压力，排名全国64名，基本是全国资源型城市的平均水平，其中大气环境压力位于全国首位，这反映乌海市的大气污染非常严重，政府对企业排放废气的监督、管理不到位，同时缺乏空气治理的相关措施，这不利于人们的身体健康和生活质量，阻碍了经济的可持续发展。

转型能力分析

乌海市转型能力指数为0.567，在全国资源型城市中排名第11位，在40个西部资源型城市中排名第3位，在23个衰退型资源城市中排名第3，可以看出乌海市的转型能力非常强。分项来看，乌海市的经济发展能力最强，排名全国第3，分项来看，经济规模和经济效率表现突出，但是经济增长和经济结构转换能力表现一般，这说明乌海市的产业成熟度高，已经实现规模经济，但是，产业结构过于单一，主要以基于资源开发和初级加工的产业为主导产业，不仅链条短、层次低、附加值不高、竞争力有限，而且在经济下行的大局面下，传统能源资源企业经营困难，进而导致经济增长面临着更大的压力和风险。其次是民生保障能力，全国排名第5位，可见乌海市在促民生方面做出了巨大的努力，这有助于缓解当下面临的社会压力，为经济发展保驾护航。乌海市的环境治理能力也比较突出，在全国排名第26位，说明乌海市在经济发展过程中非常重视环境保护，较强的环境治理能力有助于缓解其面临的环境负担，实现经济的可持续发展。乌海市的创新驱动能力排名全国第24位，分项来看，其中创新基础设施建设略弱，导致其产业转型缺乏内在驱动力。乌海市的资源利用能力最弱，全国排名第114位，加之乌海市面临着突出的资源压力，反映日益凸显的资源要素瓶颈约束，有限的土地和水资源空间，能耗增量和环境容量约束趋紧，既限制着做大产业规模，又制约着乌海市的产业转型。

综合评价

综合来看，乌海市面临着非常突出的转型压力，同时具备的转型能力非常强，能帮助化解其转型压力。目前其主要问题在于资源和要素瓶颈，以及经济结构过于单一的难题。乌海市转型预警指数为0.469，在全部116个城市中排名第36位，在40个西部地区资源型城市中排名第13，15个衰退城市中排名第10，说明乌海面临转型问题不算突出，但仍应引起注意。

（5）政策建议

乌海市的首要任务是解决资源和要素危机，这要求进一步加快转变发展方式。一方面在资源开发和利用上，要加快建设清洁能源输出基地，保护性开发煤炭资源，在满足经济增长基本需求基础上，建立严格开采规模控制制度，充分利用市外煤炭资源，基本实现煤炭资源就地加工转化。探索开发利用高铝煤、高硫煤，实施"焦炭气化"战略，支持焦炭气化示范项目建设，加快推广焦炭气化技术产业化应用，促进传统煤焦产业向天然气、液化天然气清洁燃料领域转型。进一步加快煤炭企业、洗煤企业整合重组的步伐，同时提高产业集中度和配套性，乌海市还需大力进行优化产业结构、区域结构调整工作，在最大的程度上提升经济发展质量和效益。首先就是要推动传统产业新型化，利用好煤焦化工、氯碱化工两大产业的规模优势和成本优势，积极做好资源精深加工和产业链延伸推进工作，并计划统筹推动煤、电、化及相关产业一体化的发展，加快培育配套产业和下游产品进度，推动传统产业在中高端进程上迈进，进一步对煤焦化工进行延伸发展，并最终实现由以焦为主向以化产为主转变，摆脱乌海市经济对钢铁产业的严重依赖。其次是要推动新兴产业规模化。强化龙头企业所拥有的牵引作用，积极形成产业竞争新优势，加快建设以政务云中心为基础的信息化基础设施并提高信息服务能力，继续深入探索云计算产业，努力发展新能源、新材料等非资源产业，努力形成新的经济增长点。

为解决严重的大气污染问题，乌海市需要扎实推动环境保护和节能减排。积极推进区域大气污染联防联控，重点加大城区烟尘、粉尘、扬尘综合整治力度，加大环境执法监察力度，坚决打击偷排漏排等环境违法行为。淘汰大部分落后产能，鼓励循环经济和清洁生产发展，推进重点用能企业节能技术改造工程的建设实施。加快实施焦化行业提标改造工程，实现全市焦化企业达标排放。

考虑到乌海市还面临着较为突出的社会压力，这要求政府加大对民生保障事业的投入，切实解决事关群众切身利益问题，特别是做好失业人员安置救助工作和再就业、创业扶持工作，尽最大可能为全市人民提供更加优质的创业就业环境、更可靠的社会保障、更和谐稳定的社会环境。

### 6.3.3 赤峰市

（1）城市概况

赤峰市位于内蒙古自治区东南部，位置在蒙冀辽三省区交汇处，与河北省承德市、辽宁的朝阳地区接壤[1]。截至2015年底，赤峰市辖三区、七旗、二县，年末全市常住人口429.95万人，比上年减少0.43万人。其中，城镇人口为202.32万人，占总人口比重为47.1%。2015年赤峰实现地区生产总值1861.3亿元，增长8.1%[2]。

---

[1] 资料来源：赤峰市政府网 http://www.wuhai.gov.cn/。
[2] 资料来源：赤峰市经济与社会发展统计公报2014。

（2）资源特点及利用情况

赤峰地理上位于我国重要的金属成矿带，截止到目前已发现70余种矿产、1200多处矿产地，其中大型矿床25个，金、银等贵金属和铅、锌、铜、锡、钼等有色金属种类多、储量大，潜在价值5万亿元以上，2010年被中国有色金属工业协会命名为中国有色金属之乡。非金属资源品种多、品位高，巴林石蜚声海内外，萤石、石灰石、高岭土、膨润土等开发潜力巨大已发现各类矿产70余种，赤峰共有千余处矿产地，主要有铁、铬、锰、铜、铅、锌、钴、钨、锡、钼、金、铌等金属矿。其中铁矿产地168处，有1.191亿吨矿石储量，主要分布在克旗、敖汉旗、宁城县、松山区和巴林左旗。克旗1.08亿吨的黄岗梁铁矿石储量，占赤峰市探明储量的90%以上。赤峰市有170处铜矿，20万吨储量，以林西县大井子铜矿为主。钨矿主要分布在敖汉旗、克旗，自治区唯一的钨矿床是位于敖汉旗的哈力海吐钨矿（截至2010年）。贵重金属矿主要包括金矿、银矿和铂、钯矿。赤峰市是内蒙古自治区主要黄金产地，累计探明储量占全自治区原生金矿储量的80%以上。非金属矿有萤石、水晶石、冰洲石、硫、沸石、石灰石、大理石、硅石等。赤峰市非金属矿种类是包括燃料矿和其他非金属矿。在赤峰市已发现的燃料矿有煤、泥炭和油页岩，煤炭分布广泛，集中在平庄、元宝山煤田，储量占赤峰市总储量的79%。同时，赤峰市还是国家重要的黄金产地和能源及有色金属基地，其所拥有的巴林奇石作为艺术瑰宝蜚声海内外[①]。全市形成了一个以冶金、能源、食品、化工、建材、纺织、制药、机械制造等八大产业为总体支撑的工业体系。

（3）指数计算结果

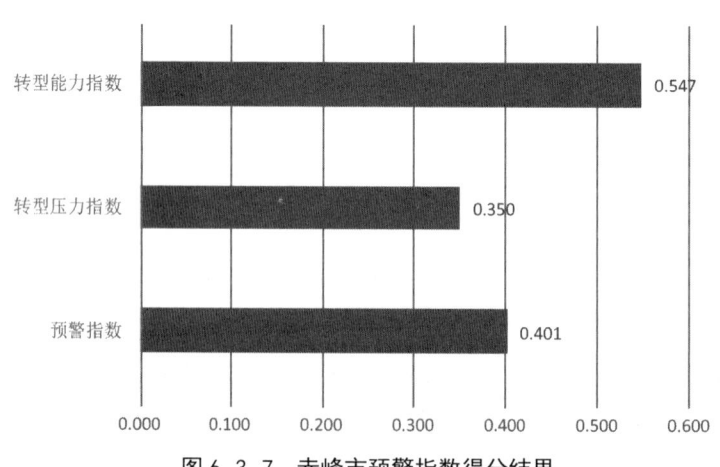

图 6.3.7 赤峰市预警指数得分结果

转型能力指数 0.547
转型压力指数 0.350
预警指数 0.401

---

① 资料来源：赤峰市政府网 http://www.wuhai.gov.cn/。

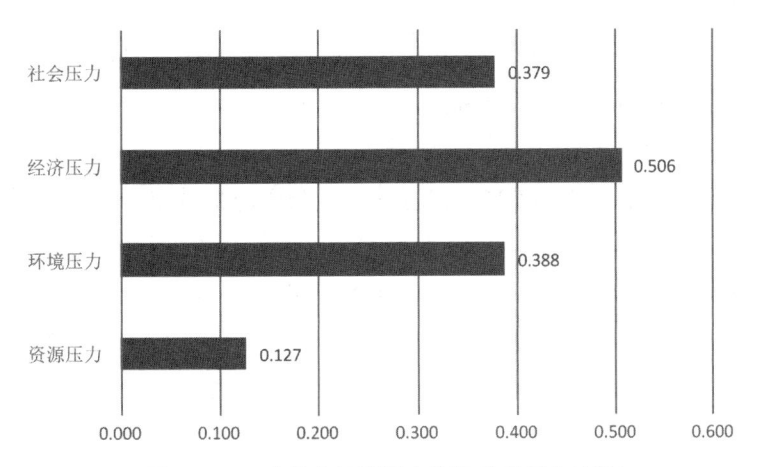

图 6.3.8　赤峰市转型压力指数分项得分结果

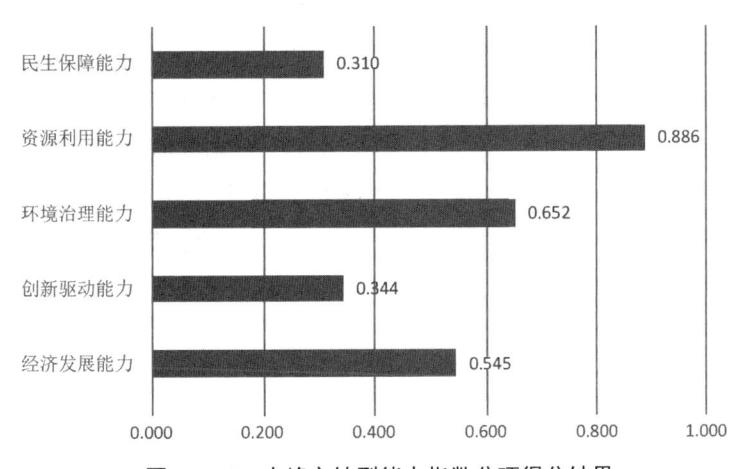

图 6.3.9　赤峰市转型能力指数分项得分结果

（4）指数评价

**转型压力分析**

赤峰市转型压力指数为 0.350，在全国 116 个资源型城市中排名第 43 位，在 40 个西部资源型城市中排名第 11 位，在 63 个成熟型资源城市中排名第 20，这说明赤峰的转型发展已经面临着一定程度的压力。分项来看，赤峰面临的经济压力最为突出，在全国所有资源型城市中排名第 20，细分看来，其中各项指标均不容乐观，尤其是经济区位压力排名全国第 1，说明赤峰市正面临着多方面的经济负担，经济增速放缓，整体经济活力缺乏，政府财政收入短缺，无力驱动进一步的经济转型，尤其是地理区位不占优，导致更加不具备竞争力。其次是社会压力，排名全国第 38 位，进一步细分来看，赤峰市的安全压力和就业压力较大，说明赤峰市生产方式较为粗放，同时失业现象比较严重，不利于社会稳定。赤峰市面临的环境压力较小，排名全国71名，同时其资源压力也较小，排名全国80位，说明赤峰市的环境保护工作较为到位，同时资源充足，资源利用效率高，有利于经济的可持续发展。

转型能力分析

赤峰市转型能力指数为0.547，在全国116个资源型城市中排名12位，在40个西部资源型城市中排名第4位，在63个成熟型资源城市中排名第5，可以看出赤峰市的转型能力比较强。分项来看，赤峰市的资源利用能力最强，排名全国第3，这有助于赤峰维持较小的资源压力，为经济发展提供充足的资源动力。其次，赤峰的环境治理能力尚可，排名全国37位。赤峰的经济发展能力也排名全国37位，分项来看，其中经济效率表现突出，但是经济增长和经济结构转换能力较弱，这说明赤峰市的主要问题是，面对全国经济下行压力的加大，赤峰市主导产业如冶金、能源业过于依赖资源，产业结构严重不合理，不仅传统产业层次低、转型慢，而且新兴产业规模小实力弱，其非资源型产业、战略性新兴产业、现代服务业发展不足，产业结构资源单一化、重型化、前端化特征仍然比较突出，导致经济增长面临着更大的压力和风险。赤峰市的创新驱动能力比较一般，排名全国第54位，分项来看，其中创新基础设施建设比较到位，然而资金投入和人才培养较为缺失，这会导致经济发展内生动力不足、创新驱动能力不强。赤峰市的民生保障能力较弱，排名全国第67位。进一步细分来看，其中居民收入保障能力较差，这不利于缓解已存在的严峻的就业问题，保证社会经济平稳运行。

综合评价

综合来看，赤峰市面临着一定程度的转型压力，同时具备的转型能力很强，能帮助化解其转型压力。目前其主要问题在于经济结构过于单一，同时创新驱动力差导致经济发展的内生动力不足，同时在民生建设上也存在着一定短板。赤峰市转型预警指数为0.401，在全部116个城市中排名第85位，在40个西部地区资源型城市中排名第30，63个成熟型城市中排名第44，说明当下赤峰市在转型发展中面临的困难还不大。

（5）政策建议

赤峰市的第一要务是推进工业转型升级。对产业结构进行调整优化，积极提高资源综合利用率和产业精深加工率，努力构建一个多元发展、多极支撑的现代产业体系。做到扶持企业发展的政策措施认真落实，加强银行与企业之间的对接、产需衔接、要素保障和生产运行组织。大力支持各旗县区培育主营业务收入过百亿元产业的进一步发展，积极鼓励工业企业的技改升级、引联重组、市场开拓、链条延长。促进传统产业从初级工业品向中高级方向转化，同时进一步促进现代煤化工向下游生产，有色金属生产加工和装备制造企业需要向中高端发展,食品加工产业向质优、高端消费品方向延伸。保证装备制造、新材料、节能环保、生物医药等战略性新兴产业的发展,努力寻找新的经济增长点。积极推进风险探矿、深部探矿和外围找矿的产业,从而进一步增强矿产资源的后续保障能力。努力发展信息产业,加强以云计算为重点的信息化基础设施和服务能力建设,努力推进新型工业化、信息化、城镇化和农牧业现代化的同步发展。确定并且优化工业园区布局和功能定位,中长期发展规划和产业上下游配套规划需要为主导产业制定,推动原材料前端生产企业和环保压力大的企业退城搬迁,做好重点园区基础设施建设工作,将配套服务功能进行充分完善,努力提高产业承载能力,吸引更多的企业和项目入驻赤峰市。落实实施创新驱动发展战略政策,保证清洁能源、新型化工、冶金、医药等重点产业技术攻关,培育具有自主知识产权的中小型科技企业。

赤峰市还应积极处理解决事关群众切身利益问题。努力健全社会保障体系,贯彻实施创业就业工程,大力推动大众创业和万众创新政策的实施,重点抓好以高校毕业生就业和化解结构性失业为重点的各类寻找就业机会群体的就业工作,提高工作及技能培训的针对性、实用性和有效性,建立失业预警机制,打开就业门路,将第三产业、中小企业和非公有制经济等作为今后扩大就业的三大渠道。尽可能提高医保报销标准和比例,保证城乡居民大病的保险制度,扩大工伤保险、失业保险等的覆盖范围,完善最低生活保障制度。均衡文教卫生事业资源,提升公共服务水平,努力为全市人民提供更优质的创业就业环境、更具有可靠度的社会保障、更加舒适的居住条件、质量更高的教育、水平更高的医疗卫生服务、文化生活更丰富多彩、更和谐稳定社会环境。

### 6.3.4 鄂尔多斯市

(1)城市概况

鄂尔多斯市位于内蒙古自治区西南部,西北东三面均被黄河所环绕,南临古长城,与晋陕宁三省区响铃。鄂尔多斯是改革开放30年来的18个典型地区之一,也是内蒙古的经济新兴城市,呼包鄂城市群的中心城市,被内蒙古自治区政府定位为省域副中心城市之一。不仅如此,鄂尔多斯还是国家森林城市、全国文明城市、中国优秀旅游城市、全国最具创新力城市、全国生态园林城市、排名中国城市综合实力50强、全国首批资源综合利用"双百工程"示范基地。[①] 截至2015年底,鄂尔多斯市辖2区7旗,年末全市常住人口429.95万人,比上年减少0.43万人。其中,城镇人口为

---

① 资料来源:鄂尔多斯市政府网 http://www.ordos.gov.cn/。

202.32 万人，占总人口比重为 47.1%。2015 年鄂尔多斯实现地区生产总值 1861.3 亿元，增长 8.1%[①]。

（2）资源特点及利用情况

鄂尔多斯自然资源富集，多年来享有"羊煤土气风光好"的美誉。鄂尔多斯市目前已探明煤炭储量为 1930 亿吨，占全国的 1/6 左右，远景储量超 1 万亿吨，是全国地级市中煤炭资源最丰富的地区；探明天然气 4.4 万亿立方米储量，占到全国的 1/3 左右，境内拥有世界最大的整装气田苏里格气田，是西气东输的重要气源地；鄂尔多斯市的羊绒制品产量约占全国的 1/3、世界的 1/4，已成为中国绒城、世界羊绒产业中心；煤层气储量约 5 万亿立方米，页岩气储量预计 10 万亿立方米以上；风能、太阳能等新能源资源丰富，可利用风能总量约 770 万千瓦以上，太阳能开发潜力在 1000 万千瓦以上，适合建立特大型风场和光伏发电项目[②]。

鄂尔多斯产业特色鲜明，全市形成了以煤炭、电力、煤化工、装备制造四大产业为支撑的工业体系。下一步，重点在扩大规模、聚集产业、完善配套、引进高新技术上下功夫。近年来，鄂尔多斯按照中央"四个全面"战略布局，坚持和落实"五大发展理念"，正在凝心聚力、转型发展、创新创业、再铸辉煌，全力推动产业、城市、生态、社会和人的思想观念全面转型，实现更高质量、更好效益、更可持续发展，将鄂尔多斯点缀成祖国北疆亮丽风景线上的璀璨明珠。资源型产业走延长链条、转化增值的路子，建设国家清洁能源输出主力基地、现代煤化工生产示范基地、铝循环产业基地；非资源型产业走规模发展的路子，建设西部装备制造基地。

（3）指数计算结果

|  |  |
| --- | --- |
| 转型能力指数 | 0.643 |
| 转型压力指数 | 0.309 |
| 预警指数 | 0.333 |

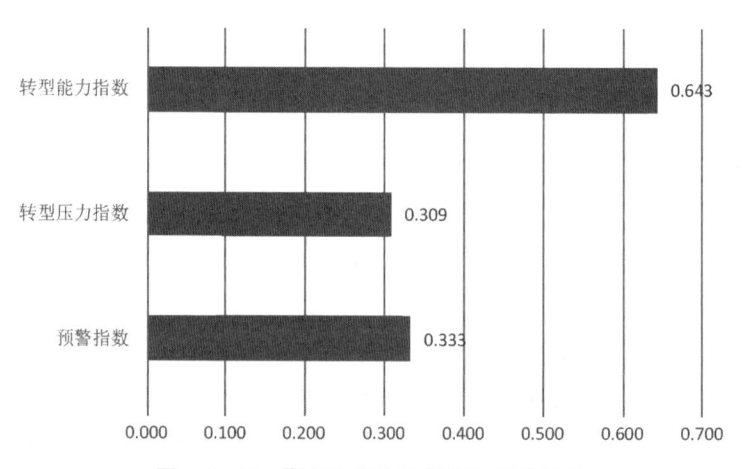

图 6.3.10 鄂尔多斯市预警指数得分结果

---

① 资料来源：鄂尔多斯市经济与社会发展统计公报 2014。
② 资料来源：鄂尔多斯市政府网 http://www.ordos.gov.cn/。

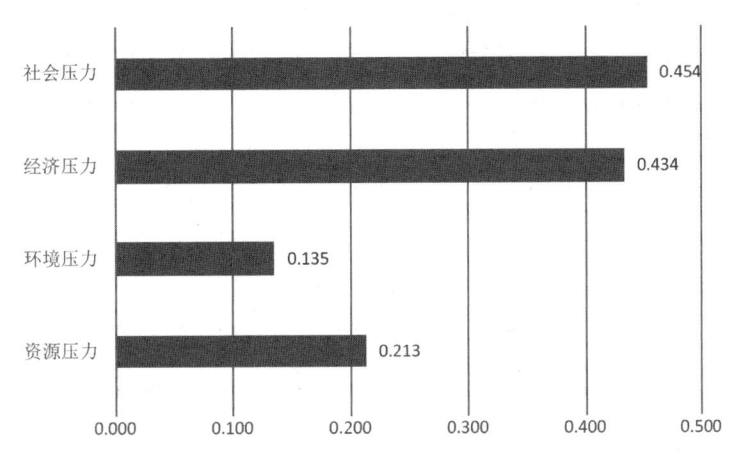

图 6.3.11 鄂尔多斯市转型压力指数分项得分结果

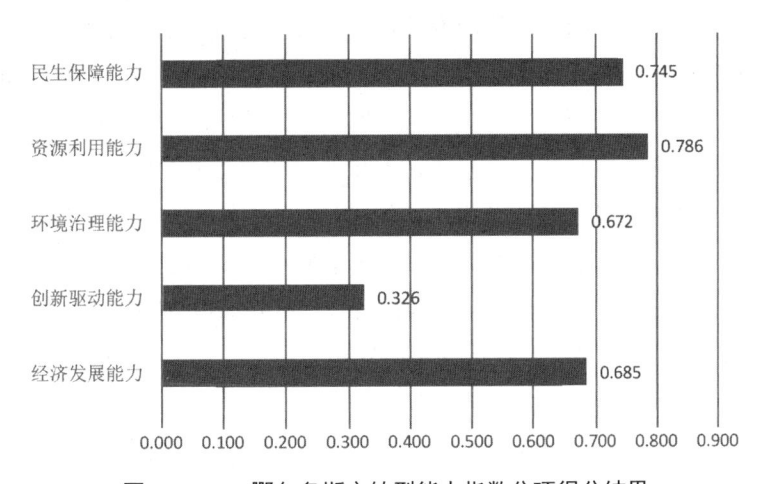

图 6.3.12 鄂尔多斯市转型能力指数分项得分结果

（4）指数评价

**转型压力分析**

鄂尔多斯市转型压力指数为0.309，在全国116个资源型城市中排名70位，在40个西部资源型城市中排名第20位，在15个成长型资源城市中排名第6，这说明鄂尔多斯的转型发展已经面临着轻微程度的压力。分项来看，鄂尔多斯面临的社会压力最为突出，在全国所有资源型城市中排名第19，进一步细分来看，鄂尔多斯市的安全压力尤为突出，说明鄂尔多斯市生产方式较为粗放，在安全生产方面做得不到位，这不利于经济的平稳运行。其次是经济压力，排名全国第31位，其中经济结构压力比较突出，说明鄂尔多斯市的经济结构不合理，产业单一化、低端化的问题比较突出，过分依赖资源，其整体经济正处于结构升级转型的重要节点。鄂尔多斯的资源压力位于全国第 58 位，表明鄂尔多斯的资源储备不算充足，未来可能面临资源问题。同时，鄂尔多斯的环境压力较小，排名全国第 114 位，说明鄂尔多斯市的环境保护工作较为到位，有利于经济的可持续发展。

转型能力分析

鄂尔多斯市转型能力指数为 0.643，在全国 116 个资源型城市中排名 4 位，在 40 个西部资源型城市中排名第 2 位，在 15 个成长型资源城市中排名第 1，可以看出鄂尔多斯市的转型能力很强。分项来看，鄂尔多斯市的民生保障能力最强，排名全国第 4，这有助于其缓解突出的社会压力，助力经济的稳定持续发展。其次，鄂尔多斯的经济发展能力也比较突出，排名全国第 7 位，其中经济规模和经济效率特别具有优势，但是相比之下，经济增长相对缓慢，特别是经济结构转换能力排到了全国 108 位，这反映了当下鄂尔多斯面临的问题，是传统产业发展到了成熟阶段后产生的新问题，产业结构低端化、重型化特征明显，能源产业比重过高，在新常态的形势下支撑经济高速增长的传统优势正在减弱，煤炭、房地产等产业增长乏力，化工、建材、冶金等行业产能过剩，导致经济增长受阻。鄂尔多斯的资源利用能力也比较强，排名全国第 9，这有助于鄂尔多斯维持较小的资源压力，保持经济平稳运行，需要继续保持，以避免资源储量不足带来的问题。鄂尔多斯的环境治理能力尚可，排名全国 31 位，而考虑到鄂尔多斯的环境压力非常小，表明当下其环境并未构成问题。鄂尔多斯市的创新驱动能力相对较弱，排名全国第 59 位，分项来看，创新基础设施建设比较到位，然而创新资金投入非常欠缺，这会导致经济发展内生动力不足、创新驱动能力不强。

综合评价

综合来看，鄂尔多斯市面临着一定程度的转型压力，同时具备的转型能力很强，能帮助化解其转型压力。目前其主要问题在于经济结构过于单一，同时创新驱动力差导致经济发展的内生动力不足，拖累了其经济转型发展。鄂尔多斯市转型预警指数为 0.333，在全部 116 个城市中排名第 114 位，在 40 个西部地区资源型城市中排名第 38，15 个成长型城市中排名第 14，说明当下鄂尔多斯市在转型发展中面临的困难较轻，未来仍有较好前景。

（5）政策建议

鄂尔多斯市当下需调整产业结构，努力推进工业新型化、多元化发展，立足要素条件制约，优化工业结构，积极促进工业发展层次提升，形成一个传统产业新型化、新兴产业规模化、支柱产业多元化的可持续发展格局。坚持围绕产业链部署创新链，建立市级财政投入机制，实施"科技重大专项计划"，围绕清洁能源、煤化工、先进制造、新材料、农畜产品加工等优势产业，编制产业发展技术路线图，开展关键共性技术攻关，推动产业高端化、产品终端化。以节能降耗、生态环境、安全生产等为重点,提高传统产业与信息化融合水平,推广应用高新技术,推动传统产业创新发展。努力建成原材料工业升级示范基地,促进传统原材料产业的改造升级,同时确保发展基础原材料精深加工产业,构建一条循环往复的产业链,推动原材料工业产品结构进行调整和换代升级的步伐。努力培育新兴产业发展示范区,坚持引进和培育相结合、生产制造与服务增值并重、改造与创新同步,大力发展制造业和高新技术产业,进一步做好新兴产业集群化发展推动工作,努力打造工业转型发展新增长极。做到能够提升工业园区综合竞争力,坚持形成一个布局合理、特色鲜明、集约高效、生态环保发展理念来支持整个经济的发展,同时进一步加强园区建设,加快园区产业综合竞争力提升步伐,推动园区布局点向面的方向进行转化;大力进行园区整合,努力推进产业雷同和地缘相近园区资源整合和功能集成;推进调整园区产业结构工作,建成特色产业集群,不断提升园区产业竞争力;改进园区招商引资工作,按照园区产业定位,重点开展产业链招商。

积极化解过剩产能。鄂尔多斯市需要严格做好煤炭、冶金、水泥、电石、焦化类行业产能无序扩张控制工作,推进各种落后产能产业重组,同时支持骨干企业多方位兼并、重组落后产能企业。鼓励各个产能过剩企业充分应用新技术、新材料、新工艺、新装备以此提升传统产业,努力加快淘汰落后产品,提升市场竞争能力。积极鼓励企业加大研发投入,开发新产品,做到产业链条延伸,提高产品技术含量和附加值,加快产品升级换代。建设一个国家清洁能源主力输出基地,积极主动地去适应国家能源生产和消费革命,在资源节约利用、产品转化增值、绿色低碳发展的原则下充分发展自身企业,推动能源产业转型升级,着力提升产业发展质量和竞争力。

实施科技创新工程。加强产学研协同创新,推动国内外新技术、新成果实现产业化。大力推进万众创新,坚持以创新引领创业,以创业带动就业思路,为小微创新企业成长和个人创新提供低成本、便利化、全要素的开放式综合服务平台,积极营造良好的创新生态环境,让创新创业蔚然成风[①]。

### 6.3.5 呼伦贝尔市

(1)城市概况

呼伦贝尔市以境内呼伦湖和贝尔湖得名,位于内蒙古境内。东邻黑龙江省,西、北两面与蒙古国、俄罗斯相接壤,呼伦贝尔市是中俄蒙三国的交界地带,与俄罗斯、蒙古国有1733公里的边境线。自2012年7月9日起呼伦贝尔市入选国家森林城市,其境内的呼伦贝尔草原是世界四大草原之一,甚至被称为世界上最好的草原。在呼

---

① 资料来源:鄂尔多斯市2016年政府工作报告。

伦贝尔市共有 8 个国家级一、二类通商口岸，其中满洲里口岸是中国最大的陆路口岸[①]。截至2015年底，呼伦贝尔市辖 2 个市辖区、4 个旗、3 个自治旗，5 个市，2015 年城镇人口比重达到 70.84%，年末全市常住人口 252.65 万人。全市地区生产总值（GDP）实现 1595.96 亿元，按可比价计算增长 8.1%，人均地区生产总值（GDP）63131 元，可比价增长 8.2%[②]。

（2）资源特点及利用情况

呼伦贝尔拥有富集的自然资源，全市探查到四十余种各类矿产，370 多处矿点。其中有 57 处矿点已探明，主要矿产有煤炭、石油、铁、铜、铅、锌、钼、金、银、铼、铍、铟、镉、硫铁矿、芒硝、萤石、重晶石、溴、水泥灰岩等。呼伦贝尔市的煤炭探明储量是辽宁、吉林、黑龙江三省总和的 1.8 倍[③]。

呼伦贝尔产业特色鲜明，全市形成了以煤炭、电力、煤化工、装备制造四大产业为支撑的工业体系。下一步，重点在扩大规模、聚集产业、完善配套、引进高新技术上下功夫。近年来，呼伦贝尔市的结构调整取得新的进展，其三次产业结构比例演进为 18.1:46.8:35.1。同时呼伦贝尔市不断优化工业内部结构，农畜产品加工、生物制药等非资源型产业实现产值 865 亿元，占工业总产值的 67.3%，增长 15.3%，高于资源型产业增速 12.4 个百分点。加快推进延伸升级资源型产业，全年发电量 340 亿度，煤化工产业形成了 110 万吨化肥、20 万吨甲醇生产能力，有色金属生产能力形成了日采选矿石 9 万吨和年冶炼 20 万吨。

（3）指数计算结果

| 指标 | 得分 |
|---|---|
| 转型能力指数 | 0.485 |
| 转型压力指数 | 0.362 |
| 预警指数 | 0.438 |

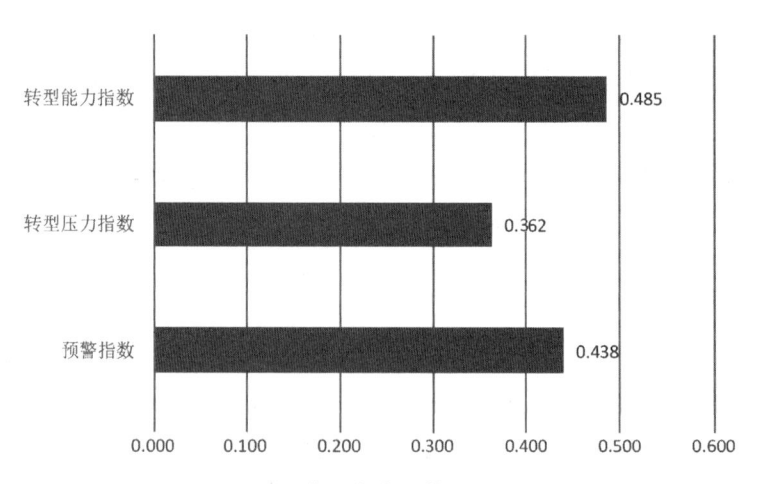

图 6.3.13 呼伦贝尔市预警指数得分结果

---

① 资料来源：呼伦贝尔市政府网 http://www.hulunbeier.gov.cn/。
② 资料来源：呼伦贝尔市经济与社会发展统计公报 2014。
③ 资料来源：呼伦贝尔市政府网 http://www.hulunbeier.gov.cn/。

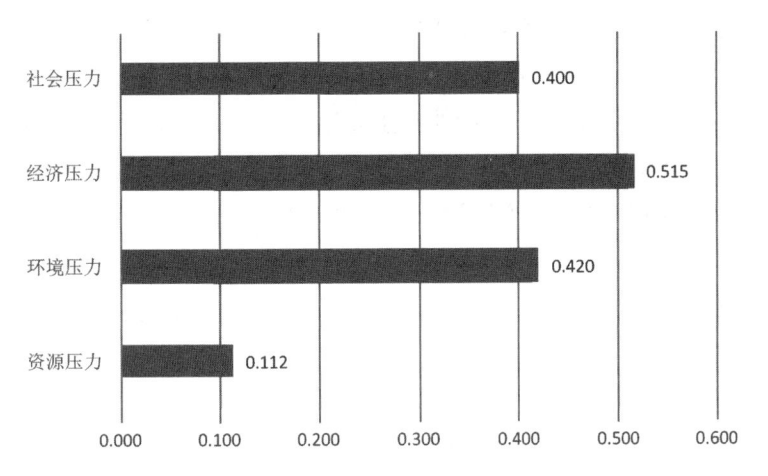

图 6.3.14 呼伦贝尔市转型压力指数分项得分结果

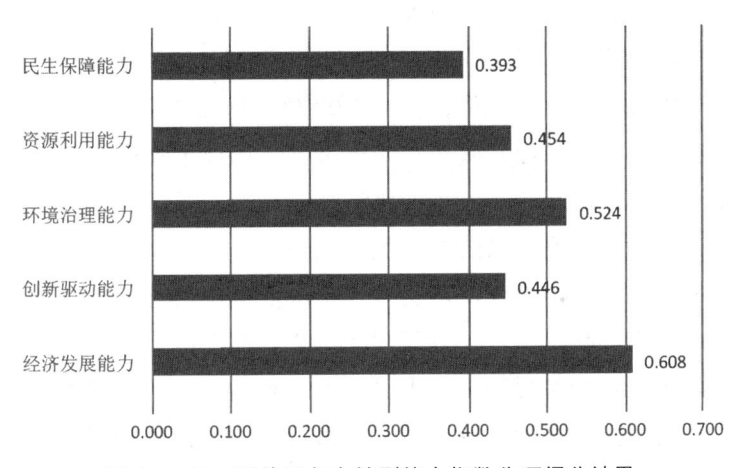

- 社会压力　0.400
- 经济压力　0.515
- 环境压力　0.420
- 资源压力　0.112

图 6.3.15　呼伦贝尔市转型能力指数分项得分结果

- 民生保障能力　0.393
- 资源利用能力　0.454
- 环境治理能力　0.524
- 创新驱动能力　0.446
- 经济发展能力　0.608

（4）指数评价

转型压力分析

呼伦贝尔市转型压力指数为 0.362，在全国 116 个资源型城市中排名 39 位，在 40 个西部资源型城市中排名第 9 位，在 15 个成长型资源城市中排名第 3，这说明呼伦贝尔的转型发展面临的压力较大。分项来看，呼伦贝尔面临的经济压力最为突出，在全国所有资源型城市中排名第 17，其中经济区位压力很大，位于全国首位，反映其地理位置不优的天然劣势，同时其经济结构压力也比较大，说明呼伦贝尔市当下的产业结构面临着单一化、低级化、重型化的问题，过分依赖资源，产业结构固化，拉低了整体经济的效率，同时在全国整体工业经济下行的大格局下，这些传统资源依赖型的重型工业受波动较大，导致经济增速进一步放缓，加重了财政负担。其次是社会压力，排名全国第 27 位，进一步细分来看，呼伦贝尔市的安全压力和就业压力比较突出，说明呼伦贝尔市生产方式较为粗放，在安全生产方面做得不到位，失业问题较为严重，不利于社会稳定。呼伦贝尔也面临着相当程度的环境压力，位于全国第 55 位，其中问题最大的是居住环境，反映呼伦贝尔市在城市建设和工业发展中忽视了环境保护，特别是忽视了居住环境的改善，需要得到重视，以保证经济的可持续发展。呼伦贝尔的资源压力较轻，排名全国第 84 位，说明呼伦贝尔市的资源储备丰富，资源利用效率高，将助力其经济的持续发展和转型升级。

转型能力分析

呼伦贝尔市转型能力指数为 0.485，在全国 116 个资源型城市中排名 41 位，在 40 个西部资源型城市中排名第 12 位，在 15 个成长型资源城市中排名第 3，可以看出呼伦贝尔市的转型能力较强。分项来看，呼伦贝尔市的经济发展能力最强，排名全国第 17 位，其中经济规模和经济效率具有优势，但是相比之下，经济增长相对缓慢，特别是经济结构转换能力排到了全国第 98 位，这反映了当下呼伦贝尔面临的主要问题是，虽然传统产业已经发展到了成熟阶段，形成了规模经济，具备了经济效率，但是产业结构固化、低端化、重型化特征明显，能源产业比重过高，在新常态的形式下充分支撑经济高速增长的传统优势正在减弱，煤炭等产业增长乏力，冶金等行业产能过剩，经济结构不优，发展方式粗放，可持续发展能力不强，说明当下调结构、转方式非常紧迫。其次，呼伦贝尔的创新驱动能力也比较强，位于全国第 28 位，这为经济增长和转型提供了内生驱动力。呼伦贝尔的民生保障能力尚可，排名全国第 41，但是其中居民收入保障能力和教育保障能力比较落后，还不足以缓解其面临的突出的社会压力尤其是就业压力，需要进一步提升。呼伦贝尔的资源利用能力比较一般，位于全国第 63 位，但考虑到呼伦贝尔目前资源压力较小，说明当下呼伦贝尔市面临的资源问题并不严重。呼伦贝尔的环境治理能力最差，排名全国第 73 位，若不着力提升，将进一步加剧其环境压力，阻碍经济的可持续发展。

综合评价

综合来看，呼伦贝尔市面临着比较突出的转型压力，同时具备的转型能力较强，能帮助化解转型压力。目前呼伦贝尔的经济结构过于单一，社会保障事业存在缺失，同时环境问题有加剧的倾向，阻碍了其经济转型发展。呼伦贝尔市转型预警指数为 0.438，在全部 116 个城市中排名第 60 位，在 40 个西部地区资源型城市中排名第 23，15 个成长型城市中排名第 9，说明当下呼伦贝尔市在转型发展中已经面临着一定程度的困难。

**（5）政策建议**

呼伦贝尔市的当务之急便是要把调结构转方式放到比现在更加重要的地位。经济下行的原因主要在于经济结构不优，目前呼伦贝尔的经济发展水平已到了转型发展、深度调整、整体提升的关键时期。为此，调整经济结构、转变发展方式需要作为呼伦贝尔市主动适应新常态的根本举措。努力实现传统产业新型化、新兴产业规模化、支柱产业多元化的转型。任务之一便是抓存量，扩大对煤炭、电力等经营困难企业的服务范围和力度，帮助相关企业降低成本，同时开拓市场，渡过难关。做到全力抓好经济运行的日常调度，不仅做好原料、融资、争取政策支持等生产经营要素的组织和优化，还要挖掘、释放闲置生产能力，盘活存量。另一要务便是要促增量，对已经具备生产条件的项目，抓紧其项目配套设备，针对不同企业应用具体政策从而解决具体问题，力推项目投产。加快发展新兴工业产业，扶持龙头企业，构建有色金属产业"探、采、选、冶、加"全产业链，支持机械制造业企业向数字化、自动化、智能化发展，增加产品种类，继续扩大国内市场份额。大力培育新产业、新业态，加快云计算、电子商务产业的发展。

同时，要进一步加快推动过剩产能消纳。以煤炭、电力、水泥等传统行业为重点，按照市场规律，完善政府扶持政策，引导企业通过电力直供、微电网等模式建立稳固的利益联结机制，打造煤电化、煤电冶、煤电用产业链条，发挥链条的整体效能，降低企业单位产品成本；推进传统工业企业的兼并、重组和退出，以煤炭、建材、木材加工、乳业为重点，稳妥推进优胜劣汰，逐步淘汰老旧过剩产能，支持有实力、有研发能力的企业整合资源。

要加强生态保护和修复，加大节能减排和环境综合治理力度。强化能源消耗管控，制定能源消费总量、能源消耗强度双控行动实施方案。推动重点流域区域污染防治，加大对额尔古纳河、嫩江流域内排污企业的环境监管。全面推进大气污染防治，加大对火电机组、燃煤小锅炉、施工扬尘、机动车尾气等重点领域的防控力度。开展污水处理、垃圾无害化处理设施升级改造工程。

呼伦贝尔市还需持续保障和改善民生。继续加大公共财政对民生支出的倾斜力度，大力推进重点民生工程建设，切实抓好保障性安居工程，推进创业就业工程，加快推进各旗市区创业园孵化基地建设，以创业带动就业，实施扶贫攻坚工程，实施人才强市工程，开发人才引进"绿色通道"，做好专业技术、高技能人才和农牧林区等实用人才队伍的建设与壮大。加强社会保障，严格执行社保提标扩面政策，确保社保基金运行安全，提升公共服务质量，确保与人民群众共享繁荣[①]。

---

① 资料来源：2015年呼伦贝尔市政府工作报告。

## 6.4 辽宁省

### 6.4.1 鞍山市

（1）城市概况

鞍山得名于其市区南部一座形似马鞍的山峰，北离沈阳 89 公里，南距大连 270 公里，位于环渤海经济区腹地，是沈大黄金经济带的重要支点，是辽宁中部城市群与辽东半岛开放区的重要连接带。现下辖海城市、台安县、岫岩满族自治县和铁东、铁西、立山、千山四个城区。总面积 9252 平方公里，总人口 364.59 万人。其中规划控制面积 800 平方公里，人口 146.9 万人。[①] 截至 2015 年，初步核算，全年实现地区生产总值 2349.0 亿元，按可比价格计算，比上年增长 3.0%。三次产业增加值占地区生产总值的比重为 5.8:47.5:46.7。人均生产总值 67675 元，按可比价格计算，比上年增长 3.5%。[②]

（2）资源特点及利用情况

鞍山境内已探明的矿产资源有 51 种。其中铁矿的探明储量达 100 亿吨，占全国的四分之一。菱镁矿、探明储量达 23 亿吨，占全国的 80%，占世界储量的四分之一。滑石矿，探明储量为 6000 万吨，占全国的 40%。岫玉，探明储量约 206 万吨，占世界的 60%，被誉为中国"国石"第一候选石，2006 年 12 月，岫岩县被中国矿业协会命名为"中国玉都"。

经过 60 多年的建设发展，鞍山拥有实力雄厚的工业体系。改革开放 30 年又赋予了鞍山老工业基地新的活力。进入新世纪以来，鞍山坚持改革开放、积极调整产业结构、促进全面发展，大力建设开放型地区经济，国民经济和社会事业步入加速发展的快车道，综合经济实力显著增强。全市地区生产总值增长 1.2 倍，年均增长 17.2%；地方财政一般预算收入增长 2.2 倍，年均增长 26.7%；全社会固定资产投资增长 3.8 倍，年均增长 36.8%，主要经济指标实现了"两个不低于"目标。2010 年，全年实现地区生产总值 2200 亿元，同比增长 20.8%；全社会固定资产投资 1500 亿元，增长 50%；地方财政一般预算收入 180 亿元，增长 25%；城市居民人均可支配收入 18514 元，增长 12%；农民人均纯收入 9310 元，增长 15%；单位生产总值能耗下降 5.5%。

鞍山市重点围绕主导产业，加快推动工业优化升级，已基本建成以五大产业集群为核心的工业布局。推进重大工业项目建设，其中包括鞍钢 30 万吨取向硅钢、鞍钢

---

① 资料来源：鞍山市政府网站 http://www.anshan.gov.cn/。
② 资料来源：鞍山市经济与社会发展统计公报 2015。

60 万吨煤焦油、鞍钢 60 万吨精品线材、中船重工 100 万吨船用钢加工、紫竹 80 万吨船用钢构、宝得 150 万吨热轧 H 型钢、中国软包装集团 25 万吨双向拉伸聚丙烯薄膜等一大批重大项目。预计规模以上工业增加值实现 990 亿元，增长 21.6%。

鞍山市产业结构不断优化。鞍钢克服金融危机影响，加快实施技术升级和结构重组，成功进入世界 500 强，正在向精品钢基地迈进。地方工业以增量调结构，全面打造菱镁新材料、钢铁深加工、化工新材料、装备制造、光电五大产业集群。加快建设服务业集聚区，引进一批国际知名商业企业进驻鞍山。调整农业发展方式，推进建成现代农业产业体系。三次产业结构比重由 5.5∶55∶39.5 调整到 4.3∶53.7∶42，全市经济基本摆脱了对工业的单纯性依赖，第二、三产业共同成为拉动经济的重要产业。

（3）指数计算结果

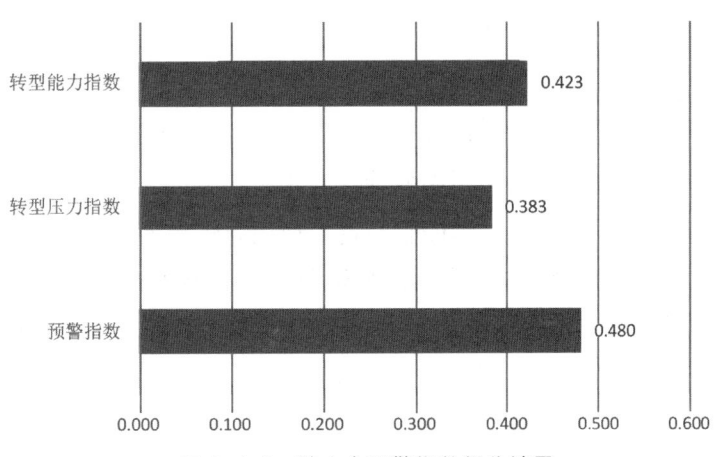

图 6.4.1　鞍山市预警指数得分结果

- 转型能力指数：0.423
- 转型压力指数：0.383
- 预警指数：0.480

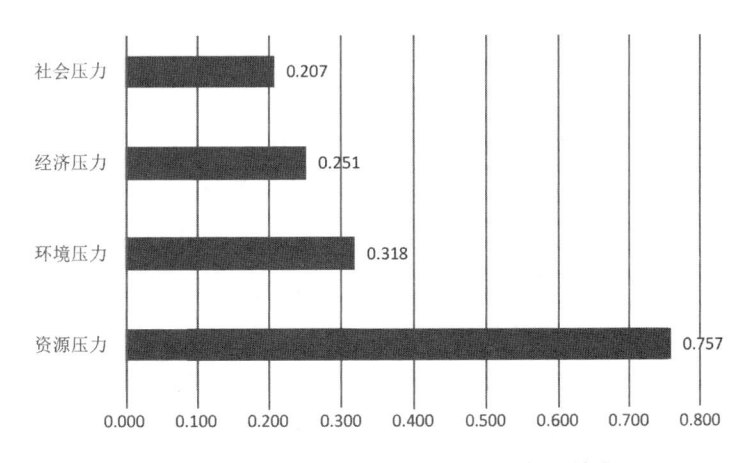

图 6.4.2　鞍山市转型压力指数分项得分结果

- 社会压力：0.207
- 经济压力：0.251
- 环境压力：0.318
- 资源压力：0.757

图 6.4.3　鞍山市转型能力指数分项得分结果

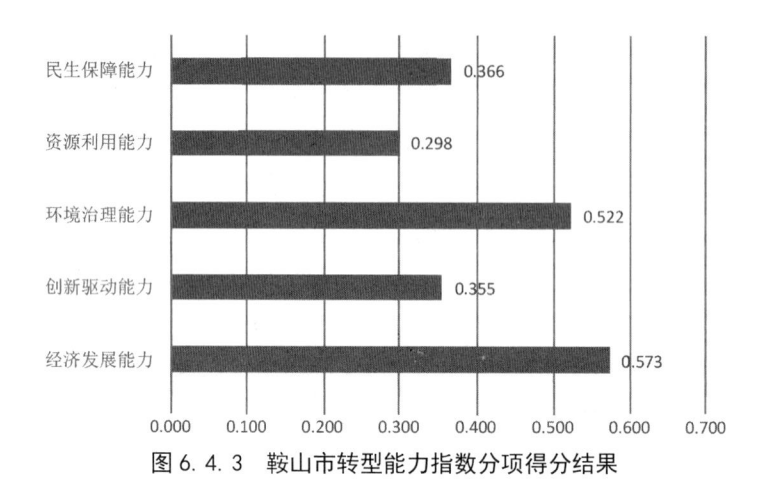

（4）指数评价

转型压力分析

鞍山市转型压力指数为 0.383，在全部 116 个资源型城市中排名 32 位，在东北部资源型城市排名第 10，在再生型资源城市中排名第 5。这说明鞍山的转型发展遇到了较大的困难。分项来看，鞍山面临的资源型压力较为突出，在所有资源型城市中排名第 3，在东北部资源型城市和再生型资源城市中均排名第 1，可见鞍山市在资源利用效率方面存在较大的差距，对城市发展形成明显阻碍。其次是经济压力，在所有资源型城市中排名第 73，进一步细分可以发现，鞍山市的经济增长较为缓慢，且经济结构不够合理。鞍山市的环境压力和社会压力较小，低于全国资源型城市的平均水平，这说明鞍山市的社会发展良好，生产方式较为环保，有利于持续发展，应当继续保持。

转型能力分析

鞍山市转型能力指数为 0.423，在全国资源型城市中排名 75 位，在 15 个再生型资源城市里排名第 12，可以看出鞍山市具备的转型能力较弱。分项来看，鞍山市经济发展能力最好，位于全国第 27 位，这主要得益于其经济规模好且经济结构合理。其次是鞍山市的民生保障能力，位于全国第 49 位，尽管其文体服务保障能力和基础设施保障能力不错，但其医疗、教育和居民收入保障能力均不足，分别位于全国第 64 位，77 位和 88 位。鞍山市的创新驱动能力中等，位于全国 51 名，细分来看，主要是因为其创新人才培养不足（位于全国第 87 位）。其环境治理能力较为不足，仅为全国第 74 位，尤其是其大气环境治理能力，在 116 个资源型城市仅为全国第 105 位。最差的是其资源利用能力，在 116 个资源型城市排名 108 位，在 15 个再生型城市中位于最后一位，这说明鞍山市的资源开发不足。

综合评价

综合来看,鞍山市的转型压力较大,但是转型能力不足。其中最需要提高的是处理资源压力的能力、大气环境的治理以及经济结构的调整。鞍山市转型预警指数为0.480,在全部116个城市中排名26名,在东北部地区资源型城市中排名第10,再生型城市中排名第3,说明转型面临问题较大。

(5)政策建议

鞍山市要抢抓振兴机遇解决资源利用问题,重点关注国企遗留问题、生态环境保护等,大力推进国家级资源型城市转型发展工作,争取建设立山区成为国家老工业区搬迁改造试点,并推进大孤山、海城镁矿、东鞍山、齐大山、岫岩金矿等老工矿区纳入国家独立工矿区搬迁改造试点,谋划一批具有全局性、基础性、战略性的大项目,争取纳入国家支持范围。

在环境治理方面,鞍山市需要进一步加强生态环境建设。大力推进蓝天工程,加大对燃煤锅炉除尘的改造力度和对矿山建筑扬尘、秸秆焚烧、道路遗撒的综合整治力度。建设天然气母站和输气管网,积极推进"气化鞍山",增加清洁能源公交车比例,实施公交车油改气。继续推进余热资源城市供热节能改造。继续推进青山工程,严格遵守"谁开发谁保护,谁破坏谁恢复"的原则,扎实推进矿山生态环境的保护和治理,建成污水处理厂,结束城区污水直排历史。推进净土工程,建立循环经济产业园,实施生活垃圾焚烧发电、污泥处理等环境治理项目。

鞍山市要加大创新力度,加速产业结构优化升级。第一,进一步做好调整存量和做优增量的工作,优化产业结构,推进产业转型升级,加快经济发展方式转变。牢牢把握建设沈大国家自主创新示范区和沈大高新技术产业带的历史机遇,全力推进城市带建设、科技工程和可持续发展实验区建设,继续推进"智慧鞍山"发展战略,积极申报"国家智慧试点城市"。充分释放发展动能,争取建成国家自主创新示范区。加强推进工业的"提质"升级工作,打造钢铁、菱镁等传统优势资源的精深加工产业链,提高产品附加值和资源综合利用率,提高资源型产业发展质量和效益。加快推进激光科技、精细化工、高端阀门、健康制造等新兴产业集群建设,设立专项发展资金,加快引进产业配套企业,全面建成各大工业园区。同时关注轻工业的发展,引进重点项目,带动整体增长。

鞍山要通过科技创新驱动产业升级,营造全民创业、万众创新的氛围。建立完善科技创新综合服务平台,进一步强化企业的技术创新主体地位,扶持企业的技术升级和创新发展。加快建成有竞争力的科技人才队伍,加强对科技创新、专业技能等高端人才的引进和培育。加强对知识产权培养和保护制度的建设,建设国家知识产权示范市。

### 6.4.2 抚顺市

**（1）城市概况**

抚顺市地处辽宁省东部，与省会沈阳市相毗邻，区位优势突出，交通网络发达，距桃仙机场和沈阳北站约 50 公里，距营口港不足 300 公里，境内有 2 条铁路、2 条高速公路。抚顺现辖四区（新抚区、望花区、东洲区、顺城区）、三县（清原满族自治县、新宾满族自治县、抚顺县）、两个省级开发区（抚顺经济开发区、抚顺胜利开发区），全市总面积 11271 平方公里，人口 219.3 万。抚顺有 34 个民族，少数民族主要有满族、朝鲜族、回族、蒙古族、锡伯族等[①]。截至 2015 年，初步核算，全市完成地区生产总值 1216.5 亿元，按可比价格计算，比上年增长 2.0%。三次产业占生产总值的比重为 8.0∶48.9∶43.1。人均地区生产总值为 58555 元，增长 2.4%。全年规模以上工业企业实现产值 2083.1 亿元，下降 25.1%。实现增加值 464.8 亿元，下降 8.6%。[②]

**（2）资源特点及利用情况**

抚顺拥有丰富的矿产资源，全市有金属、非金属、煤矿 3 大类矿产资源 34 种，总量约 54.97 亿吨，保有总量约 43.32 亿吨。主要矿产有煤、铁、铜、锌、铅、金、银、镍、铂、钯、硫化铁等。其中，红透山铜锌矿的规模和储量居全省前列。

抚顺因煤而兴、因石油而发展，是一座实力雄厚的老工业城市，以"煤都"的美誉蜚声海内外，拥有逾百年的煤矿开采历史，煤炭开采高峰期曾占全国总产量的 1/10，被誉为"共和国燃料供应部"。在大庆油田发现之前，抚顺炼制的页岩油曾经是新中国的主要油料来源，占全国石油产量的 30%—50%。新中国第一桶页岩油，第一吨铝、镁、硅、钛，第一吨特种钢，第一台机械式挖掘机均产自抚顺。抚顺现已建成了以石化工业为主导，以国有大型企业为骨干的工业布局，集中了一批关系国计民生和国家安全的基础产业，体系完备、门类齐全，是国家重要的能源和原材料生产基地。抚顺还是我国最大的军工航天特殊钢生产基地，亚洲最大的合成洗涤剂原料生产基地，世界最大的石蜡生产基地。抚顺特钢、抚顺铝厂分别是中国历史悠久的特殊钢和有色金属冶炼企业，为中国航天和军工产业的发展做出了重要贡献。年加工原油 1000 万吨，产品种类 150 多个，石蜡产量世界第一，占世界总产量的六分之一；洗涤剂原料产量亚洲第一，占全国产量的二分之一。

---

① 资料来源：抚顺市政府网站 http://www.fushun.gov.cn/fushun/。
② 资料来源：抚顺市经济与社会发展统计公报 2015。

## （3）指数计算结果

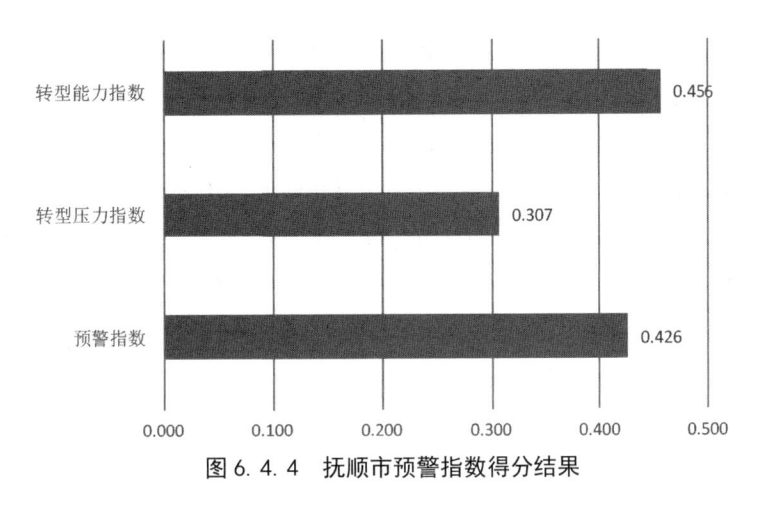

图 6.4.4　抚顺市预警指数得分结果

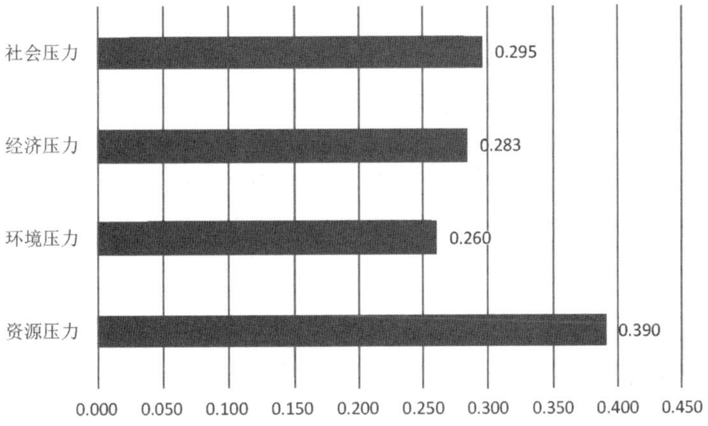

- 转型能力指数：0.456
- 转型压力指数：0.307
- 预警指数：0.426

图 6.4.5　抚顺市转型压力指数分项得分结果

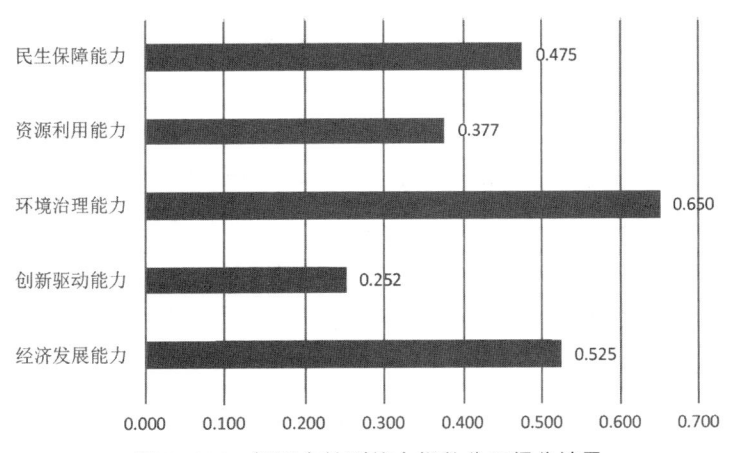

- 社会压力：0.295
- 经济压力：0.283
- 环境压力：0.260
- 资源压力：0.390

图 6.4.6　抚顺市转型能力指数分项得分结果

- 民生保障能力：0.475
- 资源利用能力：0.377
- 环境治理能力：0.650
- 创新驱动能力：0.252
- 经济发展能力：0.525

(4)指数评价

转型压力分析

抚顺市转型压力指数为0.307,在全部116个资源型城市中排名72位,在东北部资源型城市排名第15,在23个衰退型城市排名第19。这说明抚顺的转型发展压力较小。分项来看,抚顺面临的资源压力最大,位于全国第31位,位于东北部资源型城市第7位,位于衰退型城市第9位,可见抚顺市在资源利用效率方面存在较大的差距,对城市发展形成明显阻碍。其次是社会压力,在所有资源型城市中排名第56,进一步细分可以发现,抚顺市各项社会压力均位于全国中等水平,说明抚顺市的转型发展尚有一定程度的社会负担;其中最为突出的是就业压力,这说明抚顺市产业结构不合理,生产方式粗放,安全生产能力和解决就业能力均待改善。抚顺市也面临着一定的经济压力,经济压力指数在全部资源型城市中排名第62名;细分来看,这主要是由于抚顺市经济发展缓慢,在经济波动中面临较大的风险。抚顺市环境压力相对较小,排名全国104名,低于全国资源型城市的平均水平,这说明抚顺市的生产方式较为环保,有利于持续发展,应当继续保持。

转型能力分析

抚顺市转型能力指数为0.456,在全国资源型城市中排名53位,在23个衰退型资源城市里排名第11,可以看出抚顺市具备的转型能力较好。分项来看,抚顺市民生保障能力最强,位于全国第21位,但仍需提高其居民收入保障能力(仅为全国第86位)。其次是环境治理能力,位于全国排名39位,这将有利于抚顺市继续维持较小的环境压力,有利于经济社会可持续发展。接下来是经济发展能力,在全国排名45位,细分可知抚顺市经济规模和经济结构较好,分别排名全国资源型城市的第17和第28位,但是其经济增长能力排名很低,位于全国第93位。抚顺市的创新驱动能力位于全国第84位,处于全国中下等水平,尤其是在创新人才方面的培养严重不足,仅为全国第104位。其资源利用能力位于全国第84位,这一定程度上也过高的高耗能占比导致的。

综合评价

综合来看,转型压力较小,且转型能力一般。需要在资源方面多提高投入;此外,提高经济增长速度和创新能力,改善就业压力和居民收入等方面也应该是转型的重点。抚顺市转型预警指数为0.426,在全部116个城市中排名71名,在东北部地区资源型城市中排名第16,衰退型城市中排名第17,说明转型中面临的问题不是很严重。

(5)政策建议

抚顺市需要积极应对挑战,确保经济平稳运行。继续扩大开放力度,大力推进项目建设,发展外向型经济。进一步发挥产业、资源和区位优势,策划重点项目,促进产业升级和城市的转型发展。围绕"走出去"、"请进来"发展战略，创新招商方式，优化投资环境，力争在引进战略投资者、建设牵动性大项目上实现新突破。

进一步加强民生建设，提高社会保障水平。进一步加大争取扩面征缴的力度，确保企业离退休人员养老金按时足额发放。提高城乡低保救助标准，完善低保困难家庭学生救助政策，实施"精神康宁"等慈善救助项目。进一步推进扶贫帮困，积极组织贫困劳动力培训和就业。在就业方面，实施就业安居工程。多渠道扩大就业，增加回抚应届高校毕业生就业。全方位保障安居，实施"暖房子"工程，加强老旧、弃管小区物业管理，妥善解决集中连片棚改房屋维修和小区修缮问题。新建改造民用燃气管网。

创新方面，以更加有力的举措坚持创新驱动。重点推进石化、精细化工、机器人与智能装备制造、焊接材料等技术创新联盟建设，建设油研、煤研国家级实验室，建设国家自主创新示范区。实施"高新技术企业百家工程"，培育创新型企业、知识产权优势企业，积极开拓高新技术产品。

### 6.4.3 本溪市

（1）城市概况

本溪位于辽宁省东南部，东接吉林省通化市，西临辽阳市，南界丹东市，北邻抚顺市，西北与沈阳市接壤，是沈丹铁路、沈丹高速公路的重要枢纽。下辖本溪满族自治县、桓仁满族自治县、平山区、明山区、溪湖区、南芬区和一个高新技术产业开发区。全境总面积8414平方公里，总人口170万。[①] 截至2015年，初步核算，2015年本溪市地区生产总值1166.62亿元，按可比价格计算，比上年增长3.6%。其中，第一产业增加值67.0亿元，增长3.7%；第二产业增加值599.1亿元，增长1.6%；第三产业增加值498.52亿元，增长6.8%。三次产业增加值结构由上年的5.4:54.8:39.8调整为5.8:51.4:42.8。全年人均地区生产总值67652元，比上年增长3.8%。[②]

（2）资源特点及利用情况

本溪市矿产资源丰富，已探明的矿产种类共有八大类45种，包含铁、铜、锌、石膏、大理石等，其中铁矿石已探明储量高达27亿吨以上，石灰石矿（水泥）储量达2.1亿吨，溶剂石灰（冶金）储量达1.3亿吨。南芬露天铁矿具有低磷低硫低杂质等特点，用此铁矿炼出的铁被誉为"人参铁"。

作为老工业基地，本溪历史悠久，文化深厚，曾以"煤铁之城"驰名中外。近年来，市委、市政府与时俱进，依托三大产业，积极推进"三都五城"建设，把本溪建

---

① 资料来源：本溪市政府网站 http://www.benxi.gov.cn/。
② 资料来源：本溪市经济与社会发展统计公报 2015。

设成钢都、药都和枫叶之都,全国优秀旅游城市、国家森林城市、国家园林城、国家卫生城和全国环保模范城,完美结合了本溪的自然山水、地域文化与现代工业体系。

本溪也是一座著名的钢铁城市。大台沟铁矿是迄今为止发现的世界上最大的单体铁矿,南芬区思山岭铁矿为我国新近发现的世界级大型铁矿床之一。本钢工艺先进,拥有当今世界轧幅最宽、轧制水平最高的2300mm带钢热轧机组和世界上最先进的冷轧生产线,和东北地区炉容最大的4747立方米炼铁高炉,优质钢年产能2000万吨,年销售收入超过1000亿元。近年来,本溪牢牢把握沈阳经济区建设成为国家新型工业化综合配套改革试验区的历史机遇,加强绿色钢都整体开发建设,加速推进桥北和东风湖钢铁深加工产业园建设,目前已入驻规模以上企业近百户。本溪深度发挥雄厚的工业基础优势和资源优势,正向着打造"中国钢都"迈进。

(3)指数计算结果

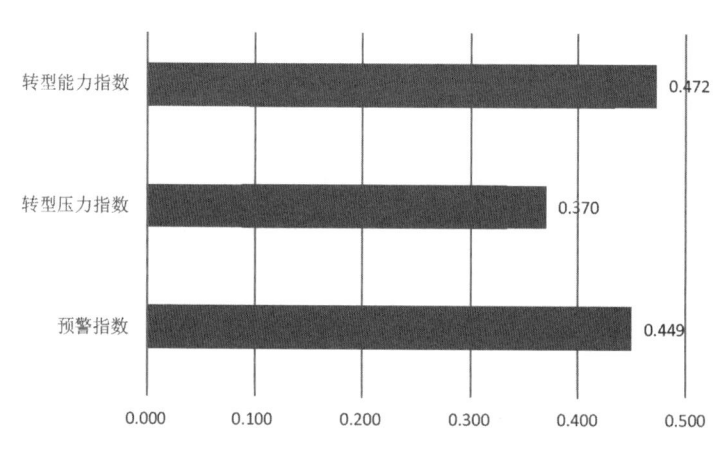

图 6.4.7 本溪市预警指数得分结果

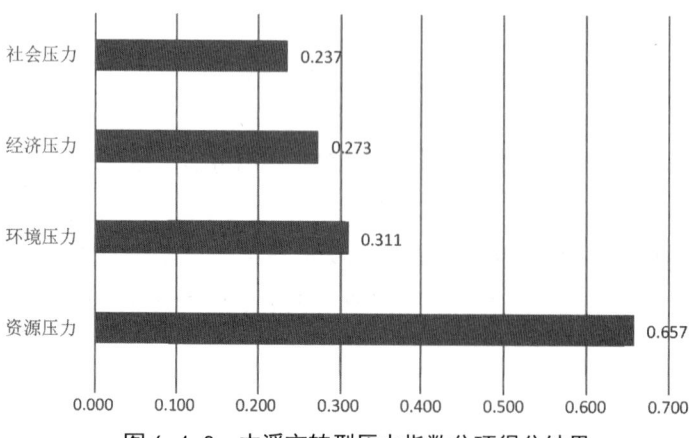

图 6.4.8 本溪市转型压力指数分项得分结果

```
民生保障能力 ████████████████ 0.478
资源利用能力 ███████████ 0.341
环境治理能力 ██████████████████ 0.541
创新驱动能力 ██████████████ 0.443
经济发展能力 ███████████████████ 0.555
             0.000  0.100  0.200  0.300  0.400  0.500  0.600
```

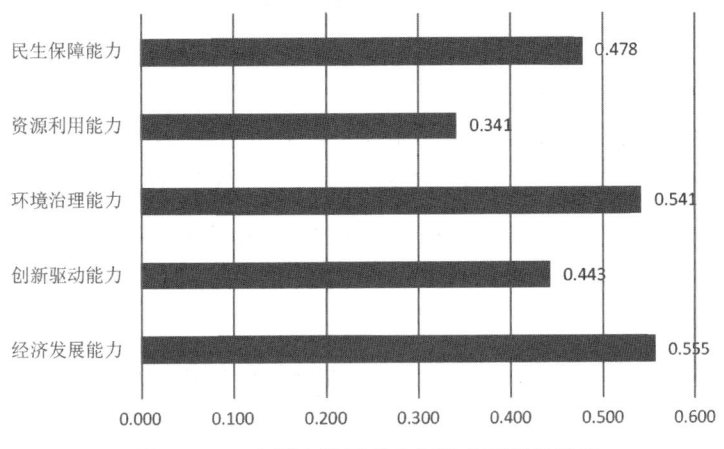

图 6.4.9　本溪市转型能力指数分项得分结果

（4）指数评价

转型压力分析

本溪市转型压力指数为 0.370，在全部 116 个资源型城市中排名 35 位，在东北部资源型城市排名 11 位，在成熟型资源城市中排名第 16。这说明本溪的转型发展遇到了较大的困难。分项来看，本溪面临的资源型压力较为突出，在所有资源型城市中排名第 10，在东北部资源型城市中排名第 3，在成熟型资源城市中排名第 3，可见本溪市在资源利用效率方面存在较大的差距，对城市发展构成明显阻碍。其次是经济压力，位于全国第 66 位，处于中等水平，这主要是由于经济增长缓慢和经济结构不合理导致。本溪市的社会压力尚可，在所有资源型城市中排名第 81，进一步细分可以发现，本溪市其中最为突出的是安全压力，说明其安全生产能力亟待改善。本溪市环境压力相对较小，排名全国 88 名，低于全国资源型城市的平均水平，这说明本溪市的生产方式较为环保，有利于持续发展，应当继续保持。

转型能力分析

本溪市转型能力指数为 0.472，在全国资源型城市中排名 46 位，在 63 个成熟型资源城市里排名第 26，可以看出本溪市具备的转型能力强于全国大部分资源型城市。分项来看，本溪市民生保障能力最强，位于全国第 19 位，除了居民收入保障能力较差（位于全国第 91 位）之外，其余指标均表现不错。其次是创新驱动能力，位于全国第 29 位，这可促进本溪市经济社会的长远发展。本溪市的经济能力位于全国第 31 位，表现较好，但细分来看，经济增长缓慢仍是一个需要提高的点。其环境治理能力处于全国中后水平，仅为 70 位，尤其是大气治理能力方面仅为全国第 106 位。这在长远上看不利于本溪市的经济社会可持续发展。最差的是其资源利用能力，位于全国第 99 位，位于东北部城市第 14 位，位于成熟型城市第 53 位，说明其资源开发有待加强。

综合评价

综合来看，本溪市转型压力较大，但转型能力也不错。需要注意的是资源利用方面的问题，此外大气污染治理也应该得到重视。本溪市转型预警指数为 0.449，在全部 116 个城市中排名第 49，在东北部地区资源型城市中排名第 12，成熟型城市中排名第 28，说明转型面临问题已开始显现。

（5）政策建议

本溪需要着力于环境治理与环境保护。要主动控制碳排放，特别是钢铁、水泥、化工、石化、有色金属冶炼等重点行业碳排放，并重点监督脱硫、脱硝、除尘改造工程建设，开展有机物综合整治。以本钢集团为重点开展节能减排行动，对加热炉进行节能改造并开展余热利用，对高炉煤气进行除尘。加强煤炭质量监管，划定高污染燃料禁燃区范围。实施"互联网+"行动与生态文明建设深度融合，完善大气污染物监测及信息发布系统，建设 PM2.5 实时监测平台。加强城市扬尘污染防治。大力推广清洁能源汽车。对全市加油站油气回收治理改造进行监督管理，加强机动车环保管理。

本溪可进一步全力发展优势工业，全力推进溪湖区、南芬区两大资源综合利用园区的建设，以点带面，建成较完善的产业体系，争取推动全省成为全国冶金资源综合利用示范基地。积极参与创建国家自主创新示范区，重点关注生物医药、重大技术装备等优势产业链，以骨干企业为主体，整合创新资源，组建围绕生物医药、钢铁深加工、矿产资源等多个产业的技术创新战略联盟，争取中央预算内投资专项支持。利用中药材资源优势，重点建设保健品精深加工基地，积极研发和推出中药饮片等健康食品，建成围绕中药材种植、研发、检测、交易全产业链的产业经济示范区。同时，充分发挥区域资源优势，突出地域文化特色，大力发展本溪特色文化产业如石头造纸、满族剪纸、辽砚等，打造具有本溪特色的文化产业基地推进发展优质特色农业，以都市休闲观光农业为目标，发挥自然资源景观及旅游资源优势，重点在城郊建设集观光、体验、特色餐饮、休闲度假等多种功能于一体的休闲观光农业景区，建成一批花卉、果蔬观赏采摘园、自驾车营地、休闲观光、网络农庄等特色园区。

### 6.4.4 阜新市

（1）城市概况

阜新市为辽宁省辖市，地处辽宁省西北部，与省会沈阳市直线距离 147.5 公里。东达沈阳及辽东沿海城市，西至朝阳、内蒙古赤峰，往南经锦州可直下京、津，北上经通辽可到霍林河矿区，是辽宁西部的交通要道。阜新地区总面积 10355 平方公里。[1] 截至 2015 年，年末全市常住人口 177.8 万人。其中，城镇人口 103.8 万人，占 58.39%；乡村人口 74.0 万人，占 41.61%。初步核算，全年地区生产总值（GDP）542.1 亿元，按可比价格计算，比上年下降 4.8%。三次产业增加值比重由上年的 19.7:44.7:35.6 调整为 21.8:39.2:39.0。人均地区生产总值 30420 元，按可比价格计算，比上年下降 4.4%，按年均汇率折算为 4883 美元。[2]

（2）资源特点及利用情况

阜新拥有丰富的矿产资源，种类多，储量大。初步探明，共有 38 种矿藏，矿产地达 228 处之多。其中，煤的储量大，达 10 亿多吨。铁矿石、硅砂、沸石、珍珠岩、石灰石、萤石、花岗岩、膨润土的储量也十分丰富，其中萤石、硅砂、沸石的储量居辽宁省之首。著名的药用麦饭石储量丰富，玛瑙石的储量也很大，特别是黄金储量可观。

阜新全面推进资源型产业建设，成果显著。2013 年，液压产业瀚石钻机等 18 个整机项目竣工；大唐煤制天然气项目一期第一系列全线调试；氟化工、皮革产业销售收入增长 40%，玛瑙产业增长 30%；板材家居、新型材料产业销售收入达到 60 亿元；铸造产业销售收入超百亿元。中国航天液压、北京国能煤焦油、江苏氟托、沈阳君航、富新皮革等项目开工，伊利乳业一期、新益达羊毛加工、晟宇铸造二期等项目竣工投产，与徐工、凯莱英、天士力、中国机械等集团合作加深。氟化工、皮革、铸造、新型材料产业研发中心及皮革交易中心等项目进展顺利。阜新市获批国家新能源示范市，新增风电装机容量 7.5 万千瓦。

（3）指数计算结果

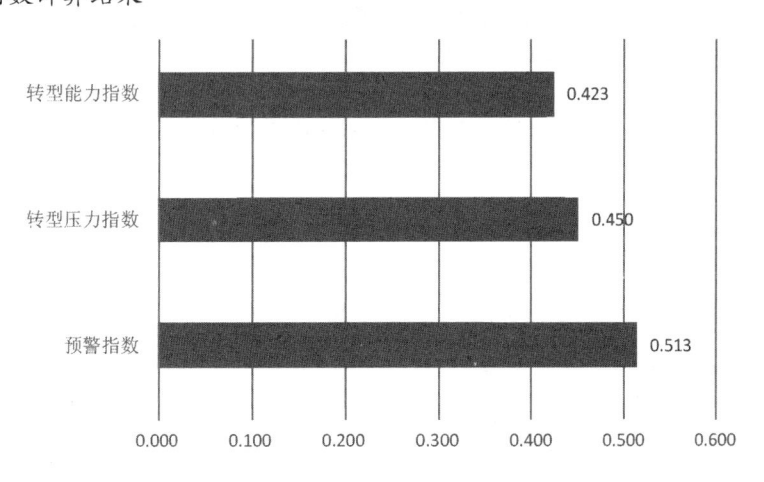

图 6.4.10　阜新市预警指数得分结果

---

① 资料来源：阜新市政府网站 http://www.fuxin.gov.cn/fx/index.html。
② 资料来源：阜新市经济与社会发展统计公报 2015。

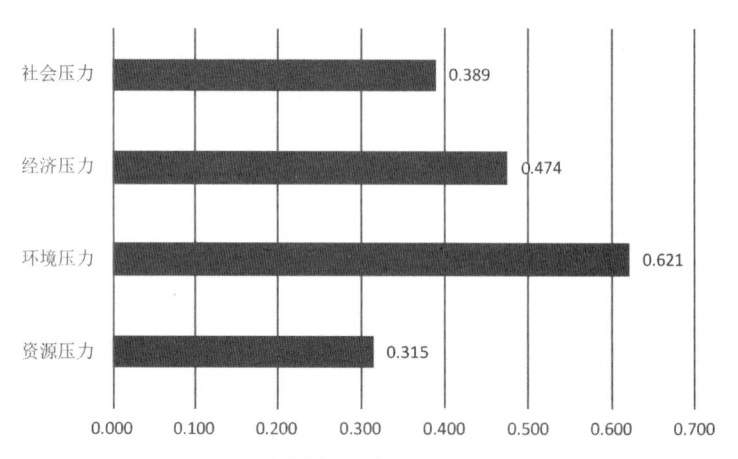

图 6.4.11　阜新市转型压力指数分项得分结果

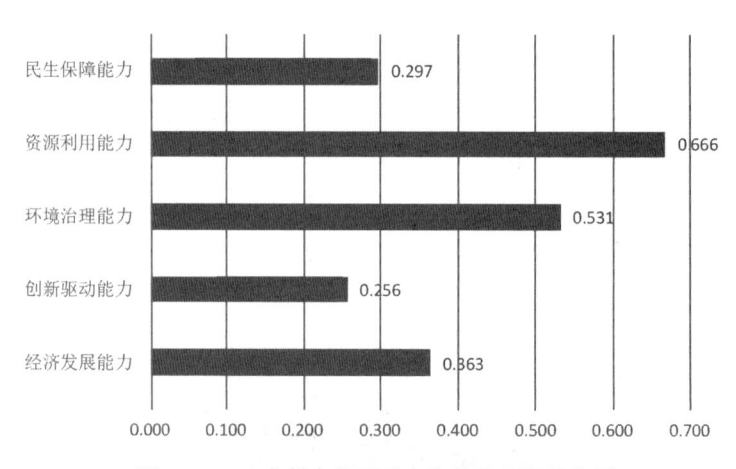

- 社会压力：0.389
- 经济压力：0.474
- 环境压力：0.621
- 资源压力：0.315

图 6.4.12　阜新市转型能力指数分项得分结果

- 民生保障能力：0.297
- 资源利用能力：0.666
- 环境治理能力：0.531
- 创新驱动能力：0.256
- 经济发展能力：0.363

（4）指数评价

转型压力分析

阜新市转型压力指数为0.450，在全部116个资源型城市中排名11位，在东北部资源型城市排名第4位，在衰退型资源城市中排名第6。这说明阜新的转型发展遇到了较大的困难。分项来看，阜新面临的环境压力较为突出，在所有资源型城市中排名第7，尤其是其大气环境压力，位于全国第1位，在长远上不利于经济社会的可持续发展。阜新市的经济压力略大，在全国资源型城市中排名第24位，细分来看，这主要是由其经济增长缓慢和经济结构不合理导致。其次是社会压力，位于全国第30位，说明阜新市的转型发展尚有较沉重的社会负担，社会压力的3项指标中最为严重的是其社会保障压力，位于全国第14位，这说明阜新市的社会保障工作仍待提高。阜新市的资源压力位于全国所有城市的第 39 位,位于东北部城市的第 9 位,位于 23 个衰退型城市的第 14 位,可见阜新市在资源利用效率方面存在较大的差距,对城市发展形成阻碍。

转型能力分析

阜新市转型能力指数为 0.423,在全国资源型城市中排名 74 位,在 23 个衰退型资源城市里排名第 17,可以看出阜新市具备的转型能力较为一般。分项来看,相对于其他指标,阜新市资源利用能力最强,位于全国第 24 位,位于东北城市第 4 位。阜新市的环境治理能力位于全国第 71 位,位于全国 116 个资源型城市的中后水平,这不利于经济社会可持续发展。细看其各项指标,阜新市在大气环境治理方面仅位于全国第 96 位,治理能力亟待提高。其次是阜新市的民生保障能力,位于全国第 74 位。虽然其教育保障能力高于全国平均水平,但阜新市在居民收入、基础设施建设、医疗卫生和文体服务等方面的能力尚不足以克服所遇到的困难。阜新市的创新能力也不足,仅位于全国第 82 位,尤其是在创新资金投入不足,严重制约了该能力的发展。最为严重的是阜新市的经济发展能力,在全国 116 个资源型城市排名第 102 位,这主要是由经济发展缓慢且经济效率低下导致的。

综合评价

综合来看,阜新市的转型发展遇到较大的困难,但是其具备的转型能力较弱。最明显的不足是环境方面尤其是大气环境的治理。其次,阜新市需要提高民生保障(如居民收入等)、创新能力和经济发展的速度与效率。阜新市转型预警指数为 0.513,在全部 116 个城市中排名 12 名,在东北部地区资源型城市中排名第 6,衰退型城市中排名第 7,说明转型面临问题严重,需要下大力气扭转局面。

(5) 政策建议

阜新需进一步加大环境治理力度,推进大气污染减排工程,完成热电企业脱硫脱硝除尘,逐步取缔分散供暖锅炉,实现集中高效供暖。积极开展主城区综合清理整治专项行动,重点关注治理粉煤灰、煤矸石、露天储煤场、尾矿等,有效治理扬尘等问题,不断改善空气质量。抓好绿化沙化治理,实施人工造林、封山育林、新增绿地等措施。

进一步加强民生建设,实现坚持居民收入增长和经济增长同步、劳动报酬提高和劳动生产率提高同步。实施更合理的最低工资标准制度,形成物价上涨、补贴联动机制,规范工资收入分配秩序,建立中低收入群体工资与经济社会发展相适应的合理调整机制,增加低收入劳动者工资,调节过高工资收入。健全事业单位绩效工资制度,实施工资集体协商和支付保障制度。同时通过职业技能培训等,帮助农民拓宽增收渠道,提升其创收能力,增加转移性收入。其次,阜新需加大公共服务供给力度,提高公共服务共建、共享水平。进一步健全社会保障体系，保证覆盖城乡，建立健全社会保险城乡衔接和区域转接机制，促进新增从业人员参保，规范进城农民工参加城镇社会保险，在未来实现社会保险全覆盖，深化机关事业单位养老保险制度改革，整合城镇居民基本医疗保险制度和新农合制度，健全预防、康复、补偿"三位一体"协调发展的工伤保险制度。同时要进一步健全社会救助体系，逐步提高最低生活保障和农村五保对象供养标准。

阜新市需大力推进科技创新。发挥科技创新在全面创新中的引领作用，培育发展创新主体，重点围绕传统产业转型升级和发展战略性新兴产业，建立公共科技型创新平台。引导和支持企业建立研发平台，争取引进国家重大科技项目，推动国家实验室建设。重点配套建设一批产业集群公共技术服务平台和科技金融服务平台建设。加快推进科技成果转化，做大做强液压产业技术、萤石产业技术两大创新战略联盟，鼓励企业联合高校院所开展技术攻关，加快研发一批具有自主知识产权的优势技术，推出一批具有竞争力的自主品牌。深化医药卫生体制改革，优化城乡医疗网络体系，合理配置卫生资源，促进基本公共卫生服务均等化，进一步完善突发公共卫生事件应急和重大疾病防控机制。

阜新市需进一步深化经济体制改革，充分激发市场活力。建立健全现代企业制度，加大对非公经济的开放力度，全力支持中小微企业发展壮大。深化企业改革，加强国有资产监管，推进厂办大集体改革，健全民营企业做大做强引导机制和发展服务机制，发展混合所有制经济，探索国有经济多种有效实现形式。重点关注现代服务业，加速培育新的经济增长点。以现代服务业集聚区建设为重点，以满足生产与生活消费为目标，大力发展健康养老、文化旅游等生活性服务业，发展壮大物流、金融服务、电子商务等生产性服务业。

### 6.4.5 盘锦市

（1）城市概况

盘锦市于1984年6月建市，位于辽宁省西南部，地处辽河三角洲中心地带。以盘锦港为核心，盘锦市已建成两县城两城区和辽东湾水城"五点"城市带，沿中华路布局五个重点产业园区形成产业带，构建了"双核双城"（辽河油田和盘锦港为双核，兴隆台为母城和辽东湾为新城）发展格局，正在向港口城市目标稳健迈进。辖盘山县一个县，双台子区和兴隆台、大洼区3个区，辽东湾新区和辽河口生态经济区2个经济区。[①] 截至2015年，年末全市总户数46.7万户，户籍人口129.5万人。初步核算，

---

① 资料来源：盘锦市政府网站 http://www.panjin.gov.cn/pjnew/。

全年地区生产总值 1267.9 亿元，按可比价格计算，比上年增长 4.6%。三次产业增加值占地区生产总值的比重分别为 9.5%、54.0% 和 36.5%。人均地区生产总值 88141 元，按可比价格计算，比上年增长 4.6%，按年均汇率折算为 14151 美元。[①]

（2）资源特点及利用情况

盘锦市资源丰富，石油、天然气、井盐、煤、硫等矿藏储量相当可观。2010 年底，辽河油田累计探明石油储量 21 亿吨，天然气 1784 亿立方米。中国第三大油田——辽河油田坐落于此，已开发建设 32 个油气田，已建成兴隆台、曙光、欢喜岭、锦州、高升、沈阳、茨榆坨等 12 个油气生产单位。原油稳定装置处理能力 600 万吨/年。2013 年，生产原油 1001 万吨、生产天然气 7.2 亿立方米，连续 28 年实现千万吨稳产。原油品类有稀油、稠油和高凝油。在盘山县的胡家西部、甜水南部、羊圈子、东郭，地下埋藏着盐卤资源。深度 60 米—100 米，盐卤水厚度 47 米—77 米，按年开采 360 万立方米计算，可开采数百年。在晒制的原盐中，氯化钠含量在 95.5% 以上，质量达到海盐特级品标准。

作为"石化新城"，盘锦市缘油而建、因油而兴，是中国最大的稠油、超稠油、高凝油生产基地辽河油田总部所在地。自 20 世纪 60 年代初开始，辽河油田累计探明石油地质储量 24 亿吨，天然气地质储量 2028 亿立方米。40 多年来，累计生产油气当量 4 亿吨以上。油气资源的勘探开发带动了石化产业的崛起，盘锦是辽宁两大石化基地之一，并建成全省第一个千亿级石化及精细化工产业集群，同时油气钻采装备、天然气装备、自升式钻井平台等装备制造业取得重要进展。

（3）指数计算结果

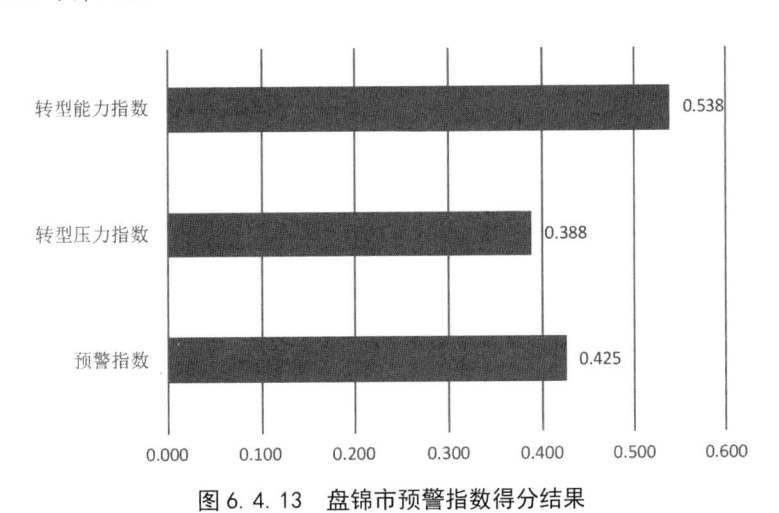

图 6.4.13 盘锦市预警指数得分结果

---

① 资料来源：盘锦市经济与社会发展统计公报 2015。

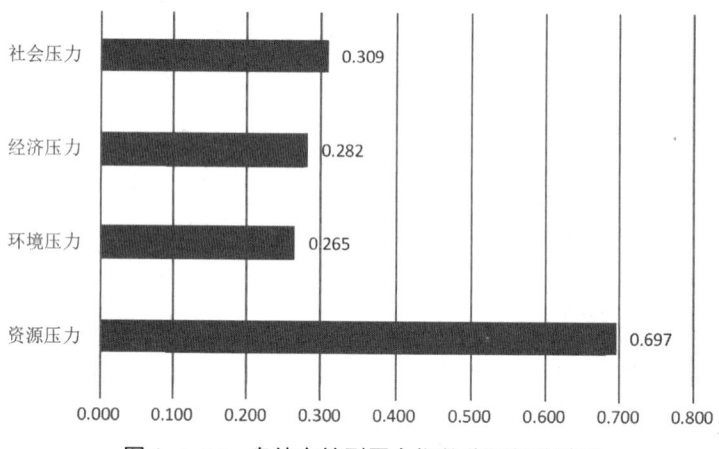

图 6.4.14　盘锦市转型压力指数分项得分结果

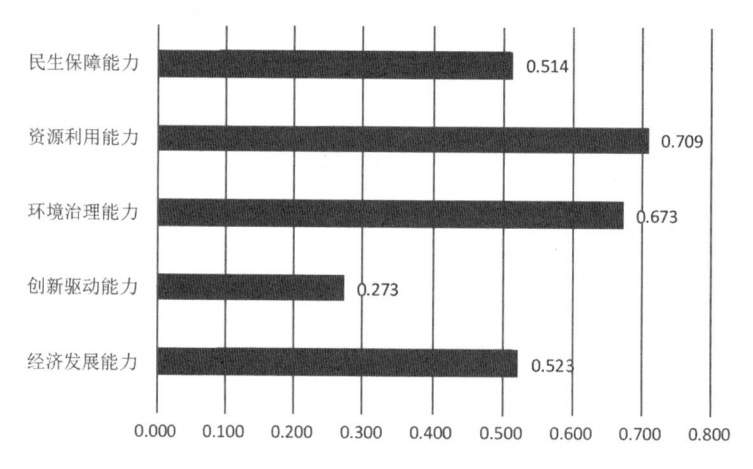

社会压力　0.309
经济压力　0.282
环境压力　0.265
资源压力　0.697

图 6.4.15　盘锦市转型能力指数分项得分结果

民生保障能力　0.514
资源利用能力　0.709
环境治理能力　0.673
创新驱动能力　0.273
经济发展能力　0.523

（4）指数评价

转型压力分析

盘锦市转型压力指数为 0.388，在全部 116 个资源型城市中排名 28 位，在东北部资源型城市排名第 9 位，在再生型资源城市中排名第 4。这说明盘锦的转型发展遇到了较大的困难。分项来看，相比于其他指标，盘锦面临的资源型压力较为突出，在所有资源型城市中排名第 8，在东北部资源型城市中排名第 2，在再生型资源城市中排名第 4，可见盘锦市在资源开发方面存在较大的差距，对城市发展形成明显阻碍。其次是社会压力，在所有资源型城市中排名第 51，说明盘锦市的转型发展具有一定程度的社会负担；其中最为突出的是安全压力，其次是社会保障压力，这说明盘锦市安全生产能力和社会保障能力均待改善。盘锦市的经济压力尚可，位于全国第 63 位；细分来看，这主要是由于盘锦市经济发展缓慢导致。盘锦市环境压力相对较小，排名全国 102 名，低于全国资源型城市的平均水平。这说明盘锦市的生产方式较为环保，有利于持续发展，应当继续保持。

转型能力分析

盘锦市转型能力指数为 0.529，在全国资源型城市中排名 17 位，在 15 个再生型资源城市里排名第 5，可以看出盘锦市具备的转型能力还是比较强的。分项来看，盘锦市民生保障能力最强，位于全国第 15 位；其中在居民收入、基础设施建设和医疗卫生方面的能力尤为突出。其次是资源利用能力，位于全国第 17 位，位于东北地区资源型城市第 3 位，这说明盘锦市的资源利用效率较好。盘锦市的环境治理能力位于全国第 30 位，好于全国其他资源型城市，尤其是在水环境治理、居住环境治理和矿山环境治理方面能力尤为突出。不足的是其大气环境治理，仅位于全国第 81 位。盘锦市的经济发展能力尚可，位于全国 116 个资源型城市的第 48 位，其 4 项经济指标中需要提高的是经济效率（仅位于全国第 105 位）。盘锦市最差的是创新驱动能力，仅为全国第 77 位。细看其各项指标，盘锦市在创新资金投入、创新基础设施建设和创新人才方面的培养均不足，分别位于全国第 56 位、69 位和 66 位。

综合评价

综合来看，盘锦市的转型发展压力较大，但是其转型能力较强。盘锦市仍需要在提高经济效益、创新能力和环境治理（尤其是大气治理）方面进行提高。盘锦市转型预警指数为 0.425，在全部 116 个城市中排名 72 名，在东北部地区资源型城市中排名第 17，再生型城市中排名第 7，说明转型面临问题较小。

（5）政策建议

盘锦市要进一步深化经济体制改革。稳步推进国资国企改革重组，扎实推进王家农场改革试点，通过规模化生产、集约化经营，实现国有农场集团化发展。深化国有苇场体制改革，推进苇场公司化经营，建立现代企业制度，实现资源资产资本的有效整合。提高工业自动化水平。加快智能装备和先进自动化设备的推广应用，鼓励引导规模以上企业率先升级改造，提高生产效率和市场竞争力。

深入实施创新驱动战略。积极引进中关村等高新技术产业，以协同创新平台和研发转化基地的建设为中心，推动研发机构发展壮大，加快科技孵化器建设，提高科技成果转化率，打造高新技术产业园区和科技产业园。围绕重点产业链部署创新链，集中科技专项资金，支持一批重大科技项目，支持专利发明和关键技术攻关，增强自主创新能力。设立新专项基金，引导和扶持新兴产业的创业投资，以此来推动创业创新和产业升级。

同时要加强保护生态环境，全面贯彻落实《盘锦生态市建设规划》的要求，抓好城乡绿化，推进蓝天工程，全面改善环境，提升可持续发展能力。

### 6.4.6 葫芦岛市

（1）城市概况

葫芦岛市建于1990年1月，是辽宁省下辖市。地处辽宁省西南部，东邻锦州，西接山海关，南临渤海湾，与大连、营口、秦皇岛、青岛等市一同构成环渤海经济圈，扼关内外之咽喉，是中国东北的西大门，为山海关外第一市。[①] 葫芦岛市现下辖兴城市、绥中县、建昌县、连山区、龙港区、南票区，总面积10415平方公里，总人口280万。截至2015年，从户籍人口来看，年末全市总户数98.5万户，总人口280.1万人，比上年减少0.2%。初步核算，全年地区生产总值720.2亿元，按可比价格计算，比上年增长0.1%。地区生产总值三次产业构成为14.5:41.1:44.4。人均地区生产总值28176元，比上年增长0.6%。[②]

（2）资源特点及利用情况

葫芦岛资源十分丰富，其中有四大资源优势突出。地下矿藏资源，已发现30多个品种近1000处地下矿藏，包括钼、铅、锌、石油、天然气等，储量丰富；山区林果资源，目前果园总面积达195万亩，各种果树5800万株，其中前所果树农场被誉为"亚洲第一大果园"，是我国北方重要果品出口基地之一；沿海滩涂资源，葫芦岛的海岸线长达237公里，滩涂面积达13.4万亩，盛产鱼、虾、贝类等各种海产品；海底油气资源，石油、天然气的储量相对可观，渤海石油勘探局9个钻井平台有5个在这一带作业，依托天然气资源，葫芦岛已建成一个现代化大型化肥厂——锦天化，并在绥中海域发现一处全国最大的海上油气田。

葫芦岛有实力雄厚的工业体系，形成了以石油化工为支柱，以冶金、机械、建材、造船和发电为重点的工业格局，门类齐全，发展全面。市内现有大型企业18家，其中特大型企业3家。初步核算，全年生产总值719.3亿元，按可比价格计算，比上年增长9.0%。其中，第一产业增加值95.0亿元，增长5.0%；第二产业增加值334.0亿元，增长9.1%；第三产业增加值290.3亿元，增长10.1%。生产总值三次产业构成为13.2:46.4:40.4。人均生产总值27708元，比上年增长12%。

---

[①] 资料来源：葫芦岛市政府网站 http://www.hld.gov.cn/。
[②] 资料来源：葫芦岛市经济与社会发展统计公报2015。

（3）指数计算结果

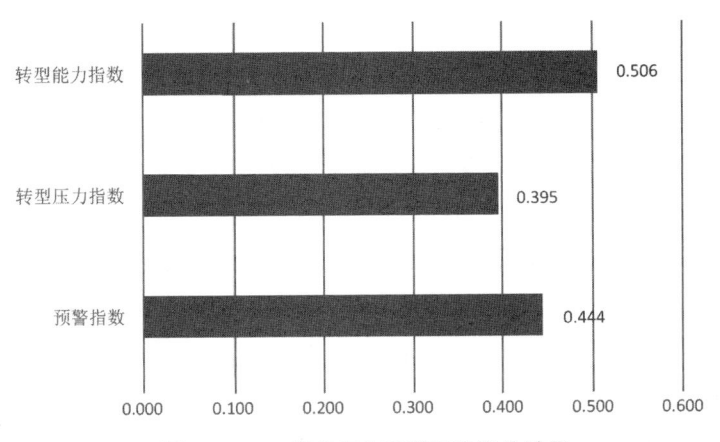

图 6.4.16　葫芦岛市预警指数得分结果

- 转型能力指数：0.506
- 转型压力指数：0.395
- 预警指数：0.444

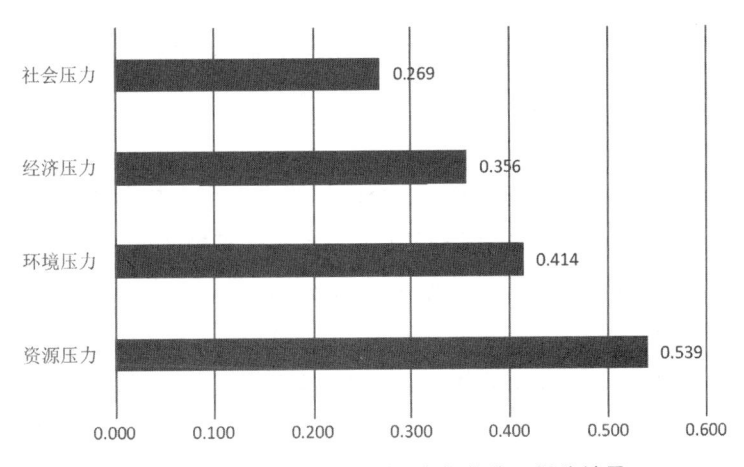

图 6.4.17　葫芦岛市转型压力指数分项得分结果

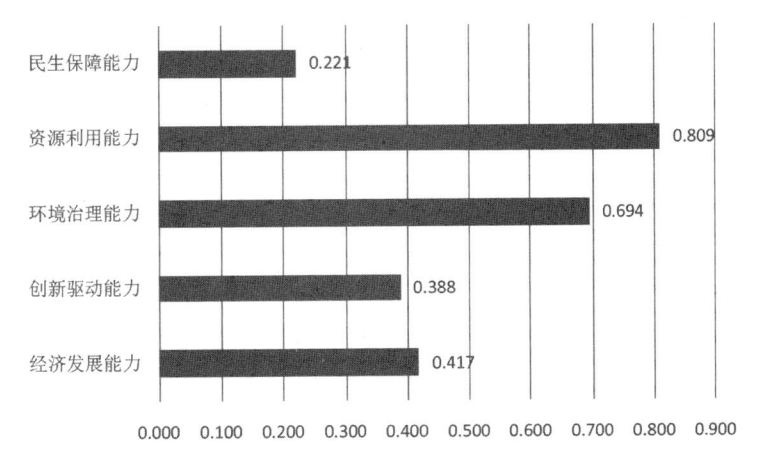

- 社会压力：0.269
- 经济压力：0.356
- 环境压力：0.414
- 资源压力：0.539

图 6.4.18　葫芦岛市转型能力指数分项得分结果

- 民生保障能力：0.221
- 资源利用能力：0.809
- 环境治理能力：0.694
- 创新驱动能力：0.388
- 经济发展能力：0.417

（4）指数评价

转型压力分析

葫芦岛市转型压力指数为0.395，在全部116个资源型城市中排名27位，在东北部资源型城市中排名第8位，在再生型资源城市中排名第3。这说明葫芦岛市的转型发展遇到了较大的困难。分项来看，葫芦岛资源型压力较为突出，在所有资源型城市中排名第17，在东北部资源型城市中排名第5，在再生型资源城市中排名第7，可见葫芦岛市在资源利用效率方面存在较大的差距，对城市发展形成明显阻碍。其次是经济压力，位于全国第41位，这主要是由于其经济结构不太合理导致。葫芦岛市的环境压力相对较小，位于全国第60位，低于全国资源型城市的平均水平。这说明葫芦岛市的生产方式较为环保，有利于持续发展，应当继续保持。葫芦岛市的社会压力也较小，在所有资源型城市中排名第68，进一步细分可以发现，葫芦岛市各项社会压力均处于全国中等水平，说明葫芦岛市的转型发展尚有一定的社会负担；其中最为突出的是就业压力，其次是社会保障压力，这说明葫芦岛市产业结构不太合理，社会保障能力和解决就业能力均待改善。

转型能力分析

葫芦岛市转型能力指数为0.506，在全国资源型城市中排名30位，在15个再生型资源城市里排名第8，可以看出葫芦岛市具备的转型能力还是比较强的。分项来看，葫芦岛市资源利用能力最强，位于全国第8位，位于东北地区第1位，位于再生型城市的第2位，这说明葫芦岛市的资源利用效率较好。其次是环境治理能力，位于全国第22位，尤其是大气治理能力最好，位于全国第1位。这将有利于葫芦岛市继续维持较小的环境压力，有利于经济社会可持续发展。葫芦岛市的创新驱动能力位于全国第40位，虽然其在创新资金投入和创新基础设施方面能力较好，可是在创新人才方面的能力仅位于全国第83位，需要提高。葫芦岛市的经济发展能力不足，仅为全国的第88位。细分来看，这主要是由于经济增长缓慢和经济效率不高导致。最差的是其民生保障能力，仅位于全国116个资源型城市的第99位。从其5项衡量指标看来，葫芦岛市除了医疗卫生方面尚可之外，在居民收入、基础设施建设、教育保障和文体服务能力均低于全国平均水平，尤其是教育能力，位于全国第108位。这将对葫芦岛市的社会经济发展产生影响。应该采取措施。

综合评价

综合来看，葫芦岛市的转型压力较大，但是由于转型能力较强，众多问题都可得到克服。需要注意的是提高创新能力和经济发展速度。对于民生保障的各个方面也需要投入资金精力进行改善（尤其是教育方面）。葫芦岛市转型预警指数为0.444，在全部116个城市中排名54名，在东北部地区资源型城市中排名第14，再生型城市中排名第5，说明葫芦岛市转型面临问题不太严重，转型条件尚可。

（5）政策建议

坚持创新驱动发展战略，进一步推进立产学研协同发展，建立完善创新机制，加快建设科技成果转化基地。加大对高新技术企业的扶持力度，加速孵化科技型中小企业。进一步推进产业结构调整，做好城区老工业区和独立矿区的整体搬迁改造工作，深化项目合作，加速推动新型石化产业基地建设，升级优化传统优势产业，争取向价值链高端延伸。

全力推动重大项目建设以促进经济增长。增大对外开放力度。推进海外并购项目，推广包保责任制，促进企业低成本提质扩张和有效投资增长，推进产业集群的梯次发展，提升产业集群的丰厚度。

加强人才、就业和社会保障工作。进一步完善创新人才的引进、培养、选拔和录用机制，加强对失业人员的劳动技能培训，新增实名制就业，转移农村劳动力，有效控制城镇登记失业率，推进社保扩面工作的开展，推进养老、医疗、失业、工伤和生育保险参保全覆盖，逐步提升城乡最低生活保障标准、农村五保对象救助标准。同时加快教育现代化建设，加快打造多所城乡普惠性幼儿园和标准化学校，推进中职学校资源整合工作，支持普通高中教育特色发展。鼓励群众发展各类文化事业，加大对民营文化团体的鼓励和支持，推进文化场馆向公众开放。活跃体育赛事，发展赛事经济。开展全民健身活动，提高全民健康水平。

## 6.5 吉林省

### 6.5.1 吉林市

（1）城市概况

吉林市，满语称"吉林乌拉"，意为沿江之城。是中国吉林省第二大城市，也是中国唯一省市同名城市。青山碧水环绕，生态环境优美。森林覆盖率达54.9%，在中国百万以上人口大城市中首屈一指，是中国东北地区第一个荣获"全国绿化模范城市"称号的城市[①]。全市面积27120平方公里，总人口450万。截至2015年，实现地区生产总值2455.2亿元，比上年增长6.4%。三次产业结构的比例关系由上年的10.4∶46.9∶42.7调整为10.3∶45.5∶44.2，第三产业比重提升1.5个百分点，产业结构

---

① 资料来源：吉林市政府网站 http://www.jlcity.gov.cn/jlszf_web/index.html。

进一步优化。全市人均生产总值达到 57506.1 元，按现行汇率折算为 8855.8 美元。①

（2）资源特点及利用情况

吉林市拥有丰富的自然资源。人均水资源达 4000 立方米，是中国平均水平的 1.8 倍，是中国北方城市平均水平的 5.4 倍。发电总装机容量达 472 万千瓦时，年发电量 130 亿千瓦时，占中国东北发电总量的 55.5%。林地面积 165 万公顷，林木总蓄积量 1.56 亿立方米，是长白山天然绿色特色产品的主要产区和集散中心。耕地面积 66.5 万公顷，粮食年均产量 90 亿斤，人均粮食占有量是中国人均占有量的 2.6 倍，是中国重点商品粮基地之一。境内已发现 82 种各类矿产资源，其中镍、钼等 8 种矿产储量居中国前 10 位。

吉林市工业基础雄厚，是中国"一五"期间国家重点建设的老工业基地，吉林市已建立起以石化、汽车、能源、冶金、非金属矿产、农产品加工为主体的传统产业体系，同时大力发展碳纤维、生物产业、装备制造、基础电子及电力电子等新型产业。中国石油吉林石化公司、吉林燃料乙醇公司、吉林化纤集团公司在国内同行业占有重要位置。以中国一汽吉林轻型车厂为主体，以轻型车、多功能车、经济型轿车为重点，吉林市形成较强的整车生产能力。中钢集团吉林炭素股份有限公司是亚洲最大、国际四强炭素企业，工艺技术等代表着中国炭素行业的最高水平。吉林市还被中华人民共和国科技部认定为唯一一个国家碳纤维高新技术产业化基地，现已将成为中国最大、世界领先的碳纤维生产应用基地。吉林高新技术产业开发区、吉林经济技术开发区两个国家级开发区、15 个省级开发区、北部工业新区、吉林化工循环经济示范园区、吉林—深圳产业合作示范区以及正在建设的中国吉林（新加坡）新型农业合作食品区进一步增强了项目承载能力。

（3）指数计算结果

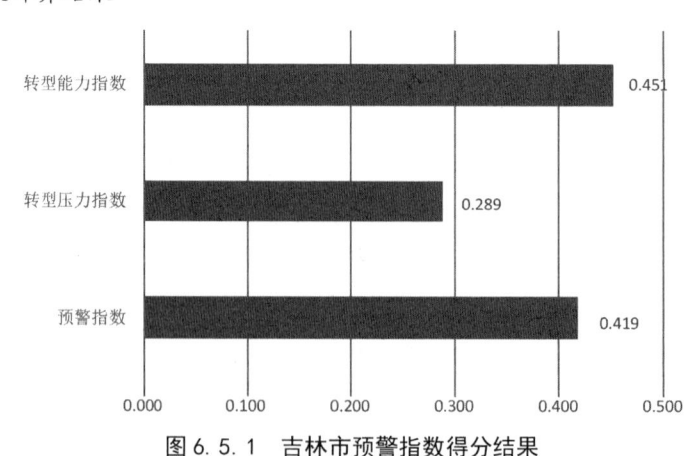

图 6.5.1 吉林市预警指数得分结果

- 转型能力指数：0.451
- 转型压力指数：0.289
- 预警指数：0.419

---

① 资料来源：吉林市 2015 年国民经济和社会发展统计公报。

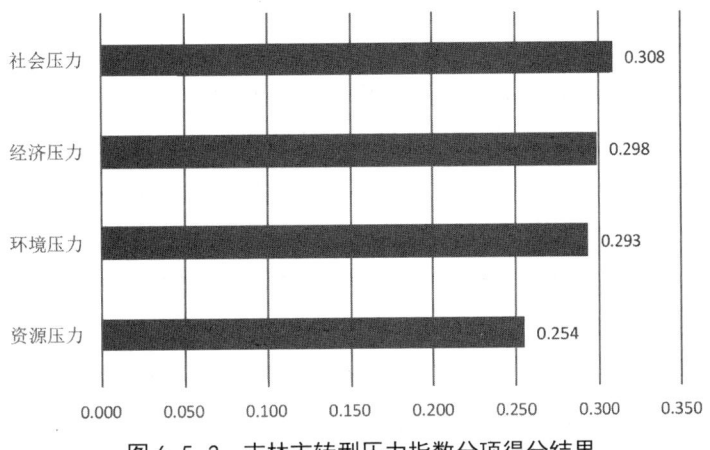

图 6.5.2　吉林市转型压力指数分项得分结果

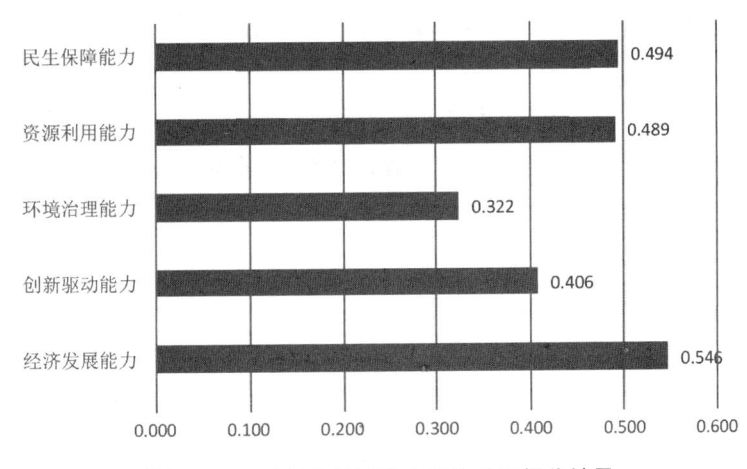

社会压力　0.308
经济压力　0.298
环境压力　0.293
资源压力　0.254

图 6.5.3　吉林市转型能力指数分项得分结果

民生保障能力　0.494
资源利用能力　0.489
环境治理能力　0.322
创新驱动能力　0.406
经济发展能力　0.546

（4）指数评价

转型压力分析

吉林市转型压力指数为 0.289，在全部 116 个资源型城市中排名 85 位，在东北部资源型城市排名第 18，在成熟型城市排名第 47。这说明吉林市的转型发展压力较小。分项来看，吉林面临的大部分各项压力排名相近。资源压力位于全国第 51 名，东北地区第 10 名，63 个成熟型城市的第 22 名，可见吉林市在资源利用效率方面存在一定的差距，对城市发展形成明显阻碍。其次是经济压力，位于全国第 55 名，这主要是因为政府的财政压力较大且经济增长缓慢。吉林市的社会压力位于全国第 52 位，其中最为突出的是就业压力，其次是安全压力，这说明吉林市产业结构不合理，安全生产能力和解决就业能力均待改善。吉林的环境压力尚可，位于全国第 95 位，低于全国资源型城市的平均水平，这说明吉林市的生产方式较为环保，有利于持续发展，应当继续保持。

转型能力分析

吉林市转型能力指数为 0.451，在全国资源型城市中排名 58 位，在成熟型资源城市里排名第 32，可以看出吉林市具备的转型能力处于中等水平。分项来看，吉林市民生保障能力最强，位于全国第 17 位，有利于经济的长远发展与社会稳定。尤其是教育保障能力（全国第 14 位）、医疗卫生保障能力（第 20 位）和文体服务能力（第 34 位）。吉林市的创新驱动能力不错，位于全国第 33，这主要得益于创新资金的投入和创新基础设施建设。其经济发展能力位于全国第 36 位，且经济结构和规模合理。吉林市的资源利用能力位于全国第 52 位，在东北部地区位于全国第 8 位，在 63 个成熟型城市位于第 29 位，这说明吉林的资源利用率尚可，有利于发挥地区资源优势。相比于其他指标，最为弱势的是其环境治理能力，位于全国第 108 位，细分来看，主要是对于居住环境和矿山环境的治理不够。这从长远上看不利于经济社会可持续发展。

综合评价

综合来看，吉林市的转型压力较小，且能力充足。需要注意的是环境的治理和提高资源利用效率。吉林市转型预警指数为 0.419，在全部 116 个城市中排名 77 名，在东北部地区资源型城市中排名第 18，成熟型城市中排名第 40，说明转型面临问题较小。

（5）政策建议

吉林市要进一步突出生态环境建设。让"水更清"，加大松花江流域水污染防治力度，实施开展河流水域综合整治工程，实施污水处理厂一期提标、二次供水改造等水污染防治项目，加快建设松花江生态长廊和温德河湿地公园。让"天更蓝"，实施重点工业企业烟气脱硫工程改造，严格控制工业企业的烟粉尘排放，大力整治城区禁燃区燃煤小锅炉和餐饮企业油烟排放问题。让"地更绿"，做好松花湖近湖区的生态修复工作，修复和治理污染土壤，实施矿山整治工作，固清收还林成果。让"农村更洁净"，提高"六清"标准，深度整治和提升农村人居环境，大力创建美丽乡村。

资源利用方面，要牢牢把握和推进支柱产业升级。完善全产业链，拓展资源综合利用产业链，构建丙烯、聚氨酯产业链，升级改造基础化工产业链，弥补割裂基础化工原料缺口，推出新产品，增加新动能，发展循环经济。大力推进生物质化工产业链的建设，推广各类生态环保项目，下力气在秸秆转化上取得实质性突破。充分发挥自然景观资源优势，依托于"一江一带"，加强景点景区建设。重点建设雾凇岛、红石国家森林公园、拉法山国家森林公园等重点旅游项目，加快温泉产业项目的建设和运营。深度融合旅游产业发展和文化保护工作，完善龙潭山、帽儿山文物保护旅游示范区规划，启动朱雀阁、明清船厂遗址博物馆建设，修缮吉林文庙，完成玄帝观、佛教文化园、吉林水师营博物馆建设项目，着力建成一批精品旅游文化景观。

### 6.5.2 辽源市

(1) 城市概况

辽源市地处吉林省中南部，因东辽河发源于此而得名，位于长白山余脉与松辽平原的过渡带，具有"五山一水四分田"的地理概貌。辽源拥有较强的区位优势，交通十分便捷，形成了东北腹地入海进关的新通道。辽源市面积5140平方公里，城市建成区面积46平方公里。下辖东丰、东辽两县，龙山、西安两区和一个省级经济开发区，总人口130万，其中城区人口50万。2015年，全市地区生产总值实现750亿元，地方级财政收入实现28.1亿元，全社会固定资产投资完成613亿元，社会消费品零售总额达到205亿元，外贸进出口总额达到2.7亿美元，城乡常住居民人均可支配收入达到27433元和11025元，分别增长4.5%和5%。主要指标增幅处于全省上游。[①]

(2) 资源特点及利用情况

辽源矿产资源丰富，已有百年煤炭开采历史，石灰石、硅灰石等矿产也具有相当储量。截至2015年底，全市境内已发现各类矿产33种，其中有查明资源储量的16种，矿产地155处。查明资源储量并已列入矿产资源储量表的矿产有12种、矿产地96处，主要为煤、铁、铜（伴生矿）、铅、锌、金、银（伴生矿）、泥炭、水泥用石灰岩（大理岩）、硅灰石、陶瓷土、伊利石等。此外，开采的矿产资源还有建筑用玄武岩、建筑用安山岩、建筑用花岗岩、脉石英、砖瓦用黏土、饰面用花岗岩、矿泉水等。

辽源拥有活跃的经济要素和雄厚的产业基础。煤炭开采有百年历史，在建国初期，辽源的煤炭产量占据了全国的4%。20世纪六七十年代，辽源以煤炭工业为支柱，构建起了门类齐全的工业体系，被称为"东北小上海"。在2008年，辽源被国务院确定为全国首批12个资源枯竭型城市经济转型试点市之一。当前，辽源已形成了新的接续替代产业架构，解决了一系列历史遗留问题，开启了转型升级、创新发展新局面。过去的5年，全市地区生产总值、规上工业总产值、固定资产投资、地方级财政收入年均分别增长9.8%、19.5%、15.7%和10.5%。城乡面貌发生深刻变化，建成了一批交通、能源、水利重大项目和市政重点工程，常住人口城镇化率达到54.5%。改革开放不断深化，大量制约转型发展的体制机制障碍被清除，大批外来投资项目在辽源落地生根。

---

① 资料来源：吉林市经济与社会发展统计公报 2015。

（3）指数计算结果

图 6.5.4　辽源市预警指数得分结果

- 转型能力指数：0.435
- 转型压力指数：0.434
- 预警指数：0.500

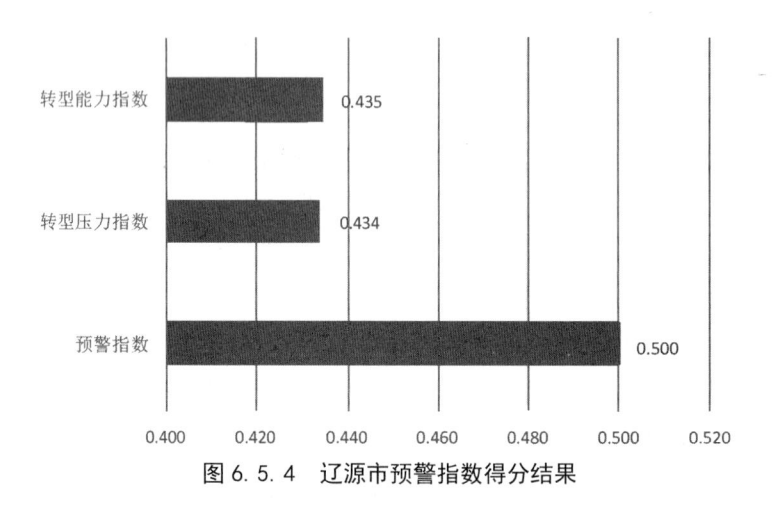

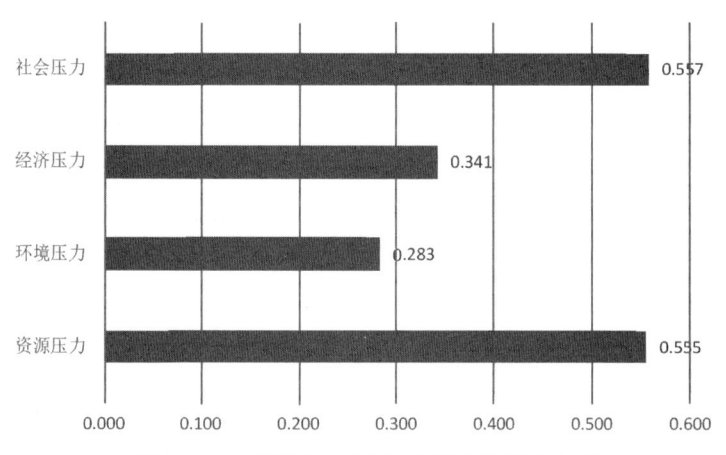

图 6.5.5　辽源市转型压力指数分项得分结果

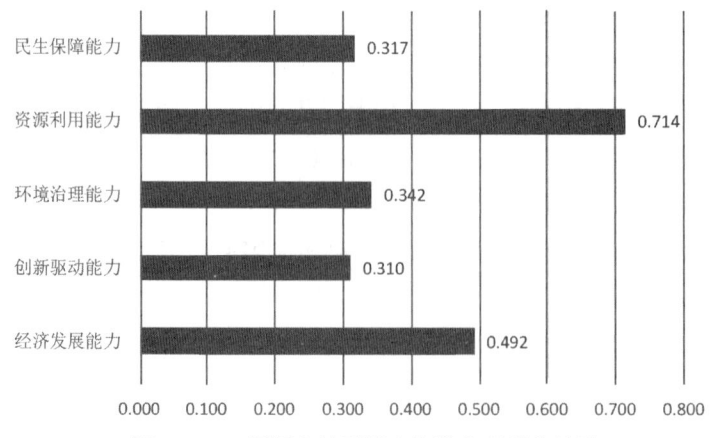

- 社会压力：0.557
- 经济压力：0.341
- 环境压力：0.283
- 资源压力：0.555

图 6.5.6　辽源市转型能力指数分项得分结果

- 民生保障能力：0.317
- 资源利用能力：0.714
- 环境治理能力：0.342
- 创新驱动能力：0.310
- 经济发展能力：0.492

（4）指数评价

转型压力分析

辽源市转型压力指数为 0.434，在全部 116 个资源型城市中排名 17 位，在东北部资源型城市排名第 6 位，在衰退型资源城市中排名第 8。这说明辽源的转型发展遇到了较大的困难。分项来看，辽源面临的社会压力比较突出，位于全国第 4 位。其分项各个指标都比较突出，说明其在就业、社会保障和安全生产等方面压力较大。其次是其资源压力，位于全国第 16 位，位于东北部城市第 4 位，位于 23 个衰退型城市的第 5 位，说明其在资源利用效率方面存在较大的差距，对城市发展形成明显阻碍。辽源市的经济压力尚可，位于全国第 43 位，这主要是由于经济增长缓慢（经济增长压力位于全国第 34 位）、财政压力大（全国第 29 位）以及对自然资源位置依赖较大（全国第 39 位）导致。辽源市无明显的环境压力，这将有利于辽源市继续维持较小的环境压力，有利于经济社会可持续发展。

转型能力分析

辽源市转型能力指数为 0.435，在全国资源型城市中排名 70 位，在 23 个衰退型资源城市里排名第 15，可以看出辽源市具备的转型能力一般。分项来看，相比于其他指标，辽源市资源利用能力最强，位于全国第 16 位，位于东北部城市第 2 位，说明辽源市资源利用较好。其次是经济发展能力，位于全国第 61 位，处于全国中等水平，主要的制约经济因素是较慢的经济增长率，仅位于全国第 83 位。辽源市的创新驱动能力位于全国第 64 位，虽然创新基础设施位于全国第 8 位，但是对于创新人才的培养不足（仅位于全国第 108 位），严重制约了创新能力的发展。辽源市的民生保障能力位于全国第 66 位，尤其是教育保障能力，位于全国第 104 位，不利于经济的长远发展与社会稳定，有待提高。

综合评价

综合来看，辽源市的转型压力较大，但转型能力一般。辽源市需要在民生保障（尤其是教育）和经济增长方面多下功夫。辽源市转型预警指数为 0.500，在全部 116 个城市中排名 17 名，在东北部地区资源型城市中排名第 8，衰退型城市中排名第 9，说明转型面临问题较大。

（5）政策建议

辽源需积极应对宏观经济下行压力，坚持稳中求进，促进经济持续健康发展。首先要进一步加大投资规模，围绕经济增长质量和效益，加大经济结构战略性调整力度，增强经济发展的内生动力和活力，积极构筑现代产业体系。重点推进企业内部的技术改造计划，提升企业的竞争优势。深入实施科技创新工程，深度融合信息化与重点产业，重点推进科技攻关、成果转化和创新基金项目，新建省市级技术中心，争取企业内部的生产、管理、创新应用信息技术达到一定比例。加速建设战略性新兴产业，实现规模化，重点推进以铝合金板带箔材、锂电池隔膜纸、碳纤维材料为代表的新材料产业；以气风互补发电、垃圾焚烧发电、太阳能发电为代表的新能源产业；以软件产业园为代表的信息产业；以及高端装备制造产业。搞好产业布局、项目谋划和定向招商，提高产业关联度、集中度，进一步做大产业集群，形成优势产业集群化发展，同时需加快民生工程建设。进一步推进教育事业建设，加快教育质量提升，实施学前教育推进工程，实现乡镇公办中心幼儿园全覆盖，并大力规范和发展民办学前教育。同时要加快推进基本公共服务均等化。进一步完善健全医疗卫生体系，不断提高群众健康水平。多种渠道促增收，完善社会救助体系，切实保障低收入群众的基本生活水平。

### 6.5.3 通化市

（1）城市概况

通化市地处吉林省东南部，位于长白山腹地之上。通化区位独特，开放空间巨大，与朝鲜隔鸭绿江相望，边境线长203.5公里，位于东北亚经济圈的中心地带，鸭绿江国际经济合作带的核心区，为我国最东端推进"一带一路"战略、实现陆海联通互动充当了重要的纽带，是东北东部大通道的重要枢纽，是吉林省向南开放的重要窗口，拥有公路、铁路国家级口岸各一处。全市面积1.56万平方公里，总人口230万，市区人口50万。下辖梅河口市、集安市、辉南县、柳河县、通化县、东昌区、二道江区7个县（市、区）和1个国家级医药高新区，梅河口市是全省扩权强县改革试点市，集安市是全省加快开放发展试点市。[①] 截至2015年，全市总人口为221.10万人，比上年末减少1.08万人。全市实现地区生产总值（GDP）1034.45亿元，按可比价格计算，增长7.2%。产业结构得到进一步优化。三次产业比例为9.0:51.5:39.5。第一、二、三产业对经济增长的贡献率分别为4.9%、61.2%、33.9%。规模以上工业增加值单位能耗降低7.23%。[②]

（2）资源特点及利用情况

依托丰富的自然资源，通化建立起了完整的工业体系。其中，通钢是吉林省最大的钢铁企业。同时，玄武岩、钾长石、石墨等战略性新兴产业发展迅猛。近年来，通化牢牢把握新一轮东北老工业基地振兴的历史机遇，以新发展理念为引领，扎实推进"六个一"发展布局，即发展一个大产业——大健康产业；打开一条大通道——

---

① 资料来源：辽源市政府网站 http://www.liaoyuan.gov.cn/。
② 资料来源：通化市政府网站 http://www.tonghua.gov.cn/。

吉林省南部借丹东港出海大通道；谋划实施一批科技含量高、成长性好、市场竞争和带动能力强的大项目；培育一支务实奉献、勇于创新的企业家队伍；建设一支政治坚定、担当进取、勤廉干事的干部队伍；打造一个行政审批项目最少、服务质量最优、办事效率最高的发展环境，努力把通化建设成为吉林省绿色转型发展示范区、东北东部中心城市和国际医药健康名城。

（3）指数计算结果

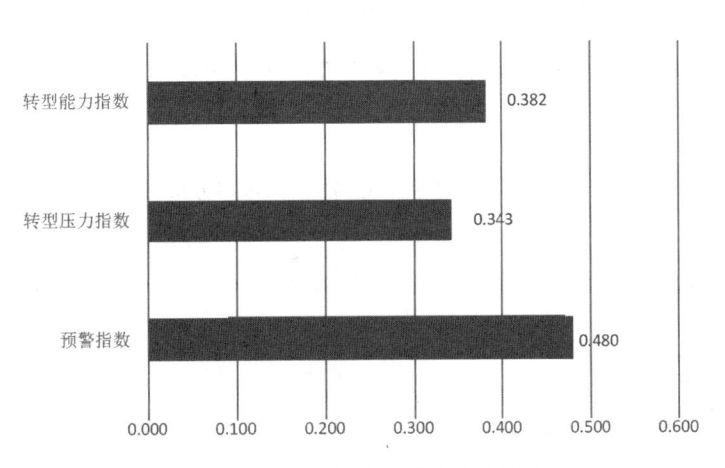

图 6.5.7 通化市预警指数得分结果

- 转型能力指数 0.382
- 转型压力指数 0.343
- 预警指数 0.480

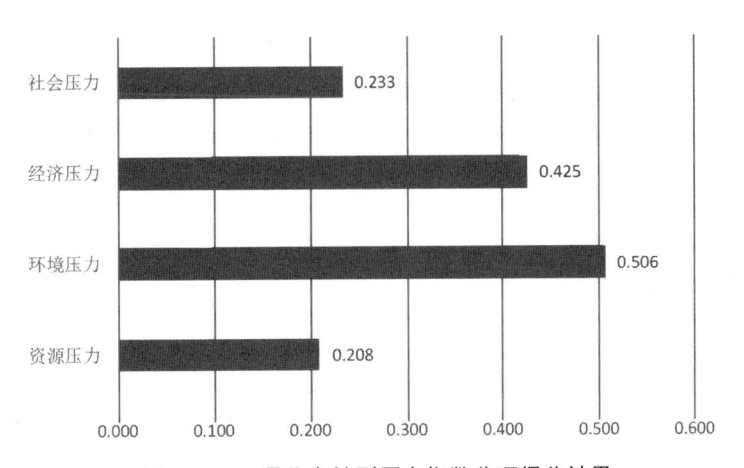

图 6.5.8 通化市转型压力指数分项得分结果

- 社会压力 0.233
- 经济压力 0.425
- 环境压力 0.506
- 资源压力 0.208

```
民生保障能力  ▬▬▬▬▬▬▬▬ 0.277
资源利用能力  ▬▬▬▬▬▬▬▬▬▬▬ 0.375
环境治理能力  ▬▬▬▬▬▬▬▬▬ 0.297
创新驱动能力  ▬▬▬▬▬▬▬▬▬▬▬▬▬▬ 0.457
经济发展能力  ▬▬▬▬▬▬▬▬▬▬▬▬▬▬▬ 0.504
            0.000  0.100  0.200  0.300  0.400  0.500  0.600
```

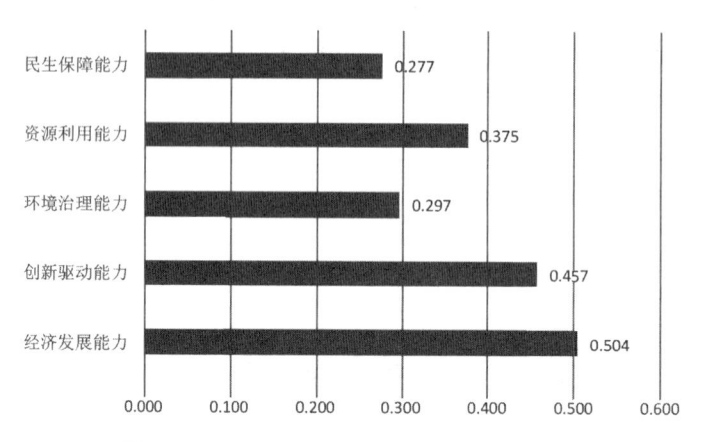

图 6.5.9 通化市转型能力指数分项得分结果

（4）指数评价

转型压力分析

通化市转型压力指数为 0.343，在全部 116 个资源型城市中排名 49 位，在东北部资源型城市排名第 14，在再生型资源城市中排名第 7。这说明通化的转型发展遇到了一定程度的困难。分项来看，通化面临的环境压力较大，位于全国所有资源型城市第 29 位，其中水污染带来的压力位于全国第 1 位，对社会经济发展不利，应尽快采取措施。其次是经济压力，位于全国第 32 位，尤其是其经济区位压力，位于全国第 11 位，这说明通化市对自然资源的地理位置依赖较大。通化市的资源压力和社会压力尚可，分别位于全国的第 69 位和第 83 位，这对社会的长期发展阻碍较小。

转型能力分析

通化市转型能力指数为 0.382，在全国资源型城市中排名 93 位，在 15 个再生型资源城市里排名第 15，可以看出通化市具备的转型能力较弱。分项来看，通化市创新驱动能力最强，位于全国第 26 位，尤其是创新人才的培养和创新资金投入方面表现较好，分别位于全国第 76 位和第 11 位。其次是其经济发展能力，位于全国第 56 位，在全国处于中等水平，经济增长缓慢、经济结构不合理以及政府财政压力较大，阻碍了通化市的经济发展。通化的民生保障能力位于全国第 80 位，说明通化市在民生保障方面仍需提高，若不改进将不利于经济的长远发展与社会稳定。虽然文体服务能力尚可，医疗卫生和基础设施保障能力较强，但其教育保障能力和居民收入能力较差，现有的民生保障能力尚不足以克服所遇到的困难。通化市的资源利用能力在全国位于第 85 位，在东北部地区位于全国第 11 位，说明通化市的资源优势仍需开发。通化市最弱势的是环境治理能力，仅位于全国 116 个资源型城市的第 111 位，其各个指标均表现中下（大气治理能力全国第 90 位，水治理 52，居住环境 112，矿山环境治理 58），十分不利于经济社会的可持续发展。

综合评价

综合来看，通化市虽然转型压力较大且转型能力较弱，需要在经济发展、民生（教育、居民收入）等方面多注意，但需要特别注意的是环境方面的治理。通化市转型预警指数为 0.48，在全部 116 个城市中排名 25 名，在东北部地区资源型城市中排名第 9，再生型城市中排名第 2，说明转型面临问题较大，在转型过程中反复出现。

（5）政策建议

通化市在未来要进一步加快推进产业转型，实现经济动力转换，保持经济稳定增长。通过投资拉动经济增长，进一步引进有效投资，以项目为支撑，围绕重点产业、科技创新、基础设施、改善民生、生态环保、社会建设"六大板块"，争取补短板、上水平、增后劲。

推进生态文明建设，提升发展可持续性。大力支持绿色低碳产业发展，实施节能减排与污染防治，推动循环经济发展，加大生态区域保护力度，加速生态廊道、生态文化与基础建设，从而巩固提升生态资源优势。加大对水资源、大气、森林、土壤等生态修复治理力度，构建科学合理的生态文明制度体系。提高城市生活污水和垃圾无害化处理率，降低能源消耗，向建设国家卫生城市、园林城市、森林城市和生态文明的目标迈进。

同时，通化还需进一步加大民生建设力度，实现经济发展成果与民共享。加速推进医养结合，围绕以居家为基础、社区为依托、机构为补充，建立完善多层次的养老服务体系。建立统一的基本医疗卫生制度，争取覆盖城乡，推广现代医院管理制度，争取打造区域医疗卫生中心。加快推进扶贫脱贫攻坚战，逐步提高最低生活保障标准。大力推进就业，进一步增强社会保障能力。

### 6.5.4 白山市

（1）城市概况

白山市地处吉林省东南部，因毗邻自然风景秀丽的长白山西侧而得名，东与延边朝鲜族自治州相接；西与通化市接壤；北与吉林市毗连；南与朝鲜民主主义人民共和国隔鸭绿江相望。幅员 17485 平方公里。市区面积 1388 平方公里。[①] 截至 2015 年，

---

① 资料来源：通化市经济与社会发展统计公报 2015。

年末全市户籍总人口为125.4万人，按城乡性质划分，城镇人口为91.7万人，占总人口比重73.1%；乡村人口为33.7万人，占总人口比重26.9%。初步核算，全市实现地区生产总值（GDP）690.2亿元，按可比价格计算，比上年增长7.1%。三次产业比例为9.0:57.1:33.9，工业占GDP比重为54.2%。[①]

（2）资源特点及利用情况

白山地区矿产资源丰富，现已发现的金属和非金属矿共计100多种，包括煤、铁矿石、滑石、硅藻土、石英砂、硅石、膨润土、石膏、火山渣、大理石、水晶浮石、高岭石、镁、金、玛瑙、铅、锌、铜、锑、银、磷等，占全省的73%。目前已探明储量的超过36种，表现出储量大、品位高、成矿条件好的特点，矿产资源开发前景十分广阔。境内临江市硅藻土产品远销亚太地区，江源区、八道江区列入全国60个重点产煤县之列。

从轻重工业看，白山全市轻重工业比例为32.4:67.6，轻工业累计完成工业增加值132.8亿元，同比增长7.5%；重工业276.8亿元，增长9.3%。从企业规模看，大中型企业完成工业增加值115.6亿元，增长3.7%，占比重28.2%；小型企业实现增加值292.7亿元，增长13.1%，占比重71.5%。分行业看，三大门类中采矿业同比增长12.7%；制造业增长7.8%；电力、燃气及水的生产和供应业增长2.7%。

（3）指数计算结果

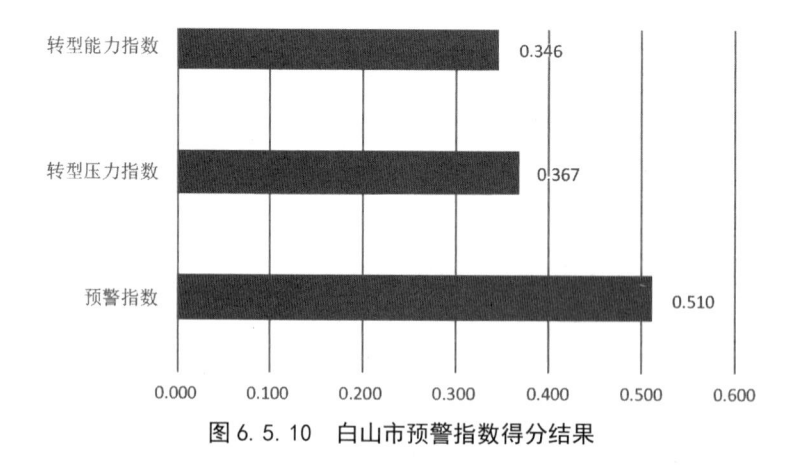

图6.5.10 白山市预警指数得分结果

（转型能力指数：0.346；转型压力指数：0.367；预警指数：0.510）

---

① 资料来源：白山市政府网站 http://www.cbs.gov.cn/。

# 第六章 城市预警指数分析

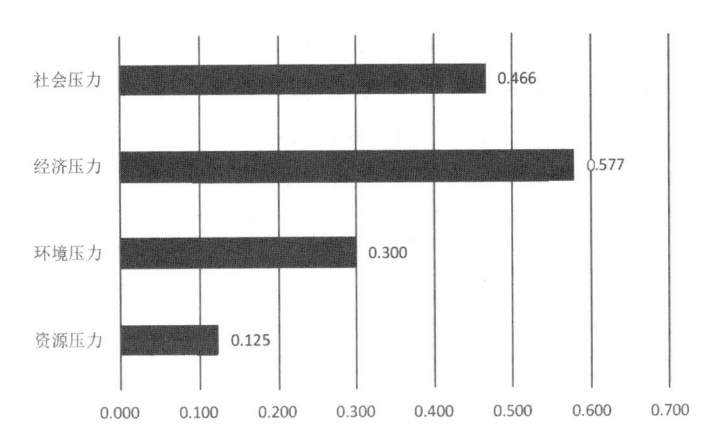

图 6.5.11 白山市转型压力指数分项得分结果

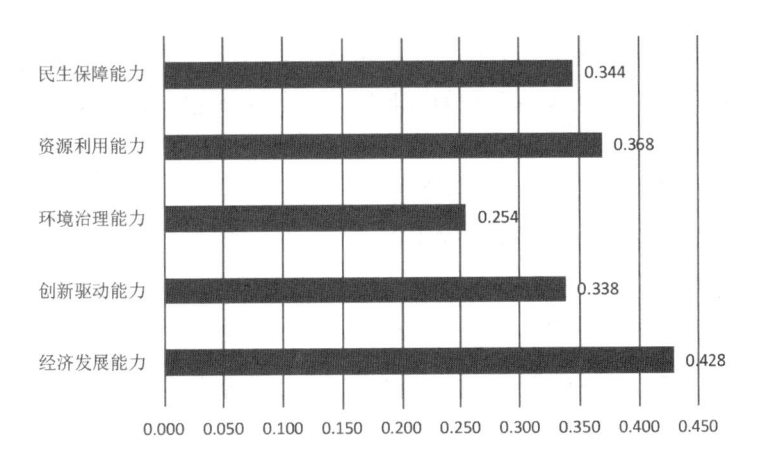

图 6.5.12 白山市转型能力指数分项得分结果

（4）指数评价

转型压力分析

白山市转型压力指数为 0.367，在全部 116 个资源型城市中排名 38 位，在东北部资源型城市排名第 12，在衰退型资源城市中排名第 13。这说明白山市的转型发展遇到了较大的困难。分项来看，白山面临的经济压力较大，位于全国第 13 位。细分来看，主要是经济区位压力较大，位于全国第 7 位，这说明白山市对自然资源的地理位置依赖较大。白山市的社会压力也较大，位于全国第 15 位，而这主要是由于社会保障压力（位于全国第 8 位）较大。长久下去将不利于社会经济的发展。白山市的资源压力和环境压力低于全国平均水平，分别位于全国第 81 位和第 92 位，这说明白山市资源优势大且生产方式较为环保，有利于持续发展，应当继续保持。

转型能力分析

白山市转型能力指数为 0.346，在全国资源型城市中排名 103 位，在 23 个衰退型资源城市里排名第19，可以看出白山市具备的转型能力较弱。分项来看，白山市大部分各项能力均处于全国中后等水平。白山市的创新能力较好，位于全国第55位，长远上看有利于经济社会的可持续发展。白山市的民生保障能力位于全国第56位，细分来看，虽然白山市的医疗卫生保障能力（位于全国第18位）和文体服务能力较强（位于全国第25位），但是其居民收入和教育保障能力尚不足以克服其遇到的困难。白山市的经济发展能力位于全国第84位，细分来看，这主要是由于白山市的经济规模较小导致。其资源利用能力位于全国第90位，位于东北地区第12位，位于衰退型资源城市的第14位，这说明白山市的资源利用和其他城市仍有较大的差距。最为严重的是白山市的环境治理能力，在全国116个资源型城市中位于第113位，从其各项指标可看出，白山市的水环境治理和居住环境治理较差，亟待提高。

综合评价

综合来看，白山市的转型压力较大，且转型能力不足。需要注意的是各种社会问题的治理（如社会保障、居民收入和教育保障）和经济问题（如何提高经济规模和如何减少对经济区位的依赖）。白山市转型预警指数为0.510，在全部116个城市中排名14名，在东北部地区资源型城市中排名第7，衰退型城市中排名第8，说明转型面临问题较大，在转型过程中出现了较大阻力。

（5）政策建议

白山需进一步加强民生建设。一是均衡发展社会事业。优化教育资源配置，实现义务教育均衡发展，关注特殊教育和民族教育，同时完善现代职业教育体系，为白山市的转型发展提供高质量的职业人才支撑。二是要全面推进文化惠民工程，开展各类公益性文化活动和全民健身活动。推进"智慧白山"建设，推广4G网络，实施智慧强政、兴业、惠民项目。三是提升社会保障能力。加大就业创业工程实施力度，促进民创业就业。加大五大险种的扩面征缴力度，加快构建覆盖全市的居民基本养老保险制度，完善医保信息服务平台。同时要进一步完善社会救助体系，提高城乡低保、社会福利、大病救助和救灾救济水平，完成全国普惠型儿童福利制度建设试点任务，新殡仪馆和残疾儿童康复中心投入使用。

经济上着力在产业集群上下功夫。一是重点发展矿产新材料产业，从而推进调结构、促转型，加速成果转化，深入挖掘具备开采能力、技术条件成熟、能够形成产业的矿产资源的潜力，实现尽快开发投产。二是矿泉饮品产业。整合资源，坚持招商引资，争取引名企、建名厂、育名牌，集中力量扩大释放产能，开发中高端产品市场。三是人参产业。牢牢把握被列入国家重点培育发展接替产业的机遇，加快建设三大园区、四大基地、五大中心，创建人参高新技术园。第四是旅游产业。充分利用世界顶级生态资源优势，推进生态旅游项目的建设和推广。五是医药产业。深入落实省政府关于加快推进医药健康支柱产业实施意见，强化科技支撑，加大研发力

### 6.5.5 松原市

**(1) 城市概况**

松原于 1992 年经国务院批准成立,属吉林省下辖的地级市。全市总人口 290 万,有汉、满、蒙、回、朝等 40 个民族。松原位于吉林省、黑龙江省、内蒙古自治区结合部,地处长哈经济带与哈大齐工业走廊之间,是吉林省中部城市群重要支点城市,东南与长春市接壤,南部与四平市为邻,西部与白城市、内蒙古自治区相接,北部与黑龙江省隔江相望。面积 2.2 万平方公里,辖三县、一市、一区(前郭尔罗斯蒙古族自治县、长岭县、乾安县、扶余市、宁江区)和 1 个国家级开发区(经济技术开发区)、5 个省级开发区(农业高新技术开发区、查干湖旅游经济开发区、石油化学工业循环经济园区、哈达山生态农业旅游示范区、前郭经济开发区),全市共有 78 个乡(镇)、1123 个行政村。[①] 截至 2015 年,全市总人口为 278.1 万人。初步核算,全市实现地区生产总值 1680.3 亿元,按可比价格计算,比上年增长 6.3%。全市人均 GDP 达到 60385 元,比上年增长 7.3%。三次产业的结构比例为 17:44.3:38.7,对经济增长的贡献率分别为 12.2%、44.7% 和 43.1%。[②]

**(2) 资源特点及利用情况**

松原市矿产资源富集。拥有中国陆上第六大油田——吉林油田。全市已探明石油储量达 10.64 亿吨、天然气储量达 1295 亿立方米、油页岩储量达 774.5 亿吨、二氧化碳储量 1000 亿立方米,同时拥有储量丰富的硅砂、陶粒页岩、天然碱、膨润土、泥炭、矿泉水等矿产资源。

目前,松原市已经形成以油气开采和化工、商贸和旅游、农产品加工和食品三大主导产业为支柱的产业布局。吉林油田自营区油气产量当量达 502 万吨,深圳富德公司年产 20 万吨 EVA、吉林吉港 200 万吨 LNG 和松原石化搬迁改造等一批重大项目顺利推进,努力打造中国重要的石油天然气化工基地。松原市积极推进中石油公司与民企合作,投资 156 亿元,开发松原矿区 27 个未动用含油区块,新增产能 133 万吨,有望培育成新的经济增长点。松原市油页岩已探明储量占全国总量的 71.5%、全省总量的 82.9%,近期具备开采条件的可提炼出近 30 亿吨页岩油,页岩气开发已上升为国家战略。目前,松原与众诚集团、光正矿业、吉林大学战略合作不断深化,油页岩开采技术试验研究综合示范基地建成使用,未来松原发展油气化工产业的潜力非常巨大。

---

① 资料来源:白山市经济与社会发展统计公报 2015。
② 资料来源:松原市政府网站 http://www.jlsy.gov.cn/。

（3）指数计算结果

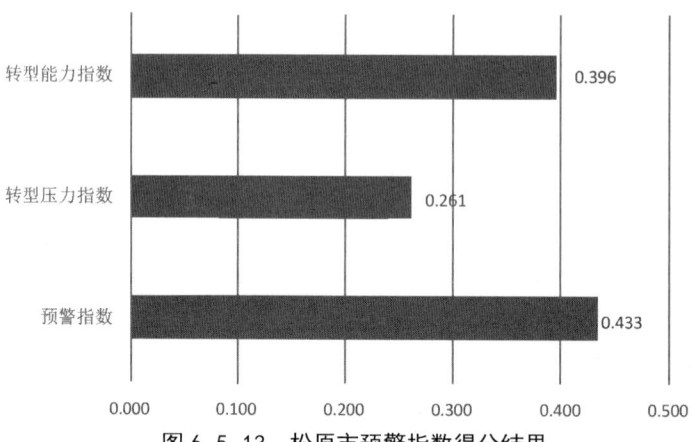

图 6.5.13　松原市预警指数得分结果

- 转型能力指数：0.396
- 转型压力指数：0.261
- 预警指数：0.433

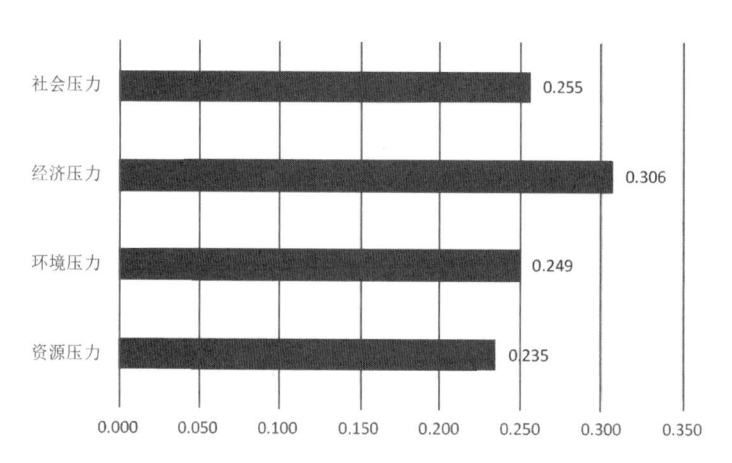

图 6.5.14　松原市转型压力指数分项得分结果

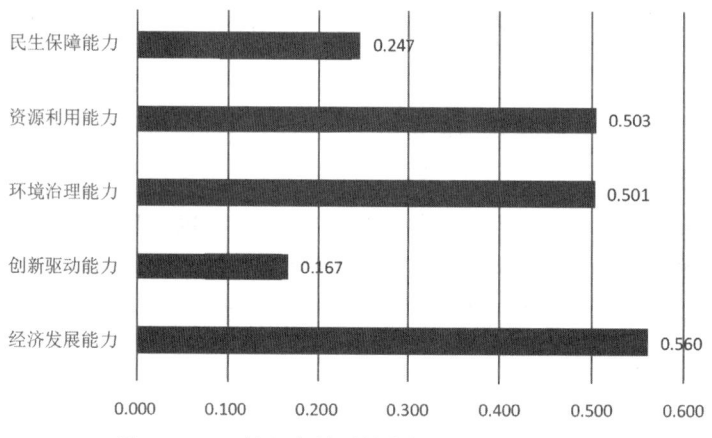

- 社会压力：0.255
- 经济压力：0.306
- 环境压力：0.249
- 资源压力：0.235

图 6.5.15　松原市转型能力指数分项得分结果

- 民生保障能力：0.247
- 资源利用能力：0.503
- 环境治理能力：0.501
- 创新驱动能力：0.167
- 经济发展能力：0.560

### (4) 指数评价

**转型压力分析**

松原市转型压力指数为 0.261，在全部 116 个资源型城市中排名 96 位，在东北部资源型城市排名第 19 位，在成长型资源城市中排名第 10。这说明松原的转型压力较小。分项来看，松原面临的经济压力居中，位于全国第 53 位，细分来看，主要是由于其经济增长缓慢和财政压力（位于全国第 30）较大。松原市的资源压力位于全国第 53 位，位于东北地区第 11 位，位于 15 个成长型城市的第 3 位，这可见松原市在资源利用效率方面存在较大的差距，对城市发展形成明显阻碍。松原市的社会压力尚可，位于全国第 74 位，这有利于社会的稳定发展。而松原市几乎无环境压力，好于全国资源型城市的环境平均水平，这说明松原市的生产方式较为环保，有利于持续发展，应当继续保持。

**转型能力分析**

松原市转型能力指数为 0.391，在全国资源型城市中排名 88 位，在 15 个成长型资源城市里排名第 8，可以看出松原市具备的转型能力一般。分项来看，松原市经济发展能力最强，位于全国第 29 位，不足之处在于经济增长较为缓慢（位于全国第 86 位）。其次是资源利用能力，位于全国第 47 位，位于东北资源型城市第 7 位，位于 15 个成长型资源城市第 9 位，可见松原市的资源开发不错。松原市的环境治理能力不足，仅为全国第 77 位，这主要是由于其大气环境治理能力不足。其民生保障能力仅为全国第 90 位，尤其是教育保障能力尚不足以支撑现阶段遇到的困难，这在长远看来不利于经济的长远发展与社会稳定。最严重的是其创新驱动能力，位于全国 116 个资源型城市的第 104 位，细分来看，松原市对于创新资金投入不足，对于创新人才的培养也不够。

**综合评价**

综合来看，松原市转型压力较小，转型能力一般，需要在民生保障（尤其是教育方面）和创新能力方面进行提高。松原市转型预警指数为 0.433，在全部 116 个城市中排名 64 名，在东北部地区资源型城市中排名第 15，成长型城市中排名第 10，说明转型面临问题中等，但仍需引起注意。

### (5) 政策建议

松原市需着力推进大众创业、万众创新，带动行业龙头企业、创业投资机构、社会组织等，积极整合社会资源，与大学科技园、高校、科研院所等进行资源对接，进一步搭建更加高效、完善的科研体系和公共创新平台。其次要进一步构建完善的服务平台。在孵化创客空间、创新工厂的同时，为创业者配套专业服务和厂房、设备等标准化设施，深度融合创新与创业、线上与线下、孵化与投资，实现市场化、专业化、集成化、网络化，低建成低成本、便利化、全要素的开放式综合服务平台，服务于小微创新企业成长和个人创业。

着力推进人才强市战略。大力推进"学子归巢"人才计划,着力瞄准生物医药、高新技术产业、机械制造、现代农业等重点产业,加大力度引进一批拥有国际领先技术、熟悉国际市场、具有广泛国际联系的产业领军人才和创业团队。建立并完善人才的激励、培养、流动机制,设立专项扶持资金,带动高层次人才的积极性。完善人才在校企之间的双向流动机制,促进科技成果转换,为各类优秀人才的脱颖而出提供良好的社会环境。进一步加强知识、技术、管理等生产要素参与分配的便利程度,鼓励高科技人才携带科技成果作价入股、参与分配。

同时要加大教育事业投入力度,进一步提升教育教学质量,扩大教育对外合作交流,培育建设性人才。科学规划各级各类学校布局,建立青少年活动中心和综合教育基地,大力推进教育信息化的全市范围覆盖,均衡发展义务教育。实现职普教育协调发展,争取与知名高校联合创办高等职业院校,培育高素质的职业人才。

## 6.6 黑龙江省

### 6.6.1 鸡西市

(1) 城市概况

鸡西市属黑龙江省省辖市,东北老工业基地的主要城市之一,是东北地区最大煤城、位居黑龙江省"四大煤城"之首,是一座具有百年历史的综合性工业城市。鸡西市位于黑龙江省东南部,东部毗邻完达山麓穆棱河畔,三面环山,南与穆棱市相连,北与七台河市、宝清县接壤,西与林口县相接[①]。截至2015年,下辖密山市、虎林市、鸡东县和6个区,人口110万,其中市区人口70万,城镇化率为84%。鸡西市辖2个边境县和6个行政区,年末全市户籍总人口181.2万人,其中,非农人口116.4万人。2015年全市实现地区生产总值(GDP)514.7亿元,按可比价计算,比上年增长4.1%。人均地区生产总值28222元,增长5.7%[②]。

(2) 资源特点及利用情况

鸡西市的矿产资源十分丰富,境内已探明54种矿产资源,已开发利用20多种,主要有煤炭、石墨、硅线石、钾长石和镁等。已探明的煤炭地质储量达64亿吨,约占全省的三分之一,年生产能力3600万吨。石墨远景储量8.5亿吨(探明储量5.4亿吨),居亚洲榜首,其中一半以上为优质大鳞片晶质石墨,年产量20万吨左右,约占全国的40%。鸡西市是我省首座国家级矿业名城,2014年被中国矿业联合会授予

---

① 资料来源:松原市经济与社会发展统计公报2015。
② 资料来源:鸡西市政府网站 http://www.hegang.gov.cn/。

"中国石墨之都"的称号。除此之外，其他矿产资源储量也十分可观，其中硅线石查明矿石量3800万吨；钾长石查明矿石量1.7亿吨；大理岩查明储量5.7亿吨①。

鸡西是中国重要的煤炭基地和石墨基地，已经形成了以煤炭为主体，兼有机械、装备制造、冶金、电力、化工、建材等多元化工业门类的产业布局。近年来，鸡西市加快推进重点项目建设，全市项目形成了体量大、结构好、质量优的新格局。加快推进产业转型，打造四大产业集群，围绕煤炭、石墨、绿色食品、医药四大产业，着力构建特色鲜明、结构优化、体系完整的立市产业群。2014年鸡西市正式被中国矿业联合会授予"中国石墨之都"矿业名城的称号，成为新中国成立以来被授予矿业名城称号的第11个城市，是黑龙江省唯一获此殊荣的城市。

（3）指数计算结果

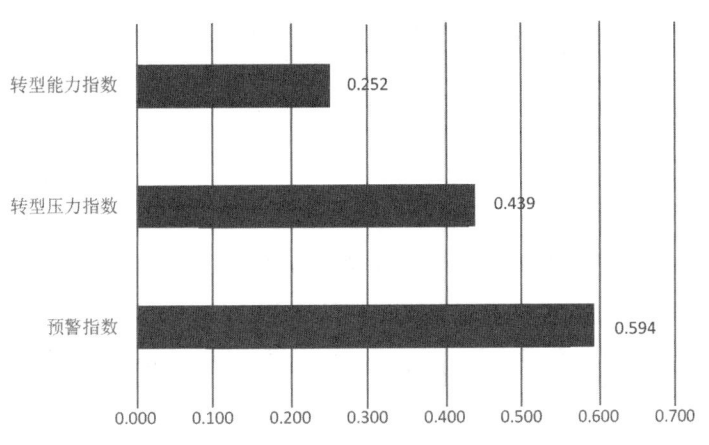

图 6.6.1 鸡西市预警指数得分结果

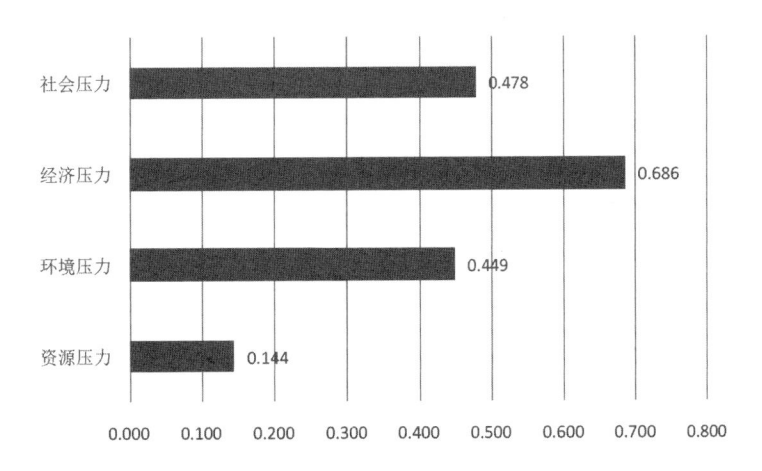

图 6.6.2 鸡西市转型压力指数分项得分结果

---

① 资料来源：鸡西市经济与社会发展统计公报2015。

```
民生保障能力  ■■■■■■■■ 0.199
资源利用能力  ■■■■■■■■■■■■ 0.282
环境治理能力  ■■■■■■■■■■ 0.242
创新驱动能力  ■■■■■■■■■■■■■ 0.297
经济发展能力  ■■■■■■■■■■ 0.239
           0.000  0.050  0.100  0.150  0.200  0.250  0.300  0.350
```

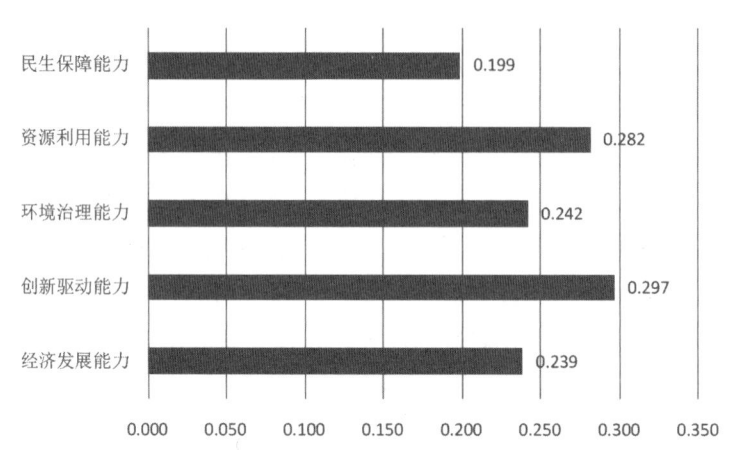

图 6.6.3　鸡西市转型能力指数分项得分结果

（4）指数评价

转型压力分析

鸡西市转型压力指数为 0.439，在全国 116 个资源型城市中排名 15 位，在 19 个东北部资源型城市中排名第 5，在 63 个成熟型资源城市中排名第 7。这说明鸡西的转型发展正面临着较大的压力。分项来看，鸡西面临的经济压力最为突出，在全国所有资源型城市中排名第 6，分项来看，鸡西市各项经济压力均较为严重，其中经济增长压力高达 1.000，其次是经济区位压力和经济结构压力，这说明鸡西市的经济发展正面临着严峻的考验，一方面是传统支柱型产业，即资源主导型产业如煤炭、石墨等产业增速放缓，另一方面产业结构单一，对资源依赖性过重，在经济波动中面临较大的风险，同时不具备区位优势，导致经济增长受阻。再次是社会压力，在所有资源型城市中排名第 13，进一步细分可以发现，其中社会保障压力尤为突出，位于全国第一，反映出鸡西市的社会保障覆盖面不广，难以保障居民基本生活质量，其转型发展尚有较沉重的社会负担。鸡西市的环境压力基本达到全国平均水平，压力指数排名全国第 50 位，说明环境问题已有一定程度的凸显。鸡西市的资源压力相对较轻，排名全国 77 位，说明鸡西市在资源存量、资源利用效率上尚未存在太大的问题。

转型能力分析

鸡西市转型能力指数为 0.252，在全国 116 个资源型城市中排名 116 位，可以看出鸡西市具备的转型能力非常弱。分项来看，鸡西市的各项指标都劣势明显，其中相对较好的是创新驱动能力，全国排名 68 位，其中创新人才投入尚可，但创新资金投入、基础设施两项也较弱。其他四项能力均位于全国百名之后。鸡西市的经济发展能力位于全国 112 位，细分来看各项指标均较弱，说明鸡西市在经济发展上遇到了全方面的问题，包括传统产业的衰退，经济效率的低迷，产业结构的单一，经济区位的劣势等等。同时，鸡西市还面临着资源利用效率低的困境，资源利用能力指标排名全国 111 位，虽然鸡西市目前面临的资源压力较小，但也应进一步提升资源利用能力。鸡西市的民生保障能力亟待提高，在全国排名第 106 位，其中居民收入保障能力的问题尤为突出，这反映了鸡西市在解决贫困、就业问题，推行社会保障覆盖面等方面存在着巨大的缺失，同时公共产品和公共服务如教育、文体服务等也不够完善。考虑到鸡西市现阶段已经面临着较重的社会压力，若不提高民生保障能力，将严重阻碍其经济发展转型。同时，鸡西市的环境治理能力劣势明显，排名全国第 114 位，分项来看，各项指标均较差，这暴露出鸡西市在长期的生产过程中忽视了环境保护的重要性的问题，其科技水平亟待提升，进一步优化生产模式，采用更为环保的生产方式，同时对已污染区域的治理工作也需推进。

综合评价

综合来看，鸡西市的转型压力较大，转型能力特别弱，传统产业衰退和产业结构不合理，加之环境问题严重和社会保障水平滞后，导致其转型发展面临着非常突出的问题。鸡西市转型预警指数为 0.594，在全国 116 个资源型城市中排名第 3，在东北部地区资源型城市中排名第 3，在 63 个成熟型城市中排名第 1，说明转型面临着非常严重的问题。

（5）政策建议

在我国产能过剩、煤炭供大于求的大背景下，在传统煤炭产业上，鸡西应进一步推进供给侧结构性改革，去产能、去杠杆、补短板、降成本，推进技术升级，化解落后产能，提高经济效益，扩大产业规模。重点发展煤炭、石墨、绿色食品、医药四大产业，打造产业集群，发挥集群效用，从而构建特色鲜明、结构优化、体系完整的产业布局。加大项目建设力度，提升招商引资实效，突出重点招商，瞄准央企国企、大型民企的投资方向，大力引进战略投资者。大力发展园区经济，加快石墨产业园区项目入驻步伐，实现产业的配套化发展、集群化发展、高端化发展。

鸡西市亟须加强环境保护和治理工作。目前其环境治理能力较弱，应坚持开展节能减排工作，完善针对企业的节能目标责任管理制度，坚决拒绝高耗能重污染项目。标本兼治，严格查处企业超标排污和偷排放行为。强化污染防治，出台并切实保障环境保护规章制度的实行，加大环保执法和惩治违法行为力度，坚决拒绝高耗能重污染项目，狠抓落后产能、大气、水体污染减排，坚决淘汰现有企业的落后产能，坚决杜绝企业的高能耗和超能耗运行。以产业结构调整和发展战略性新兴产业为重点推进节能减排，以低碳绿色发展理念引导产业投融资和创新发展。

同时，鸡西目前也需切实加强社会保障，缓解严峻的社会压力。鸡西市居民收入保障能力较弱，说明相对贫困群体规模仍然较大，这要求鸡西进一步推进扶贫攻坚，特别是要注重解决转型过程中面临的失业问题，落实失业保险稳岗补贴政策，同时探索建立经济发展和扩大就业更加紧密的联动机制，从而创造更多的就业机会，鼓励大众创业。此外，鸡西市在优质教育、医疗等公共服务和产品供给不足，难以满足群众的需求。应加快完善社会保障制度，全面推进全民参保，完善城镇居民基本医疗保险和新型农村合作医疗保险，建立统一完善、惠及全民的城乡居民基本医疗保险制度，逐渐提升基本医疗保险政策待遇水平。同时要加强建设文化、教育等社会事业，缓解严峻的社会压力，为经济发展和转型打下稳定的社会基础。

### 6.6.2 鹤岗市

（1）城市概况

鹤岗市属黑龙江省辖市，地处黑龙江省东北部小兴安岭向三江平原的过渡地带，坐落在黑龙江、松花江、小兴安岭"两江一岭"围成的金三角区域，北隔黑龙江与俄罗斯相望，东南临松花江与佳木斯接壤，西屏小兴安岭与伊春为邻[①]。截至2015年，鹤岗市辖2个边境县和6个行政区，年末全市总人口105.6万人，其中城镇人口85.9万人，常住人口城镇化率81.34%。2015年实现地区生产总值（GDP）266亿元，按可比价格计算，比上年增长4%。城镇常住居民人均可支配收入18891元，比上年增长4.3%[②]。

（2）资源特点及利用情况

鹤岗市资源丰富，其中煤炭、石墨、粮食、木材等资源优势突出。鹤岗的煤矿在黑龙江省四大矿区中煤质最好、产量最高，煤炭地质储量达26亿吨，按年产原煤2000多万吨算，可采100年以上，煤种主要有主焦煤、1/3焦煤和工业气煤，发热量平均5500千卡/kg，灰分25%，全硫小于0.2%，是中国少有的高热值、低灰、低硫优质煤炭，曾是全国四大煤矿之一，是优质动力煤、化工煤重要产地。石墨储量10.26亿吨，品位高、开发条件优良，居世界前列、亚洲第一，年产石墨30万吨，产量占全国的1/3，出口占全国的1/2。选矿能力近20万吨，黄金储量30吨，年产黄金万两，此外，还有石灰石、菱镁矿、硅石矿、铁矿石等多种矿产资源，开发条件优良，发展潜力巨大。

鹤岗缘煤而兴，是国家重要煤炭基地和资源城市之一。自1918年第一个煤矿开工，至今已有近百年的煤炭开采历史。鹤岗的经济构成十分多元，除地方经济外，有

---

① 资料来源：鸡西市政府网站 http://www.hegang.gov.cn/。
② 资料来源：鹤岗市政府网站 http://www.hegang.gov.cn/。

六大中省直企业。近年来，鹤岗市着力推进招商引资，加快项目建设，始终把项目建设作为"经济增长、财税增收、就业创业"之源，重点把握"煤墨绿贸游"五大产业，2015年全年共开复工千万元以上产业项目132个。大力推进煤电化工产业发展，建成投产中海油华鹤大化肥、征楠煤化工LNG等一批重点项目，鹤翔新能源焦炉煤气制LNG项目开工建设，征楠煤化工二期等项目加快推进。强力推进高端石墨产业，高起点编制石墨产业专项规划，开展石墨探矿权、采矿权"两清、两整"行动，组建了鹤鸣云山矿业开发有限公司，增强了政府对资源配置、园区建设、合作开发和融资发展的掌控权，为实现石墨产业的大发展、强发展、跳跃性发展理清了思路，清除了障碍，奠定了基础，增强了发展后劲[①]。

（3）指数计算结果

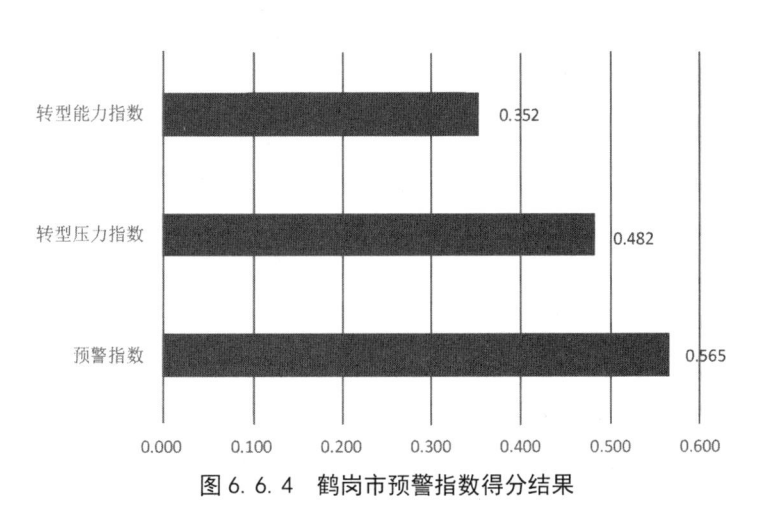

图 6.6.4　鹤岗市预警指数得分结果

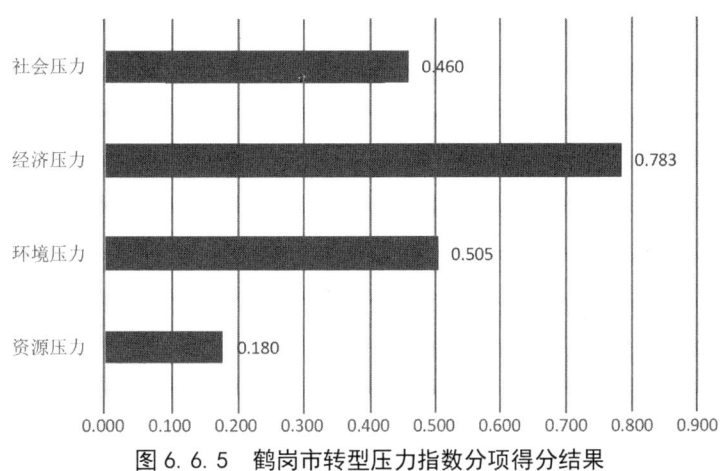

- 转型能力指数：0.352
- 转型压力指数：0.482
- 预警指数：0.565

图 6.6.5　鹤岗市转型压力指数分项得分结果

- 社会压力：0.460
- 经济压力：0.783
- 环境压力：0.505
- 资源压力：0.180

---

① 资料来源：鹤岗市经济与社会发展统计公报 2015。

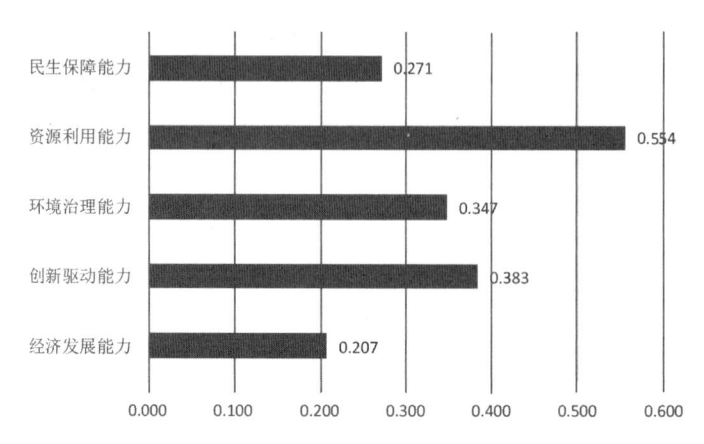

图 6.6.6　鹤岗市转型能力指数分项得分结果

（4）指数评价

转型压力分析

鹤岗市转型压力指数为 0.482，在全国 116 个资源型城市中排名 7 位，在 19 个东北部资源型城市中排名第 2，在 23 个衰退型资源城市中排名第 4。这说明鹤岗的转型发展面临着较大的压力。分项来看，鹤岗面临的经济压力较为突出，在全国所有资源型城市中排名第 3，分项来看，鹤岗市各项经济压力均较为严重，其中经济增长压力高达 1.000，其次是财政压力，这说明鹤岗市的经济发展正面临着严峻的考验，一方面是传统支柱型产业，即资源依赖型的煤炭、石墨等产业在产能过剩的局面中面临着衰退的问题，另一方面经济产业转型并不到位，导致产业结构单一，对资源依赖过重，在经济波动中面临较大的风险，同时政府财政无力支撑全面的产业结构升级和改革，带来严重的经济压力。其次是社会压力，在所有资源型城市中排名第 18，进一步细分可以发现，社会保障压力和就业压力尤为突出，说明鹤岗市在保障居民生活质量、解决就业等问题上亟待改善，其转型发展尚有较沉重的社会负担。鹤岗市的环境压力也不容乐观，压力指数排名全国第 30 位，其中水环境压力排名全国首位，这反映了鹤岗市在生产过程中忽视了环境保护，尤其是在水资源保护上存在着严重的问题，这不利于其经济的可持续发展。鹤岗市的资源压力相对较轻，排名全国 64 位，基本达到全国资源型城市的平均水平，其中主体资源压力较轻，说明鹤岗市在资源利用效率上尚未存在太大的问题。

转型能力分析

鹤岗市转型能力指数为 0.352，在全国 116 个资源型城市中排名 101 位，在东北地区的 19 个资源型城市中排名 14，在 23 个衰退型资源城市里排名第 18，可以看出鹤岗具备的转型能力较弱。分项来看，鹤岗市资源利用能力最强，全国排名 35 位，这也解释了其相对较低的资源压力水平,说明鹤岗市在资源丰富度、资源利用效率等方面拥有较强的能力。其次是创新驱动能力,在全国排名42位,分项来看,鹤岗市在创新基础设施建设上的工作比较到位,排名全国第11,但是相对看来,在创新资金投入和创新人才的培养引进上需要进一步加强。鹤岗市的民生保障能力较弱,在全国排名第81位,其中居民收入保障能力位于全国112位,这反映了鹤岗市在解决贫困、就业、推行社会保障覆盖面等方面的工作存在着巨大的缺失,同时公共产品和公共服务如教育、文体服务等也不够完善。考虑到鹤岗市现阶段已经面临着较重的社会压力,若不提高民生保障能力,将严重阻碍其经济发展转型。同时,鹤岗市的环境治理能力劣势明显,排名全国第103位。分项来看,除去矿山环境治理能力和大气环境治理能力尚可外,其余各项指标均较差,这暴露出鹤岗市在长期的生产过程中忽视了环境保护的重要性,需采用更为环保的生产方式,同时对已污染区域的治理工作也需推进。鹤岗市最严重的问题在于其过弱的经济发展能力,在全国资源型城市中排名第114,并且各项指标均较弱,也就是说,鹤岗市正面临着多方面的经济危机,包括传统产业的衰退,经济效率的低迷,产业结构的过于单一等。

综合评价

综合来看,鹤岗市的转型压力大,转型能力弱,传统产业衰退和产业结构不合理,加之环境问题严重和社会保障水平滞后,导致其转型发展面临着非常突出的问题。鹤岗市转型预警指数为0.565,在全国116个资源型城市中排名第4,在东北部地区资源型城市中排名第4,在23个衰退型城市中排名第3,说明转型陷入困境,在转型过程中出现了反复。

(5) 政策建议

鹤岗市需坚决推进产业结构调整,化解以煤炭为主导的单一产业结构,加快搭建起特色鲜明、结构优化、体系完整的产业布局。一方面,升级优化主导煤炭产业,做深做长煤炭精深加工产业链,重点推进煤转电、煤制气、煤制焦、煤制肥、煤基多联产等深化产业链的建设,以此作为鹤岗经济解困、城市转型的基础。另一方面,做大做强高端石墨产业,要把发展石墨精深加工产业作为立市产业,以规划为引领,加大勘查力度,加快矿权整合,引进投资主体,拉长产业链条,壮大产业集群[①]。在经济方式上,加大开放力度,进一步全方位地推进招商引资,利用好项目带动鹤岗市的经济解困、城市转型,充分利用发达地区、央企、大型民企的优势资源,在更大空间中实现鹤岗经济的互融发展;同时,加快引进一批科技含量高的质量效益型项目,利用创新技术,突破经济发展瓶颈,加快整合资源,搭建园区平台,推进项目向园区集中、

---

① 资料来源:鹤岗市2015年政府工作报告。

产业向园区集聚，实现规模经济，发挥集权效应。

同时，鹤岗目前需要切实加强社会保障，缓解严峻的社会压力。鹤岗市居民收入保障能力较弱，说明相对贫困群体规模仍然较大，这要求鹤岗进一步推进扶贫攻坚，特别是要注重安置转型过程中的大量失业人口，落实失业保险稳岗补贴政策，同时探索建立经济发展和扩大就业更加紧密的联动机制，进一步创造更多的就业机会，鼓励创业。此外，鹤岗市在优质教育、医疗等公共服务和产品供给不足，难以满足群众的需求。应加快完善社会保障制度，全面推进全民参保，完善城镇居民基本医疗保险和新型农村合作医疗保险，建立统一完善、惠及全民的城乡居民基本医疗保险制度，逐渐提升基本医疗保险政策待遇水平。同时要加强建设文化、教育等社会事业，缓解严峻的社会压力，为经济发展和转型打下稳定的社会基础。

最后，鹤岗市需要加强环境保护和治理工作，缓解其严重的环境负担。坚决开展节能减排，强化污染防治，出台并切实保障环境保护规章制度的实行，加大环保执法和惩治违法行为力度，坚决拒绝高耗能重污染项目，狠抓落后产能、大气、水体污染减排。

### 6.6.3 双鸭山市

（1）城市概况

双鸭山市是黑龙江省下辖的地级市，地处黑龙江省东北部，距省会哈尔滨市460公里。东隔乌苏里江与俄罗斯比金市相望，南与虎林、密山、桦南县相接，西与佳木斯市、七台河市毗邻，北与富锦市、同江市、抚远县、桦川县相连，素有"煤化基地、龙江钢城"的美誉[1]。截至2015年，双鸭山市辖集贤、友谊、宝清、饶河四个县和尖山、岭东、四方台、宝山四个区，年末全市常住人口151万人。2014年全年实现地区生产总值（GDP）450.3亿元，按可比价格计算比上年下降11.5%。全年城镇常住居民人均可支配收入达到19965元，比上年增长2.8%[2]。

（2）资源特点及利用情况

双鸭山市矿产资源丰富。双鸭山市域内有双鸭山、集贤、宝清、七星河和双桦五大煤田，煤炭勘探储量高达117亿吨，占全省总储量的47%，位居全省榜首，按照绿色可持续发展计划，双鸭山每年仅开采5000万吨左右，具有相当强的可持续效应，位居黑龙江省第一位。双鸭山市拥有全省最大的磁铁矿，储量达1.2亿吨。与此同时，白钨、石墨、矽线石、大理石、玄武岩等矿藏储量也相当丰富，具有很高的开发价值。

双鸭山工业实力雄厚，其市域内有9个国有煤矿、2个发电厂、1个钢铁公司，具有2400万吨煤炭、249万千瓦电力、200万吨钢铁的综合产能，是黑龙江省重要的

---

[1] 资料来源：鹤岗市2015年政府工作报告。
[2] 资料来源：双鸭山市政府网站 http://www.shuangyashan.gov.cn/NewCMS/index/html/show_one_lm.jsp?lmid=364。

煤炭、电力和钢铁生产基地,煤炭商品率达到80%,煤炭远销至中国南方、俄罗斯,是环渤海城市群除山西外第二大煤炭供应基地,也是鞍山钢铁集团最大的煤炭供应商。同时,一批大型现代化矿井和煤制芳烃、煤制烯烃、煤间接液化、费托合成油、煤制天然气、煤炭地下气化等煤化工项目正在加快落地生成,争取创建全国创新型煤化工基地。近年来,双鸭山市紧紧抓住国家大力支持东北老工业基地振兴、建设中蒙俄经济走廊和黑龙江省实施"五大规划"、建设"龙江丝路带"的历史性机遇,着力推动城市的转型发展,加快建设煤电化、绿色食品、钢铁冶金、对俄贸易等一批立市项目,初步实现了由"一煤独大"到"多业并举"的转变[①]。

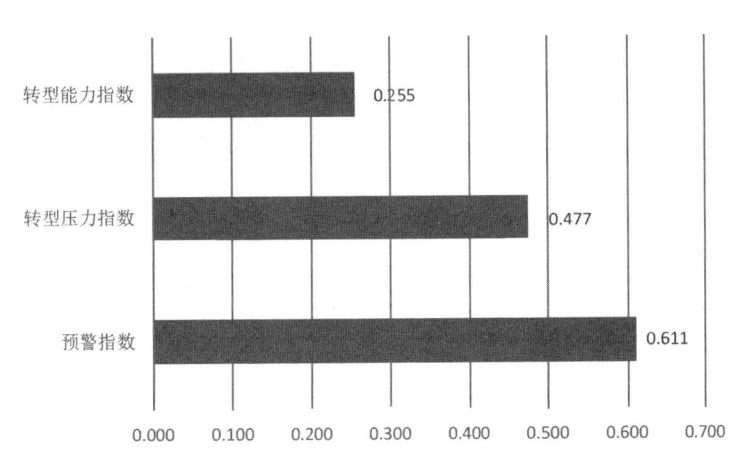

(3)指数计算结果

图 6.6.7 双鸭山市预警指数得分结果

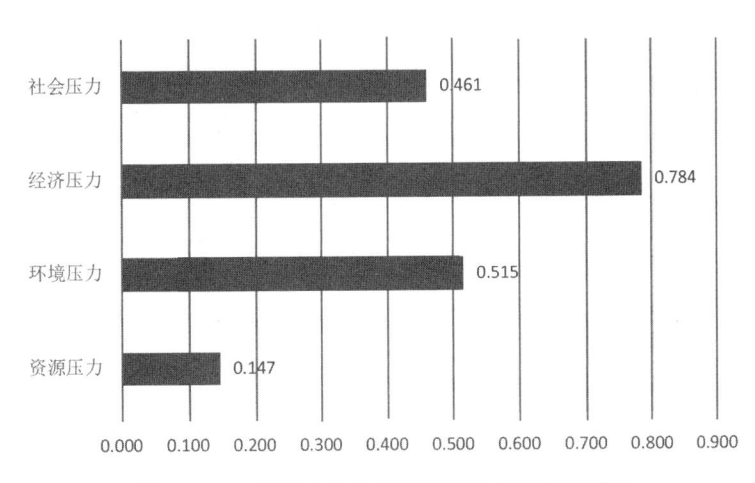

图 6.6.8 双鸭山市转型压力指数分项得分结果

---

① 资料来源:双鸭山市经济与社会发展统计公报 2014。

民生保障能力　0.270
资源利用能力　0.282
环境治理能力　0.258
创新驱动能力　0.230
经济发展能力　0.236

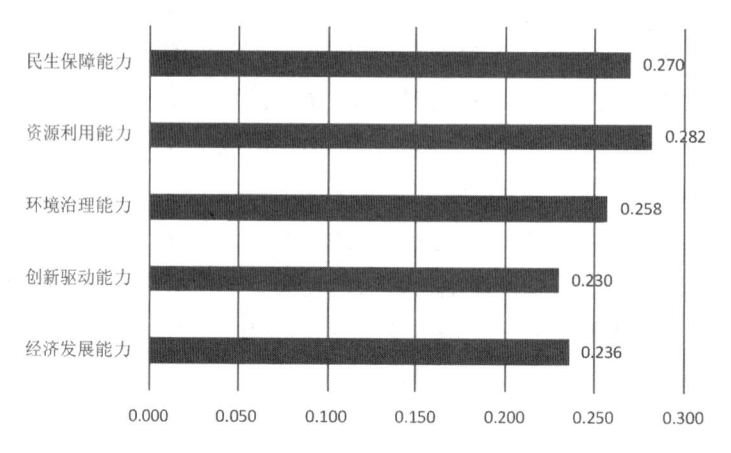

图 6.6.9　双鸭山市转型能力指数分项得分结果

（4）指数评价

转型压力分析

双鸭山市转型压力指数为 0.477，在全部 116 个资源型城市中排名 8 位，在 19 个东北部资源型城市中排名第 3，在 23 个衰退型资源城市中排名第 5。这说明双鸭山的转型发展面临的压力较为严重。分项来看，双鸭山市面临的经济压力最为突出，在全国所有资源型城市中排名第 2，可见当前双鸭山市在经济发展上正面临着困境，分项来看，其中经济增长压力和财政压力均处于全国第 1，经济区位压力排名第 9，经济结构压力排名第 29，这说明双鸭山市目前在经济发展上面临的问题是全方位的，主要原因在于伴随着全国性的产能过剩，以及世界市场煤价的走低，双鸭山市以煤炭行业为主导的经济整体效益下行，发展效率低下，同时财政支出紧缺和区位优势缺乏，对城市的转型发展形成明显阻碍。其次是社会压力，在所有资源型城市中排名 16，进一步细分来看，社会保障压力指数高达 1.000，说明双鸭山市的转型发展尚有较沉重的社会负担，特别是在社会保障推行方面做得非常不到位。双鸭山市也面临较大的环境压力，环境压力指数在全部资源型城市中排名第 25，细分来看，其中水环境压力尤为显著，反映出双鸭山市在城市发展和工业建设过程中存在着水污染治理不当的问题。双鸭山的资源压力相对较小，排名全国 76 位，说明其资源储备超出了全国平均水平，尚且压力不大。

转型能力分析

双鸭山市转型能力指数为 0.255，在全国 116 个资源型城市中排名 115 位，在 19 个东北部资源城市中排名第 18，在 23 个衰退型资源城市里排名 23，可以看出双鸭山市具备着非常弱的转型能力。分项来看，双鸭山市的各项转型能力都较弱。其中最差的是经济发展能力,全国排名第 113 位,且各项指标均较弱,反映出了经济发展上全方位的困境,双鸭山市的传统支柱产业煤炭产业在全国产能过剩的大格局下,发展放缓,规模减小,效率低下,同时双鸭山市产业结构过于单一,经济结构转型并未完善,阻碍了经济的进一步优化。双鸭山市在资源利用能力也很低,虽然其资源压力不大,但资源利用能力也需进一步提升。同时,双鸭山市的创新驱动能力很弱,排名全国 89 位,分项看来,创新资金投入过少是主要问题,这使得经济缺乏内在驱动力,导致产业转型和升级更为困难。双鸭山市的民生保障能力排名全国 81 位,其中居民收入保障能力排名全国 113 位,由于其面临的社会压力尤其是社会保障压力已经非常严重,现有的民生保障能力远不足以缓解其社会负担,为经济转型发展保驾护航。同时,其环境治理能力排名全国 110 位,虽然其环境压力并不突出,但也需要提高。

综合评价

综合来看,双鸭山市面临的转型压力很大,但转型能力非常弱,其经济陷入了全方位的困境,同时其薄弱的创新驱动能力和凸显的社会压力,进一步拖累了经济的发展和转型。双鸭山市转型预警指数为 0.611,在全部 116 个资源型城市中排名第 1,说明当下双鸭山市转型正面临着非常突出的问题。

(5)政策建议

双鸭山市应进一步调整产业结构,促进产业升级,加快构建产业新体系,形成产业多样性发展格局。针对其传统支柱型产业煤炭产业,应进一步加快产业升级优化,加快现代煤电化产业发展,加快推进国有大型煤矿进行技术升级改造,实现降本增效,大力整治和整合地方煤矿,推进现代化矿井建设。同时在资源利用上,始终坚持"低碳、环保"的原则,一方面推进煤电产业的转化升级,另一方面大力发展风电、太阳能和生物质发电等清洁能源产业;大力推进以资源换项目、煤矿联项目等多元化开发方式,深层次开发煤化工资源,延伸煤炭产业链条,开发煤制芳烃、煤制烯烃、煤制天然气、煤炭地下气化、煤炭间接液化等现代煤化工项目,实现采掘产业现代化、电力产业清洁化、化工产业高端化发展,全力建设国家级煤化工产业示范基地。另一方面,培育新的经济增长点,挖掘工业多点支撑潜力,推动冶金、石墨、玄武岩等等产业链建设,争取建成更多的"全产业链",打破过分依赖煤炭产业的单一产业格局。充分释放和发挥产业基地、工业园区的产业龙头带动效应,推动战略新兴产业实现集群发展,巩固提升二产支撑作用。

同时双鸭山市还需进一步提升创新驱动力,加大创新资金的投入,引进和培育更多的创新人才。促进校企深度合作,充分释放大专院校、科研院所创新潜能,把握重点产业的发展需求,加大科技人才、高端人才和创新团队柔性引进力度,大力培养本地实用技术人才,培育新的发展动能。努力推动产业发展信息化、专业化、跨界嵌入,进一步引育新模式,丰富新业态,推动产业实现中高端发展。力促创意生成项目、项目催生企业、企业托起产业,激发民间的创新创业活力,促进产业结构转型[①]。

双鸭山市还应进一步强化公共服务和社会保障工作。从解决群众最根本利益问题入手,以创业就业、住房改善、社会保障和救助为重点,坚持"补短板、保基本、全覆盖、提水平",逐年提高民生投入,扩大创业就业群体,改善群众居住条件,提高社会保障和救助水平。特别是在产能过剩的大格局下,要妥善处理好淘汰下的过剩产能企业员工失业问题,通过技能培训、转移就业、扶持创业等办法帮助其再就业,持续激励全民创业,充实专项扶持资金,完善税费减免、股权合作、众筹融资、创业指导团队建设等支持政策,搭建各类平台如大学科技园、中科创业园、新型产业孵化器台,鼓励和扶持企业和民间资本自建创业平台,吸引各类创业要素集中集聚、有效对接。进一步扩大社会保障覆盖面,优化教育资源配置,促进文化建设,缓解社会压力,增强人民群众获得感。

### 6.6.4 大庆市

(1) 城市概况

大庆市是黑龙江省下辖的地级市,地处黑龙江省西南部,是黑龙江省省域副中心城市,东与绥化市接壤,南与吉林省隔松花江相望,西部、北部与齐齐哈尔市相连。大庆市拥有中国第一大油田、世界第十大油田——大庆油田,是一座以石油、石化为支柱产业的著名工业城市,素有"绿色油化之都、天然百湖之城、北国温泉之乡"的美誉[②]。截至2015年,大庆市辖5个市区、3县、1个自治县和1个国家级高新技术产业开发区,年末全市常住人口276万人,其中非农业人口为143.7万人,占总人口的比重达到52.1%。2014年地区生产总值4070亿元,比上年增长6.5%,全年城镇居民人均可支配收入32307元,同比增长9%[③]。

(2) 资源特点及利用情况

大庆自然资源丰富,其中石油、天然气、地热资源优势突出。其中,累计探明地质储量67亿吨,石油比重中等,黏度高,属低硫石蜡基型,是理想的石油化工原料。天然气资源累计探明储量2800多亿立方米,凝析油含量较高,具有巨大的工业价值。地热资源埋层较浅,出水温度高,水质优良,富含锌、硒、钙等20多种对人体有益的微量元素,静态储量达3000亿立方米,是国内罕见的大规模地热富集区[④]。

---

① 资料来源:双鸭山市政府网站。
② 资料来源:双鸭山市2015年政府工作报告 http://www.daqing.gov.cn/jrdq/index.shtml。
③ 资料来源:大庆市政府网站 http://www.daqing.gov.cn/index.shtml。
④ 资料来源:大庆市经济与社会发展统计公报2014。

大庆石化产业基础雄厚，具备年1570万吨原油的加工能力。大庆把石化产品深加工作为最大的接续产业，相继辟建3个专业园区即高新区装备制造园、铁人生态园和省级经济技术开发区，进一步提升产业承载能力和基础设施配套条件，为项目建设和企业发展提供了扎实的承载平台。2015年，大庆市从培育多元产业体系着眼，从既有需求增长空间又有供给优势的产业领域发力。拓宽石化项目生成渠道，推进战略性龙头项目建设，推进"以化补油"战略，推进民营石化项目建设，为石化产业注入了新动能。牢牢把握全国云计算产业区域性布局的机遇，引进华为东北数据云中心、国裕"创业云+"等应用项目，带动大数据、"互联网+"、现代商贸物流等关联产业快速成长[①]。

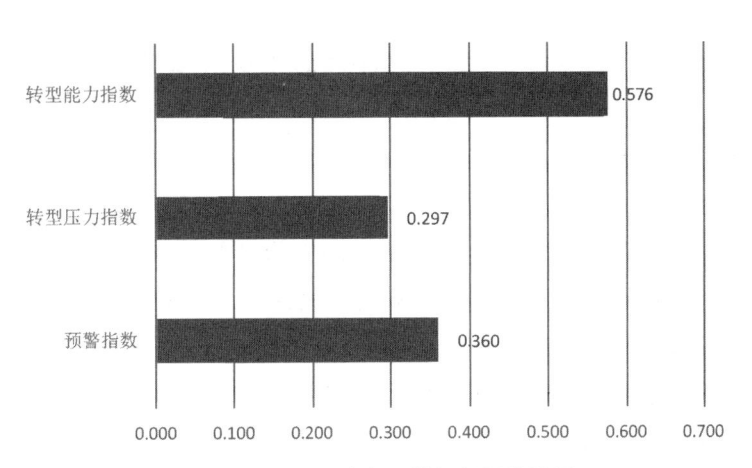

（3）指数计算结果

图6.6.10　大庆市预警指数得分结果

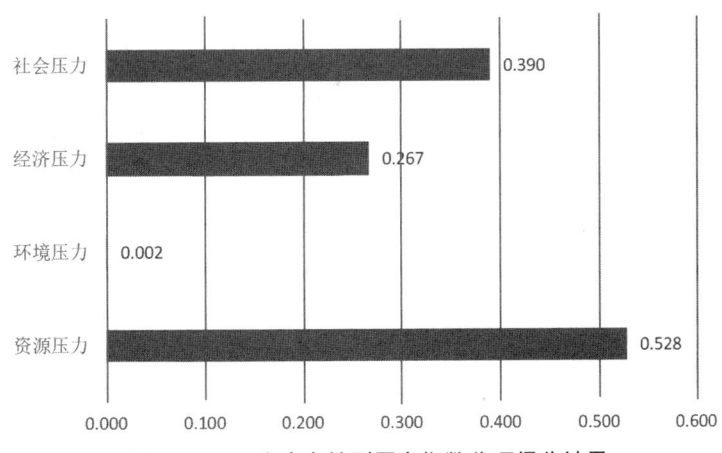

图6.6.11　大庆市转型压力指数分项得分结果

---

① 资料来源：大庆市政府网站 http://www.daqing.gov.cn/index.shtml。

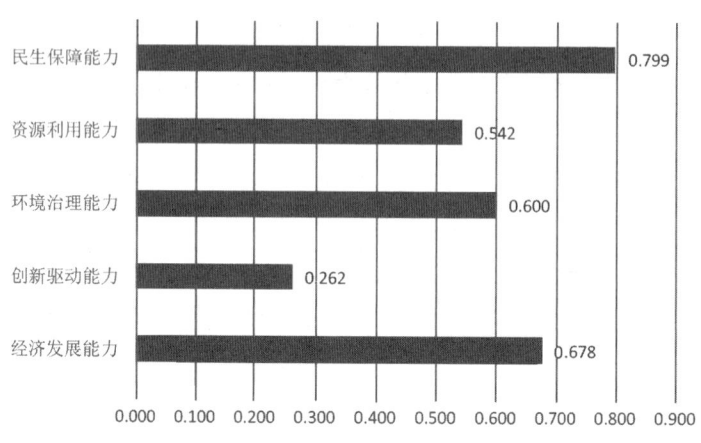

图 6.6.12　大庆市转型能力指数分项得分结果

（4）指数评价

转型压力分析

大庆市转型压力指数为 0.297，在全部 116 个资源型城市中排名 81 位，在 19 个东北部资源型城市中排名第 17，在 63 个成熟型资源城市中排名第 44。这说明大庆的转型发展面临的压力较小。分项来看，大庆面临的资源压力相对突出，在全国所有资源型城市中排名第 20，在东北部资源型城市中排名第 6，在成熟型资源城市中排名第 7，可见当前大庆市的资源短缺问题已经初步凸显，同时在资源利用效率方面存在着一定问题，无法继续满足经济发展的资源需求，对城市的转型发展形成明显阻碍。其次是社会压力，在所有资源型城市中排名第 31，进一步细分来看，大庆市各项社会压力均比较严重，说明大庆市的转型发展尚有较沉重的社会负担；其中最为突出的是社会保障压力，其次是就业压力，这说明大庆市在推进社会保障和解决就业方面的工作均待改善。大庆市也面临较大的经济压力，经济压力指数在全部资源型城市中排名第 69 名；细分来看，其中经济增长压力尤为显著，而经济结构压力、区位压力和财政压力相对缓和，这反映大庆市目前面临着传统支柱产业不景气、经济增长放缓的困境。大庆市环境压力相对较小，排名全国 116 名，远超全国资源型城市的平均水平，这说明大庆市的生产方式较为环保，有利于持续发展，应当继续保持。

转型能力分析

大庆市转型能力指数为 0.576，在全国资源型城市中排名 9 位，在 19 个东北部资源城市中排名第 1，在 63 个成熟型资源城市里排名第 3，可以看出大庆市具备着相当强的转型能力。分项来看，大庆市的民生保障能力最强，全国排名第 2 位，然而由于其面临的社会压力较重，现有的民生保障能力尚不足以克服所遇到的困难。分项来看，大庆市的基础设施、医疗卫生和居民收入保障能力都位于全国前列，这将有助于大庆市缓和其社会压力，为经济转型发展保驾护航。其次是经济发展能力，在全国排名第8位，说明大庆市经济虽然面临经济增速放缓的问题，但是经济发展的条件依旧具有优势。分项来看，大庆市经济效率和经济发展水平都较为突出，分别排名全国资源型城市的第1和第4位，但是经济结构转换能力和经济增长的排名靠后，分别位于全国第94位和103位。这说明大庆市目前遇到的，是传统经济发展到了成熟阶段后、在较高经济发展水平上的问题，主要问题在于传统支柱产业如石油、石化产业，在全国产能过剩的大格局下，发展放缓，同时大庆市产业结构过于单一，经济结构转型并未完善，阻碍了经济的进一步优化。大庆市的资源利用能力尚可，全国排名39位，但是目前大庆市面临着突出的资源压力，这要求进一步提升资源利用能力。大庆市的环境保护能力一般，全国排名第52位，相比其他指标并不突出，其中大气环境治理能力和居住环境治理能力排名较后，说明大庆市在环境保护和治理方面尚需加强。大庆市最弱的是创新驱动能力，排名全国第79位，分项来看，其创新资金投入和创新人才排名后列，而创新基础设施靠前，说明大庆市虽然注重了基础设施建设，但在投入资金、引进人才方面做得不够，导致其产业转型缺乏创新驱动力。

综合评价

综合来看，大庆市面临的转型压力较小，并具备突出的转型能力，但是目前面临着经济结构不完善、拖累经济增长的问题，并且在资源利用、创新驱动和社会保障方面仍需进一步加强。大庆市转型预警指数为0.360，在全部116个城市中排名108名，在东北部地区资源型城市中排名19，63个成熟型城市中排名第59，说明当下大庆市转型面临的问题较小，应当继续保持。

（5）政策建议

大庆需加快推进产业结构调整升级，形成产业多样性的全新发展格局。在巩固支柱产业油田产能建设的同时，推动石化、汽车和铝材等多样化产业链建设，打破过分依赖石油产业的单一产业格局。在传统优势产业上，要进行进一步的改造提升，坚决压减过剩产能，提升资源利用能力。同时，挖掘工业多点支撑潜力，着力开发新资源，比如丰富的地上风能、太阳能、生物质能等，加快催生新的产业形态，带动新材料、新能源、新一代信息技术、节能环保等战略新兴产业发展，实现更多的"全产业链"发展，充分挖掘和释放产业基地、工业园区的产业龙头带动效应，实现战略新兴产业的集群发展，巩固提升二产支撑作用。

在传统优势产业如石油产业，重点要做好资源开发的优化和资源利用效率的提升，进行深入的产业改造和产业优化升级。在传统优势产业上，要进行进一步的改造提升，一方面坚决压减过剩产能，提升资源利用能力，缓解业已存在的资源危机。同时，另一方面，加大科技创新和人才引进，进一步探索石化产品深加工，打造附加值高、可持续发展能力强的新型产业链，为传统产业注入新的生命力。

同时，以着力提升创新驱动力为目标，加大创新资金的投入，引进和培育更多的创新人才。深度推行校企合作，充分释放大专院校、科研院所的创新潜能，重点抓好创新的关键环节，加快推进科技成果梳理、深化与资本市场合作等，推动战略新兴和高新技术产业实现集群发展。以产业发展信息化、专业化、跨界嵌入为原则，引育新模式，丰富新业态，实现中高端发展。促进互联网与各产业形态、组织形式广泛深入融合，力促创意生成项目、项目催生企业、企业托起产业，拓展众创、众包、众扶、众筹空间，激发民间活力，促进产业结构转型[①]。

大庆市还应进一步强化公共服务和社会保障工作。特别是在产能过剩的大格局下，要妥善处理好淘汰下的过剩产能企业员工失业问题，通过技能培训、转移就业、扶持创业等办法帮助其再就业，持续激励全民创业，充实专项扶持资金，完善税费减免、股权合作、众筹融资、创业指导团队建设等支持政策，搭建并完善大学科技园、中科创业园、新型产业孵化器等服务平台，鼓励企业和民间资本自建创业平台，吸引各类创业要素集中集聚、有效对接。进一步扩大社会保障覆盖面，优化教育资源配置，促进文化建设，缓解社会压力，为经济转型发展提供稳定良好的社会环境。

### 6.6.5 伊春市

（1）城市概况

伊春市是黑龙江省辖市，位于黑龙江省东北部，东与萝北县、伊春市、汤原县接壤，西与庆安县、绥棱县，北通逊克县毗邻，南与依兰县、通河县相接，北部嘉荫县与俄罗斯隔江相望，全市行政区划面积 32 759 平方公里[②]。截至 2015 年，全市辖 1 市（县级）1 县 15 个区，年末全市总人口 121 万人，其中城镇人口 97 万人，常住人口城镇化率 77.76%。2015 年实现地区生产总值（GDP）248 亿元，按可比价格计算，比上年下降 1.9%。全年全市居民人均可支配收入 19778 元，比上年增长 8.2%[③]。

（2）资源特点及利用情况

伊春矿产资源丰富，据初步勘探，蕴含有金、银、铁、铅、锌、铝、铜等金属矿藏达 20 多种，已探明的金属矿床、矿点达 100 多处，其中黄金储备量居全省首位。非金属矿产资源分布更为广泛。有石灰石、大理石、玛瑙石、水晶石、花岗岩、紫砂陶土、珍珠岩、褐煤等 25 种，矿点 140 多处。同时，伊春还拥有独具特色的旅游资源，经过

---

① 资料来源：大庆市 2015 年政府工作报告 http://www.daqing.gov.cn/jrdq/index.shtml。
② 资料来源：大庆市 2015 年政府工作报告 http://www.daqing.gov.cn/jrdq/index.shtml。
③ 资料来源：伊春市政府网站 http://www.yc.gov.cn/zjyc/。

亿万年的地质变迁，小兴安岭形成了千姿百态的奇岩怪石，其中汤旺河兴安奇石、朗乡石林、红星火山地质公园、南岔仙翁山、嘉荫茅兰沟已成为中国北方罕见的地质奇观。

伊春依托其丰富的矿产和林业资源，发展起了"钢木支撑"的传统产业布局。近年来，伊春市进一步强力推进产业项目和园区建设，着力构建"3+X"生态主导型产业体系，充分挖掘新的经济增长动能，经济结构已由传统的"钢木支撑"向着"多极驱动"加速转换。伊春市连续启动实施两轮产业项目攻坚战，建成投产亚洲最大的鹿鸣钼矿，加速推进铁力、翠峦园区、嘉荫对俄跨境经济合作区等产业园区建设，持续提升产业承载和带动能力。森林食品产业"红蓝黑黄+林药+林畜"6条产业链渐成规模，汤旺河景区晋升国家5A级景区。"钢木经济"占GDP比重由2010年的18.9%降至4.4%，生态旅游和森林食品业占比分别上升5.7和5.2个百分点[①]。

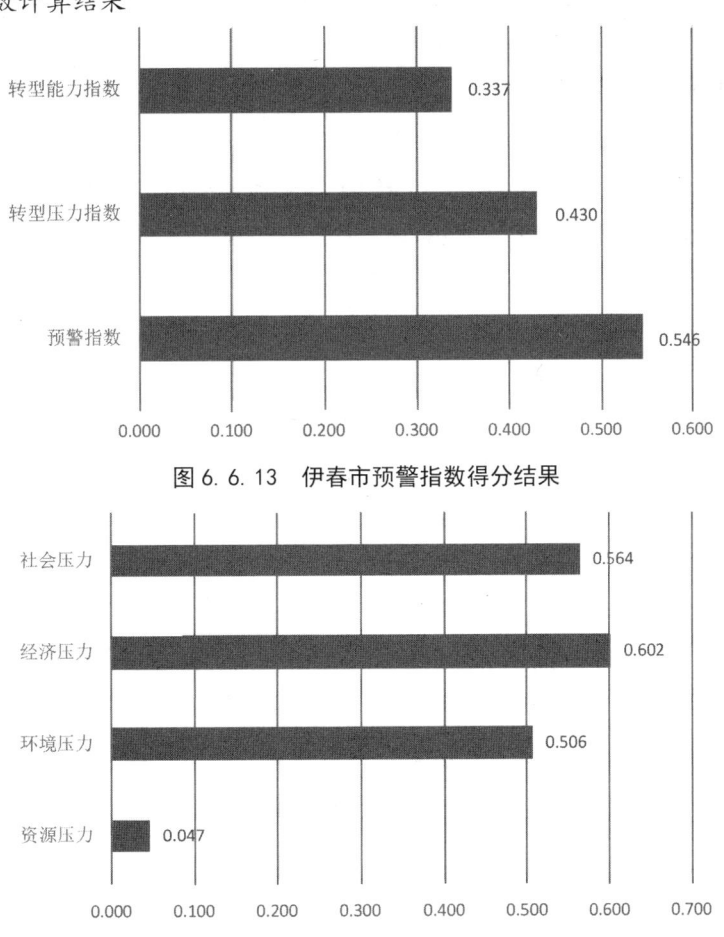

（3）指数计算结果

图 6.6.13 伊春市预警指数得分结果

图 6.6.14 伊春市转型压力指数分项得分结果

---

① 资料来源：伊春市经济与社会发展统计公报 2015。

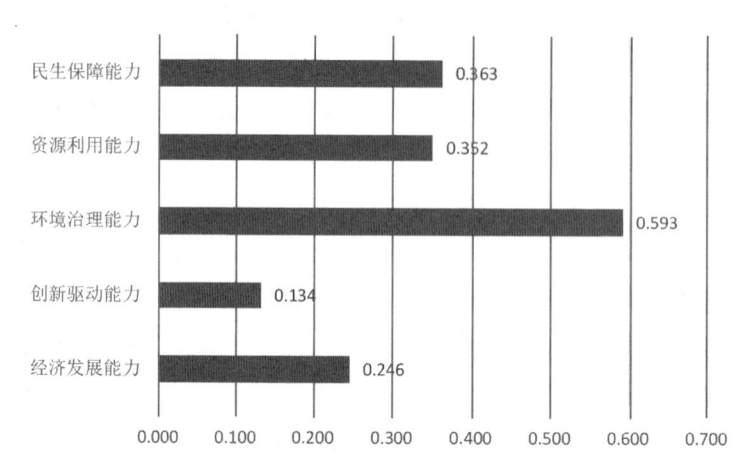

图 6.6.15 伊春市转型能力指数分项得分结果

(4) 指数评价

转型压力分析

伊春市转型压力指数为 0.430，在全国 116 个资源型城市中排名 18 位，在 19 个东北部资源型城市中排名第 7，在 23 个衰退型资源城市中排名第 9。这说明伊春的转型发展面临着比较大的压力。分项来看，伊春面临的社会压力尤为突出，在全国所有资源型城市中排名第 2，其中就业压力和社会保障压力均位于全国第 1，这反映伊春市在保障居民生活质量、解决就业问题上存在着很大的缺失，其转型发展尚有非常沉重的社会负担。其次，伊春市面临的经济压力也较大，排名全国第 11 位，分项来看，经济增长压力高达 1.000，位居全国第 1，其次是财政压力和经济区位压力也较大，相比之下经济结构压力较为缓和，这说明伊春市的经济结构相对合理，但是经济体量小，尚未形成规模经济，导致经济效率低下，增长速度有限，同时政府财政较为紧张，无力支撑全面的产业结构升级和改革，区位条件不占优，带来严重的经济压力。伊春市的环境压力也不容乐观，压力指数排名全国第 28 位，其中居住环境压力排名全国首位，这反映了伊春市在生产过程中忽视了环境保护，尤其损害了居民的生活环境，这不利于其经济的可持续发展。伊春市的资源压力较轻，排名全国 107 位，远远超出全国资源型城市的平均水平，说明目前伊春的资源储备尚且充足。

转型能力分析

伊春市转型能力指数为 0.337，在全国 116 个资源型城市中排名 106 位，在东北地区的 19 个资源型城市中排名 16，在 23 个衰退型资源城市里排名第 20，可以看出伊春市具备的转型能力很弱。分项来看，伊春市的民生保障能力相对较强，排名全国第 52，但是其中居民收入保障能力很弱，排名全国第 111，而伊春目前正承受着较大的社会保障压力和就业压力，如此弱的收入保障能力难以化解社会负担，保证社会稳定。伊春市的环境治理能力排名全国第 52，其中居住环境治理能力排名全国第 1，这说明伊春市已经开始重视环境保护，对缓解其沉重的居住环境压力有很大的帮助。伊春市的资源利用能力较弱，全国排名 97 位，虽然其资源压力较低，但从中反映出伊春的生产方式较为粗放，单纯依赖资源支撑，资源利用效率不高，需要进一步的提升。伊春市的创新驱动能力不容乐观，在全国排名 109 位，分项来看，伊春市在创新基础设施建设上的工作比较到位，排名全国第 32，但是在创新资金投入和创新人才的培养引进上缺失非常严重，导致整体创新驱动力并未提升，从而阻碍经济的持续发展。伊春市最弱的是经济发展能力，排名全国第 111 位，进一步细分来看，其经济结构转换能力尚可，排名全国 32 位，但是经济增长，经济规模以及经济效率均位于九十名开外，劣势明显，这说明伊春的产业结构转型取得了一定的成效，但是各新兴产业的经济活力远没有被激发，总体经济结构不优，依旧对传统支柱型产业如林业、矿业等依赖较强，特别是在全国"三期"叠加的历史背景下，短期内难以适应过剩产能的及时调整和全面停伐等宏观政策带来的深度影响，全市的传统经济增长点因此受到冲击，而新的替代产业尚未形成规模和具备一定影响力，缺乏对税收的支撑能力，导致伊春市面临着较大的经济波动。

综合评价

综合来看，伊春市的转型压力大，转型能力弱，经济整体衰退、效率低下，加之突出的社会负担和环境压力，导致其转型发展陷入了困境。伊春市转型预警指数为 0.546，在全国 116 个资源型城市中排名第 6，在东北部地区资源型城市中排名第 5，在 23 个衰退型城市中排名第 4，说明转型面临着非常突出的问题。

（5）政策建议

首先，伊春市需要进一步加快推进产业结构战略性调整，努力实现内生驱动、特色多元的创新发展。坚持"做大一产、做优二产、做强三产"的原则，大力推动林下经济发展，全面提升北药、森林食品、木业加工、绿色矿业、森林生态旅游五大产业的质量和效益，同时大力发展电子商务、会展物流、文化体育等现代服务业，进一步实现经济结构的优化升级，培育新的内生发展动力[①]。同时针对传统产业，要突出盘活存量和做大增量并举，突破产品层次低、产业链条短等短板，开发的同时注重环境保护，大力发展绿色矿业。牢牢把握全省促进矿业经济发展的战略历史机遇，全力优化和发展矿产资源开发加工，实现经济增长。全面推进招商引资，大力

---

① 资料来源：伊春市 2015 年政府工作报告。

推动项目引进和建设,保障项目落地和达产增效,以项目建设带动经济增长。其次,提升科技创新能力,尤其是需要建立健全创新资金投入和创新人才培养机制。引导科研院所与企业深度合作,共建研发机构,推进协同创新,实现资源共享,加快推进成果产业化,落实科技成果转化股权和分红激励政策,激发科研人员的创新积极性。加快进行招才引智工作,实施人才、智力、项目相结合的柔性引才机制,完善创新人才培养和使用办法,打破单位和区位限制因素,充分发挥优秀人才的潜能,实现才尽其用。

同时,伊春市亟须重视环境治理问题。加大生态文明建设的力度,坚决落实和严守资源消耗上限、环境质量底线、生态保护红线的要求,坚决杜绝环境污染。出台并切实保障环境保护规章制度的实行,加大环保执法和惩治违法行为力度,狠抓落后产能和大气、水体污染减排。同时,大力推进生态修复治理工作,重点关注居民居住环境方面。促进企业技术改造,利用先进技术提高资源利用效率,大力建设循环经济园区,发展循环经济。

最后,伊春市也需加快推进民生改善,坚持按照"普惠性、保基本、均等化、可持续"的原则,要重点把握人民最关心、最直接、最现实的利益问题,大力推进重点民生工程建设,均衡发展社会事业,持续加大对就业社保、教育医疗、文化体育的投入,打赢脱贫攻坚战,努力营造保障有力、富裕和谐的社会氛围,与全市人民共享改革发展的成果,使人民生活得更加幸福、更有尊严。

### 6.6.6 七台河市

(1)城市概况

七台河市是黑龙江省下辖的地级市,处于黑龙江省东部的张广才岭与完达山脉两大山系衔接地带,东连双鸭山市,南接鸡西市、牡丹江市,西通哈尔滨市,北邻佳木斯市、鹤岗市,是黑龙江省东部和吉林省东部最大的中心城市[①]。截至2014年,七台河市辖1县4区,全市户籍总人口88.22万人,非农业人口51.89万人,占全市总人口的58.8%。2014年全市经济总量(GDP)实现214.26亿元,按可比价格计算,比上年增长2.4%,人均地区生产总值2.51万元,比上年增长2.9%[②]。

(2)资源特点及利用情况

七台河市素以丰富的煤炭资源著称,其煤田总面积达9800平方公里,主要出产主焦煤、三分之一焦煤,其煤质具有低硫、低磷、中高灰、高发热量、高黏结性等

---

① 资料来源:2016年伊春市政府工作报告。
② 资料来源:七台河市政府网站 http://www.qthfg.gov.cn/zw/fzgh/ztgh/201601/t20160127_247727.htm。

优良特性，被列为全国三个保护性开采煤田之一，是东北地区最大的焦煤生产基地。截至 2010 年 10 月末，累计探明地质储量 22 亿吨，预测地质储量 24 亿吨，全市保有地质储量 16.37 亿吨，可采储量 4.8 亿吨。截至 2011 年末，全市共有煤矿 282 处。其中，七煤集团 68 处，集团公司总设计生产能力 1290 万吨/年，地方 214 处（其中勃利县 45 处），实际生产能力 800 万吨，全市已连续十余年生产原煤超过 2000 万吨。七台河市矿产资源种类除煤炭外，还发现黄金、石墨、膨润土、腐殖酸、大理石等，矿产资源种类比较丰富。黄金探明储量 11 吨，分布在东部老柞山。大理岩探明储量 1.395 亿吨，分布在勃利县通天林场。石墨探明储量 2.93 万吨，分布在勃利县双河、佛岭。膨润土探明储量 16.9 万吨，分布于勃利县西山。现有石场主要分布于北山一带，东部山区有零星分布。砂场主要分布于倭肯河下流和桃山水库上游流域[①]。

七台河是一座因煤而兴的传统资源型城市，近年来，七台河市立足煤炭资源型城市转型，坚持复合式、渐进式的转型模式，一方面巩固作为全省重要的能源基地和煤电化基地的地位，同时大力推进煤化工产业链条进一步延伸，全市煤化工产品种类多样达 31 种。非煤产业项目取得长足进展，再生资源回收综合利用等一批大项目相继开工建设，奥瑞德蓝宝石等一批非煤高技术项目建成投产，在新技术、新材料领域取得突破。

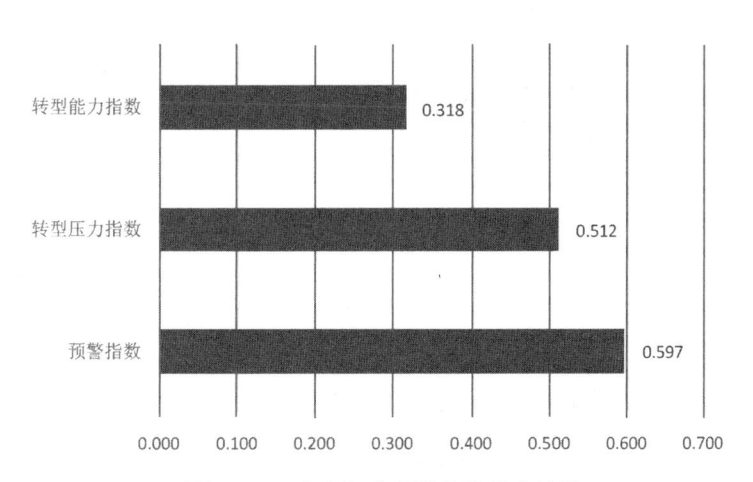

（3）指数计算结果

图 6.6.16 七台河市预警指数得分结果

---

① 资料来源：七台河市经济与社会发展统计公报 2014。

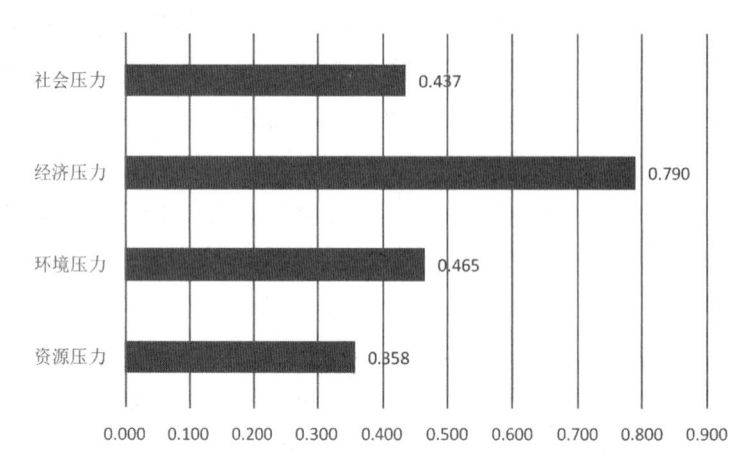

图 6.6.17 七台河市转型压力指数分项得分结果

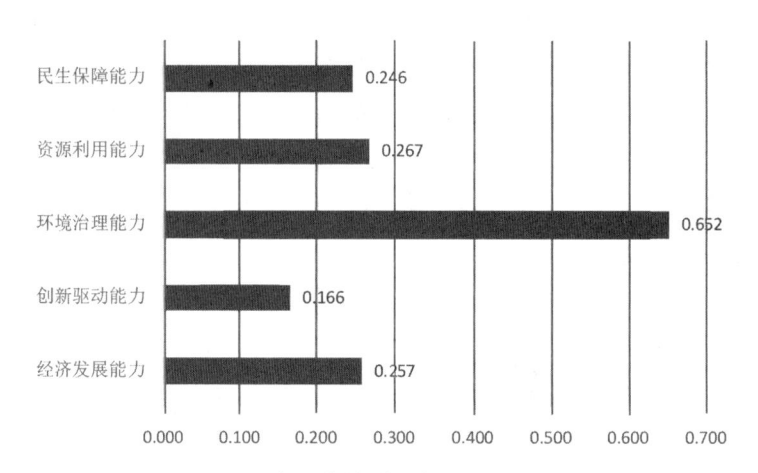

社会压力 0.437
经济压力 0.790
环境压力 0.465
资源压力 0.358

图 6.6.18 七台河市转型能力指数分项得分结果

民生保障能力 0.246
资源利用能力 0.267
环境治理能力 0.652
创新驱动能力 0.166
经济发展能力 0.257

（4）指数评价

转型压力分析

七台河市转型压力指数为 0.512，在全部 116 个资源型城市中排名第 2 位，在 19 个东北部资源型城市中排名第 1，在 23 个衰退型资源城市中排名第 2。这说明七台河的转型发展面临着非常严重的困难。分项来看，七台河市面临的经济压力非常突出，在所有资源型城市中排名第 1，进一步细分可以发现，其中经济区位压力排名全国第 1，经济增长压力、结构压力和财政压力均位于全国前二十，这说明七台河市的经济发展转型问题很大，在全国产能过剩、经济下行的局面下，未能及时应对传统煤炭产业的衰退危机，导致经济增长放缓，经济活力缺乏，同时产业结构单一化、粗放化的问题过于突出，过分依赖资源，经济区位同时不占优，亟须全方位的改革。其次是社会压力，在所有资源型城市中排名第 22，分项来看，其社会保障压力突出，暴露出七台河市在保障人民基本生活质量工作方面的缺失。七台河市也面临相当程度的资源压力，资源压力指数在全部资源型城市中排名第 36 名，反映出七台山已经面临着相当程度的资源短缺。七台河市的环境压力指数排名全国 43 位，其中大气环境压力和水环境压力较为突出，而居住环境和矿山环境保护较好，说明七台河市在控制工业排污特别是废水废气上监管不严，导致水污染和大气污染较为严重，不利于人民健康和社会稳定。

转型能力分析

七台河市转型能力指数为 0.318，在全国资源型城市中排名 111 位，在 19 个东北部资源型城市中排名 17，在 23 个衰退型资源城市中排名第 22，说明七台河市具备的转型能力很弱。分项来看，七台河市的环境治理能力尚可，排名全国第 36 位，这有利于化解其面临的环境负担，促进经济可持续发展。但是其余四项转型能力指标均不理想，基本排名到位全国百位开外。民生保障能力排名全国 92 位，分项来看，居民收入保障能力、教育保障和文体服务保障能力均较差，反映七台山市社会保障覆盖面不广，公共服务存在短板。七台山市的经济发展能力排名全国第 110 位，其中经济结构转换能力尚可，其余三项指标均较差，说明七台河市在经济转型上做出了一定尝试，但随着煤炭资源储量和可采储量日渐匮乏，"一煤独大"的单一产业结构带来的冲击和影响日益凸显，加上七台河市的国有企业活力普遍不足，民营经济发展不够充分，转型发展的包袱更加沉重，存在着经济效率低下，经济增速缓慢等问题，面临着严峻的考验。七台河的创新驱动能力排名全国 105 位，其中创新资金投入过少是最明显的问题，其次创新人才缺失，导致生产过程得不到优化，经济活力无法激发，对转型造成阻碍。七台河市的资源利用能力最差，排名全国第 112，反映出其生产方式比较粗放，高耗能产业占比大，资源效率低下，进一步加大了已经相当严重的资源压力，将拖累其经济增长。

综合评价

综合来看，七台河市正面临着突出的转型压力，同时具备的转型能力很弱，其经济发展存在着全方位的问题，同时创新驱动力缺乏，资源利用效率低下，民生建设缺失，进一步阻碍了其经济发展，带来危机。七台河市转型预警指数为 0.597，在全部 116 个资源型城市中排名第 2，说明其转型正面临着严重的问题。

（5）政策建议

七台河市亟须全方位的经济治理和经济改革。对于煤炭这一支柱型产业，需全力延伸煤炭产业链条，积极发展精细化工，构建深度加工、综合利用的多元化工产业体系，打通关键节点，推动煤化工产业向精深细下游产业链发展。同时，多元发展非煤替代产业,培育发展战略性新兴产业如生物发酵产业园建设,借助科研院所在微生物发酵领域的先进技术,把生物发酵产业作为全市重点的新兴战略性产业进行培育和扶植。有序推进石墨资源开发,做大超导电型石墨烯和磷酸铁锂正极材料产业,实现石墨烯及其衍生产品规模化、专业化、产业化。同时,发挥产业集群效应,加快国家城市矿产示范基地建设,做强主营业务,扩大园区规模、提升园区示范带动能力。

提高科技创新能力。加强以企业为主体的科技研发力量,增加科技投入,健全研发机构,提高企业关键技术、工艺及新产品的研发能力。加快推进产学研深度融合,构建技术创新体系,重点支持对新能源、新材料等新兴领域的技术研发。支持大中型企业独立组建或与高校、科研机构等联合组建研发机构,提升企业的自主创新能力。建立健全促进科技研发和创新发展的政策体系,强化财税金融政策,保持财政科技经费投入稳定增长,促进企业创新和科技成果产业化。建立并完善知识产权管理制度和科技成果评价奖励制度,大力推进科研诚信建设。发挥利用好互联网对经济的推动作用,加快建设经济开发区和各类新兴产业园区,推进"云计算+工业"等模式,支持各企业引入互联网、物联网技术,做活"互联网+实体经济",通过激发产业内生动力带动生产环节,培育经济增长点,依托互联网平台进行金融业务创新,满足不同层次实体经济的投融资需求[①]。

在资源利用方面,为缓解日益凸显的资源危机,七台河市一方面需要在煤炭资源的开发和利用过程上进行改进和优化,进一步规范煤炭开发流程,开发推广高效节能锅炉、高效节能电机等高效节能技术装备及产品。另一方面,探索新型能源以替代煤炭,减少对煤炭的依赖程度,大力发展风力、秸秆、煤层气、光伏发电等绿色能源,推进锂电池等高效储能产品。

同时,加快社会事业的建设。健全社会保障体系。提高培训的针对性、实用性和有效性,探索建立失业预警机制,广开就业门路,将第三产业、中小企业和非公有制经济作为今后扩大就业的主要渠道,做好七矿集团分流人员就业安置工作。提高医保报销标准和比例。全面推行城乡居民大病保险制度,同时扩大工伤保险、失业保险的覆盖范围,完善最低生活保障制度。均衡文教卫生事业的资源分布,提升公共服务水平和质量。做到与百姓共享改革发展成果,提升市民幸福感指数。

### 6.6.7 牡丹江市

(1) 城市概况

牡丹江市是黑龙江省省辖地级市,地处黑龙江省东南部,是黑龙江省省域副中心

---

① 资料来源:七台河市政府网站 http://www.qthfg.gov.cn/zw/fzgh/ztgh/201601/t20160127_247727.htm。

城市,也是黑龙江省东部和吉林省东部最大的中心城市[①]。截至 2015 年,牡丹江市辖宁安、海林、穆棱、东宁 4 市和林口县及东安、西安、爱民、阳明 4 城区。全市总面积 4.06 万平方公里,全市(人口部分含绥芬河)总人口 276.4 万人,其中市区 96.8 万人。2015 年,全市实现地区生产总值 1186.3 亿元,同比增长 6.8%(含绥芬河为 1318.4 亿元,同比增长 6.6%)。人均地区生产总值 44913 元,同比增长 6.8%(含绥芬河为 47468 元,同比增长 6.6%)[②]。

(2) 资源特点及利用情况

牡丹江矿产资源丰富,已探明储量的有 41 种,可大规模开发利用达 31 种。同时,水能、风能蕴藏量丰富,被誉为"中国北方风电之乡",也是黑龙江"北电南输"的重要载能基地,俄远东地区的木材、铁矿石等资源大量经绥芬河、东宁口岸出口到我国[③]。

牡丹江是一座老牌的工业城市。近年来,牡丹江市强力推进产业项目建设,结构调整取得积极进展。积极推动对俄合作的升级,实现沿边开放进入新阶段。已建成 7 个境外园区,其中 3 个已晋升为国家级,同时建成全省唯一综合保税区,牡丹江被授予全国中俄地区友好合作示范城市的称号,与之有经贸往来的国家和地区达到 136 个。

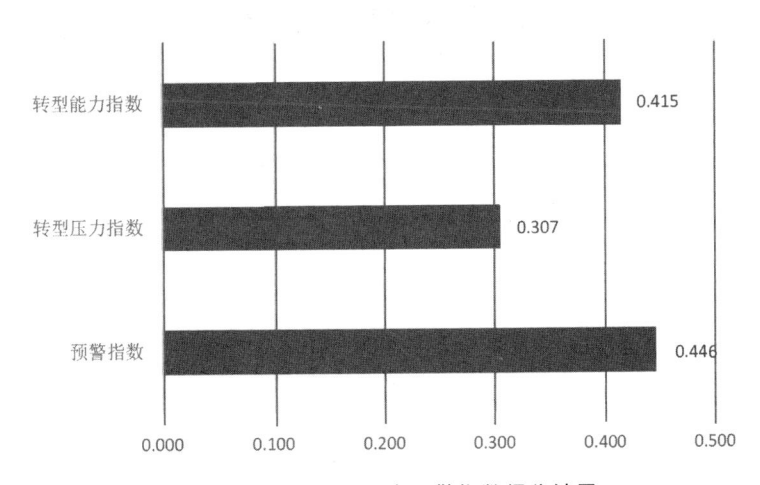

(3) 指数计算结果

图 6.6.19 牡丹江市预警指数得分结果

- 转型能力指数 0.415
- 转型压力指数 0.307
- 预警指数 0.446

---

① 资料来源:七台河市国民经济和社会发展第十三个五年规划要点。
② 资料来源:牡丹江市政府网站 http://www.mdj.gov.cn/zwgk/zfgzbg/20160229/101316.html。
③ 资料来源:牡丹江市经济与社会发展统计公报 2015。

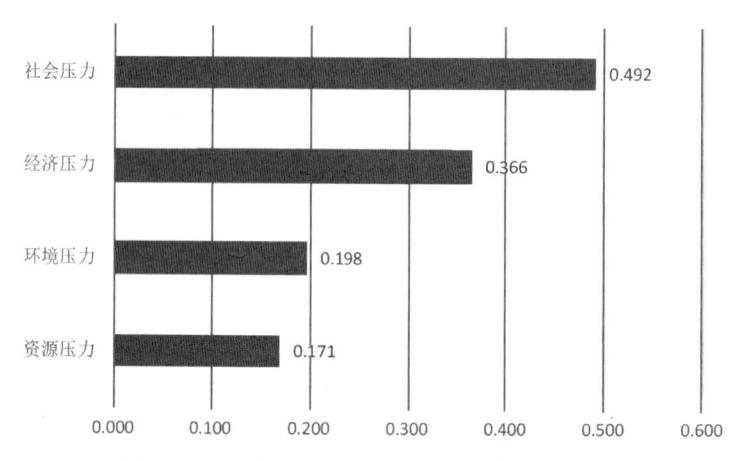

图 6.6.20　牡丹江市转型压力指数分项得分结果

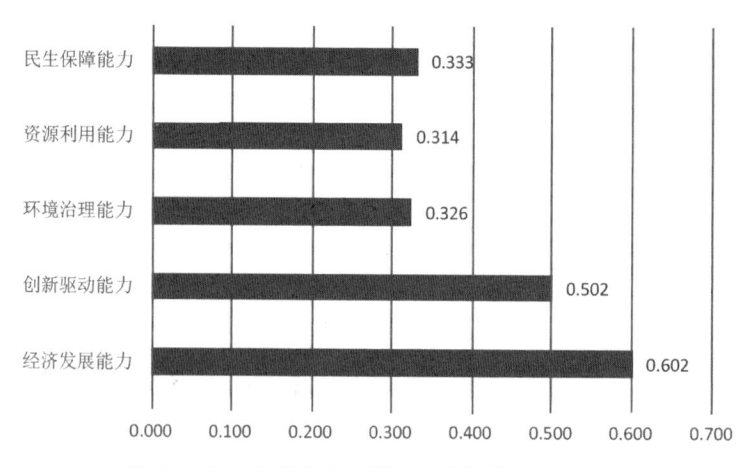

图 6.6.21　牡丹江市转型能力指数分项得分结果

（4）指数评价

转型压力分析

牡丹江市转型压力指数为 0.307，在全部 116 个资源型城市中排名 73 位，在 19 个东北部资源型城市中排名 16，在 63 个成熟型资源城市中排名第 39。这说明牡丹江的转型发展遇到了一定程度的困难，但压力不大。分项来看，牡丹江面临的社会压力最为突出，在所有资源型城市中排名第 12，进一步细分可以发现，其中社会保障压力和就业压力比较严重，这说明牡丹江市在处理失业问题、推进脱贫扶贫、促进社会保障事业发展等方面的工作还不够到位。其次是经济压力，在所有资源型城市中排名第 38，分项来看，其中经济区位压力、财政压力和经济增长压力都较为突出，但是经济结构压力小，说明牡丹江目前的经济结构较为合理，但是在经济效率、经济规模和财政投入上存在短板。牡丹江市也面临相当程度的资源压力,资源压力指数在全部资源型城市中排名第 68 名,反映了其资源储量相对不足、同时资源利用效率不高的问题。牡丹江市的环境压力较小,排名全国 112 位,这说明牡丹江市在环境保护和环境治理方面的工作比较到位,有利于经济的可持续发展,应当继续保持。

转型能力分析

牡丹江市转型能力指数为 0.415,在全国资源型城市中排名 80 位,在 19 个东北部资源型城市中排名 10,在 63 个成熟型资源城市中排名第 43,说明牡丹江市具备的转型能力较弱。牡丹江市的经济发展能力和创新驱动能力都较强,分别排名全国第 18 和 19 位。分项来看,经济发展能力中,经济结构转换能力排名第 1,经济效率位于全国 21 位,均具有较大的优势,但是经济增长能力相对较弱,这反映牡丹江市在探索经济转型上做出了积极的努力,其经济结构转型较为成功,经济效率得以提升,初步达到规模经济,有利于缓解其存在的经济压力,但是在我国宏观经济普遍走低、产能过剩的大环境下,牡丹江市目前具备的经济能力还未能拉动其经济增长。再来看创新驱动能力,牡丹江市在创新基础设施上成果显著,排名全国第一,但是相对而言,创新资金投入和人才指标较弱,反映出牡丹江市在推进创新工作上存在不平衡的问题。牡丹江市的民生保障能力排名全国 61 位,但其中居民收入保障能力排名全国倒数,考虑到其突出的社会压力,其能力远远不足以缓和其压力,亟须提升。牡丹江市的资源利用能力较差,排名全国第 105,这也反映出其生产方式比较粗放,资源利用效率低下,不利于缓解其面临的沉重资源负担。牡丹江市最弱的是环境治理能力,排名全国第 107 位,其中各项指标均存在严重问题,虽然牡丹江的环境压力较小,但其环境治理能力还是需要进一步提升以适应经济可持续发展的要求。

综合评价

综合来看,牡丹江市面临着一定程度的转型压力,但具备的转型能力较弱,主要是由于其经济增长缓慢,同时资源利用效率低下,民生保障事业不够到位,阻碍了其经济发展。牡丹江市转型预警指数为 0.446,在全部 116 个城市中排名 52 名,在 19 个东北部资源型城市中排名 13,在 63 个成熟型资源城市中排名第 30,说明转型面临着一定程度的问题。

(5)政策建议

牡丹江目前面临着较为突出的社会压力,这要求需竭力保障和改善民生。牡丹江需全面推进精准扶贫、精准脱贫工作,落实打赢脱贫攻坚战行动计划,保障贫困人口的基本温饱,同时在义务教育、基本医疗、住房安全上有保障。加快实施就业增收计划，加大对就业困难人员的援助力度，完善离退休人员养老金增长机制。切实加强社会保障，推进保障性住房建设，促进社会事业的发展和完善，促进义务教育均衡发展，全力建设城乡三级卫生服务网络，重视发展养老事业和残疾人事业等。保障社会稳定和人民生活质量，为经济发展和转型保驾护航。

同时，牡丹江应保持良好的产业结构，同时进一步培育新的经济增长点，促进经济活力。以项目建设为依托，巩固现有工业基础，加大对企业进行升级改造的扶持力度。坚持以创新发展为目标，培育发展新动能，在航天航空、新能源、新材料、高端装备制造、生物医药、新一代信息技术等战略性新兴产业培育新的增长点。坚持开放发展，放大区位优势，进一步加强对外开放，特别是对俄对韩开放，发挥牡丹江的区位优势，构建开放型产业体系，带动经济增长新活力。发挥外贸龙头企业带动作用，在俄粮回运加工和俄林木、矿石、水产品、油气加工上形成产业规模，着重培养轻工、机电、电子产品等重点领域，加快培育出口龙头企业和产业群。支持境外园区发展，推动外贸企业提档升级、做实做强，加快跨境电商发展。

同时，牡丹江需进一步提升资源利用效率，减轻对高耗能产业的依赖。积极引进先进技术，以产业结构调整和发展战略性新兴产业为重点推进资源改良，以低碳绿色发展理念引导产业投融资和创新发展，大力推进制度、技术和组织创新，坚持节能减排工作，实现经济的可持续发展。

### 6.6.8 黑河市

（1）城市概况

黑河市地处黑龙江省西北部、小兴安岭北麓，以黑龙江主航道中心为界，与俄罗斯远东地区第三大城市，阿穆尔州州府布拉戈维申斯克市隔江相望，最近距离750米，东西方文化在此交响融汇，素有"北国明珠"、"欧亚之窗"的美誉。黑河市是中国首批沿边开放城市之一，是黑龙江省边贸城市，中国北方重要的边境贸易中心，是一个幅员辽阔、区位优越、资源富集、美丽神奇的边境滨江城市[①]。截至2015年，黑河市辖1个市辖区，3个县，代管2个县级市，年末总人口167.9万人，城镇人口102.1万人，乡村人口65.8万人。2015年地区生产总值447.8亿元，同比增长7.1%，五年年均增长10%，增速快于黑龙江省平均水平，人均地区生产总值达到26764元[②]。

（2）资源特点及利用情况

黑河市拥有丰富的矿产资源，大兴安岭、黑河、伊春铁多金属产业带穿越境内。

---

① 资料来源：牡丹江市政府网站 http://www.mdj.gov.cn/zwgk/zfgzbg/20160229/101316.html。
② 资料来源：黑河市政府网站 http://www.heihe.gov.cn/。

目前，市域内共发现 95 中各类矿产，包含黑色、有色、贵重、稀有等金属矿产及能源、化工原料、冶金辅料、稀散元素等非金属矿产，已查明储量的达 37 种，分别占全省的 72.5% 和 48%、全国的 53.9% 和 24.2%；发现 600 余处矿产地，其中 73 处已探明储量，主要矿产资源潜在经济价值约 10000 亿元以上。现探明的铜、钼、钨、沸石等 16 种资源储量，均居全省第一。其中，多宝山铜矿是东北地区最大的铜矿，翠宏山铁多金属矿是全省第二大铁矿。已探明煤炭资源储量 9.6 亿吨。另外，铂族金属、硫铁矿、珍珠岩等特色矿产资源储量也相对较高，为省内其他地市少见[①]。

黑河是一座老牌的工业城市，工业实力雄厚，已经形成了以矿产支柱产业、文化旅游特色产业、外贸物流现代服务业、新能源产业为主的产业格局，近年来，黑河市以科学发展观为指导，深入实施矿业富市战略，加快铜、铁、金、钼、大理岩等矿产资源开发，大力延伸产业链条，加快培育具有黑河特色的环境友好型的矿业产业体系。主动把握中蒙俄经济走廊"龙江丝路带"建设等国家和省重大战略规划的历史机遇，加快推进跨境基础设施的互联互通，大力建设对俄国际贸易物流大通道。充分发挥境内外园区平台的集聚作用，构建以装备制造、能源和绿色食品为主导的新兴产业体系，形成产业集聚，不断拓展经济发展空间，努力打造对俄合作新高地和区域经济发展新引擎。

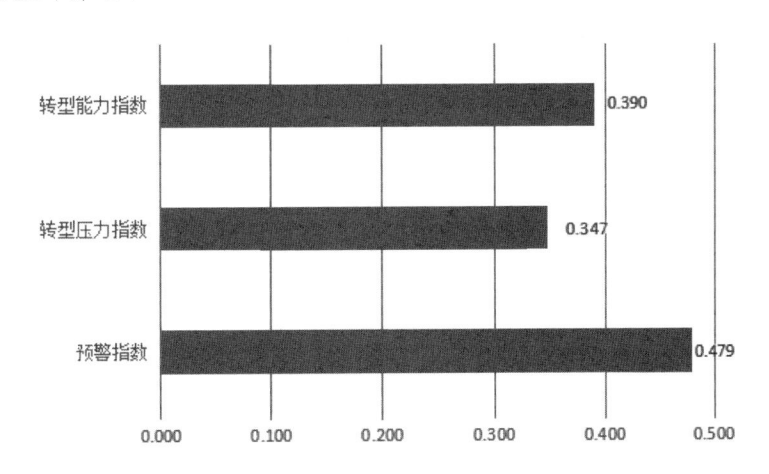

（3）指数计算结果

图 6.6.22 黑河市预警指数得分结果

---

① 资料来源：黑河市经济与社会发展统计公报 2015。

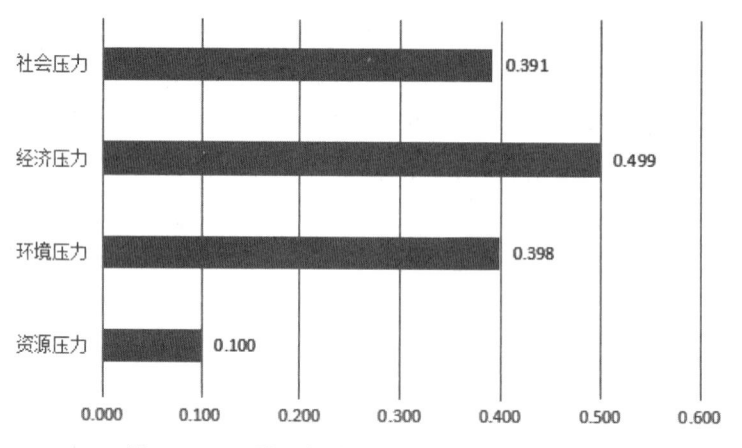

图 6.6.23 黑河市转型压力指数分项得分结果

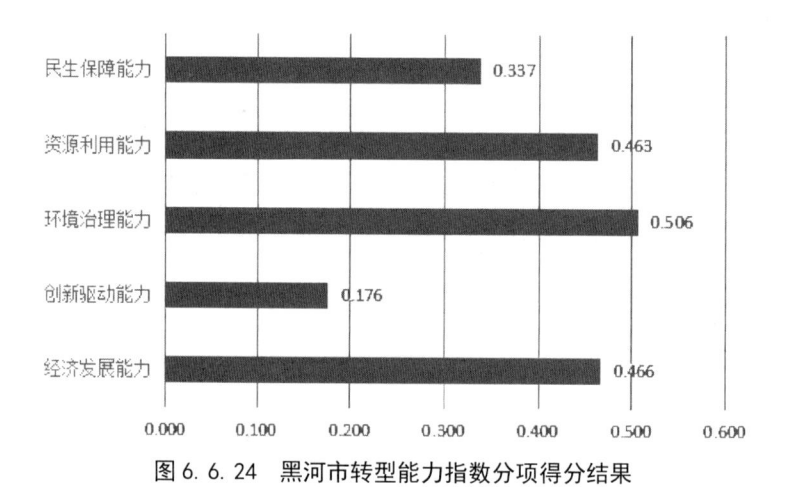

图 6.6.24 黑河市转型能力指数分项得分结果

（4）指数评价

转型压力分析

黑河市转型压力指数为 0.347，在全部 116 个资源型城市中排名 46 位，在 19 个东北部资源型城市中排名 13，在 63 个成熟型资源城市中排名第 23。这说明黑河的转型发展遇到了一定程度的困难。分项来看，黑河面临的经济压力较为突出，在所有资源型城市中排名第 22，分项来看，其中经济区位压力高达 1.000，排名全国第一。这反映了黑河市目前面临着严重的经济危机，主要原因包括本身产业结构过于单一，效率低下，同时，卢布贬值引起的俄居民收入下降，口岸过货成本较高，便利化程度不够等诸多因素，制约了俄居民入境消费，对俄地缘优势尚未转化为经济优势。其次是社会压力，在所有资源型城市中排名第 30，进一步细分可以发现，其社会保障压力面临着突出的问题，这说明黑河市的民生保障事业存在着短板，亟待提高。黑河市也面临相当程度的环境压力,环境压力指数在全部资源型城市中排名第 66 名,其中最为突出的是居住环境压力,说明黑河市在经济发展过程中忽视了对环境的保护。黑河市的资源压力相对较小,排名全国 90 名,远远高于全国资源型城市的平均水平,这说明黑河市的资源较为充裕,资源利用合理,应当继续保持。

转型能力分析

黑河市转型能力指数为 0.390,在全国资源型城市中排名 90 位,在 19 个东北部资源型城市中排名 12,在 63 个成熟型资源城市中排名第 51,说明黑河市具备的转型能力比较弱。分项来看,黑河市的各项能力均不突出,基本都位于全国中下游。民生保障能力排名全国排名 58 位,但其中居民收入和基础社会保障能力都排名全国倒数,这不利于缓和当下严重的社会压力。黑河市的资源利用能力排名全国第 59,考虑到目前资源压力相对较轻,目前资源尚且不是黑河面临的主要难题,应该继续保持。黑河市的经济发展能力较弱,在全国排名 72 位,分项来看,其中经济效率具备一定优势,经济结构有待进一步优化,反映出黑河市目前主要问题在于一产独大,工业短板突出,结构失衡,原字号、粗加工产品占比较大,科技含量和附加值不高,同时发展前景好、牵动作用强的龙头企业少,民营经济竞争力较弱,经济增长的内生动力不强。黑河市的环境治理能力亟待提高,排名全国第 76 位,不利于应对突出的环境压力。黑河市最弱的是创新驱动能力,排名全国第 102 位,说明黑河市在科技创新方面尚需加强,尤其是在创新资金投入和创新基础建设方面。

综合评价

综合来看,黑河市面临着一定程度的转型压力,但具备的转型能力较弱,主要是由于产业结构单一,同时创新能力不足,经济缺乏内生动力,以及社会保障水平滞后,导致其转型发展遇到了一定的困难。黑河市转型预警指数为 0.479,在全部 116 个城市中排名 29 名,在 19 个东北部资源型城市中排名 11,在 63 个成熟型资源城市中排名第 15,说明转型正面临着一定程度的问题,需要加快应对解决。

(5)政策建议

黑河市应加快调整产业结构,减少对老国企、粗加工产业的依赖,坚决压减过剩产能,加快推进战略性新兴产业包括矿产支柱产业、农林基础产业、新能源产业、文化旅游特色产业、外贸物流现代服务业等的发展,构建多样化的产业格局。注重发挥对俄区位优势,依托现有合作基础,跨境基础设施互联互通、跨境产业合作实现新突破,建成一批特色化、集约化发展的对俄园区平台,促进经贸合作和外资利用。同时,以创新发展为目标,加强培育发展新动力。坚定不移地走创新驱动发展之路,利用"互联网+"思维调整治理结构和经济结构。加大电子政务建设力度,建设服务型政府。建设智慧城市,实现城市治理体系和治理能力的现代化发展。大力发展"互联网+"农业、智能制造、跨境电子商务，改变偏资源型、偏传统型的产业结构，培育新兴产业，以信息化为驱动力，构建以现代农业、制造业和服务业为主导的全新产业体系。

另外，黑河市需要在民生保障、公共服务方面加大重视力度。大力推进全民参保，基本实现社会保险法定人员的全覆盖。进一步健全完善社会保险、社会救助、社会福利等社会保障体系，扩大基本养老、医疗、失业、工伤、生育等社会保险的覆盖范围，逐渐提高居民最低生活保障标准，提升公共服务的质量和拓宽服务广度。建成更加公平、可持续能力强的社会保障制度，实现学有所教、劳有所得、病有所医、老有所养、住有所居。

最后，在环境保护和治理方面，有序推进废弃矿山地质环境治理，积极倡导低能耗、低污染、低排放的绿色发展模式，健全生态保护和建设机制。淘汰落后产能，控制高耗能产业的碳排放，改进提高工艺和设备水平，提高高耗能、高排放行业准入门槛和主要耗能产品能耗限额水平。从源头抓起，严格监管和控制高耗能、高污染项目。加快推进能源技术创新，建设清洁低碳、安全高效的现代能源体系。以产业结构调整和发展战略性新兴产业为重点推进节能减排，以低碳绿色发展理念引导产业投融资和创新发展，通过制度、技术和组织创新推进节能减排工作，实现经济的可持续发展[①]。

## 6.7　江苏省

### 6.7.1　徐州市

（1）城市概况

徐州，简称徐，古名为"彭城"，江苏省地级市，位于江苏省西北部、华北平原东南部，长江三角洲北翼，北与微山湖相接，西与萧县相连，东靠连云港，南接宿迁，著名的京杭大运河从中穿过，陇海、京沪两大铁路干线在此交汇，素有"五省通衢"之称。徐州是华东重要的门户城市，也是国家"一带一路"重要节点城市，淮海经济区中心城市，长江三角洲区域中心城市，作为国际新能源基地，有"中国工程机械之都"的美誉[②]。截至2015年年末，徐州市下辖2市3县5区，人口共计1028.70万人，较上年增长0.5%，城镇人口591.24万人，占全市总人口的57.5%。2015年，全市实现地区生产总值（GDP）5319.88亿元，按可比价计算，较上年增长9.5%。人均GDP达61511元，较上年增长9.0%[③]。

---

① 资料来源：黑河市政府网站 http://www.heihe.gov.cn/。
② 资料来源：徐州市政府网站 http://www.xz.gov.cn/。
③ 资料来源：徐州市2015年国民经济和社会发展统计公报。

(2) 资源特点及利用情况

徐州是资源富集且组合条件优越的地区，是中国重要的煤炭产地、也是华东地区的电力基地。煤、铁、钛、石灰石、大理石、石英石等 30 多种矿产储量大、品质好，其中煤炭储量 69 亿吨，年产量 2500 多万吨；铁 8300 万吨；石灰石 250 亿吨；岩盐 21 亿吨；井盐储量为 220 亿吨；钾矿探明储量 22 亿吨，大约占国内探明储量的 1/5；石膏 44.4 亿吨，年开采能力 500 万吨，居华东地区之首。徐州年产煤炭达 2500 多万吨，是江苏唯一的煤炭产地；全市发电装机容量达 1000 万千瓦，也是江苏省重要的能源基地[①]。

(3) 指数计算结果

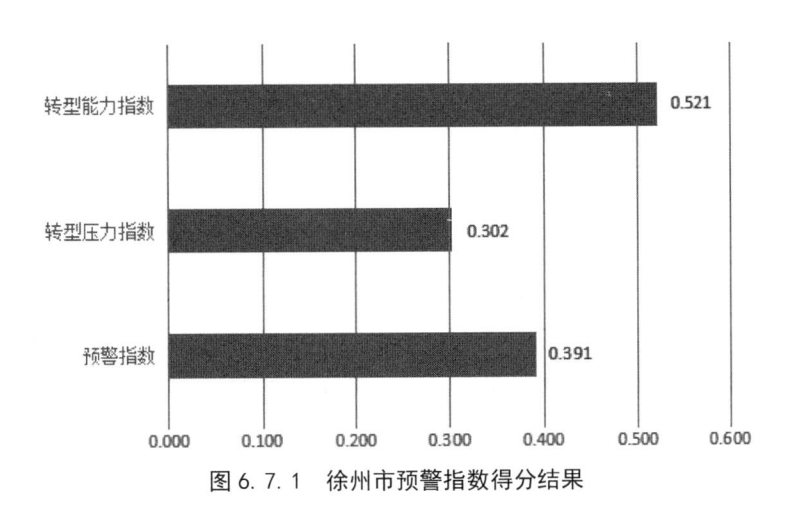

图 6.7.1　徐州市预警指数得分结果

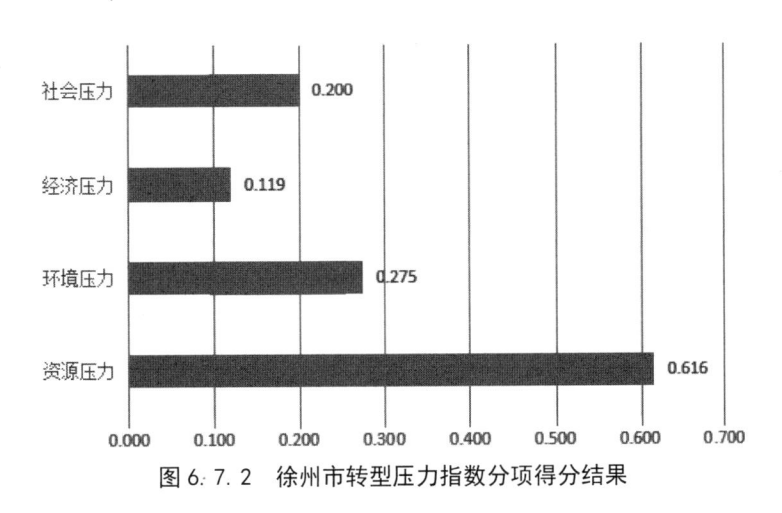

图 6.7.2　徐州市转型压力指数分项得分结果

---

① 资料来源：徐州市政府网站 http://www.xz.gov.cn/。

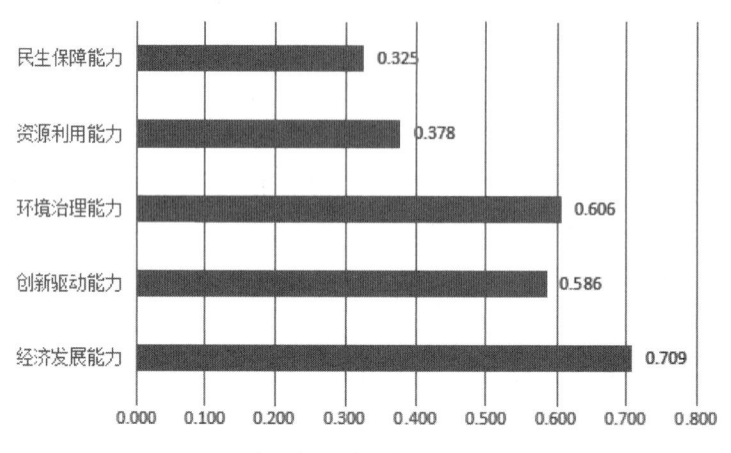

图 6.7.3 徐州市转型能力指数分项得分结果

（4）指数评价

转型压力分析

徐州市转型压力指数为 0.302，在全部 116 个资源型城市中排名 76 位，在东部 20 个资源型城市中排名第 14，在 15 个再生型资源城市中排名第 11。这说明徐州的转型发展目前面临的压力较小。分项来看，徐州面临的资源压力最为严重，在所有资源型城市中排名第 13，说明徐州市目前的资源用量较大，资源利用效率不高，其现有的资源储量不足，难以支撑其经济的可持续发展。其次，徐州的社会压力指数位于全国第 93 位，其中就业压力和安全压力的问题较为突出，说明徐州市的转型发展尚有一定程度的社会负担，失业问题比较严重，同时生产流程过于粗放，在生产安全保障上存在缺失，阻碍了社会稳定和经济发展。徐州的环境压力较小，在所有资源型城市中排名第 100，但是其矿山环境压力比较突出，这说明徐州市的环境保护工作从总体上来看比较到位，但是在矿山环境保护上仍需要进一步加强。徐州市经济压力很小，排名全国 115 名，远远超出全国资源型城市的平均水平，细分看来，各项指标均表现良好，说明徐州市经济结构合理，经济持续增长，具备经济活力，应当继续保持。

转型能力分析

徐州市转型能力指数为 0.521，在全国资源型城市中排名 23 位，在 20 个东部城市中排名第 8，在 15 个再生型资源城市里排名第 6，这说明徐州市具备的转型能力尚可。分项来看，徐州市经济发展能力最强，全国排名 4 位，这说明徐州市具备较强的自身发展能力和经济活力，进一步细分来看，徐州市各项指标都表现突出，尤其是经济结构转换能力排名全国第 4，这说明徐州市在积极实现经济转型、发挥经济活力方面取得了显著成效。其次是创新驱动能力，在全国排名9位，创新资金投入排名全国第8，反映出徐州市对创新工作十分重视，投入了充足的资金，值得继续保持。但相比之下创新人才这一指标不甚理想，排名全国61位，这表明徐州在人才和基础建设的投入比较不平衡，不利于整体创新驱动力的提升。徐州市的环境治理能力尚可，位于全国第49位。徐州市的民生保障能力一般，在全国排至64位，分项来看，徐州在居民收入保障上问题突出，也反映出政府在民生建设上的缺失，不利于化解其突出的失业问题。徐州市的资源利用能力最弱，全国排名83位，其中主体资源利用能力排名90位，结合徐州已面临相当突出的资源压力，资源储备不足加之低下的资源利用能力，这将进一步加深其资源负担，阻碍经济的发展和转型，急需得到重视。

综合评价

综合来看，徐州市的转型压力较小，但转型能力不够突出，徐州的经济发展能力突出，创新驱动力较强，环境保护工作也比较到位，主要问题在于严重的资源危机，资源匮乏再加利用效率低下，拖累了其整体的转型发展能力。徐州市转型预警指数为0.391，在全部116个城市中排名93名，在20个东部地区资源型城市中排名第11，在15个再生型城市中排名第10，说明目前其转型已面临着一定程度的困难。

（5）政策建议

目前，仅依靠走大量拼资源、消耗土地和牺牲生态环境的发展路子已无法持续前进，徐州作为老工业基地和资源枯竭型城市，产业结构仍然不平衡，资源、环境对发展的约束更加明显。徐州市目前亟须缓解其资源压力。针对资源消耗较多的传统产业，徐州市需要改善落后产能退出机制，按照消化一批、转移一批、整合一批、淘汰一批的新思路，分类抑制化解钢铁、水泥等行业严重的过剩产能，加快推进煤盐化工、冶金、建材行业的优胜劣汰、整合重组，腾出资源和环境来支持高端产业发展。引进先进技术，做好资源依赖型产业的企业内部的生产方式优化升级，依托科技提升资源的利用效率。强化节能减排，全面加强重点领域节能管理，抓好重点能耗企业能源对标工作，推动重大节能技术产品规模化生产和应用，深入推进工程减排、结构减排和管理减排，加强城市燃煤锅炉淘汰机制。

由于失业问题非常突出，徐州市需要继续完善社会就业网。第一，强化人力资源市场建设，启用就业统计分析决策系统，开展对农村劳动力转移景气指数试点。第二，统筹大学毕业生、城镇就业困难人员、退役军人等重点人群的就业工作，实现就业精准服务鼓励政策。第三，支持全民创业，以建设创业型城市为目标，完善创业扶持政策，引导高校毕业生、返乡农民工等重点群体开展自主创业活动。第四，大力发挥徐州高等教育资源和职业教育资源相对集中的优势，联合行业中的重要企业和中介组织，建立社会化创业培训体系，提高创业培训的实效。

在产业发展上，徐州市面临的主要困难是，传统优势产业规模已接近"天花板"，受市场空间制约的效应已经开始不断显现，但由于新兴产业整体实力不强、竞争力不够、科技创新能力不足，新的增长支撑点尚未形成。徐州市应加快推进主导产业提档升级，促进产业链、价值链和创新链同步提升，形成若干有竞争力的产业链和产业集群。改造提升传统优势产业，着力增强装备制造业自主研发、制造和成套能力，推动能源产业向煤电、煤电建材、煤电化工等一体化发展。加快发展新兴产业和现代服务业，多渠道加大科技创新投入，主攻关键技术创新和产品推广应用。把握互联网经济发展新趋势，推动电子商务和物流、邮政快递等业态联动发展，高水平建设全国电子商务示范城市。同时，增强企业核心竞争力，以做大做强做优骨干企业为目标，鼓励支持优势企业通过兼并、收购、联合、参股等多种形式开展投资合作，支持有条件的企业开拓外部市场、实施境外并购，培育具有国际竞争力的企业群体。全力扶持一批高成长型、科技型、创业型的中小企业，支持中小企业与优势企业开展协作配套，促进其向"专精特新"方向发展，培育一批"行业小巨人"[①]。

### 6.7.2 宿迁市

（1）城市概况

江苏省宿迁市位于江苏省北部、位于长江三角洲地区，是长三角城市群的成员，也是淮海经济圈、沿海经济带、沿江经济带的交叉辐射区[②]。截至2015年，宿迁市下辖有沭阳县、泗阳县、泗洪县、宿豫区、宿城区、宿迁经济技术开发区、湖滨新区、苏宿工业园区和洋河新区，年末全市常住人口达485.38万人，其中全市城镇常住人口269.53万人，相较上年增加了9.26万人，增长了3.6%。2015年，全市地区生产总值突破2000亿元，达到2126.19亿元，按可比价格计算，比上年增长了10.0%。人均GDP为43853元，按平均汇率算，突破7000美元，达7041美元[③]。

（2）资源特点及利用情况

宿迁有丰富的矿产资源，非金属矿藏储量大，已探明并被开发利用的矿种主要有：石英砂、硅石、蓝晶石、水晶、磷矿石以及黄沙等。有云母、铜、金刚石、铁、石油、钾矿石等待探和开发利用的矿种。宿迁是一座新兴工商城市。经过二十年的建设和发展，2015年全市三次产业结构比例调整为12.3∶48.5∶39.2，工业化

---

① 资料来源：徐州市2015年政府工作报告。
② 资料来源：宿迁市政府网站 http://www.suqian.gov.cn/cnsq/zjsq/zjsqindex.shtml。
③ 资料来源：宿迁市2015年国民经济和社会发展统计公报。

率从工业化初期向中期的跨越突破40%。经济结构进一步优化。一是产业结构不断优化。二是新特产业发展壮大。智能家电、绿色建材集聚成势，双双获批省级先进制造业基地。三是新服务业格局加速成长。电子商务迅猛发展，成功举办中国"互联网＋创业"大会，中国宿迁电子商务产业园区成为国家电子商务示范基地，快递业务量和业务收排名全国第17位，电子商务交易额达460亿元，增长了74.9%[①]。

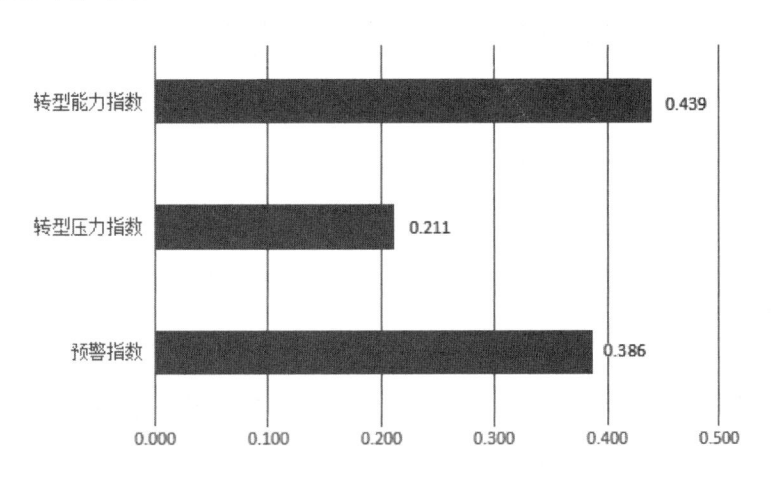

（3）指数计算结果

图6.7.4　宿迁市预警指数得分结果

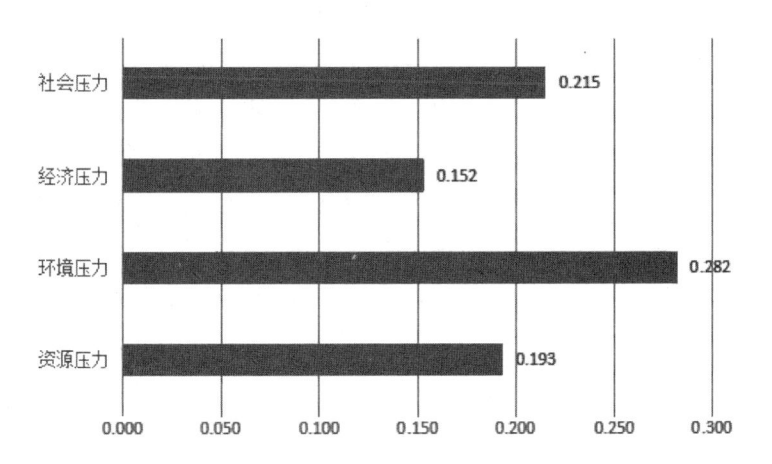

图6.7.5　宿迁市转型压力指数分项得分结果

---

① 资料来源：宿迁市政府网站 http://www.suqian.gov.cn/cnsq/zjsq/zjsqindex.shtml。

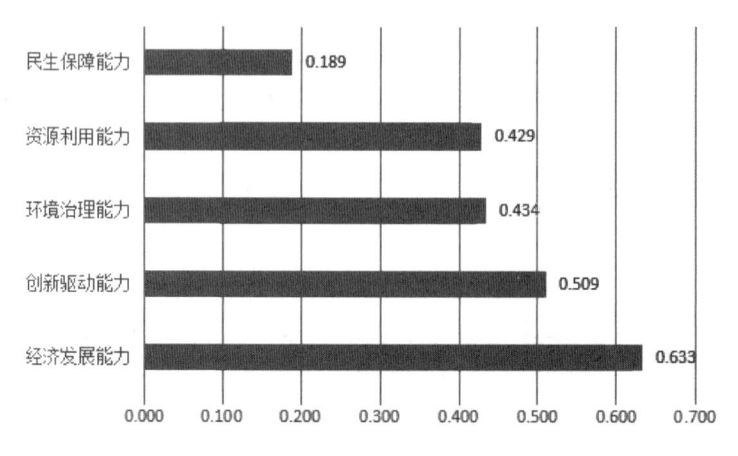

图 6.7.6　宿迁市转型能力指数分项得分结果

（4）指数评价

转型压力分析

宿迁市转型压力指数为 0.211，在全部 116 个资源型城市中排名 112 位，在 20 个东部资源型城市中排名第 20，在 15 个再生型资源城市中排名第 15，反映宿迁的转型发展目前面临的压力很小。分项来看，宿迁面临的资源压力相对最为突出，在所有资源型城市中排名第 63，说明宿迁市目前的资源储量较小，同时可能存在资源利用效率低下的问题，已经难以满足经济发展的需求。其次是社会压力，位于全国第 88 位，说明宿迁市的转型发展尚有一定程度的社会负担，分项看来，社会保障压力的问题较为突出，说明宿迁市在推进社会保障事业上存在一定的短板。宿迁的环境压力较轻，在所有资源型城市中排名第 97，但是其中矿山环境压力比较突出，这说明宿迁市的环境保护工作从总体上来看比较到位，但是在矿山开采流程中存在一定缺失，需进一步保护矿山环境。宿迁市经济压力相对较小，排名全国 105 名，远远超出全国资源型城市的平均水平，但是进一步细分来看，其中经济区位压力相对较大，反映出宿迁的地理区位不占优，不过其合理的产业结构与内在的经济活力保证了其经济持续增长，部分弥补了其区位压力带来的经济劣势。

转型能力分析

宿迁市转型能力指数为 0.439，在全国资源型城市中排名 69 位，在 20 个东部城市中排名第 18，在 15 个再生型资源城市里排名第 11，这说明宿迁市具备的转型能力略弱。分项来看，宿迁市经济发展能力最强，全国排名 11 位，这说明宿迁市具备较强的自身发展能力和经济活力。进一步细分来看，宿迁市的经济规模指标相对较弱，经济效率、经济增长和经济结构转换能力表现突出，说明宿迁市在积极实现经济转型、发挥经济活力方面取得了显著成效，但存在着体量小、还未实现规模经济的问题。其次是创新驱动能力，位列全国 16 位，尤其在创新资金投入这一指标上位列全国首位，体现该市对这一工作的重视，投入了充足的资金支持创新工作的推进，但相比之下创新人才这一指标不甚理想，排名全国后列，这表明宿迁在人才和基础建设的投入比较不平衡，需要改善。宿迁市的资源利用能力较弱，全国排名 73 位，其中主体资源利用能力排名 92 位，结合到宿迁已面临相当突出的资源压力，全市低下的资源利用能力无疑进一步加深资源压力，阻碍该市经济发展。宿迁市的环境治理能力不容乐观，位于全国第 92 位。就环境治理能力下的四项细分指标来看，均排名靠后，其中矿山环境能力相对较强，说明宿迁市对其突出的矿山环境压力已经开始重视，但总体而言，其治理能力亟须进一步提升。宿迁市的民生保障能力最差，在全国排至 109 位，分项来看，宿迁在居民收入保障、医疗卫生保障和文体服务保障这三项上问题突出，也反映出政府在民生建设上的缺失。

综合评价

综合来看，宿迁市的转型压力较小，但转型能力不够突出，虽然宿迁的经济发展能力总体突出，创新驱动力较强，但是也存在着经济规模不大、创新人才缺乏的问题，特别地，宿迁市在资源利用效率、环境保护和民生保障上的缺失拖累了其整体的转型发展能力。宿迁市转型预警指数为 0.386，在全部 116 个城市中排名 98 名，在 20 个东部地区资源型城市中排名第 14，在 15 个再生型城市中排名第 11，说明目前其情况尚好，但转型已经面临着一定的困难。

（5）政策建议

宿迁市目前亟须缓解其资源压力。围绕清洁目标、降耗目标以及少排放的目标，扎实推进节能减排工程。贯彻实施工程减排、结构减排和管理减排，推广应用节能减排新技术、新装备、新产品，通过淘汰落后产能，发展绿色循环低碳经济，使年度节能减排任务有序完成。提高资源节约集约利用水平。加快全市循环经济园区、企业建设的试点工作，着力发展循环经济，提高资源利用率。

此外，在民生保障方面应加强关注。做好改善民生，改善人民就业，实施积极就业政策，促进就业稳定，提高就业质量，使更多人提高工资收入。促进创业富人，鼓励周边工业设施建设，实施精准化创业；加快孵化基地和网络创业园区建设，网络创业载体全年实现城乡县全覆盖。加强保障利民，落实全市城乡低保的自然增长机制，加强棚户区改造，优化征地补偿和拆迁安置方式，促进拆迁实物安置为主向货币化安置为主的转变，推动征地货币化补偿向全面保障转变。扎实做好普惠性民生，促进教育均衡发展，构建现代医疗卫生体系，进一步优化基层公共卫生服务体系，推进文体事业繁荣发展，构建养老服务体系。让群众分享到更多改革发展的成果。

在经济建设中，应保持经济发展的优势，坚持优化结构与做大规模互动并进，不断提高产业发展的水平、质量和效益，加快结构优化建设、建设高附加值、具备竞争力的现代产业体系，实现更高质、更高效、更可持续的发展。促进城市工业主导产业的集聚升级，加快外引内培，强化集聚和升级，促进主导产业向高端、集聚、专业化迈进。根据当地条件培育一批产业链或产业树，促进产业纵向一体化、横向合作、融合发展。改变吸引投资的模式，提高投资吸引力的专业化和科学化水平。支持企业做强做大，采取以市场为导向的理念和手段，支持企业绿色发展、兼并重组、创新技改、品牌创建、市场开拓，加快培育一批主业强、竞争力强、带动力强的领先企业。加强园区配套功能，推动开发区的产业集聚发展、创新发展，创造永不转移的产业基地，提高七大经济园区建设水平，积极争创省级工业园区。

加强科技创新带动能力建设，特别是引进创新人才和培养创新人才。要为全国创造国家创新型试点城市，进一步提高产业和企业的自主创新能力，加快城市创新驱动发展步伐。促进载体平台搭建。协调省市创新平台建设，建立公共技术服务平台，加强生产研究合作。鼓励国内外高校院所在宿迁设立成果产业化基地和技术转移机构，促进科技创新资源集中到宿迁、成果在宿迁转化。加强科技人员队伍建设，完善人才激励机制，增强创新驱动力。

## 6.8 浙江省

### 6.8.1 湖州市

（1）城市概况

江苏省湖州市位于浙江省北部，嘉兴以西，杭州以北，西临天目山，北接太湖，与苏州、无锡隔湖相望。位于长三角中心地区，是上海、杭州、南京等三大城市的共同腹地，是连接长三角南北两翼和东中部地区的节点城市[①]。截至2015年，湖州市下设吴兴区和南浔区两区，管辖安吉县、长兴县、德清县三个县，全市2015年年末户籍人口总计263.71万人，城镇人口达122.81万人。2015年全年实现地区生产总值（GDP）总计2084.3亿元，按可比价格计算较上年增长了8.3%。按户籍人口计算的人均生产总值为79025元，增长了8.1%[②]。

---

① 资料来源：湖州市政府网站 http://www.sg.gov.cn/website/newportal/portalSiteAction!talk.action。
② 资料来源：湖州市2015年国民经济和社会发展统计公报。

（2）资源特点及利用情况

湖州有煤炭、铁矿石、石灰石等矿产，而安徽省交界处的长广煤矿是全省最大的煤基地。矿床共有 47 种，经初勘主要有建筑石、膨润土、石灰岩、硅灰石、石煤、方解石、石英砂岩、萤石、煤、黄沙等 23 种矿藏，主要以非金属矿藏为主。

湖州现代工业开始较早。工业是湖州经济的主体，已在丝绸、机械、建材、电子、纺织、轻工、化工、医药、食品等领域形成门类较多的现代化的工业体系。近年来，湖州大力实施产业和产品结构调整，在丝绸、建材等传统产业大规模转型改造的同时，注重发展新型纺织品、医药、特色机电、和精细化工、新型建材等四大特色优势产业，推动新产品开发。实施先进制造业基地年度推进计划，培植明星企业，整合和升级开发区和产业园区，规范引导投资行为，淘汰落后产能约 200 万吨水泥[①]。

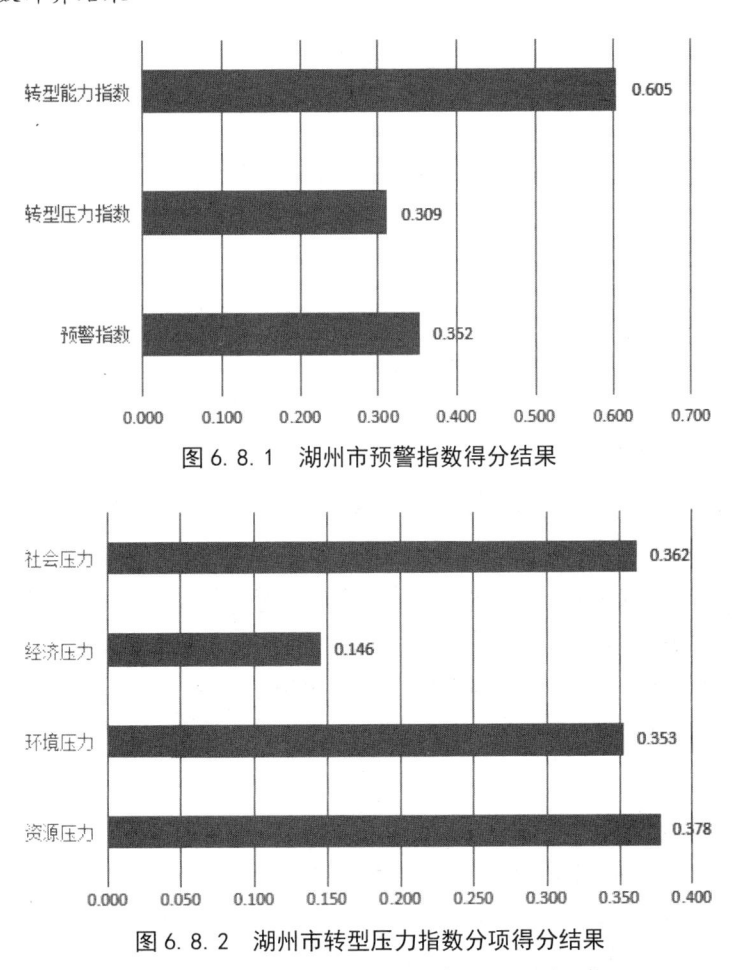

（3）指数计算结果

图 6.8.1　湖州市预警指数得分结果

图 6.8.2　湖州市转型压力指数分项得分结果

---

① 资料来源：湖州市政府网站 http://www.sg.gov.cn/website/newportal/portalSiteAction!talk.action。

图中数据：
- 民生保障能力：0.541
- 资源利用能力：0.636
- 环境治理能力：0.623
- 创新驱动能力：0.519
- 经济发展能力：0.703

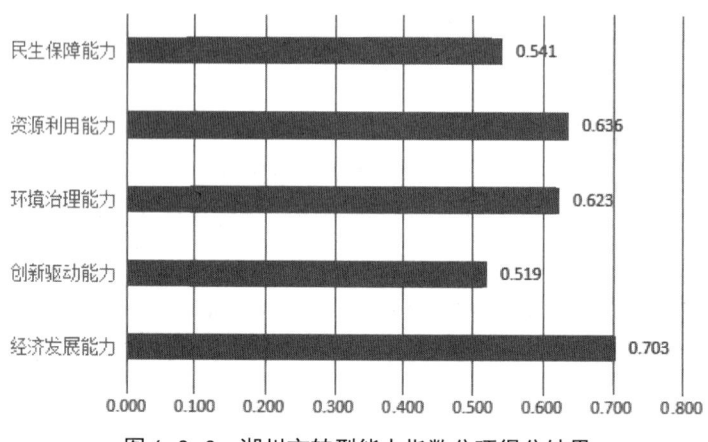

图 6.8.3　湖州市转型能力指数分项得分结果

（4）指数评价

转型压力分析

湖州市转型压力指数为 0.309，在全部 116 个资源型城市中排名 69 位，在 20 个东部资源型城市中排名第 13，在 63 个成熟型资源城市中排名第 37。这说明湖州的转型发展遇到了一定程度的困难。分项来看，湖州面临的资源压力最为突出，在所有资源型城市中排名第 33，说明湖州市目前面临着资源储备不足、资源利用效率不高等问题，资源因素已成为阻碍湖州市经济发展的主要因素之一。其次，湖州市的社会压力较大，位于全国第 41 位，说明湖州市的转型发展尚有较沉重的社会负担，分项来看，其中安全压力和社会保障压力较为突出，说明湖州市生产方式粗放，安全生产能力和社会保障能力有待改善。湖州的环境压力较弱，在所有资源型城市中排名第 7，但是其中矿山环境压力和水环境压力比较突出，这说明湖州市的环境保护工作从总体上来看比较到位，但是工业排污、矿业开发可能缺乏一定的监督和管理，矿山污染和水污染比较严重。湖州市经济压力相对较小，排名全国 109 名，远远低于全国资源型城市的平均水平，其中各项指标均表现良好，这说明湖州市的经济各方面发展平衡，产业结构良好，具备较强的经济活力，值得继续保持。

转型能力分析

湖州市转型能力指数 0.605，在全国的资源型城市中位列第 6 位，在 20 个东部城市中位列第 3，在 63 个成熟型资源城市中排名第 2，这说明湖州市具备很强的转型能力。分项来看，湖州市经济发展能力最强，全国排名第 5 位，进一步细分来看，湖州市的经济结构转换能力最强，排名全国资源型城市的第 8 位，经济规模和经济效率表现同样突出，但是经济增长指标相对靠后，这说明湖州市在积极实现经济转型、建设规模经济和提升经济效率方面取得了显著成效，不过可能受全国经济下行的影响，这些经济能力尚未能转换成刺激湖州市经济增长的动力。其次民生保障能力，位于全国14位，说明湖州市在发展中重视民生，有助于缓和目前存在的社会压力。湖州市创新驱动能力较强，位列全国第15位，尤其在创新资金投入这一指标上位列全国首位，相比之下创新基础设施这一指标不甚理想，排名全国后列，这表明湖州在推进创新事业时各方面工作存在不平衡的现象，需要加以调整，以进一步驱动经济增长。湖州市的资源利用能力也较为突出，全国排名26位，表明湖州市的资源压力更多地来自于资源储量不足而非资源利用效率低下。相比之下，湖州市的环境治理能力较弱，位于全国第46位，这不利于缓解环境负担，需要进一步提升。

综合评价

综合来看，湖州市面临着一定的转型压力，同时具有非常强的转型能力。虽然湖州的经济发展能力突出，创新驱动力较强，但缺乏经济发展所必需的资源，同时对经济转型发展有一定的社会负担，对经济转型也有一定阻碍。湖州市转型预警指数为0.352，在全部116个城市中位列第110位，东部地区20个资源型城市中位列第18位，在63个成熟型城市中排名第61，说明其转型面临的困难较小，应当继续保持。

（5）政策建议

加强与国内资源强省、国外资源强国的合作，以获取经济发展必需的优质资源，缓解当下严峻的资源负担开放合作水平。主动对接上海自贸区、"一带一路"、长江经济带等重大国家战略，积极参与长三角一体化发展和杭州都市圈建设，全面分享改革创新的制度红利。加快推进省际承接产业转移示范区和临沪、临杭工业区建设，紧盯接轨上海、对接央企和浙商回归，与邻近城市协调合作交流，努力提升区域经济开放程度。加强国际贸易，推进体系建设，建立跨境电商产业园区和，着力培育具有出口优势的产业，大力发展服务贸易，鼓励技术、装备、能源资源进口，稳步促进"走出去"战略贯彻落实，提高开放型经济发展水平。

此外，由于湖州市的安全压力和社会保障压力较大，需要进一步在这两方面加大重视力度，着力解决经济快速发展和转型带来的生产安全、生活水平降低等问题。进一步完善社会保障体系，实施社会保障扩面提质工程，加强社保扩面征缴工作，加大执法检查力度，在基本公共服务、食品药品安全、征地拆迁、社会治安等薄弱环节进一步强化责任担当，确保人民群众生活质量。完善文化卫生服务体系，比如推进城乡养老保险制度衔接，尽快完善城乡医保一体化平台，为经济社会发展保驾护航。

## 6.9 安徽省

### 6.9.1 淮南市

（1）城市概况

淮南市于1950年依矿建于安徽省中北部，淮河之滨，1952年被批准成为省辖市，是安徽省的重要的工业城市和区域中心城市，也是中国新型能源基地；作为沿淮城市群的重要节点，是合肥都市圈沿淮、辐射皖北的中心城市及门户，有"中州咽喉，江南屏障"之称，被赋予"蔡楚故地，能源之都"的美誉。全市共辖有5个市辖区、2个县和1个国家级综合实验区。[①] 到2015年，年末全市常住人口达239.7万人，较上年增加了2.2万人；常住人口城镇化率为68.92%，较上年末提高了1.02个百分点。全年地区生产总值总计770.6亿元，较上年增长了2.8%。人均GDP达32298元。[②]

（2）资源特点及利用情况

该市有较为丰富的能源和矿产资源，现已探明的资源有煤层气、煤炭、地热等资源。淮南煤炭具有明显的资源优势，煤质优良且分布集中，截至2007年底，淮南市煤炭资源储量和累计查明资源储量分别为125.3亿吨和135.05亿吨。在全国炼焦煤较少的情况下，其炼焦煤占全市煤炭储量的98%。淮南优质炼焦煤多用作动力炼焦煤浪费严重，造成大量损失。煤炭产量为4671万吨，产值为166.9169亿元。此外，还有高岭土、白云岩、石灰岩、磷矿、陶粒页岩、含钾岩石、砖瓦黏土、地下水、矿泉水等资源。石灰岩储量为34662万吨，水泥用灰岩开采量为364万吨，共实现销售收入约6.18亿元，制灰用灰岩和建筑石料用灰岩的开采量达270万吨，实现销售收入约5780万元。[③]

淮南市是安徽省乃至华东地区煤炭资源最丰富也是分布最集中的地区之一，形成了依托煤炭资源，以煤炭和电力化工为支柱产业等多元产业协调发展的经济体系，是华东地区重要的煤电基地，安徽省重要的煤化工基地。淮南市充分贯彻落实科学发展观，坚持"在保护中开发，在开发中保护"的指导方针，坚持可持续发展战略，积极勘察淮南市矿产资源并加以开发与利用。不断优化调整现有产业结构和矿山规模，有效实现矿产资源开发利用和矿山地质环境保护有机结合，使矿产资源优势成为淮南市经济优势，实现经济、社会和环境效益和谐统一。

---

① 资料来源：淮南市政府网站 http://www.huainan.gov.cn/。
② 资料来源：淮南市2015年国民经济和社会发展统计公报。
③ 资料来源：淮南市矿产资源总体规划（2008—2015）。

（3）指数计算结果

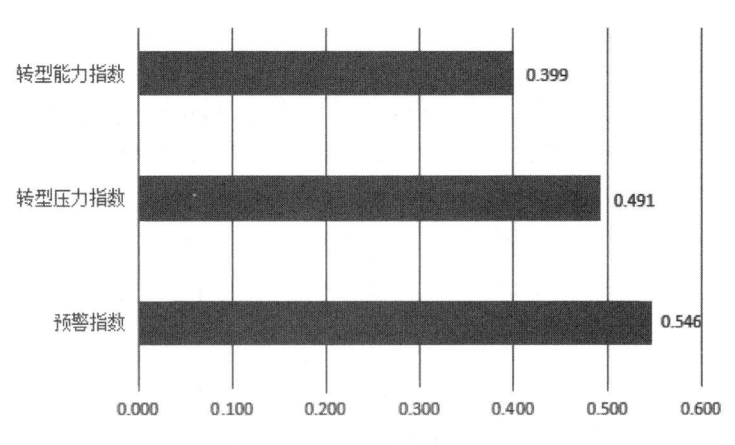

图 6.9.1　淮南市预警指数得分结果

- 转型能力指数：0.399
- 转型压力指数：0.491
- 预警指数：0.546

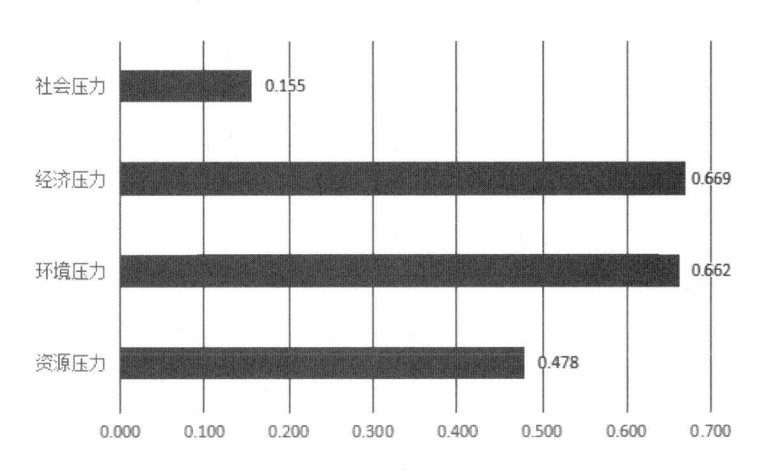

图 6.9.2　淮南市转型压力指数分项得分结果

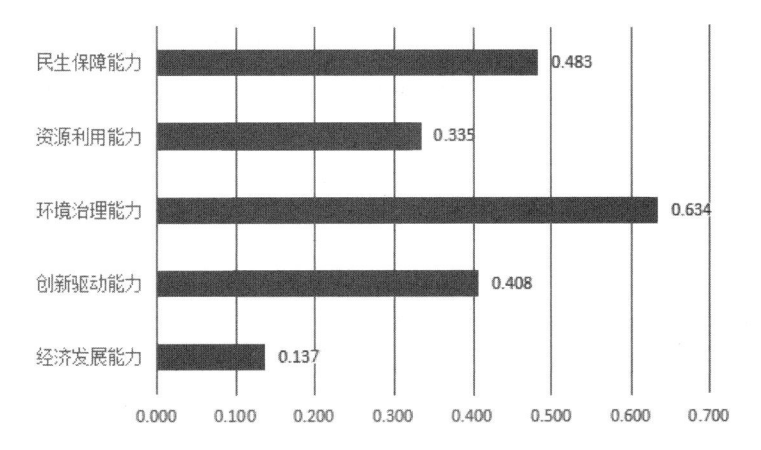

- 社会压力：0.155
- 经济压力：0.669
- 环境压力：0.662
- 资源压力：0.478

图 6.9.3　淮南市转型能力指数分项得分结果

- 民生保障能力：0.483
- 资源利用能力：0.335
- 环境治理能力：0.634
- 创新驱动能力：0.408
- 经济发展能力：0.137

（4）指数评价

转型压力分析

淮南市转型压力指数为0.491，在全部116个资源型城市中排名第5位，位列中部资源型城市第2位，位列成熟型资源城市第2位。这说明淮南的转型发展遇到了较大的困难。分项来看，淮南面临的环境压力较为突出，在所有资源型城市中排名第4，在中部资源型城市中排名第2，在成熟型资源城市中排名第3，可见淮南市在环境保护方面表现不足，环境污染严重，特别是水环境污染问题严重阻碍城市发展。其次是经济压力，在所有资源型城市中排名第8。进一步细分可以发现，淮南市除了经济区位压力较小，其余各项经济压力均比较严重。煤炭作为主导产业，经济结构较为单一。全年全市财政收入较少，全市社会经济增长较为缓慢。淮南市资源压力较大，排名全国24名，说明淮南市的资源储量虽大，但是资源利用效率比较低，资源浪费严重。淮南市社会压力比较低，全国排名第105，可见淮南市的社会保障措施落实较好，安全生产能力高。但淮南的就业压力较大，全国排名第32，产业结构的单一导致了该压力较大。

转型能力分析

淮南市转型能力指数为0.399，在全国资源型城市中排名85位，在63个成熟型资源城市里排名第47，可以看出淮南市具备的转型能力一般。分项来看，淮南市民生保障能力最强，全国排名第18位，说明淮南市在民生保障方面具有一定的水平，对经济和社会的长远发展和稳定的推动作用成效显著，但仍需加强文化体育方面能力。淮南的创新驱动能力尚可，全国排名第32位，说明淮南重视科学技术创新能力。创新资金投入大，吸纳、培养创新型人才，但服务于创新的基础设施投入力度小。淮南市环境治理能力一般，全国排名43位，尤其是矿山环境的治理能力较差，这将阻碍淮南市经济社会可持续发展。在资源利用能力上，淮南市全国排102位，这说明淮南的资源利用能力弱，资源利用效率低。淮南市经济发展的能力问题极为突出，位列全国第115位，经济发展态势薄弱。在经济增长方面、经济结构转换能力方面以及经济效率方面全国排名较低。其单一的经济结构和低下的经济效率以及缓慢的经济增长严重制约了淮南市的社会经济发展。

综合评价

综合来看，淮南市的转型压力较大，且转型能力一般。由于单一的产业结构、缓慢的经济增长和低下的资源利用效率，以及环境污染问题，城市转型发展明显受阻。淮南市转型预警指数为0.546，在全部116个城市中排名第7名，在中部地区资源型城市中排名第2，成熟型城市中排名第3，说明转型面临问题较大。

**(5) 政策建议**

以调整结构为主导,大力促进经济的转型发展。坚持立足煤、延伸煤、不唯煤、超越煤的"四煤"发展思路,推进产业升级质量和效益的提升,努力稳步提高非煤产业比重,实现现代服务业增质增量。

加大有效投资范围,推动投资结构优化升级,继续推进项目建设的质量和效益。推进城乡消费。坚持服务业发展和促进消费协同并进,完善和优化产业体系,促进业态创新。加强县域经济,提高县区煤电化产业联营和配套水平,根据当地条件发展现代农业和乡村旅游业,综合治理采煤导致的塌陷区,促进城矿乡一体化和煤电一体化。促进战略性新兴产业发展和现代服务业发展,推动旅城一体化、产城一体化和新型城镇化水平的提高。

淮南市的矿产资源开采总量,应适应其社会经济发展水平。发挥市场配置资源的基础作用,实行资源合理开发利用与节约相并重,鼓励煤炭、煤层气和地下水资源的开发,限制城市石灰岩资源的开发,贯彻矿产资源可持续发展战略的实施。促进煤炭的有效开采从以原煤生产为主的单一产品结构向系列产品的开发转变,提高城市竞争能力。有效提高煤炭的加工率和洗选率,减少初级矿产品在销售中所占比例,推动矿产品后续加工能力增强,进一步提高深加工、精加工和细加工等高科技矿产品比例。提高伴生矿产的利用率。

加强节能减排,促进生态环境改善。促进绿色低碳循环的发展,逐步提高环境质量。推进重点治理工程。整治和关停高耗能企业和高污染企业,减少工业废气排放和废水排放。全面改善大气环境,加强建筑施工、企业料场、道路运输、裸露煤场等的除尘治理,促进秸秆综合利用。促进淮河流域水质监测和治理管理工作。

### 6.9.2 马鞍山市

**(1) 城市概况**

安徽省马鞍山市,位于安徽省最东部,它横跨长江、与南京接壤、与长三角相接,自古被称为"金陵屏障、建康锁钥"。马鞍山市自1956年10月设立,现辖有共3个县3个区和1个国家级经济技术开发区、1个国家级高新技术产业开发区、1个省级高新技术产业开发区以及6个省级经济开发区,总面积共4049平方公里、总人口共230万,城镇化率达65.15%。[①]2015年全市实现地区生产总值(GDP)共1365.3亿元,增长了9.2%,全市城乡居民人均可支配收入为27969元,同比增

---

① 资料来源:马鞍山市政府网站 http://www.mas.gov.cn/。

长 9.1%。①

（2）资源特点及利用情况

全市共探明 36 种各类矿产（含亚矿种），查明 19 种矿产资源储量。发现 212 处各类矿产地。包括大型 5 处、中型 30 处和小型 29 处，另有小矿和零星资源共 148 处。马鞍山市主要矿产为硫铁矿和铁矿。马鞍山铁矿分布集中且资源储量丰富。至 2006 年，累计储量为 157550.2 万吨，保有资源储量为 129651.6 万吨，其储量占全省铁矿保有资源储量的 34%。全年设计开采能力为 1160.9 万吨，其实际开采能力稳定保持在 800—900 万吨之间，全市全年选矿能力超过 1000 万吨，全市全年产精矿达 400—500 万吨。累计共查明硫铁矿的资源储量共 18006.9 万吨，伴生硫共 413.6 万吨；目前保有资源储量共 15973.3 万吨，伴生硫共 35.6 万吨。5 种金属矿产类包括铁、铜、金、钒、钴。13 种非金属矿产类，其中化工原料非金属矿产包括明矾石、硫铁矿、伴生磷矿；建材及其他非金属矿产包括石膏、高岭土、绿松石、砖瓦用黏土、安山岩、建筑石料用砂岩、闪长岩、花岗岩、凝灰岩等。绿松石作为马鞍山市的特色矿种，2006 年总产量达 8.5 吨，产值共计 356.9 万元。

马鞍山坚持"矿产开发与环境保护并重，把环境保护放在首位"和"开发与节约并重，把节约放在首位，在保护中开发，在开发中保护"的方针。加强矿产资源的综合利用，推动铁矿床中共生、钒、石膏、伴生的硫、明矾石、绿松石等矿产的回收利用。进行对全市矿业结构的调整，对全市矿山生产规模的规范，对全市矿产品结构的优化。实行分类挖掘、优质使用，提高精加工和深加工技术。积极鼓励和支持非金属矿产资源的开发利用，推动非金属矿选矿和深加工等高附加值产品的开发研究和利用。

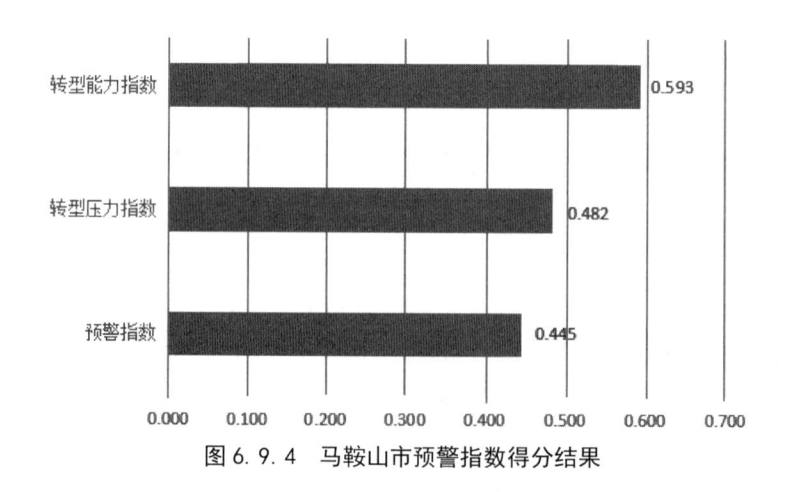

（3）指数计算结果

|  |  |
| --- | --- |
| 转型能力指数 | 0.593 |
| 转型压力指数 | 0.482 |
| 预警指数 | 0.445 |

图 6.9.4　马鞍山市预警指数得分结果

---

① 资料来源：马鞍山市 2015 年国民经济和社会发展统计公报。

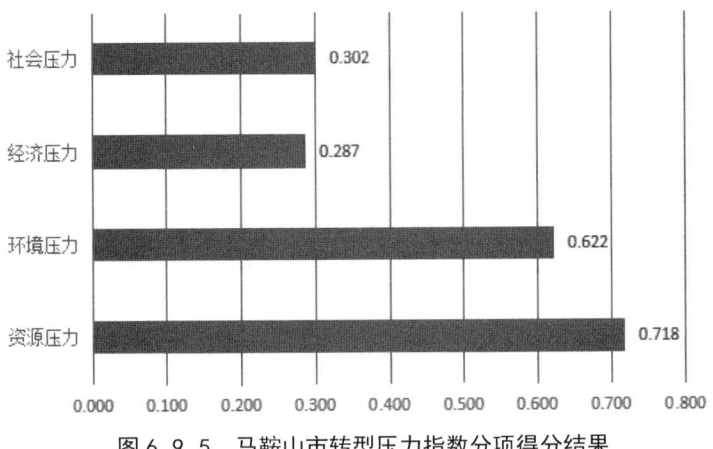

图 6.9.5　马鞍山市转型压力指数分项得分结果

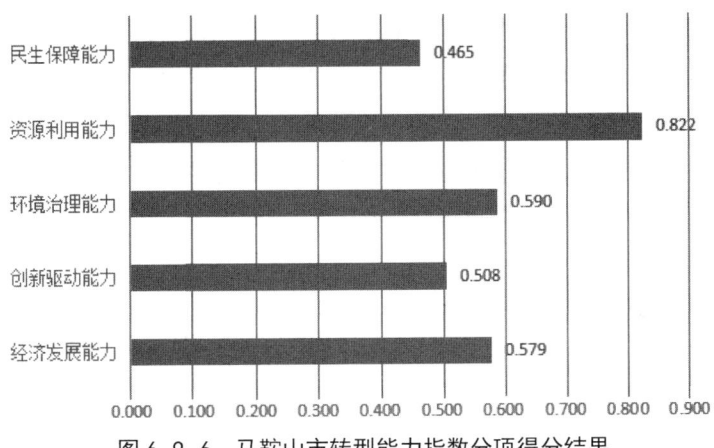

图 6.9.6　马鞍山市转型能力指数分项得分结果

（4）指数评价

转型压力分析

马鞍山市转型压力指数为 0.482，在全部 116 个资源型城市中排名第 6 位，位列中部资源型城市第 3，位列再生型资源城市第 1。表明马鞍山市转型发展受到了较大阻碍。分项来看，马鞍山面临的环境压力较为突出，在所有资源型城市中排名第 6，在中部资源型城市中排名第 4，在再生型资源城市中排名第 1，环境问题在经济发展的过程中突显出来。分项来看，矿山、水和大气环境有较严重问题，对社会经济的可持续发展起到严重的阻碍作用。其次是资源压力，在所有资源型城市中排名第 5，可见马鞍山市产业结构不合理，除了铁矿这一主导资源，其他资源第利用效率方面都与全国其他城市存在较大的差距，对城市发展形成明显阻碍。马鞍山的社会压力尚可，在全部资源型城市中排名第 55 名，社会负担较轻，有利于马鞍山的转型发展。马鞍山市面临的经济压力较小，经济压力指数在全部资源型城市中排名第60名，可见其转型发展有着良好的经济环境保障。但是细分来看，马鞍山的财政压力较为突出，全国排名11位。

转型能力分析

马鞍山市转型能力指数为0.593，在全国资源型城市中排名第8位，在中部资源型城市排名第2位，在15个再生型资源城市里排名第3，可以看出马鞍山市具备的转型能力还是比较强的。分项来看，马鞍山市资源利用能力最强，全国排名第6位，这将有利于马鞍山市充分有效利用铁矿资源，发展循环经济，有利于经济持续发展。但是不可忽略的是，马鞍山产业结构单一，除铁矿外的其他资源利用效率仍然较低。其次是创新驱动能力，位列全国第17位，可见马鞍山有较强科技创新能力。生产力发展离不开科技进步，全面推动科技创新有助于推动经济社会的可持续的长足发展。马鞍山的民生保障能力和经济发展能力比较强，全国排名分别为第23位和第24位。这说明马鞍山市民众的切身利益得到保障，有利于社会经济的稳步发展。但仍需注意的是经济结构的转换能力有待加强，医疗卫生保障能力也有待提高。在环境治理能力方面，马鞍山还有所欠缺，在全国排名第57位。环境问题若一直存在，经济社会难以实现可持续发展，不利于资源型城市转型。

综合评价

综合来看，马鞍山市转型能力较强，主要存在产业结构不合理和多种环境问题，以及民生保障问题，转型发展遇到了较为一定的困难。马鞍山市转型预警指数为0.445，在全部116个城市中排名第53名，在中部地区资源型城市中排名第17，再生型城市中排名第4，说明转型面临的问题较轻，但仍需重视。

（5）政策建议

马鞍山应调整产业结构，以信息化为引领，大力发展新技术、新产业、新模式、新业态，促进工业总量扩张和产业质态提升。通过使各种资源得到充分利用，使资源优化配置得以实现。着力促进企业技术改造，鼓励和支持有条件的企业以资源换资本和市场换投资的方式，实施整合发展和兼并重组。改造提升钢铁、汽车、化工、能源、装备制造等传统优势主导产业，提高资源利用效率，减少对资源加工产业的依赖。

加大环境保护力度。通过严格的环保标准、实施差别化政策等措施，强力压减过剩产能，推进高耗能、高污染企业的关停并转，减少工业废水排放和废气排放，使污染物排放总量得到严格控制。促进城市的节能减排，推动全社会的经济可持续发展。

另外，应更加注重保障民生，提高全社会的社区卫生服务能力，完善优化城市医疗卫生服务体系，做好居民医疗保险参保工作，加大卫生人才培养力度，为经济社会发展保驾护航。

### 6.9.3 淮北市

（1）城市概况

淮北市因商汤十一世祖4000多年前相土而建都于此，古称相邑，也名相城。淮北市是位于安徽省北部的地级市，地处苏鲁豫皖四省交界之处。淮北市由于煤的广聚而建市，1960年先设濉溪县，后于1971年改为淮北市。现辖有3个市辖区和1个县（杜集、相山、烈山区，濉溪县），面积共2741平方公里，人口共215.3万人。淮北是中国的农副产品生产基地、能源基地和国家塌陷土地复垦示范区。[①] 到2015年为止，全市全年共实现地区生产总值总计760.4亿元，较上年增长了4.4%。人均生产总值共35057元。[②]

（2）资源特点及利用情况

淮北市目前共探明矿产共56种，包括16种已探明储量矿种，分别为煤、铜、金、铁、银、钴、耐火黏土（高岭土）、镍、石膏、建筑石料用灰岩、制灰用灰岩、水泥用灰岩、水泥配料用黏土、地下水、砖瓦用黏土、天然矿泉水。现已开发利用的矿产有煤、铜、金、铁、银、耐火黏土、水泥用灰岩、建筑石料用灰岩等，矿藏最为丰富的是煤炭资源。全市煤炭资源保有储量约为99亿吨，预测量为68亿吨。淮北矿区不仅有丰富矿产资源，且拥有齐全煤种，包括焦煤、1/3焦煤、肥煤、无烟煤、瘦煤、气煤、贫煤、天然焦等八大主要煤种，是中国重要的煤炭生产基地和精煤生产基地。金属矿资源包括铜矿、铁矿和金银矿。非金属矿资源包括硬质高岭土、水泥用灰岩、白云岩以及水泥配料用黏土。截至2007年底，铁、煤、铜为主要开发利用矿种，共20个开发利用的矿山，包括6个大型矿山、8个中型矿山、6个小型矿山，其中开采规模的大、中、小的比例为30∶40∶30。

淮北市以跨越发展、科学发展和奋力崛起为主题，将转变发展方式作为主线，将提高矿产资源对经济社会可持续发展的保障能力作为目标，贯彻落实"在保护中开发，在开发中保护"的指导方针，建设资源节约型社会和环境友好型社会，充分利用市场对资源配置的基础性作用增强对矿产资源勘查和开发的宏观调控。依托濉溪县煤炭资源的优势，扩大煤炭开采规模，巩固煤—焦—化—电产业的资源保障；加快开发铁铜矿产，使金属矿开采规模稳定，促进矿业以提升其对经济社会发展的推动力。

---

① 资料来源：淮北市政府网站 http://www.tangshan.gov.cn/zhuzhan/tsgl/20160411/132478.html。
② 资料来源：淮北市2015经济与社会发展统计公报。

（3）指数计算结果

|  |  |
|---|---|
| 转型能力指数 | 0.494 |
| 转型压力指数 | 0.401 |
| 预警指数 | 0.454 |

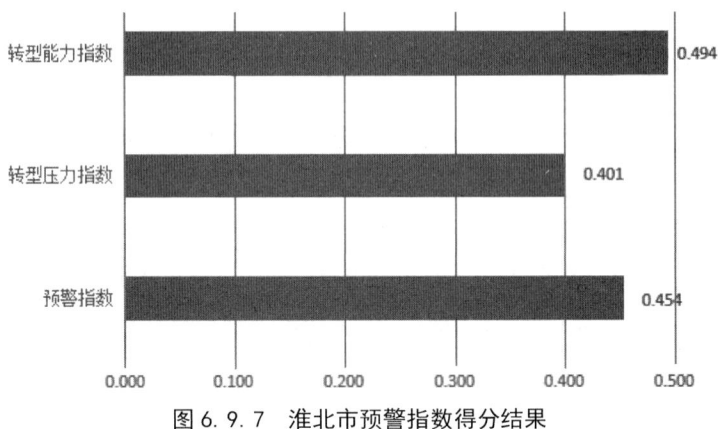

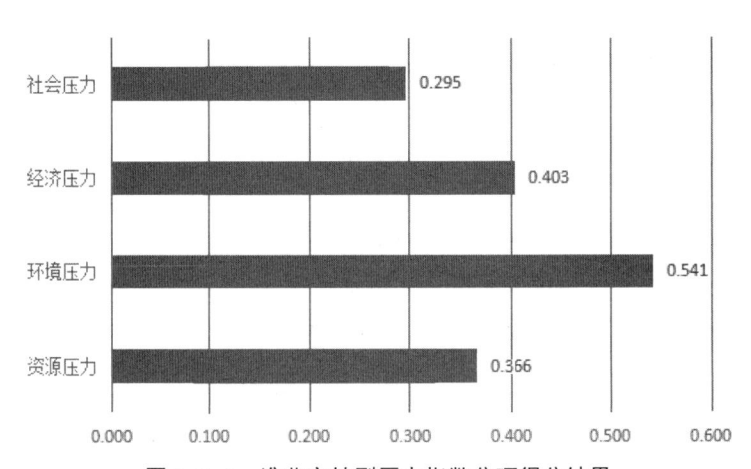

图 6.9.7　淮北市预警指数得分结果

|  |  |
|---|---|
| 社会压力 | 0.295 |
| 经济压力 | 0.403 |
| 环境压力 | 0.541 |
| 资源压力 | 0.366 |

图 6.9.8　淮北市转型压力指数分项得分结果

|  |  |
|---|---|
| 民生保障能力 | 0.456 |
| 资源利用能力 | 0.685 |
| 环境治理能力 | 0.588 |
| 创新驱动能力 | 0.363 |
| 经济发展能力 | 0.378 |

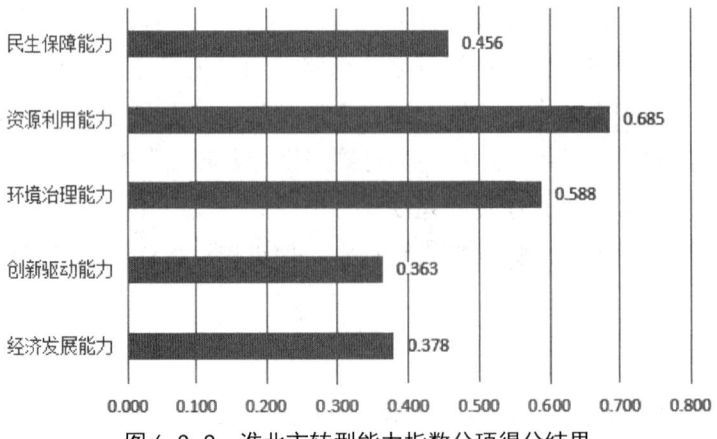

图 6.9.9　淮北市转型能力指数分项得分结果

**(4) 指数评价**

转型压力分析

淮北市转型压力指数为 0.401，在全部 116 个资源型城市中排名 22 位，位列中部资源型城市第 10，位列衰退型资源城市第 11。这说明淮北的转型发展面临的困难较明显。分项来看，淮北面临的环境压力较为突出，在所有资源型城市中排名第 22，在中部资源型城市中排名第 12，在衰退型资源城市中排名第 2，可见淮北市在环境保护方面存在较大的差距，长期来看对经济社会的可持续发展将起明显的阻碍作用。环境问题中最突出的是矿山环境压力，在所有资源型城市中排名第 1，煤炭开采区塌陷范围不断扩大，矿山地质生态环境破坏严重。其次是经济压力，在所有资源型城市中排名第 34。进一步细分可以发现，淮北市的经济结构压力和经济区位压力较为大，经济结构单一，经济区位分布不合理，说明淮北市的转型发展尚有较重的经济负担。淮北市的资源压力在全国排名第 35，处于全国中等偏上水平，这说明淮北市资源储量可能不足以支撑经济发展，资源开采和利用效率低下，城市发展将受阻。社会压力方面，淮北市在全国排名第 57，处于 116 个资源型城市的中等水平，这说明淮北市社会压力尚可，社会负担较轻，社会稳定，有利于经济社会稳步发展。

转型能力分析

淮北市转型能力指数为 0.494，在全国资源型城市中排名第 37，在中部资源型城市中排名第 13，在 23 个衰退型资源城市里排名第 7，可以看出淮北市具备的转型能力还是比较强的。分项来看，淮北市资源利用能力最强，全国排名 20 位，这说明淮北市在资源利用方面能力较好，有利于发展循环经济。其次是民生保障能力，在全国排名 24 位，说明淮北市民生保障措施落实到位，重视教育，基础设施投入较大，居民收入水平提高。淮北市创新驱动能力尚可，全国排名 48 位。分项来看，淮北市在创新资金和创新基础设施方面投入力度较大，但创新型人才方面，培养力度小。淮北市的环境治理能力较弱，全国排名 59 位。细分来看，淮北市居住环境治理能力在全国排名前列，可见其居民环境治理能力很强。但矿山治理能力和大气环境治理能力很弱。在全国排名分别为 89 位和 69 位，矿山环境和大气环境严重制约了淮北市的经济社会可持续发展，阻碍其转型发展之路。淮北市的经济发展能力很弱，在所有资源型城市中排名第 97，由于经济结构单一，其经济结构转换能力很弱，加之经济效率低下，严重阻碍了淮北市资源型城市转型的进程。

综合评价

综合来看，淮北市虽然转型能力不错，但是由于经济结构不合理，矿山和大气污染等环境问题严重，以及科技创新人才欠缺，转型发展遇到了较为明显的困难。淮北市转型预警指数为 0.454，在全部 116 个城市中排名 41 名，在中部地区资源型城市中排名第 13，衰退型城市中排名第 11，说明转型面临一定的问题，依然不容忽视。

（5）政策建议

淮北市应对经济结构做出调整，升级和改造传统产业。促进信息和工业融合一体化发展，推动技术改造与创新，推动传统产业创新产品、管理和商业模式。推动新型煤的化工合成材料的基地建设，积极延伸城市煤电化产业链。坚持以培植和发展战略性新兴产业作为调整结构和促进转型的重大举措，加强政府政策支持，促进铝基新材料、电子信息、生物医药、高端装备制造和节能环保等新兴产业的规模化发展。

培养创新型人才。注重发挥创新人才在全市经济发展中的关键作用，注重新兴产业发展和经济结构调整，大力引进和培养创新人才。

重视污染防治和生态修复，构建环境友好型和资源节约型的生态体系。贯彻落实总量减排、清洁生产、大气污染治理以及新能源替代等关键环保工程。积极推进秸秆禁烧工作和综合利用工作。做好科学设定矿区勘查和开发利用的空间布局的工作，有效加强全市矿山地质环境保护与恢复治理，促进环境保护与矿产资源开发和谐发展。

### 6.9.4 铜陵市

（1）城市概况

安徽省铜陵市位于安徽省中南部、长江下游地区，北临合肥，南接池州，东连芜湖，西邻安庆，是安徽省辖市。不仅是长江经济带的重要节点城市，也是皖中南的中心城市。铜陵因得名于铜、兴旺于铜，被称为"中国古铜都，当代铜基地"。[①] 建于 1956 年，2016 年 1 月枞阳县被划归铜陵市管辖，现辖有一个县三个区（枞阳县、铜官区、义安区、郊区），总人口达 170 万，全市总面积达 3008 平方公里。铜陵建有新中国第一个铜工业基地，生产了新中国第一炉铜水和第一块铜锭，发布了新中国第一支铜业股票，创立了安徽省首个千亿元企业。2015 年地区生产总值共计 721.3 亿元，增长了 10.1%。根据常住人口，全年人均生产总值达 97471 元，较上年增加了 279 元。[②]

（2）资源特点及利用情况

铜陵市有丰富且种类齐全的矿产资源。截至 2007 年共 20 种矿产列入资源储量统计，包括能源矿产煤，有色金属矿产铅、锌、钴、铜、钼，贵金属矿产金、银，黑色金属矿产铁、锰，化工原料矿产硫铁砷、矿，冶金辅助原料矿产和建筑原料矿产水泥用灰岩、熔剂用灰岩、水泥配料用页岩等。铜矿、硫铁矿、金矿、水泥用灰岩为铜陵市的优势矿产，铜矿和金矿的资源储量现居安徽省第 1 位，水泥用灰岩和硫铁矿的资

---

① 资料来源：铜陵市政府网站 http://www.tl.gov.cn/col/col36/index.html。
② 资料来源：铜陵市 2015 年国民经济和社会发展统计公报。

源储量现居安徽省第 2 位。截至 2007 年已探明储量的矿区共 126 处，其中 30 个达到勘探水平。其中 21 个煤炭矿区，保有资源储量共 3793 万吨。21 个铁矿矿区，保有资源储量共 8482 万吨。25 处铜矿矿区，保有铜金属储量共 222.76 万吨。15 个岩金矿区，保有资源储量金属储量共 25.86 吨。硫铁矿资源储量共 20292 万吨、水泥用灰岩资源储量共 127201 万吨。[①]

铜陵市是"中国古铜都"，经济以铜为基，产业转型升级全面加快。通过产业延伸和替代相结合，推动工业和信息化融合统一发展，注重经济发展的稳定性和成长性，高水平推动铜基新材料的产业集聚化和基地建设，提高产业控制力、竞争力、吸引力以及要素配置能力，推动铜产业的中高端化。通过对铜基新材料的有效利用发展先进制造业，实现城市产业二次转型，鼓励发展高成长性产业，使产业发展格局达到多点支撑。

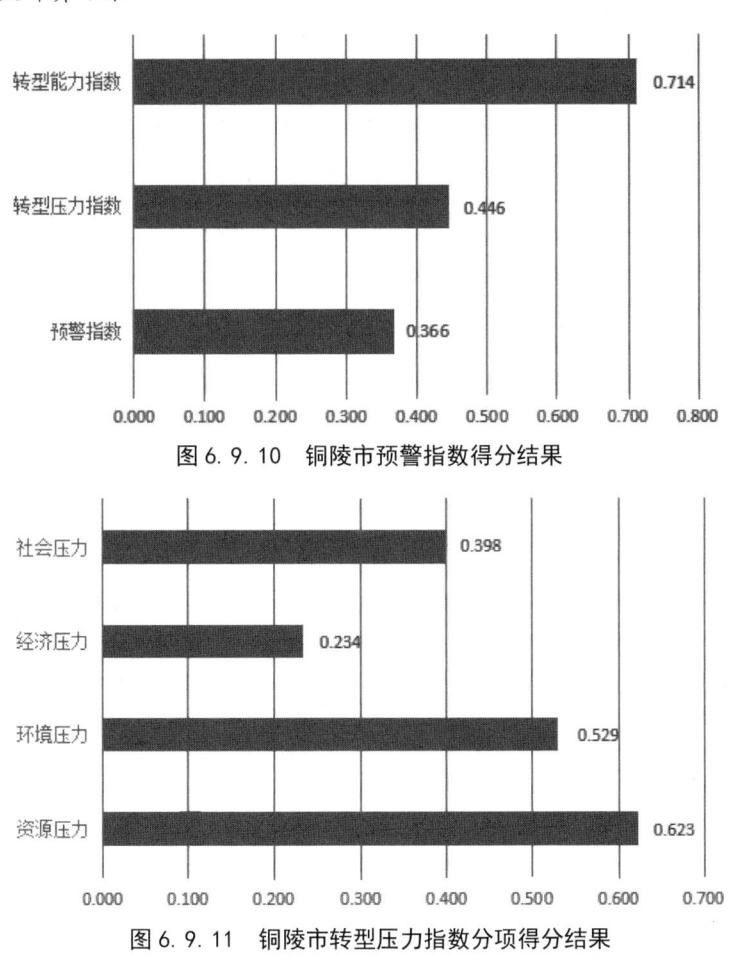

（3）指数计算结果

图 6.9.10　铜陵市预警指数得分结果

图 6.9.11　铜陵市转型压力指数分项得分结果

---

① 资料来源：铜陵市矿产资源总体规划（2008—2015）。

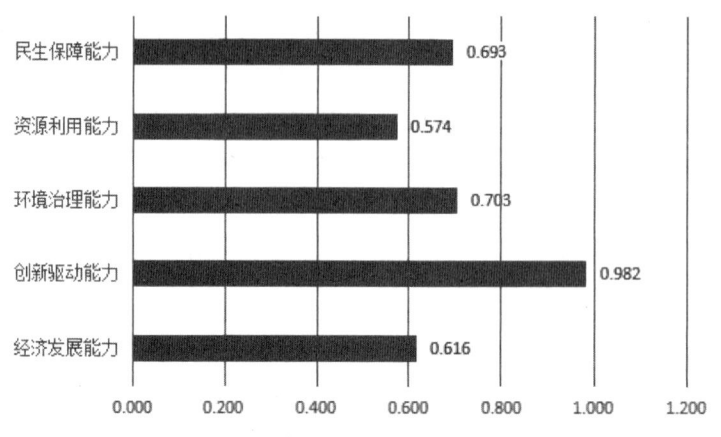

图 6.9.12　铜陵市转型能力指数分项得分结果

（4）指数评价

转型压力分析

铜陵市的转型压力指数为 0.446，位列全部 116 个资源型城市第 13 位，位列中部资源型城市第 6，位列衰退型资源城市第 7。这说明铜陵的转型发展遇到了很大困难。分项来看，铜陵面临的资源型压力很突出，在所有资源型城市中排名第 11，在中部资源型城市中排名第 3，在衰退型资源城市中排名第 4，可见铜陵市自然资源趋于枯竭，在城市资源的利用效率方面差距较大，对全社会的经济发展起到明显的阻碍作用。铜陵市的环境压力相对较大，排名全国 24 名，高于全国资源型城市的平均水平，这说明铜陵市的生产方式不够环保，阻碍可持续发展，应当加大环保力度。铜陵市也面临较大的社会压力，在所有资源型城市中排名第 28，进一步细分可以发现，铜陵市各项社会压力均较大，说明铜陵市的转型发展仍有较重的社会负担。其中较为突出的是社会保障压力，其次是安全压力，这说明铜陵市社会福利、社会保险政策不健全，社会保障能力亟待改善。铜陵市的经济压力较小，经济压力指数在全部资源型城市中排名第 80 名，这说明铜陵市保持了良好的经济发展速度，为全市资源型城市转型保有了坚实的经济基础。

转型能力分析

铜陵市转型能力指数为 0.714，在全国资源型城市中排名第 1 位，在 23 个衰退型资源城市里排名第 1，可以看出铜陵市具备的转型能力还是很强的。分项来看，铜陵市创新驱动能力最强，科学技术是第一生产力，这将有利于提高铜陵市的科技水平，有利于产业创新发展。其次是民生保障能力，全国排名第 7 位，说明铜陵市在民生保障方面具有一定的水平，有利于经济的长远发展与社会稳定。铜陵经济发展能力在全国排名 14 位，说明铜陵市经济虽然受产业结构影响，但仍保持着良好的经济发展态势,社会经济稳步增长。分项来看,铜陵市经济增长和经济规模水平较高,分别排名全国资源型城市的第 21 和第 7 位,但是经济效率和经济结构转换能力相对较低,分别位于全国第 55 位和第 107 位。也就是说,铜陵市遇到的问题是在转型过程中,高耗能、重污染的传统工业阻碍了经济的进一步优化,而由于经济增长和经济规模的强劲,铜陵市实现自我发展的能力依然很强。由于高耗能和重污染传统产业存在,铜陵市资源利用能力和环境治理能力(尤其是矿山开采带来的压力和水污染压力,分别位列全国第 7 位和第 8 位)亟须提高。

综合评价

综合来看,铜陵市虽然转型能力不错,但是由于经济结构不合理和资源的日趋枯竭,转型的问题比较明显。此外,铜陵市的环境问题也需引起重视。铜陵市转型预警指数为 0.366,在全部 116 个城市中排名 104 名,在中部地区资源型城市中排名第 36,在衰退型城市中排名第 22,说明转型面临问题相对较小,但仍需重视。

(5)政策建议

铜陵应该建设多元化发展和多极支持的产业体系。把握好技术转型、智能化和信息化运用,推动传统优势产业向精深加工和终端产品以及质量品牌延伸、拓展和提升。推进战略性新兴产业的发展和壮大,提升铜基新材料产业的核心竞争力,促进节能环保、先进装备制造、新能源和文化创意等产业的壮大,鼓励和支持企业组团发展和产业集群发展。推动建设大型商业综合体和服务业集聚区,扩大贸易服务业的辐射功能;培育电子商务和服务外包等新型业态,促进健康服务业和医养一体化,引导和鼓励社会力量积极参与养老服务业,推动旅游、文化、体育等产业相互促进,融合发展。第二,强化转型平台支撑功能。大力推进循环经济示范创建市建设和国家节能减排示范市建设。协调资源型城市转型试点市建设和国家工业绿色转型发展试点市建设。

环境治理方面:在水污染治理中,全面增强水环境治理。基于全国水生态文明试点市的建设,实施国家"水十条"工作。加强城市水功能区的水质监测及饮水水源地达标建设。对重点行业的水污染物排放加以严格控制,促进岸线码头和航运船舶的污染治理,促进全市 11 个污水处理设施的搭建和运行,开展城市黑臭水体整治和入淮排污沟整治。促进瓦埠湖环境综合整治和亚行城市水系治理,推进建设焦岗湖等省级自然保护区。面对矿山开采压力应着重土壤治理和绿色治理。加强农业非点源的源污染防治。开始土壤环境治理和土地修复试点工作,促进工矿废弃地复垦和低效用地再开发。促进关闭矿区和采煤沉陷区的生态修复,开展多项治理工程。促进国家森林城市建设,争取达成成片造林 3.3 万亩。积极创建生态乡镇和国家生态文明建设示范区。

### 6.9.5 滁州市

（1）城市概况

安徽省省辖市滁州始建于隋开皇九年（公元589），地处皖东地区江淮之间，与南京市山水相接，不仅为南京"一小时都市圈"的主要城市，也是皖江城市带重要的承接转移示范区。现辖有2个县级市，4个县和2个区。全市土地总面积达1.33万平方公里，全市户籍人口共452.9万，城镇化率为49.02%。[①]2015年全市全年共实现生产总值总计1305.7亿元，较上年增长了9.9%，城市人均GDP达32634元，较上年增加了2816元。[②]

（2）资源特点及利用情况

滁州金属矿资源短缺，非金属矿产具有明显优势。截至2007年末，共44种矿产被发现并查明资源储量。滁州的能源矿产资源包括石煤、石油和地下热水3种。累计已查明资源储量的原油达1574万吨，全市年产原油共7.8万吨，产值总计为7839万元。累计已查明资源储量的石煤共计106.07万吨，全市全年产量共计3万吨，产值达54万元。全市地下热水日涌水量共计1000立方米，温度为31℃。非金属矿产作为滁州矿业经济的支柱，包括31种矿种，产量共计1454.67万吨，全市全年产值为91680.9万元。其中主要是绢云母、石膏、玻璃用白云岩、方解石、钾长石、水泥用灰岩、玻璃和冶金用石英岩、膨润土、岩盐、凹凸棒石黏土、芒硝、砖瓦用黏土和建筑石料等。绢云母矿现保有资源储量为127.4万吨，全年产矿石量为2.17万吨。全市钾长石矿保有资源储量为1630.9万吨，全年产矿石量为11万吨。全市石膏矿保有资源储量为85737.7万吨，全年矿石产量为64.3万吨。全市水泥用灰岩矿保有资源储量为11642.89万吨，全年矿石产量为54.2万吨。滁州金属矿产包括铁矿、铅矿、铜矿、锌矿、金矿、共生钼及伴生银，全年产量共计41.6万吨，全年产值达25010.2万元。

滁州贯彻落实"在保护中开发，在开发中保护"的方针，加强宏观调控，以市场为导向，积极创建玻璃用石英岩、岩盐、石膏、凹凸棒石黏土非金属加工基地，推动铜、铁及新型建材产业大力发展，依据资源节约型和环境友好型社会的建设要求，推动矿业循环经济发展，将矿产资源对生态环境的承载能力和对经济社会发展的支撑能力加以充分考虑，合理优化配置资源，使矿产资源的综合利用率得到充分提高，使生态环境受矿产资源开发的影响降低，推动全市经济社会的全面协调和可持续发展。

---

① 资料来源：滁州市政府网站 http://www.chuzhou.gov.cn/。
② 资料来源：滁州市2015经济与社会发展统计公报。

(3) 指数计算结果

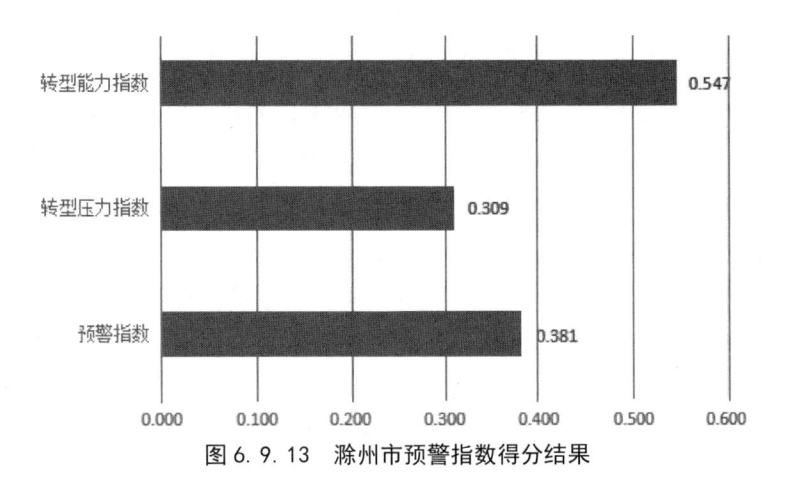

图 6.9.13　滁州市预警指数得分结果

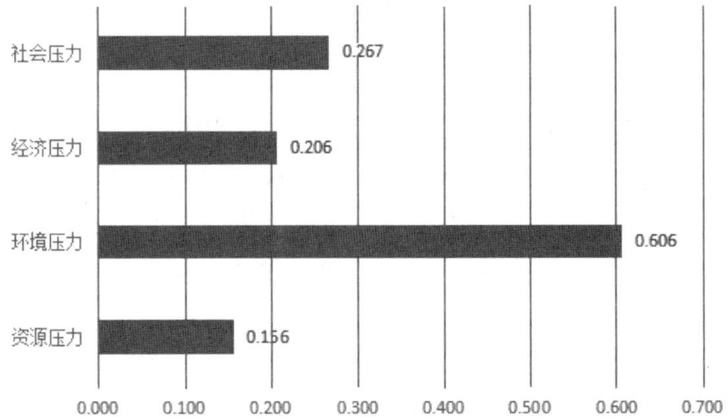

- 转型能力指数: 0.547
- 转型压力指数: 0.309
- 预警指数: 0.381

图 6.9.14　滁州市转型压力指数分项得分结果

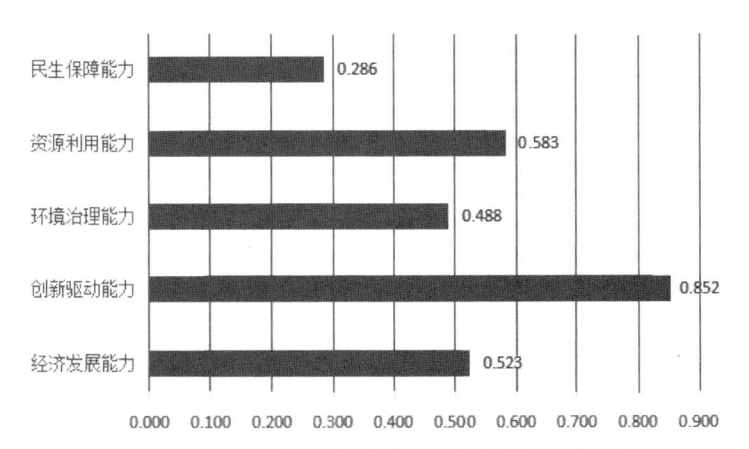

- 社会压力: 0.267
- 经济压力: 0.206
- 环境压力: 0.606
- 资源压力: 0.156

图 6.9.15　滁州市转型能力指数分项得分结果

- 民生保障能力: 0.286
- 资源利用能力: 0.583
- 环境治理能力: 0.488
- 创新驱动能力: 0.852
- 经济发展能力: 0.523

（4）指数评价

转型压力分析

滁州市转型压力指数为 0.309，在全部 116 个资源型城市中排名第 71 位，在中部资源型城市中排名第 24 位，在成熟型资源城市中排名第 38 位。这说明滁州的转型压力较小。分项来看，滁州面临环境压力较为突出，在所有资源型城市中排名第 11，在中部资源型城市中排名第 6，在成熟型资源城市中排名第 8，可见滁州市在环境保护方面存在较大的差距，阻碍了经济社会可持续发展。环境压力突出表现在矿山环境压力，在所有资源型城市中排名第 7，这说明滁州市矿山地质环境破坏严重。水环境、大气环境和居住环境也不乐观。其次是社会压力，在所有资源型城市中排名第 69，进一步细分可以发现，滁州市的就业压力和安全压力不大，但社会保障能力有待改善。滁州市面临的资源压力较小，资源压力指数在全部资源型城市中排名第 73 名。资源的有效充分利用，有利于经济的长足发展。滁州市经济压力相对较小，排名全国 85 名，高于全国资源型城市的平均水平，这说明滁州市的社会经济发展态势良好，有利于推进城市转型。

转型能力分析

滁州市转型能力指数为 0.547，在全国资源型城市中排名 13 位，在 63 个成熟型资源城市里排名第 6，可以看出滁州市具备的转型能力还是比较强的。分项来看，滁州市创新驱动能力最强，全国排名第 2，这将有利于滁州市形成增强发展的长期动力，提高经济增长的质量和效益、加快转变经济发展方式，对降低资源能源消耗、改善生态环境具有长远意义。其次是资源利用能力，在全国排名 30 位，说明滁州市资源利用效率比较高。滁州市经济发展能力一般，在全国排名第 47 位。分项来看，滁州市经济增长和经济效率较高，分别排名全国资源型城市的第 36 和第 7 位，但是经济规模和经济结构转换能力排名较低，分别位于全国第 75 位和 78 位。也就是说，滁州市遇到的问题，是在实现转型后，产业结构不合理阻碍了经济的进一步优化，而由于经济效率的强劲，滁州市实现自我发展的能力依然很强。滁州市的民生保障能力较弱，全国排名 77 位，说明滁州市在民生保障方面水平较低，不利于经济的长远发展与社会稳定。滁州市的环境治理能力相对较弱，位于全国第 80，尤其是大气环境、居住环境和矿山环境问题较大，这将不利于经济社会的可持续发展。

综合评价

综合来看，滁州市虽然转型能力不错，但是由于产业结构不合理和环境污染，以及社会保障水平滞后，转型发展遇到了阻碍。滁州市转型预警指数为 0.381，在全部 116 个城市中排名第 101 名，在中部地区资源型城市中排名第 34，成熟型城市中排名第 56，说明转型面临问题较小，但是这些问题在转型过程中需认真对待。

（5）政策建议

不断提升社会保障水平。落实积极就业政策，重点做好高校毕业生、城镇就业困难人员就业工作，适时调整城镇基本医疗保险政策，完善教育、五保、低保等社会救助体系。提升医疗卫生服务水平，强化城乡医疗卫生基础设施建设，开展基层医疗卫生机构示范化创建活动，加强重大传染病防控。

加大空气污染治理力度，重点治理工业废气、机动车尾气和城市扬尘，切实做好秸秆禁烧和综合利用工作。重点围绕城市出入口、绿色长廊、石质荒山等，实施绿化项目，增植绿地。大绿色建设推广力度。进行建筑产业的综合现代化试点，探索工业化生产、标准化设计、装配式施工和信息化管理等方式建造建筑、使用建筑和管理建筑。大力推进应用新型墙材、绿色建筑、绿色施工和可再生能源。闭停污染严重、破坏环境以及不具备安全生产条件的矿山。增强对矿山地质环境保护力度以及治理力度，停止破坏性开采矿产资源。

加快和促进转型升级发展。使产业链条加长和加粗。推动传统产业转型升级，加快信息化、品牌化和集群步伐，促进传统大规模经济转型至现代产业集群。鼓励和支持骨干企业更大更强。着重支持龙头企业，推进企业裂变发展和改造重组。推动新型材料、智能家电、新能源汽车等新兴产业发展。

### 6.9.6 宿州市

（1）城市概况

宿州，简称"蕲"，别称蕲城、宿城，安徽省辖市。地处安徽省东北部，是中原经济区和长三角城市群的重要枢纽，在安徽省的交通中占有枢纽地位。宿州襟连沿海，背倚中原，是安徽省的北大门，有徐南形胜、淮南第一州、奇石之城、马戏之乡、酥梨之都等美誉。东邻宿迁、徐州，西连商丘、淮北，北扼菏泽，南接蚌埠。宿州因其特殊的地理位置，成为华东重要的水陆空综合交通枢纽，有"舟车汇聚、九州通衢"之称。到 2015 年底，宿州市共辖 1 个市辖区和 4 个县，全市总面积达 9787 平方公里。[1] 到 2015 年，全市常住人口共计 554.1 万人，全市城镇化率为 38.73%。2015 年，全年全市地区生产总值共计 1235.83 亿元，增长了 8.9%。全市人均生产总值为 22415 元，较上年增加了 1785 元。[2]

---

[1] 资料来源：宿州市政府官网 http://www.ahsz.gov.cn。
[2] 资料来源：宿州市 2015 年国民经济和社会发展统计公报。

## （2）资源特点及利用情况

宿州拥有丰富的矿产资源，主要为能源、非金属矿产。2007年底，开发利用的矿种14个：煤、高岭土、陶瓷土、水泥用灰岩、冶金用白云岩、建筑石料用灰岩、饰面用大理岩、水泥配料用泥岩、砖瓦用黏土、制灰用石灰、建筑石料用闪长岩、建筑石料用花岗岩、石英岩、砖瓦用页岩。全市固体矿石总产量为2337.59万吨，全年矿山实现总产值为378303.37万元。其中全市现煤矿保有资源储量达272268.9万吨，矿石产量总计1066.39万吨，产值为34.85亿元。全市地热（热水）天然资源量为1431立方米/天，水温为26℃。水泥用灰岩现保有资源储量达3650.71万吨，矿石产量为16.92万吨，产值为1522万元。全市建筑石料用灰岩现保有资源储量为8626.25万立方米，矿石产量达360.55万立方米，产值总计11907万元。全市金属矿产主要包括铜矿、铁矿、铅矿和锌矿。①

宿州积极贯彻落实科学发展观，着力于构建和谐社会和全面建设小康社会，贯彻落实"在保护中开发，在开发中保护"的政策方针，积极构建环境友好型和资源节约型社会；发挥市场的导向作用，以市场配置资源，对矿产资源开发利用与保护、地质调查评价和矿产资源勘查、矿山地质环境保护与恢复治理进行协调规划，规范城市产业管理，推动城市科技创新，使矿产资源对城市经济社会可持续发展的保障作用加强；充分发挥煤炭等优势矿产资源的作用，促进矿业与相关产业的积极发展。

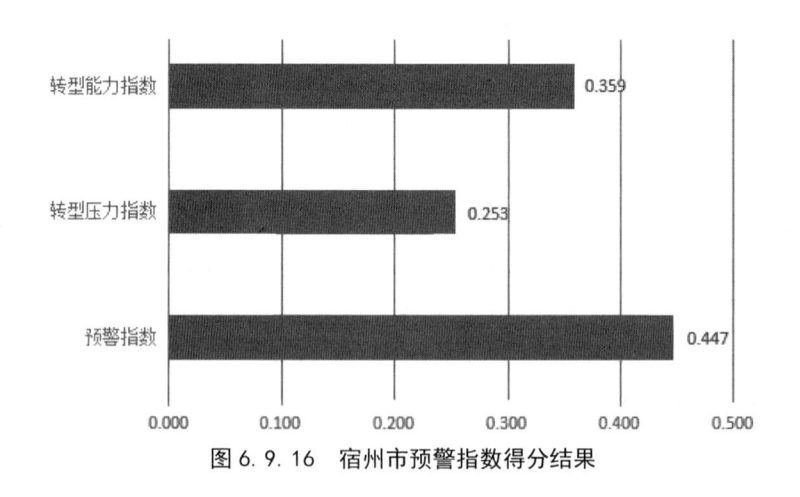

## （3）指数计算结果

|  |  |
| --- | --- |
| 转型能力指数 | 0.359 |
| 转型压力指数 | 0.253 |
| 预警指数 | 0.447 |

图6.9.16 宿州市预警指数得分结果

---

① 资料来源：宿州市矿产资源总体规划（2008—2015年）。

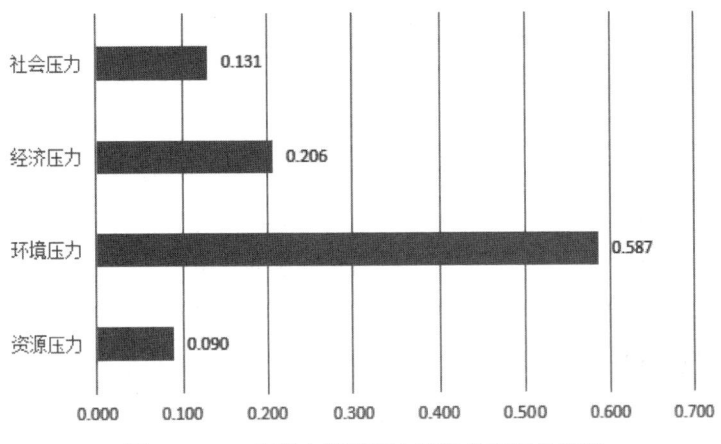

图 6.9.17　宿州市转型压力指数分项得分结果

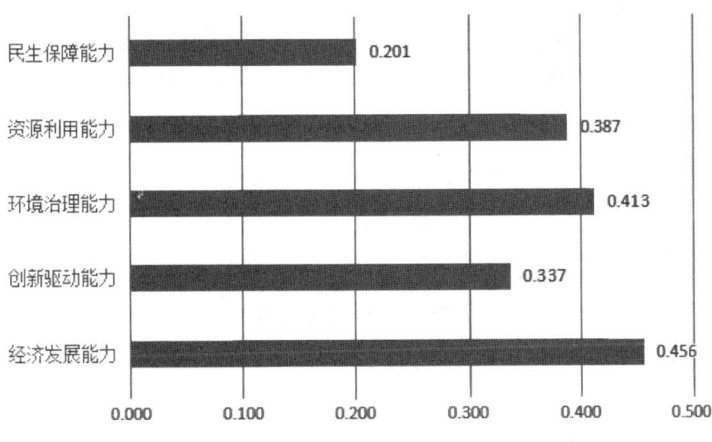

图 6.9.18　宿州市转型能力指数分项得分结果

（4）指数评价

转型压力分析

宿州市转型压力指数为 0.253，在全部 116 个资源型城市中排名第 99 位，在中部资源型城市中排名第 33，在成熟型资源城市中排名第 54，这说明宿州的转型发展遇到的困难较小。分项来看，宿州面临的环境压力较为突出，在所有资源型城市中排名第 16，在中部资源型城市中排名第 8，在成熟型资源城市中排名第 12，可见宿州市在环境保护方面存在较大的差距，特别是矿山环境和居住环境的问题很大，在所有资源型城市中排名分别位于第 1 和第 27，对经济社会可持续发展形成明显阻碍。其次是经济压力，在所有资源型城市中排名第 86，细分可以发现，宿州市各项经济压力均不大，有利于城市转型与发展。宿州市的资源压力较小，在所有资源型城市中排名第 95。其中主体资源在全国排名第33，可见主体资源压力问题仍需重视。宿州市的社会压力很轻，在所有资源型城市中排名第112。进一步细分可以发现，宿州市各项社会压力均较轻，说明宿州市的转型发展过程中的无明显的社会负担，有利于经济发展和城市转型。

转型能力分析

宿州市转型能力指数为0.359，在全国资源型城市中排名第99位，在63个成熟型资源城市里排名第56，可以看出宿州市具备的转型能力比较弱。分项来看，宿州市民生保障能力很弱，在全国排名105位。细分可以发现，宿州市在基础设施建设投入力度小，医疗卫生保障能力弱，教育保障程度低，文化体育服务水平低，长远上看不利于经济的长远发展和社会稳定。宿州市环境治理能力较弱，全国排名第96位，特别是居住环境和矿山环境治理能力弱，致使宿州市长期处于较大的环境压力，不利于经济社会可持续发展。宿州市的资源利用能力较弱，在全国排名第81位，可见宿州的资源利用效率比较低，阻碍了社会经济循环发展。宿州市的经济发展能力也比较低，在全国排名76位。进一步细分来看，虽然宿州经济增长较快，但经济规模比较小，经济结构转换能力弱，经济效率比较低下。较弱的经济发展能力阻碍了宿州市的城市转型道路。在创新驱动能力方面，宿州市表现一般，在全国排名第56位。细分可见，宿州市较为重视创新人才，创新资金投入较多，但是在创新基础设施方面投入力度小。

综合评价

综合来看，宿州市虽然转型压力不大，但是其转型能力比较弱，由于经济发展能力弱、资源利用效率低、环境污染严重，以及社会保障水平滞后，转型发展遇到了不小的困难。宿州市转型预警指数为0.447，在全部116个城市中排名第50名，在中部地区资源型城市中排名第16，在成熟型城市中排名第29，说明转型面临的问题还是比较大的。

（5）政策建议

严格落实大气、水、土壤污染防治行动计划，推进水源地保护，加强环境空气质量监测能力建设，让宿州大地天常蓝、山长绿、水更清。对采煤沉陷区的综合治理要得到扎实推进，做好工矿废弃地的复垦利用项目，使城市矿山综合整治得到全面推进。

民生保障方面，第一，深入落实全市收入分配制度的改革，推行企业工资的集体协商制度和集体合同制度，全方位推进城镇居民和城镇职工的大病保险工作，推进新农合报销政策的优化完善。推行全民参保计划，增强全市社会保险扩的征缴力度，贯彻落实社会保险的关系转移接续政策。第二，加快建设各类文化艺术中心和体育馆，提升文体服务保障能力。第三，完善基础设施。谋划推进徐淮宿阜城际铁路、合青高铁泗县段、徐宿阜高速公路、徐州地铁萧县延长线等项目。使农村公路延伸水平、畅通水平和养护管理水平得到全方位提高。推进宿州机场、砀山通用机场项目，谋划主城区轨道交通建设。深入贯彻落实农村电网的改造升级工程。积极搭建西气东输宿州段的天然气综合利用工程。第四，完善就业和社会保障体系。大力建设公共就业创业服务体系，提高农村富余劳动力和高校毕业生等重点人群的就业率，

坚持把工业强市兴县真正作为推动发展的第一要务，定向施策、精准发力，积极培育新增长点，以工业质量、效益的提升，带动整体经济的跃进。积极招商引资，使税收优惠政策合理推行，进一步使招商环境得到优化。大力发展实体经济。推动企业转型升级，进一步扩张工业面积。对中小企业给予政策、资金、项目等方面的重点扶持，争取创建一批具有"专精特新"特征的中小企业。

地质调查评价公益化发展，支持和鼓励矿产资源勘查，使商业性矿产勘查和公益性地质调查评价实现和良性互动；对矿产资源进行合理的开发和利用，促进资源配置的优化升级，充分利用优势资源，控制总量的同时，推动矿业结构调整升级，实现矿产规模开发和集约经营，提高全市的矿产品加工利用水平和资源利用率。规范城市产业管理，促进城市科技创新。使矿产资源开发有序进行、实现矿产资源有效保护有偿使用和矿业强市的发展战略。

### 6.9.7 亳州市

（1）城市概况

亳州，简称"亳"，别称"谯城"，安徽省地级市。亳州市地处安徽省西北部，位于华北平原南面。亳州拥有悠久历史，人类早在新石器时代已此活动，被评为"国家历史文化名城"、"全国首批优秀旅游城市"，其作为"新兴能源城"充满活力与生机，同时也是"现代中药城"。[①]2000年5月经国务院批准亳州设立地级市，亳州市共辖有三个县一个区，到2015年为止，全市工业户籍人口达635万人，较上年增加了0.6万人；全市常住人口共504.7万人，城镇化率37%。2015年全市全年生产总值共942.6亿元，较上年增长了9.1%。人均GDP 18771元，比上年增加1002元。[②]

（2）资源特点及利用情况

亳州矿产资源特点是"一优、二广、三特色"。资源储量大且规模较大的低硫磷高发热量的环保煤为"一优"；"广泛分布的地下水和砖瓦用黏土为二广"；地热资源和含碘矿泉水为"三特色"。截至2007年底，矿产资源主要有14种：煤、煤层气、矿泉水、建筑石料用灰岩（砂岩）、地热、砖瓦用黏土、耐火黏土、水泥用灰岩、高

---

① 资料来源：亳州市政府网站 http://www.bozhou.gov.cn/。
② 资料来源：亳州市经济与社会发展统计公报 2015。

岭土、制砖用页岩、地下水、制灰用灰岩、饰面（大理石）用灰岩。后三种资源已经枯竭。煤炭累计查明资源储量436211.14万吨。该市煤资源储量现位居安徽省第四位。煤系地层中赋存的高岭土和耐火黏土有待被勘查和被加以综合开发利用。全市矿石年产量为330.5万吨，全市年产值为132200万元。全市砖瓦用黏土累计已查明资源储量共5847.92万吨，全市矿石年产量达887.43万吨，年产值共16930.12万元。全市地下水天然资源量共15.21亿立方米/年，全市全年地下水开采资源量共计16.94亿立方米/年，年产值达171.5万元。全市矿泉水的累计允许开采资源量为6277立方米/日，年产值达450万元。全市地热涌水量为1200立方米/日，水温度约46.5℃，属温热水质。全市年产值达328.5万元。该市建筑石料用灰岩（砂岩）累计已查明资源储量共339.61万立方米，矿石年产量约3.54万吨，年产值共计45万元。

亳州深入贯彻科学发展观，积极响应构建和谐社会和全面建设小康社会的要求；将根本目标定为提高矿产资源对全市经济社会的可持续发展的保障能力；坚持"在保护中开发，在开发中保护"的方针，积极搭建生态环境友好型社会和资源节约型社会；在市场的引导下，充分利用市场的资源配置作用；依据矿情和市情，对全市矿产资源勘查、地质矿产调查评价、开发利用与保护和矿山生态环境保护进行统筹规划；对区内煤炭的优势矿产资源进行合理利用，协调推进矿业与相关产业；促进经济效益、社会效益、资源效益和环境效益实现协调统一。鼓励地质调查评价公益性发展，积极鼓励矿产的勘查、合理开发利用与保护的加强，积极恢复和治理矿山生态环境。使商业性矿产勘查和公益性地质调查评价实现良性互动；使矿产资源实现有序开发、推动其有偿使用和有效保护；对优势矿产资源加大开发力度，使"矿业强市"成为现实；大力治理和恢复矿山生态环境，推进矿业及相关产业经济发展和生态环境保护的良性循环。

（3）指数计算结果

|  |  |
| --- | --- |
| 转型能力指数 | 0.468 |
| 转型压力指数 | 0.285 |
| 预警指数 | 0.409 |

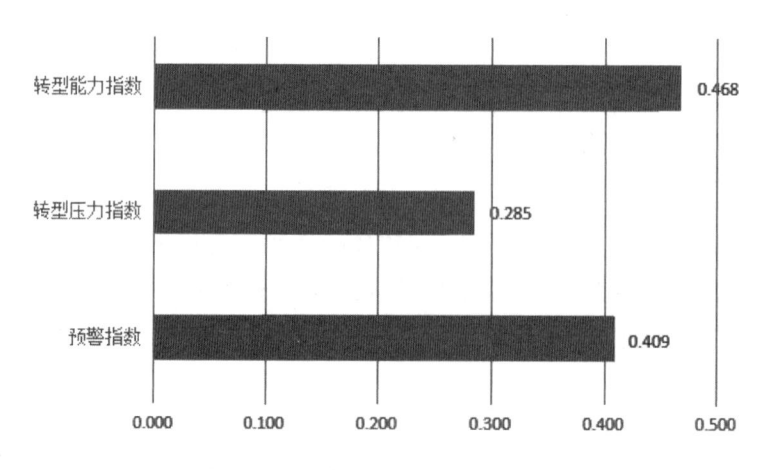

图6.9.19 亳州市预警指数得分结果

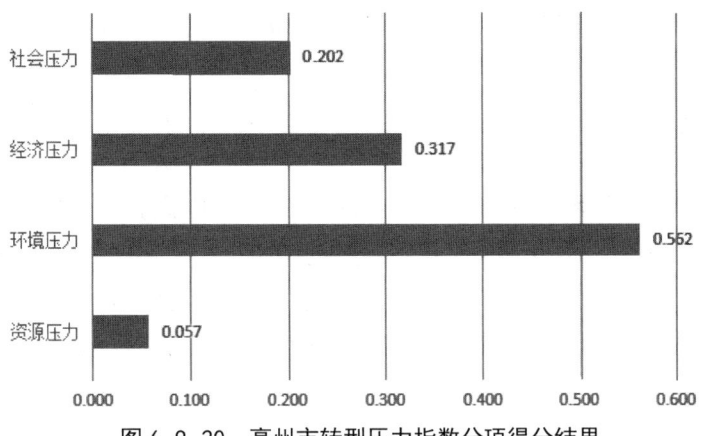

图 6.9.20 亳州市转型压力指数分项得分结果

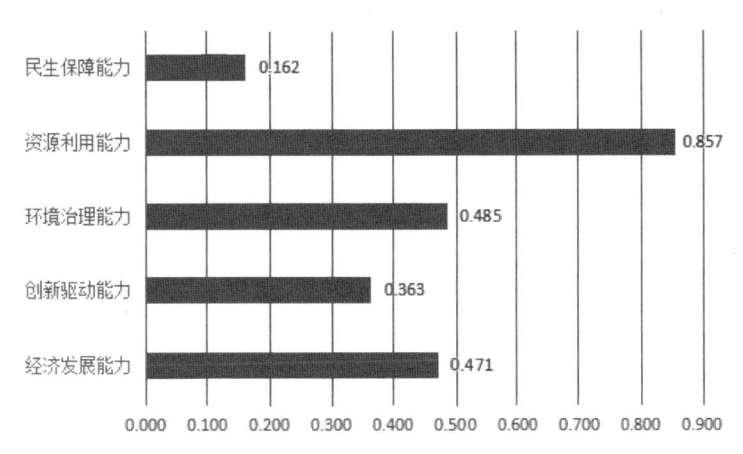

图 6.9.21 亳州市转型能力指数分项得分结果

（4）指数评价

转型压力分析

亳州市转型压力指数为 0.285，在全部 116 个资源型城市中排名 87 位，位列中部资源型城市第 26 位，位列成熟型资源城市中第 48。这说明亳州在转型发展过程中的压力尚可。分项来看，亳州面临的环境压力较为突出，在所有资源型城市中排名第 19，在中部资源型城市中排名第 10，在成熟型资源城市中排名第 14，可见亳州市在环境保护上面临较大压力与严峻挑战，在环境保护方面与全国其他城市存在较大的差距。尤其是矿山环境和居住环境压力很大，在所有资源型城市中分别排在第 1 和第 9，不利于经济社会的可持续发展。其次是经济压力，在所有资源型城市中排名第 51，位于全国中等水平，可见亳州市的经济压力尚可。亳州市的社会压力较小，在所有资源型城市中排名 92 位，进一步细分可以发现，亳州市安全压力较高，安全生产能力有待提高，就业压力和社会保障压力均比较小。在资源压力方面，亳州市面临的压力很小，资源压力指数在全部资源型城市中排名第 104 名，可见亳州市的资源利用效率较高，有利于经济社会发展。

转型能力分析

亳州市转型能力指数为 0.468，在全国资源型城市中排名 47 位，在 63 个成熟型资源城市里排名第 27，可以看出亳州市具备的转型能力一般。分项来看，相较于其他指标，亳州市资源利用能力最强，全国排名 5 位，说明其资源利用效率高，有利于亳州市经济社会循环发展。其次是创新驱动能力，在全国排名 49 位，说明亳州市重视创新在城市转型发展过程中的重要作用。分项来看，亳州市在创新人才方面做得很好，在全国排名 12 位。但是创新资金和创新基础设施投入较少。亳州市经济发展能力疲软，位列全国 68。细分来看，亳州市的经济结构转换能力比较强，全国排名 25 位，但是经济规模较小经济增长较低，在全国排名分别为 113 位和 71 位。说明亳州市经济产业没有形成良好的规模效应，经济效率一般，导致经济增长速度缓慢，不利于城市转型发展。亳州市的环境治理能力较差，在全国排名 81 位，特别是大气环境治理能力和矿山治理能力弱，阻碍了社会经济可持续发展。最为严重的是亳州市的民生保障能力，全国排名仅为 113 位，说明亳州市在民生保障方面能力欠佳，亟待提高。细分来看，亳州市的各项民生保障能力（基础建设，医疗卫生，教育，文体服务和居民收入五项指标）均很弱，均严重落后于全国平均水平，从长远上看严重阻碍了经济的长远发展与社会稳定。

综合评价

综合来看，亳州市转型压力不大，但其转型能力一般，由于经济的波动和环境污染，以及社会保障水平滞后，对转型发展造成了一定影响。亳州市转型预警指数为 0.409，在全部 116 个城市中排名 82 名，在中部地区资源型城市中排名第 26，成熟型城市中排名第 43，说明转型过程中面临的问题较轻，但仍需重视。

（5）政策建议

切实加强社会保障。推动城乡社会保障体系优化完善，使城乡居民保险制度和老农保的衔接工作扎实推进，促进城市各企业全员足额参保的实现，全方位贯彻城镇医疗保险的省内双向异地联网结算制度，使全市城镇居民的大病保险得到全覆盖，促进全社会养老服务体系构建。着力发展教育卫生事业的同时优化城乡教育资源现存布局，推动全市义务教育达到均衡发展。加强加快公共文化设施建设，实现公共文化场馆免费开放，促进公共文化服务体系在基层的延伸。完善优化全民健身的公共服务体系，推动群众体育向乡镇和社区延伸。

加强生态环境建设。提高雾霾监测的治理和预警力度，对汽车尾气、工业废气、施工扬尘、城市道路扬尘等进行专项整治，把握油气回收、垃圾焚烧、燃煤锅炉、秸秆焚烧、餐厨油烟污染等污染的治理工作。对生态环境实施调查，使动态监测体系逐渐搭建和完善，对矿山生态环境加强监测和预警、预报，极力减少勘查和开发活动对城市生态环境造成破坏和影响，踏实治理和恢复矿山生态环境，避免突发性地质灾害的发生。开始高标准林带建设，建造城市的绿色城墙，加强街头游园绿地建设和城市主干道建设。争取实现"城在林中、林在城中"的生态景观，为城乡居民打造绿色健康的生活环境。

大力促进民营经济快速发展。始终把民营经济发展作为重要出发点，努力打破土地、资金等制约因素，使经济发展的内生动力不断增强。推动全面公平发展，贯彻实施相关政策措施以支持民营经济发展。着力会展经济的发展，产供销平台建设，品牌培育和企业开拓市场得到积极有力的促进和加强。坚持内外开放，通过开放推动城市经济结构的调整，通过调整推动城市产业升级。提供标准化厂房、设立产业发展基金和优化投资环境，增强招商引资能力。增加企业投资力度，鼓励和引导企业采取战略合作、资产重组、产业链招商等方式，引进一批相关性强的工业项目，建造工业强市。积极推进信息化和工业化的深度融合，促进新材料和3D打印等新兴产业的发展。

### 6.9.8 池州市

（1）城市概况

池州，别名贵池、秋浦，是安徽省辖市。池州市地处安徽省西南部，北部和安庆市隔江相望，南靠黄山市，西南邻江西省九江市，东和东北分接壤芜湖市、铜陵市和宣城市。池州作为长江南岸重要的滨江港口城市，是长三角城市群的一员，被评为皖江城市带承接产业转移示范区城市和省级历史文化名城。池州市共辖1个区3个县，总面积达8272平方公里。[1] 到2015年止，全市共有户籍人口达161.6万人，常住人口城镇化率为51.1%。全年地区生产总值总计546.7亿元，较上年增长了8.5%。全市人均GDP为38014元，较上年增加了1747元。[2]

（2）资源特点及利用情况

池州有丰富且种类齐全的矿产资源。有据全省储量首位的方解石矿和锰矿资源，石灰石和白云石矿的资源储量位于安徽省前列，煤炭资源储量位于皖南各市前列。截

---

[1] 资料来源：池州市政府官网 http://www.chizhou.gov.cn。
[2] 资料来源：池州市经济与社会发展统计公报 2015。

至 2007 年池州市共探明各类矿产达 39 种（含亚矿种），全市已开发利用矿产达 30 种，全市固体矿产年的产矿石量为 2504.047 万吨，全年全市采矿业总产值为 10.58 亿元，利润达 8272 万元。煤炭查明资源储量共 2822.99 万吨，年产原煤达 16.5 万吨，产值为 4029 万元。金属矿产有铁矿、铜矿、钼矿、铅矿、锰矿、锌矿、金矿、钨矿、锑矿、银矿。铁矿查明资源储量为 2822.99 万吨，年产矿石达 14.4 万吨，全市产值共 3752 万元。锰矿查明资源储量为 39.167 万吨。铅矿现累计共探明资源储量共 21.83 万吨，年产矿石达 16.8 万吨，全市全年产值为 6503 万元。金矿的累计已探明资源储量为 12.71 吨，年产矿石达 8.507 万吨，产值为 1649 万元。非金属矿产有方解石、建筑石料用灰岩、熔剂用灰岩、水泥用灰岩、冶金用白云岩、砖瓦用黏土等。方解石已探明资源为 2.88 亿吨，年产矿石达 202.47 万吨，产值为 19823 万元。冶金用白云岩累计已探明查明资源储量共 4.32 亿吨，年产矿石为 325.3 万吨，产值达 9357 万元。熔剂用灰岩累计已探明资源储量为 1.68 亿吨，年产矿石达 155.9 万吨，产值为 3143 万元。水泥用灰岩现已探明资源储量共 7.17 亿吨，年产矿石为 908 万吨，产值达 34935 万元。

池州全面落实科学发展观。把握提高矿产资源对国民经济可持续发展的保障能力这一目标，促进集约型资源利用方式的转变，促进矿业循环经济发展，做到高效利用资源和有效节约资源。充分利用白云石、石灰石、方解石等非金属矿资源丰富的优势，统一规划、扶优限劣、规模开采、深度加工、延伸链条、提高效益的原则，大力发展纳米级方解石粉体材料加工。发展铅、锌、铜、钼冶炼和有色金属加工业，逐步形成以铅、锌、铜、钼等主导产品为支撑，银、金、锑等贵金属产品相配套的有色金属采选、冶炼和深加工的产业化体系。使资源优势转为经济优势，推动矿业经济实现可持续发展。

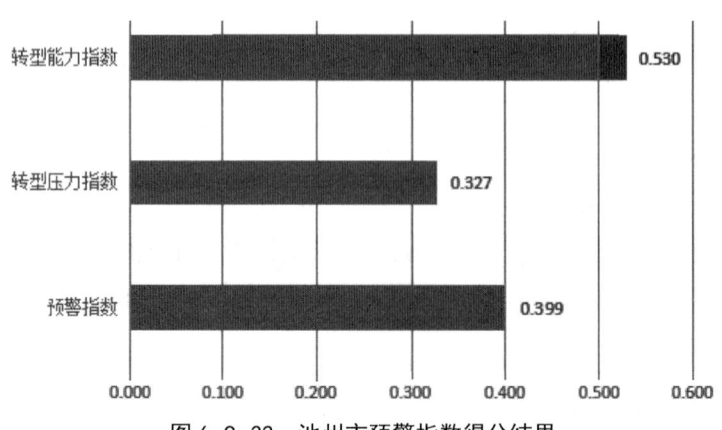

（3）指数计算结果

图 6.9.22 池州市预警指数得分结果

- 转型能力指数：0.530
- 转型压力指数：0.327
- 预警指数：0.399

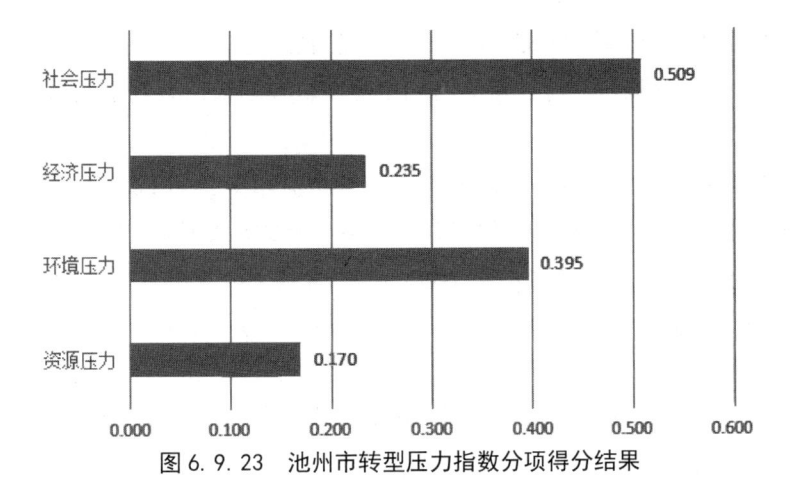

图 6.9.23 池州市转型压力指数分项得分结果

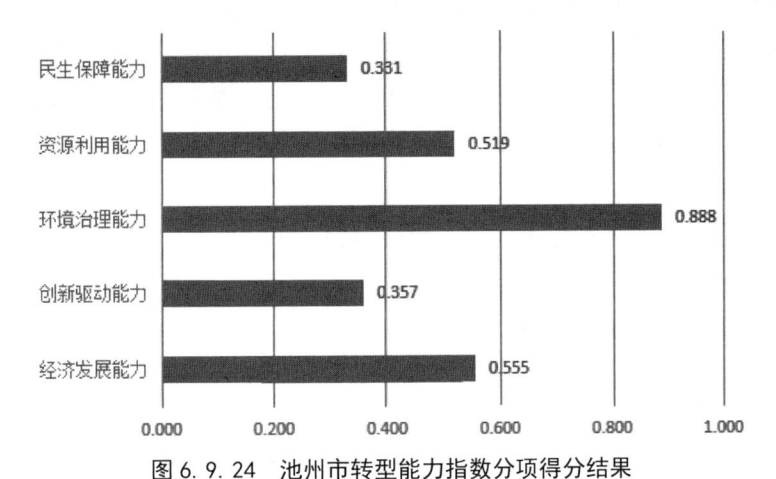

社会压力 0.509
经济压力 0.235
环境压力 0.395
资源压力 0.170

图 6.9.24 池州市转型能力指数分项得分结果

民生保障能力 0.331
资源利用能力 0.519
环境治理能力 0.888
创新驱动能力 0.357
经济发展能力 0.555

（4）指数评价

转型压力分析

池州市转型压力指数为 0.327，在全部 116 个资源型城市中排名 59 位，在中部资源型城市中排名第 19，在成熟型资源城市中排名第 30。这说明池州的转型发展遇到了一定的困难。分项来看，池州面临的社会压力较为突出，在所有资源型城市中排名第 9，在中部资源型城市中排名第 1，在成熟型资源城市中排名第 4，进一步细分可以发现，池州市各项社会压力均比较严重，说明池州市的转型发展尚有较沉重的社会负担；其中最为突出的是安全压力，其次是就业压力，这说明池州市产业结构不合理，安全生产能力和解决就业能力均待改善。其次是环境压力，在所有资源型城市中排名 67 位，可见池州市的生产方式较为环保，有利于经济可持续发展。但是其中水环境压力较大，水污染问题不容忽视。池州市的资源压力较小，在所有资源型城市中排名 69 位，这说明池州市的资源利用效率比较高，有利于城市发展。池州市面临的经济压力比较小，在所有资源型城市中排名 79 位，可见池州市经济稳步增长，有利于城市转型发展。

转型能力分析

池州市转型能力指数为 0.530，在全国资源型城市中排名 20 位，在 63 个成熟型资源城市里排名第 9，可以看出池州市具备的转型能力还是比较强的。分项来看，池州市环境治理能力最强，全国排名第 2 位，这将有利于池州市继续维持较小的环境压力，有利于经济社会可持续发展。其次是经济发展能力，在全国排名 32 位。分项来看，池州市的经济增长较慢，但是池州市的经济效率和经济经济结构转换能力尚可，分别排名全国资源型城市的第 33 位和第 26 位，池州市依然有能力实现自我发展。池州市的资源利用能力尚可，在全国排名第 43 位，较高的资源利用效率有利经济的长远发展。池州市的创新驱动能力一般，在全国资源型城市中排名 50 位，分项来看，这是由池州市在创新基础设施投入力度较小导致。池州市的民生保障能力比较弱，全国排名 62 位，说明池州市在民生保障水平比较低，特别是居民收入保障能力、医疗卫生保障能力和文体服务保障能力较弱，这十分不利于经济的长远发展与社会稳定。

综合评价

综合来看，池州市转型能力较强，主要问题在于安全压力大和创新力度不够，以及民生保障水平滞后，转型发展受到了一定影响。池州市转型预警指数为 0.399，在全部 116 个城市中排名 88 名，在中部地区资源型城市中排名第 29，成熟型城市中排名第 47，说明转型面临问题比较小，但这些问题在转型过程中不容无视。

（5）政策建议

池州应进一步健全完善工作机制。明确工作性质以及职责范围，安全责任岗达到定人、定事和定责，使群众安全生产工作有法可依，有章可循。解决全市职工群众最直接、最现实和最关心的利益问题入，把握改善生产生活环境的目标，不断加大安全生产的投入，为职工创造了高标准、高质量、高可靠性的安全生产环境。

大力实施创新驱动战略。促进科技创新与产业的整合，完善优化企业主体、以人为本和产学研用一体的技术创新体系，推动科技和产业的整合，完善市场导向性人才机制的引进，加快培植一批管理团队、创新团队和资本运作团队。

实施更加积极的就业政策。更好地发挥市场促进就业、改善城乡均等就业和创业公共服务体系的作用，辅以产业升级发展更多高质岗位，促进创业驱动就业的良性机制形成，促进就业信息传递和工作供求关系对接，使劳动者的合法权益得到保护。

协调发展社会事业。建立办学规范化常态化的管理机制；深化生产教育一体化，职教资源整合，促进产业发展急需的技能人才的培养。进一步改革县级公立医院，着力非公立医疗机构发展，推进城市基本公共卫生服务的网格化管理，使血防工作和成果得到巩固加强，控制重大传染病和职业病的预防和控制。推进文化惠民，全民健身，推动体育产业发展。

### 6.9.9 宣城市

（1）城市概况

宣城市，安徽省地级市。宣城市地处皖东南，与江苏和浙江相接，是苏浙皖3省的交汇地带，位于沪宁杭大三角的西部腰线上，是中部地区承接资本转移和东部地区产业的前沿阵地。于2000年6月经国务院批准撤地设市，现辖有1个区、5个县和1个县级市，总面积达1.23万平方公里。[①] 截至2015年，常住人口259.2万人，城镇化率50.64%。2015年全市地区生产总值达971.5亿元，相较上年增长了8.2%，全年全市人均生产总值共37610元，相较上年增加了1884元。[②]

（2）资源特点及利用情况

宣城有丰富的矿产资源，累计探明各类矿产共55种（含亚种），包括2种能源矿产有煤和石煤，煤炭共查明资源储量达21537万吨，石煤共查明资源储量达296万吨。金属矿产包括钨、铜、钼等共10种，铜矿累计已探明金属资源储量共19.66万吨，钨矿共查明资源储量达4.7933万吨，钼矿累计共查明资源储量达1.605万吨。已探明的42种非金属矿产包括石灰岩、萤石、方解石、花岗岩等，水气矿产分布于全市330个矿区，有矿泉水等。非金属矿产种类丰富，其中水泥用灰岩资源储量最为丰富。优势矿产包括化工用灰岩、水泥用灰岩、和方解石；水泥用灰岩、普通萤石、煤、方解石、建筑石料用灰岩和砖瓦用黏土等为主要正在开发利用矿产。水泥用石灰岩累计已查明资源储量共75345万吨，潜在资源达40多亿吨，化工用灰岩累计已查明资源储量共2827.5万吨，方解石累计已查明资源储量达2924万吨。特色矿产包括珍珠岩、沸石、叶蜡石、水晶、硅灰石等；境内矿产资源分布集中，非金属矿产和能源矿产主要受古生代地层控制，金属矿产主要受中生代岩浆岩和主干断裂控制。

宣城市把握市场导向作用，追求综合效益，贯彻"十分珍惜，合理开发，充分利用，有效保护"的基本原则，实事求是，挖掘潜力，综合利用，统筹兼顾，优化矿业结构，调整矿业布局，着力发展矿业，协调矿业的资源效益、经济效益、环境效益和社会效益。使优势矿产水泥用灰岩及配料和化工用灰岩、方解石得到优先开发。优化调控煤、建筑石料、石煤、普通萤石、砖瓦用黏土等。推动金属矿产勘察、开发、利用，提高其综合利用的水平。构建特色矿产资源初步体系和优势矿产资源储备体系，积极勘察、开发、利用有潜力矿产。

---

① 资料来源：宣城市政府网站 http://www.xuancheng.gov.cn。
② 资料来源：宣城市2015年国民经济与社会发展统计公报。

（3）指数计算结果

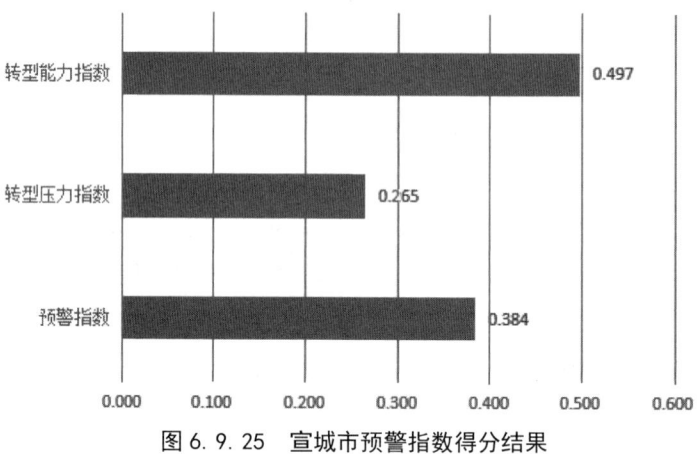

图 6.9.25　宣城市预警指数得分结果

- 转型能力指数：0.497
- 转型压力指数：0.265
- 预警指数：0.384

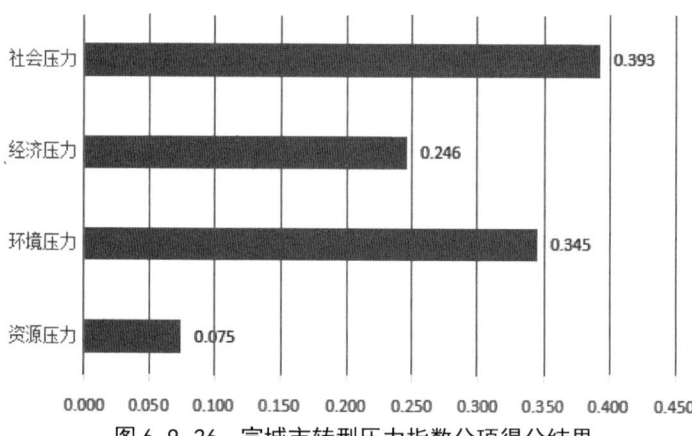

图 6.9.26　宣城市转型压力指数分项得分结果

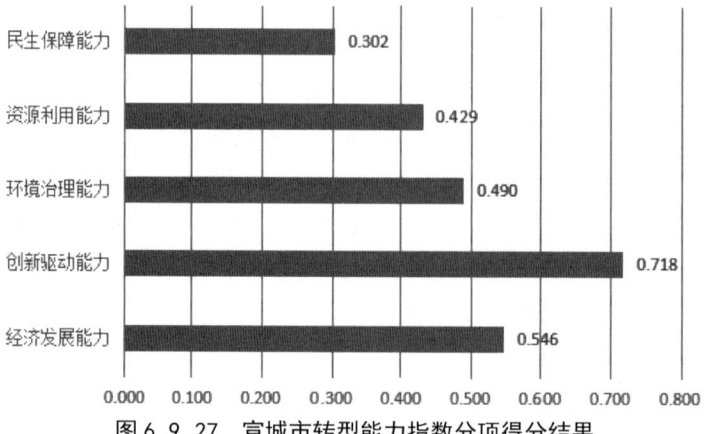

- 社会压力：0.393
- 经济压力：0.246
- 环境压力：0.345
- 资源压力：0.075

图 6.9.27　宣城市转型能力指数分项得分结果

- 民生保障能力：0.302
- 资源利用能力：0.429
- 环境治理能力：0.490
- 创新驱动能力：0.718
- 经济发展能力：0.546

（4）指数评价

转型压力分析

宣城市转型压力指数为0.384，在全部116个资源型城市中排名第93位，在中部资源型城市中排名第31位，在成熟型资源城市中排名第51位，这说明宣城的转型发展承受的压力较小。分项来看，宣城面临的社会压力较为突出，在所有资源型城市中排名第29，在中部资源型城市中排名第6，在成熟型资源城市中排名第16。进一步细分可以发现，宣城市的安全压力比较大，在全国排名19位，这说明宣城市产业结构不合理，安全生产能力有待改善。其次是经济压力在所有资源型城市中排名第76，宣城市面临的经济压力较轻，有助于城市经济良好发展，推动城市转型。宣城市的环境压力相对较小，排名全国82名，好于全国资源型城市的平均水平，这说明宣城市的生产方式较为环保，有利于经济可持续发展，应当继续保持。在资源压力方面，宣城市在全国排名99位，可见宣城市的资源利用效率较高，面临的资源压力也相对较轻。

转型能力分析

宣城市转型能力指数为0.497，在全国资源型城市中排名第35位，在63个成熟型资源城市里排名第19，可以看出宣城市具备的转型能力还是比较强的。分项来看，宣城市创新驱动能力最强，全国排名4位，这将有利于宣城市提高社会整体生产力水平，全面提升经济增长的质量和效益，有力推动经济发展方式转变。其次是经济发展能力，在全国排名35位，说明宣城市经济虽然受经济规模影响，但是有着较强的经济结构转换能力和经济效率，因此宣城市实现自我发展的能力依然很强。宣城市的民生保障能力较弱，全国排名仅为第71位。分项来看，宣城市的各项民生保障能力指标排名均落后于全国平均水平，这说明宣城市民生保障的水平比较低，不利于经济的长远发展与社会稳定。宣城市的资源利用能力比较弱，在所有资源型城市中排名第71位，在中部城市排名第25名，在63个成熟型资源城市排名第40名，这说明宣城市资源利用效率低，对城市发展形成阻碍。在环境治理能力上，宣城市能力也不足，在全国排名仅为第79名。细分看来，特别是大气环境治理能力和居住环境治理能力比较弱，分别在全国排名第95位和第94位，这不利于经济社会的可持续发展。

综合评价

综合来看，宣城市转型压力较小，且转型能力不错。但是由于环境污染以及社会保障水平滞后，转型发展遇到了较为明显的困难。宣城市转型预警指数为0.384，在全部116个城市中排名99名，在中部地区资源型城市中排名第32，成熟型城市中排名第54，说明转型面临问题较小，但仍不可小视。

（5）政策建议

保障改善民生。推动社会保障建设，促进城乡居民养老保险工作完善，完善优化被征地农民相关社会保障政策。规范全市职工医疗、工伤和失业保险市级统筹工作。全面实施城镇居民大病保险。扎实推进农村优抚对象、五项保障和城乡低保等保障水平的提高。推动建立新型城乡养老服务体系，加速农村敬老院的转型升级工作，创立政府为居家养老购买服务补贴的制度。现代教育优先发展，义务教育学校标准化建设规划继续完善，培育优质师资队伍。推动县级公立医院改革以及基层医改贯彻落实。积极开展丰富群众生活的文娱活动，加快文化广场、公共电子阅览室、广电"村村通"工程建设。

加强环境保护和节能减排。持续开展大气污染综合防治，加快淘汰黄标车和老旧车辆，强化秸秆禁烧工作和高污染燃料禁燃区环境管理。推广运用节能环保新工艺、新技术、新设备，鼓励生产使用节能产品节水产品和节材产品。促进城镇园林绿化工程建设，创造绿色居住空间。

## 6.10 福建省

### 6.10.1 三明市

（1）城市概况

三明市地处福建省中部，与西北隅连接，东邻福州市，西依江西省，南毗泉州市，北靠南平市，西南与龙岩市相接。三明市是福建省区域性综合交通枢纽和物流中心、区域性中心城市和先进制造业基地。三明市作为新兴工业城市，是福建矿产的"聚宝盆"[1]。到2015年为止，三明共辖2个区、1个市和9个县，全市年末常住人口共253.0万人，包括城镇常住人口共142.4万人，人口自然增长率为7.5‰。全年实现地区生产总值达1713.05亿元，相较上年增长了8.5%。其中，其中第二产业增加值为875.16亿元，增长了8.7%。人均地区生产总值达67978元，相较上年增长了8.1%。其中，第二产业增加值比重为51.1%[2]。

（2）资源特点及利用情况

三明资源丰富。探明金属和非金属矿种达79个，其中49种已探明储量，43种已开发利用，石灰石、石英石、钨、萤石、稀土储量位居福建省前列，其煤储量占福建省的42%、煤炭年产量高居福建省第2位，华东地区最大的有色金属矿尤溪铅锌矿坐落于此，其重晶石储量位居全国第5位。其矿产资源由于地质构造差异分布不均，造成资源空间分布不均匀。全市煤矿主要分布于大田、清流、永安、将乐等地，品

---

[1] 资料来源：三明市政府网站 http://www.sm.gov.cn/sq/。
[2] 资料来源：三明市经济与社会发展统计公报2015。

种单一；全市铁矿主要分布于永安、大田等地；全市金矿主要分布于泰宁、尤溪、建宁一带；铅、铜、锌、硫铁矿主要分布于大田、永安、尤溪、将乐一带；钨矿分布于宁化和清流等地；重晶石主要分布于永安和明溪等地；石灰岩分布于永安、清流、将乐、大田、宁化、三元等地；萤石主要分布于明溪胡坊、将乐常口和清流余朋[①]。

无烟煤、重晶石、钨矿、铅锌矿、铁矿、金矿、石灰岩、大理岩等在三明市的矿业经济中占重要地位，且储量相当，矿质好，已得到大量开采。目前三明市将稀土、铅锌、石灰石、萤石、铁定为首批政府资源调配试点的矿种，着力培植稀土、铸锻、硅、氟、铅锌、新型建材等六大矿产品的深加工产业链，使矿业的产业结构有力提升，资源得到合理配置。

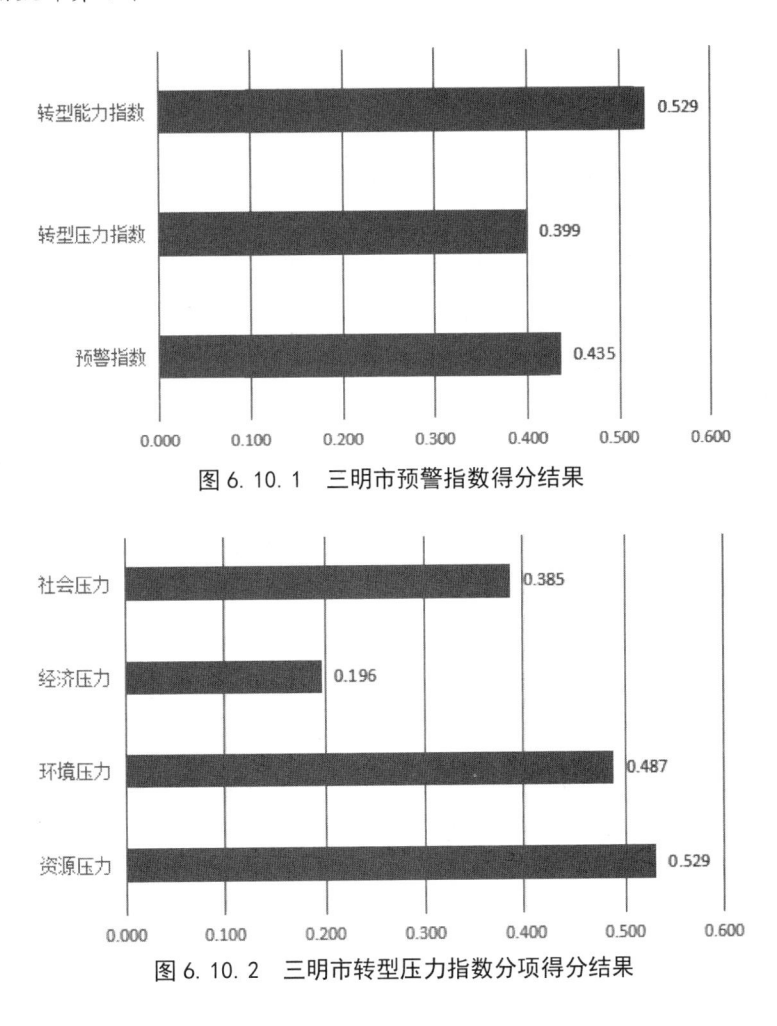

（3）指数计算结果

图 6.10.1　三明市预警指数得分结果

- 转型能力指数：0.529
- 转型压力指数：0.399
- 预警指数：0.435

图 6.10.2　三明市转型压力指数分项得分结果

- 社会压力：0.385
- 经济压力：0.196
- 环境压力：0.487
- 资源压力：0.529

---

① 资料来源：三明市政府网站 http://www.sm.gov.cn/sq/sqgk/zrhj/。

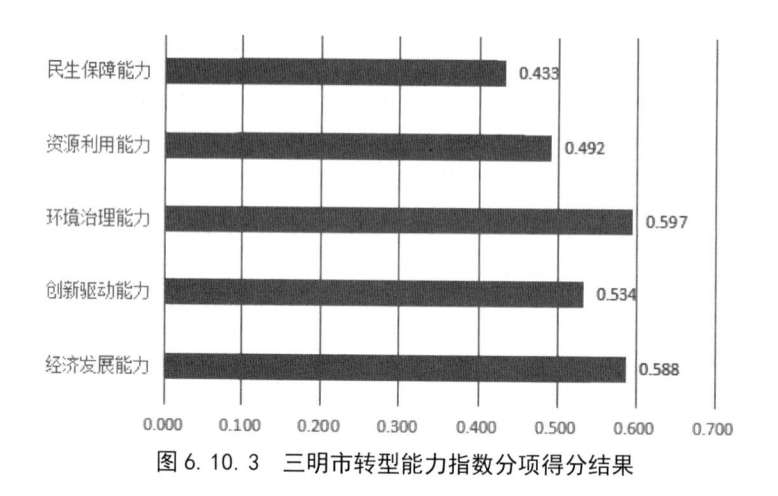

图 6.10.3 三明市转型能力指数分项得分结果

（4）指数评价

转型压力分析

三明市的转型压力指数为 0.395，在全国资源型城市中排名第 24 位，在东部城市中排名第 2 位，在成熟型资源城市中排名第 11 位。由此可见，三明市的转型压力较大。分项来看，三明市面临的最大转型压力为资源压力，其指数为 0.520，在全国排名第 19 名，这说明三明市在资源利用开发方面存在一些问题，对经济发展造成阻碍。其次，三明市还面临着一定程度的社会压力，其社会压力指数为 0.385，在全国排名第 33 名，其中就业压力最小，其次是社会保障压力，安全压力最大。三明市作为一个资源型、旅游型、文化型城市，人口流动量大，城市日常运作复杂，而城市的安全监管力度不够强，导致安全问题比较严重。另外，三明市还面对一定的环境压力，其环境压力指数为 0.485，在全国排名第 37 位，超出全国资源型城市的平均水平。细分来看，其中最主要的是居住环境压力和水环境压力。这说明三明市居住环境不佳，城市建设和城市规划水平不高。三明市的水质量不乐观，鉴于其城市特色，原因可能在于其工业废水排放量大，同时监管措施力度不够。三明市的经济压力最小，指数为 0.196，在全国排名第 90 位。其经济增长、经济结构和经济区位所面临的阻力较少；值得注意的是，三明市面临着一定的财政压力，这说明市政府的日常财务运作环节可能有一定困难，一般财政收入可能不足以支撑日常活动，同时也无法为城市的转型提供充足的资金支持。

转型能力分析

三明市的转型能力指数为 0.527，在全国资源型城市中排名第 22 位，东部城市中排第 7 位，成熟型资源城市中排名第 12 位。可以发现，三明市的转型能力较为强劲。分项来看，三明市的创新驱动能力最强，指数为 0.534，位于全国资源型城市第 12

位，属于较高水平。其细分项目中，创新资金投入和创新基础设施建设的能力也较强；但是，创新人才指数相比之下较低，这说明三明市对于培养、引进创新人才的力度不够强。三明市的经济发展能力同样强势，指数为0.588，位于全国第22位。其中，三明市经济增长迅速，经济结构转换能力较强，经济发展水平和经济效率尚可。可以看出三明市的经济潜力很大，经济管理工作到位，经济结构也较为合理。三明市的民生保障能力尚可，指数为0.433，位于全国第29位。在民生保障方面，细分来看，三明市的居民收入、基础设施和医疗卫生的保障能力较为弱势，可见该市在社保方面的措施力度有限，有较多的政策缺陷，这也可能与其较大的财政压力有关。三明市的资源利用能力相对较弱，位于全国第50位，属于中游水平，说明三明市的矿产资源利用效率有待加强，这不利于缓解其存在的资源压力，资源的紧缺和浪费将阻碍其经济的持续发展。三明市的环境治理能力相对最弱，在全国排名中位于第54位，这说明三明市的环境治理能力遇到了瓶颈，考虑到三明市已经面临着相当程度的环境压力，其治理能力亟须进一步的优化。其中，矿山环境治理能力最为薄弱，这说明三明市在资源治理方面技术不成熟，另一方面也体现了三明市不够注重对矿产地区环境的保护与整顿。

综合评价

综合来看，三明市转型预警指数为0.439，在全部116个城市中排名62名，在东部地区资源型城市中排名第7，成熟型城市中排名第35。三明市面临着较为突出的转型压力，也具备着较强的转型能力，资源危机和环境问题是当下三明市面临的重大阻碍，同时在社会保障、财政、创新人才等方面也存在着一定缺失，需要得到合理有效的解决，以发挥其在经济领域的既有优势和巨大潜力。

（5）政策建议

三明市目前亟须缓解其资源压力，应当从资源储备和资源利用效率两方面着手解决。一方面，规范资源开放流程，同时推进对外开放和资源合作，获得优质资源。另一方面，优化生产方式，继续重点培育各类矿产品深加工产业链，以充分利用矿产资源，提高资源利用效率，做好企业内部的生产方式升级。

为缓解社会压力，三明市一方面需要在安全问题上着手，提高安全监管力度，合理配给相应的监管资源。另一方面，在民生保障方面，三明市需要着力解决居民收入、基础设施和医疗卫生保障等方面的问题；进一步调整产业结构和进一步扩大就业面，对城乡居民的基本医疗保险制度逐步整合和进一步提高全市基本医疗保险的最高支付限额；进一步提高全市社会保障的服务管理水平，使人民生活得到切实保障。

在环境方面，三明市迫切需要解决城市居住环境和水环境的问题。三明市应当加大城市建设和城市规划的投入力度，围绕绿色发展的主题规划布局；加强农村地区基础设施建设，打造良好居住环境。三明市需要加强水质的检测，并针对污染做出有效的应对措施，鼓励环境友好型生产方式，加大绿色发展的推广力度，进行有针对性的严厉惩罚。三明市的矿山环境治理能力也有待加强，建议向其他拥有相关经验的地区进行学习，同时引进相关技术装备和科技人才进行治理。

针对财政压力，三明市应当大力吸引投资，调整当地财政结构，配合"十三五"进行合理改革。此外，三明市应当制定相关福利政策来吸引创新人才，同时应加大在高等教育方面的投入，来培养一批高端创新人才，为三明市的成功转型做出贡献。

### 6.10.2 南平市

（1）城市概况

南平市位于福建省北部，地处武夷山脉北段东南侧，东北与浙江省相接，西北与江西省相连，东南与宁德市和福州市闽清县交界，西南毗邻三明市。被称为"闽北"，辖区面积共2.63万平方公里，占福建省面积的五分之一，是典型的"八山一水一分田"中国南方城市[①]。到2015年为止，共辖有2个市辖区、3个县级市和5个县。2015年年末全市户籍人口共319.86万人，年末全市常住人口共264万人，人口自然增长率为6.1‰。全市城镇化水平为54.0%。经初步计算，年均GDP为1339.51亿元，相较上年增长了9.1%。第二产业增加值总计578.16亿元，增长了8.6%。[②]

（2）资源特点及利用情况

南平已探明矿产有50多种，其中30多种已探明储量，如铜、铅、锌、铌钽、玻璃、煤、铁、金、银、钨、锡、铂钯、石墨等。全市已探明11处大型矿产产地，如政和压电水晶、浦城硫铁矿、熔炼水晶、光泽萤石矿等。15处中型矿产地，其中4处为铅锌矿、4处为萤石矿、1处为石灰岩矿1处、2处为蛇纹岩矿，2处为硫铁矿，1处为铌钽矿，1处为水泥硅质原料。共有80余处小型矿产产地。已知700余处矿点矿化点，化探异常点200多处，重砂异常点200多处，分流异常点50多处，磁异常点20多处，地面磁异常点百余处。南平市有不同规模的矿山采矿点30多个。包括邵武煤矿、浦城铜矿、萤石矿和硫铁矿等。南平市主要矿种储量：钽铌矿储量达2336万吨（矿石，下同），位列全国第一和亚洲第二位。萤石矿储量总计254.8万吨、硫铁矿储量总计2459万吨、石墨矿储量总计634万吨，其储量位居福建省第一位[③]。

南平市矿产资源开发的集约化水平和规模化水平显著增强。针对矿产资源开发，

---

① 资料来源：南平市政府网站 http://www.np.gov.cn/cms/html/npszf/2015-09-07/1300989139.html。
② 资料来源：南平市国民经济与社会发展统计公报2015。
③ 资料来源：南平市政府网站 http://www.np.gov.cn/cms/html/npszf/2015-09-07/154467645.html。

南平市政府同省地质矿产勘查开发局签订了矿产资源勘查开发的合作协议,使福建北部的地质勘查工作全面推进,探索一批矿产资源储备。该市矿产勘查项目逐年增多。金、铅、锌、银、钼找矿成果显著,提交了20多处矿产地以进一步工作,其中已经开发利用的矿产地有11处已成为采矿业的新经济增长点(截至2010年)。针对矿产资源整合,南平市政府出台《南平市矿产资源开发利用整合方案》,对矿产一体化,矿区综合整合以及参与整合的矿业权名单和整合后拟设置矿业权方案进行清理和登记,促进矿产资源一体化整合。该市减少了25个矿业权,共计整合了49个矿业权[①]。

(3)指数计算结果

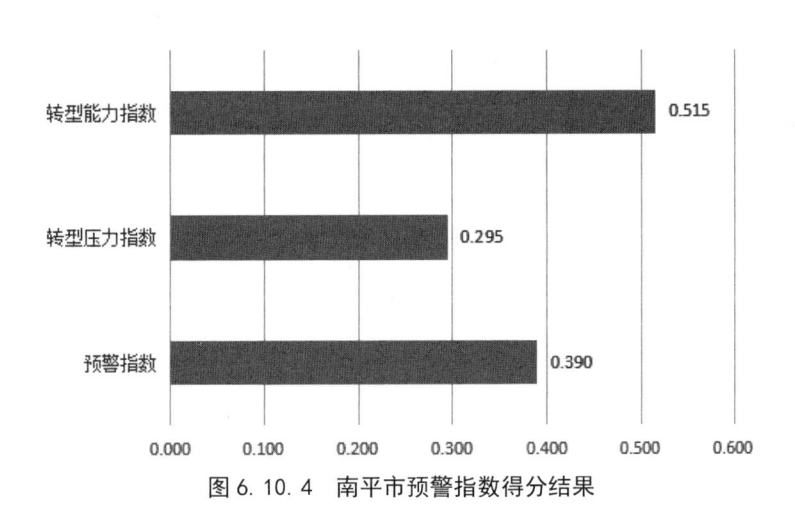

图 6.10.4 南平市预警指数得分结果

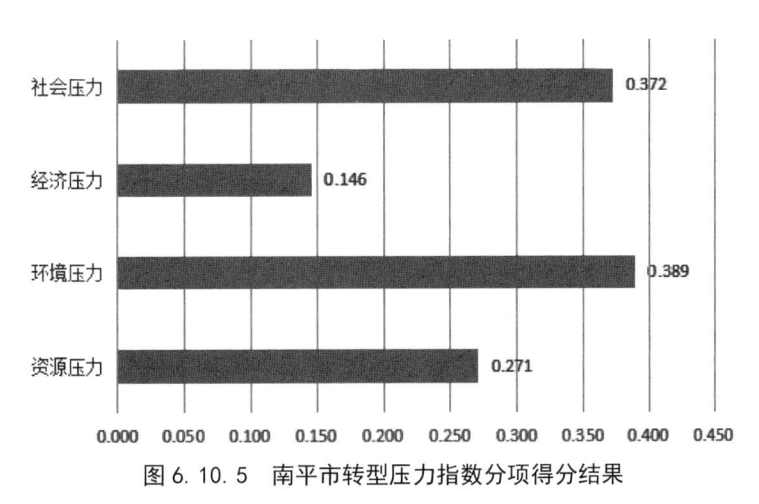

- 转型能力指数：0.515
- 转型压力指数：0.295
- 预警指数：0.390

图 6.10.5 南平市转型压力指数分项得分结果

- 社会压力：0.372
- 经济压力：0.146
- 环境压力：0.389
- 资源压力：0.271

---

① 资料来源：中华人民共和国国土资源部 http://www.mlr.gov.cn/xwdt/dfdt/201105/t20110506_862382.htm。

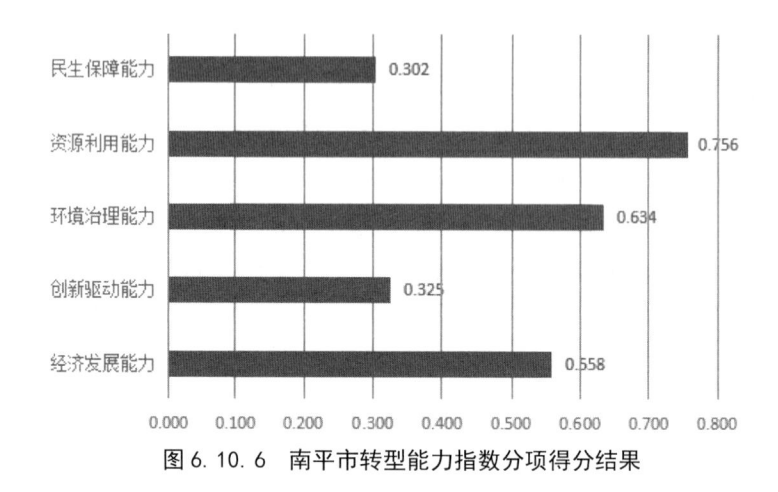

图 6.10.6　南平市转型能力指数分项得分结果

（4）指数评价

转型压力分析

南平市的转型压力指数为0.298，在全国资源型城市中排名为第82名，东部城市排16名，成熟型资源城市中排第45名。从中可以看出，南平市总体的转型压力并不大。分项来看，南平市面临的最大压力为社会压力，全国排名第39名，东部城市排9位，成熟型城市排23位。细分来看，安全压力和社会保障压力较为突出，说明南平市的生产方式较为粗放，生产流程中存在一定的安全隐患，城市安全保障力度需要加强，同时，针对城市居民的社会保障制度不够完善。其次，南平市也面临着一定程度的资源压力指数，在全部资源型城市中排名第45，这说明南平市的资源储量表现出一定程度的匮乏，资源利用效率水平一般，已经无法满足其经济发展的要求。南平市的环境压力指数为0.389，位于全国第70名，成熟型资源城市中第42名，与过半的资源型城市相比环境压力较小，但仍存在一些问题，其中，居住环境压力指数最大，说明南平市在城市规划和建设方面投入不够，或者面临一定的经济、文化和社会等方面的问题。其次是水环境压力，根据2015年南平市环境状况公报，全市3条主要水系水质状况良好，但Ⅰ—Ⅲ类水质达标率较上年下降1.9个百分点，说明南平市在水质治理方面还需要加强。最后，南平市面对的经济压力相对最小，指数为0.146，在全国资源型城市中排第108位，东部城市排第17位，成熟型城市中排第57位。从中可以看出，南平市经济发展平稳良好，经济持续增长，经济结构较为稳定。

转型能力分析

南平市的转型能力指数为0.510，在全国资源型城市中排名24位，在成熟型资源城市里排名第13，在东部城市中排9位。可以看出南平市具备较强的转型能力和较大的发展潜力。分项来看，南平市的资源利用能力最强，指数为0.752，全国排名第11位。较高的资源利用能力有利于南平市缓解其当下的资源压力，充分发挥自身的资源优势进行生产，同时也说明南平市的矿产资源开发利用布局和结构调整正在得到不断优化。南平市的环境治理能力指数为0.634，全国排名第44位，这说明南平市在环境治理方面具有不错的技术水平和相关政策的支持，但是考虑到其较大的环境压力，南平市的环境治理能力仍然需要进一步的提升。细分来看，南平市的矿山环境治理能力很强，但是在大气环境治理方面十分薄弱，有待重视和提高。此外，南平市拥有不错的经济发展能力，指数排名位于全国资源型城市的第30位，成熟型资源城市的第11位。其中，南平的经济增长较快，经济结构转换能力不错，经济效率和经济规模尚可。这说明南平市的经济运行总体平稳，经济结构较为合理，经济发展质量和效益较高，但还未步入产业成熟阶段，可能存在体量小、效率低下的问题，在效率方面需要提升，经济规模仍需扩大。南平市的创新驱动能力尚可，指数为0.325位于全国资源型城市的60名。细分来看，创新人才引进幅度和力度尚可，但处于转型关键时期，相对不够，创新资金投入和创新基础设施的建设很少，这将导致经济缺乏内在的驱动力，不利于转型。南平市的民生保障能力较弱，指数为0.298，位于全国第72位，细分来看，南平在基础设施和医疗卫生方面的保障能力最为薄弱，这说明南平市的社会保障体系不完善，保障推进政策中存在某些问题，面临一定的社保压力。

综合评价

综合来看，南平市转型能力较强，其中在资源利用、经济发展方面拥有较大的优势。但在另一方面，社会保障的缺失、资源紧缺的凸显成为南平市面临的主要压力。南平市的转型预警指数为0.393，在全部116个城市中排名94名，在东部地区资源型城市中排名第12，成熟型城市中排名第52，说明目前其转型面临的问题较小，拥有很大的发展潜力。

（5）政策建议

首先，南平亟须完善社会保障制度，最主要的是推进养老、医疗保险从制度全覆盖向人员全覆盖，深化医药卫生体制改革，提高基层医疗服务水平。此外，进一步提高农村低保的保障标准，合理考量全市地区生产水平和各地区农村居民的生活需求，以合理评定最低生活保障线。

其次，南平市应当继续保持自身优势，维持较高的资源利用能力，规范资源开放流程，优化生产方式，提高资源利用效率，做好企业内部的生产方式升级，进一步提升矿产资源开发利用的布局和结构调整，缓解其资源压力。同时，推进对外开放和资源合作，获得优质资源，满足产业发展的需求。

经济方面，为提升经济效率和扩大经济规模，南平市应当深化改革，吸引更多投资,努力调整结构和转型升级;落实供给侧结构性改革措施,重视创新发展,勇于拓展发展空间,进而打造和培育新的经济增长点,增加新的有效供给。同时,应当积极响应"大众创业,万众创新"的政策,制定具有吸引力的政策来引进创新人才,同时,创新资金投入和创新基础设施的建设也须提上日程,为经济发展和产业转型提供内在的驱动力。

南平市的环境治理能力需要提升,首先应该加大城市规划和城市建设,提升城市生活品质;在水环境方面,需要更新水质检测标准,提升监督效率和力度;在更为薄弱的大气环境方面,应加大空气污染治理方面资金和技术的投入。

### 6.10.3 龙岩市

（1）城市概况

龙岩市地处福建省西部,被称为闽西。东接泉州和漳州两市,西接江西省赣州市,南与广东省梅州市相邻,北与三明市毗邻,在内陆腹地和沿海地区的结合部,是福建地区沿海与内地联结的主干道,具有优越的地理位置。龙岩市有丰富的矿产资源,现已探明的矿物种类达64种,其马坑铁矿为华东第一大铁矿,中国最大的高岭土矿之一东宫下高岭土矿坐落于此,全国著名的铜金矿区紫金山也同样坐落于此。目前已探明资源储量的矿产地共300多处,包括15种矿产,已探明资源储量占全省第一位[①]。截至2015年,龙岩市市辖7个县（市、区）,年末全市常住人口261万人,人口自然增长率8.7‰,城镇化水平为52.6%。全年共实现地区生产总值达1738.45亿元,按可比价格计算,相较上年增长了8.9%。第一产业增加值为200.62亿元,增长了3.9%;第二产业增加值为914.82亿元,增长了9.0%;第三产业增加值为623.02亿元,增长了10.2%;全市人均地区生产总值为66864元,相较上年增长了8.2%[②]。

（2）资源特点及利用情况

龙岩市有丰富的矿产资源,是福建省重要的林区和矿区。龙岩既是金山银山,也是绿水青山。包括已探明矿种64种,其中18种金属矿,40种非金属矿,3种能源矿产,3种其他矿产。共16种矿物包括铁、金、银、铜、高岭土、无烟煤、石灰岩等的探明储量位居福建省首位,已探明资源储量的矿产达33种,全市矿产的潜在价值逾千亿元。已探明11处大型矿床、44处中型矿产。华东第一大铁矿马坑铁矿,全国第二大铜矿紫金山铜矿和全国四大优质高岭土矿之一的东宫下高岭土矿等大型或特大型矿床享誉省内外。此外永定县和新罗区为全国重点的产煤县。

---

① 资料来源：龙岩市政府网站 http://www.longyan.gov.cn/lygl/shsy/kjsy/。
② 资料来源：龙岩市经济与社会发展统计公报 2015。

龙岩市全力提高矿产资源的利用水平。促进先进的采矿技术和设备的发展利用,增加采矿回采率,选矿和冶炼回收率,促进尾矿综合利用和废石综合利用。依照国家和省对重要优势矿种的认定对其进行开采总量控制,钨、稀土、萤石等矿种的年采矿石量应符合省和国家指标。对矿区生态环境加强保护。保护矿山环境从矿山开发利用源头做起,对环境保护、矿产开发利用和土地复垦等方案进行严格审查,充分实施企业责任制和矿山生态恢复治理补偿机制,打击非法采矿作业。改善污染排放监测体系和矿山环境保护,利用遥感网络等先进技术加强铅、金、锌等对环境和生态具有破坏性的矿种以及其他大中型矿山企业排污进行实时监测,确保矿山企业的"三废"排放达标。贯彻落实矿山生态环境的恢复治理保证金制度,加强矿山地质环境治理和恢复[①]。

(3)指数计算结果

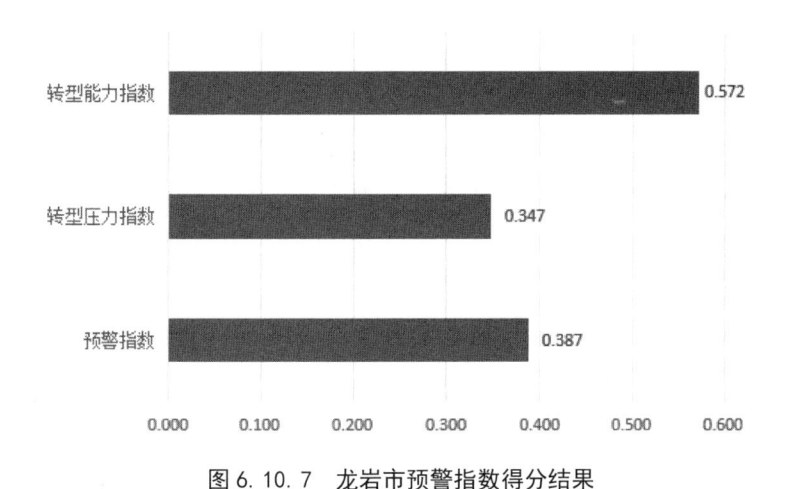

图6.10.7 龙岩市预警指数得分结果

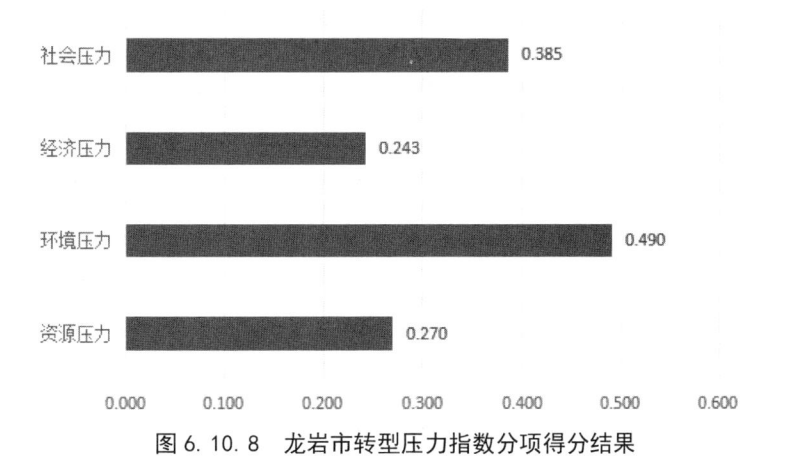

图6.10.8 龙岩市转型压力指数分项得分结果

---

① 资料来源:龙岩市生态规划 http://www.longyan.gov.cn/rdzt/stsjs/stgh/rw/201402/t20140220_385970.htm。

民生保障能力 ███ 0.300
资源利用能力 ████████ 0.817
环境治理能力 ██████ 0.602
创新驱动能力 █████ 0.532
经济发展能力 ██████ 0.610

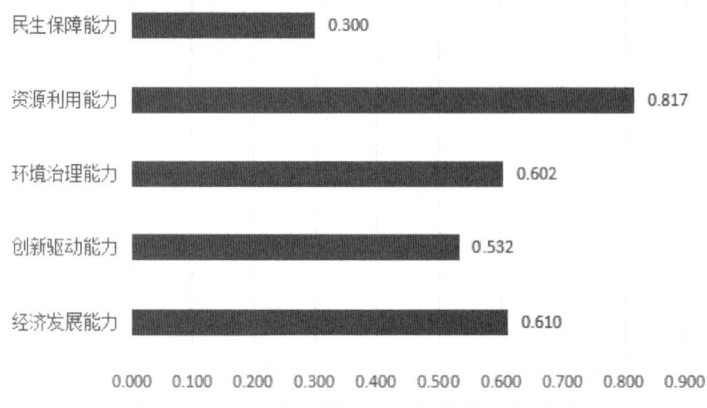

0.000 0.100 0.200 0.300 0.400 0.500 0.600 0.700 0.800 0.900

图6.10.9 龙岩市转型能力指数分项得分结果

（4）指数评价

转型压力分析

龙岩市转型压力指数为0.387，在全部116个资源型城市中排名47位，在东部资源型城市中排名第9位，在成熟型资源城市中排名第24。这说明龙岩的转型发展已经面临着一定程度的困难。分项来看，龙岩市的社会压力最为突出，在所有资源型城市中排名第34，说明龙岩市具有较沉重的社会负担。细分来看，安全压力最为严重，其次是社会保障压力。这说明龙岩市的产业结构和生产方式仍然比较粗放，安全生产能力不够，不利于经济的平稳运行，同时社保推行面不广、人民生活质量难以得到保障和提升。龙岩面临的环境压力也较为突出，在所有资源型城市中排名第36，在东部资源型城市中排名第4，在成熟型资源城市中排名第23，可见龙岩市面临的环境压力较大，对城市发展和转型造成很大程度的阻碍。其中，龙岩面临的最大压力来自居住环境和矿山环境。龙岩市山多地少，人口较为分散，城市建设方面所需成本较大，与同省的沿海城市在各方面存在明显差距。龙岩拥有一部分废弃矿山，对环境造成了较大程度的负担。龙岩市还面临着一定程度的资源压力，在全部资源型城市中排名第46，这放映出龙岩市的资源储备已进场呈现出相对紧缺的态势，同时资源利用水平可能跟不上经济发展的步伐龙岩市的经济压力相对较小，排名全国第77名，说明龙岩经济增长较快，经济发展强势。其经济压力主要体现在财政方面，反映当地政府仍需扩大一般财政收入，并合理使用分配。

转型能力分析

龙岩市转型能力指数为0.572，在全国资源型城市中排名第10位，在63个成熟型资源城市里排名第4，在东部城市中排名第5。从中可以看出龙岩市的总体转型能力较强，自身拥有较大的潜力。分项来看，龙岩市的资源利用能力最强，全国排名第7位，这将有利于龙岩市充分发挥自身的资源优势进行生产，同时也说明龙岩市可能进一步探索资源产品深加工的路线。龙岩市的创新驱动能力较强，全国排名第13位。龙岩市正处于转型升级的关键时期，曾经带来增长的传统资源依赖型产业正逐渐衰退，科技创新动力的重要性更加凸显，其较高的创新驱动能力说明龙岩市的创新创业环境不断优化，技术创新能力不断提升，提升了城市的综合转型能力[①]。其次是经济发展能力，在全国排名16位，其中，龙岩市的经济增长较为迅速，经济效率较高，排全国第19名，经济发展到了一定规模。但是另一方面，龙岩市的经济结构转换能力与其他同级指标差距较大，排名全国第66名。从中可以看出，龙岩市的经济已经发展到了一定的高度，但在已经成型的经济结构上难以做出调整，矿产资源型产业比重仍然较大，产业单一化、重型化的问题较为突出，不过总体而言，龙岩市具备强势的经济效率和经济发展水平，将有利于龙岩市的持续发展和转型。在环境治理能力方面，龙岩在全国资源型城市中排名第51位，属于中等水平。最后，龙岩市的民生保障能力也较为落后，全国排名位于第73位，其中最薄弱的两块为基础设施和医疗卫生保障能力，需要加强。

综合评价

综合来看，龙岩市的转型能力不错，拥有良好的创新能力和资源利用能力。但是龙岩面临的转型压力也大，最主要的问题在于恶化的生态环境和滞后的社会保障水平，此外，龙岩市的产业结构仍有待进一步完善。龙岩市转型预警指数为0.387，在全部116个城市中排名97名，在东部地区资源型城市中排名第13，成熟型城市中排名第53，可以看出龙岩总体问题较轻，拥有一定的转型实力和发展潜力。

（5）政策建议

龙岩市目前最为突出的问题在于社会压力，亟须得到改善。龙岩应该在民生保障方面加大重视力度。推动增长性民生工程，通过提高就业保障民生，推动积极的就业政策实施，提高就业稳定性和就业质量，提高大众工资性收入。实现创业富民，鼓励基于工业配套的精准化创业；促进孵化基地和网络创业园区建设，年内争取使网络创业载体覆盖市县乡。保障利民，促进城乡低保自然增长机制贯彻落实，实施社保扩面行动，大力进行棚户区改造，优化征地补偿和拆迁安置方式，促进拆迁由实物安置为主向货币化安置为主的转变、促进征地由货币化补偿向全面保障转变。扎实做好普惠性民生，促进教育均衡发展，构建现代医疗卫生体系，进一步优化基层公共卫生服务体系，推进文体事业繁荣发展，构建养老服务体系。让群众分享到更多改革发展的成果。

环境方面，龙岩首先应该优化城镇规划布局，深化宜居环境建设。龙岩还必须加大环境执法力度，强化综合治理，这样就能营造更为良好的生活环境和生产环境。另

---

① 资料来源：关于印发龙岩市"十三五"科技发展和创新驱动专项规划的通知 http://www.longyan.gov.cn/zwpd/ghyzj/zxgh/201606/t20160630_604038.htm。

外，龙岩市必须加大能源资源节约力度，基于清洁目标降耗目标和少排放目标扎实促进节能减排工程。全方位实现结构、工程和管理减排，对节能减排的新产品、新技术、新装备进行合理应用，逐步全市淘汰落后产能，推动绿色循环的低碳经济发展，进一步推动资源节约化集约化利用，进循环经济园区、企业建设试点，积极发展生态型经济和循环经济，为资源型城市的转型奠基。

同时，龙岩应该继续保持经济增长的优势，全力应对下行压力，保持经济平稳发展。龙岩应当全力推进产业转型升级，继续推动"三个五"产业集群，强化产业结构，不断提升产业发展的层次、质量和效益，推动建立附加值高、结构优化和竞争力强的现代产业体系，积极凝聚和升级工业主导产业，外引内培加快步伐，强化集聚升级，使第二产业由目前的规模增长向创新增效转型。

## 6.11 江西省

### 6.11.1 景德镇市

（1）城市概况

景德镇市，别名"瓷都"，江西省地级市。地处江西省东北部，位于浙（浙江）、皖（安徽）、赣（江西）三省交汇处，是城市交通重要枢纽。景德镇市作为世界瓷都，同样是中国直升机工业摇篮。被评为国务院首批公布的24座历史文化名城之一，是国家甲类对外开放地区。景德镇市现辖有3个区和1个县，[①] 到2015年为止，年末全市常住人口达164.05万人，包括城镇人口共104.22万人，常住人口城镇化率为63.53%。全年地区生产总值共772.06亿元，相较上年增长了8.6%。[②]

（2）资源特点及利用情况

景德镇有丰富且分布集中的矿产资源，对规划布局、规模开发有益。其主要分布特征为：北部钨、金、锡，中部煤炭、大理岩、石灰岩、陶瓷土（瓷石、瓷土）、高岭土、钨、钼、白云岩、铜、铅、锌，南部金、银、煤炭、铅、锰、锌、玻璃用石英砂砾岩、石灰岩。景德镇矿产主要为能源矿产和非金属矿产，这类资源多形成大中型矿床，开发价值巨大。辅以金属矿产，这类资源多形成中小型矿床，且有较多共伴生矿产，具有巨大的综合开发利用价值。景德镇市有丰富的陶瓷原料矿产资源，包括石英类、黏土类及其他辅助原料类的矿产资源，但较缺少长石累资源。黏土类矿产主要有：陶瓷土（瓷石、瓷土）、耐火黏土、高岭土、膨润土、陶粒页岩、海泡石粘

---

① 资料来源：景德镇市政府网站 http://www.jdz.gov.cn/。
② 资料来源：景德镇市经济与社会发展统计公报 2015。

土、镁质黏土；脉石英和石英砂砾岩为主要石英类矿产；其他辅助原料矿产主要有滑石和萤石。到 2007 年为止，景德镇陶瓷原料的矿产保有资源储量达 1 亿吨以上。现已开发利用 16 种矿种，已开 77 处采矿区。全市全年开采矿石总量达 920.98 万吨。全市煤矿开采能力为 248 万吨；全市金矿采选能力为 77.7 万吨/年，年生产黄金达 1069.5 千克；全市水泥用灰岩年开采量达 200 万吨；陶瓷土（瓷石、瓷土）年开采量达 10.07 万吨；高岭土年开采量 0.03 万吨。

景德镇市坚持中央关于资源、环境和人口的基本国策，贯彻落实科学发展观。坚持"在保护中开发，在开发中保护"的总原则。把握建材非金属矿产和建筑陶瓷原料开发重点和深加工重点促进煤炭产业安全发展，积极开发金属矿产，提高矿业对全市经济增长的贡献率。对矿产资源进一步调查评价与勘查，加强全市矿产资源管理，强调对矿产资源的保护和合理利用，助力千年瓷都建设，绿色矿业建设和可持续发展的实现。

（3）指数计算结果

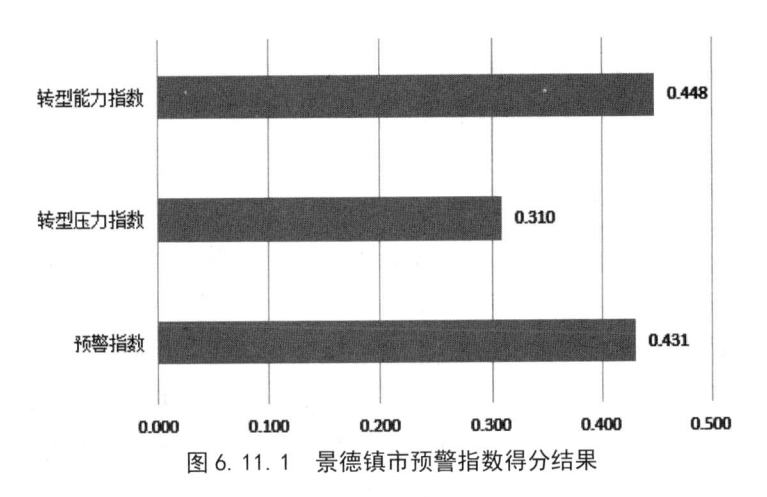

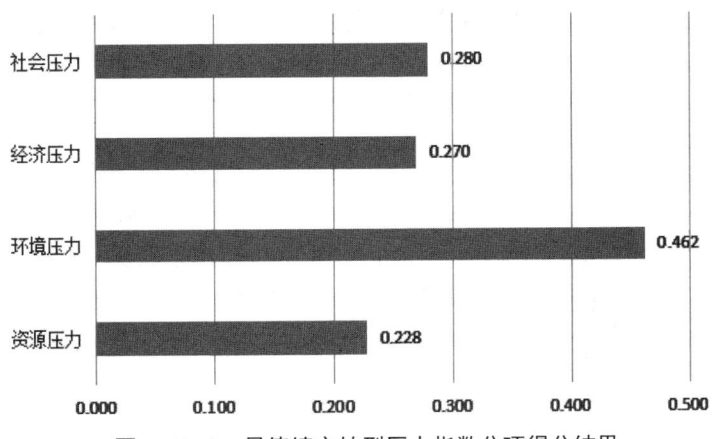

图 6.11.1　景德镇市预警指数得分结果

图 6.11.2　景德镇市转型压力指数分项得分结果

图 6.11.3 景德镇市转型能力指数分项得分结果

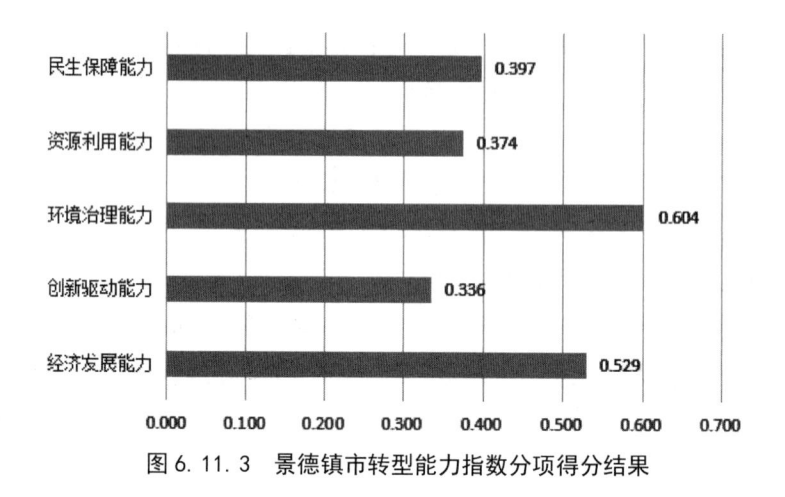

- 民生保障能力 0.397
- 资源利用能力 0.374
- 环境治理能力 0.604
- 创新驱动能力 0.336
- 经济发展能力 0.529

（4）指数评价

转型压力分析

景德镇市转型压力指数为0.310，在全部116个资源型城市中排名68位，在中部资源型城市中排名23位，在衰退型资源城市中排名18位。这说明景德镇的转型发展遇到了不小的困难。分项来看，景德镇面临的环境压力较大，在所有资源型城市中排名第45，在中部资源型城市中排名第19，在衰退型资源城市中排名第11。进一步细分可以发现，景德镇市的水环境压力很大，在所有资源型城市中排名第1，可见景德镇市水质污染严重，生产方式不环保，不利于经济可持续发展。其次是资源压力，在全国资源型城市中排名第55，可见景德镇市在资源利用效率方面存在较大的差距，对城市发展形成明显阻碍。景德镇市的社会压力相对较小，在所有资源型城市中排名第64，有利于社会稳定，促进社会经济发展。细分来看，不难发现景德镇市的就业压力还是比较大，在全国排名第12，景德镇市解决就业的能力有待改善。景德镇市面临的经济压力较小，在全部资源型城市中排名第68。较小的经济负担有利于景德镇市的转型发展。

转型能力分析

景德镇市转型能力指数为0.448，在全国资源型城市中排名64位，在23个衰退型资源城市里排名第13，可以看出景德镇市具备的转型能力比较弱。分项来看，景德镇市民生保障能力较强，全国排名38位，说明景德镇市在民生保障方面具有一定的水平，有利于经济的长远发展与社会稳定。但是居民收入保障能力、医疗卫生保障能力和教育保障能力还是比较弱，景德镇市仍需加大投入。其次是经济发展能力，在全国资源型城市中排名44位，可见景德镇市的经济发展能力尚可。进一步细分可以发现，景德镇的经济效率比较低，在全国排名第71，好在经济结构转换能力较强，经济规模较大，使得社会经济不断发展。但是缺少一批支撑发展、引领未来的支柱产业和龙头企业，支柱产业在工业经济中的"挑大梁"作用还不明显。景德镇市的环境治理能力一般，在全国资源型城市中排名50位，景德镇市的居民环境治理能力最强，在全国排名第1，但是大气环境治理能力和水环境治理能力相对较弱，这将不利于经济社会可持续发展。景德镇市的创新驱动能力一般，在全国资源型城市中排名57位，特别是创新资金和创新基础设施投入力度小，在全国排名分别为69位和103位，传统产业比重较高，创新能力不强，转型升级任务较重，不利于提高社会整体生产力水平，阻碍经济发展方式转变。景德镇市的资源利用能力很弱，在全国资源型城市中排名86位，可见景德镇在资源利用效率方面存在较大差距，阻碍了城市经济发展。

综合评价

综合来看，景德镇市虽然转型压力较小，但是转型能力较弱，因为资源利用能力低、创新投入力度不够和经济疲软以及环境污染，转型发展遇到了一定的困难。景德镇市转型预警指数为0.431，在全部116个城市中排名66名，在中部地区资源型城市中排名第19，衰退型城市中排名第13，说明转型面临问题较在逐渐凸显，在转型过程中须引起重视。

（5）政策建议

大力发展循环经济。加快瓷资源和矿资源勘探，提高资源支撑能力。引导低端产品的生产企业转型和转产，提升全市矿产资源开发利用的规模、集约和科学化水平。鼓励和支持特意华等重点企业搭建陶原料深加工基地，优化资源利用。培植新材料有关的高新技术陶瓷产业。以陶瓷工业园区和景德镇高新区为依托，立足于"国家火炬计划陶瓷新材料及制品产业基地"、"省部共建国家陶瓷科技城产业化基地"和国家陶瓷工程技术研究中心等发展平台，推动以高新技术陶瓷为引领的大陶瓷产业发展，包括真空发射、低膨胀、远红外、超薄板等，开发能耗低、技术含量高且具有自主知识产权的优势产品着力搭建国内领先且国际知名的新材料高技术陶瓷产业基地。全面推进资源节约和高效利用。推行能源消耗和能源消耗强度的总控制，促进清洁能源发展。实施节水管理，积极搭建节水载体，逐步完善优化节水标准和规范体系。建立和完善城市社区和农村集散市场、回收站、分类拆解三位一体，的回收网络，提高可再生资源的回收利用水平。建立和完善垃圾分类回收系统，使得垃圾分类回收设施得到合理配置，提高分类回收、封闭运输、集中处理系统，促进厨房垃圾等垃圾的无害化处理和利用。建立一批专注可再生资源回收、处理和利用的企业，促进资源循环的产业化。

强化创新驱动。突出企业技术创新主体地位，推进产学研协同创新，并通过管理和商业模式创新，推动传统产业转型升级。大力投入优秀创新产业，促进创新基础设施建立完善。促进创新人才培养机制建立实施，校企合作培养适用人才。加强企业的技术创新决策、技术创新投入和技术创新成果转化的主体地位，提升全市科技的协同创新水平；积极搭建科技创新平台，推动科技金融融合发展。

景德镇应积极进行产业结构升级调整，推动经济发展。贯彻落实工业强市战略，努力建造城市特色支柱性产业。在骨干企业的龙头带领下，延伸经济产业链，把汽车、航空、陶瓷三大主导产业做大做强，进一步凝聚产业。进一步促进市域经济一体化建设，打造园区为工业经济的增长极和招商引资的主平台。提高工业服务水平。坚持要素向工业集聚、精力向工业聚焦，坚决培植城市骨干企业。

推动重点行业除尘设施改造升级、脱硫脱硝、机动车尾气污染及扬尘防治等工程实施，搭建完善的 PM2.5 数据实时监测网络，区域联防联控加强，优化景德镇市大气污染监测预警中心工作。逐步依法关闭或搬迁改造源头保护区或河流沿岸污染较重企业深入推行工矿废弃地复垦利用以及城乡建设用地增减挂钩工作。

### 6.11.2 萍乡市

（1）城市概况

萍乡市，江西省地级市，地处江西省西部，与湖南省相依。紧邻长株潭，与长珠闽相接，是江西对外开放西部门户。萍乡作为江西区域中心城市之一，是中国文明城市、国家卫生城市以及中国首批内陆开放城市。萍乡市担当龙头城市和湘赣核心区域重任，被称为"湘赣通衢"、"吴楚咽喉"。① 到 2015 年为止，萍乡市辖共 2 个区和 3 个县和 2 个县，年末全市常住人口共 190.11 万人，其中城镇人口达 125.24 万人，全市常住人口城镇化率为 65.88%。2015 年地区生产总值为 912.39 亿元，相较上年增长了 8.9%，全市人均生产总值为 48133 元，相较上年增长了 8.3%。②

（2）资源特点及利用情况

到 2007 年底已探明 46 种矿产，289 处矿产地。其中 14 种矿产已探明资源储量，11 种矿产已列入省矿产资源储量表，现已探明工业矿床共 88 处。萍乡市矿产资源有四大特点：一是矿种较多，但较少已探明储量的矿种。二是以非金属矿产和煤炭资源为主。三是矿产资源区域性分布，基本分为中、南、北三局模式。中部地区：以煤、白云岩、钴、石灰岩、粉石英、高岭土（陶瓷土）、地热、矿泉水、耐火黏土为主，钼、钨、金、滑石为次，包括占全市的 49.17% 的已探明的矿产资源。南部地区：以铁矿、煤、石灰岩为主，大理岩、粉石英、矿泉水次之，占全市的 23.76% 的已探明矿产资源。北部地区：以大理岩、石灰岩、镁质黏土等非金属矿产资源为主，煤炭次之，新探明金、铜、钨矿床，占全市 27.07% 的已探明矿产资源储量。四是主要矿

---

① 资料来源：萍乡市政府网站 http://www.pingxiang.gov.cn/。
② 资料来源：萍乡市经济与社会发展统计公报 2015。

产集中分布，有较好的开发利用条件，交通方便，劳动力充足，水电供应充足。到 2007 年底，全市共有 21 种开发利用矿种数。煤炭年产量 853.95 万吨，铁矿石年产量 75.03 万吨，水泥用灰岩年产量 328.87 万吨，粉石英年产量达 0.06 万吨，全市建筑石料用灰岩年产量为 172.22 万立方米（465 万吨），制灰用灰岩年产量 19.00 万吨，水泥配料用砂岩年产量 5.1 万吨，砖瓦用黏土年产量 15.26 万立方米（23.80 万吨）。

萍乡坚持协调发展的主题，以农业和农村现代化的新型城镇化和产业化为核心，把握结构调整主线，在改革开放和科技进步的推动下，建立健全推动矿产资源开发体系、矿产资源开发和补偿机制，推动产资源的勘查和开采秩序的规划科学管理，确保矿产资源的有效供应和矿产资源优化配置，协调矿产资源开发利用和环境保护，促进煤炭稳生产，维持煤炭产量在全省的主体地位，建设省内重要的浮法玻璃、钢铁、煤炭、水泥、工业陶（电）瓷等矿产品生产基地。

（3）指数计算结果

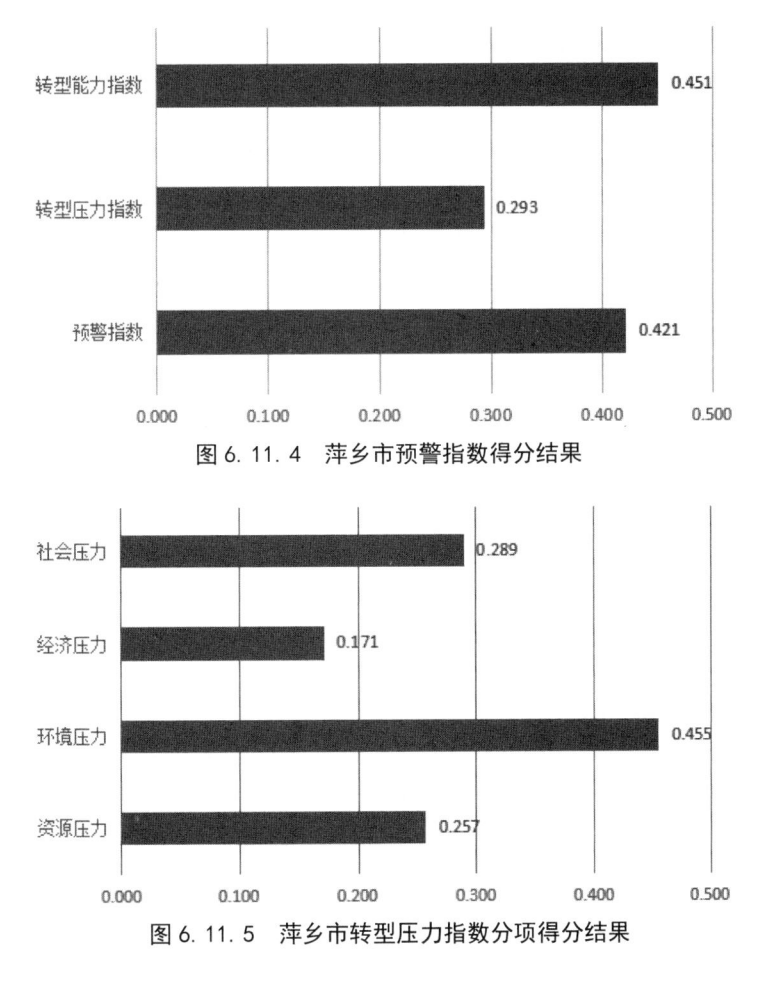

图 6.11.4　萍乡市预警指数得分结果

图 6.11.5　萍乡市转型压力指数分项得分结果

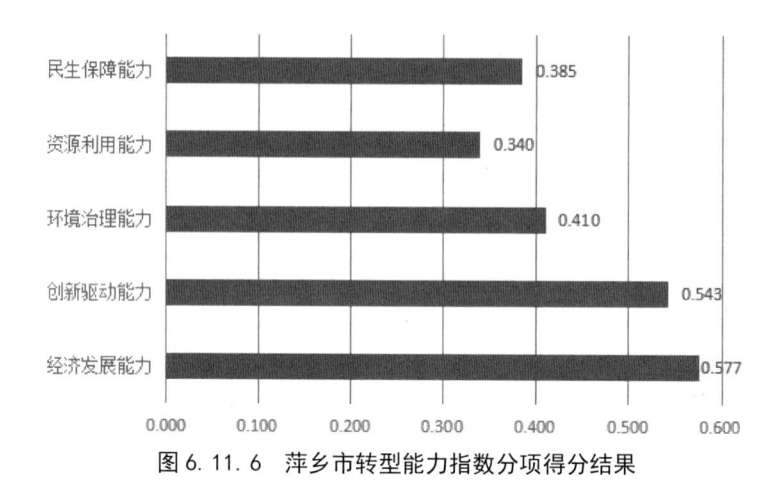

民生保障能力　0.385
资源利用能力　0.340
环境治理能力　0.410
创新驱动能力　0.543
经济发展能力　0.577

图 6.11.6　萍乡市转型能力指数分项得分结果

（4）指数评价

转型压力分析

萍乡市转型压力指数为 0.293，在全部 116 个资源型城市中排名 83 位，在中部资源型城市中排名 27 位，在衰退型资源城市中排名 21 位。这说明萍乡的转型发展遇到了的困难较小。分项来看，萍乡面临的环境压力较为突出，在所有资源型城市中排名第 48，在中部资源型城市中排名第 21，在衰退型资源城市中排名第 13，进一步细分可以发现，萍乡市的大气环境压力和矿山环境压力较大，在全国资源型城市中排名分别为第 20 和第 29。萍乡市环境问题较大，不利于社会经济可持续发展。其次是资源压力，在全国资源型城市中排名 49 位，可见萍乡市在资源利用效率方面存在不小的差距，对城市发展形成明显阻碍。萍乡市的社会压力一般，在所有资源型城市中排名第 59，进一步细分可以发现，萍乡市的就业压力和社会保障压力比较严重，在全国排名分别为 29 位和 39 位。说明萍乡市的转型发展尚有较重的社会负担，提供社会保障能力和解决就业能力均待改善。萍乡市面临的经济压力也较小，经济压力指数在全部资源型城市中排名第 97，可见萍乡市的经济发展水平较高，有利于城市转型发展。

转型能力分析

萍乡市转型能力指数为 0.451，在全国资源型城市中排名 60 位，在 23 个衰退型资源城市里排名第 12，可以看出萍乡市具备的转型能力比较弱的。分项来看，萍乡市创新驱动能力最强，在全国资源型城市中排名第 10，这将有利于萍乡市提高社会整体生产力水平，全面提升经济增长的质量和效益，有力推动经济发展方式转变。但是创新基础设施投入力度需要加强。其次是经济发展能力，在全国资源型城市中排名 26 位。分项来看，萍乡市经济效率较高，在全国资源型城市中排名第 10。但是经济结构转换能力、经济规模和经济增长的排名很低，位于全国第41、第46和第56，这是由于经济下行压力加大，重大项目储备不多，部分传统产业的优势逐渐弱化，新的替代产业尚未壮大。萍乡市的民生保障能力尚可，全国排名44位，说明萍乡市在民生保障方面具有一定的水平，有利于经济的长远发展与社会稳定。然而由于面临的社会压力较重，公共服务的提供水平与人民群众的期望仍有差距，老百姓的民生保障需进一步加强。萍乡市的环境治理能力较弱，在全国资源型城市中排名99位，细分来看，萍乡市的各项环境治理能力均较弱，部分地区的工矿污染、农业面源污染，水源地保护以及水、大气、土壤等污染治理任务较重。萍乡市的资源利用能力比较弱，在所有资源型城市中排名100，可见萍乡市的资源利用效率比较低，阻碍了城市转型发展。

综合评价

综合来看，萍乡市虽然转型压力较小，但是转型能力较弱，主要问题在于资源利用能力弱和环境污染较重，但转型发展总体情况尚好。萍乡市转型预警指数为0.421，在全部116个城市中排名76名，在中部地区资源型城市中排名第22，衰退型城市中排名第18，说明转型发展问题不大。

（5）政策建议

萍乡应突出转型升级，发展循环经济。推动煤炭、水泥、陶瓷、花炮和冶金五大传统产业转型升级。着力开发粉末冶金及节能环保、先进装备制造、新能源、新材料、生物制造以及生物农业等战略性新兴产业。节能环保产业方面，把发展节能技术产品和环保陶瓷作为突出重点；新能源产业方面，在龙头企业带领下打造较完善产业链；新材料产业方面，基于现有产业基础，特种材料和应用产品的发展。健全优化节约型社会的联席会议制度，对城市转型发展过程遇到的重大问题进行研究和解决。把握煤炭、钢铁、电力等高耗能行业和重点企业的节能降耗工作。全方位推行水计量制，将定额用水制引入用水大户企业，全面开展企业工业循环用水和废水利用工作。推动资源综合以及再生利用，对废水废液和工业固体废物进行积极的回收循环再利用。加大经济、科技投入，组织实施一批科技攻关项目，重点在节能、节水、资源综合利用新能源和可再生能源以及清洁生产等技术领域取得突破。重点把握资源开采、资源利用、废弃物产生、再生资源产生、消费五个环节，突出工业、能源、交通运输、生态、流通消费五个领域。完善生产、流通、管理等领域的循环经济模式。

促进低产林和低效林改造工程和乡村风景林建设工程开展，进一步实施封山育林，着力进行矿山环境综合治理。积极争取村镇环境的综合整治工作得到中央和省级农村环保专项资金支持，注重农村饮水安全问题、生活垃圾问题和生活污水污染等问题,使农村环境显著改善。利用结构减排、工程减排和管理减排等措施,使主要污染物减排任务确保完成。进一步降低二氧化硫、化学需氧量、氨氮和氮氧化物排放量。加强PM 2.5监测,提高空气质量。

### 6.11.3 新余市

(1)城市概况

新余市,为江西省地级市,地处江西省中部偏西,东邻新干县、樟树市,西临宜春市袁州区,南接吉安市安福县、青原区、峡江县,北连高安市和上高县。新余作为江西省新兴工业城市,目前工业化率达51.3%,城市化率达56.6%。作为国家"城市矿产"示范基地、中国唯一的国家新能源科技城和资源枯竭转型试点城市、中国新能源之都、全国可再生能源示范城市、[①]到2015年为止,新余市共辖有3个区和1个县,年末全市常住人口达116.67万人,其中城镇人口为79.86万人,常住人口城镇化率为68.45%。2015年地区生产总值为946.80亿元,相较上年增长了8.5%,全市人均生产总值为81357元,相较上年增长了8.2%。[②]

(2)资源特点及利用情况

新余有丰富的矿产资源,到2014年底,已探明32种各类矿产,23种已查明资源储量矿产。硅灰石、铁、钨等主要矿产现有资源储量位列省内前列,是新余市优势矿产;水泥用灰岩、钼、透辉石、铋、饰面大理石和铍等矿产尚未得到充分开发利用,为具有潜在经济优势矿产;硅灰石、金、铜、铅锌、锡、高岭土等矿产,找矿前景好,是具有资源潜力的矿产;缺乏富铁、焦煤、锰、高铝耐火黏土以及石膏等矿产资源。到2014年年底全市主要矿产共保有资源储量分别为铁31318.64万吨、煤13884.1万吨、钨93321.52吨、铋6283.08吨、钼21451.9吨,冶金用白云岩1359万吨、水泥用灰岩7658.83万吨、铍6123吨、硅灰石143.192万吨。总的来说,水泥原料矿产利用价值高,而煤、铁、硅灰石等特色和优势矿产有较低可利用程度。

新余市坚持把产业结构调整作为转变经济发展方式的主攻方向,把推进新型工业化作为新余经济社会发展的首要任务。推动产业集聚和产业结构转型升级,推进各类企业技术进步,搭建吸纳就业能力强、结构优化、清洁安全、技术先进、附加值高的现代工业体系。将新能源和新材料等战略新兴产业做大做强,将钢铁产业链延长加粗,发展循环经济和刺激科技创新相互促进,打造新型工业主导的新格局和新型工业城。

---

① 资料来源:新余市政府网站http://www.xinyu.gov.cn/。
② 资料来源:新余市经济与社会发展统计公报2015。

（3）指数计算结果

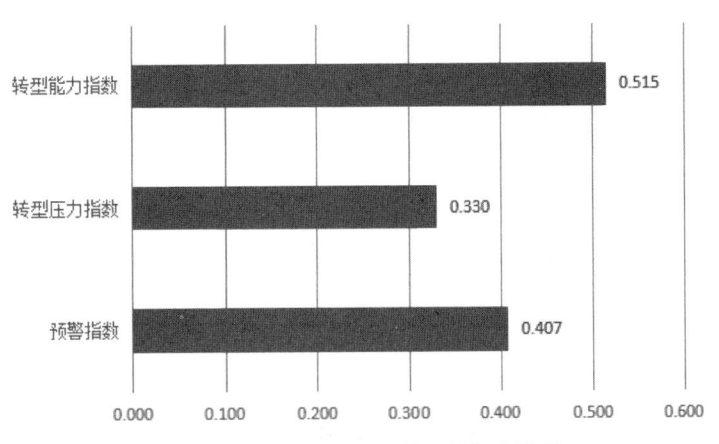

图 6.11.7　新余市预警指数得分结果

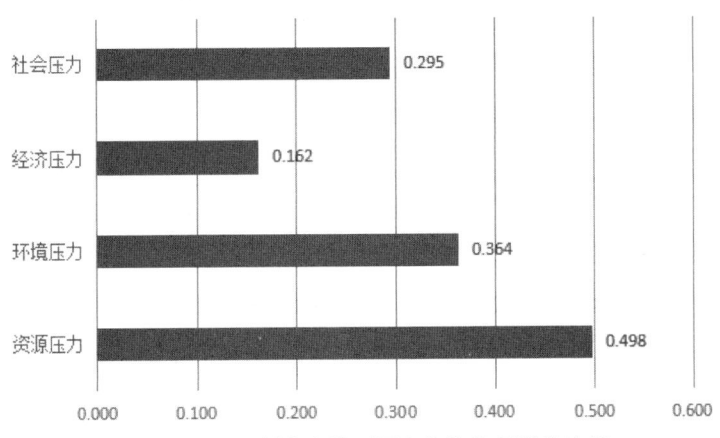

图 6.11.8　新余市转型压力指数分项得分结果

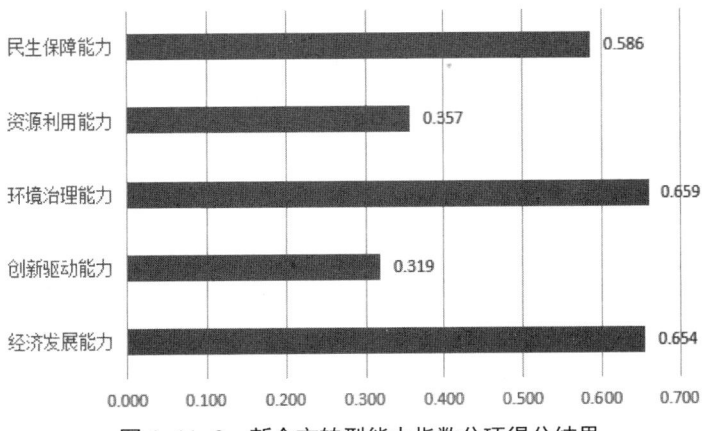

图 6.11.9　新余市转型能力指数分项得分结果

（4）指数评价

转型压力分析

新余市转型压力指数为0.330，在全部116个资源型城市中排名57位，在中部资源型城市中排名18位，在衰退型资源城市中排名16位。这说明新余的转型发展遇到了困难。分项来看，新余面临的资源型压力较为突出，在所有资源型城市中排名第23，在中部资源型城市中排名第6，在衰退型资源城市中排名第7，可见新余市在资源利用效率方面存在较大的差距，对城市发展形成明显阻碍。其次是社会压力，在所有资源型城市中排名第58，进一步细分可以发现，新余市的就业压力很大，在全国排名14位，社会保障压力也相对较大，说明新余市的转型发展尚有较重的社会负担，提供社会保障能力和解决就业能力均待改善。新余市环境压力相对较小，排名全国78名，好于全国资源型城市的平均水平，这说明新余市的生产方式较为环保，有利于持续发展，应当继续保持。新余市面临的经济压力较小，经济压力指数在全部资源型城市中排名第101名，细分来看，新余市的各项经济压力均较小，说明新余市在城市转型发展过程中的经济负担较轻。

转型能力分析

新余市转型能力指数为0.515，在全国资源型城市中排名26位，在23个衰退型资源城市里排名第5，可以看出新余市具备的转型能力还是比较强的。分项来看，新余市的经济发展能力最强，在全国资源型城市中排名第9。进一步细分来看，虽然新余市的经济增长较缓，但是其经济规模较大，经济结构转换能力较强，经济效率高，新余市实现自我发展的能力依然很强。其次是民生保障能力，在所有资源型城市中排名12位，说明新余市在民生保障方面具有一定的水平，有利于经济的长远发展与社会稳定。尤其是新余市的教育保障能力很强，在全国排名第1，可见新余市重视教育，为经济发展提供了源源不断的人才。新余市的环境治理能力较强，全国排名35位，这将有利于新余市继续维持较小的环境压力，有利于经济社会可持续发展。细分来看，新余市的居住环境治理能力最强，在所有资源型城市中排名第1，新余市努力提高居民生活环境质量，有利于社会稳定，减轻社会负担。但是新余市的大气环境治理能力有待提高。新余市的创新驱动能力较弱，在全国资源型城市中排名63位，新余市的创新基础设施投入力度小，创新人才培养力度小，不利于新余市提高社会整体生产力水平，以及提升经济增长的质量和效益，阻碍了经济发展方式转变。新余市的资源利用能力较弱，在全国资源型城市中排名96位，可见新余市在资源利用效率方面存在较大的差距，对城市发展形成明显阻碍。

综合评价

综合来看，新余市转型能力不错，主要问题是由于资源利用效率低和创新能力低,转型发展情况总体良好。新余市转型预警指数为 0.407,在全部 116 个城市中排名 84 名,在中部地区资源型城市中排名第 27,衰退型城市中排名第 20,说明转型面临问题较小,但转型过程中出现的问题亟待解决。

(5)政策建议

新余市应坚持保护环境和节约资源的基本国策,建设高产出、低投入、少排放、低消耗、能循环、可持续的环境友好型资源节约型、社会和国民经济体系。把握资源开采、生产消耗、废物产生和消费每一环节,进一步在全社会范围内建设资源循环利用体系。做好结构、技术和管理节能以节约能源,紧抓有色、钢铁、煤炭、化工、电力、建材等行业和耗能大户的节能工作。推动农业基本实现灌溉用水的总量零增长以节约用水,强制推广和使用节水设备器具。控制全市农用地作建设用地的规模以节约土地,合理建设城市大广场。鼓励支持小、轻和再生材料的采用以节约材料,建筑装修实用化简约化,限制一次性用品的生产使用。推动资源综合利用、工业废物利用提高生活垃圾以及污泥资源的利用率。

提升创新驱动能力。深入贯彻落实科技协同创新工程,着力建设国家创新型试点城市。鼓励支持企业增加研发投入,进一步促进科技成果产业化。着力推广高新技术企业建设,宣传新品种新技术项目。加深同科研机构和高等院校的合作,争取孵化科技成果的就地转化。推进专利开发转化。人才政策实施力度加强,机制创新力度加强,着重引进科技创新、企业管理和高层次人才。

### 6.11.4 赣州市

(1)城市概况

赣州市,江西省地级市,地处江西省南部,是江西省的南部门户,是江西省人口最多、面积最大和下辖县市最多的地级市。赣州作为江西省省域的副中心城市,是全国的先进制造业基地和稀有金属产业基地、是红色文化的传承创新区和江西省著名的红色旅游目的地、是区域性的综合交通枢纽、是原中央苏区的振兴发展示范区、是与赣粤闽湘四省相通的区域性现代化中心城市。到 2014 年,赣州市辖有 2 个区,1 个县级市和 15 个县,[1] 到 2015 年为止,年末全市户籍总人口为 960.63 万人。全年地区生产总值为 1973.87 亿元,相较上年增长了 9.6%。[2]

(2)资源特点及利用情况

赣南作为全国重点有色金属基地之一,被称为"稀土王国"和"世界钨都"。已

---

① 资料来源:赣州市政府网站 http://www.ganzhou.gov.cn/。
② 资料来源:赣州市经济与社会发展统计公报 2015。

探明62种矿产,包括有色金属10种(钨、钼、锡、铋、铅、铜、锌、镍、锑、钴)、稀有金属10种(铌、稀土、钽、锂、锆、铍、铪、铯、铷、钪)、贵重金属4种(金、铂、银、钯)、黑色金属4种(铁、钛、锰、钒)、放射性金属2种(铀、钍)、非金属25种(盐、滑石、萤石、透闪石、高岭土、硅石、黏土、膨润土、瓷土、水晶、石棉、石墨、石膏、重晶石、芒硝、云母、钾长石、冰洲石、硫、砷、磷、碘、石灰岩、大理岩及白云岩)、燃料5种(煤、泥炭、石煤、石油、油页岩)。以上矿产已探明有明确工业储量的包括钨、稀土、锡、铌、铍、钽、钼、铋等20余种。全市有80余处大小矿床,1060余处矿点,80余处矿化点。全市保有的矿产储量潜在经济价值共计3000多亿元。在其境内首次发现砷钇矿、黄钇钽矿。赣南矿于1983年经国际矿物协会新矿物与矿物命名委员会审查通过并正式确认,是世界首次发现新矿物。

赣州坚持科学发展观和节约资源、保护环境的基本国策;坚持"在保护中开发,在开发中保护"的指导方针,坚持可持续发展战略,坚持"科技兴矿"。把握又好又快发展的主题,对矿产资源合理利用、对地质环境加以保护,并以此为主线,以提高全市经济效益为中心,以实现"有序有偿、供需平衡、结构优化、集约高效"为总要求,进一步勘探矿产资源、进一步宏观调控开发利用,进一步保护和合理利用矿产资源,总量控制和优化配置矿产资源,增强其对全市经济社会发展的保障能力,优化全市矿山地质环境,积极创建资源节约型和环境友好型社会;产业链做长做粗,进一步推广精深加工,将矿业经济总量做大做强,争取经济、资源、社会、环境的协调发展;则年矿产资源的管理工作,维护勘查秩序和开采秩序,保护资源和环境,促进可持续发展。

(3)指数计算结果

|  |  |
|---|---|
| 转型能力指数 | 0.397 |
| 转型压力指数 | 0.229 |
| 预警指数 | 0.416 |

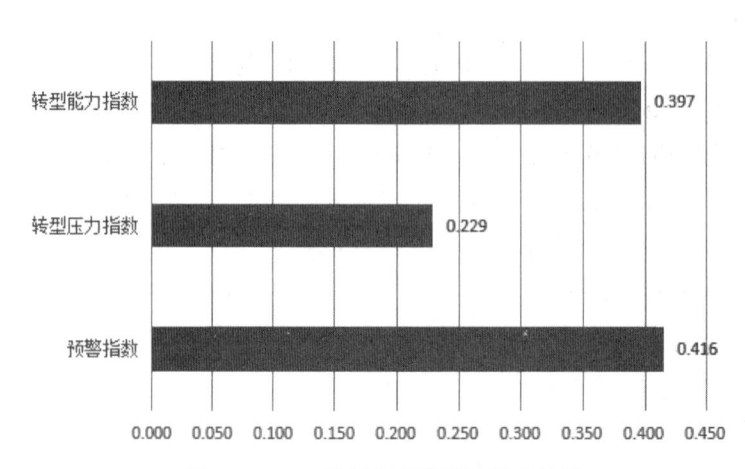

图6.11.10 赣州市预警指数得分结果

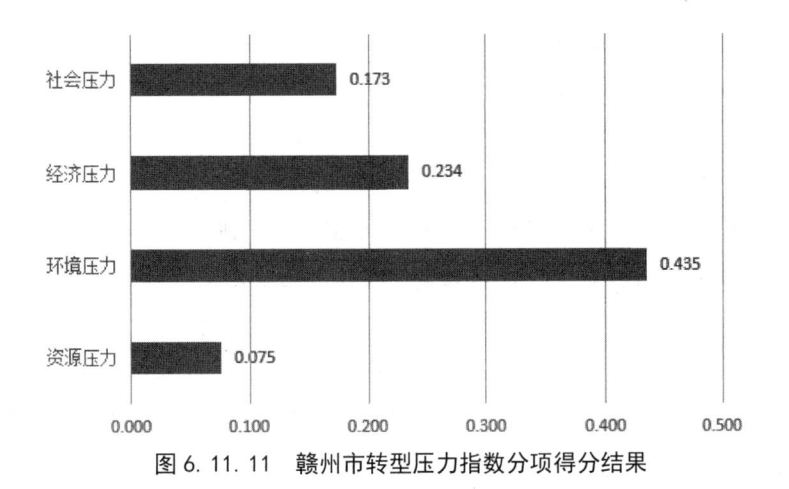

图 6.11.11 赣州市转型压力指数分项得分结果

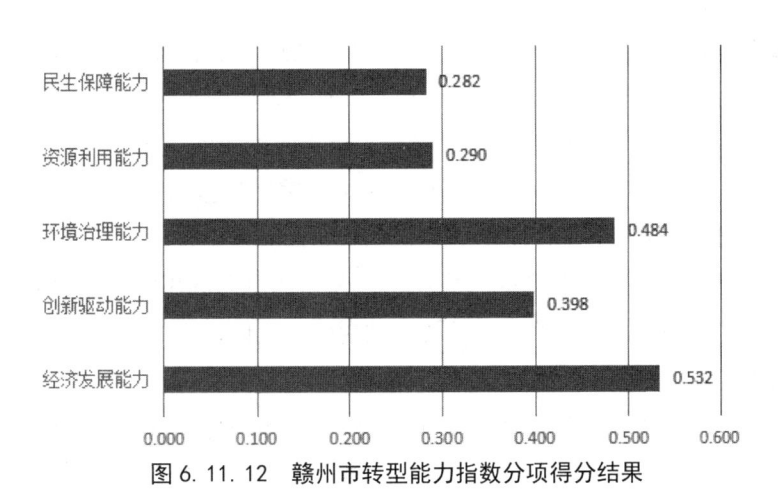

图 6.11.12 赣州市转型能力指数分项得分结果

（4）指数评价

转型压力分析

赣州市转型压力指数为 0.229，在全部 116 个资源型城市中排名 107 位，在中部资源型城市中排名 35 位，在成熟型资源城市中排名 58 位，这说明赣州的转型发展遇到的困难较小。分项来看，赣州面临的环境压力较为突出，在所有资源型城市中排名第 51，在中部资源型城市中排名第 23，在成熟型资源城市中排名第 30。特别是水环境压力和居住环境压力较大，在全国排名 20 位和 36 位。可见赣州市的生产生活方式不够环保，不利于经济可持续发展。其次是经济压力，在全国资源型城市中排名 81 位，除了经济区位压力，其余各项经济压力均较小，可见赣州市在城市转型发展过程中承担的经济负担较轻。赣州市的资源压力较小，在所有资源型城市中排名 98 位，可见赣州市的各种资源较为丰富，有利于城市转型发展。赣州市的社会压力较轻，在所有资源型城市中排名101位,赣州市的转型发展过程中的社会负担较轻。进一步细分可以发现,赣州市的社会保障压力和安全压力较小,说明赣州市社会保障水平高,重视安全生产生活,但是解决就业的能力有待改善。

转型能力分析

赣州市转型能力指数为0.397,在全国资源型城市中排名86位,在63个成熟型资源城市里排名第48,可以看出赣州市具备的转型能力还是比较弱的。分项来看,赣州市的创新驱动能力最强,在全国资源型城市中排名37位,但细分来看,赣州市的各项创新驱动能力并不出众,战略性新兴产业规模偏小,转型升级任务艰巨,创新能力有待提高。其次是经济发展能力,在所有资源型城市中排名41位,可见赣州市的经济发展水平尚可。经济增长和经济结构转换能力较强,但是经济总量不大,人均水平不高,与全国同步全面建成小康社会差距和压力较大。赣州市的民生保障能力较弱,在全国资源型城市中排名78位。进一步细分可以发现,赣州市的基础设施保障能力和医疗卫生保障能力最弱,在全国排名91位和104位,其他民生保障能力也不突出,说明赣州市的民生保障水平不够,基础设施仍然滞后,要素制约仍然突出,一些体制机制障碍仍然存在,社会事业欠账多,扶贫攻坚任务重,改善民生压力大。赣州市的环境治理能力很弱,全国排名82位,特别是大气环境、水环境和居住环境的治理能力很弱,环境问题严重,不利于经济社会可持续发展。赣州市的资源利用能力也很弱,在全国资源型城市中排名109位,可见赣州市的资源利用效率较低,不利于城市经济发展。

综合评价

综合来看,赣州市虽然转型压力较小,但是转型能力低,正是环境治理能力弱和资源利用能力低,以及民生保障水平滞后,转型发展遇到了较为明显的困难。赣州市转型预警指数为0.416,在全部116个城市中排名78名,在中部地区资源型城市中排名第23,成熟型城市中排名第41,说明转型面临问题略大。

(5)政策建议

赣州应加强环境综合治理。深入开展"净空、净水、净土"行动。进一步监测和防治中心城区的PM2.5,污染企业搬迁改造提速,推行"煤改气"和"煤改电"工程,促进重点行业脱硝、脱硫、除尘改造,淘汰老旧机动车和黄标车,保证优良的环境空气质量。建设全国水土保持改革试验区,进行矿山地质环境综合治理。加强农业、土壤污染的防治和源头综合整治,防治重金属污染,对主要河流流域加大力度进行综合整治,对陡水湖生态环境加大保护治理力度,提高城镇污水处理率。重点节能减排项目做好做实,公共机构节能,使节能减排任务全面完成。

传统产业改造和升级,高效利用资源。支持和鼓励企业兼并重组和技术改造,消除落后产能。加快机械制造、有色金属、纺织服装、食品、建材等传统行业的高端、低碳、智能化进程。加快新兴产业发展。推广凝聚新能源汽车及其配套、生物医药、新能源、新材料、节能环保等战略性新兴产业集群发展。推动钨和稀土产业链的高附加值发展。积极改善生态经济，促进生态旅游业发展、促进低碳农业和森林经济等绿色产业集聚发展，使新经济增长点具有低碳排放特征，做大做强有色金属的循环经济产业。

提高民生保障能力。大力投入农村危旧土坯房改造。大力建设保障性安居工程。大面积覆盖社会保险，完善优化城乡养老保险制度的衔接政策和被征地农民的养老保险政策，统筹规划城乡医疗保险。进一步专项整治"看病难、看病贵"问题，促进重大疾病免费救治和新农合大病保险，增强重要传染病的防控工作。

### 6.11.5 宜春市

（1）城市概况

宜春市，江西省地级市，地处江西省西北部，2200多年前的汉代建县。宜春市共辖有1个区，3个县级市和6个县，总面积达1.87万平方公里。素来被称为"月亮之都"和"亚洲锂都"。[①] 截至2015年，年末全市常住人口达551.20万人，其中城镇人口达247.05万人，全市常住人口城镇化率为44.82%。2015年地区生产总值为1621.02亿元，相较上年增长了9.5%，全市人均生产总值为29459元。[②]

（2）资源特点及利用情况

宜春有丰富且品种齐全的矿产资源。包含能源矿产共1种，金属矿产共24种，非金属矿产共29种。主要包括：煤炭、稀有金属、有色金属（含贵金属）、黑色金属、建筑材料、瓷土矿产及冶金辅助矿产等，稀有金属铌、钽，非金属矿产煤炭、高岭土、石灰岩和建筑材料矿产为宜春市优势矿产。全市原煤储量占全省储量的45.34%，达6.09亿吨。有色贵金属矿产主要包括：铜、锌、铅、锂、铝、钴、汞、铯、锑、铍、银、铷、金、钽、铌、钨等；黑色金属矿产主要包括铁和锰等；燃料矿产主要包括泥炭、煤、油页岩等；其他非金属矿产主要包括高岭土、岩盐、石灰岩、钾长石、硫铁矿、大理石、硅灰石、花岗石、粉石英等。其中，锂、铌、钽、铯、铷等多种贵重金属在宜春四一四矿均有矿藏，是开采量占世界70%以上的世界上最大的锂云母矿。全市钽资源储量占全国的19.06%，占世界的12.43%达16119吨。占全省的89.8%的岩盐储量达103.71亿吨。石灰岩有12亿多吨，高岭土储量达1994万吨，硅灰石储量达1168万吨，粉石英达612万吨，钾长石达76万吨，铁矿储量约达1029万吨，江西六大矿山之一七宝山褐铁矿坐落于此，其保有量达661万吨以上，品位为42.92%。钴矿储量达1.2万吨，铝土矿储量为41万吨。铅锌矿储量达8.2万吨，金矿储量达1.5吨，

---

[①] 资料来源：宜春市政府网站 http://www.yichun.gov.cn/。
[②] 资料来源：宜春市经济与社会发展统计公报2015。

铜矿储量达 28 万吨，钨矿储量达 9 万吨，该市还有汞、锑等其他矿产。

宜春市全面落实资源、人口、环境等基本国策，全面贯彻科学发展观，紧紧围绕"江西在中部崛起"和全面建设小康社会的宏伟目标，依据可持续发展的要求和建设资源节约型和环境友好型社会要求，利用矿产资源和矿业产业的优势，促进特色产业发展，推动钽铌、陶瓷原料、煤炭、石盐、铜铅锌、水泥用灰岩等矿产资源的开发利用，积极创建盐化工、建筑陶瓷、煤炭、稀有金属、水泥工业产业基地，使矿业发挥重要支柱作用；进一步调查汗勘察评价矿产资源，增强其对宜春市经济社会可持续发展的保障能力；矿产资源合理开发，使其达到节约利用和集约利用，增强资源利用效率；市场调节和宏观调控相协促进资源管理的加强；严格规范保护资源、持续有力保障发展、切实有效维护权益、优质全面服务社会；将科技创新和统筹规划坚持到底，增强资源的社会效益、经济效益和环境效益，对矿产资源有效利用和保护，促进该市经济社会可持续发展。

（3）指数计算结果

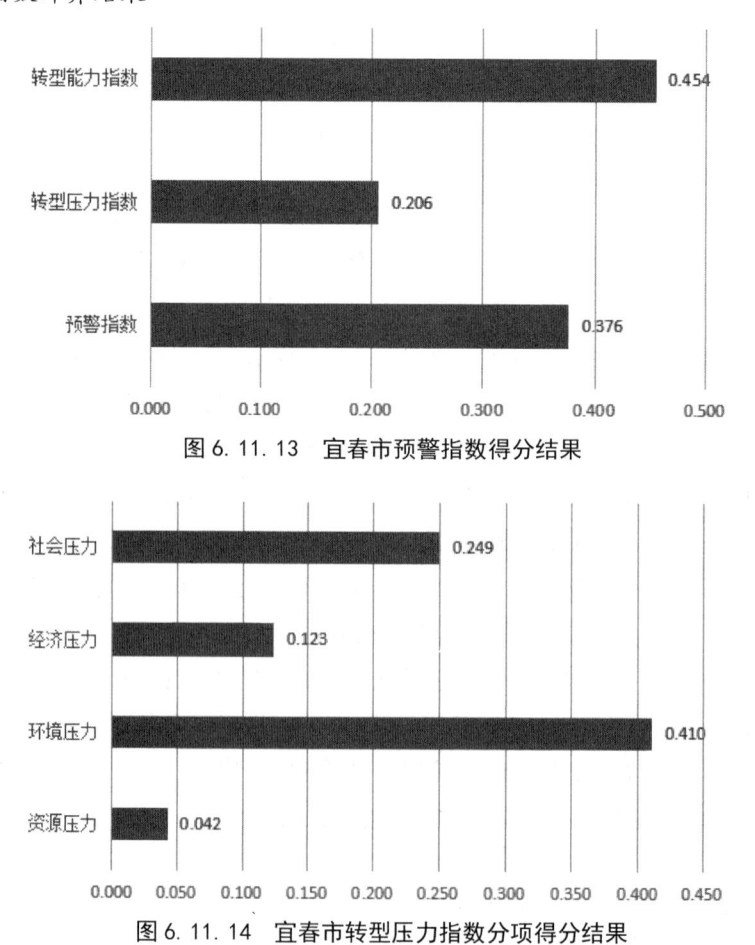

图 6.11.13　宜春市预警指数得分结果

- 转型能力指数：0.454
- 转型压力指数：0.206
- 预警指数：0.376

图 6.11.14　宜春市转型压力指数分项得分结果

- 社会压力：0.249
- 经济压力：0.123
- 环境压力：0.410
- 资源压力：0.042

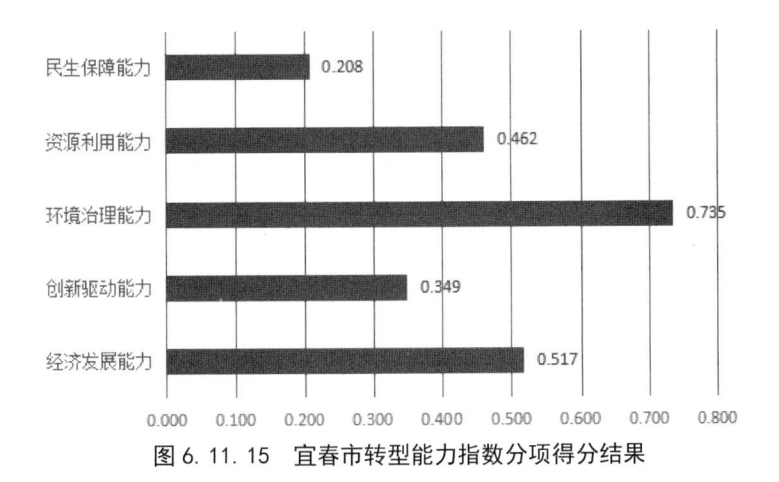

民生保障能力　0.208
资源利用能力　0.462
环境治理能力　0.735
创新驱动能力　0.349
经济发展能力　0.517

图6.11.15　宜春市转型能力指数分项得分结果

（4）指数评价

转型压力分析

宜春市转型压力指数为0.206，在全部116个资源型城市中排名113位，在中部资源型城市中排名36位，在成熟型资源城市中排名61位。这说明宜春的转型发展遇到的困难较小。分项来看，宜春市面临的环境压力较小，在所有资源型城市中排名第61，在中部资源型城市中排名第28，在成熟型资源城市中排名第34，好于全国资源型城市的平均水平这说明宜春市的生产方式较为环保，有利于持续发展，应当继续保持。其次是社会压力，在全国资源型城市中排名75位，细分来看，宜春市的各项社会压力均不大，说明宜春市转型发展过程中的社会负担较轻，有利于社会经济发展，促进城市转型。宜春市面临的资源压力较小，在所有资源型城市中排名109位，可见宜春市的社会、自然资源较为丰富，是经济社会赖以生存发展的保障。宜春市的经济压力很小，在所有资源型城市中排名114位，细看各项经济压力指标，经济增长、经济结构等经济压力都较小，可见宜春市在城市转型发展过程中的经济负担很小，能够良好应对经济波动。

转型能力分析

宜春市转型能力指数为0.454，在全国资源型城市中排名55位，在63个成熟型资源城市里排名31位，可以看出宜春市具备的转型能力比较一般。分项来看，宜春市环境治理能力最强，全国排名14位，特别是居住环境治理能力很强，在全国排名第1，这将有利于宜春市继续维持较小的环境压力，有利于经济社会可持续发展。其次是经济发展能力，在全国资源型城市中排名51位，说明宜春市经济发展条件不好，经济发展能力不高。分项来看，宜春市经济增长水平和经济效率较高，分别排名全国资源型城市的第21和第31，但是经济结构转换能力和经济规模排名较低。可见宜春市产业结构不合理阻碍了经济的进一步优化，而由于经济效率较高，宜春市依然有实现自我发展的能力。宜春市的创新驱动能力一般，在所有资源型城市中排名53位。宜春市在创新基础设施和创新人才方面投入力度不够，创新项目落地难、推进慢、见效差，高新技术产业引进少、贡献小，不利于社会整体生产力水平的提高，阻碍经济发展方式的转变。宜春市的资源利用能力较低，在全国资源型城市中排名60位，可见宜春市的资源利用效率比较低，阻碍了城市经济发展。宜春市的民生保障能力较弱，全国排名102位，说明宜春市民生保障水平滞后。细分来看，各项民生保障能力均较弱，不利于经济的长远发展与社会稳定。城乡一体化进程推进不够，城市基础设施有待完善。

综合评价

综合来看，宜春市转型压力小，转型能力相对较强。弱点主要存在于民生保障水平、资源利用能力和创新投入，总体转型情况较好。宜春市转型预警指数为0.376，在全部116个城市中排名103名，在中部地区资源型城市中排名第35，成熟型城市中排名第57，说明转型面临问题较小，但仍需重视转型过程中出现的问题。

（5）政策建议

提高民生保障水平。推动学前教育、普通高中和农村义务教育的发展、资源扩充和标准化建设。提升高等学校内涵发展水平。进一步实施文化惠民工程，全方位落实广播电视"户户通"。努力建设数字档案馆和图书馆建设。健全优化基本药物供应保障体系和医疗卫生服务体系。促进全市范围内全民健身服务网络的建设，着力培育竞技体育后备人才。整合城乡居民基本医疗保险制度，大面积覆盖社会保险，完善优化社会养老服务体系。积极建设市残疾人康复托养中心，促进其居家就业和微创业的经验学习。大力建设保障性安居工程，着力解决遗留的中心城区的房屋产权登记问题。大力发展公共交通以缓解交通压力。推动城乡困难群体互帮互助政策，促进移民搬迁、"雨露计划"培训、村庄整治和产业扶贫。积极建设"菜篮子"工程，积极对接蔬菜基地、直销店和农村超市。实施农村安全饮水工程。征地拆迁补偿安置工作做到切实落实，农民养老保险进行严格规范。

宜春市应大力加快产业升级，增强其资源利用能力。以提升产业竞争力为核心，重点培育龙头企业，强化要素配套，加速推进产业集群，推动优势企业、产业、资源和生产要素向工业园区集中，上下游协作配套优化完善，增强整体产业的竞争力。推进一批省级重点产业集群、壮大一批市级重点产业集群、培育一批地方后备产业集群，改造提升传统产业，积极发展新兴产业。加强耕地保护政策，合法合规、节约用地、集约用地，有效清理闲置低效用地。发展低碳绿色产业，着力打造煤电、盐化工、废旧金属及塑料回收等循环产业。促进新能源汽车推广应用。

实施创新驱动战略。深入贯彻落实科技创新"六个一"工程，使高新技术产业的增加值显著提高，推进产学研科技合作项目的推行落实。推进省级锂电产品质检中心和国家陶瓷产品质量监督检验宜春分中心建设，积极搭建省级的研究中心。加强城市特色的新型智库建设，进一步完善优化招贤引智机制，培育创新型人才。加大小微企业支持力度，营造鼓励探索、允许失误、宽容失败的干事创业环境。

## 6.12 山东省

### 6.12.1 淄博市

（1）城市概况

淄博市是山东省的地级市和具有地方立法权的"较大的市"，地处山东中部地区，南和泰沂山麓相依，北和九曲黄河相邻，西和省会济南毗邻，东和潍坊、青岛相接。淄博市在中国城市 GDP 排名为 40 强，是中国社会科学院"2015 年中国城市综合经济竞争力排行榜"的第 34 名。淄博市下辖 5 区 3 县，总面积是 5965 平方公里，常住人口为 465.1 万，[①] 城镇化率高达 67.3%。截至 2015 年，全年共实现地区生产总值达到 4130.2 亿元，比 2014 年增长 7.1%。人均生产总值为 89235 元，比 2014 年增长 6.5%。[②]

（2）资源特点及利用情况

淄博矿产资源丰富，截止到 2005 年底，已探明 25 种开发利用的矿产。其中能源矿产有 3 种包括石油、天然气、煤炭。原油生产有 25 万；煤炭保有资源储量达到 26906.96 万吨，原煤年产量为 378.5 万吨。金属矿产有 2 种包括铁矿、铝土矿。铁矿保有资源储量为 22124.90 万吨，年产量达到 456.45 万吨；铝土矿保有资源储量是 2795.10 万吨，氧化铝产量为 126 万吨。有 19 种非金属矿产，包括耐火黏土、熔剂用灰岩、电石用灰岩、制碱用灰岩、水泥用灰岩、建筑石料用灰岩等。耐火黏土保有资源储量是 3111.29 万吨，耐火黏土制品产量是 149 万吨，约消耗耐火黏土矿是 165 万吨；水泥用灰岩保有资源储量是 10998.2 万吨，年产量达到 1962 万吨。水气矿产只有 1 种为矿泉水。

淄博通过一系列措施如改组改制、资产重组、强强联合等，做到规模经营，形成了极大的集团优势，增强了市场竞争力。同时在可持续发展方面，建立了生态型及绿色环保型矿业企业。淄博市的传统行业煤炭工业一方面是资源制约型产业，另一方面也是环境制约型产业。短期内以煤炭为主的消费结构不会改变。对于煤炭工业的产业结构调整应做到规模化开采和集约化利用并进。对于落后生产工艺和生产能力要淘汰或转移，并提升技术水平。此外，要加大监管力度，完善"三率"考核体系。

---

① 资料来源：淄博市政府网站 http://www.zibo.gov.cn/。
② 资料来源：淄博市经济与社会发展统计公报 2015。

（3）指数计算结果

图 6.12.1　淄博市预警指数得分结果

- 转型能力指数：0.605
- 转型压力指数：0.332
- 预警指数：0.364

图 6.12.2　淄博市转型压力指数分项得分结果

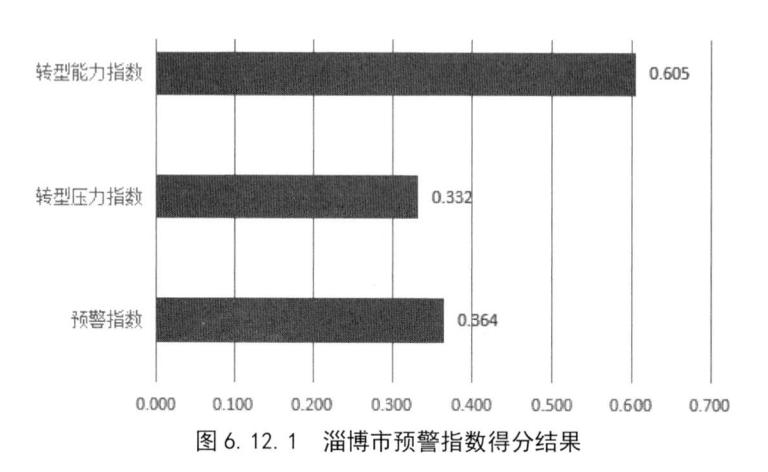

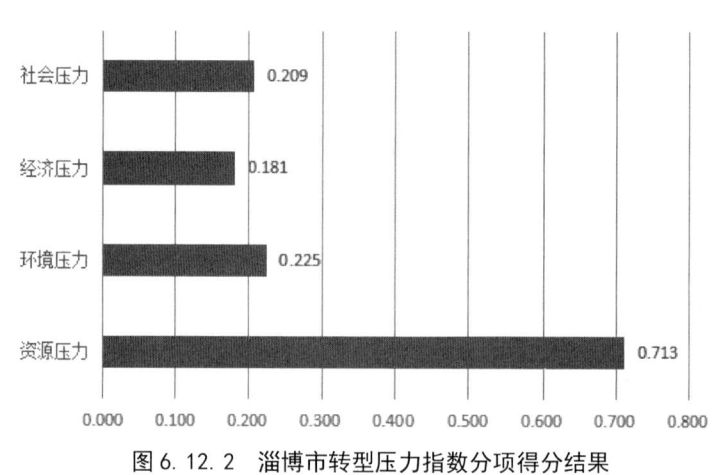

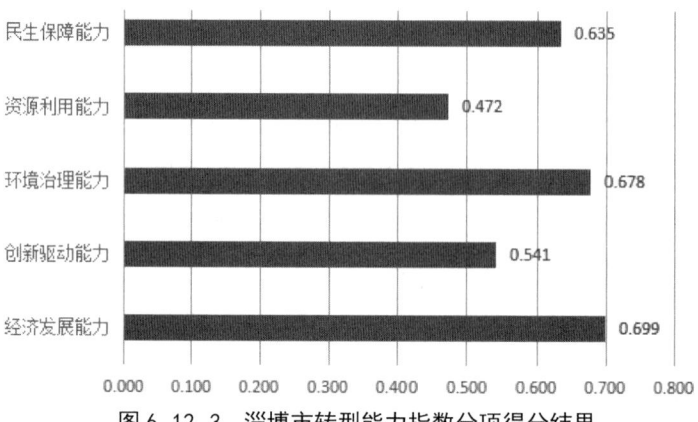

- 社会压力：0.209
- 经济压力：0.181
- 环境压力：0.225
- 资源压力：0.713

图 6.12.3　淄博市转型能力指数分项得分结果

- 民生保障能力：0.635
- 资源利用能力：0.472
- 环境治理能力：0.678
- 创新驱动能力：0.541
- 经济发展能力：0.699

（4）指数评价

转型压力分析

淄博市转型压力指数为0.332，在全部116个资源型城市中排名55位，在东部资源型城市中排名位于第11位，在所有再生型资源城市中排名位于第8位。这说明淄博的转型发展遇到了困难。分项来看，淄博面临的资源压力较为突出，在所有资源型城市中排名第6，在东部资源型城市中排名位于第1，在再生型资源城市中排名位于第3，可见淄博市在资源利用效率方面存在较大的差距，对城市发展形成明显阻碍。其次是社会压力，在所有资源型城市中排名第90，进一步细分可以发现，淄博市各项社会压力均较小，说明淄博市的转型发展所承受的社会负担较小。淄博市面临的经济压力较小，经济压力指数在全部资源型城市中排名第96名，细分来看，这主要归功于淄博市经济结构和区位优良，财政充分支持。淄博市环境压力很小，排名全国110名，好于全国资源型城市的平均水平这说明淄博市的生产方式较为环保，有利于经济可持续发展，应当继续保持。

转型能力分析

淄博市转型能力指数为0.605，在全国资源型城市中排名5位，在15个再生型资源城市里排名第2，可以看出淄博市具备的转型能力还是很强的。分项来看，淄博市经济发展能力最强，在所有资源型城市中排名6位。其中经济增长排名较低，在全国排名74位，说明淄博市经济增长缓慢，但是由于较大的经济规模，较强的经济结构转换能力和经济效率，淄博市实现自我发展的能力依然很强。其次是民生保障能力，在全国资源型城市中排名9位，可见淄博市的民生保障水平比较高，有利于经济的长远发展与社会稳定。淄博市的创新驱动能力较强，在所有资源型城市中排名11位。细分来看，不难发现淄博市重视创新人才，创新资金投入力度大，但是创新基础设施投入较小。淄博市环境治理能力比较强，全国排名28位，这将有利于淄博市继续维持较小的环境压力，有利于经济社会可持续发展。淄博市在重视经济发展的同时，也应提高大气、矿山环境治理能力。淄博市的资源利用能力一般，在全国排名56位，可见淄博市的资源利用效率较低，阻碍了城市经济发展。

综合评价

综合来看，淄博市转型能力很强，主要问题是经济增长缓慢和资源利用能力低，以及环境污染。淄博市转型预警指数为0.364，在全部116个城市中排名105名，在东部地区资源型城市中排名第16，再生型城市中排名第13，说明转型面临问题较小，转型较为顺利，发展前景广阔。

（5）政策建议

坚定不移加强环境保护。严格执行国家和省关于污染物排放的新标准，建设好中日大气污染防治综合示范区，在电力、建陶、矿山等重点行业要加大治理力度，如抓紧加油站的清理和整顿、加强煤炭质量全程监管等。管理方面，要加大监管力度，完善"三率"考核体系。一方面要做到标准化发展，矿山企业必须按照批准的矿山设计或开发方案开采矿产，并且开采回采率、选矿回收率及综合开发利用水平必须达到国土资源管理部门核定的标准。另一方面，要鼓励矿山企业加强研究采矿工艺和采矿方法，全面提高开采回采率。

淄博应坚持把稳增长置于更加重要的位置，除了确保经济发展，也应致力于调整结构、促改革和惠民生。促进消费。引导企业根据市场上的消费需求来调整自身产品结构，创新营销和经营模式。在借贷方面，降低融资成本扩大信贷规模，提高财政经济质量。

### 6.12.2 枣庄市

（1）城市概况

枣庄市是山东省南部的一个地级市。东和临沂相依，西和微山相连，南和徐州相接，北和邹城相邻。截至2016年2月，枣庄辖5个市区和一个县级市，总面积达到4563平方公里。2009年枣庄市成为在东部地区唯一一个转型试点城市，2013年被列为中国老工业城市的重点改造城市之一。作为中国四线城市，2016年9月，枣庄入选"中国地级市民生发展100强"。[①] 截至2015年，枣庄市常住人口达到387.80万人，城镇化率达到53.46%。2015年全年实现生产总值为2031.00亿元，比2014年增长了7.1%。[②]

（2）资源特点及利用情况

枣庄市已发现57种矿产，其中12种是已查明资源储量的矿产。矿产资源分布广，非金属矿产种类较多，相比而言，金属矿产种类少、品位低、采选难。能源矿产资源以煤为主，煤炭保有资源储量为12.8亿吨左右，2005年产量达到1904万吨。已发现10种金属矿产，查明3种矿产的仅铁、铜、铝土矿。铁矿总资源储量达到2773万吨，年开采量为25万吨（矿石量）。非金属矿产有水泥用灰岩、石膏和饰面用花岗岩等。水泥用灰岩保有资源储量为3.4亿吨左右，2010年需消耗4800万吨水泥用灰岩。石膏保有资源储量4.8亿吨，2005年生产102万吨石膏。饰面用花岗岩保有资源储量268万立方米。矿产资源开发利用已经实现规模化、集约化、现代化和科学化。矿产资源利用率达到较高的水平。矿山总数为180个左右。

枣庄矿产资源管理体制适应社会主义市场发展，做到矿业可持续发展；矿产资源调查与勘查方面，提高矿产资源的保障程度；环境方面，节约资源集约并提高利用水平，改善矿山地质环境。在短缺矿产方面，鼓励开采该类型的矿产，限制开采供过于求的矿产，对出口优势矿产实行保护性开采。

---

① 资料来源：枣庄市政府网站 http://www.zaozhuang.gov.cn/。
② 资料来源：枣庄市经济与社会发展统计公报2015。

## （3）指数计算结果

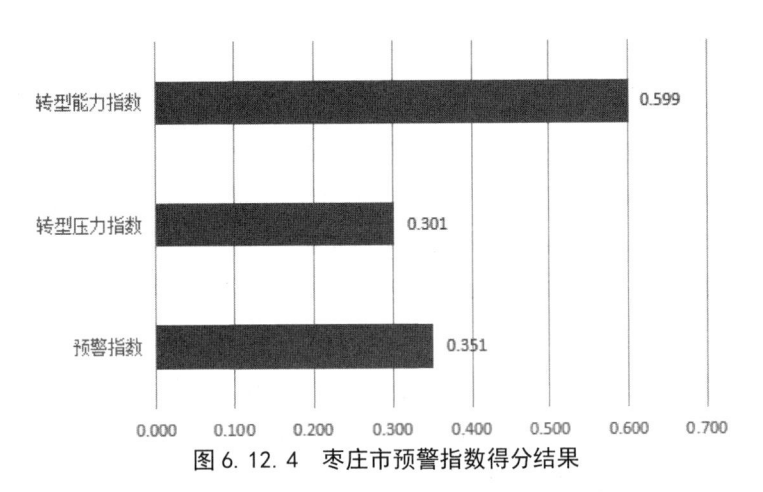

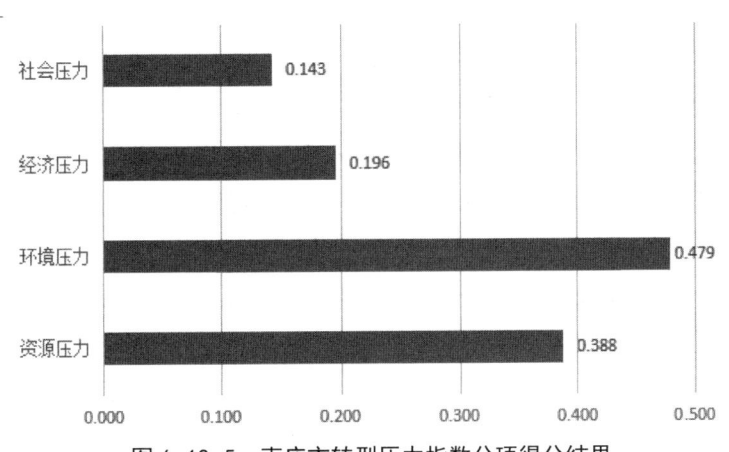

图 6.12.4　枣庄市预警指数得分结果
- 转型能力指数：0.599
- 转型压力指数：0.301
- 预警指数：0.351

图 6.12.5　枣庄市转型压力指数分项得分结果
- 社会压力：0.143
- 经济压力：0.196
- 环境压力：0.479
- 资源压力：0.388

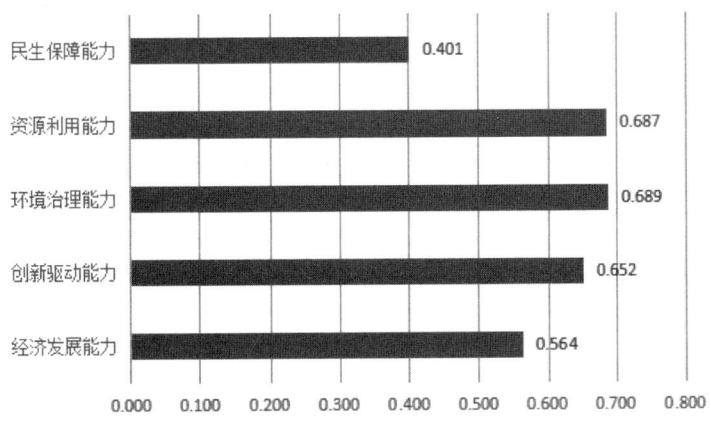

图 6.12.6　枣庄市转型能力指数分项得分结果
- 民生保障能力：0.401
- 资源利用能力：0.687
- 环境治理能力：0.689
- 创新驱动能力：0.652
- 经济发展能力：0.564

（4）指数评价

转型压力分析

枣庄市转型压力指数为0.301，在全部116个资源型城市中排名77位，在东部资源型城市中排名第15位，在衰退型资源城市中排名20位。这说明枣庄的转型发展遇到的困难较小。分项来看，枣庄面临的资源压力较为突出，在所有资源型城市中排名第32，在东部资源型城市中排名第8，在衰退型资源城市中排名第10。可见枣庄市的可利用资源逐渐减少，对城市发展形成明显阻碍。其次是环境压力，在所有资源型城市中排名第40，可见枣庄市的环境压力较大，特别是居住环境较差，大气污染程度高。不利于社会经济的可持续发展。枣庄市面临的经济压力较小，经济压力指数在所有资源型城市中排名88位，良好的经济环境，有利于经济稳步增长，促进城市转型发展。枣庄市的社会压力很小，在全国资源型城市中排名108位，可见枣庄市转型发展的社会负担轻，有利于经济社会的发展。

转型能力分析

枣庄市转型能力指数为0.599，在全国资源型城市中排名7位，在23个衰退型资源城市里排名第2，可见枣庄市具备的转型能力还是比较强的。分项来看，枣庄市的创新驱动能力最强，在全国资源型城市中排名第7，这将有利于枣庄市提高社会整体生产力水平，有利于推动经济发展方式转变。其次是资源利用能力，在全国排名第19，可见枣庄市的资源利用效率较高，有利于城市经济循环发展。枣庄市环境治理能力相对较强，全国排名24位，特别是居住环境治理能力，在全国排名第1，这将有利于枣庄市为居民提供绿色的居住空间，减小环境压力，有利于经济社会可持续发展。枣庄市的经济发展能力较强，在全国排名28位，稳定良好的经济势头有利于城市转型发展。但是分项来看，各种经济指标排名都不高，经济效率、经济结构转换能力和经济增长有待提高。枣庄市的民生保障能力尚可，全国排名36位，说明枣庄市在民生保障方面具有一定的水平，有利于经济的长远发展与社会稳定。但是文体服务保障能力、医疗卫生保障能力有待提高。

综合评价

综合来看，枣庄市转型压力较轻，转型能力不错，问题主要在于资源减少和环境污染，以及社会保障水平滞后。枣庄市转型预警指数为0.351，在全部116个城市中排名111名，在东部地区资源型城市中排名第19，衰退型城市中排名第23，说明转型面临问题小，转型发展较为顺利。

（5）政策建议

推进生态建设一体化。通过植树造绿，荒山绿化来营造绿色居住环境。在空气治理方面，加大工业废气、机动车尾气、城市扬尘、超限超载治理和秸秆禁烧力度。

在矿山开采方面，抓好水土流失、破损山体、采矿塌陷地等生态脆弱区治理。

加快产业转型升级。深入了解产业现状，推动传统产业做优、新兴产业扩大发展。加快改造提升传统产业，整合重组、技术改造等让"老产业"迸发新活力。加快培育壮大新兴产业，发展现代服务业和现代农业，转变农业发展方式，促进农业向规模化、产业化、标准化、品牌化、高效化水平发展。

健全社会保障体系。一方面，扩大在社保领域的财政投入并提高覆盖面；另一方面，提高城乡居民基本医疗保险财政补助金额，构建综合性社会救助平台。加大文化惠民力度。制定优秀传统文化传承发展规划，深入挖掘传统文化和近现代中兴工业文化，抓好省级基层综合文化中心试点建设，进行农家书屋数字化改造。通过规范提升社区艺术团、庄户剧团等方式，丰富城乡文化生活。

### 6.12.3 东营市

（1）城市概况

东营市成立于1983年10月，是山东省地级市，在黄河三角洲的城市中占据重要地位。位于山东省的东北部，东营区位优势明显。东和日本、韩国隔渤海相望，北和京津唐经济区相靠，南与山东半岛经济区相邻，西和广大内陆地区相依，在环渤海经济区发挥重要作用，是东半岛城市群的重要部分。东营市连接中原经济区与东北经济区、京津唐经济区与胶东半岛经济区，十分重要。东营市还是胜利油田（中国第二大石油工业基地）崛起地，有着中国"六大最美湿地之一"的美誉。[①] 东营市辖2区3县，在2015年，全市常住人口为211.06万人。全年生产总值为3450.64亿元，比2014年增长6.9%，同年全市人均生产总值达到163938元，比2014年增长6.3%。[②]

（2）资源特点及利用情况

东营矿产资源较为丰富。固体矿产少，液（气）体矿产多。东营市是重要的石油化工基地，油气储量占全省第一位。2007年，油产量达到2770.1万吨、天然气为7.8亿立方米，工业总产值数额为8653901万元。在可再生能源方面，地热作为清洁，储量较为丰富。东营热水资源量达到3447.68亿立方米，可采储量是562.61亿立方米。地下卤水年产盐量是21.5万吨，年产值为1227.10万元。地下卤水的开发利用主要为浅层卤水，制盐最多，制碱其次，卤水生产过程中也较充分利用来共生溴元素，部分的企业能提炼出伴生矿产碘。砖瓦黏土年开采量达到29.95万吨，矿业产值

---

① 资料来源：东营市政府网站 http://www.dongying.gov.cn/index.html。
② 资料来源：东营市经济与社会发展统计公报2015。

是 1193 万元。

东营市以石油产量巨大闻名，有"油城"的美称。东营市坚持保护与开发，开发和节约并举，努力提高资源利用效率，努力做到科学开发、合理利用和矿业可持续发展。加大矿产资源勘查力度，尤其是注重勘查油气、地热、岩盐、煤等重要矿产。可持续发展方面，注重节约能源，降低耗竭速度。运用市场规律，同时采取行政手段，进一步建立健全矿业权市场，促进矿业产业结构调整，优化资源配置。

（3）指数计算结果

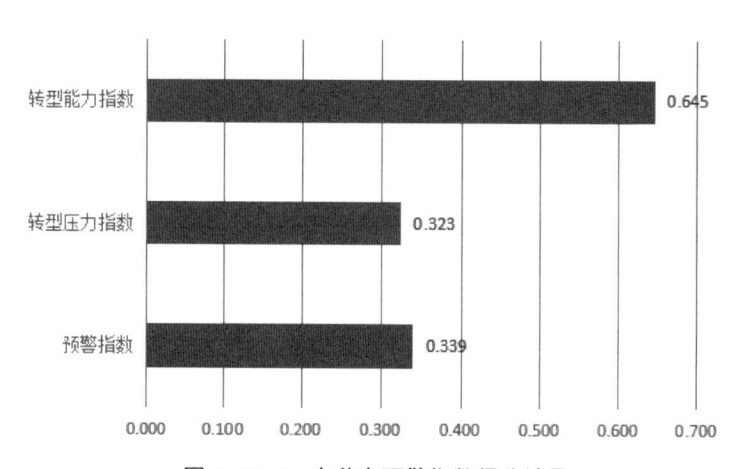

图 6.12.7　东营市预警指数得分结果

- 转型能力指数：0.645
- 转型压力指数：0.323
- 预警指数：0.339

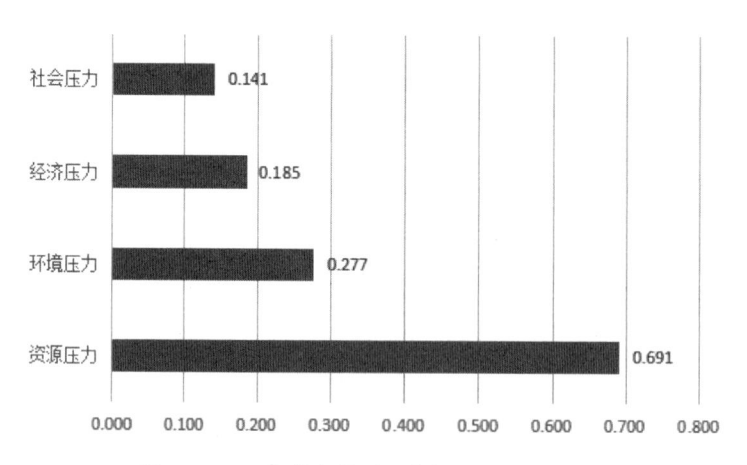

图 6.12.8　东营市转型压力指数分项得分结果

- 社会压力：0.141
- 经济压力：0.185
- 环境压力：0.277
- 资源压力：0.691

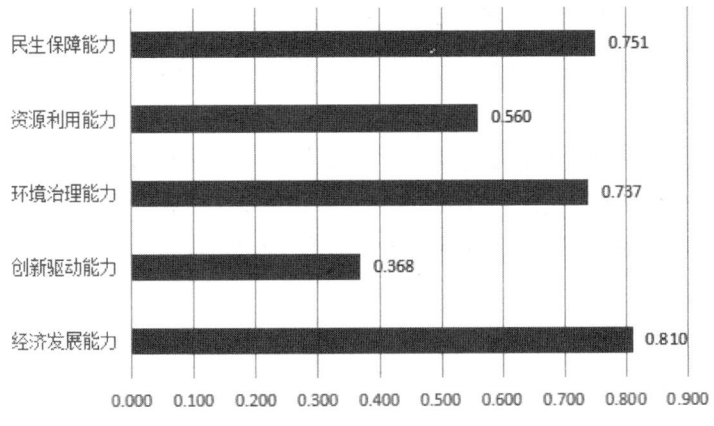

图 6.12.9　东营市转型能力指数分项得分结果

（4）指数评价

转型压力分析

东营市转型压力指数为 0.323，在全部 116 个资源型城市中排名 60 位，在东部资源型城市中排名第 12 位，在成熟型资源城市中排名第 32 位。这说明东营的转型发展遇到了明显困难。分项来看，东营面临的资源压力较为突出，在所有资源型城市中排名第 9，在东部资源型城市中排名第 3，在成熟型资源城市中排名第 2，可见东营市的可利用资源在逐渐减少，对城市发展形成明显阻碍。其次是经济压力，在所有资源型城市中排名第 95，可见东营市的经济发展态势较好，有利于城市转型发展。但是其中经济区位压力比较大，需进行经济区位合理配置。东营市的环境压力较小，在全国资源型城市中排名 99 位，这说明东营市的生产方式较为环保，有利于经济可持续发展，应当继续保持。东营市的社会压力也比较小，在所有资源型城市中排名第 109，说明东营市在转型发展过程中所面临的社会负担较轻，有利于城市经济发展，促进城市转型。

转型能力分析

东营市转型能力指数为 0.645，在全国资源型城市中排名 3 位，在 63 个成熟型资源城市里排名第 1，可以看出东营市具备的转型能力很强。分项来看，东营市的经济发展能力最强，在所有资源型城市中排名第 1，社会经济不断发展，为东营市城市转型奠定了坚实的经济基础。其次是民生保障能力，在全国资源型城市中排名第 3，东营市各项民生保障能力都很强，说明东营市在民生保障方面具有很高的水平，有利于经济的长远发展与社会稳定。东营市的环境治理能力也比较强，全国排名 12 位，这将有利于东营市继续维持较小的环境压力，有利于经济社会可持续发展。但是其矿山自理能力较弱，东营市需重视矿山生态保护。东营市的资源利用能力相对较强，在全国排名第 34。资源利用效率高，有利于经济的循环发展，推动城市转型发展。东营市的创新驱动能力处于全国中等水平,在全国资源型城市中排名45位。细分来看,东营市在创新基础设施和创新人才上的投入力度较小,这将不利于提高社会劳动生产率,阻碍社会经济的长远发展。

综合评价

综合来看,东营市转型压力较轻,转型能力很强,主要问题是主体资源压力大和创新力度小,以及环境污染。东营市转型预警指数为0.339,在全部116个城市中排名112名,在东部地区资源型城市中排名第20,成熟型城市中排名第62,说明转型面临问题较小,发展前景广阔。

(5)政策建议

**强化节能环保。**淘汰落后企业,并在重点领域、重点行业、重点企业加强节能降耗。整治矿山地质环境方面,要开展矿山地质环境保护与治理方案编制工作,实施矿山地质环境治理保证金制度,建立矿产资源开发利用中土地复垦监测制度。

**推进区域协调发展。**突出项目引领,加快合作事项推进,围绕土地利用、矿产开发、城市建设、安全环保、民生改善等领域,共同实施一批新的合作项目;完善共建机制,搭建决策层对话磋商、管理层联合办事、执行层联手落实的平台,提高各层面的执行效率,合力推进工作,共建美好家园。

**加快产业转型升级。**加快推进新型工业化,通过引进高新技术装备衍生一批项目,推动产品质量升级,努力向高端精细化工领域延伸。将工业化和信息化深度相结合,促进设计研发信息化、生产装备数字化、经营管理网络化、生产过程智能化。

**深入实施创新驱动发展战略。**着力培育创新型企业。实施创新型企业培育计划,引导大企业自主创新,支持中小企业的产学研结合。着力增强科技研发能力,加强可持续发展研究院创新能力建设,加快推进国家电子陶瓷材料工程中心和有色金属、绿色化工产业技术研究院等平台建设。加强与高校院所合作,推进协同创新,完善人才引进、培养、使用和激励机制,吸引高端人才聚集。

### 6.12.4 济宁市

(1)城市概况

济宁市是山东省的省辖市,地处山东省的西南部,位于鲁苏豫皖四省地交接地带。济宁历史文化悠久,是多种文化(东夷文化、华夏文明、儒家文化、水浒文化、运河文化)的重要发祥地之一。[①] 济宁市下辖2个市辖区,7个县,2个县级市,面积为11187平方公里,人口达到829.92万人。2015年全市实现地区生产总值4013.12亿元,比2014年增长了8.4%。人均生产总值为48529元,比2014年增加了2316元。[②]

---

① 资料来源:济宁市政府网站 http://www.jining.gov.cn/。
② 资料来源:济宁市经济与社会发展统计公报2015。

(2) 资源特点及利用情况

济宁矿产种类较多，截至2007年底已发现39种各类矿产。已探明储量的矿产包括煤、油页岩、铁、铜。金、轻稀土、磷灰石、熔剂石灰岩、白云岩、脉石英、水泥石灰岩、水泥配料黏土、花岗岩、高岭土、重晶石等。其中济宁优势矿产是煤、建材非金属，特色矿产是轻稀土。煤炭保有资源储量为118.08亿吨，原煤产量是7968万吨。济宁市唯一的黑色金属矿产是铁矿，其保有资源储量为24903.5万吨。轻稀土保有资源储量是205.5万吨。溶剂用灰岩探明资源储量是44765.7万吨。溶剂用白云岩探明资源量是17423万吨。水泥用灰岩探明资源储量达到20.4亿吨，产量为1100万吨。水泥配料用黏土探明资源储量是7395万吨，饰面花岗岩探明资源储量是9506.1万立方米。2007年全年，矿业总产值达到359.18亿元，矿产品销售收入高达287.94亿元。

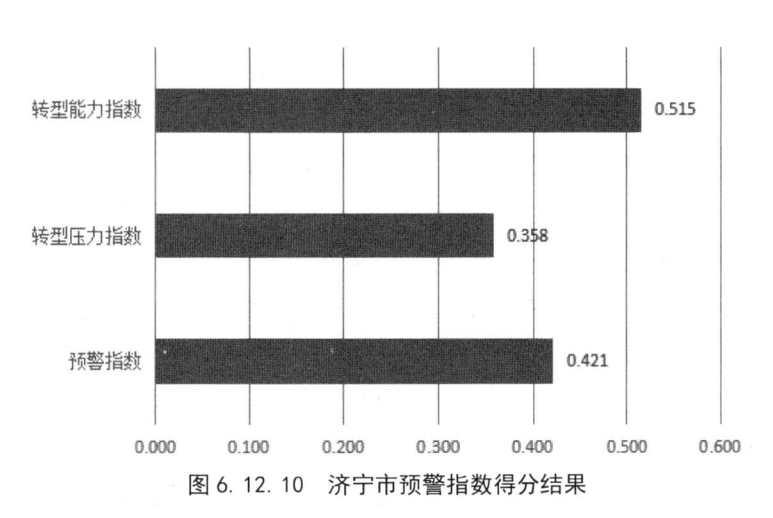

(3) 指数计算结果

图6.12.10 济宁市预警指数得分结果

- 转型能力指数：0.515
- 转型压力指数：0.358
- 预警指数：0.421

图6.12.11 济宁市转型压力指数分项得分结果

- 社会压力：0.175
- 经济压力：0.252
- 环境压力：0.587
- 资源压力：0.417

```
民生保障能力  ████████████ 0.377
资源利用能力  ███████████████ 0.450
环境治理能力  ████████████████████████ 0.696
创新驱动能力  ███████████████ 0.470
经济发展能力  ████████████████████ 0.582
              0.000  0.100  0.200  0.300  0.400  0.500  0.600  0.700  0.800
```

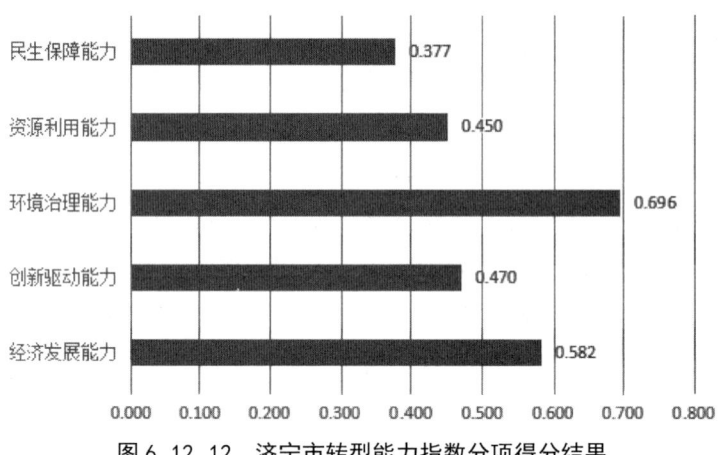

图 6.12.12　济宁市转型能力指数分项得分结果

（4）指数评价

转型压力分析

济宁市转型压力指数为 0.358，在全部 116 个资源型城市中排名 40 位，在东部资源型城市中排名为第 7 位，在成熟型资源城市中排名为第 18 位。这说明济宁的转型发展遇到了不小的困难。分项来看，济宁市面临的环境压力较为突出，在全国资源型城市中排名 15 位，在东部资源型城市中排名第 2，在成熟型资源城市中排名第 11，可见济宁市的环境污染较严重，特别是矿山生态环境破坏大，矿山环境压力在所有资源型城市中排名第 1，济宁市在城市转型中的环境压力较大，不利于经济社会的可持续发展。其次是资源压力，在全国排名第 29，可见济宁市在资源利用效率方面存在较大的差距，对城市发展形成明显阻碍。济宁市的经济压力较小，在所有资源型城市中排名第 72，说明济宁市的经济发展势头较强劲，有利于城市转型发展。但是，进一步细分可发现，济宁市的经济结构压力较大，配置不合理。济宁市的社会压力也很小，在所有资源型城市中排名 100 位，说明济宁市在转型发展过程中，社会负担较轻，有利于经济稳步发展。

转型能力分析

济宁市转型能力指数为 0.515，在全国资源型城市中排名 25 位，在 63 个成熟型资源城市里排名第 14，可以看出济宁市具备的转型能力还是比较强的。分项来看，济宁市环境治理能力最强，全国排名 20 位，这将有利于济宁市继续维持较小的环境压力，有利于经济社会可持续发展。但是矿山环境治理能力仍然处于较弱的地位，生态环境亟待改善。其次是创新驱动能力，在全国资源型城市中排名 22 位这将有利于济宁市提高社会整体生产力水平，推动经济发展方式转变。济宁市的经济发展能力较强，在全国所有资源型城市排名为 23 位。细分来看，济宁市的经济效率和经济增长较强,在全国排名分别为第 28 和第 31,经济发展能力强,为城市的转型升级奠定了坚实的经济基础。济宁市的民生保障能力尚可,全国排名 48 位,说明济宁市在民生保障方面具有一定的水平,有利于经济的长远发展与社会稳定。但是其中教育保障能力和文体服务保障能力有待提高。济宁市的资源利用能力较弱,在全国排名 66,说明济宁市的资源利用效率较低,不利于经济社会的发展。

综合评价

综合来看,济宁市虽然转型能力不错,但是由于资源利用效率低和环境污染,以及民生保障能力不高,转型发展遇到了较为明显的困难。济宁市转型预警指数为 0.421,在全部 116 个城市中排名 75 名,在东部地区资源型城市中排名第 10,成熟型城市中排名第 39,说明转型面临问题较小,但在转型过程中出现的问题亟须解决。

(5)政策建议

生态环境方面,加快生态建设,提升生态水平。限制大气污染物的排放,深化小型锅炉治理,推广燃煤清洁技术,控制挥发性有机物污染。促进节能环保,培育循环经济。在矿山治理方面,加大矿区地质环境保护与恢复治理及矿区土地复垦力度。健全完善矿山地质环境恢复治理保证金制度,加强对矿山地质环境状况的调查和监测。

济宁应加快工业化和信息化相结合。促进产业结构调整,将科技运用于工业上,推动传统产业提质增效。促进智能化发展,加快制造业向智能生产转型;此外,发展 3D 打印和数字制造等技术,建设大数据平台。

构建公共文化服务体系。建设基层公共文化服务中心建设试点,在行政村实现农村文化广场全覆盖。常态化实施文化惠民工程如"千场大戏进农村"、"万场演出惠民生"、农村公益电影放映等。

### 6.12.5 泰安市

(1)城市概况

泰安市,山东省省辖市,泰山的所在地。泰安是山东省中部的城市,处于泰山脚下,因泰山而得名,山城一体。北和济南相邻,南和曲阜毗邻,东和商城临沂相依,西和黄河相接。1982 年,泰安市被列为第一批对外开放旅游城市。[①] 泰安市辖 2 个区,2 个县和 2 个县级市。截至 2015 年,年末全市常住人口为 560.08 万人,其中城镇人口是 319.47 万人,城镇化率达到 57.04%。全年地区生产总值达到 3158.4 亿元,比

---

① 资料来源:泰安市政府网站 http://www.taian.gov.cn/。

2014年增长8.1%，全市人均生产总值为56490元，比2014年增长7.7%。[①]

（2）资源特点及利用情况

泰安市矿产资源十分丰富，储量大、品位高、分布较广，地域和品种搭配合理。现已探明有50个品种的地下金属、非金属和有贵重金属矿藏有煤、铁、铜、钴、金、铝土、石英石、蛇纹石、石膏、岩盐、钾盐、自然硫、钾长石、石棉、水泥石灰岩、花岗岩、大理石、陶土、耐火黏土等，占全省的38%。其中山东省的硫仅在泰安可找到。铁矿探明储量达到5.4亿吨，具有埋藏浅、宜开采的优点。煤炭探明储量为20.6亿吨，开发和利用均在山东省前列。自然硫探明储量达到3亿吨，平均品位达到9.91%。石膏总储量是380亿吨，是国内外罕见的一个大型石膏矿床，包括雪花石膏、结晶石膏、纤维石膏等，具有矿石品位高，开采价值大的优点。岩盐矿区是全国特大盐矿之一，面积是36.44$m^2$，储量达到74亿吨。泰山花岗石主要分布在泰山南北，总储量达到50亿立方米左右，花纹绚丽，质地坚硬。目前开采的主要有12个品种如泰山青、泰山红、泰山绿、海浪花、吉祥绿、虎皮花等。泰山玉已探明矿石量是506.7万吨，玉石量是207.1万吨。

泰安市落实可持续发展战略，在满足市场需求基础上，用科技创新和体制创新，促进保护生态环境。调整资源利用结构，提高利用率，促进矿产资源勘查、开发与生态环境的协调发展。

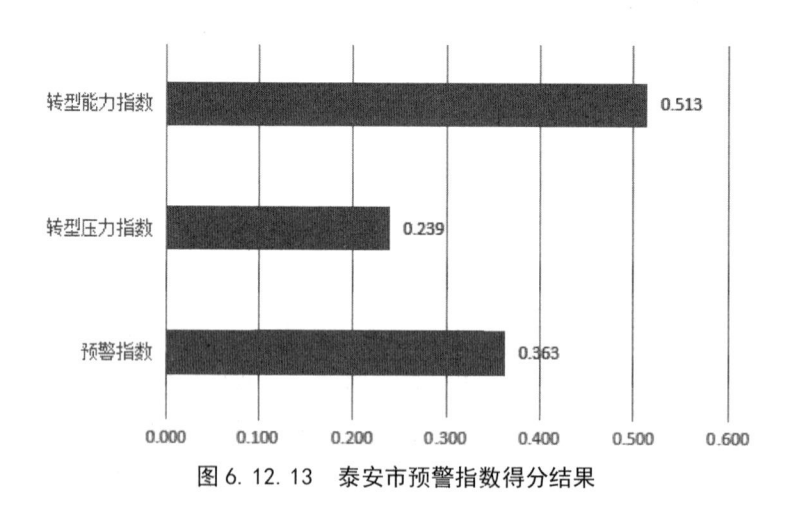

（3）指数计算结果

|  |  |
| --- | --- |
| 转型能力指数 | 0.513 |
| 转型压力指数 | 0.239 |
| 预警指数 | 0.363 |

图6.12.13　泰安市预警指数得分结果

---

[①] 资料来源：泰安市经济与社会发展统计公报2015。

## 第六章 城市预警指数分析

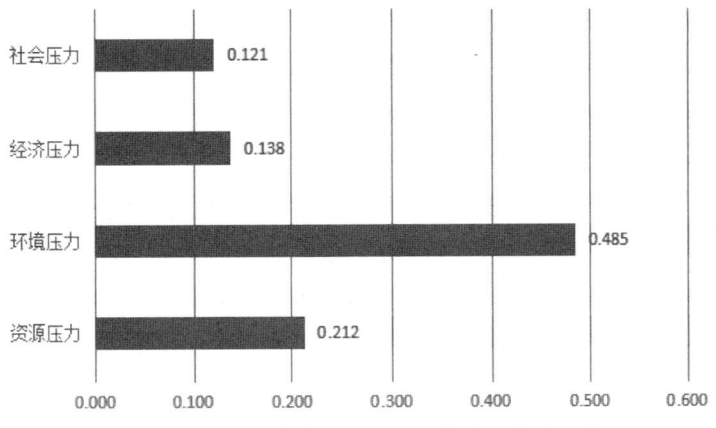

图 6.12.14 泰安市转型压力指数分项得分结果

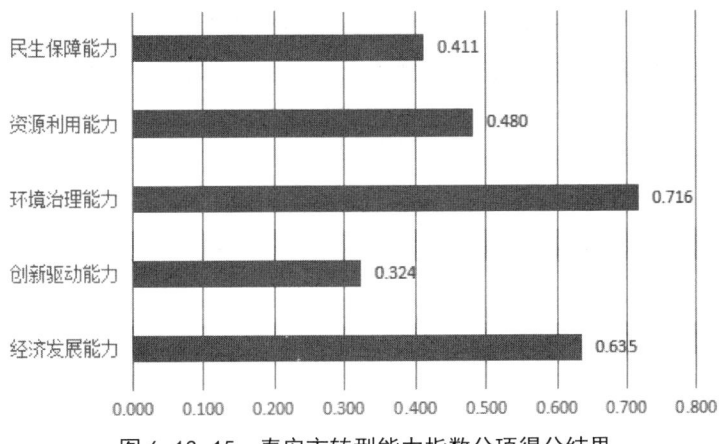

- 社会压力：0.121
- 经济压力：0.138
- 环境压力：0.485
- 资源压力：0.212

图 6.12.15 泰安市转型能力指数分项得分结果

- 民生保障能力：0.411
- 资源利用能力：0.480
- 环境治理能力：0.716
- 创新驱动能力：0.324
- 经济发展能力：0.635

（4）指数评价

转型压力分析

泰安市转型压力指数是 0.239，位于全部 116 个资源型城市的第 103 位，在东部资源型城市中排名为 18 位，在成熟型资源城市中排名为 57 位。这说明泰安的转型发展面临的压力较小。分项来看，泰安面临的环境压力较为突出，在所有资源型城市中排名第 38，在东部资源型城市中排名第 6，在成熟型资源城市中排名第 25，可见泰安市的环境污染较为严重，不利于社会经济的可持续发展。其次是资源压力，在所有资源型城市中排名 59 位，这说明泰安市的城市转型有着资源压力的影响，资源利用效率有待提高。泰安市的经济压力很小，在全国资源型城市中排名 112 位，进一步细分可以发现，除了经济结构压力稍大外，其余各项经济压力均很小,说明泰安市的城市转型有着坚实的经济作为保障。泰安市的社会压力也很轻,在所有资源型城市中排名第113,细分来看,泰安市就业压力、社会保障压力和安全压力均很小,说明泰安市的转型发展所面临的社会负担很小,有利于社会经济的稳步发展。

转型能力分析

泰安市转型能力指数为0.513,在全国资源型城市中排名28位,在63个成熟型资源城市里排名第15,可以看出泰安市具备的转型能力还是比较强的。分项来看,泰安市的经济发展能力最强,在所有资源型城市中排名第10,高效的经济结构转换能力,强劲的经济效率,经济增长速度快,有利于泰安市的转型升级。其次是泰安市的环境治理能力,全国排名16位,这将有利于泰安市继续维持较小的环境压力,有利于经济社会可持续发展。泰安市的民生保障能力也比较强,在全国排名34位,说明泰安市在民生保障方面具有一定的水平,有利于经济的长远发展与社会稳定。但是其中文体服务保障能力有待提高。泰安市的资源利用能力一般,在全国排名53位,可见泰安市的资源利用效率比较低,对城市发展形成阻碍。泰安市的创新驱动能力较弱,在所有资源型城市中排名61位,尤其是创新基础设施投入力度小,在全国排名107位。

综合评价

综合来看,泰安市转型能力不错,但是由于产业结构不合理、资源利用效率低和环境污染,以及创新水平滞后,转型发展遇到了一定程度的困难。泰安市转型预警指数为0.363,在全部116个城市中排名106名,在东部地区资源型城市中排名第17,成熟型城市中排名第58,说明转型面临问题较小,但在转型过程中出现的问题亟待解决。

(5)政策建议

加强生态文明建设。确保完成节能减排和化解过剩产能硬任务,积极发展循环经济,抓好国家资源枯竭型城市转型发展等工作。认真落实大气污染防治计划,下大力力治理重点行业、重点区域大气污染尤其是扬尘污染,稳妥推进主城区重污染企业搬迁或转产。加强水生态文明建设,扎实开展全国水生态文明城市试点。一方面,造林绿化,推进节约集约用地,提高各类土地使用效率;另一方面,加强对矿山的监测与治理。

促进创新创业和创造。深入实施创新驱动战略。充分发挥企业创新主体作用、科研院所和大专院校要素支撑作用,健全完善政、产、学、研、金有机结合协同创新机制,加大在创新基础设施方面的投入及创新平台的建设。加大扶持企业科技研发和技术创新。努力做到调速不减加快传统产业尤其是重化工产业转型升级,逐个行业制定转型升级方案,提高终端产品和高附加值产品比重。 势、量增质更优。 发展壮大战略性新兴产业如新材料、新能源与节能环保、电子信息、生物制药和生物育种等。

### 6.12.6 莱芜市

(1) 城市概况

莱芜市是山东省的省辖市,位于山东省地中部地区。 莱芜境内资源丰富,尤其是煤、铁的储量丰富。 莱芜是以钢铁为主导的新兴工业城市,是山东钢铁生产和深加工基地、"国家新材料产业化基地",是"中国生姜之乡"、"中国花椒之乡"和"中国黄金蜜桃之乡"。 莱芜市辖2个区,总面积达到2246.33平方公里,人口为135.16万。[1] 截至2015年,全年地区生产总值为665.83亿元,比2014年增长6.6%,全市人均生产总值为49377元,同比增长了5.8%。[2]

(2) 资源特点及利用情况

芜矿产资源十分丰富,全市已发现42种矿产,其中探明18种储量,发现169处矿产地。 主要有铁、煤、铜、金、花岗岩、石灰岩、白云岩、稀土、辉绿岩、玄武岩、建筑石材、天然石英砂、矿泉水等矿种。 铁矿保有储量为4.5亿吨,煤炭保有储量是3.5亿吨。 矿产区的地理位置是资源的良床。 煤炭保有资源储量是3.09亿吨。 铁矿保有资源储量是4.74亿吨。 白云岩、石灰岩资源十分丰富,具有分布广泛的特点,资源潜力巨大。 预测显示,辖区内白云岩、石灰岩资源量多于数十亿吨(或立方米)。 饰面石材资源同样十分丰富,分布范围广泛,资源潜力大。 监测显示,仅大王庄镇饰面石材矿区荒料量就有296余万立方米。

莱芜市积极促进经济社会可持续发展,优化资源配置,优化矿业结构,提高矿产资源开发利用水平,落实可持续发展战略,在满足市场需求基础上,用科技创新和体制创新,促进保护生态环境。 调整资源利用结构,提高利用率,促进矿产资源勘查、开发与生态环境的协调发展。

---

[1] 资料来源:莱芜市政府网站 http://www.laiwu.gov.cn/。
[2] 资料来源:莱芜市经济与社会发展统计公报2015。

（3）指数计算结果

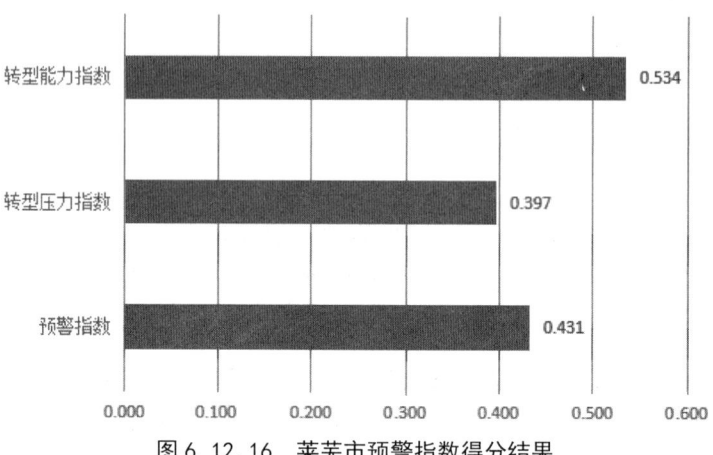

图 6.12.16　莱芜市预警指数得分结果

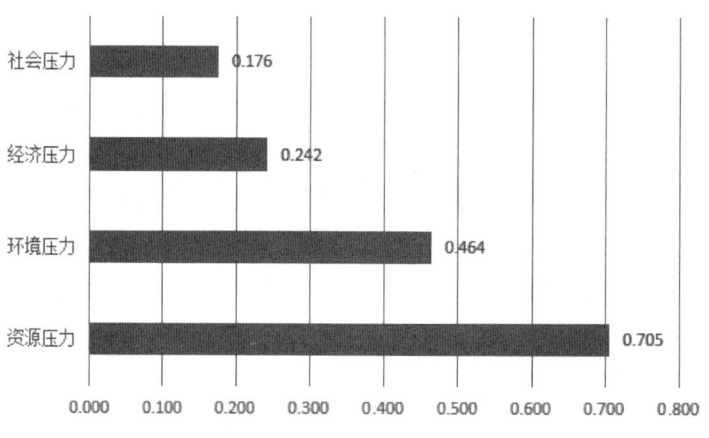

图 6.12.17　莱芜市转型压力指数分项得分结果

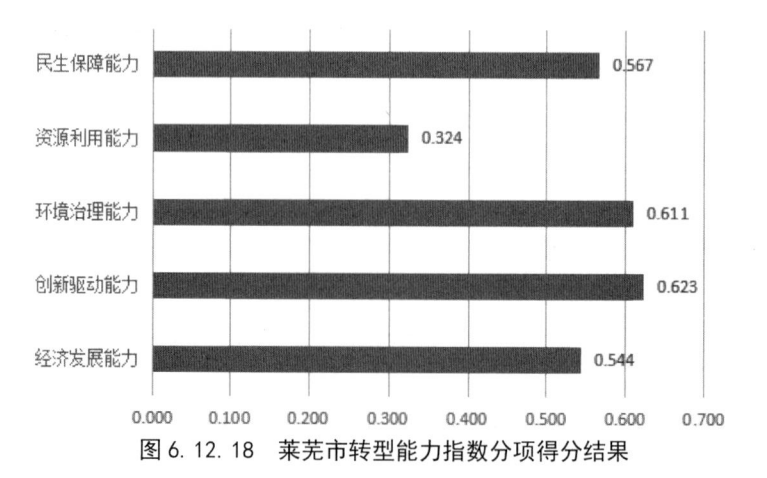

图 6.12.18　莱芜市转型能力指数分项得分结果

### （4）指数评价

**转型压力分析**

莱芜市转型压力指数为 0.397，在全部 116 个资源型城市中排名 25 位，在东部资源型城市中排名 3 位，在成熟型资源城市中排名第 12，这说明莱芜的转型发展遇到了较大的困难。分项来看，莱芜面临的资源压力较为突出，在所有资源型城市中排名第 7，在东部资源型城市中排名第 2 位，在成熟型资源城市中排名第 1 位，可见莱芜市在资源利用效率方面存在较大的差距，对城市发展形成明显阻碍。其次是环境压力，在全国资源型城市中排名 44 名，说明莱芜市的环境压力较大，环境污染较为严重，尤其是大气环境和矿山环境污染最为严重，这十分不利于莱芜市的经济发展。莱芜市的经济压力较小，在所有资源型城市中排名 78 位，可见莱芜市经济负担小，有利于城市转型发展。莱芜市的社会压力比较小，在所有资源型城市中排名第 98，进一步细分可以发现，莱芜市各项社会压力均比较小，说明莱芜市的转型发展社会负担轻，有利于城市经济发展。

**转型能力分析**

莱芜市转型能力指数为 0.534，在全国资源型城市中排名 19 位，在东部资源型城市中排名 6 位，在 63 个成熟型资源城市里排名第 8，可以看出莱芜市具备的转型能力还是比较强的。分项来看，莱芜市的创新驱动能力最强，在全国资源型城市中排名 8 位，这将有利于莱芜市提高社会整体生产力水平，有力推动经济发展方式转变。但是在创新基础设施上还需加大投入。其次是民生保障能力，在所有资源型城市中排名 13 位，特别是基础设施保障能力和居民收入保障能力很强，均位于全国前列。这说明莱芜市在民生保障方面具有一定的水平，有利于经济的长远发展与社会稳定。莱芜市的经济发展能力尚可，在全国排名 38 位。细分来看，莱芜市的经济规模较大，但是经济结构转换能力不高，经济效率不强劲，致使经济增长较缓，不利于莱芜市的经济发展和城市转型。莱芜市环境治理能力一般，全国排名 48 位，这说明莱芜市的环境污染严重，不利于经济社会可持续发展。细看各项指标，莱芜市的居住环境治理能力和大气环境治理能力较强，在全国排名分别为第 1 和第 39。但是水环境治理能力和矿山环境治理能力尚不足以支撑经济发展，有待提高。莱芜市的资源利用能力很弱，在全国资源型城市中第 104 位，可见莱芜市的资源利用效率较低，不利于经济的循环发展。

**综合评价**

综合来看，莱芜市虽然转型能力不错，但是转型压力也很大。由于经济发展不强劲和资源利用效率较低，以及环境污染问题，转型发展遇到了较为明显的困难。莱芜市转型预警指数为 0.431，在全部 116 个城市中排名 65 名，在东部地区资源型城市中排名第9,成熟型城市中排名第37,说明转型面临问题还是相对较大。

(5) 政策建议

莱芜应加强监督耗能企业,淘汰落后行业和污染较大的行业。努力解决城镇污水直排问题,强化城市水源地封闭保护,确保水环境质量稳定达标。矿山治理方面,加强监测和治理矿山生态环境。扎实推进节能减排,严格落实环境容量控制和项目环评制度,打造优良生态环境。

加快转型发展。着力提升产业发展质量,注重政策引导与企业转型相结合,着力构建结构合理、优势突出、协调发展的现代产业体系。发展新兴产业,对10个产业进行重点扶持如新材料、电子信息、生物医药、装备制造等。调整产业结构,优化升级钢铁产业。做大服务业,重点发展现代物流、金融保险、乡村旅游、电子商务等产业。

### 6.12.7 临沂市

(1) 城市概况

临沂市是山东省的地级市,是山东省面积最大的市,处于山东省的东南部,靠近黄海,东和日照相接,西和枣庄、济宁、泰安相毗邻,北和淄博、潍坊相靠,南和江苏相邻。地理位置优越,处于长三角经济圈与环渤海经济圈相结合的有利位置,同时临沂地处鲁南临港产业带,是海洋产业联动发展示范基地、东陇海国家级重点开发区域和山东西部经济隆起带的叠加区域。临沂总面积达到17191.2平方公里。截至2015年,临沂市辖3个区和9个县,人口总数为1124万人。[①]2015年全年地区生产总值是3763.2亿元,比2014年增长7.1%。[②]

(2) 资源特点及利用情况

矿产资源种类多,分布广,已发现84种矿产。其中,白云岩储量是全国首位,金刚石、石膏、石英砂岩储量是全国第二。截至2005年底,能源矿产有煤和地热,煤炭:保有资源储量是2143.91万吨,年产量为88.3万吨。地热预测资源储量折合标准煤产量是15310万吨,但开发利用程度不高,规模较小。临沂金属矿产有金矿、铁矿、铜矿和铝土矿。金矿保有资源储量是341.72万吨。铁矿保有资源储量是7989.01万吨,年产量达到257.63万吨。非金属矿产包括水泥灰岩、饰面石材、石英砂石、石膏、金刚石和河沙。水泥灰岩:保有资源储量67.85万吨,2007年产量达到1910万吨。饰面石材:保有资源储量是1750万立方米,年产量达到11.7万立方

---

① 资料来源:临沂市政府网站 http://www.linyi.gov.cn/。
② 资料来源:临沂市经济与社会发展统计公报2015。

米。石英砂岩：保有资源储量 13513 万吨，年产量为 255.73 万吨。石膏：保有资源储量是 18784 万吨，年产量达到 332.78 万吨。金刚石：保有资源储量是 896.4 万克拉，年产量达到 10 万克拉。

临沂矿产资源管理体制适应社会主义市场经济体制要求，促进了矿业经济社会和生态的可持续发展，矿产勘查分制运行、良性互动，并与区域性经济发展能力基本相适应，推动了合理且保护性的矿产优势资源开发。

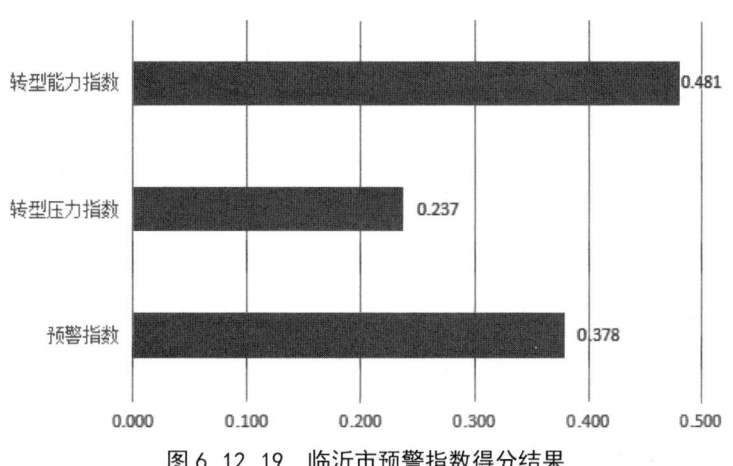

（3）指数计算结果

图 6.12.19　临沂市预警指数得分结果

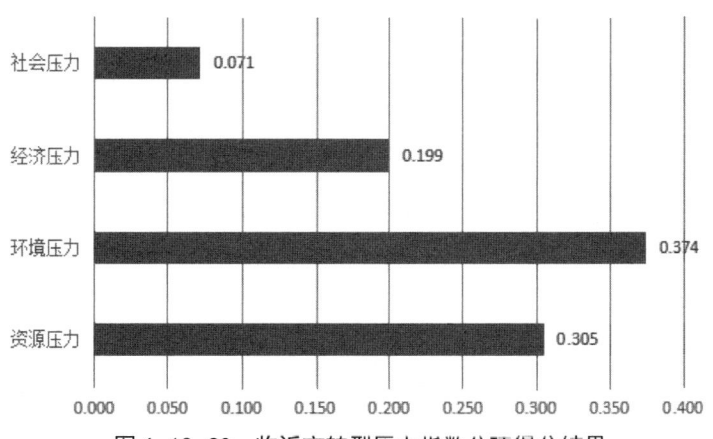

图 6.12.20　临沂市转型压力指数分项得分结果

图 6.12.21　临沂市转型能力指数分项得分结果

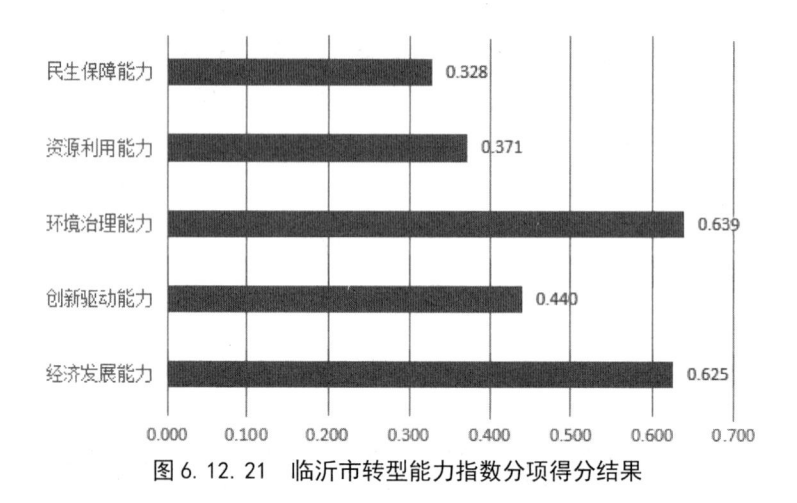

（4）指数评价

转型压力分析

临沂市转型压力指数为 0.237，在全部 116 个资源型城市中排名 105 位，在东部资源型城市中位于第 19 位，在再生型资源城市中排名位于 14 位。这说明临沂在转型发展遇到了的困难较小。分项来看，临沂面临的资源压力较为突出，在所有资源型城市中排名第 41，在东部资源型城市中排名第 11，在再生型资源城市中排名第 10，可见临沂市在资源利用效率方面还是存在较大的差距，对城市发展形成明显阻碍。其次是环境压力，在全国资源型城市中排名 73 名，好于全国资源型城市的平均水平这说明临沂市的生产方式较为环保，有利于经济可持续发展，应当继续保持。但不可忽视的一点是，临沂市的矿山环境压力还是比较大的，矿山生态环境有待改善。临沂市的经济压力比较轻，在所有资源型城市中排名 87 位，可见临沂市的经济发展水平较高，有利于城市转型发展。社会压力指标方面，在所有资源型城市中排名第 116，可见临沂市社会压力较轻。进一步细分可以发现，临沂市各项社会压力均很小，说明临沂市的转型发展过程中的社会负担很小，这将有利于临沂市的经济长远发展。

转型能力分析

临沂市转型能力指数为 0.481，在全国资源型城市中排名 42 位，在 15 个再生型资源城市里排名第 9，可以看出临沂市具备的转型能力较为一般。分项来看，临沂市的经济发展能力最强，在全国资源型城市中排名第 12。分项来看，临沂市的经济结构转换能力和经济增长水平较高，而且经济效率也较为强劲，说明临沂市的经济发展水平处于较高地位，为城市转型发展奠定了坚实的经济基础。其次是创新驱动能力，在所有资源型城市中排名第 30，可见临沂市重视创新，特别是创新人才队伍强大。这将有利于枣庄市提高社会整体生产力水平，全面提升经济增长的质量和效益，有力推动经济发展方式转变。临沂市的环境治理能力尚可,全国排名42位,这将有利于临沂市继续维持较小的环境压力,有利于经济社会可持续发展。细分来看,居住环境治理能力很强。但是大气环境治理能力和矿山环境治理能力亟待改善。临沂市的民生保障能力较弱,在全国排名63位。其中居民收入保障能力很高,但是其他各项民生保障能力均较弱。这说明临沂市的民生保障水平不够高,不利于经济的长远发展与社会稳定。临沂市的资源利用效率较低,在全国资源型城市中排名第87,可见临沂市的资源利用效率低下,对社会经济发展形成阻碍。

综合评价

综合来看,临沂市虽然转型能力一般,但是转型压力很小。由于产业结构不合理、资源利用效率低和环境污染,以及社会保障水平滞后,转型发展遇到了较为明显的难题。临沂市转型预警指数为0.378,在全部116个城市中排名102名,在东部地区资源型城市中排名第15,再生型城市中排名第12,说明转型面临问题较小,但在转型过程中出现的问题不容忽视。

(5)政策建议

临沂应加强民生保障。强化社保覆盖面,加大社会救助,在所有县(区)开通医疗救助"一站式"即时结算,在全社会范围内加大应急救护知识普及。完善基本医疗卫生体系。此外,宣传全民健身,加大对健身工程项目的投入。

建设生态临沂。开展大气污染防治活动,对于高污染企业进行关停整治,促进企业转型升级。全面治理机动车尾气污染、餐饮油烟、秸秆禁烧等大气污染物的排放。对破坏行为,落实行政问责。集约利用资源。严守耕地保护红线。

坚持内外开放、引资引智以及请进来和走出去相结合,活跃经济新体系。壮大发展矿业经济,推进矿产资源的整合提升,促进商贸、物流企业之间的合作,把临沂打造成物流枢纽城市和区域分拨中心。

繁荣基层文化。开展基层公共文化服务能力建设年相关活动,并推进市县文化馆(艺术馆)和图书馆规范化建设。丰富群众精神文化生活,鼓励创办庄户剧团和社区艺术团等文化类活动。

## 6.13 河南省

### 6.13.1 洛阳市

(1)城市概况

洛阳是位于河南西部、黄河中游的中部地区重要的工业城市,因地处洛河之阳而得名,是第一批国务院公布的历史文化名城。洛阳先后获得中国优秀旅游城市、全国文明城市、中国十大最佳魅力城市等美誉[①]。截至2015年，洛阳辖1市8县6区，1个正厅级规格的洛阳市城乡一体化示范区、1个国家级高新技术开发区、1个国家级经济技术开发区、2个省级开发区、18个省级产业集聚区。年末户籍总人口数达到700.28万，其中市区户籍人口为197.35万；年末常住总人口为674.30万，其中市区常住人口达到215.77万，城镇常住人口达到355.02万，城镇化率是52.65%，同比增长5.80%。初步核算，全年全市生产总值达到3508.8亿元，按可比价计算，同比增长9.2%。其中，第二产业增加值为1740.7亿元，比上年增长8.9%。[②]

（2）资源特点及利用情况

洛阳矿产资源丰富。优点包括储量大、品位高、品种多、埋藏浅，易于开采利用。

现已有探明矿种42种包括钼、金、钨、煤、硫、耐火黏土、硅石、水泥灰岩、花岗岩、水晶等。其中钼储量达200多万吨，位于全省首列，是世界三大钼矿之一。铝土矿储量将近2亿多吨，居全省首位；金矿分布于洛宁、嵩县、栾川等县，探明储量已达到200余吨。煤储量高达20多亿吨。凭借着矿产优势，洛阳的能源、冶金、建材、化工等行业的发展有着良好的资源基础。

经过40多年的发展，洛阳成为新兴的工业基地。目前，有35个工业门类，1443家乡及乡以上工业企业，固定资产原值165亿元，净值96亿元，已形成七大支柱企业机械电子、冶金、建材、石油化工、电力、轻纺、食品等。包括的洛阳大企业集中，其中，一拖、洛轴、中信重机、洛玻等四大企业集团，已成为国内相关行业的支柱，对于全国经济发展有着重要意义。

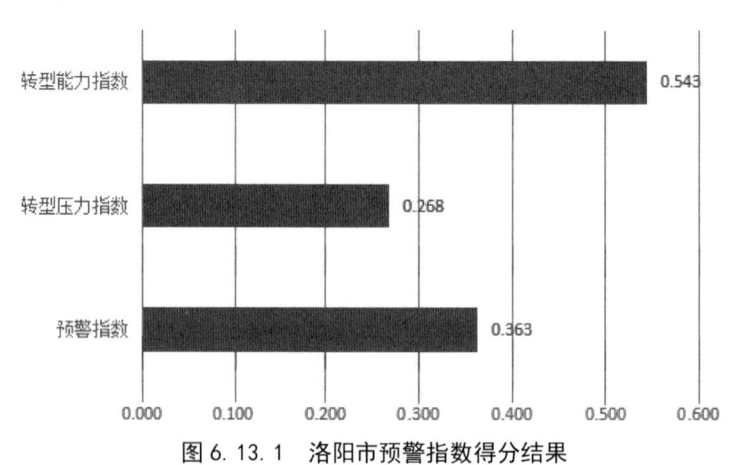

（3）指数计算结果

图6.13.1 洛阳市预警指数得分结果

转型能力指数 0.543
转型压力指数 0.268
预警指数 0.363

---

[①] 资料来源：洛阳市政府网站 http://www.ly.gov.cn/mlly/index.shtml。
[②] 资料来源：洛阳市经济与社会发展统计公报2015。

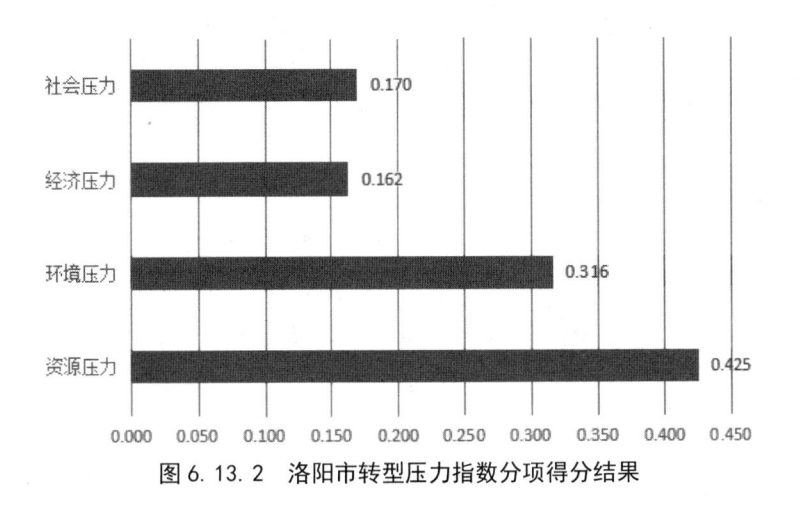

图 6.13.2　洛阳市转型压力指数分项得分结果

图 6.13.3　洛阳市转型能力指数分项得分结果

（4）指数评价

转型压力分析

洛阳市的转型压力指数为 0.268，位于全国所有资源型城市的第 91 名，位于中部城市中的第 30 名，位于再生型资源城市的第 12 名。这说明洛阳市转型中面临的阻力较小。分项来看，洛阳市的资源压力指数为 0.425，排名全国第 28 名，可以看出洛阳市面临资源紧张的局面。洛阳市的环境压力指数为 0.316，排名全国第 86 名，说明洛阳市的环境整体水平较好；细分来看，洛阳市的大气环境、水环境和矿山环境压力较小，但是居住环境压力较大，说明洛阳市在城乡基础设施建设方面不力，城市绿化、城市生活垃圾处理方面不够先进。另外，洛阳市还面临着较小的经济压力，其指数为 0.162，位于全国资源型城市第 100 名；细分来看，洛阳市的经济增长速度尚可，经济区位设置准确，经济结构问题不大，需要注意的是，洛阳市的财政压力较大。最后，洛阳市的社会压力指数为0.17，位于全国第102名，可以发现洛阳市的社会发展水平较平稳，工作岗位需求较大，城市安全监督管理体系较为完善，相关部门应急反应迅速。

转型能力分析

洛阳市的转型能力指数为0.543，位于全国资源型城市第16名，中部城市第6位，再生型资源型城市中第4名，可以看出洛阳市的转型能力较强。分项来看，洛阳市的创新驱动能力为0.528，位于全国第14名，说明洛阳市在科技创新方面的发展已经可以看见一定的成效。但是，洛阳市在创新基础建设方面的投入不大，不利于经济的长远发展。其次，洛阳市的经济发展能力指数为0.579，位于全国第25名，说明洛阳市经济总体水平比较好，但是另一方面，经济回升向好基础不够稳固，结构性矛盾仍然存在，尚未得到有效解决；各种资源优势也未得到充分发挥。另外，洛阳市的民生保障能力为0.445，位于全国第28名，可以发现洛阳市的社保水平相对较高。但是，该市城乡二元结构矛盾仍然是急需解决的重中之重，农民增收、农村脱贫的难度不断增大；安全生产、环境保护、食品药品安全等领域仍需大力监管和发展；此外，公共服务体系还不完善，在就业、社保、教育、医疗、住房等问题方面没有做到令大部分群众满意；政府职能没有实现有效转变，一些机关工作人员法治意识、服务意识、担当意识不强，且行政效率不高。洛阳市的资源利用能力指数为0.546，位于全国第37名，说明该市在资源利用效率方面表现尚可。最后，洛阳市的环境治理能力尚可，其指数为0.619，位于全国第47名；值得注意的是，洛阳市应该更加注重矿山环境的能力培养，防患于未然。

综合评价

综合来看，洛阳市转型预警指数为0.363，在全部城市中排名107名，在中部地区资源型城市中排名第37，再生型城市中排名第14，说明洛阳市的转型潜力较大，各方面都较为不错。

（5）政策建议

在环境治理方面，构建城乡一体的良好生态系统。在矿区治理方面，加强矿区整治、矿区生态修复、强化水土流失治理，打造山地旅游休闲度假养生等新的旅游发展形势。水资源治理方面，建设一批沿河生态带、引水蓄水治水工程，加快建设全国水生态文明城市。确保截流落实（城市区排污口）；建成产业集聚区和乡镇污水处理厂，加快部分县城第二污水处理厂和村级污水处理设施建设。在污染物排放治理方面，实施水泥、玻璃、陶瓷等行业提标监督和治理，确保达标排放。在空气排放上，加强工业废气、机动车尾气、秸秆焚烧、建筑施工和道路扬尘治理，发展新能源公交车，推动绿色生产与出行。在高速、快速公路沿线通道植树绿化，建设林业生态圈。加快建设城市绿地，提高城市绿化覆盖率。

在民生方面，首先努力推动高质量创业就业。特别是大学生创业就业，用创业带动扩大就业。教育问题方面，办好人民满意的教育。加快建设市区薄弱学校，补助贫困地区的教育建设，促进义务教育在贫困地区的发展。体育方面，繁荣发展体育事业。公共文化建设完善其服务设施网络，加快市文化馆等项目建设，开展一系列文化惠民活动如农村数字电影、社区公益电影放映和百场公益性文化演出等。扶贫上，持续加大力度。实施精准扶贫和科学扶贫，多方筹资。

在经济方面，推动优势产业链延伸和升级以及新兴产业的集聚发展。以战略性新兴产业规模化带动电子信息产业发展；大力发展新能源产业。农业方面，坚持调整结构并促进发展方式的转变，引进科技和现代产业组织方式来夯实中原经济区的农业基础。服务业方面，将服务业打造为打造中原经济区重要增长极的新引擎。旅游上加快建设旅游干线公路、景区间互通道路等基础设施。

在创新方面，开放招商，加大创新力度。集聚并整合技术、人才、资本等创新要素，在全社会营造万众创新的氛围。围绕重点产业（机器人及智能装备、新材料、电子信息等）部署创新链，促进产学研结合。尤其要注重人才建设，加强人才培养引进，运用政策优惠、资金扶持、情感关怀等措施留住优秀型领军人才。

### 6.13.2 平顶山市

（1）城市概况

平顶山市地处河南省中部，现辖2市4县4区。自然资源丰富，是"中国岩盐之都"、全国十大优质铁矿之一，是中部地区水资源富集区。产业优势突出，投资环境宽松。区位交通便捷。平顶山地处京广和焦枝两大铁路干线交汇处，和全国高速公路网络相连[1]。2015年底，全市总人口数达到436.3万人，常住人口为404.2万人，城镇化率突破51.0%。2015年全市生产总值达到1335.4亿元，同比增长6.1%，其中，第二产业完成增加值710.9亿元，比2014年增长5.4%，其中工业增加值达到646.1亿元，同比增长了5.4%。人均生产总值达到33104元，增长率为5.8%。[2]

（2）资源特点及利用情况

平顶山市矿产资源十分丰富，已发现57种矿藏包括煤、盐、铁、铝、石膏、耐火黏土、石灰岩等，其中以煤、盐、铁储量最多。平顶山有"中原煤仓"的美誉，煤田面积达1044平方公里，原煤总储量为103亿吨，占全省总储量的51%；铁矿储量为6.64亿吨，占全省的76.3%，矿石品位范围在20.78%—44.13%；盐田面积是400平方公里，远景储量是2000多亿吨，含氯化钠高达90%以上，在全国井盐位于第

---

[1] 资料来源：平顶山市政府网站 http://www.pds.gov.cn/publicfiles/business/htmlfiles/zgpds/ycgk/200908/19007.html。
[2] 资料来源：平顶山市经济与社会发展统计公报2015。

二位；石膏储量是 3.16 亿吨，占全省的 77.3%；铝矾土、黏土、花岗岩、水泥灰岩、石灰石等几十种矿产资源优势十分明显，具有品位高、储量大、易开采的特点。

2015 年矿山数量在 2010 年的基础上减少 15%，使矿山数量维持在 150 家以下，大中小矿山的比例基本合理；开展综合利用的矿山数量占可综合利用矿山的比例达 40% 以上，矿山废弃物矿井排水利用率和选矿排水的重复利用率达到 70% 以上，矿井煤矸石资源化利用率高达 60%，尾矿的利用率 15% 以上，矿产资源开采回采率和选矿回收率提高较为明显。至 2015 年全市矿石总产量为：11000 万吨左右以上。主要矿产产量：煤炭 7000 万吨，铁矿 500 万吨，盐矿 550 万吨，石灰岩 3500 万吨，铝土矿 100 万吨。①

（3）指数计算结果

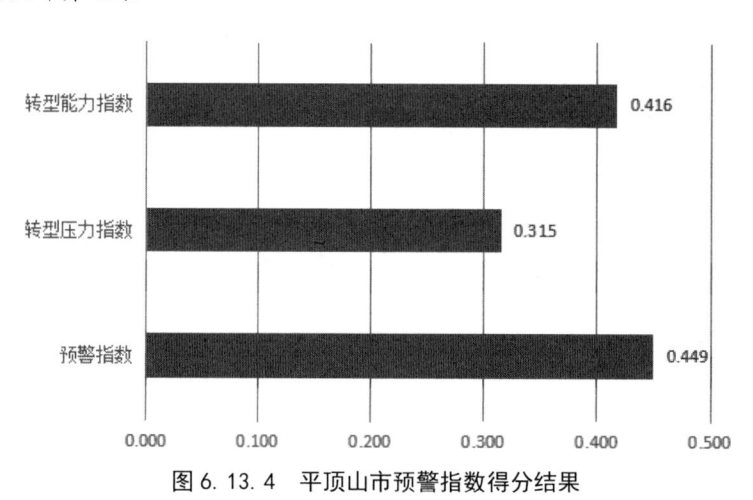

图 6.13.4　平顶山市预警指数得分结果

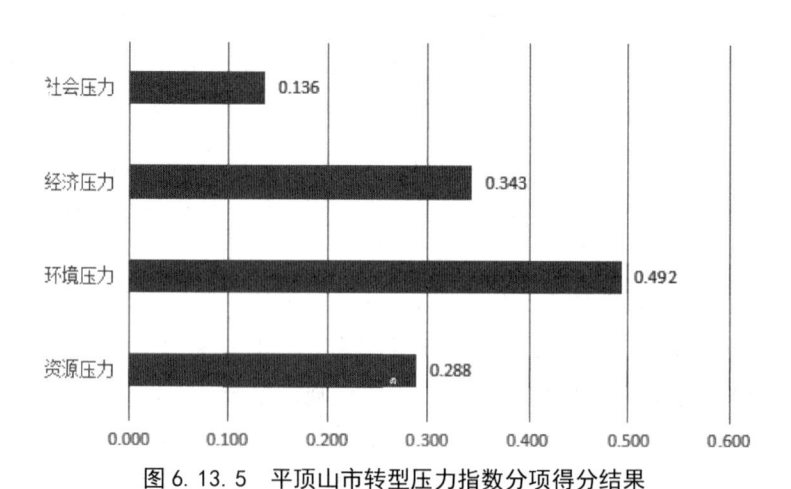

图 6.13.5　平顶山市转型压力指数分项得分结果

---

① 资料来源：平顶山市矿产资源总体规划（2008—2015）http://www.mlr.gov.cn/kczygl/kcgh/201110/t20111021_1006480.htm。

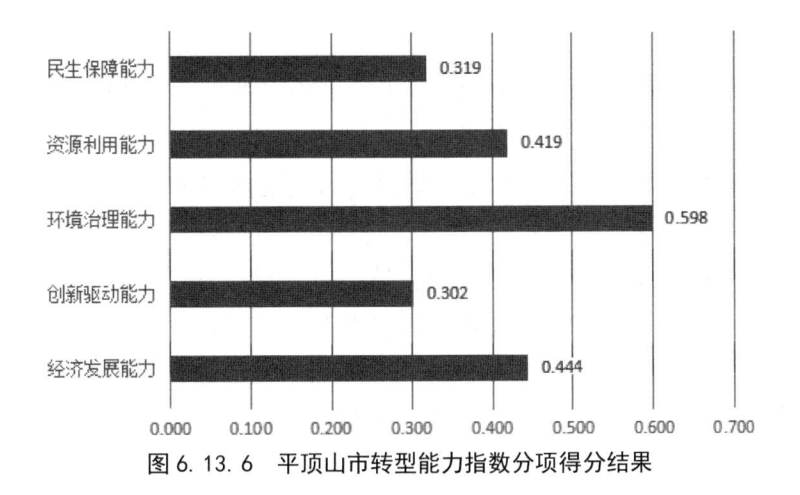

图 6.13.6　平顶山市转型能力指数分项得分结果

（4）指数评价

转型压力分析

平顶山市的转型压力指数为 0.315，位于全国所有资源型城市的第 66 名，位于中部城市中的第 22 名，位于成熟型资源城市的第 36 名。这说明平顶山市转型中面临的阻力尚可。分项来看，平顶山市的环境压力指数为 0.492，排名全国第 35 名，说明平顶山市的综合环境压力较小；分项来看，平顶山的矿山环境压力较小，应该继续保持，但是在水资源、大气环境和居住环境面临的压力较大，说明平顶山的生态环境和城乡设施建设的改善任务仍然很重。其次，平顶山市还面临着尚可的经济压力，其指数为 0.343，位于全国资源型城市第 42 名；细分来看，可以发现经济增速缓慢，排名位于全国后端，生产总值增速虽比去年有所进步，但仍落后于全省平均水平；结构性矛盾依然突出，其中表现在能源原材料工业占比高，第三产业规模小，战略性新兴产业和高技术产业薄弱；经济发展基础不错但后劲不足。项目储备所带来的投资总量不足；四是各种风险隐患增多。另外，平顶山市的资源压力指数为 0.288，排名全国第 42 名，说明平顶山的资源储备尚且充足，且资源利用较为合理。最后，平顶山市的社会压力指数为 0.136，位于全国第 111 名，说明平顶山市的社会发展水平较高，人民就业率高，城市安全监督完善，救济反应迅速，社会保障方面还有一定的提升空间。

转型能力分析

平顶山市的转型能力指数为 0.416，位于全国资源性城市第 78 名，中部城市第 27 位，成熟性资源型城市中第 42 名，说明平顶山的转型能力较为弱势，还有较大的提升空间。分项来看，平顶山市的环境治理能力尚可，其指数为 0.598，位于全国第 53 名，其中平顶山的矿山环境治理能力最小，值得注意的是，该市的矿山环境尚可，说明问题还未凸显出来，应该防患于未然。平顶山市的民生保障能力为0.319，位于全国第65名，这说明平顶山民生改善任务仍很繁重，社会矛盾多样多发。平顶山市的创新驱动能力为0.302，位于全国第66名，属于中等偏下的水平，说明目前平顶山市仍然以传统产业为主，在工业上的科技创新仍处于起步和探索的阶段，全市的创新园区、科研机构数量不足，与国内外的高校科研合作数不多。另外，平顶山市的资源利用能力指数为0.419，位于全国第75名，属于中下游水平，说明平顶山的资源在各个产业的分配、出口、生产等方面的使用有待优化。最后，平顶山市的经济发展能力指数为0.444，位于全国第81名，说明平顶山的经济发展遇到了瓶颈期，主要原因包括经济增速排名低于全国平均水平，结构性矛盾依然突出。

综合评价

综合来看，平顶山市转型预警指数为0.449，在全部城市中排名48名，在中部地区资源型城市中排名第15，成熟型城市中排名第27，说明平顶山的转型潜力尚可，但是迫切需要解决其经济结构、民生保障和环境问题。

（5）政策建议

经济方面，努力扩大投资和消费需求。提高中低收入居民收入，提升消费能力。其次，调整并升级产业结构，加快产业转型升级，实现战略性新兴产业为引领、凸显传统优势产业活力。传统产业方面，综合运用多种手段如退城进园、承接转移、延伸链条等，加快对能源、化工、冶金、建材等传统优势产业的改造。加快发展产业集聚集群。实现配套设施的完善（管理体制、规模水平、招商引资、综合配套功能）。制造业上，顺应制造业从硬件向软件等无形服务转变的趋势，鼓励制造业服务化。做强做优现代农业。落实粮食安全责任制和耕地保护制度，完成永久基本农田划定。积极培育现代林业经济。鼓励远洋捕捞和新型水产养殖业的发展，加快建设渔港经济区和海洋生态牧场。

在创新方面，开放招商，加大创新力度。集聚并整合技术、人才、资本等创新要素，在全社会营造万众创新的氛围。围绕重点产业（机器人及智能装备、新材料、电子信息等）部署创新链，促进产学研结合。尤其要注重人才建设，加强人才培养引进，运用政策优惠、资金扶持、情感关怀等措施留住优秀型领军人才。

在环境治理方面，构建城乡一体的良好生态系统。在矿区治理方面，加强矿区整治、矿区生态修复、强化水土流失治理，打造山地旅游休闲度假养生等新的旅游发展形势。水资源治理方面，建设一批沿河生态带、引水蓄水治水工程，加快建设全国水生态文明城市。确保截流落实（城市区排污口）；建成产业集聚区和乡镇污水处理厂，加快部分县城第二污水处理厂和村级污水处理设施建设。在污染物排放治理方面，实施水泥、玻璃、陶瓷等行业提标监督和治理，确保达标排放。在空气排放上，加强工业废气、机动车尾气、秸秆焚烧、建筑施工和道路扬尘治理,发展新能源公交车,推动绿色生产与出行。在高速、快速公路沿线通道植树绿化,建设林业生态圈。加快建设城市绿地,提高城市绿化覆盖率。

在民生方面,首先努力推动高质量创业就业。特别是大学生的创业就业,用创业带动扩大就业。教育问题方面,办好人民满意的教育。加快建设市区薄弱学校,补助贫困地区的教育建设,促进义务教育在贫困地区的发展。体育方面,繁荣发展体育事业。公共文化建设完善其服务设施网络,加快市文化馆等项目建设,开展一系列文化惠民活动如农村数字电影、社区公益电影放映和百场公益性文化演出等。扶贫上,持续加大力度。实施精准扶贫和科学扶贫,多方筹资。

### 6.13.3 鹤壁市

(1)城市概况

鹤壁上河南省的省辖市,地处河南省北部,位于太行山东麓向华北平原地过渡地带,和首都北京相距475公里,南和省会郑州有110公里的距离,4条国道(京广铁路、京港高速铁路、京港澳高速公路、G107)纵贯全境南北,国家西气东输工程、南水北调工程途径鹤壁。鹤壁有着多个河南之最:水资源最清洁、蓝天最多、最具安全感。作为全球最大的金属镁基地,鹤壁的金属镁新材料广泛用于磁浮列车、航空航天及导弹领域[①]。截至2015年,鹤壁辖浚县、淇县、淇滨区、山城区、鹤山区5个行政区和1个国家经济技术开发区、1个市城乡一体化示范区、4个省级产业集聚区。年末全市总人口数达到163.01万人,常住人口是160.6万人。人口自然增长率5.56‰,城镇化率达到55.7%。全年全市生产总值达到713.23亿元,比2014年增长8.0%。其中,第二产业增加值为471.41亿元,同比增长7.4%。二、三产业比重比上年提高了1.0个百分点。[②]

(2)资源特点及利用情况

鹤壁市自然资源十分丰富,是国家能源重化工基地和黄淮海平原农业综合开发区。矿产资源优势明显,地域组合良好、品位高且易开发。已探明30多种矿藏,主要包括煤炭、瓦斯气、水泥灰岩、白云岩、石英砂岩、耐火黏土等。煤炭探明储量为16亿吨,金属镁的主要原料白云岩达10亿吨左右,水泥灰岩矿床储量约为50亿吨。

矿产资源开发利用结构和布局在2010年规划目标实现的前提下得到进一步调整、优化,减少分散零星采矿点,支柱性矿业向规模化、集团化过渡。产品结构得到调整,优势矿产品、高技术含量和高附加值的矿产品比例得以提高。此外,进一步提升

---

① 资料来源:鹤壁市政府网站 http://www.hebi.gov.cn/zghb/436876/436880/436884/index.html。
② 资料来源:鹤壁市经济与社会发展统计公报2015。

科技对矿业经济发展的引领作用。煤炭要达到供需总量基本平衡，煤变电、煤炭气化、煤化工及"三废"利用等有较大幅度增长。水泥工业严格遵守国家产业政策，不断扩大新型干法水泥生产规模，对于落后的水泥立窑生产线进行淘汰。生产普通标号、高标号和特种水泥（油井水泥）。白云岩不但用于金属镁冶炼及镁深加工产业，还要用于耐火材料、熔剂、化肥、玻璃、陶瓷等产业。矿山数量显著减少，多、小、散局面得到改善。确保资源开采合理且提高利用效率，特别是矿产资源开采回采率提高 3%。[①]

（3）指数计算结果

图 6.13.7 鹤壁市预警指数得分结果

- 转型能力指数：0.431
- 转型压力指数：0.306
- 预警指数：0.437

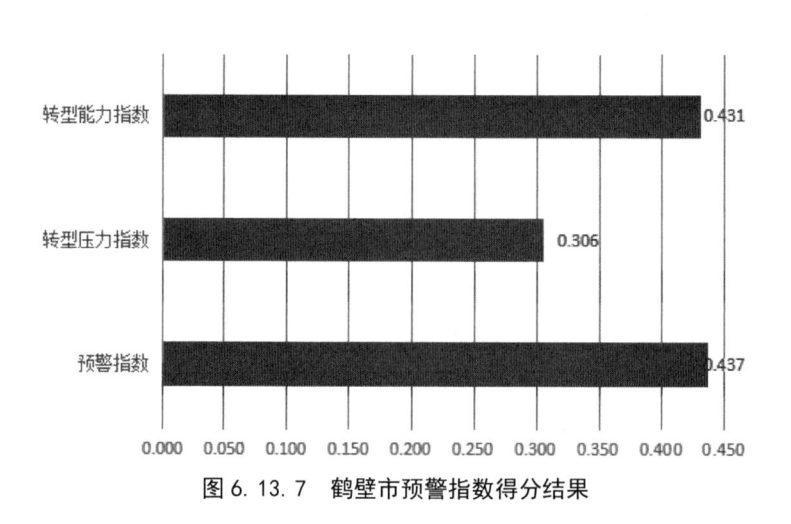

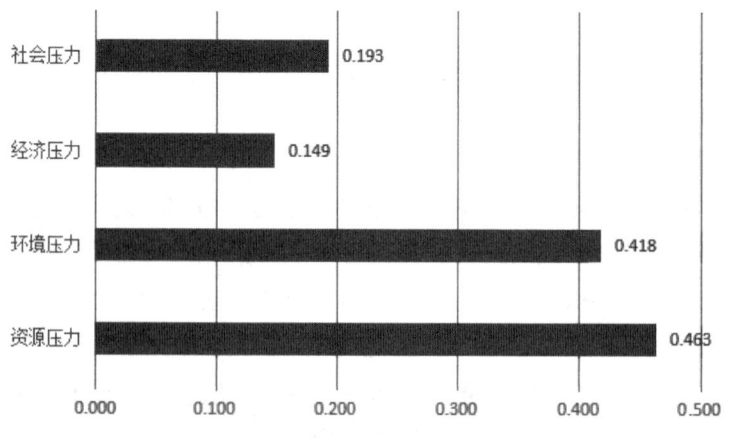

图 6.13.8 鹤壁市转型压力指数分项得分结果

- 社会压力：0.193
- 经济压力：0.149
- 环境压力：0.418
- 资源压力：0.463

---

① 资料来源：鹤壁市矿产资源规划（2008—2015 年）http://www.hebigt.gov.cn/index.php/cms/item-view-id-2195.shtml。

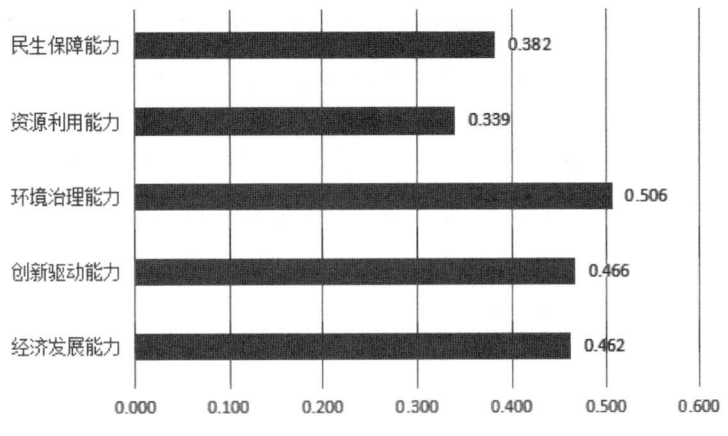

图 6.13.9　鹤壁市转型能力指数分项得分结果

（4）指数评价

转型压力分析

鹤壁市的转型压力指数为 0.306，位于全国所有资源型城市的第 74 名，位于中部城市中的第 25 名，位于成熟型资源城市的第 40 名。这说明鹤壁市转型中面临的阻力较小。分项来看，鹤壁市的资源压力指数为 0.463，排名全国第 26 名，说明鹤壁市的资源储蓄面临一定的开采过度或使用不当。其次，鹤壁市的环境压力指数为 0.418，排名全国第 57 名，说明鹤壁的环境状况中等，仍有进步空间；细分来看，鹤壁市的矿山环境情况较为不错，但是水资源和空气存在污染的状况，另外，鹤壁的居住环境压力很大，说明鹤壁市的水质和空气检测和治理水平有待加强，城乡公共设施建设和绿化美化、定位分区也有待提高。另外，鹤壁市还面临着较小的经济压力，其指数为 0.149，位于全国资源型城市第 106 名，说明鹤壁市的经济增长较为平稳；值得注意的是，鹤壁市的财政压力相对较大。最后，鹤壁市的社会压力指数为 0.193，位于全国第 94 名。其中，鹤壁市的就业率较高，拥有足够的新兴就业岗位，城市安全体系建设较为不错，问题主要体现在社会保障，鹤壁市也面临着快速发展的经济与社会发展不协调的状况，这是鹤壁市发展的薄弱环节。

转型能力分析

鹤壁市的转型能力指数为 0.431，位于全国资源型城市第 71 名，中部城市第 22 位，成熟型资源型城市中第 38 名，从中可以看出鹤壁市的转型能力总体有些薄弱。分项来看，鹤壁市的经济发展能力指数为 0.462，在全国所有资源型城市位于第 74 名；一方面，鹤壁市的经济增长速度快，但是经济效率和经济规模较小，主要是因为经济总量偏小、产业结构不优、发展层次不高；另一方面，部分行业、企业生产经营困难，经济指标保持较快增长压力增大。鹤壁市的创新驱动能力为0.466，位于全国第23名，由此可以发现鹤壁的创新水准有较大的发展和较为明显的成效；其中，鹤壁在引进创新人才方面表现较为出色，但在创新上的资金投入不是很大，有待加强。另外，鹤壁市的环境治理能力较为弱势，其指数为0.506，位于全国第75名，主要原因在于鹤壁市的财政压力较大，无暇顾忌更新现有的环境治理系统，同时，鹤壁市还是以传统工业为主，造成的污染程度远超过治理可及范围。鹤壁市的资源利用能力指数为0.339，位于全国第101名，说明鹤壁市的资源利用效率不高，可能存在资源浪费现象。最后，鹤壁市的民生保障能力为0.382，位于全国第45名，可以看出鹤壁市的城乡基础设施和公共服务设施相对薄弱，公共产品和公共服务欠账较多，老城区和农村建设存在不少困难，城乡居民的生活条件和福利制度亟待提高。

综合评价

综合来看，鹤壁市转型预警指数为0.437，在全部城市中排名61名，在中部地区资源型城市中排名第18，成熟型城市中排名第34。鹤壁市经济增长迅速，社会发展与经济发展不够协调，同时还面临着略微严重的环境问题和社会保障问题。但是鹤壁市的本身发展水平起点已较高，在转型上的潜力尚可。

（5）政策建议

在环境方面，巩固提升绿色发展并重点推进低碳发展。尤其要注意提升大气、水等环境质量。使好节能产品惠民，倡导绿色生活方式和消费理念。此外，促进循环发展，争做国家循环经济示范市，推动产业和企业的标准化、技术化和服务化发展。在居住环境方面，做到农业转移人口市民化、土地改革制度化和城乡一体化，引进先进管理经验。改善农村人居环境方面，在现代化单元楼建设的同时，也要保护宣传好古村落。此外，完善城乡基础设施和公共服务设施。交通建设方面，加快建设现代综合交通体系。

在经济方面，突出重点项目建设和招商引资集群。项目建设方面，保质量、促投资、抓进度、保成效，全面提高项目开工率、资金到位率、投产达效率。招商引资方面，整合招商力量。强化企业主导作用和主体地位，突出产业招商、专业招商、以商招商、精准招商，将引项目引资金与引平台引智力相融合，落实相关招商引资奖励政策。加快产业转型升级。一是改造提升传统主导产业。发挥产业优势，调整产业结构。二是大力发展新兴先导产业。扩大规模、集聚集群、提高效益。同时，积极抓好高成长型企业发展，力争把它们打造成新的经济增长点。三是提速发展现代服务业。突出休闲旅游和新型物流的发展，做到特色化和品牌化。

在创新方面，鹤壁需要在创新人才引进上下功夫。通过创新用工模式来改善人力资源供给；培育并引进一批高水平高素质人才，同时也要发挥本土人才的潜力，充分发挥院士工作站、博士后科研工作站的作用，使人才引得来、留得住、用得好。

### 6.13.4 焦作市

（1）城市概况

焦作市是河南省西北部的城市，北通过太行山和山西晋城市相接，南隔黄河与郑州市、洛阳市相望，东和新乡市相邻，西和济源相接。2008年3月，焦作被确定为全国首批煤炭类资源枯竭型城市。2012年，焦作被河南省政府确定为转型示范市，被香港特区政府、香港《大公报》及全球23家驻港领事馆联合授予"中国最具海外影响力城市"荣誉。2013年，焦作成为世界旅游城市联合会成员城市。香港浸会大学当代中国研究所将河南焦作列为"中国十大创新城市"之一[1]。截至2015年，焦作市辖4区4县，一个省级高新技术产业开发区，代管2个县级市。2015年末焦作总人口达到370.63万人，常住人口为353.40万人，自然增长率是5.77‰。城镇化率为54.85%。初步核算，全年全市地区生产总值金额为1943.37亿元，比2014年增长8.8%。其中三次产业增加值分别为136.74亿元、1182.93亿元和623.71亿元。人均生产总值达55080元。[2]

（2）资源特点及利用情况

焦作矿产资源品种多，储量大，质量好，经过普查有四十余种矿产资源，占全省的25%，探明储量的有20多种包括煤炭、石灰石、铝矾土、耐火黏土、硫铁矿等。其中，煤田向东到修武，向西到达博爱，南和武陟相接，东西全长为65公里，南北宽距离为20公里，保有储量为32.4亿吨，是单一的优质无烟煤（发热量：5500—6700大卡/公斤，含硫量：0.5%—0.8%，挥发分：8%—9%，灰分：22%—27%），是化工和钢铁工业的理想原料；耐火黏土在修武至沁阳一线的太行山南侧均有分布，具有埋藏浅，易开采的优点，耐火度达1650—1770℃，所以是生产陶瓷、耐火材料的优质原料，已探明储量总额为4686.9万吨，占全省的9.5%；铁矿在焦作和沁阳可以发现，保有储量为2726万吨，工业储量达到740.6万吨，以磁铁矿为主，含铁量32%；硫铁矿保有储量3475.5万吨，占全省的41%，品位一般在16%—20%左右，具有洗选性能良好的优点，在冯封矿区分布较广；石灰石分布广、储量大，工业储量达到33亿吨，远景储量100亿吨，厚度稳定在30米以上，含氧化钙52%—54%，主要在北部山区分布，面积达到500平方公里，是生产纯碱、乙炔、水泥等产品的优质原料；此外，焦作还有铜、铁、石英、大理石、铝、锌、磷、锑等多种矿产资源。

---

[1] 资料来源：焦作市政府网站 http://www.jiaozuo.gov.cn/col_txt.jsp?wbtreeid=1005。
[2] 资料来源：焦作市经济与社会发展统计公报2015。

（3）指数计算结果

图6.13.10 焦作市预警指数得分结果

- 转型能力指数：0.545
- 转型压力指数：0.405
- 预警指数：0.430

图6.13.11 焦作市转型压力指数分项得分结果

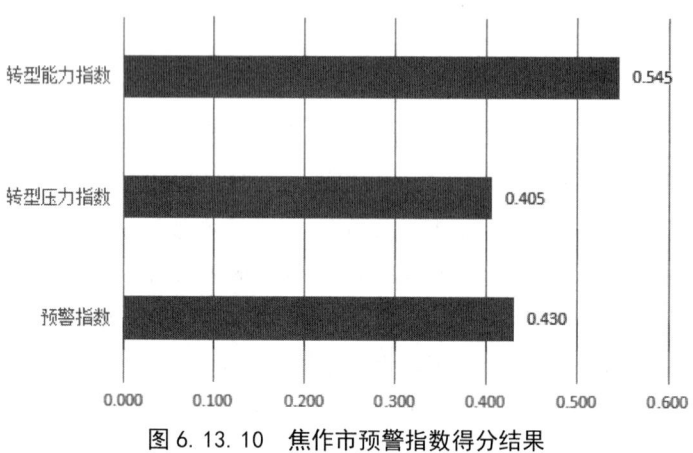

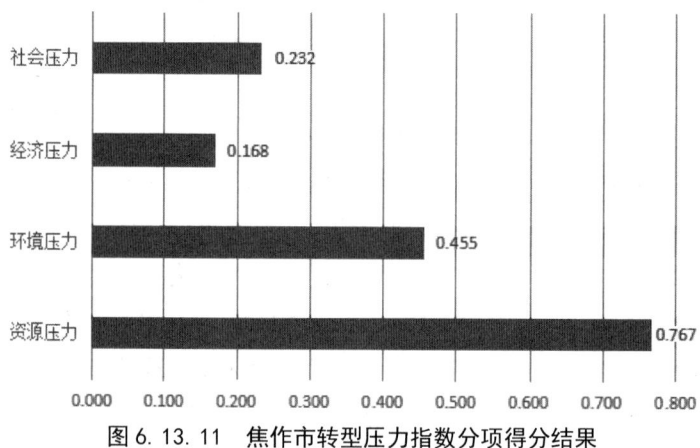

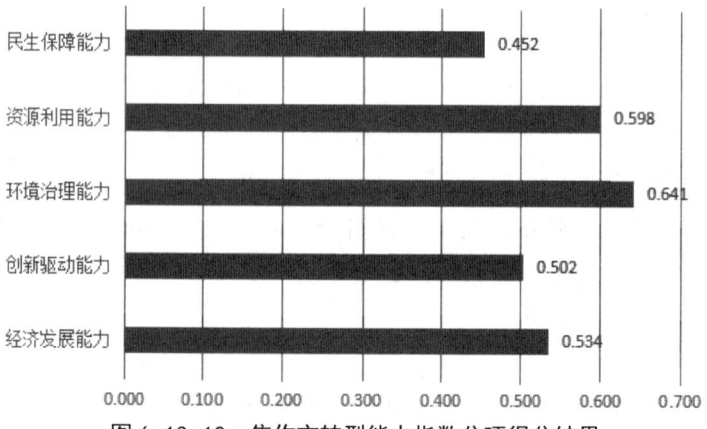

- 社会压力：0.232
- 经济压力：0.168
- 环境压力：0.455
- 资源压力：0.767

图6.13.12 焦作市转型能力指数分项得分结果

- 民生保障能力：0.452
- 资源利用能力：0.598
- 环境治理能力：0.641
- 创新驱动能力：0.502
- 经济发展能力：0.534

（4）指数评价

转型压力分析

焦作市的转型压力指数为 0.405，位于全国所有资源型城市的第 21 名，位于中部城市中的第 9 名，位于衰退型资源城市的第 10 名。这说明焦作市转型中面临的阻力较大，各方面面临的困难较多。分项来看，焦作市的资源压力指数为 0.767，排名全国第 2 名，说明焦作市的资源储备紧张，面临枯竭的风险。其次，焦作市的环境压力指数为 0.455，排名全国第 49 名，这说明焦作的环境压力尚可，但是该市在水环境和居住环境方面拥有较大的问题，说明焦作市的水源污染较为严重，水质不好，另外焦作市在城市公共设施、城乡美化绿化建设方面不足，居民生活环境质量不高。另外，焦作市还面临着较小的经济压力，其指数为 0.168，位于全国资源型城市第 98 名，这说明焦作市目前的经济状况较为稳定，但是仍有经济下行压力较大，财政收入增速放缓等一些潜在风险逐步显现，另一方面，焦作市的经济增长速度还是较快，经济点和经济带的设立也较为不错，应继续发展。最后，焦作市的社会压力指数为 0.232，位于全国第 84 名，其中，焦作市的就业压力和安全压力较小，说明焦作市的工作岗位充足，城市安全体系较为完善，应急机制优化，相关部门工作到位。

转型能力分析

焦作市的转型能力指数为 0.545，位于全国资源型城市第 15 名，中部城市第 5 位，衰退型资源型城市中排名位于第 4 名，可以看出焦作市的转型能力较强，未来发展拥有较大潜力。分项来看，焦作市的经济发展能力指数为 0.534，位于全国第 39 名，属于中上游的位置，其中，焦作市经济增长较为快速，经济效率维持在不错的水平，但是经济下行压力较大。企业生产经营困难增多，投资增速放缓，财政收入增速持续回落，潜在风险逐步显现。另外，焦作市的转型升级任务艰巨。战略性新兴产业尚未形成有效支撑，高新技术产业规模偏小，服务业占比偏低，经济新增点较少。其次，焦作市的创新驱动能力为 0.502，位于全国第 20 名，说明焦作市十分注重其科技创新发展道路，在创新探索路上已有成就，需要注意的是，一些体制机制障碍仍未破除。另外，焦作市的环境治理能力尚可，其指数为 0.641，位于全国第 41 名；细分来看，焦作市在大气环境、水环境与居住环境上发展的治理措施较多，而在矿山环境上投入较少，有待改进。焦作市的资源利用能力指数为 0.598，位于全国第 28 名，说明焦作市的资源利用能力较强。最后，焦作市的民生保障能力为 0.452，位于全国第 26 名，说明其民生保障总体相对不错，不过从分项指标可以看出焦作市民生薄弱环节仍然较多。就业、就学、基础设施、就医等公共服务尚未满足群众需求。

综合评价

综合来看，焦作市转型预警指数为 0.430，在全部城市中排名 68 名，在中部地区资源型城市中排名第 20，衰退型城市中排名第 14，说明焦作市在转型过程中还是处于中等水平，容易反复。一方面，焦作自身的能力较强，但是其各方面的压力也较多，拉低了焦作的未来潜力。

（5）政策建议

在经济方面，深入推进改革。在财政方面，深化财税体制改革。完善政府预算，建立规范、公开透明的预算制度。促进招商，将比拼优惠政策向集群式、链条式产业招商转变。突出企业招商主体地位和主导作用，加快产业产品向智能化、高端化、终端化转型发展。

在社会保障方面，首先保持就业稳定增长，尤其是做好高校毕业生、城镇困难人员等重点群体的就业工作。政府在职业技能培训和创业培训方面多下功夫，以创业带动就业，促进社会稳定。提高社会保障水平。加强救助体系建设，开展对商业保险医疗救助和城乡低保、困难群体的临时救助，健全完善城乡居民基本养老保险制度和城镇医保按比例报销上不封顶制度。积极推进扶残助残工程。发展教育文化事业。完善中小学布局，并标准化农村中小学项目，提升特殊教育方面的发展，使教育更公平更普及。

在创新方面，大力推进创新。引导企业把创新重点放在开放合作上，加强产学研合作，优势互补，成果共享。引进一批高科技成果，并将科技前沿技术转化为商业应用，提升产业整体水平和工艺技术水平。融资方面，大力发展科技金融，鼓励金融支持创新，出台扶持科技型中小企业的融资办法。

### 6.13.5 濮阳市

（1）城市概况

濮阳是位于河南省东北部的城市，位于黄河下游，北与河北省邯郸市相接，西与安阳市、滑县、汤阴县相邻，西南与长垣县相接，东与山东省泰安市和济宁市毗邻，东北与山东省聊城市相接，东南与山东省菏泽市毗邻。濮阳是国家重要的商品粮生产基地，是粮棉油主产区之一[①]。截至 2015 年，濮阳市辖 2 区 5 县，年末全市总人口总数为 391.90 万人，常住人口达到 361.00 万人。自然增长率 5.04% 城镇化率达到 40.35%。初步核算，全年全市生产总值为 1333.64 亿元，比 2014 年增长 9.5%。其

---

① 资料来源：濮阳市政府网站 http://www.puyang.gov.cn/。

中：三次产业增加值为 157.50 亿元，754.49 亿元以及 421.65 亿元。[①]

（2）资源特点及利用情况

濮阳市的石油、天然气、盐、煤等地下资源十分丰富，著名的中原油田位于此。濮阳还是国家重要的石油化工基地和石油机械装备制造基地。濮阳地质对油气生成及储存极为有利。已知的主要矿藏包括石油、天然气、煤炭，还有盐、铁、铝等。石油、天然气储量相对而言较为丰富，具有质量好，经济价值高的优势。石油远景总资源量达十几亿吨，天然气远景资源量范围在 2000 亿—3000 亿立方米。本区石炭至二叠系煤系地层分布面积 5018.3 平方公里，煤储量 800 多亿吨，盐矿资源储量初步探明 1440 亿吨。铁、铝土矿因埋藏较深，其藏量尚未探明。

（3）指数计算结果

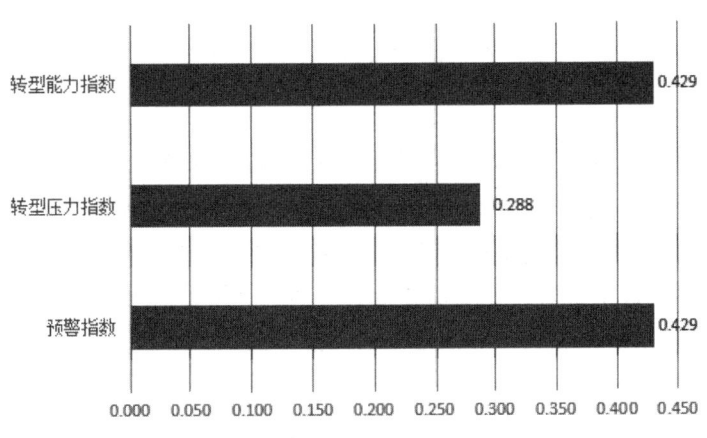

图 6.13.13　濮阳市预警指数得分结果

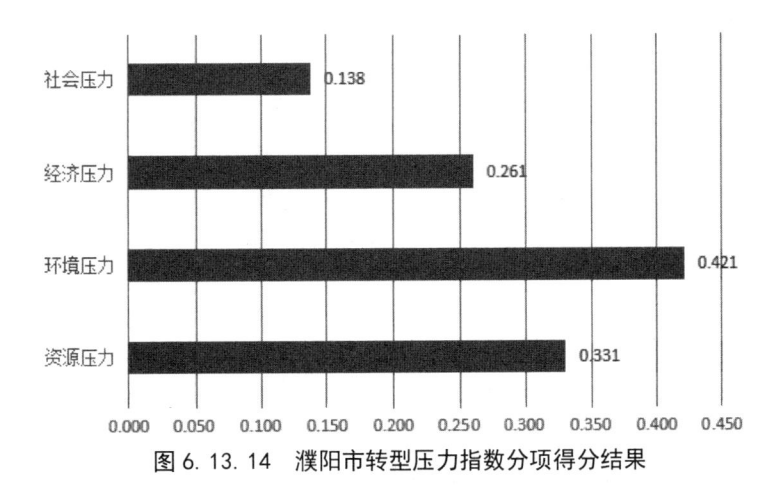

图 6.13.14　濮阳市转型压力指数分项得分结果

---

① 资料来源：濮阳市经济与社会发展统计公报 2015。

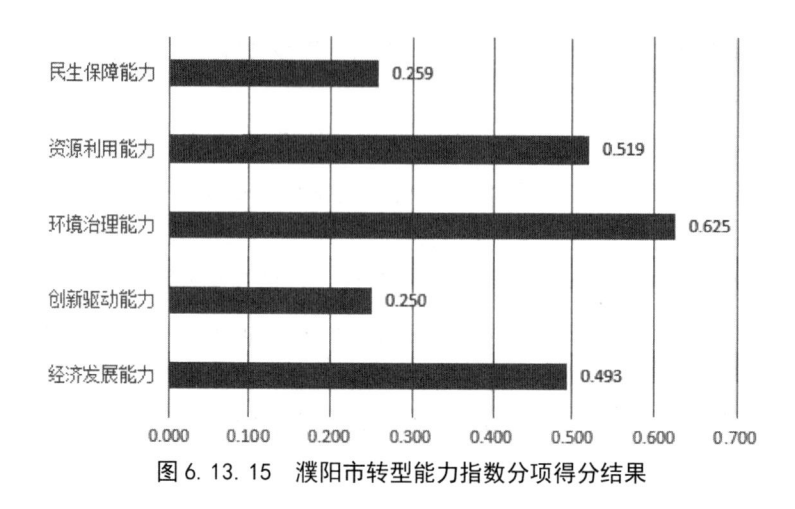

图 6.13.15　濮阳市转型能力指数分项得分结果

（4）指数评价

转型压力分析

濮阳市的转型压力指数为 0.294，位于全国所有资源型城市的第 86 名，位于中部城市中的第 28 名，位于衰退型资源城市的第 22 名。这说明濮阳市转型中面临的阻力较小。分项来看，濮阳市的资源压力指数为 0.331，排名全国第 38 名，说明濮阳市的资源储备已经出现了不足，有枯竭的风险。其次，濮阳市的环境压力指数为 0.417，排名全国第 54 名，说明濮阳市的环境压力尚可，但还有一定的改善空间；细分来看，濮阳市的大气环境和矿山环境情况较为稳定，应该继续保持；另一方面，其水环境和居住环境存在薄弱环节，水质有一定的污染状况，城乡社区建设、公共设施建设等措施不力，城市垃圾处理、城市绿化等方面应该改进。另外，濮阳市还面临着较小的经济压力，其指数为 0.261，位于全国资源型城市第 71 名，主要原因在于经济下行压力较大，投资增速放缓，消费需求不足以拉动经济增长，部分企业生产经营困难。其次，濮阳市的工业集群化水平和自主创新能力不强，新兴产业尚未发展起来，不足以支撑产业转型，第三产业发展缓慢落后，农民稳定增收难度加大。最后，濮阳市的社会压力指数为 0.138，位于全国第 110 名，可以看出濮阳市在社会建设方面取得较大成就，社会环境总体改善。

转型能力分析

濮阳市的转型能力指数为 0.423，位于全国资源型城市第 73 名，中部城市第 24 位，衰退型资源型城市中排名位于第 16 名，说明濮阳市的转型能力后劲不足。分项来看，濮阳市的经济发展能力指数为 0.493，位于全国第 59 名，属于中游水平；细分来看，濮阳市的经济增长较快，但是其经济效率一般，经济结构转换迟缓，主要原因在于其经济下行压力依然较大，要素成本上升，工业集群化水平和自主创新能力不高,第三产业发展缓慢,经济规模小,城镇化率低。其次,濮阳市的创新驱动能力为 0.250,位于全国第 85 名,可以看出濮阳市的创新建设仍然处于不断摸索的起步阶段。另外,濮阳市的环境治理能力尚可,其指数为 0.625,位于全国第 45 名;细分来看,濮阳市在大气环境、水环境和居住环境的治理能力较为良好,但是其矿山治理水平没能得到发展,主要原因是其矿山环境目前较为稳定。濮阳市的资源利用能力指数为 0.512,位于全国第 42 名,属于中等水平,说明濮阳市的资源利用效率尚可,但还有优化空间。最后,濮阳市的民生保障能力为 0.259,位于全国第 84 名,可以看出社保是濮阳的薄弱环节,各方面的发展都不高,说明濮阳应该全方面改革社会保障,为人民谋福利。

综合评价

综合来看,濮阳市转型预警指数为 0.427,在全部城市中排名 69 名,在中部地区资源型城市中排名第 21,衰退型城市中排名第 15,说明濮阳市在转型过程中还是面临一些困难和瓶颈,例如经济结构、科技创新、环保等方面。

(5)政策建议

社会保障方面,加大财政投入,实施好十项重点民生工程。促进就业的稳定与增长。提升人才市场服务水平。多渠道增加农民收入,保障农民工权益。提升社会保障能力。推进社会保障一卡通。在国有机关企业落实养老保险改革。实行计划生育家庭特别扶助制度和城乡统一的独生子女父母奖励扶助制度。办好人民满意的教育。将城乡义务教育阶段的公用经费标准化和统一化。提升群众健康水平。建设公共卫生和基本医疗服务体系,完善新农合和城镇居民大病保险,落实疾病应急救助制度。大力发展体育产业,在全社会推广全民健身。

经济方面,壮大规模,优化结构,促进产业链的延伸,工业质量和效益一起抓。为传统优势产业注入新活力。以石油化工、煤化工、盐化工"三化"为中心,大力打造产值超千亿的产业集群,建设国家重要化工基地。将传统产业向高端化、终端化方向转型发展。大力发展战略性新兴产业。大力培育化工新材料、生物基材料、新能源、高端装备制造、节能环保、生物医药等产业。积极探索工业发展新举措。支持企业重组兼并,鼓励企业充分发挥市场的优势,利用好资产、品牌等资源,达到跨地区、跨行业联合与兼并,使规模膨胀扩大。

居住环境方面,完善建成区和示范区的建设,提升城市品位,提高城市的吸引力和辐射力。加快生态城市建设,巩固提升绿色发展并重点推进低碳发展,尤其要注意提升大气、水等环境质量,使好节能产品惠民,倡导绿色生活方式和消费理念。此外,促进循环发展,争做国家循环经济示范市,推动产业和企业的标准化、技术化和服务化发展。此外,完善城乡基础设施和公共服务设施。交通建设方面,加快建设现代综合交通体系。

### 6.13.6 三门峡市

（1）城市概况

三门峡是位于河南西部的城市，东和千年帝都洛阳市相接，南靠伏牛山与南阳市相邻，西和古城西安相望，北与三晋隔黄河相呼应，是历史上三省交界的经济和文化中心。三门峡是华夏文明发祥地之一，荣获天鹅之城、2012年中国特色魅力城市200强、我国六大苹果出口基地之一、国家园林城市、国家卫生城市、国家森林城市、国家优秀旅游城市、2014中国最佳生态旅游城市、2015年中国大陆城市"氧吧"50强等美誉[1]。截至2015年，三门峡辖2区、2县、2个县级市。年末全市总人口达到228.53万人，常住人口为224.65万人，城镇化率达到51.61%。全市生产总值为1260.55亿元，按可比价计算，同比增长3.5%。其中：第二产业增加值达到757.67亿元，增产率为2.3%。三次产业结构发生较大变化，第一产业比重提高1.4%，第二产业比重降低8.4%，第三产业比重提高7%。[2]

（2）资源特点及利用情况

三门峡市矿产资源极为丰富。已发现66种矿藏，发现12处大型矿床、31处中型矿床。其中探明储量有50种，已上国家储量平衡表的有33种，潜在经济价值高达2700亿元；保有储量有31种位于全省前三位。已探明34种有开采价值，37种已开发利用，其中黄（黄金）、白（铝）、黑（煤炭）是三大优势矿产资源。黄金储量、产量均在全国位于第二位，锌、锑等15种矿产为全省之首位；钼、铀、铅等9种矿产位于全省第二位，是河南省乃至全国重要的贵金属和能源开发基地。

由于多年来的强力开采，本市黄金已出现后备资源严重不足的问题，矿产资源形势已相当严峻，灵宝市已被国务院列入第二批资源危机城市；煤炭资源虽然还有一定服务年限，但开发中能建设矿井的资源储量偏少，部分乡镇矿山生产能力低，采矿方法落后，资源浪费严重，安全生产条件差。铝土矿开采中的采富弃贫行为，对于资源的合理有效利用产生不利的影响。这些问题已成为制约国民经济发展的瓶颈。[3]

---

[1] 资料来源：三门峡市政府网站 http://www.smx.gov.cn/。
[2] 资料来源：三门峡市经济与社会发展统计公报2015。
[3] 资料来源：三门峡市矿产资源现状及优势矿产资源勘查和地质环境治理对策 http://www.docin.com/p-599111641.html。

（3）指数计算结果

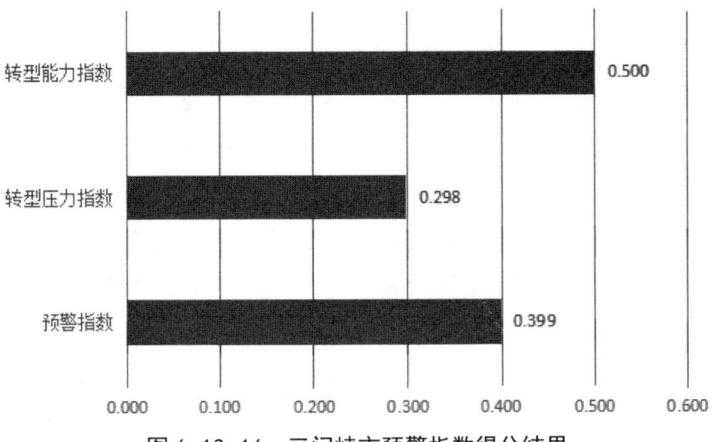

图 6.13.16　三门峡市预警指数得分结果

- 转型能力指数：0.500
- 转型压力指数：0.298
- 预警指数：0.399

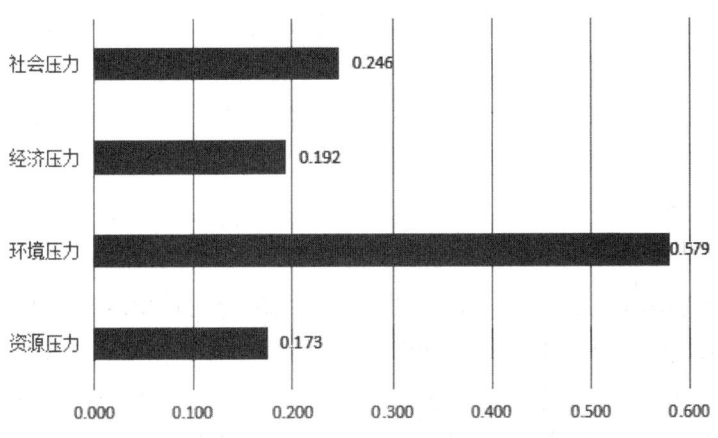

图 6.13.17　三门峡市转型压力指数分项得分结果

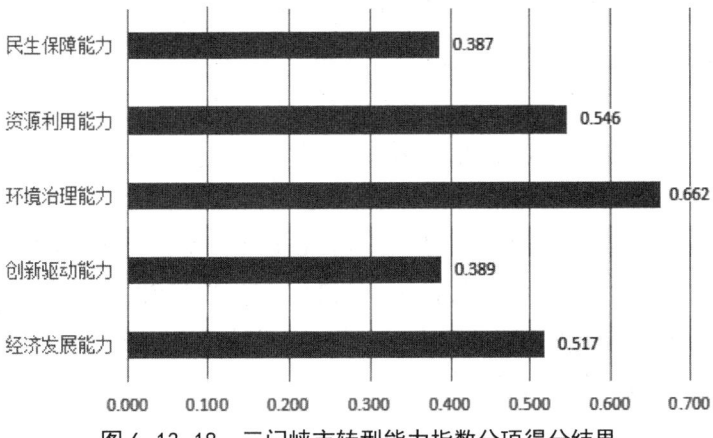

- 社会压力：0.246
- 经济压力：0.192
- 环境压力：0.579
- 资源压力：0.173

图 6.13.18　三门峡市转型能力指数分项得分结果

- 民生保障能力：0.387
- 资源利用能力：0.546
- 环境治理能力：0.662
- 创新驱动能力：0.389
- 经济发展能力：0.517

（4）指数评价

转型压力分析

三门峡市的转型压力指数为0.298，位于全国所有资源型城市的第79名，位于中部城市中的第26名，位于成熟型资源城市的第42名。这说明三门峡市转型中面临的阻力较小。分项来看，三门峡市的资源压力指数为0.173，排名全国第65名，说明三门峡目前的资源储蓄状况尚可，资源开发与利用时产生的附带问题不大。其次，三门峡市的环境压力指数为0.579，排名全国第17名，可以看出三门峡市的环境压力较大；分项来看，三门峡在水资源、大气环境和矿山环境方面都面临着压力，说明三门峡市的生态环境和矿产资源环境存在较多的污染等问题，污染治理任务艰巨；三门峡的居住环境压力最大，说明三门峡市的城乡建设和城乡公共设施不到位，城市功能分区不明显。另外，三门峡市还面临着较小的经济压力，其指数为0.192，位于全国资源型城市第92名，说明三门峡市的总体经济水平较高；细分来看，三门峡的经济点与经济带设置较为精准，经济结构转型过程较为平稳，财政压力相对较大，财政部门的政策建设长效机制需要巩固完善。最后，三门峡市的社会压力指数为0.246，位于全国第77名，说明其综合社会发展水平尚可；细分来看，三门峡市的就业与城市安全方面表现较好，但是社会保障能力有待加强。

转型能力分析

三门峡市的转型能力指数为0.500，位于全国资源型城市第34名，中部城市第11位，成熟型资源型城市中第18名，可以看出三门峡市的转型潜力较大，在未来有很大的转型提升空间。分项来看，三门峡市的经济发展能力指数为0.517，位于全国第52名，说明三门峡市的经济发展能力尚可；细分来看，三门峡的经济增长迅速，但是其经济规模有待提升，经济效率没能完全发挥，经济企稳回升基础不牢，部分行业和企业经营困难；结构调整亟待提高。其次，三门峡市的创新驱动能力为0.389，位于全国第38名，说明三门峡具有较为良好的创新意识和创新发展方略，需要注意的是，三门峡市在创新基础设施方面投入略少。另外，三门峡市的环境治理能力较为强势，其指数为0.662，位于全国第34名；分项来看，三门峡在大气环境、水环境和居住环境方面的自身治理能力较强，说明三门峡市富有相配套的检测机构、研究机构和治理方略，但是在矿山环境方面的治理水平尚且较弱势，有待进一步关注和改进。三门峡市的资源利用能力指数为0.546，位于全国第36名，说明三门峡市的资源利用效率较为不错，并善于资源合理分配、投入生产。最后，三门峡市的民生保障能力为0.387，位于全国第42名，属于较为中等的水平，但是三门峡仍然有较多不完善的机制有待改善，尤其在基础设施保障方面。

综合评价

综合来看，三门峡市转型预警指数为0.399，在全部城市中排名87名，在中部地区资源型城市中排名第28，成熟型城市中排名第46，说明三门峡市的转型难度不大，但仍然需要注意社保、环境治理、经济不稳定等问题。

（5）政策建议

经济方面，三门峡应紧抓政策机遇。加快申报综合保税区，积极推动建设铁路开放口岸和陆港物流中心。整合集聚优势资源，大力宣传和发展旅游，重点开拓北京、西安旅游客源市场。争取使一批重大项目、重要试点、重点工作列入国家和省规划。在融资方面，采用强硬手段制止和打击非法集资行为，妥善化解各类风险（市场风险、行业风险、金融风险等），确保经济的平稳健康运行。产业结构方面，优化产业结构，培育新动力和新经济增长点。保稳定，促发展，并使产业向高端化发展。推动工业转型升级。大力发展先进制造业。为传统产业提供新动力，提升黄金、煤化工、铝工业等传统产业，延长其产业链条。实施一批信息化带动工业化项目，并开健身示范企业试点。

居住环境方面，完善建成区和示范区的建设，提升城市品位，提高城市的吸引力和辐射力。加快生态城市建设。巩固提升绿色发展并重点推进低碳发展。尤其要注意提升大气、水等环境质量。推进节能产品惠民，倡导绿色生活方式和消费理念。此外，促进循环发展，争做国家循环经济示范市，推动产业和企业的标准化、技术化和服务化发展。此外，完善城乡基础设施和公共服务设施。交通建设方面，加快建设现代综合交通体系。

社会保障方面，改革城乡居民养老保险基础养老金标准，企业退休人员基本养老金，以及机关事业单位养老保险制度。提高城乡低保、农村五保和优抚对象补助标准。加快公租房建设和城市棚户区改造。办好人民满意的教育。加强义务教育在贫困地区的普及，促进教育公平化和标准化。提升群众健康水平。提高新农合和城镇居民医保财政补助标准，完善新农合大病保险和城镇居民大病保险。加强对社区医务人员的培训，让群众享受更高质量的医疗。积极繁荣文化事业。健全公共文化体系，打造一批优秀文化产品，丰富群众精神生活。

创新方面，用创新带动经济发展，大力抓高新产业发展。培育战略新兴产业，建好高新企业孵化器，积极创建国家级高新区。

## 6.13.7 南阳市

（1）城市概况

南阳，古称宛，处于河南省西南部，是豫鄂陕三省交界地带。南阳是河南省面积最大、人口最多的省辖市,主城区规模是河南第三。此外,南阳位于南水北调(世界最大调水工程)中线陶岔渠首枢纽工程,是其重要的核心水源区。南阳是河南西南部的政治、经济、文化、科教、交通、金融和商贸中心。先后获得中国优秀旅游城市、中国十大最具创新力城市、中国最具幸福感城市等美誉。2015年南阳成为"中国新兴城市投资吸引力排行榜20强"之一①。2015年底,全市现辖2个行政区、4个开发区、10个县、1个县级市。年末总人口达到1005.70万人,同比增长0.5%;常住人口达到859.60万人,人口自然增长率为5.0‰。常住人口城镇化率高达42.07%。2015年,全年全市生产总值金额为2522.32亿元,同比增长9.2%。其中,第二产业增加值为1153.91亿元,比2014年增长了8.9%②。

(2)资源特点及利用情况

南阳市矿产资源丰富。石油、金、银、金红石、天然碱、高铝耐火材料、石墨、建材类等矿产资源储量丰富,在省内位于前几位;水资源较为充沛。多年平均地表水资源量累积为76.61亿立方米,中浅层地下水天然补给量达到21.96亿立方米/年,可采资源量是8.58亿立方米。南阳市的矿产资源有五大明显特点:矿产种类多样,金属矿产分布不均衡,非金属矿产极具特色,能源矿产占主导,区域分布规律。

南阳应用新的找矿理论和找矿预测方法,完成区内优势矿产的系统调查评价工作,基本查清各种优势矿产的远景资源总量,进一步提高南阳市重要矿产资源的可供性;争取在近年在金、银、铜矿等找矿方面取得阶段性突破;以商业性矿产勘查为主体进行勘探。③

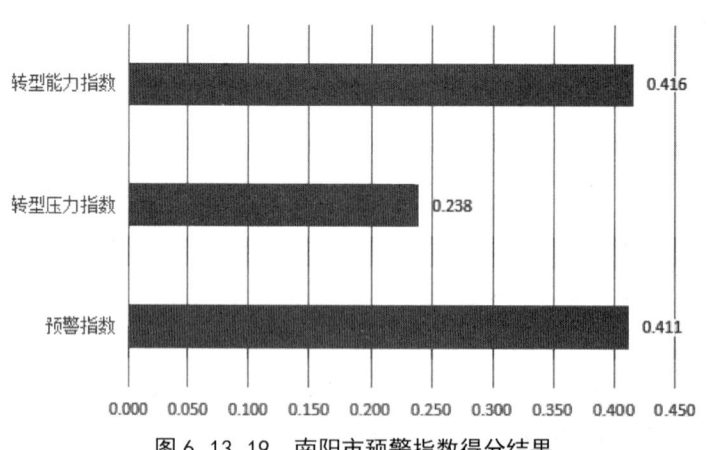

(3)指数计算结果

图6.13.19 南阳市预警指数得分结果

转型能力指数 0.416
转型压力指数 0.238
预警指数 0.411

---

① 资料来源:南阳市政府网站 http://www.nanyang.gov.cn/。
② 资料来源:南阳市经济与社会发展统计公报2015。
③ 资料来源:南阳矿产资源规划 http://www.xxgtzyj.gov.cn/html/zhengwugongkaijirichanggengxin/kuangchanziyua/20141230/124.html。

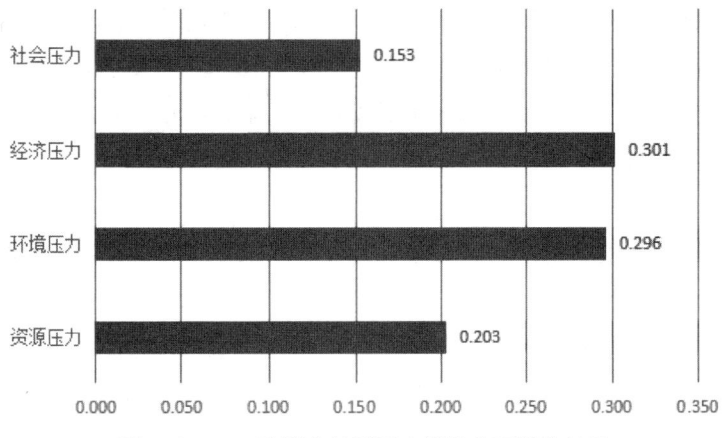

图 6.13.20 南阳市转型压力指数分项得分结果

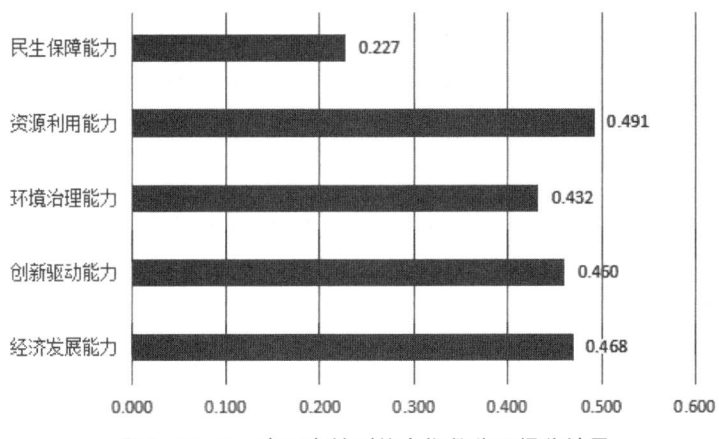

图 6.13.21 南阳市转型能力指数分项得分结果

（4）指数评价

转型压力分析

南阳市的转型压力指数为 0.242，位于全国所有资源型城市的第 104 名，位于中部城市中的第 34 名，位于再生型资源城市的第 13 名。这说明南阳市转型中面临的阻力较小。分项来看，南阳市的资源压力指数为 0.212，排名全国第 62 名，说明南阳市的资源储蓄仍在可控范围之内，但需要警惕不合理、低效的资源使用。其次，南阳市的环境压力指数为 0.296，排名全国第 94 名，说明南阳市的生态环境保护较好，但是居住环境有待改善。另外，南阳市还面临着中等的经济压力，其指数为 0.301，位于全国资源型城市第 54 名，说明南阳市的经济发展还是遇到了一定的问题，一是发展速度还不够快，经济增速低于预期目标，经济持续向好的基础还不稳固，部分行业企业经营比较困难，大的支撑项目少，发展后劲不足。二是结构性深层次矛盾还比较突出,农业基础依然薄弱,工业大而不强,特色主导产业不突出,服务业规模小。最后,南阳市的社会压力指数为0.153,位于全国第106名;细分来看,南阳市的城市安全网络几乎没有问题,南阳市的就业率较高,工作岗位数量充足,但是南阳在社会保障方面仍然要加强。

转型能力分析

南阳市的转型能力指数为0.412,位于全国资源型城市第79名,中部城市第28位,再生型资源型城市中第13名,说明南阳市的转型能力处于中等偏下水平。分项来看,南阳市的经济发展能力指数为0.468,位于全国第70名,这说明南阳市的经济发展水平较为落后;细分来看,南阳市的经济同其他城市相比规模很小,这可能是因为第一产业基础薄弱,第二产业贡献不突出,第三产业尚在起步。其次,南阳市的创新驱动能力为0.46,位于全国第25名,说明南阳市政府具有较高的创新前瞻性,但是在另一方面,南阳市的创新基础设施建设较少。另外,南阳市的环境治理能力较为弱势,其指数为0.432,位于全国第93名,其中,南阳市的生态环境治理能力较强,居住环境方面还需要加大投入和学习相关经验。南阳市的资源利用能力指数为0.489,位于全国第51名,说明该市在资源利用效率方面较高。最后,南阳市的民生保障能力为0.227,位于全国第98名,一些涉及群众切身利益的就业、就学、就医、环保、拆迁等问题尚未得到根本解决改善民生。主要原因在于城镇化率偏低中心城区带动作用弱,政府的公共产品和公共服务欠账较多,河水系治理等重点工作由于前期准备不足推进协调中出现新情况工作任务没能按预期节点完成,加强社会治理任务依然繁重。

综合评价

综合来看,南阳市转型预警指数为0.409,在全部城市中排名78名,在中部地区资源型城市中排名第24,再生型城市中排名第9。南阳市的转型能力不足,好在转型压力小,但是终究无法长久,南阳市应该快速改进相关政策,调整方向,再接再厉。

(5)政策建议

在经济方面,用特色主导产业推动工业转型发展。以做强工业为中心促进大企业转型发展。一是大力建设产业集聚区和特色产业集群。二是推动传统产业转型升级。对传统产业(如冶金、建材、化工等)进行产业延伸、技术更新、兼并重组。推动装备制造智能化、集成化引导制造企业从单纯生产产品向提供软件、服务和整体解决方案等集成业务转变。三是培育壮大骨干企业。四是狠抓项目建设。五是强化服务保障。培育壮大生产性服务业。推动生产性服务业向专业化、高端化发展建,设区域性金融中心、电商基地和现代物流中心加快,培育新兴生产性服务业如软件开发、节能环保、服务外包、咨询服务、研发设计、检验检测、创业孵化等。加快建设现代农业大市。坚持稳粮增收、提质增效和集约高效绿色可持续发展转变农业发展方式。

在民生方面，提升公共服务水平，在更高水平保障民生上实现新作为。一是千方百计扩大就业。二是提高社会保障水平。三是做好扶贫开发和移民工作。四是全面发展各项社会事业。办好人民满意的教育。推动医疗卫生工作重心下移和卫生资源下沉，更好地解决群众看病难、看病贵等就医问题。继续实施智慧卫生工程。大力发展文化、体育事业。继续实施文化惠民工程。加强文化遗产保护与合理利用。鼓励全民健身，推动体育事业产业的协调发展。五是创新和加强社会治理。加快信息化在社会管理、便民服务等领域的应用。

在居住环境方面，以宜居宜业为方向推动城乡建设展现新面貌。强化规划引领。树立先进规划理念完善规划体系抓好中心城区郊区总体规划和示范区、内河水系等建设急需的专项规划编制。完善社会各方面公共服务设施，补足短板、完善功能、修复生态加强供排水供热供气和污水、垃圾处理等，增强县城产业和人口集聚能力。

## 6.14 湖北省

### 6.14.1 黄石市

（1）城市概况

黄石市位于湖北省东南部，长江中游南岸，东北隔长江与黄冈市相望，北和鄂州市鄂城区相接，西和武汉市江夏区、鄂州市梁子湖区相靠，西南与咸宁市咸安区、通山县相接，东南与江西省九江市武宁县、瑞昌市相邻。黄石是1949年中国成立之后湖北省最早设立的两个省辖市之一，是华中地区重要的原材料工业基地，是国务院批准的沿江开放城市，也是全国资源枯竭转型试点城市，有着"青铜古都"、"钢铁摇篮"、"水泥故乡"、"服装新市"、"劲酒之都"的美誉[①]。截至2014年，黄石市辖一市一县四个城区和一个国家级经济技术开发区，2014年底，全市常住人口总数达244.92万人，其中，城镇人口149.11万人，城镇化率60.88%。2014年，全市地区生产总值为1218.56亿元，同比增长了9.1%，人均地方公共财政预算收入为3652元，比上年增长了13.8%[②]。

---

[①] 资料来源：黄石市政府网站 http://www.huangshi.gov.cn/。
[②] 资料来源：黄石市2015年国民经济和社会发展统计公报。

### （2）资源特点及利用情况

黄石具有丰富的矿产资源，享有"百里黄金地，江南聚宝盆"之美誉。全市已发现4大类76种矿产包括能源、金属、非金属、水气，已探明37种储量。其中14种矿产（金、铜、钼、钴、锶、硅灰石等）储量居全省首位。优势矿产包括铁、铜、金、煤、石灰石等。尤其是石灰岩、白云岩找矿开发潜力巨大，质量好，宜露天开采。黄石尚未开发利用的包括天青石、熔结凝灰岩等矿产，具有品种配套程度高，潜在经济价值大的优势。全市矿产资源保有储量潜在经济价值（不含延伸加工）高达4000余亿元。

黄石境内拥有全国十大特种钢企业之一的湖北新冶钢，还拥有全国六大铜矿之一的大冶有色，全国十大铁矿之一的大冶铁矿，全国三大水泥集团之一的华新水泥，全国销量第一、世界前三的压缩机生产商东贝，全国十大名牌西服之一的美尔雅和中国保健酒第一品牌、产量最大的劲牌等骨干企业，形成了黑色金属、有色金属、建材、能源、机械制造、纺织服装、食品饮料、化工医药等8个主导产业集群。大冶有色、华新水泥、大冶特钢跨入中国500强行列，华新、东贝、锻压荣获全国科技进步二等奖。从当前的发展现状看，工业是黄石经济发展的主战场、财政收入的主来源、就业的主渠道，工业经济占GDP的比重为52%，工业企业提供的税收占全市税收为55%，工业就业人数占全市的49%[①]。

### （3）指数计算结果

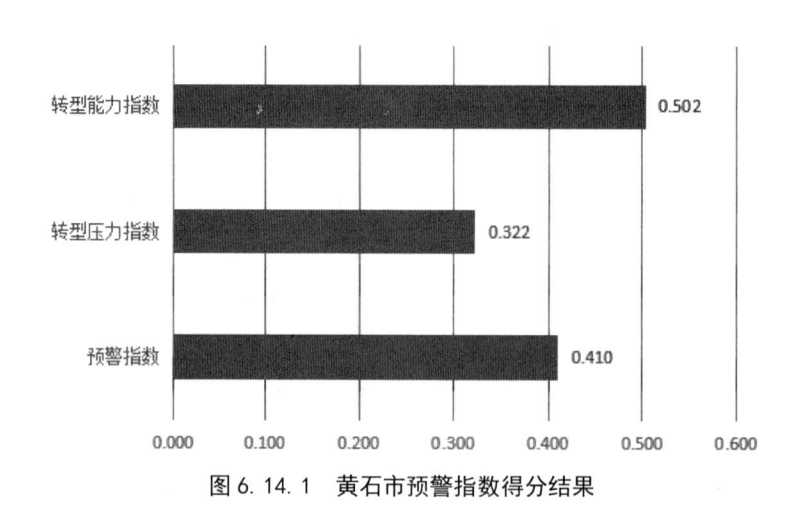

|  |  |
| --- | --- |
| 转型能力指数 | 0.502 |
| 转型压力指数 | 0.322 |
| 预警指数 | 0.410 |

图 6.14.1 黄石市预警指数得分结果

---

① 资料来源：黄石市政府网站 http://www.huangshi.gov.cn/。

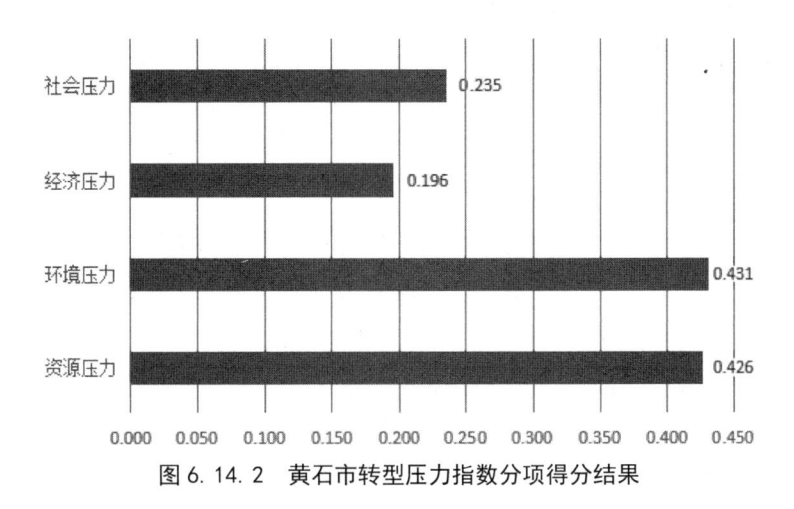

图 6.14.2 黄石市转型压力指数分项得分结果

图 6.14.3 黄石市转型能力指数分项得分结果

（4）指数评价

转型压力分析

黄石市转型压力指数为 0.322，在全部 116 个资源型城市中排名 61 位，在 37 个中部资源型城市中排名第 20，在 23 个衰竭型资源城市中排名第 17。这说明黄石的转型发展遇到了一定程度的困难。分项来看，黄石面临的资源压力最为突出，在所有资源型城市中排名第 27，说明黄石市目前的资源储量不足，无法满足其经济发展的需求。其次是环境压力，位于全国第 52 位，进一步细分来看，各项指标均存在着一定问题，说明黄石市的环境负担较重，加重了社会整体负担，不利于经济的可持续发展。黄石市的社会压力较轻，位于全国第 82 位，但其中就业压力和安全压力的问题较为突出，说明黄石市的生产方式较为粗放，在保障生产安全以及解决失业问题上存在一定的短板。黄石市经济压力相对较小，排名全国89名，超出全国资源型城市的平均水平，但其中经济结构压力较为突出，排名全国第38位，反映出黄石市已经发展到了面临产业结构转型的新阶段，单一产业结构已经无法满足经济发展需求。

转型能力分析

黄石市转型能力指数为0.502，在全国资源型城市中排名32位，在37个中部资源型城市中排名第10，在23个衰退型资源城市中排名第6，这说明黄石市具备的转型能力比较强。分项来看，黄石市的环境治理能力最强，全国排名17位，这说明黄石市在推进环境保护和治理方面比较到位，有利于经济的可持续发展。其次是创新驱动能力，排名全国第34位，其中各分项指标均发展均衡，表现良好，说明黄石市的创新推进工作取得了一定成效，有利于给经济转型提供内在驱动力。同时，黄石市的民生保障能力也较强，排名全国第35位，说明黄石市在发展中重民生，值得继续保持。黄石市的经济发展能力尚可，总体排名全国第50位，但是进一步细分来看，经济结构转换能力和经济效率比较落后，这说明黄石市的传统主导产业如钢铁、有色金属行业已经发展到了天花板阶段，虽然达到了规模经济，取得了较高的经济效率，但是由于产业结构过于单一，整体经济缺乏活力，产业亟须升级和优化。黄石市的资源利用能力最弱，全国排名58位，考虑到黄石市当前已经面临着非常突出的资源压力，资源困境将成为未来黄石亟须解决的问题。

综合评价

综合来看，黄石市面临着一定程度的转型压力，同时具备的转型能力较强，黄石市的经济面临着产业转型和升级的迫切要求，同时资源匮乏和资源利用效率低下拖累了经济的持续增长，而黄石市在保护环境、促进民生和推进创新方面的努力从多方面支持了经济的平稳运行。黄石市转型预警指数为0.410，在全部116个城市中排名81名，在37个中部资源型城市中排名第25，在23个衰退型资源城市中排名第19，说明黄石市的转型发展目前面临的困难已不算很重，转型较为成功。

（5）政策建议

黄石市当下面临非常突出的资源压力，亟须得到解决。依靠大量拼资源、消耗土地和牺牲生态环境的发展路子已无法持续，黄石市目前亟须缓解其资源压力，规范化和标准化资源的开发和利用，增进工矿废弃地复垦利用试点建设，推进土地和矿产资源利用改革，完善矿业投融资平台。强化节能减排，全面加强重点领域节能管理，抓好重点能耗企业能源对标工作，推动重大节能技术产品规模化生产和应用，深入推进多途径减排方式如工程减排、结构减排和管理减排，加大城区燃煤锅炉淘汰力度。

经济方面,发展不够、总量不大、结构不优仍是黄石最大的实际问题,城市竞争力与区域中心城市的要求还有一定差距。黄石需着力推进产业转型,加快振兴黄石制造,明确产业发展目标任务,积极对接国家重大产业振兴和技术改造项目专项,加快电子信息、生物医药、装备制造、智能模具等产业发展。大力推进产业链招商,加强项目建设,建设全国重要电子信息产业基地、特钢和铜产品精深加工基地、生命健康产业基地、节能环保产业基地和中部地区先进制造业中心。鼓励中小企业的发展并加快建设其服务平台。

坚持开放发展,将走出去与引进来相结合。抓住一系列机遇,如国家"一带一路"、长江经济带和长江中游城市群建设等,以长江黄金水道这一地理优势为发展动力,以大路网、大港口、大物流、大通关建设为重点,建设长江经济带重要战略节点城市。创新开放合作的新模式、新路径、新机制,加强区域战略合作,优化经济发展环境,提高投资贸易便利化水平[①]。

### 6.14.2 鄂州市

(1) 城市概况

鄂州市地处湖北省东部,靠近长江中游南岸,西和"九省通衢"的武汉相接,东和"矿冶之城"黄石相连,北隔长江与革命老区黄冈相望,南和咸宁濒湖接壤,是鄂东水陆交通枢纽。鄂州交通便利,区位优势明显,和首都北京、上海、重庆、广州的距离均约1000公里[②]。截至2015年,鄂州市辖鄂城、梁子湖、华容3个市辖区,年末全市常住人口达到105.95万人,其中城镇人口为68.13万人,城镇化率达到64.3%。2015年,全市完成生产总值730.01亿元,增长率为8.0%,全市人均生产总值达68921元,净增4070元,增长率为6.27%[③]。

(2) 资源特点及利用情况

鄂州资源十分丰富,有着"鄂东聚宝盆"的美誉。从已探明的地质资料看,计有金属矿数十种(铁、铜、钴、金、银等)和非金属矿30余种(沸石、膨润土、珍珠岩石等),其中以铁、铅矿藏储量大、品质好而闻名,境内铁矿石探明储量居湖北省第二位,膨润土、珍珠岩等31种非金属矿探明储量居全省之首。

鄂州是一座新兴的长江中游南岸的工业城市,是鄂东"冶金走廊"、"服装走廊"、"建材走廊"的支撑城市。1949年后,鄂州投资并兴办了一批重点企业,其中包括程潮铁矿(武汉钢铁公司的重要矿山),湖北省最大的地方钢铁基地鄂城钢铁厂(现在

---

① 资料来源:2015年黄石市政府工作报告。
② 资料来源:鄂州市政府网站 http://www.ezhou.gov.cn/GoToEZhou.htm。
③ 资料来源:鄂州市2015年国民经济和社会发展统计公报。

改为武钢集团鄂钢公司）和鄂城水泥厂（国内有名的立窑水泥厂）。1983年鄂州市成立以后，发展了许多新兴产业，如食品、纺织、服装、轻工等，产业结构日益协调、产品布局趋于合理。装机容量120万千瓦的鄂州电厂建设后，鄂州将成为鄂东南的重要能源基地。目前，鄂州是湖北省重要的工业基地和鄂东的商品集散中心，已经形成了以冶金、服装、建材、医药、化工、机械、电子、轻工为主体的门类齐全的工业体系[①]。

（3）指数计算结果

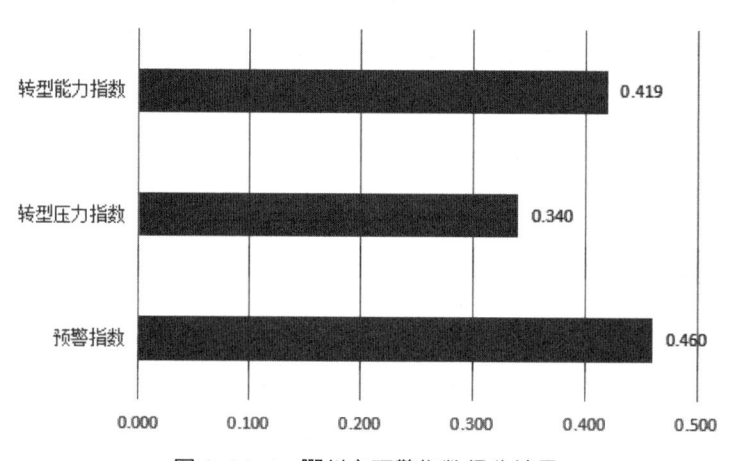

图6.14.4 鄂州市预警指数得分结果

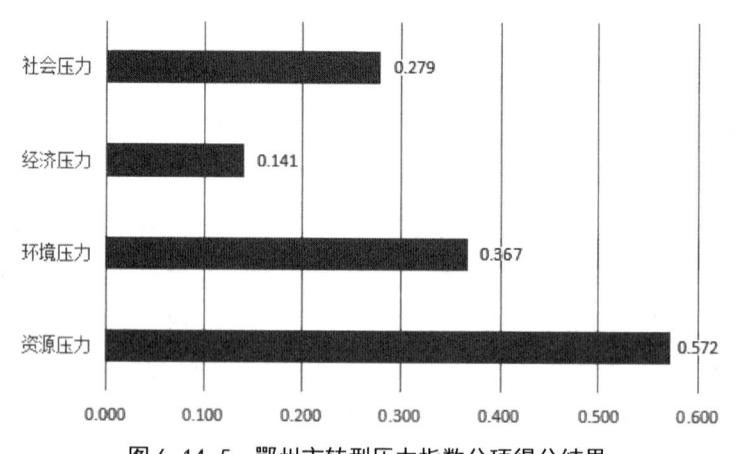

图6.14.5 鄂州市转型压力指数分项得分结果

---

① 资料来源：鄂州市政府网站 http://www.ezhou.gov.cn/GoToEZhou.htm。

图 6.14.6　鄂州市转型能力指数分项得分结果

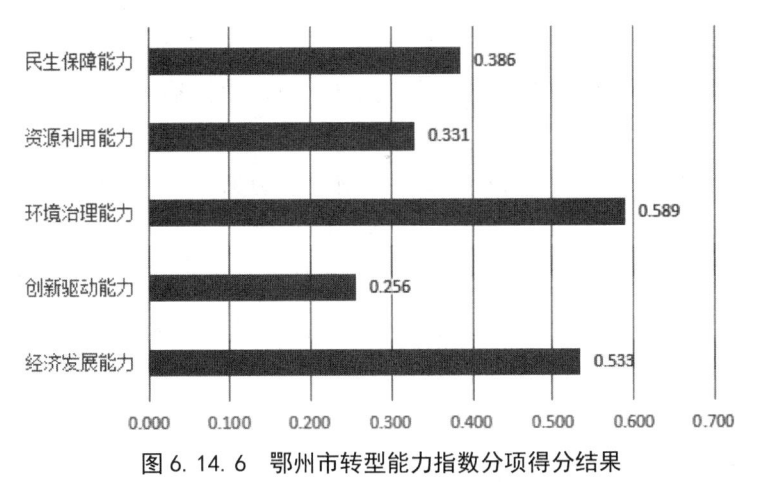

（4）指数评价

转型压力分析

鄂州市转型压力指数为 0.340，在全部 116 个资源型城市中排名第 50 位，在 37 个中部资源型城市中位列第 14，在 63 个成熟型资源城市中排名位于第 25，这说明鄂州的转型发展遇到了一定程度的困难。分项来看，鄂州面临的资源压力相对最为突出，在所有资源型城市中排名第 15，说明鄂州市目前的资源储量表现出一定程度的短缺，资源利用效率已无法满足当前经济发展的需求。其次是社会压力，位于全国第 66 位，说明鄂州市的转型发展尚有一定程度的社会负担，细分来看其中社会保障压力和安全压力的问题较为突出，说明鄂州市的生产方式较为粗放，生产流程的安全难以得到保障，同时在推进社会保障事业上存在一定的短板。鄂州的环境压力比较小，在所有资源型城市中排名第 77，但是其中矿山环境压力比较突出，这说明鄂州市的环境保护工作从总体上来看比较到位，但是其忽视了对矿山环境的保护。鄂州市经济压力相对较小，排名全国 111 名，远远超出全国资源型城市的平均水平，且各分项指标均比较突出，说明鄂州的经济结构合理，经济持续增长，具备经济活力，应当继续保持。

转型能力分析

鄂州市转型能力指数为 0.419，在全国资源型城市中排名 77 位，在 37 个中部资源型城市中排名第 26，在 63 个成熟型资源城市中排名第 41，这说明鄂州市具备的转型能力较弱。分项来看，鄂州市经济发展能力最强，全国排名 40 位，这说明鄂州市具备较强的自身发展能力和经济活力。进一步细分来看，鄂州市的经济规模和经济增长能力突出，但是经济结构转换能力和经济效率比较落后，这说明鄂州市目前面临的经济问题，是传统主导产业发展到了天花板阶段后面临的新问题，产业结构固化，虽然实现了规模经济，达到了较高的经济效益，但是产业结构单一，整体经济缺乏效率，产业结构亟须升级。其次是民生保障能力，排名全国第43位，其中居民收入保障能力排名全国101位，这反映鄂州市在解决就业问题、推进脱贫扶贫工作上存在着一定的缺失。鄂州市的环境治理能力尚可，排名全国第58位，应该继续保持。鄂州市的创新驱动能力不尽理想，在全国排名83位，其中各项指标均表现平平，说明鄂州市在创新工作上并不突出，从而导致经济转型缺乏内在的驱动力。鄂州市的资源利用能力很差，全国排名103位，考虑到鄂州市当前已经面临着非常突出的资源压力，资源困境将成为未来鄂州急需解决的问题。

综合评价

综合来看，鄂州市面临着一定程度的转型压力，但具备的转型能力较弱，鄂州市的经济面临着产业转型的迫切需求，但创新内在驱动力薄弱，无法满足经济发展和转型，最主要的难题在于资源匮乏和资源利用效率低下拖累了经济的持续增长。鄂州市转型预警指数为0.460，在全部116个城市中排名39名，在37个中部资源型城市中排名第12，在63个成熟型资源城市中排名第21，说明鄂州市的转型发展已经面临着相当程度的问题。

（5）政策建议

考虑到鄂州市面临的突出的资源压力，要意识到依靠大量拼资源、消耗土地和牺牲生态环境的发展路子已无法持续。鄂州市目前亟须缓解其资源压力，应当从资源储备和资源利用效率两方面着手解决。一方面，规范资源开发流程，同时推进对外开放和资源合作，获得优质资源，满足产业发展的需求。另一方面，优化生产方式，继续重点培育各类矿产品深加工产业链，提高资源利用效率，提升矿产资源开发利用的布局和结构调整。

鄂州市亟须在保持优势产业增长的同时，推进经济结构的转型和升级。推动企业向高端化发展，推进转型升级。一方面要淘汰落后的传统产业，对于其他适应现代产业需求的传统企业用科技和创新进行改造升级，实行清洁生产，产品结构调整、质量提高和效益提升。另一方面要加快培育新兴产业，可以从做大做强龙头企业着手，引导企业资产重组、兼并联合，用质量强市，打造一批国内外知名的企业和品牌。

鄂州市的创新驱动力缺乏，也亟须得到进一步的提升。鄂州市需要加强创新服务体系建设，加快科技加速器、孵化器、创新平台的建设和创业园区的投入，鼓励大众创业、万众创新，引进先进人才。建立产学研合作机制，优势互补，成果共享。制定配套措施，推动创新型企业集群的形成。积极培育转型发展新支柱，突破性引进高端产业项目如智能制造、机器人、通用航空及服务、电脑制造及信息服务等，努力为鄂州经济转型提供新的产业机遇和支撑[①]。

## 6.15 湖南省

### 6.15.1 衡阳市

（1）城市概况

衡阳市是湖南省南部的地级市，位于湘江及其支流耒水、蒸水的汇合处，交通便利且区位优势明显，位于京广、湘桂铁路的交汇处，也是湘南水陆运输中心和沟通南北的交通枢纽。衡阳现辖5个区，2个县级市和5个县，土地面积达到15310平方公里。物产丰富，荣获"鱼米之乡""有色金属之乡"和"非金属之乡"的美称。2014年，年末全市常住人口总数为730.34万人，其中城镇人口为354.36万人。[②]2015年地区生产总值是2601.57亿元，比2014年增长8.7%，全市人均生产总值达到35538元，同比增长7.9%。[③]

（2）资源特点及利用情况

衡阳市矿产资源十分丰富，以有色金属著称于世。矿产包括有色金属、黑色金属、陶瓷原料、建筑材料以及辅助材料等矿藏，拥有"有色金属之乡"和"非金属之乡"的美称。有色金属矿有20多种（铅、锌、铜、钨、锡、锑、钛、银等），其中铅锌矿储量高达262万吨，衡阳的常宁有世界著名的水口山铅锌矿。黑色金属矿，包括铁、锰等，其中铁矿石储量达到3709亿吨。化工原料包括盐、硫铁、钙芒硝等。辅助材料有萤石、白云石、硅石等，其中萤石保有储量达794万吨。

近年来，衡阳市在国家产业政策的引导下，以现有的产业和资源为基础，调整和优化矿业布局，努力实现矿产资源的资源效益、经济效益、生态效益和社会效益的统一；推进矿业结构从粗放型向集约型转变和调整。先后培植了原煤、化肥、钢管、卷烟、汽车配件、变压器、电缆、盐化工、古汉养生精、季戊四醇、油泵、防爆叉车、大型冶金设备等一批拳头产品。其中水口山铅锌矿的铍铜合金产量位于世界前茅，质量为国内独有。衡阳钢管厂生产的汽车轴套管荣获国内同类产品质量金奖，是华南最大的钢管生产基地。南岳油泵油嘴有限公司在全国同行业名列前茅，可达到年产20万台油泵的生产能力。此外，一批高科技含量的名牌产品正走向全国和世界，如古汉养行精、大型节能变压器、季戊四醇、市话电缆等。

---

[①] 资料来源：2015年鄂州市政府工作报告。
[②] 资料来源：衡阳市政府网站http://www.hengyang.gov.cn/。
[③] 资料来源：衡阳市2015国民经济与社会发展统计公报。

（3）指数计算结果

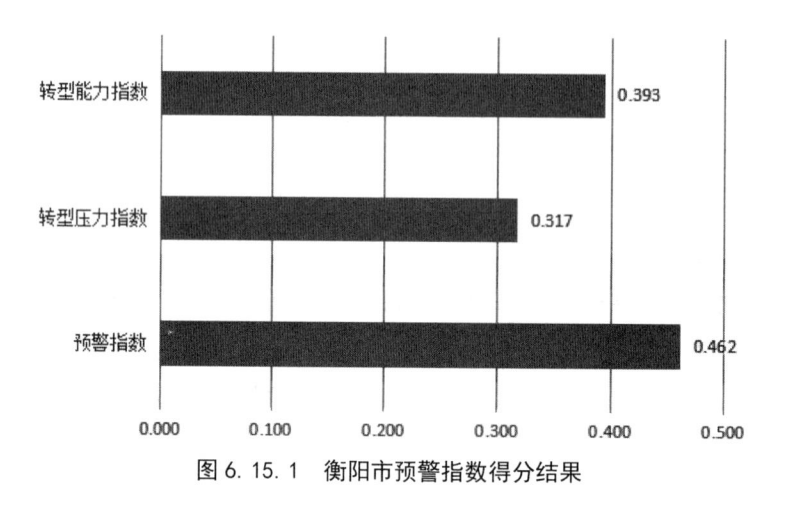

图 6.15.1　衡阳市预警指数得分结果

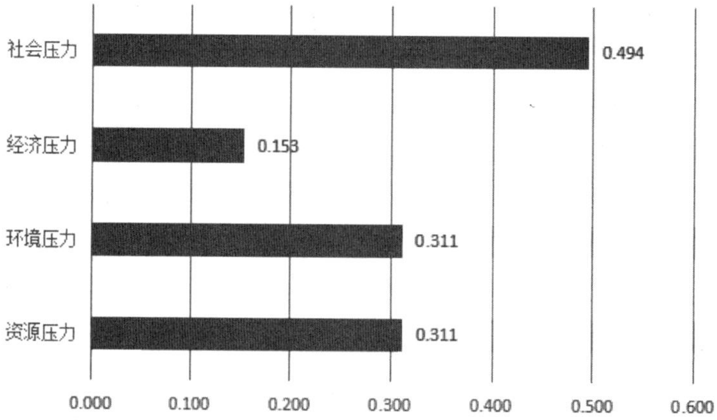

- 转型能力指数：0.393
- 转型压力指数：0.317
- 预警指数：0.462

图 6.15.2　衡阳市转型压力指数分项得分结果

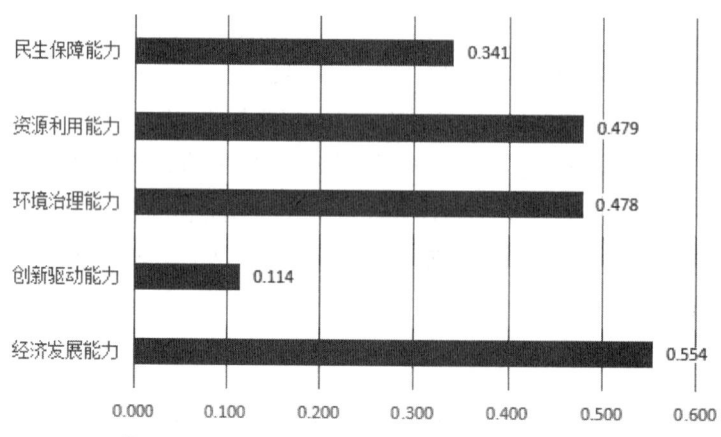

- 社会压力：0.494
- 经济压力：0.153
- 环境压力：0.311
- 资源压力：0.311

图 6.15.3　衡阳市转型能力指数分项得分结果

- 民生保障能力：0.341
- 资源利用能力：0.479
- 环境治理能力：0.478
- 创新驱动能力：0.114
- 经济发展能力：0.554

（4）指数评价

转型压力分析

衡阳市转型压力指数为0.317，在全部116个资源型城市中排名64位，在中部资源型城市中排名为第21位，在成熟型资源城市中位于第35位。这说明衡阳的转型发展遇到的困难较小。分项来看，衡阳面临的社会压力较为突出，在所有资源型城市中排名第11位，在中部资源型城市中排名第2位，在成熟型资源城市中排名第7位，进一步细分可以发现，衡阳市各项社会压力均比较严重，其中最为突出的是社会保障压力，其次是就业压力，说明衡阳市的转型发展尚有较沉重的社会负担。社保能力、安全生产能力和解决就业能力均待改善。其次是资源压力，在全国资源型城市中排名40位，可见衡阳市在资源利用效率方面存在不小的差距，对城市发展形成明显阻碍。衡阳市的环境压力较小，在所有资源型城市中排名89位，好于全国资源型城市的平均水平，这说明衡阳市的生产方式较为环保，有利于持续发展，应当继续保持。衡阳市面临的经济压力也很小，经济压力指数在全部资源型城市中排名第104位。细分来看，衡阳市各项经济压力均较小，可见衡阳市的经济负担小，有利于城市转型发展。

转型能力分析

衡阳市转型能力指数为0.393，在全国资源型城市中排名89位，在63个成熟型资源城市里排名50位，可以看出衡阳市具备的转型能力还是比较弱的。分项来看，衡阳市经济发展能力较强，在全国资源型城市中排名33位。细分来看，虽然经济规模较小，经济效率不高，但是衡阳市的经济增长水平和经济结构转换能力较强，经济发展的条件还是不错的，依然有实现自我发展的能力。其次是资源利用能力，在所有资源型城市中排名54位，可见衡阳市的资源利用效率一般，不利于城市经济发展。衡阳市的民生保障能力在全国资源型城市中排名57位，可见衡阳市的民生保障水平一般，不利于经济的长远发展与社会稳定。特别是居民收入保障能力、基础设施保障能力和文体服务保障能力比较弱。衡阳市的环境治理能力相对较弱，在全国资源型城市中排名85位，细分来看，衡阳市的各项环境治理能力均较弱，这将不利于经济社会的绿色健康发展。衡阳市的创新驱动能力很弱，在全国资源型城市中排名111位，其中各项创新驱动能力也均较弱，工业经济增速回落，企业创新能力不足以满足经济需求，战略性新兴产业尚在起步阶段，不利于经济发展方式的转变。

综合评价

综合来看，衡阳市虽然转型压力较小，但是由于创新能力弱、环境污染较重和社会保障水平滞后，以及社会压力较大，转型发展遇到了一定的困难。衡阳市转型预警指数为0.462，在全部116个城市中排名第38位，在中部地区资源型城市中排名第11位，成熟型城市中排名第20位，说明转型面临问题较大。

（5）政策建议

衡阳市应强化创新驱动发展。用科技创新引领全社会创新。鼓励企业加大研发投入，建立各级别的研发中心和技术研究中心。深化产学研合作机制，优势互补，信息互通，成果共享。同时，采取一系列手段鼓励和引进国内外科研机构、知名院校、大型企业来衡阳市设立研发中心、技术转移中心和成果转化基地。通过建立衡阳市技术交易平台，积极发展技术认定、咨询、估价等中介服务，促进科技成果转化促进科技成果转化。在专利保护方面，举办专利和知识产权普及等活动。推动移动互联网、电子信息、新材料、生物医药等领域的技术研发和运行模式创新。人才建设方面，鼓励人才引进，并采取一系列激励措施留住人才，发挥出最大潜力。

强力推进环境综合治理。河道治理方面，重点治理涉重金属、涉氨氮以及历史遗留污染的河道。加强污染防治，并全面启动河道保洁工作。大气污染防治方面，对于工业企业、机动车尾气和建筑工地扬尘所带来的污染要全面进行防治，淘汰落后的生产方式来减少污染，抓好重污染天气监测预警应急工作和PM2.5等六项空气质量数据发布。严格落实节能减排。鼓励企业引进科技，管理等方面的创新，淘汰落后产能，狠抓重点行业的清洁生产及节能减排，如钢铁、有色、化工、建材等。重点监管水泥、造纸、钢铁、火电、集中式污水处理厂等重点行业的污染治理。在矿山保护方面，实施矿山生态修复治理，推进裸露山体复绿。

保障和改善民生。推进建设社会保障体系，启动事业单位养老保险改革、城乡医疗保险城和居民医保门诊改革，加快统一的城乡居民养老保险制度的建立。教育方面，加强建设义务教育合格学校，使教育资源更加公平化和标准化。鼓励并规范发展民办教育。推进公共文化设施建设如建立市影剧艺术中心、图书馆新馆等。鼓励全民健身，改善居民健康。推进企业薪酬制度改革，深化国有企业的工资和津贴补贴制度改革。

加强和改进社会治理。鼓励大学生创业，以创业带动就业，并探索建立创业失败保障机制，在全社会形成全民创新，万众创业的氛围。做到安全生产，严格落实党政领导干部带队检查安全生产工作制度。加大对食品药品的监管制度，保证食品药品安全。加强社会治安，保障人民群众生命财产安全。

### 6.15.2 邵阳市

（1）城市概况

邵阳市是湖南省中偏西南的地级市，位于资江上游。东邻衡阳市，南接零陵地区和广西壮族自治区桂林地区，西和怀化地区相接，北毗邻娄底地区。邵阳市被定为湖南省的山丘经济开发区，兼有山地、丘陵、岗地、平原各类地貌，资源十分丰富。① 邵阳市辖 3 个市辖区，7 个县，1 个县级市和 1 个自治县，截至 2015 年，全市常住人口为 726.17 万人，其中城镇人口达到 304.63 万人，常住人口城镇化率 41.95%。2015 年地区生产总值为 1387 亿元，同比增长 9.6%，全市人均生产总值达到 19100 元，同比增长 9.2%。②

（2）资源特点及利用情况

邵阳市矿产资源丰富。2007 年底，全市已发现 74 种矿产资源，占全省的 61.67%；35 种探明了一定的资源储量；全市共发现 645 处矿床（点），其中 229 个矿床已探明储量；7 个大型矿床，18 个中型，121 个小型及零星矿。煤、铁、锰、铅、锌、锑、金、镉、硫铁矿、石膏、滑石、灰岩等矿产保有资源储量在湖南省名列前茅，其中滑石保有资源储量是全省第一位，硫铁矿、石膏为第二位，锰、锌矿居第三位。煤、金、锑、铜、钨及花岗岩等矿产找矿潜力较大。全市保有矿产资源潜在经济价值总计高达 3128.24 亿元。邵阳市年产原煤为 281.72 万吨，总产值达到 12.09 亿元；年产锰矿石为 10.79 万吨，总产值达到 0.31 亿元。年产铁矿石为 21.5 万吨，总产值高达 0.55 亿元。年产铜矿石量为 7.4 万吨，铅锌矿石量为 1.9 万吨，锑矿石量为 47.5 万吨，金矿石量为 51.3 万吨，年总产值达到 2.26 亿元。非金属矿产年产矿石产量达 1200 余万吨，年产值为 4 亿元左右。

邵阳致力于提高经济的可持续发展水平，努力建设资源节约型、环境友好型社会，保护与开发并济，以市场为导向，加大勘探和开发煤、铅、锌、金、铜等矿种，促进产业结构升级和调整。实现资源、经济、环境和社会效益的协调。

（3）指数计算结果

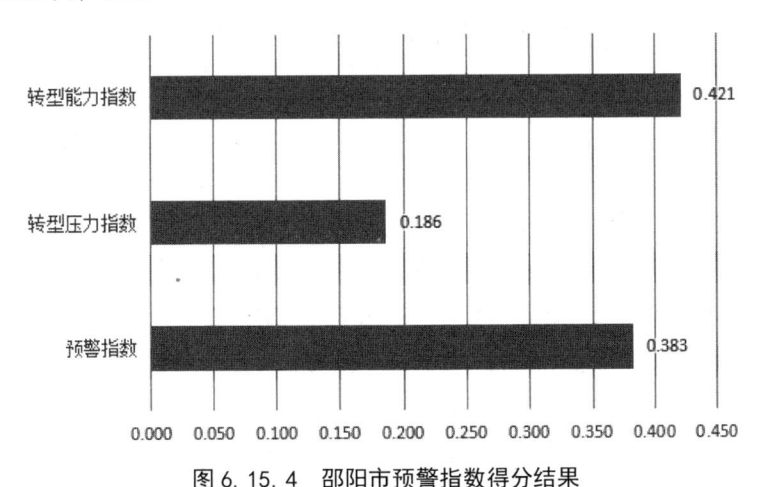

图 6.15.4　邵阳市预警指数得分结果

- 转型能力指数：0.421
- 转型压力指数：0.186
- 预警指数：0.383

---

① 资料来源：邵阳市政府网站 www.shaoyang.gov.cn。
② 资料来源：邵阳市经济与社会发展统计公报 2015。

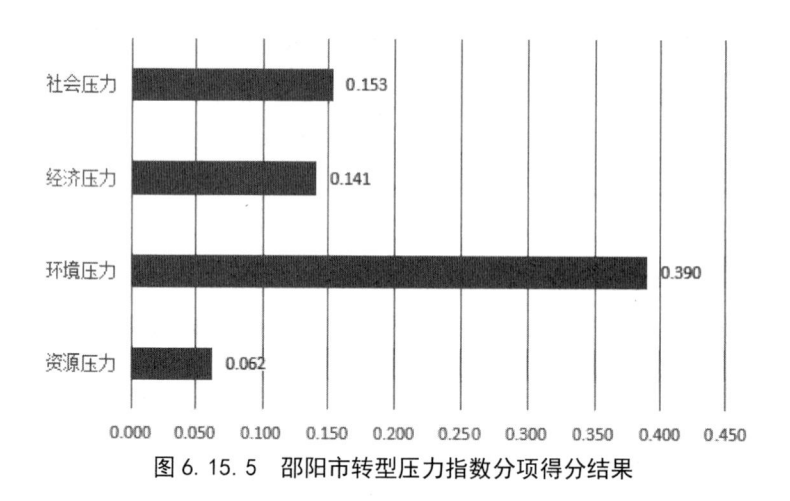

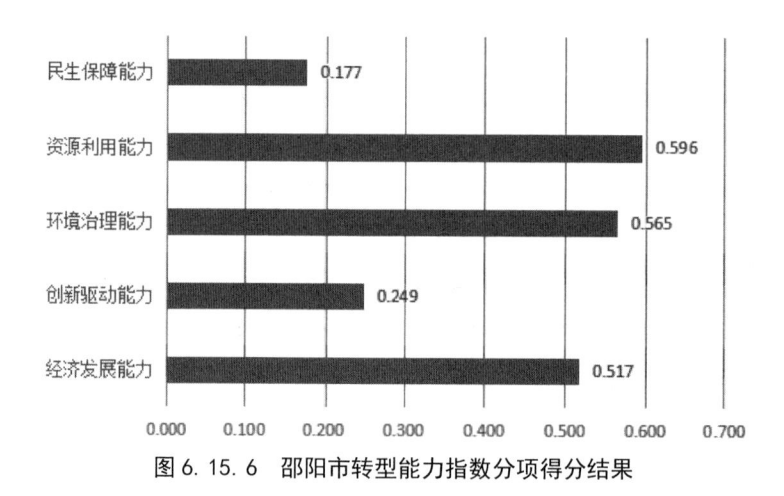

图 6.15.5　邵阳市转型压力指数分项得分结果

图 6.15.6　邵阳市转型能力指数分项得分结果

（4）指数评价

转型压力分析

邵阳市转型压力指数为 0.186，在全部 116 个资源型城市中排名 115 位，在中部资源型城市中排名 37 位，在成熟型资源城市中排名 63 位，这说明邵阳的转型发展的阻力很小。分项来看，邵阳面临的环境压力较为突出，在所有资源型城市中排名 69，在中部资源型城市中排名 30 位，在成熟型资源城市中排名 41 位，可见邵阳市环境压力相对较小，好于全国资源型城市的平均水平，这说明邵阳市的生产方式较为环保，有利于持续发展，应当继续保持。其次是资源压力，在全国资源型城市中排名 103 位，这说明邵阳市的资源利用效率较高，有利于城市经济发展。邵阳市的社会压力很小，在所有资源型城市中排名 107 位，进一步细分可以发现，邵阳市的社保压力和安全压力较小，说明邵阳市的转型发展过程中的社会负担较小，但社会就业难度较大，解决就业的能力有待改善。邵阳市面临的经济压力很小,经济压力指数在全部资源型城市中排名110位。细分来看,邵阳市的各项经济压力均较小,说明了邵阳市经济发展势头好,城市转型发展的经济负担较轻。

转型能力分析

邵阳市转型能力指数为0.421,在全国资源型城市中排名76位,在63个成熟型资源城市里排名40位,可以看出邵阳市具备的转型能力比较弱。分项来看,邵阳市资源利用能力最强,全国排名29位,可见邵阳市的资源利用效率较高,有利于社会经济循环发展。其次是经济发展能力,在全国资源型城市中排名53位,可见邵阳市的经济发展水平一般。进一步细分可以发现,邵阳市的经济规模很小,在全国排名108位。经济效率低下,在全国排名92位。经济增长水平和经济结构转换能力较强,分别在全国排名10位和14位。总体实力偏弱的现状没有根本转变,产业基础薄弱,部分指标未达到预期,综合生产能力和现代化水平均待提高。邵阳市的环境治理能力较弱,在所有资源型城市中排名65位,不利于邵阳市社会经济可持续发展。尤其是水环境、居住环境和矿山环境治理能力均待提高。邵阳市的创新驱动能力较弱,在全国资源型城市中排名86位,创新资金和创新基础设施投入少,不利于经济增长和产业转型。邵阳市的民生保障能力很弱,全国排名110位,各项民生保障能力均较弱,说明邵阳市的民生保障水平很弱,不利于经济的长远发展与社会稳定。

综合评价

综合来看,邵阳市转型压力很小,转型能力相对不错,主要问题在于民生保障水平滞后、创新投入少和环境治理能力弱。邵阳市转型预警指数为0.383,在全部116个城市中排名100位,在中部地区资源型城市中排名33位,在成熟型城市中排名55位,说明转型面临问题较小,但出现的问题亟待解决。

(5)政策建议

邵阳市应均衡发展各项社会事业。教育方面,提升发展水平,改扩建市区学校,整合职教资源,促进高校间的合作。此外,鼓励民营资本投资办学并加强监督力度。社会保险全覆盖,落实全民参保登记和"五险"统一征缴。对于困难群众加大扶持,改善其住房条件,继续改造棚户区。实施精准扶贫,争取贫困人口人均纯收入增幅高于全市平均水平。抓好教育扶贫,使教育资源公平化。丰富人民群众的精神生活。建成文化艺术中心,加快建设文化旅游产业园、农村公益电影放映、"送戏下乡"等惠民工程。传承优秀传统文化,取其精华弃其糟粕,践行社会主义核心价值观。鼓励全民健身,在全社会形成优良氛围。

鼓励创新在传统产业和新型产业的发展。淘汰落后产业和企业,支持机械、轻工、食品、建材等传统优势产业改造升级。在新兴产业方面,促进新能源、新材料、电子信息等健康发展,并培育移动互联网、智能制造等。发挥企业科技创新主导作用和主体地位,鼓励社会资本在科技研发的投入。

有效保护环境。全面推进重点流域水环境治理(资江、邵水等),规范企业排污行为和采砂洗砂。加大河道排污监督力度,启动河道保洁工作。加强大气污染防治监督和治理,重点治理汽车尾气、粉尘等。抓好矿山生态修复治理,美化矿山环境。通过淘汰落后产能和生产工艺,关闭高污染、高耗能企业,做到严格控制主要污染物排放。

多元化发展经济。促进新兴产业健康发展,积极培育移动互联网、智能制造等。大力发展现代农业,做到标准化,体系化,产业化,机械化。增强第三产业活力,形成新的更多消费热点,加快发展商贸流通业,推进旅游产业快速发展,积极推进金融业发展。

### 6.15.3 郴州市

(1) 城市概况

郴州市是湖南省中南部的省辖市,地理位置优越,地处长江水系与珠江水系分流,南岭山脉与罗霄山脉交错的地带。自古以来为中原通往华南沿海的"咽喉"。既是兵家必争之地,又是人文毓秀之所。中和江西赣州相接,南和广中韶关相邻,西与湖南永州毗邻,北和湖南衡阳、株洲相连,有湖南"南大门"美称。郴州市辖1市2区8县,总面积为1.94万平方公里,[①]2015年底,年末全市常住人口达到473.02万人,其中城镇人口总数为238.1万人,常住人口城镇化率高达50.3%。2015年地区生产总值是2012.1亿元,同比增长8.5%,全市人均生产总值达到42682元,增长率为7.8%。[②]

(2) 资源特点及利用情况

郴州市矿产资源十分丰富,有"煤炭基地"和"有色金属之乡"的美誉。截至2007年,全市已发现112种矿产(含亚种),探明46种有储量的矿种。全市共有13处大型及以上矿床,26处中型矿床,174处小型及以下矿床,其余600余处各类矿点。钨、锡、钼、铋、铅等17种矿产保有储量是全省第一;11种矿产(煤、水泥用泥岩、饰面大理岩等)保有储量居全省第二位,锌、硫铁矿、水泥用配料黏土3种矿产保有储量位于全省第三位,水泥用灰岩保有储量是全省第四位;储量为全国第一的

---

① 资料来源:郴州市政府网站 http://www.czs.gov.cn/。
② 资料来源:郴州市经济与社会发展统计公报2015。

是钨、铋、伴生萤石、石墨（隐晶质）。15种矿产对国民经济和社会发展起支柱性作用，郴州市探明储量的矿种有煤、铀、铁、铜、铅、锌、金、硫铁矿、水泥用灰岩等9种。主要特点是：地质条件优越，潜力巨大；矿产分布集中；矿床规模大；部分大宗矿产资源短缺，优势矿种市场容量有限；单一矿产少，共伴生矿产多，选矿工艺流程复杂。

郴州市增加资源储备和供应，加大矿产勘查的有效投入。致力于促进经济的可持续发展，调整矿业结构，促进产业优化升级；充分使用宏观调控，统筹全市矿产勘查、开发、矿山环境保护以及恢复治理，努力实现资源、经济、社会、环境效益的协调发展。

（3）指数计算结果

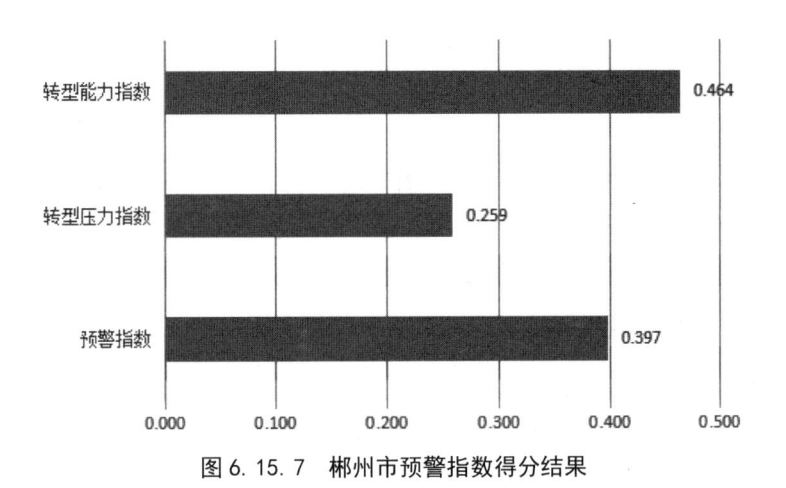

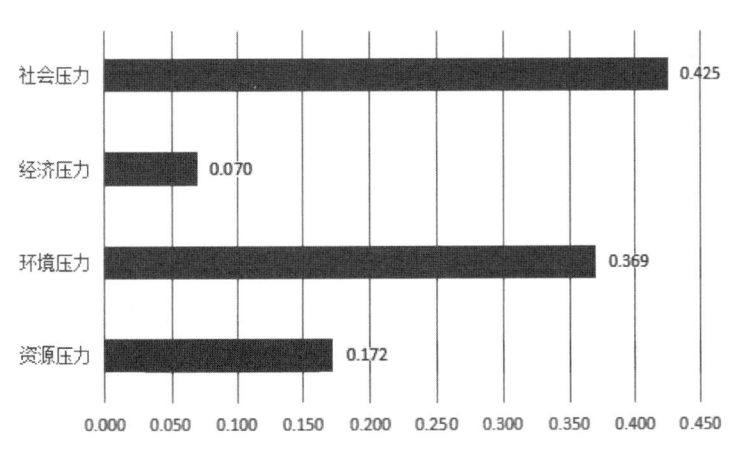

图 6.15.7　郴州市预警指数得分结果

图 6.15.8　郴州市转型压力指数分项得分结果

民生保障能力　0.232
资源利用能力　0.455
环境治理能力　0.779
创新驱动能力　0.262
经济发展能力　0.593

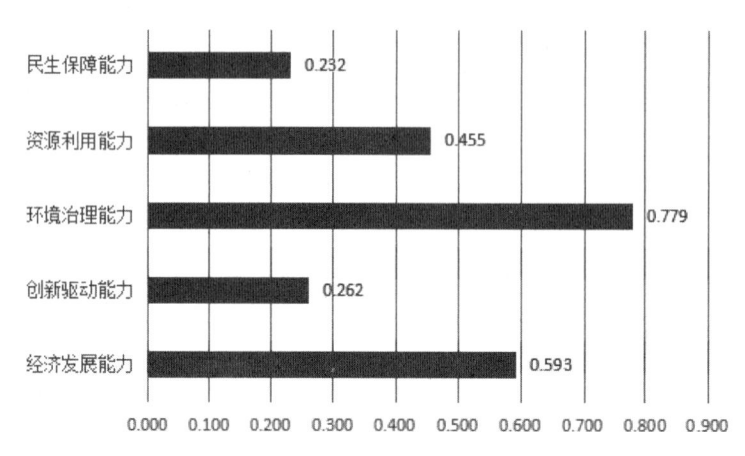

图 6.15.9　郴州市转型能力指数分项得分结果

（4）指数评价

转型压力分析

郴州市转型压力指数为 0.259，在全部 116 个资源型城市中排名为 97 位，在中部资源型城市中排名是 32 位，在成熟型资源城市中排名为 53 位。这说明郴州的转型发展遇到的困难较小。分项来看，郴州市面临的社会压力较为突出，在全国资源型城市中排名 23 位，进一步细分可以发现，郴州市的安全压力较小，但是社会保障压力和就业压力很大，在全国排名 9 位和 13 位，这说明郴州市的转型发展仍有沉重的社会负担，提供社会保障和解决就业的能力有待改善。其次是资源压力，在所有资源型城市中排名 66 位，可见郴州市的自然和社会资源较为丰富，资源压力较小，有利于城市转型发展。郴州市的环境压力较小，在全国资源型城市中排名 76 位，好于全国资源型城市的平均水平。这说明郴州市的生产方式较为环保，有利于持续发展，应当继续保持。郴州市的经济压力很小，在所有资源型城市中排名 116 位。细分来看，郴州市的各项经济压力均较小，说明郴州市在城市转型的发展过程中面临的经济负担较小，有利于实现城市成功转型。

转型能力分析

郴州市转型能力指数为 0.464，在全国资源型城市中排名 50 位，在 63 个成熟型资源城市里排名 28 位，可以看出郴州市具备的转型能力比较一般。分项来看，郴州市环境治理能力最强，全国排名 9 位，尤其是居住环境治理能力和大气环境治理能力很强，在全国排名前列，这将有利于郴州市继续维持较小的环境压力，有利于经济社会可持续发展。其次是经济发展能力，在全国排名 20 位，说明郴州市经济发展的条件不错。分项来看，经济结构转换能力和经济规模较为一般，但是郴州市经济增长水平和经济效率较高,分别排名全国资源型城市的第8和第22位。郴州市经济发展水平较高,实现自我发展的能力依然很强,有利于城市转型发展。郴州市的资源利用能力较弱,在所有资源型城市中排名62位,可见郴州市的资源利用效率较低,阻碍了社会经济发展。郴州市的创新驱动能力较弱,在全国资源型城市中排名80位,尤其是创新基础设施和创新人才的投入力度小,土地、资金、人才等资源要素制约仍然突出,阻碍了经济转变。郴州市的民生保障能力较弱,在全国排名96位,细看郴州市的各项民生保障能力均较弱,说明城乡居民收入增长回落,诸多社会问题如安全生产、环境保护、食品药品安全、教育、卫生等仍然尚未解决,不能满足群众需求。

综合评价

综合来看,郴州市虽然转型压力较小,但是转型能力也弱。主要在于民生保障水平滞后、创新能力弱和社会压力大,以及资源利用效率低。郴州市转型预警指数为0.397,在全部116个城市中排名89名,在中部地区资源型城市中排名30位,成熟型城市中排名49位,说明转型面临问题较小,但需重视在转型过程中出现的问题。

(5)政策建议

郴州市应均衡发展各项社会事业。教育方面,提升发展水平,改扩建市区学校,整合职教资源,促进高校间的合作。此外,鼓励民营资本投资办学并加强监督力度。社会保险全覆盖,落实全民参保登记和"五险"统一征缴。对于困难群众加大扶持,改善其住房条件,继续改造棚户区。实施精准扶贫,争取贫困人口人均纯收入增幅高于全市平均水平。抓好教育扶贫,使教育资源公平化。丰富人民群众的精神生活。建成文化艺术中心,加快建设文化旅游产业园、农村公益电影放映、"送戏下乡"等惠民工程。传承优秀传统文化,取其精华弃其糟粕,践行社会主义核心价值观。鼓励全民健身,在全社会形成优良氛围。

推进科技创新发展。用创新带动经济发展,加快建设创新平台,完善相关体系。突出企业创新主导作用和主体地位,也应大力支持中小微企业的创新发展。推动高科技产业的发展,引导和支持稀贵金属、LED、石墨等产业龙头企业联合开展共性和关键技术攻关。实施相关人才引流计划,鼓励青年创新创业人才和高层次科技创新人才留郴,在全社会营造创新的良好环境。

推进创业带动就业。政府应加强就业创业培训,举办创新创业人才招聘会,促进就业。完善失业保险来稳定就业。建立基层监管网络,加强食品药品监管,确保食品药品安全。加强法律援助工作,完善社会治安防控和监督,确保社会治安稳定。加强建设防灾体系和公共安全,增强应急救援能力。

大力培育新兴产业如电子信息、新材料、新能源、先进制造、节能环保、文化创意、生物医药等战略性。淘汰落后传统企业。发展循环经济和环保产业，积极创建省级循环经济示范城市。

### 6.15.4 娄底市

（1）城市概况

娄底市位于湖南地理几何中心，是湖南省的省辖地级市和重要的工业城市，是湘博会永久举办地，湖南能源、原材料战略储备基地位于此。地理位置优越，是环长株潭城市群的重要组成部分，有"湘中明珠"的美誉。娄底市辖1个市辖区，2个县级市和2个县。① 截至2015年，年末全市常住人口总数为387.18万人，其中城镇人口为169.47万人，常住人口城镇化率达到43.77%。2015年地区生产总值为1291.38亿元，同比增长7.6%，全市人均生产总值是33436元，比2014年增长7.0%。②

（2）资源特点及利用情况

矿产资源十分丰富，且矿种齐全。目前已发现47个矿种，其中有25种已探明储量，主要是煤炭、建材、有色金属。锑的保有储量占全国、全世界第一位，煤、白云石、石灰岩和大理石占全省第一位，石墨等占全省第二位，石膏和黄铁矿占第三位，其他如金、铅、锌、锰、钨等矿种的探明储量也占有重要地位。虽然尚未探明储量，钒、硅石等矿种潜在远景大，有望成为优势矿种。煤矿资源也十分丰富，品种齐全，包括无烟煤、贫煤、瘦煤、肥煤、焦煤等，品质较好。截至2007年底，郴州市煤炭设计生产能力为1542万吨/年，总产量达到921万吨；年产铁矿石为4万吨、锰矿石为4.5万吨，产值达到616万元；年产锑矿石达到58.6万吨、金矿石达2.93万吨、铅锌矿石各为3万吨；年产冶金用白云岩是26.9万吨、熔剂用灰岩27万吨、电石用灰岩8万吨、耐火黏土7.5万吨、建筑石料用灰岩587.09万吨、水泥用灰岩351.65万吨、石墨3.0万吨、制灰用灰岩105.35万吨、水泥配料用砂岩55.6万吨、石膏160.57万吨、硅石为13.8万吨、花岗岩13.8万立方米、高岭土0.8万吨。

娄底市坚持科学发展和可持续发展，落实节约资源保护环境的政策，从本市情况出发确定规划目标，遵从自然规律坚持保护与开发并济，节约自然资源，优化矿业结构，促进经济社会的可持续发展。

---

① 资料来源：娄底市政府网站 http://www.hnloudi.gov.cn/。
② 资料来源：娄底市经济与社会发展统计公报2015。

(3) 指数计算结果

图 6.15.10 娄底市预警指数得分结果

- 转型能力指数: 0.364
- 转型压力指数: 0.400
- 预警指数: 0.518

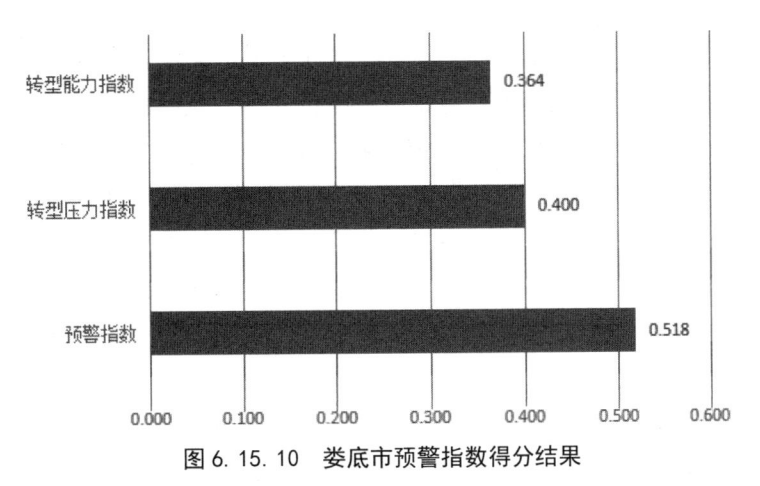

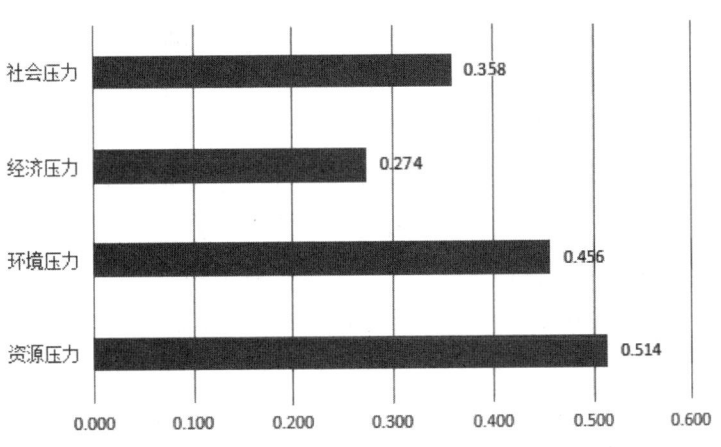

图 6.15.11 娄底市转型压力指数分项得分结果

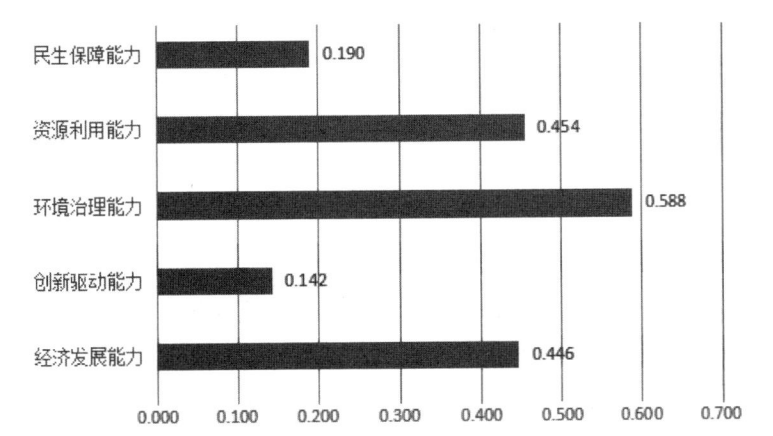

- 社会压力: 0.358
- 经济压力: 0.274
- 环境压力: 0.456
- 资源压力: 0.514

图 6.15.12 娄底市转型能力指数分项得分结果

- 民生保障能力: 0.190
- 资源利用能力: 0.454
- 环境治理能力: 0.588
- 创新驱动能力: 0.142
- 经济发展能力: 0.446

### （4）指数评价

**转型压力分析**

娄底市转型压力指数为0.400，在全部116个资源型城市中排名23位，在中部资源型城市中排名11位，在成熟型资源城市中排名10位。这说明娄底的转型发展遇到了较大的困难。分项来看，娄底面临的资源压力较为突出，在所有资源型城市中排名22名，在中部资源型城市中排名为第5位，在成熟型资源城市中排名9位，可见娄底市在资源利用效率方面存在较大的差距，对城市发展形成明显阻碍。其次是社会压力，在所有资源型城市中排名42名。进一步细分可以发现，娄底市的安全压力较小，但是就业压力和社会保障压力较大，在全国排名20位和18位，说明娄底市的转型发展尚有较沉重的社会负担，解决就业和提供社会保障的能力均待改善。娄底市的环境压力较大，在全国资源型城市中排名47位，细看各项环境压力都不小，说明娄底市的生产方式不够环保，不利于持续发展。娄底市面临的经济压力较小，经济压力指数在全部资源型城市中排名第65名，细分来看，娄底市的财政压力较大，在全国排名15位，说明娄底市的财政收入不能满足城市发展支出，不利于城市转型发展。

**转型能力分析**

娄底市转型能力指数为0.364，在全国资源型城市中排名96位，在63个成熟型资源城市里排名54名，可见娄底市具备的转型能力较弱。分项来看，娄底市环境治理能力较弱，全国排名60位，这将不利于娄底市减小环境压力，阻碍经济社会可持续发展。其次是资源利用能力，在全国资源型城市中排名64位，可见娄底市的资源利用效率较低，不利于社会经济循环发展。娄底市的经济发展能力较弱，在所有资源型城市中排名79位，说明娄底市的经济发展水平较低。经济总量低，综合实力不强，增速在全省排名落后于平均水平。传统产业动力不足，新兴产业，支撑发展的大项目、好项目尚少，产业集中度低，去产能调结构的难度很大。娄底市的民生保障能力很弱，全国排名108位，说明娄底市在民生保障方面的水平不够高。社会保障水平和城乡公共服务不高，脱贫攻坚的任务较重，不利于经济的长远发展与社会稳定。娄底市的创新驱动能力很弱，在全国排名108位，可见娄底市的创新投入力度小，不利于社会整体生产力水平的提高，阻碍了经济发展方式转变。

**综合评价**

综合来看，娄底市转型压力较大，转型能力弱。由于创新能力低、民生保障水平滞后、经济波动和资源利用效率低，以及环境治理能力较弱，转型发展遇到了较为明显的困难。娄底市转型预警指数为0.518，在全部116个城市中排名11名，在中部地区资源型城市中排名第3位，成熟型城市中排名第5位，说明转型面临问题非常严重，在转型发展实践过程中亟待解决。

（5）政策建议

娄底市应大力实施创新带动经济发展战略，发挥科技创新的引领作用，在全社会营造大众创业、万众创新的氛围，以供给创新释放并扩大消费潜力。培育壮大新产业如高端装备、新材料、信息技术、生物健康、节能环保、移动互联网、文化创意、大数据、云计算等，发展多元化的产业体系。加快科技转移转化为商业价值。强化企业主导作用和创新主体地位，支持企业开展前沿性研究，鼓励研究机构和高校建立面向市场的创新平台，发挥产学研结合的优势，成果共享。通过多种途径实现创新要素的互相融合与协调，构建高效运行的创新平台。在人才培养方面，完善人才服务和管理体系，营造自由流动、包容开放的用人环境。积极引进高科技人才。

民生保障方面，首先积极扩大就业。落实就业创业政策，尤其是高校毕业生、农村转移劳动力、就业困难人员等重点群体的就业。推动义务教育的发展，促进教育资源的公平流动，推动高中、职业、民办、特殊教育协调发展。深化医药卫生体制改革，提升中医药服务能力。实施城乡居民大病保险制度，扩大失业保险基金支出范围。丰富人民群众的精神生活，完善县市区文化馆、图书馆及公共体育设施。

着力推进产业转型升级，壮大实体经济。多元化发展经济。促进新兴产业健康发展，积极培育移动互联网、智能制造等。大力发展现代农业，做到标准化、体系化，产业化，机械化。增强第三产业活力，形成新的更多消费热点，加快发展商贸流通业。推进旅游产业快速发展。积极推进金融业发展。

建立生态安全屏障。重点推进矿区生态修复和治理。加强大气污染监督控制和治理，发展新的高效的工业企业污染技术并运用于生态保护建设，在重点行业强制改造循环水利用技术，达到零排放。在水资源保护方面，实行最严格水资源管理制度，尤其加强对饮用水源和湿地的保护，提高水土保持和水源地自我保护能力。加强森林防火、造林绿化和森林资源保护，提高森林覆盖率。

## 6.16 广东省

### 6.16.1 韶关市

（1）城市概况

韶关市简称"韶"，广东省省辖市，位于广东省北部，外接湘赣，内联珠三角，自古是中国南方的交通要冲，素有广东的北大门之称。韶关是"中国有色金属之乡"，有"中国锌都"之称，全市已探明储量的矿产有煤炭、铅、锌、铜等55种，其中铅、银和锌等矿产储量居全国首列，保有储量位居全省第一的有23种[①]。截至2015年，韶关市辖3个市辖区、5个县，2个县级市，年末全市常住人口293.15万人，其中城镇常住人口比重为54.3%。2015年地区生产总值1150.0亿元，比上一年增长6.2%，全市人均生产总值5.38万元。[②]

（2）资源特点及利用情况

韶关市矿产资源比较齐全，且多数储量较大，分度较广，已发现的有：黑色金属、有色金属、贵金属、稀土及分散元素矿产、放射性矿产、冶金辅助原料、燃料矿产、化工原料非金属矿产、建筑材料矿产、地下水和地下热水12大类，共88种。与全国、全省比较，已发现的矿产，全国有162种，广东省有117种，韶关市有88种；已探明储量的矿产，全国有148种，广东省有85种，韶关市有55种。韶关有多种矿产资源均居全国首列，如铅、银和锌。铅、锌、铜、钼、钨、铋、锑、汞、铀、砷、煤、稀有、稀土、萤石、石灰岩、白云岩等16种，在广东省占有重要位置。尤其是有色金属矿产，被誉为"有色金属之乡"。

韶关现代工业起步较早。五十年代到七十年代，国家先后把韶关作为华南重工业基地和广东战略后方来建设，建立起韶关钢铁厂、韶关冶炼厂、韶关挖掘机厂、凡口铅锌矿、大宝山矿等一大批骨干工业企业，奠定了韶关工业在当地经济中的基础地位，成为广东重要的工业基地。八十年代以来，韶关的工业得到了进一步发展的同时，轻重产业结构也得到调整。进入二十一世纪，韶关工业紧紧围绕"建设粤北经济强市"的目标，因地制宜，突出特色，依托资源优势，积极发展优势产业。目前基本形成了资源型产业突出、加工工业雄厚、部分轻工业分量较重的综合类工业城市。2015年规模以上工业增加值333亿元[③]。

（3）指数计算结果

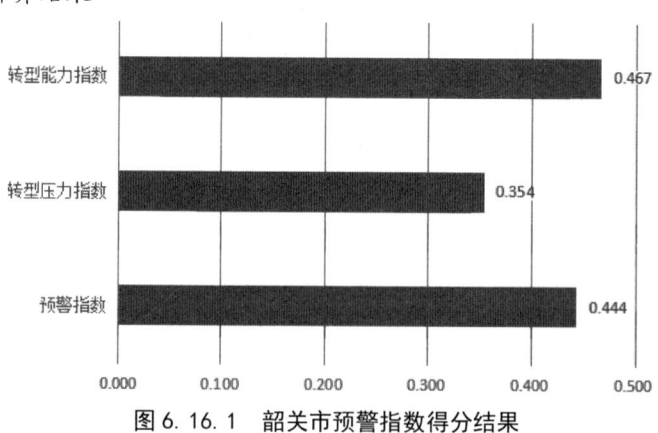

|  |  |
|---|---|
| 转型能力指数 | 0.467 |
| 转型压力指数 | 0.354 |
| 预警指数 | 0.444 |

图6.16.1　韶关市预警指数得分结果

---

① 资料来源：韶关市政府网站 http://www.sg.gov.cn/website/newportal/portalSiteAction!talk.action。
② 资料来源：韶关市2015年国民经济和社会发展统计公报。
③ 资料来源：韶关市政府网站 http://www.sg.gov.cn/website/newportal/portalSiteAction!talk.action。

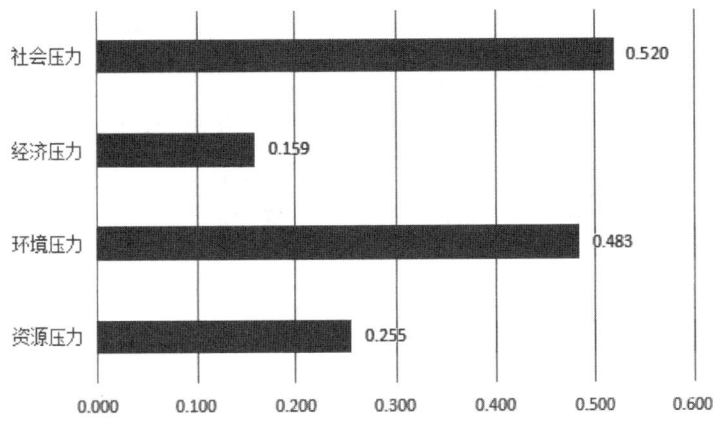

图 6.16.2 韶关市转型压力指数分项得分结果

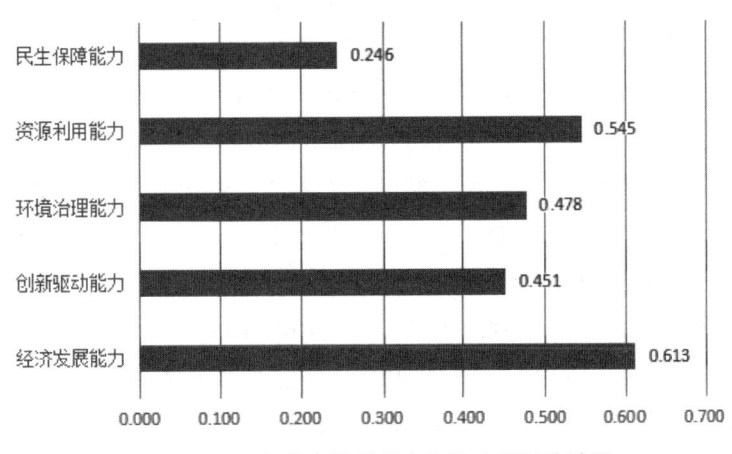

社会压力 0.520
经济压力 0.159
环境压力 0.483
资源压力 0.255

图 6.16.3 韶关市转型能力指数分项得分结果

民生保障能力 0.246
资源利用能力 0.545
环境治理能力 0.478
创新驱动能力 0.451
经济发展能力 0.613

（4）指数评价

**转型压力分析**

韶关市转型压力指数为 0.354，在全部 116 个资源型城市中排名 41 名，在东部资源型城市中排名第 8 位，在 23 个衰退型资源城市中排名第 14 位。这说明韶关的转型发展遇到了一定程度的困难。分项来看，韶关面临的社会压力非常突出，为 0.520，在所有资源型城市中排名第 7，在东部资源型城市中排名第 1，在衰退型资源城市中排名第 4 位，进一步细分可以发现，韶关市各项社会压力均比较严重，说明韶关市的转型发展尚有较沉重的社会负担，其中最为突出的是安全压力，高达 0.725，其次是就业压力，这说明韶关市生产方式粗放，安全生产能力和解决就业能力均待改善。韶关面临的环境压力也较为严重，在所有资源型城市中排名第 39 位，在东部资源型城市中排名第7，在衰退型资源城市中排名第8位，其中水环境压力最为突出，同时伴随着不容忽视的居住环境压力和矿山环境压力，这说明韶关市的环境保护和可持续发展工作不够到位。韶关市也面临较大的资源压力，资源压力指数在全部资源型城市中排名第50位，可见韶关市在资源利用合理性方面仍存在一定的问题，给城市转型带来阻碍。韶关市经济压力相对较小，排名全国103位，远远超出了全国资源型城市的平均水平，这说明韶关市的经济结构合理，经济持续增长，具备经济活力，应当继续保持。

转型能力分析

韶关市转型能力指数为0.467，在全国资源型城市中排名48位，在20个东部城市中排名第14位，在23个衰退型资源城市里排名第9位，这说明韶关市具备一定的转型能力，但不够突出。分项来看，韶关市经济发展能力最强，全国排名15位，这说明韶关市具备较强的自身发展能力和经济活力。进一步细分来看，韶关市的经济结构转换能力最强，排名全国资源型城市的第3，经济规模和经济效率相对表现中等，这说明韶关市在积极实现经济转型方面取得了显著成效，但在提高效率、实现规模经济方面仍有进步的空间。其次是创新驱动能力，在全国排名27位，尤其在创新人才指标上排名全国首位，说明韶关对人才的培养和重视。相比之下创新基础设施这一指标不甚理想，排名全国后列，这表明韶关在人才和基础建设的投入比较不平衡。韶关市的资源利用能力尚可，全国排名38位。但是，韶关市的环境治理能力和民生保障能力堪忧，分别位于全国83位和91位。就环境治理能力下的四项细分指标来看，均排名靠后，其中矿山环境、居住环境和水环境问题已经相当严重，表明韶关市在处理环境问题上存在着非常大的问题。在民生保障能力方面，韶关在居民收入保障、医疗卫生保障和基础社会保障这三项上问题突出，也反映出政府在民生建设上的缺失。

综合评价

综合来看，韶关市的转型压力和转型能力都处于中等程度，虽然韶关的经济发展能力突出，创新驱动力较强，但对于环境保护和民生保障工作的缺失对其可持续发展和社会建设都造成了阻碍。韶关市转型预警指数为0.444，在全部116个城市中排名55名，在东部地区资源型城市中排名第4位，衰退型城市中排名第12位，说明转型面临着很大程度上的问题。

（5）政策建议

韶关市需要在民生保障方面应当加大重视力度，着力解决经济快速发展和转型带来的生产安全、人民失业等问题，妥善处置好人员再就业分配和安置问题，实施高质量就业计划，加强就业创业扶持。同时，进一步完善社会保障体系，扩大保障覆盖面积,提高保障质量,加强社保征缴工作,加大执法检查力度,在基本公共服务、食品药品安全、征地拆迁、社会治安等薄弱环节进一步强化责任担当,确保人民群众生活质量;完善文化卫生服务体系,比如推进城乡养老保险制度衔接,尽快完善城乡医保一体化平台,为经济社会发展保驾护航。

同时,韶关市亟须重视环境治理问题。要围绕落实严守资源消耗上限、环境质量底线、生态保护红线的要求,加大生态文明建设的力度,坚决把生态环境保护的要求落到实处,坚决杜绝环境污染。出台并切实保障环境保护规章制度的实行,加大环保执法和惩治违法行为力度,加快推进国家节能减排与财政政策综合示范城市建设,狠抓落后产能退出、供电与产出挂钩和大气、水体污染减排。同时,强化生态修复治理和森林资源、湿地资源、野生动植物资源保护管理,提高资源节约集约利用水平。推进循环经济园区、企业建设试点,大力发展循环经济,提高资源利用效率。

此外,韶关市还需要保持经济发展优势,进一步推进产业结构转型,在巩固传统支柱产业如钢铁、有色金属、烟草的同时,认真研究谋划产业定位、产业发展方向和新兴产业发展问题,进一步明确韶关未来产业的主攻方向,打造新兴产业,提升效率实现规模经济,强化其经济活力。同时,沿袭创新驱动政策,并进一步在人才培养、基础设施建设等多方面实现平衡投入,在传统产业中引入创新科技以提升效率,同时发展装备制造、电子信息、节能环保、新能源、新材料等战略性新兴产业集群,加快产业园区扩能增效,明确产业定位,促进产业园区化、园区特色化、配套一体化,构建产业生态圈。加大基础设施和就业、融资、技术、物流等服务平台建设力度。

### 6.16.2 云浮市

(1)城市概况

云浮,又名石城,为广东省地级市,位于广东省中西部,西江中游以南,与肇庆、佛山、江门、阳江、茂名、广西梧州相邻。云浮市盛产大理石(云石),主要是加工大理石。素有"石材王国","硫都"和"石都"之称[①]。截至2015年,云浮市辖2个市辖区、2个县,1个县级市,年末常住人口246.05万人,城镇人口比重为40.23%。2015年全市实现地区生产总值(GDP)710.07亿元,比上年增长8.5%。2015年全市人均地区生产总值达到28953元,增长7.8%[②]。

---

① 资料来源:云浮市政府网站 http://www.yunfu.gov.cn/website/yfgk2012/index.jsp?topid=001002&columnid=001002001。
② 资料来源:云浮市经济与社会发展统计公报 2015。

（2）资源特点及利用情况

云浮市地域在地质上处于云开隆起带的中部，构造复杂，区内成矿地质条件好，是全国重要得多金属矿化集中区之一，是闻名全国的石材之乡，且享有"硫都"的美誉。截至2008年，已发现的矿种有57种，已探明储量并开采的有49种。其中金属矿种有金、银、铜、铁、锡、铅、锌、锰等；非金属矿种有硅线石、白云岩、大理岩、花岗岩、重晶石、滑石、高岭土、石灰石、黏土、砂页岩、钾长石、矿泉水、地热和稀有矿种等。

云浮市依托其丰富的石材资源，已经建立起了以石材、水泥、不锈钢制品、硫化工等产业为中心的完整产业链，并深入实施"还珠工程"和企业成长工程，促进传统产业转型升级，进一步优化产业结构。2015年石材、水泥、硫化工、不锈钢制品、电力五大产业产值分别实现318.3亿元、46.45亿元、40.85亿元、103.2亿元、72.9亿元；汽车零配件、生物制药、新型环保节能材料等新兴产业发展方兴未艾。中顺洁柔纸业、宏佳铝业、新合铝业、青洲水泥熟料生产线、发恩德矿业、贝融建材等一批重点工业企业项目建成投产。市石材机械产业标准联盟获省批准立项，填补了全省在该领域标准的空白。同时，云浮充分发展会展经济的优势，建立起云浮国际石材产业城、云浮国际石材博览中心和石材长廊[①]。

（3）指数计算结果

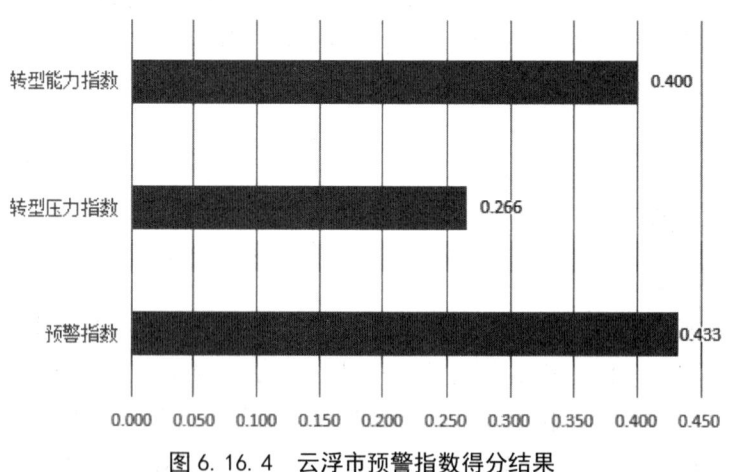

图6.16.4 云浮市预警指数得分结果

（转型能力指数：0.400；转型压力指数：0.266；预警指数：0.433）

---

① 资料来源：2015年云浮市政府工作报告。

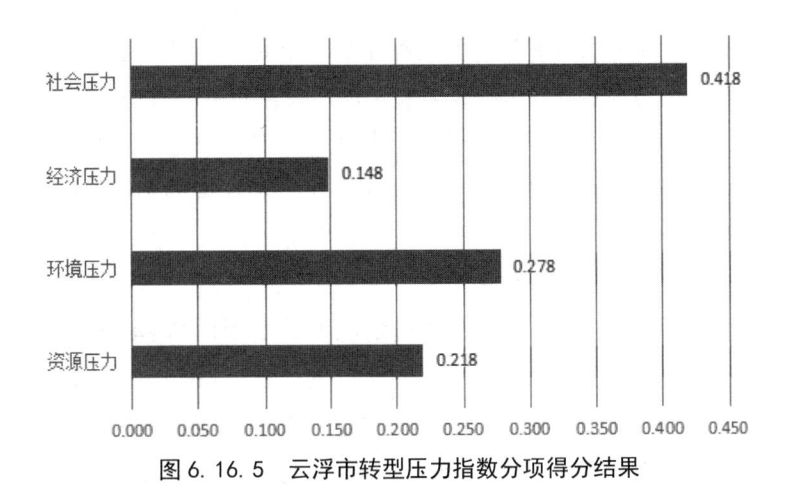

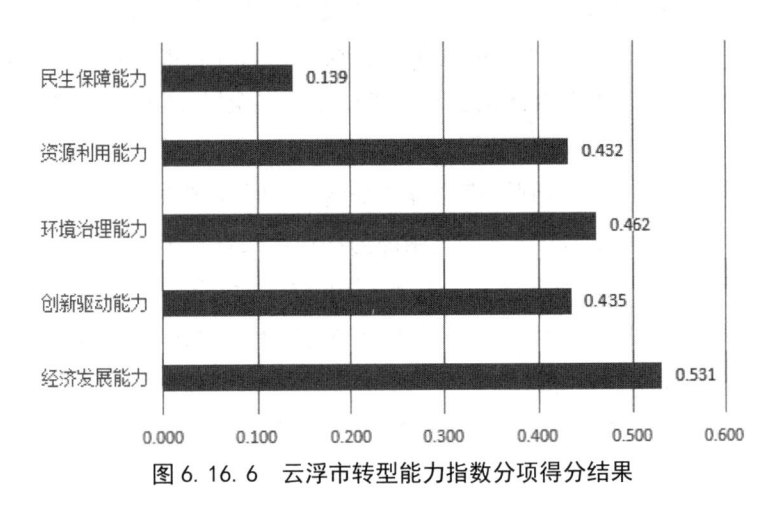

图 6.16.5　云浮市转型压力指数分项得分结果

图 6.16.6　云浮市转型能力指数分项得分结果

（4）指数评价

转型压力分析

云浮市转型压力指数为 0.266，在全部 116 个资源型城市中排名 92 名，在 20 个东部资源型城市中排名第 17 位，在 63 个成熟型资源城市中排名第 50 位。这说明云浮的转型发展目前面临的压力较小。分项来看，云浮面临的社会压力较为突出，在所有资源型城市中排名第 24 位，在东部资源型城市中排名第 5 位，在成熟型资源城市中排名第 15 位，可见云浮市的转型发展尚有较沉重的社会负担，对城市发展形成明显阻碍。进一步细分可以发现，云浮市面临的安全压力非常突出，其次社会保障压力也不容忽视，这说明云浮市生产方式较为粗放，安全生产能力和社会保障能力均待改善，但就业压力比较小，反映云浮市解决就业的工作比较到位。同时，云浮市也面临相当程度的资源压力，资源压力指数在全国资源型城市中排名第 57 位，这反映了云浮市在资源开发、资源利用效率等方面还存在着一定问题。比较看来，云浮市环境压力和经济压力较小，分别排名全国 98 名和 107 名，远远超过全国资源型城市的平均水平。这说明云浮市在保持经济增长活力、做大做强传统产业、积极促进产业转型的同时，注重了生产方式的环保性，较好地协调了经济和环境的和谐发展，有利于可持续发展，应当继续保持。

转型能力分析

云浮市转型能力指数为 0.400，在全国资源型城市中排名 84 位，在 20 个东部资源型城市中排名 19 位，在 63 个成熟型资源城市里排名第 46，可以看出云浮市具备的转型能力比较弱。分项来看，云浮市创新驱动能力最强，全国排名 31 位，分项来看，其中创新资金投入尤为突出，排名全国第 1，这说明云浮市在推动创新发展上做出了相当大的投入，但相对来说，创新人才排名全国 108 名，在一定程度上反映了云浮在推动创新的工作上存在发展不平衡的现象。次强的是云浮市的经济发展能力，全国排名 43 位，分项来看，云浮市经济增长水平较高，排名全国 16 位，经济效率和经济结构转换能力中等，但是经济规模较弱，排名全国 85 位。这说明云浮市的经济发展虽处于快速增长的阶段，还未达到规模经济的程度，同时经济效率和产业结构转型能力也不突出。相对来说，云浮市的资源利用能力和环境治理能力都比较弱，分别排名全国第 70 位和第 87 位，这说明云浮市在资源利用效率和环境治理工作上尚需努力。云浮市亟待提升的是其民生保障能力，在全国 116 个资源型城市中排名倒数第二，这说明云浮市在民生建设和社会保障工作上存在缺失。进一步细分来看，各分项能力都较弱，其中以居民收入保障能力、基础设施保障能力和医疗卫生保障能力的问题尤为严重，这反映了云浮市在扶贫工作、公共服务供给、社会保障推进的广度和深度上存在着较大的问题。

综合评价

综合来看，云浮市虽然面临的转型压力较小，但其转型能力也较弱。主要原因在于民生建设和社会保障工作的缺失，以及资源利用效率低下和环境治理能力落后，滞后了其转型发展。云浮市转型预警指数为 0.433，在全国 116 个资源型城市中排名 63 名，在 20 个东部地区资源型城市中排名 8，在 63 个成熟型城市中排名第 36，说明其转型过程仍面临着一定的困难。

（5）政策建议

云浮目前亟须补齐其民生建设短板，缓解严峻的社会压力。云浮市居民收入保障能力较弱，说明相对贫困群体规模仍然较大。云浮市必须坚持精准扶贫、精准脱贫要求，实施扶贫攻坚行动计划，打出一套产业扶贫、金融扶贫、电商扶贫和智力扶贫组合拳，坚决打赢扶贫攻坚战。探索建立经济发展和扩大就业更加紧密的联动机制，进一步创造就业机会，解决转型过程中面临的就业问题。同时，云浮市在优质教育、医疗等公共服务和产品供给不足，难以满足群众的需求。应加快实施社会保障全覆盖工程，扩大社会保险覆盖面，引导城乡居民参保续保，同时完善卫生、文化、教育等服务工作，切实抓好底线民生、基本民生、热点民生等工作，让广大人民群众共享全面小康成果，为经济发展和转型打下稳定的社会基础。

同时，云浮应进一步加大环境保护和环境治理工作力度，目前其环境治理能力较弱，应坚持推进节能减排，继续强化节能目标责任管理，坚决拒绝高耗能重污染项目。全力推进粉尘综合防治、电厂陶瓷厂脱硫脱硝、锅炉污染治理、油气回收改造等大气污染治理工程，以及采矿、硫化工等重点行业的重金属污染治理。积极推行石材、建材、纺织印染、化工等行业的清洁化生产和建筑、交通、公共机构等非工业领域的节能，坚决淘汰现有企业的落后产能，严控企业的能耗增长和超能耗限额运行。坚持标本兼治的原则，从快从严查处企业超标排污和偷排放行为。

在经济建设方面，云浮市需要持续做大做强传统产业，在保持经济增长的同时，提升经济效率，建设规模经济，重点培育一批龙头企业和更多规模以上工业企业。在经济建设过程中注重技术改造，突出石材、水泥、不锈钢制品、硫化工等传统产业的产业链加强，加快产业转型升级。同时，需要平衡创新工作的各个方面，在保障高资金投入的同时，兼顾人才培养引进和创新基础设施发展，优先培育壮大现代制造业。大力鼓励工业自动化、智能化技术创新，打造一批集研发、设计、制造、营销、安装和售后服务等为一体的装备制造服务企业，推动该市装备制造业由粗放加工向精密制造和工艺创新转变。重点发展汽车零配件、环保设备、石材装备产业，加快形成一批数字控制技术、计算机技术、电机技术等高新技术产业。加快整合石材机械装备制造产业资源，深入推进石材机械产业标准化工作。推进科技创新成果转化应用，为提高生产效率和产品质量提供支撑[①]。

## 6.17 广西壮族自治区

### 6.17.1 百色市

（1）城市概况

百色市位于祖国西南，地处广西西部，北与贵州相接，西与云南毗邻，南与越南交界，是大西南出海大通道的咽喉，是沟通中国与东盟的重要桥梁和基地，也是面

---

① 资料来源：2015年云浮市政府工作报告。

向东盟开放的门户城市。2002年经国务院批准撤地设市。全市辖12个县（市、区）135个乡（镇、街道），总人口400万，总面积3.63万平方公里，是广西内陆面积最大的地级市，是全国生态型铝产业示范基地、"中国优秀旅游城市"、"全国双拥模范城"、"国家园林城市"、"国家卫生城市"。同时，百色也是革命老区、少数民族地区、边境地区、大石山区、贫困地区、水库移民区。此外，百色生态环境优势明显。百色是珠江上游重要生态安全屏障之一，是广西的重点林区和生态保护建设重点地区，森林资源丰富，山清水秀，空气清新，风光秀丽，森林覆盖率达67.37%，森林面积居广西第一位，是国家园林城市、广西森林城市。2015年，全市地区生产总值980.4亿元，是2010年的1.5倍；规模以上工业总产值突破1000亿元，达1285亿元，是2010年的2.1倍；固定资产投资突破1000亿元，达1022亿元，是2010年的1.68倍；财政收入突破100亿元，达114.5亿元，是2010年的1.6倍；社会消费品零售总额221亿元，是2010年的1.94倍；外贸进出口总额16.4亿美元，是2010年的4.2倍；金融机构存贷款余额1660亿元，是2010年的1.84倍；城镇居民人均可支配收入达24958元，年均增长9.3%；农村居民人均可支配收入达6766元，年均增长14.3%，连续五年保持两位数增长。百色市"十二五"发展顺利收官，经济社会发展跃上了一个新台阶。①

（2）资源特点及利用情况

百色是资源富集区，是中国十大有色金属矿区之一，其中铝土矿已探明储量约占全国的四分之一。2011年7月国家批准设立广西百色生态型铝产业示范基地，是正在崛起的广西新工业基地和中国乃至亚洲重要的铝工业基地，目前铝工业年产能已形成了氧化铝850万吨、电解铝82万吨、铝加工210万吨的生产规模，以及碳素、烧碱、赤泥综合利用等配套产能，铝及配套产业产值占全市工业的"半壁江山"，成为全市第一支柱产业。同时，百色是广西重要产煤基地，锑、铜、石油、煤、黄金、水晶等十多种矿藏名列广西前茅。水能资源丰富，可开发利用的水电资源600万千瓦以上，是我国"西电东送"的重要基地。

近年来，特别是撤地设市以来，百色充分发挥优势，抢抓机遇，全面实施开放带动战略、项目带动战略和工业立市战略，坚持扶贫开发优先、交通发展优先、产业发展优先、城镇化优先"四个优先"，大力推进生态型铝产业示范基地建设，加快资源开发、产业振兴、民生改善步伐，初步形成了"以铝产业为主导，煤炭、电力、冶金、石化、糖纸五大重点支柱产业为骨干，建材、机械、农副产品深加工等其他产业积极跟进"的工业产业体系，秋冬菜等特色农业规模不断壮大，旅游和商贸物流业蓬

---

① 资料来源：百色市政府官网http://www.baise.gov.cn/。

勃发展，新兴产业加快发展，工业化、城镇化、农业产业化进程不断加快，正在大步从传统农业地区向新兴工业城市迈进。

百色市工业结构调整加快。百色生态型铝产业区域电网一期工程全面开工建设。广西信发、广西苏源、百矿集团等重点煤电铝一体化项目进展顺利，部分实现竣工投产。铝土矿赤泥综合利用提前1年实现国家批复的目标任务。铝材加工由建筑型材逐步向铝板带箔、铝镁合金线、汽车铝轮毂等高附加值的铝深加工产品发展，铝及配套产业工业总产值突破600亿元。全市电解铝产量下降22%，但铝材产量达166万吨，增长22.9%，铝及配套产业增加值增长13%。碳酸钙、铝锰基等新材料产业加快发展，机械制造、生物制药、电子信息等新兴产业比重上升。①

（3）指数计算结果

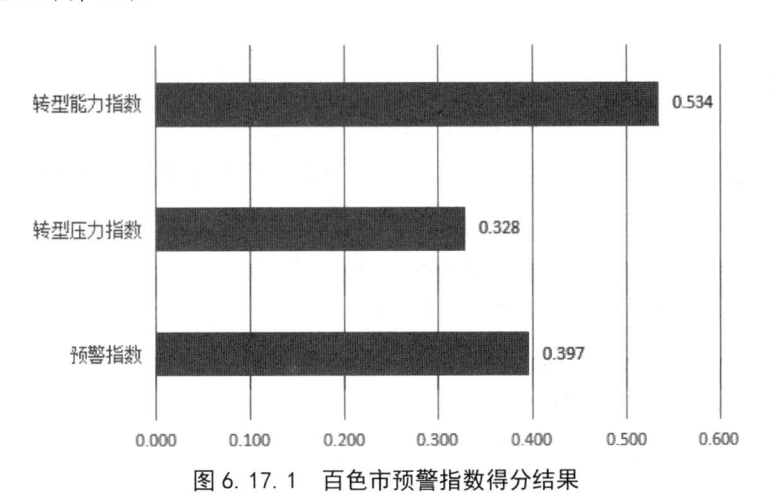

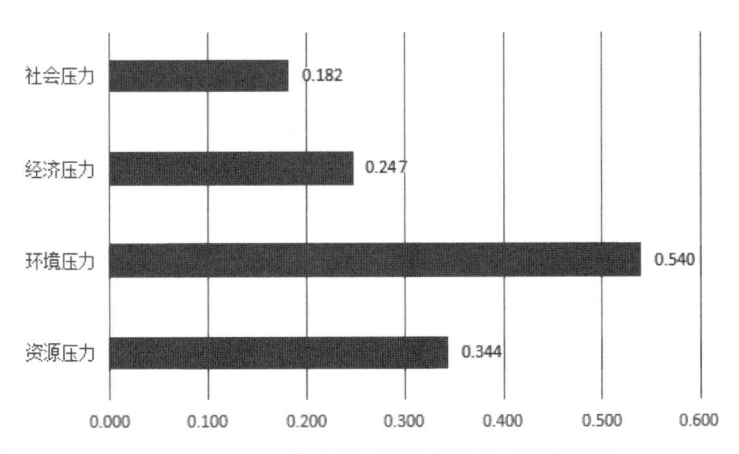

图 6.17.1 百色市预警指数得分结果

图 6.17.2 百色市转型压力指数分项得分结果

---

① 资料来源：2015年百色市政府工作报告。

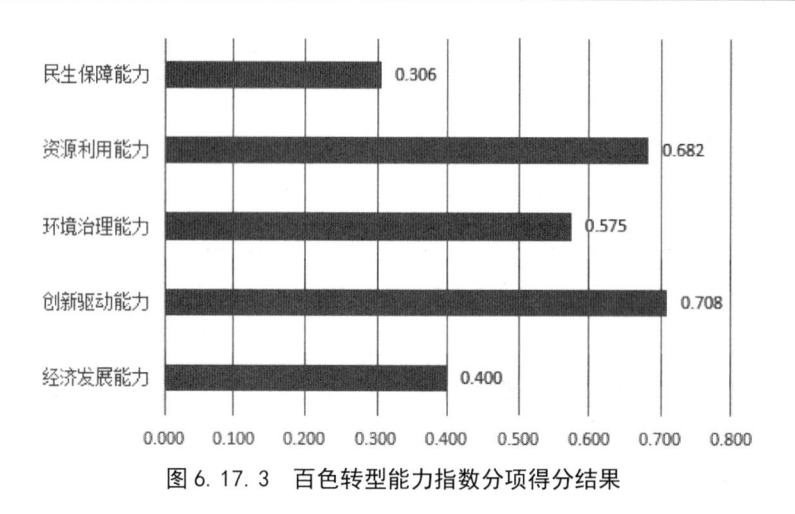

图 6.17.3　百色转型能力指数分项得分结果

（4）指数评价

转型压力分析

百色市转型压力指数为 0.328，在全部 116 个资源型城市中排名 58 位，在西部资源型城市中排名 15 位，在成熟型资源城市中均排名第 30 位。这说明百色的转型发展中仍存在不小的压力。分项来看，百色面临的环境压力较为突出，在所有资源型城市中排名第 23，在西部资源型城市中排名第 8，在成熟型资源城市中排名第 17，可见百色市在环境治理方面还有待提高，环境治理不恰当对城市发展形成明显阻碍。细分来看可以发现，百色市的水环境压力位于全国第 18 位，居住环境压力位列所有资源型城市的第 24 位，大气环境压力位于全国第 31 位。这说明政府对于资源开发带来的水污染和空气污染以及伴随着的其他环境问题的治理能力亟待提高。其次是资源压力，在全国所有城市位列第 37 位，在西部资源型城市位列第 7 位，在成熟型城市位于第 16 位，可见百色市在资源利用效率方面存在较大的差距，对城市发展形成较大阻碍。百色市面临的经济压力适中，经济压力指数在全部资源型城市中排名第 75 名；细分来看，这主要是由于政府的财政压力较大，且经济发展较慢导致。百色市面临的社会压力较小，排名全国 96 名，好于全国资源型城市的平均水平，这说明百色市的就业和社会保障措施有效。

转型能力分析

百色市转型能力指数为 0.534，在全国资源型城市中排名 18 位，在成熟型资源城市里排名第 8，可以看出百色市具备的转型能力还是比较强的。分项来看，百色市的创新驱动能力最强，创新基础设施位列全国 116 个资源型城市第一位，百色市同时也十分注重创新人才的培养和创新资金投入，分别在全国排名第 18 位和第 40 位。强劲的创新投入为百色市的资源利用创造了充足的动力（百色市的资源利用能力位于全国第 22 位）。百色市的环境治理能力位于全国第 64 位，细分来看，尽管百色市对于居住环境的治理能力位于全国第一位,但是其在资源开采过程中所带来的大气污染、水污染以及矿山破坏产生了较大的环境影响,而治理不当更加剧该问题的恶化(矿山环境治理能力全国第50位,大气环境治理能力全国第69位,水治理能力全国76位),这十分不利于百色市的经济社会可持续发展。百色市的经济发展能力较弱,在全国排名第92位,细分来看,百色市的经济增长缓慢,经济受产业结构影响遇到问题,且经济效率和经济规模不高。百色市的民生保障能力弱,位于全国第68位,尽管百色市在居民收入保障和教育保障方面卓有成效,但是在文体服务(全国第63位)、医疗卫生保障(全国第94位)以及基础设施保障(全国第104位)等方面亟待提高。

综合评价

综合来看,百色市转型能力不错,创新能力带动了地区的发展,但是社会保障水平滞后且环境治理较差,转型发展遇到了些许困难,阻碍了经济的发展。百色市转型预警指数为0.397,在全部116个城市中排名90名,在西部地区资源型城市中排名32名,在成熟型城市中排名第49,说明转型面临问题较轻,但遗留问题仍待解决。

(5)政策建议

百色市以生态经济为抓手推进生态文明建设:夯实生态建设基础。深入实施百色生态市规划,推进"国家森林城市"创建。抓好"生态屏障"工程,抓好生态型铝产业示范基地、制糖生态工业园区、石化产业循环园区建设。大力推广农牧渔复合型生态产业发展模式,推广实施生态循环产业示范基地建设。扎实推进百色现代林业产业发展示范区建设。合理开发利用自然与人文生态资源,大力发展生态旅游;扎实抓好节能减排。加快推进生态铝、制糖、锰业、石化等行业构建循环利用产业体系。推进燃煤锅炉改造、园区循环化改造等项目。推进有条件的县城和工业园区锅炉煤改天然气工作。下大力气推进重点行业脱硫脱硝设施建设。抓好农村规模化畜禽养殖减排、城市机动车尾气减排,完成超标车淘汰工作。确保完成化学需氧量、氨氮、二氧化硫和氮氧化物四项主要指标减排任务;加强环境保护和治理。严格环境保护监管、执法。抓好重金属污染、石漠化等治理工程。推进工业挥发性有机物治理、城市扬尘污染控制等整治。执行最严格的水资源管理制度。扎实推进国家级湿地公园建设试点。做好澄碧湖等水质较好湖泊生态环境保护项目申报。

同时,应大力培育新增长点确保经济平稳增长:把投资和项目建设作为稳增长的关键。全力推进重点产业、基础设施、新型城镇化、棚户区改造、生态环保、商贸物流、社会民生等领域重大项目。加大投资要素制约攻坚力度,着力提升用地、用矿、环评、资金、能源、交通等保障水平。围绕左右江革命老区振兴、珠江—西江经济带发展等重大规划,策划和促成一批重大项目;把新项目投产和企业复产作为稳增长的基础。重点抓好煤电铝一体化自备电厂等在建项目竣工投产。促进铁合金企业满负荷生产；把培育和扩大消费需求作为稳增长的支撑。加快发展旅游、文化、家政、养老、中介服务等现代服务业。大力培育移动消费、信息消费，争取建设国家信息消费试点城市。充分利用百色红色资源，发展会议经济；把提升对外贸易水平作为稳增长的着力点，加快发展边境贸易。

加强重大基础设施发展支撑能力：加强互联互通基础设施建设，加快百色市交通路线建设，着力提高能源保障能力。加快推进百色生态型铝产业区域电网建设，确保一期工程投入运行。加快瓦村电站建设，推进八渡口电站前期工作，新建一批煤炭项目。加快骨干输电线路和城乡配电网建设改造。加强与贵州、云南等地的能源合作，鼓励和支持企业"走出去"，投资开发煤炭资源，打造百色煤炭物流基地。扎实推进"县县通天然气工程"，大力发展风电、太阳能等新能源；加快水利基础设施建设。加快推进百色水库灌区前期工作，争取年内完成项目立项报批。抓好重点水源、病险水库除险加固、中小河流治理等项目建设，因地制宜推进城乡供水联网联通、规模连片集中供水以及分散式供水工程。

### 6.17.2 贺州市

（1）城市概况

贺州市位于广西壮族自治区东北部，地处湘、粤、桂三省（自治区）交界地。东邻广东省的怀集、连州等市县，北接湖南省的江永、江华两县，西靠桂林，南连梧州相。地势北高南低。境内山岭连绵、丘陵起伏，山地多，平原少，山岭间盆地约70%的岩溶地区。全市总面积11855平方千米，约占广西总面积的5.01%，其中山地面积4062平方千米，平原面积1420平方千米，丘陵面积6373平方千米，分别占总面积的34.26%、11.98%和53.76%。贺州市境内河网发达，大小河流纵横交错，支流繁多。[①] 截至2015年，年末全市总人口239.79万人，比上年末增加1.29万人。年末常住人口202.59万人，比上年末增加1.25万人，其中城镇人口86.36万人。全年实现地区生产总值468.11亿元，按可比价格计算，比上年增长7.6%。第一、二、三产业增加值占地区生产总值的比重分别为22.03%、40.31%和37.66%，对经济增长的贡献率分别为11%、43.5%和45.5%。按常住人口计算，人均地区生产总值23178元。[②]

（2）资源特点及利用情况

截至2013年年底，贺州市已发现煤、铁、锰、钛、钨、锡、铜、铅、锌、锑、钼、金、银、稀土、硫铁矿、砷、磷、水晶、饰面花岗岩、饰面大理岩、水泥用灰岩、白云岩、黏土、陶瓷土、硅灰石、重晶石、钾长石、萤石等有用矿产约60多种，

---

① 资料来源：贺州市政府官网 http://www.gxhz.gov.cn/。
② 资料来源：2015年贺州市统计公报。

主要矿产为饰面大理岩、饰面花岗岩、铁矿、钨矿、锡矿、铅锌矿、金矿、银矿、稀土、硅灰石和水泥用石灰岩，矿产地有 97 处。探明储量的共有 28 种（含伴生矿种），其中大型矿床 11 处，中型 9 处，小型 71 处。饰面大理石、钨矿、锡矿、稀土矿、硅灰石等探明储量位居广西前列，稀土矿、饰面花岗岩、饰面大理石、硅灰石等保有资源量居广西第一位，热矿泉较多，能源矿产少，铁锰缺富矿。

全年规模以上工业中，非金属矿采选业增长 0.6%；农副产品加工业下降 0.6%；食品制造业增长 7.0%；木材加工及木、竹、藤、棕、草制品业下降 5.1%；印刷业和记录媒介的复制增长 9.6%；化学原料及化学制品制造业增长 14.5%；非金属矿物制品业增长 15.0%；黑色金属冶炼及压延加工业增长 16.7%；有色金属冶炼及压延加工业增长 10.8%；电气机械及器材制造业下降 2.7%；电力、热力生产和供应业下降 11.0%。

（3）指数计算结果

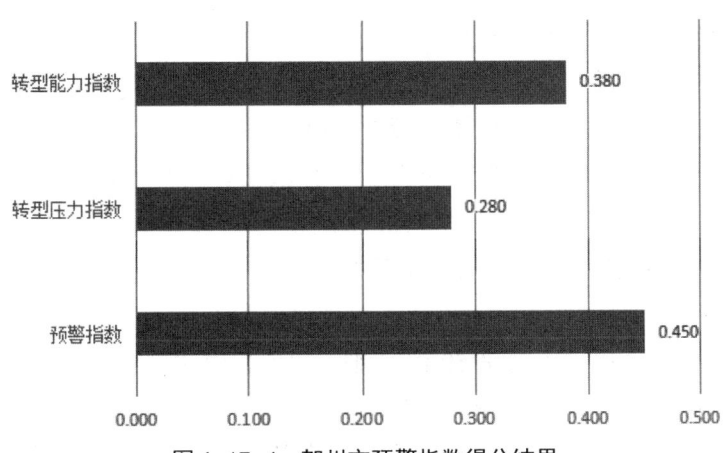

图 6.17.4　贺州市预警指数得分结果

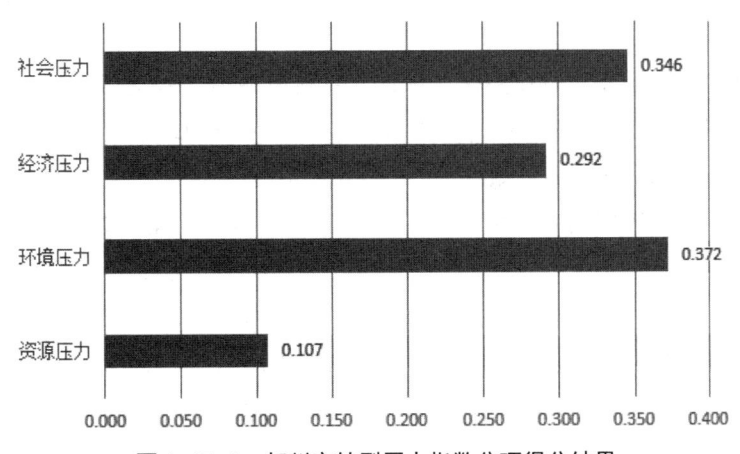

图 6.17.5　贺州市转型压力指数分项得分结果

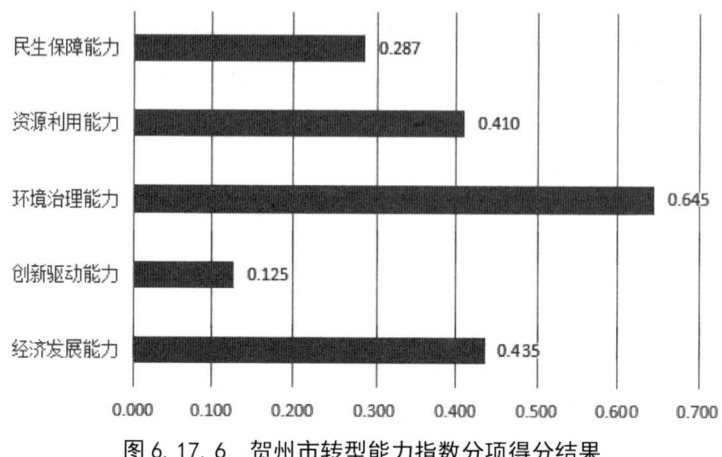

图 6.17.6 贺州市转型能力指数分项得分结果

（4）指数评价

转型压力分析

贺州市转型压力指数为 0.280，在全部 116 个资源型城市中排名 89 位，在西部资源型城市中排名第 26，在成长型资源城市中排名第 7。贺州的转型压力低于全国平均水平，这说明贺州的转型发展压力小。分项来看，贺州面临的社会压力较大，在全国排名第 44 位，在西部资源型城市排名第 16 位，在成长型资源城市排名第 7 位。细分来看主要是就业压力产生的社会压力（就业压力排名全国第 9 位），此外，安全压力在全国排名第 22 位，对于社会的稳定十分不利。其次，贺州的经济压力位于全国 116 个资源型城市的第 59 位。细分来看，这主要是由于贺州市经济发展缓慢，且经济区位压力大，受自然条件和自然资源分布影响较大。贺州市的环境压力和资源压力都比较小，分别位于全国第 75 和第 86 位，均好于全国资源型城市的平均水平。这说明贺州市的生产方式较为环保，有利于持续发展，应当继续保持。

转型能力分析

贺州市转型能力指数为 0.380，在全国资源型城市中排名 94 位，在 15 个成长型资源城市里排名第 9，可以看出贺州市具备的转型能力较弱。分项来看，贺州市环境治理能力最强，全国排名 40 位，这将有利于贺州市继续维持较小的环境压力，有利于经济社会可持续发展。其次是资源利用能力和民生保障能力，均位于全国第 76 位。这说明贺州市在资源利用效率方面存在较大的差距，会对城市发展形成阻碍。将民生保障能力细分来看，尽管在居民收入保障能力和教育保障能力上在全国领先，但文体服务保障、医疗卫生保障和基础设施保障能力等均处于全国排名末端。这在长远上看不利于经济的长远发展与社会稳定。贺州市的经济发展能力位于全国 116 个资源型城市的第 82 位，低于全国的平均水平。细分来看，虽然经济效率和经济结构转换能力较强,分别位于全国第 25 位和第 34 位,但是经济增长十分缓慢,位于全国第 88 位,且经济规模很小,阻碍了经济的发展。最为严重的问题是贺州市的创新驱动能力,位于全国第 110 位。尽管在创新资金投入较多,且高于全国平均水平,但是对于创新进程设施投入不足和对于人才的培养匮乏严重制约了贺州的发展。

综合评价

综合来看,贺州市虽然面临的转型压力较低,但是其转型能力不足。贺州市转型预警指数为 0.450,在全部 116 个城市中排名 46 名,在西部地区资源型城市中排名第 18,在成长型城市中排名第 7,说明转型面临问题较大。

(5)政策建议

狠抓民生改善和社会事业,提升群众幸福指数。推进基本公共服务均等化,使发展成果进一步惠及全体人民;强化就业和社会保障。认真落实鼓励支持就业创业的各项政策,重点抓好高校毕业生、返乡农民工等群体的就业创业工作。加快推进金保工程"五险合一"信息系统建设,确保社会保险基金安全运行。有序推进农业转移人口市民化,努力实现城镇基本公共服务常住人口全覆盖。完善以城乡低保为核心的社会救助保障体系,构建以乡镇(街道)为责任主体的"一门受理、协同办理"社会救助综合服务窗口。以社会保险扩面征缴为重点,加快社会保险由"制度覆盖"向"人群覆盖"转变。加快发展卫计文体事业。继续推进县级公立医院改革,加强基层医疗、重大疾病防治等卫生计生服务体系建设。稳步推进城乡居民大病保险工作,确保城镇职工医疗保险、城镇居民医疗保险、新型农村合作医疗参保率。抓好卫生计生基础设施建设,全面深化诚信计生,加大奖励扶助、依法行政和优质服务力度,提高卫生计生治理能力。继续深入实施广播电视村村通、文化信息资源共享、农家书屋等文化惠民工程,加强市文化中心、文化"三馆"和村级公共服务中心建设,进一步完善公共文化服务体系;强化社会治理创新。推进公安建设,完善社会治安防控体系。统筹推进新型农村社区建设,促进基础设施向农村延伸,公共服务向农村覆盖。治理餐桌上的污染,加快推进食品药品检验检测中心项目建设。畅通诉求表达渠道,维护群众合法权益。加强对安全生产、公共卫生、环境安全事件的预防预警、督促检查和应急处置。加强国防动员、国防教育和民兵预备役工作,争创全国双拥模范城,进一步密切军民关系。

狠抓转型升级,壮大特色明显的支柱产业。坚持资源优势与产业特色相结合,培育独具优势的产业竞争力。扎实推进创新驱动,全面实施创新驱动发展战略,围绕碳酸钙、新型建筑材料、稀土等产业关键技术建立科技攻关平台,重点推进与中科院过程所和电子所合作的贺州创新基地、中科院亚热带农业生态研究所贺州生态经济研发和循环农业试验基地、广西碳酸钙产业技术研发中心和高新技术产业开发区、科技企业孵化器、农业科技园区等创新平台建设，加大园区高新企业培植力度，推动发展动力向创新驱动转变。深入实施"引智入贺"工程，通过聘请产业发展专家、争设院士工作站、专利技术入股等多种模式，提高产业转型、经济发展的科技创新水平。

狠抓项目建设，夯实经济社会发展的根基。在全市开展"项目建设年"活动，继续加大项目前期工作力度，谋划推进一批重大项目建设，保持项目建设"开工一批、在建一批、投产一批"的良好态势。

### 6.17.3 河池市

（1）城市概况

河池市地处云贵高原南缘，位于广西西北部，是西南出海通道的咽喉要塞，东连柳州，南界南宁，西接百色市，北邻贵州省黔南布依族苗族自治州，是"南昆经济区"和"中国—东盟自由贸易区"人流、物流、资金流、信息流聚集交汇的地方。1965年8月1日经国务院批准设立河池专区，1971年3月改为河池地区，2002年6月18日经国务院批准撤地设市，现辖金城江、宜州、罗城、环江、南丹、天峨、东兰、巴马、凤山、都安、大化等11个县（市、区），总面积3.35万平方公里。河池属于欠发达后发展地区，全市11个县（市、区）都是贫困县，其中国家扶贫开发重点县7个、自治区扶贫开发重点县2个。[①] 年末全市户籍总人口424.54万人，常住人口347.68万人，其中城镇人口121.97万人，占常住人口比重为35.08%，比上年末提高1.73个百分点。全市实现地区生产总值618.03亿元，比上年同期增长4.5%（按2010年不变价格计算）。其中第一产业增加值140.81亿元，增长2.2%；第二产业增加值200.01亿元，增长3.7%；第三产业增加值277.21亿元，增长6.8%。第一、二、三产业增加值占地区生产总值的比重分别为22.78%、32.36%和44.85%。按常住人口计算，人均地区生产总值17841元，同比增长3.8%[②]。

（2）资源特点及利用情况

河池是世界罕见的多金属群生富矿区，被誉为矿物学家的天堂。河池地处环太平洋金属成矿带，属南岭成矿带的一部分。因此，矿产资源特别是有色金属矿产资源十分丰富，具有矿种较齐全，共生、伴生矿种多，分布广，质量好，储量大，综合利用性强和价值高等特点。全市11个县、市（区）都有矿藏，已探明的有锡、锑、锌、

---

① 资料来源：河池市政府官网http://www.gxhc.gov.cn/。
② 资料来源：河池市经济与社会发展统计公报2015。

铟、铜、铁、金、银、锰、砷等46个矿种，矿产地172处，其中大型18处，能源矿产主要有煤、石煤等，非金属矿产主要有硫、石灰岩、白云岩等，水气矿产主要有矿泉水，是全国著名的"有色金属之乡"，保有储量居广西首位的有锡、铅、锌、锑、铟等，是我市优势矿产资源。矿产资源开发已形成相当的规模，开发利用的矿种达36种，有色金属锡、锑、锌、铟等矿产品在全国具有重要的地位。目前，已经探明的有色金属储量有750万吨左右，价值在5000亿元人民币左右。铟储量名列世界第一。

水电储量占广西总储量的60%，是中国华南的能源中心之一，西部大开发的标志性工程—龙滩水电站就在河池市天峨县境内。拉浪全市水能资源蕴藏量近1000万千瓦，占广西的二分之一，境内的红水河被水电学家誉为"水电富矿"。国家规划建设的红水河10座大、中型水电站有4座在河池境内，现已建成发电3座。市内的河流主要为红水河、龙江及其支流，属珠江水系。除蕴藏着巨大水力资源外，某些河段如红水河的天峨"小三峡"、大化板兰峡谷和龙江及其支流的六甲峡谷、大小环江、下枧河、古龙河、罗城怀群剑江等，风光秀丽壮美，是河池市著名的风景河段和漂流河段。

河池市是主要的喀斯特旅游地貌资源分布区，喀斯特旅游地貌是广西最重要的一类旅游资源，也是河池市自然景观中最具代表性的一类旅游景观。据掌握的资料，河池市辖区十县市中喀斯特地貌出现的面积为21795平方公里，占全市国土面积的65.74%，占广西喀斯特地貌总面积的24.34%，是广西喀斯特地貌出露面积最多的城市，也是广西喀斯特地貌型出露最多的城市，是名副其实的喀斯特王国。

2015年政府工作报告中指出，河池市有色金属产业集约化、规模化程度明显提升，生态环保型有色金属产业示范基地建设取得积极成效，有色金属产品产量较快增长，增加值增长6.8%。规模以上有色金属、电力、食品加工、纺织、化工等五大支柱产业完成工业总产值293亿元，增长14%。新兴产业加快发展，酿酒、优质饮用水产业产能、产值稳居全区首位。泓驰公司新能源低速电动汽车项目投产，鑫锋公司新型蓄电池项目、恒业公司丝绸印染项目加快推进，低速电动汽车、新型蓄电池、丝绸印染等产业抢占发展先机。万元地区生产总值能耗0.78吨标准煤，下降7%，单位工业增加值能耗下降10.87%，超额完成年度节能任务。颁发首届"市长质量奖"，巴马丽琅成功创建中国驰名商标，新增15件广西著名商标、8个广西名牌产品。实施科技创新项目10个，通过自治区级科技成果鉴定3项。

（3）指数计算结果

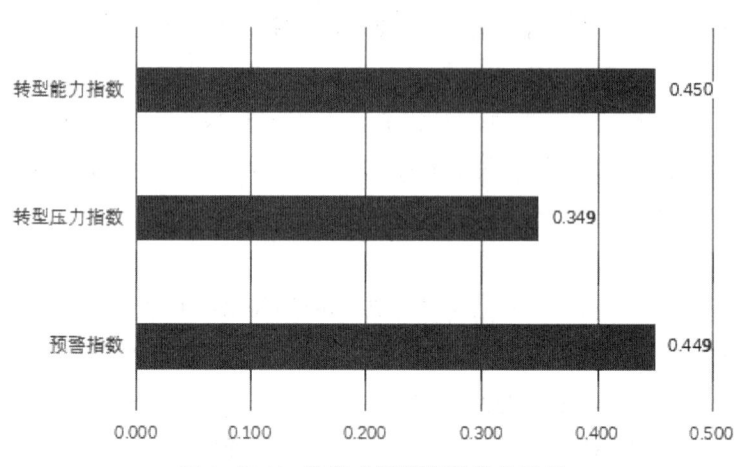

图 6.17.7　河池市预警指数得分结果

- 转型能力指数　0.450
- 转型压力指数　0.349
- 预警指数　0.449

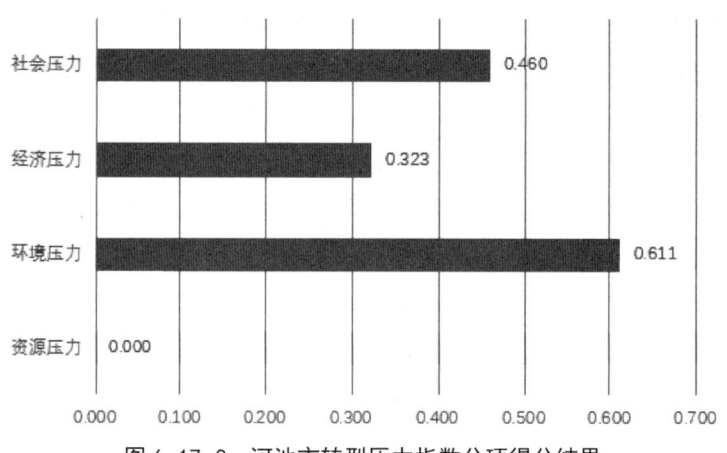

图 6.17.8　河池市转型压力指数分项得分结果

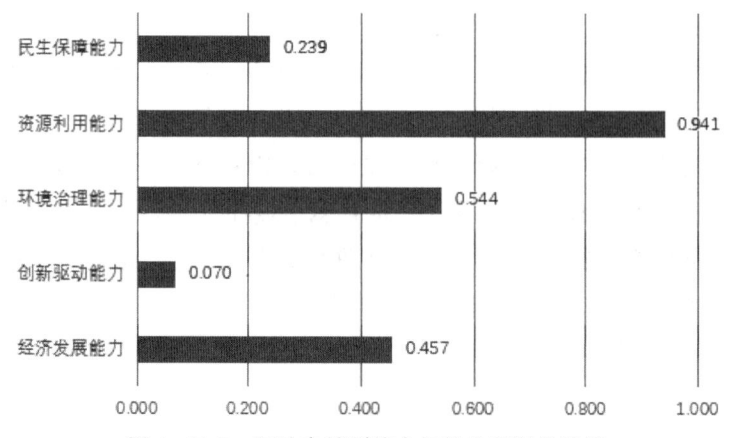

- 社会压力　0.460
- 经济压力　0.323
- 环境压力　0.611
- 资源压力　0.000

图 6.17.9　河池市转型能力指数分项得分结果

- 民生保障能力　0.239
- 资源利用能力　0.941
- 环境治理能力　0.544
- 创新驱动能力　0.070
- 经济发展能力　0.457

（4）指数评价

转型压力分析

河池市转型压力指数为0.349，在全部116个资源型城市中排名44位，在西部资源型城市排名第12，在成熟型资源城市中排名第21。这说明河池的转型发展压力适中。分项来看，河池市面临的环境压力较为突出，在所有资源型城市排名第9，在西部资源型城市中排名第4，在成熟型资源城市中排名第6，可见河池市在环境治理方面还有待提高，环境治理不恰当对城市发展形成明显阻碍。细分来看可以发现，河池市的水环境和居住环境压力均位列所有资源型城市的第一位，这说明由于政府对于资源开发带来的水污染治理能力亟待提高。同时，气压力位列第40位，说明由于资源开发所导致的空气污染问题的治理仍然不够。其次是社会压力，在所有资源型城市中排名第17，进一步细分可以发现，河池市各项社会压力均比较严重，说明河池市的转型发展尚有较沉重的社会负担；其中最为突出的是安全压力，其次是社会保障压力，这说明河池市的安全生产能力和政府对于保障民生方面的措施均待改善。河池市也面临较大的经济压力，经济压力指数在全部资源型城市中排名第48名；细分来看，这主要是由于市政府的财政压力过大（在所有资源型城市中排名第33位），经济区位压力在所有资源型城市排名44位，说明河池市受自然条件和自然资源分布影响较大。河池市经济发展较快，但是产业结构不够合理，抗市场风险能力较弱，资源优势仍没有完全转化为经济优势。河池市无资源压力。

转型能力分析

河池市转型能力指数为0.45，在全国资源型城市中排名61位，在成熟型资源城市里排名第34，可以看出河池市具备的转型能力有待提高。分项来看，河池市资源利用能力十分强，在全国位列第一位，说明河池市充分利用该地区所拥有的丰富的矿产等自然资源来发展经济，并取得了较为不错的效果。但是河池市在其他方面的能力较差：环境治理能力全国排名第69，这同上处河池市环境压力较大相对应，环境治理能力较差导致了环境压力日趋严峻，这不利于河池市经济的可持续发展。河池市的经济发展能力在全国位列第75位，细分来看，经济规模在全国位列倒数第一位，经济规模的发展不足极大地制约了经济的发展；此外，河池市的经济增长能力也有待提高。河池市的民生保障能力较弱（全国排名第93位）；究其原因可以发现，河池市在居民收入保障能力方面较强，可是对于教育，文体服务，医疗以及基础设施建设等方面投入较少。尤其是在基础设施保障方面，位列116个资源型城市的倒数第4位，这严重制约了河池市的资源发展，且河池市贫困人口仍然较多，贫困面较大，贫困程度较深，若民生问题无法保障，将严重影响河池市经济的长远发展与社会稳定。最为严重的是河池市的经济创新驱动能力十分弱，位列全国第114位。细分来看，河池市在创新方面的投入仅为全国第63位，创新基础设施位列全国第107位，而创新人才的发展排位为108。

创新发展能力不足严重制约了经济的发展，从而也影响到了民生保障能力和环境治理。

综合评价

综合来看，河池市的转型能力有待提高，虽然资源利用能力强，但是由于产业结构不合理和经济的波动，以及社会保障水平滞后，转型发展遇到了较为明显的困难。尤其是在创新发展方面能力严重不足，加重了一个资源型城市的转型负担。河池市转型预警指数为 0.449，在全部 116 个城市中排名 47 名，在西部地区资源型城市中排名第 19，成熟型城市中排名第 26，说明转型面临问题较大。

（5）政策建议

河池市应全面加强环境保护，大力推进生态文明建设。强化节能减排工作。大力发展生态经济和循环经济，推广节能减排新技术、新产品、新工艺、新材料的应用。加快推进城镇污水和生活垃圾处理设施、企业污染减排、规模化畜禽养殖污染物治理项目建设。强化污染源在线监控，进一步控制污染物排放，全面完成"十二五"节能减排任务。

另外，在民生保障方面应当加大重视力度，着力保障和改善民生，提高群众幸福指数。优先发展教育。继续深入推进教育振兴行动计划七大重点工程建设，鼓励民办教育，加快发展高等教育，关心支持特殊教育。加强教师队伍建设；健全社会保障体系，建立覆盖全市的"五险合一"社会保险经办监管体系。大力推进新型农村社会养老保险和城镇居民社会养老保险制度合并实施工作，积极发展社会福利和慈善事业，进一步做好残联、红十字会工作；加快发展文化体育事业，加强城乡文化、广播、体育基础设施建设。加强重点文物和非物质文化遗产保护。充分发挥民间文艺团体作用，丰富群众精神文化生活。规范文化市场秩序，加强"扫黄打非"工作。广泛开展全民健身运动，促进群众体育和竞技体育全面发展；抓好卫生计生工作。扎实开展基本公共卫生服务，全面推进县级公立医院综合改革，贯彻落实防艾攻坚工作。

同时应加大科技创新支持力度，实施创新驱动发展战略，以科技创新促进产业转型升级，建立科技企业孵化器和研发中心，实施科技创新项目，鼓励和支持企业加大新产品、新工艺研发力度，提高企业自主创新能力，争创更多河池品牌。加强知识产权保护，营造鼓励创新、保护创新的良好氛围。

## 6.18 四川省

### 6.18.1 自贡市

（1）城市概况

自贡，川南区域中心城市，成渝经济圈南部中心城市，享"千年盐都"，"恐龙之乡","南国灯城","美食之府"之美誉。管理自流井、贡井、大安、沿滩四区和荣县、富顺两县，为四川省辖地级市。自贡于1990年筹建汇东新区（自贡高新技术产业开发区），是四川省现有的五个国家级高新区之一。自贡也是四川省五个主城区面积超100平方公里，人口超100万的"双百"大城市之一。自贡是国家历史文化名城、中国优秀旅游城市、国家园林城市，对外开放城市、国家知识产权试点城市、国家卫生城市、中国"文学之城"百强市、省级风景名胜区和四川省环境优美示范城市。[1]2015年全市实现地区生产总值（GDP）1143.11亿元，按可比价格计算，比上年增长8.4%。其中，第一产业增加值127.96亿元，增长3.8%；第二产业增加值664.42亿元，增长8.2%；第三产业增加值350.73亿元，增长10.5%。三次产业对经济增长的贡献率分别为4.4%、60.1%和35.5%。人均地区生产总值41447元，按可比价格计算增长7.8%。三次产业结构由上年的11.5:59.5:29.0调整为11.2:58.1:30.7。[2]

（2）资源特点及利用情况

自贡市现已探明的矿产主要有盐矿、煤矿等18种，开发利用的矿种主要有岩盐、烟煤、石灰岩、砖用页岩、陶瓷土、高岭土、矿泉水等12种，探明岩盐资源储量79.3亿吨，煤炭资源储量6480万吨，高岭土矿资源储量891万吨，石灰岩矿资源储量1.07亿吨，陶瓷用黏土187.7万吨。2010年年产矿石量1089.84万吨，矿业产值6.76亿元，占全市工业总产值669.4亿的1.01%。

（3）指数计算结果

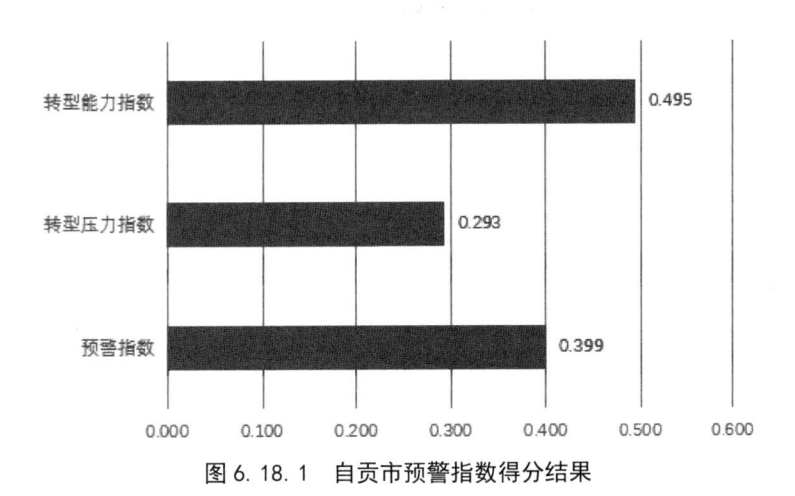

图6.18.1 自贡市预警指数得分结果

---

[1] 资料来源：自贡市政府网站 http://www.zg.gov.cn/。
[2] 资料来源：2015年自贡市统计公报。

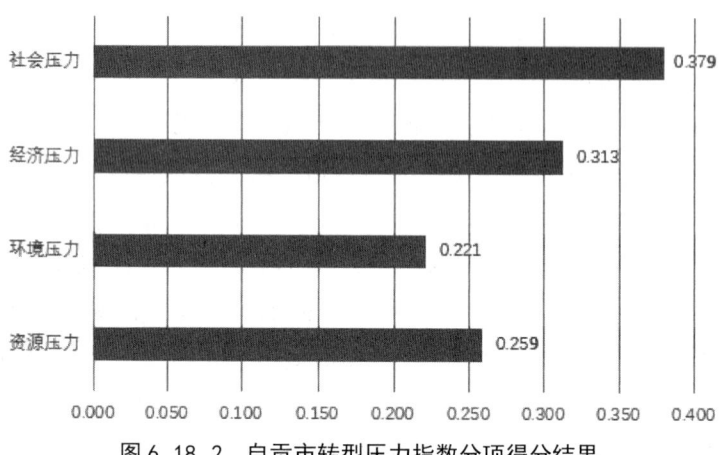

图 6.18.2　自贡市转型压力指数分项得分结果

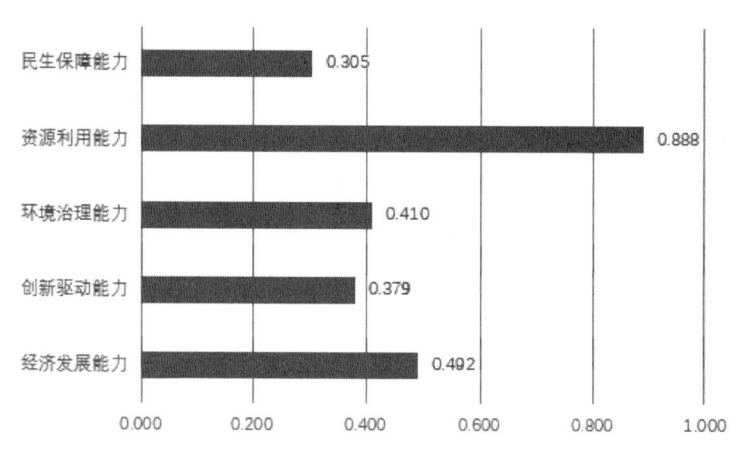

社会压力　0.379
经济压力　0.313
环境压力　0.221
资源压力　0.259

图 6.18.3　自贡市转型能力指数分项得分结果

民生保障能力　0.305
资源利用能力　0.888
环境治理能力　0.410
创新驱动能力　0.379
经济发展能力　0.492

（4）指数评价

转型压力分析

自贡市转型压力指数为 0.293，在全部 116 个资源型城市中排名 84 位，在西部资源型城市中排名第 24，在成熟型资源城市中排名第 46 位。这说明自贡的转型发展遇到的困难较小。分项来看，自贡面临的社会压力最为突出，但在所有资源型城市中排名位于第 36，在西部资源型城市中排名第 11，在成熟型资源城市中排名第 20，可见自贡市所面临的社会压力稍微较大，从其细分项来看，自贡市的就业压力位于全国第 9，说明在自贡市民就业面临较大的压力，就业机会欠缺，但自贡市的安全压力较小，位于全国第 99 位，安全压力小能够使自贡市的社会处于一个安定的状态。其次是资源压力，在所有资源型城市中排名第 48 位，说明自贡市的资源压力水平一般，在资源转型的过程中不会产生太大的问题。自贡市面临的经济压力也处于一般水平，经济压力指数在全部资源型城市中排名第 52 名；细分来看，这主要是由于自贡市财政收支不平衡，导致自贡市的经济发展受到极大的限制，经济增长动力不足让自贡市在经济发展过程中容易出现疲软现象，但自贡市的经济结构转换压力和经济区位压力较小，说明自贡在资源转型的过程中结构转换较为轻松，区位上由于处于川渝交界的交通枢纽促进了自贡市的资源转型。自贡市环境压力相对较小，排名全国 111 名，好于全国资源型城市的平均水平，这说明自贡市的生产方式较为环保，有利于持续发展，应当继续保持。

转型能力分析

自贡市转型能力指数为 0.495，在全国资源型城市中排名第 36 位，在成熟型资源城市里排名第 20，可以看出自贡市具备的转型能力还是比较强的。分项来看，自贡市资源利用能力最强，全国排名第 2 位，这将有利于自贡市充分利用自身资源优势进行转型并且保持经济的平稳发展。其次是创新驱动能力，在全国排名 44 位，说明自贡市的经济创新能力一般。分项来看，自贡市创新资金投入较大，排名全国第 13，但由于创新基础设施建设水平较为一般，创新人才水平稍有欠缺，自贡市的科技创新能力和发展能力将有些许落后。自贡市的经济发展能力稍弱，全国排名 60 位，说明自贡市的经济发展整体处于中等水平，经济发展极容易疲软；同时由于自贡市的经济压力一般，自贡市的经济发展能力也较为一般，自贡市在进行转型的时候可能出现部分停滞的问题。自贡市的民生保障能力较弱，全国排名 69 位，说明自贡市在民生保障方面水平不足，经济的长远发展与社会稳定需要自贡市进行关注，从细分项来看，自贡市的基础设施保障和教育保障能力较好，居民收入能力也稍弱，但其医疗卫生保障和文体服务保障能力较弱，说明自贡市较为重视基础设施建设和教育情况，但相对来说医疗与文体活动就是自贡市的短板，需要加大投资力度。自贡市的环境治理能力较差，在全国排名第 100 位，相比其他指标并不突出，说明自贡市在环境治理方面的能力较弱，大气、水、居住环境及矿山治理能力均排列靠后，自贡市在进行资源转型的时候需要密切关注可持续发展，避免由于环境问题带来的阻碍。

综合评价

综合来看，自贡市转型能力不错且转型压力较小，但仍出现稍微地经济产业结构不合理和经济增长疲软，以及对民生保障（尤其是就业，医疗卫生及文体服务方面）及环境保护的些许不重视等问题。自贡市转型预警指数为 0.399，在全部 116 个城市中排名 86 名，在西部地区资源型城市中排名第 31，成熟型城市中排名第 45，说明转型面临问题较小，在转型过程中较为顺利。

（5）政策建议

自贡市需要全力促进投资消费，力保经济平稳增长，坚持狠抓投资不动摇，着力培育投资消费新增长点，进一步发挥需求拉动经济增长的重要作用。

深入实施创新驱动，加快产业转型升级。继续实施产业促进年，强化三次产业联动，进一步优化存量、做大增量、提升质量，全面增强产业竞争力。

协调发展社会事业，不断增进民生福祉。紧贴民生需求，大力实施九大民生工程，切实解决群众最关心、最直接、最现实的民生问题。办好民生实事，大力实施民生工程，协调发展各项民生事业。就业方面，完善覆盖城乡的就业创业服务体系，落实创业扶持政策，积极开发就业岗位，强化职业技能培训，加强高校毕业生、就业困难人员等群体就业援助。教育方面，启动义务教育均衡发展攻坚工作，全面开展标准化学校和规范化学校建设，全面消除中小学危房，谋划创办互联网学院。

切实强化环境保护，积极促进生态文明。统筹经济发展与环境保护，推动绿色发展、低碳消费，强化污染源头防控、标本兼治，持续改善环境质量。推进全域绿化美化。实施城区绿化覆盖工程，同时加强环境保护和治理。扎实开展大气污染防治，加大建筑和道路扬尘、汽车尾气治理力度，加强城区空气质量监测，不断改善环境空气质量。

### 6.18.2 攀枝花市

（1）城市概况

攀枝花市是中国四川省直辖市，位于中国西南川滇交界部，金沙江与雅砻江交汇于此。东、北面与四川省凉山彝族自治州的会理、德昌、盐源3县接壤，西、南面与云南省的宁蒗、华坪、永仁3县交界。北距成都749千米，南接昆明351千米，是四川省通往华南、东南亚沿边、沿海口岸的最近点，为"四川南向门户"上重要的交通枢纽和商贸物资集散地。攀枝花市辖东区、西区、仁和区、米易县、盐边县。有16个街道办事处、44个乡镇、130个社区居委会、352个村民委员会。[①]2015年攀枝花市实现地区生产总值（GDP）925.18亿元，按可比价计算，增长8.1%。其中：第一产业增加值31.31亿元，增长4.1%，对经济增长的贡献率为1.5%，拉动经济增长0.1个百分点；第二产业增加值661.03亿元，增长8.5%，对经济增长的贡献率为80.2%，拉动经济增长6.5个百分点；第三产业增加值232.85亿元，增长7.2%，对经济增长的贡献率为18.3%，拉动经济增长1.5个百分点。人均地区生产总值75078元，增长8.2%。[②]

（2）资源特点及利用情况

攀枝花市已探明铁矿（主要是钒钛磁铁矿）73.8亿吨，占四川省铁矿探明资源

---

① 资料来源：攀枝花市政府网站 http://www.panzhihua.gov.cn/。
② 资料来源：2015年攀枝花统计公报。

储量的 72.3%，是中国四大铁矿之一。2007 年末，全市钒钛磁铁矿保有储量 66.94 亿吨，其中：伴生钛保有储量 4.25 亿吨，占中国的 93%，居世界第一；伴生钒保有储量 1038 万吨，占全国的 63%，居中国第一、世界第三。钴保有储量 7.46 亿吨，此外还有铬、镓、钪、镍、铜、铅、锌、锰、铂等多种稀贵金属，多个项目被世界纪录协会收录为世界之最。非金属矿产中，煤炭保有储量 7.08 亿吨，晶质石墨保有储量 1540 万吨，苴却砚保有储量 2098 万吨，溶剂石灰岩保有储量 2.95 亿吨，冶金白云岩保有储量 3.63 亿吨，水泥砂岩保有储量 1194 万吨，耐火黏土保有储量 1032 万吨，硅藻土保有储量 1650 万吨，花岗石保有储量 8375 万立方米，大理石保有储量 5399 万立方米。

（3）指数计算结果

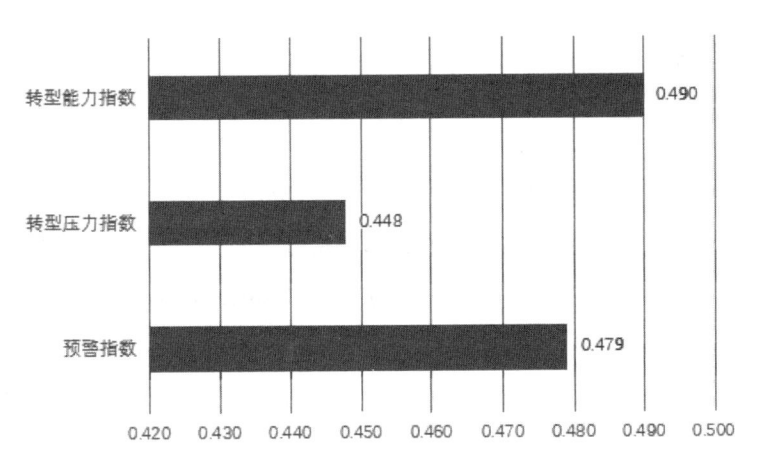

图 6.18.4 攀枝花市预警指数得分结果

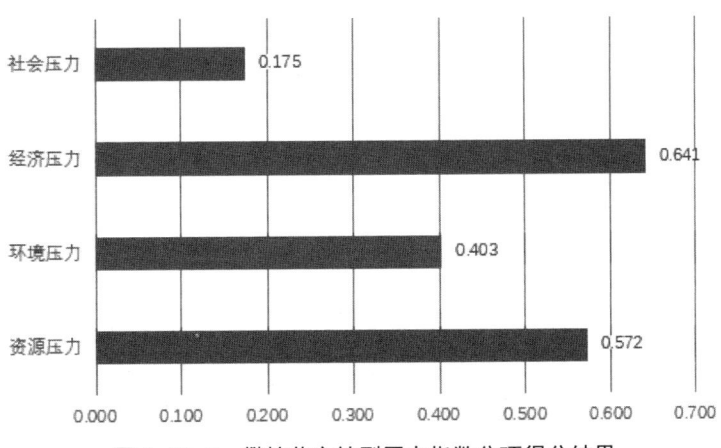

图 6.18.5 攀枝花市转型压力指数分项得分结果

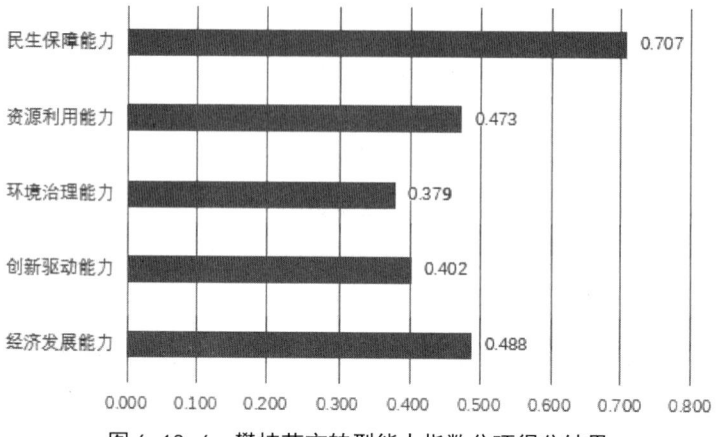

图 6.18.6 攀枝花市转型能力指数分项得分结果

（4）指数评价

转型压力分析

攀枝花市转型压力指数为 0.448，在全部 116 个资源型城市中排名 12 位，在西部资源型城市中排名第 3，在成熟型资源城市中排名第 5 位。这说明攀枝花的转型发展遇到的困难较大。分项来看，攀枝花面临的经济压力最大，在所有资源型城市中排名位于第 10，在西部资源型城市中排名第一位，在成熟型资源城市中排名第 6，经济区位和财政结构不合理对攀枝花的经济发展有较大的局限性，经济结构不合理也让攀枝花的经济的发展出现困难。其次是资源压力，在所有资源型城市中排名第 14 位，说明攀枝花市的资源压力水平较大，在资源转型的过程中可能出现较为严重的问题。攀枝花市面临的环境压力就相对处于一般水平，环境压力指数在全部资源型城市中排名第 63 名；细分来看，攀枝花市大气环境压力较大，位于全国第 15 位，而攀枝花的矿山环境、水环境和居住环境都相对压力较小，在资源转型的时候攀枝花需要注意空气质量的治理。攀枝花市社会压力相对较小，排名全国 99 名，好于全国资源型城市的平均水平，这说明攀枝花市的社会保障压力和安全压力都较小，对攀枝花来说这并不是太大的问题，但攀枝花市依旧需要保证民生的协调，促进各项民生事业尤其是就业的发展。

转型能力分析

攀枝花市转型能力指数为 0.490，在全国资源型城市中排名 40 位，在 63 个成熟型资源城市里排名第 23，可以看出攀枝花市具备的转型能力处于一般水平。分项来看，攀枝花市民生保障能力最强，全国排名 6 位，这将有利于攀枝花的社会稳定和经济发展。其次是创新驱动能力，在全国排名 36 位，说明攀枝花市的经济创新能力尚可。分项来看，攀枝花市创新资金投入较大，排名全国第 23，创新基础设施建设水平尚可，排名第 38，但在创新人才水平稍有欠缺，在全国排名 75 位，攀枝花市的科技创新能力和发展能力将有些许落后，但对于攀枝花的资源转型来说具有一定的推动作用。其次是攀枝花市的资源利用能力，全国排名 55 位，说明攀枝花市在对资源利用方面可以进行较为完全的配置，其主体资源利用能力排名全国第 40 位，但其他资源能力排名全国第 90 位，说明攀枝花市的主体资源利用较强，但总体来说在大的资源压力下，攀枝花市难以将其拥有的资源优势发挥出来。攀枝花市的经济发展能力较弱，全国排名 64 位，攀枝花的经济压力较大，经济发展面临较大的困难；从细分项来看，攀枝花市的经济规模和经济增长能力较好，分别排名全国第 14 位和第 38 位，但其经济效率一般，位于全国第 74 位，经济结构转换能力排名全国第 113 位，生产效率不足严重限制攀枝花市的经济发展。攀枝花市的环境治理能力一般，在全国排名 102 位，相比其他指标并不突出，说明攀枝花市在环境治理方面的能力很弱，大气、水、居住环境及矿山治理能力均排列靠后，攀枝花市在进行资源转型的时候需要密切关注可持续发展，避免由于环境问题带来的阻碍。

综合评价

综合来看，攀枝花市转型能力一般，但由于攀枝花市转型压力较大，经济发展压力的局限和经济效率低下，环境治理能力不足，使攀枝花面临的转型困难较大。攀枝花市转型预警指数为 0.479，在全部 116 个城市中排名 28 名，在西部地区资源型城市中排名第 9，成熟型城市中排名第 14，说明转型面临问题较大，在转型过程中需要克服的困难较为严重。

（5）政策建议

攀枝花市面临的经济压力较大，经济发展能力需要较大的提高，加快产业转型升级，确保经济稳定增长。以新型工业化为主导，做强工业经济。着力产业升级，做大钒钛、机械制造、太阳能、风能、生物等特色产业，做强钢铁、矿业等优势产业，重点发展五大高端成长型产业，帮助大企业加速结构优化、产品升级、品牌培育。加强对中小企业发展的政策、资金、信息等服务，促进非公有制经济健康发展。

攀枝花需要大力推进产业创新。围绕建设攀西国家战略资源创新开发试验区和国家钒钛高新技术产业开发区，着力提升制造业竞争力。积极顺应供给侧结构性改革趋势，坚持走新型工业化道路，实施工业强基工程，推进信息化与工业化深度融合，着力研发、引进和应用先进技术，大力淘汰落后产能，化解产能过剩，促进产业、产品和企业组织结构优化升级，切实盘活矿业、优化钢铁、提升钒钛、做大机械制造业。

在社会压力较大的情况下，攀枝花市需要持之以恒改善民生，切实增进群众福祉。推进民生工程，解决群众实际困难。加大资金投入，完善推进机制，办好民生大事,确保完成省、市民生任务。做好农村劳动力转移、培训和城镇困难群体、高校毕业生等就业工作,全面推进精准扶贫,抓好边远民族地区对口帮扶,做好大中型水利水电工程移民安置,帮助困难群众改善生产生活条件。加强食品药品安全工作。

发展绿色低碳循环经济。完善鼓励循环经济发展政策体系,探索建立政府、企业、社会互动的循环经济发展机制。推进循环经济产业园区建设,推动企业循环式生产、产业循环式组合、园区循环式改造,推进绿色制造。

### 6.18.3 泸州市

**(1) 城市概况**

泸州,四川省地级市,古称"江阳",别称酒城、江城。位于四川省东南部,长江和沱江交汇处,川滇黔渝结合部区域中心城市。泸州,自公元前161年西汉设江阳侯国以来,至今已有两千多年的历史。先后获得过国家历史文化名城、国家卫生城市、国家森林城市、中国优秀旅游城市、联合国改善人居环境最佳范例奖(迪拜奖)、全国集邮文化先进城市、四川省级文明城市等荣誉。泸州是长江上游重要港口,为四川省第一大港口和第三大航空港,成渝经济区重要的商贸物流中心,长江上游重要的港口城市,世界级白酒产业基地,国内唯一拥有两大知名白酒品牌的城市,中国唯一的酒城。2014年,泸州城镇化率达45.1%,中心城区建成区面积达113.17平方公里、人口达111.59万人。[①]2015年实现地区生产总值(GDP)1353.41亿元,按可比价格计算,比上年增长11.0%。其中,第一产业增加值167.84亿元,增长3.8%;第二产业增加值806.74亿元,增长12.5%;第三产业增加值378.84亿元,增长10.5%。三次产业对经济增长的贡献率分别为3.7%、71.1%和25.2%。人均地区生产总值31714元,增长10.5%。[②]

**(2) 资源特点及利用情况**

据泸州市人民政府门户网站显示,泸州市已探明储量煤69亿吨,天然气650亿立方米,硫铁矿32.17亿吨、方解石20.1万吨。大理石计数亿立方米。还有铜、金、石油、铀、镓、锗、铝土、耐火黏土、熔剂白云岩、盐、石灰岩、高岭土、玻璃用砂、陶瓷用黏土、石膏等20多种。

---

① 资料来源:泸州市政府网站 http://www.luzhou.gov.cn/。
② 资料来源:2015年泸州市统计公报。

（3）指数计算结果

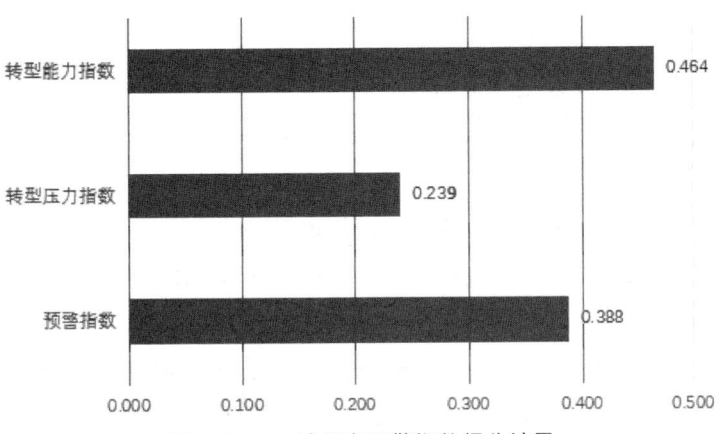

图 6.18.7　泸州市预警指数得分结果

- 转型能力指数：0.464
- 转型压力指数：0.239
- 预警指数：0.388

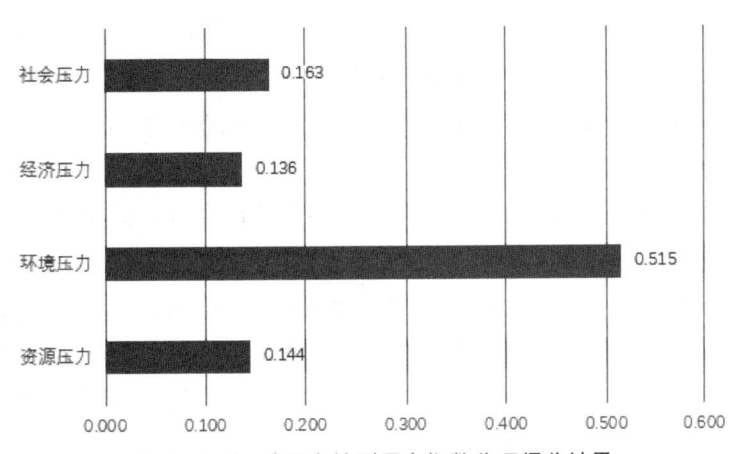

图 6.18.8　泸州市转型压力指数分项得分结果

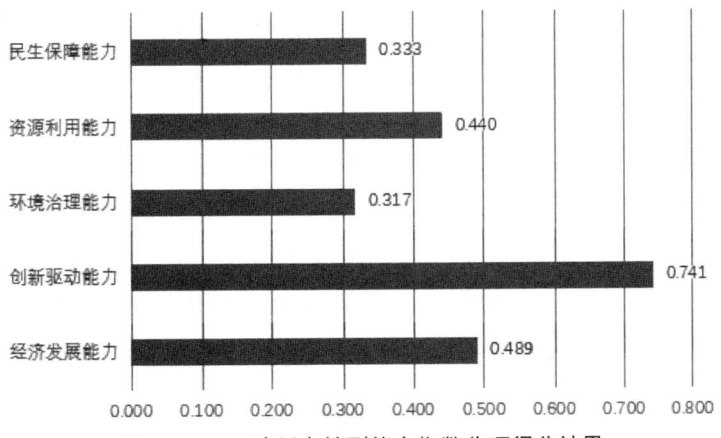

- 社会压力：0.163
- 经济压力：0.136
- 环境压力：0.515
- 资源压力：0.144

图 6.18.9　泸州市转型能力指数分项得分结果

- 民生保障能力：0.333
- 资源利用能力：0.440
- 环境治理能力：0.317
- 创新驱动能力：0.741
- 经济发展能力：0.489

（4）指数评价

转型压力分析

泸州市转型压力指数为0.239，在全部116个资源型城市中排名102位，在西部资源型城市中排名第33，在衰退型资源城市中排名第23位。这说明泸州的转型发展遇到的困难较小。分项来看，泸州面临的环境压力最为突出，在所有资源型城市中排名位于第26位，在西部资源型城市中排名第9，在衰退型资源城市中排名第5，可见泸州市的环境状况不容乐观。从其细分项来看，泸州市的矿山环境压力位于全国第1，泸州市的矿产资源需要泸州市进行大力度治理，但其居住环境、水环境和大气环境压力较小，泸州市可以充分利用这些环境山的压力较小对矿产资源进行大力度的整治。其次，泸州市的资源压力较小，位于全国第78位，泸州市在进行资源转型时有较为丰富的资源，可以较为顺利地完成转型。泸州市的社会压力同样较小，说明泸州市的居民生活处于一个较为安逸的状态；从细分项来看泸州市的就业情况、社会保障和安全状况较好，在泸州市进行资源转型过程中可以为泸州市提供安定的社会环境，保证泸州市的顺利发展。泸州市的经济压力相对较小，排名全国113名，除了泸州市的经济区位压力处于较为劣势的状态之外，泸州市在各项经济发展的指标下都有较好的发展前景。

转型能力分析

泸州市转型能力指数为0.464，在全国资源型城市中排名第49位，在23个衰退型资源城市里排名第10，可以看出泸州市具备的转型能力处于一般水平。分项来看，泸州市创新驱动能力最强，全国排名3位，这将有利于泸州市充分利用自身资源优势进行转型并且保持经济的平稳发展，尤其是泸州市的创新人才和创新基础设施建设均位于全国第1位，但由于创新资金投入为全国第60位，在一定程度上限制了泸州市的创新发展，若泸州市加大投入力度将可以保证科技创新和制造能力将能够更大力度地促进泸州市的经济发展。其次是民生保障能力，在全国排名60位，说明泸州市的民生保障能力较为一般，泸州市进行的教育保障和收入保障较好，但是在基础设施方面、医疗保障和文体服务保障三方面来说，泸州市的民生保障的能力相对较弱。泸州市的经济发展能力也较为一般，位于全国第63位，从细分项来看，泸州市的经济增长能力位于全国第1位，说明泸州市的经济活力较强，但是由于经济规模、经济结构转换和经济效率等都排位于全国后75位，导致泸州市即使经济能够较快发展但由于各项指标的限制发展能力欠佳。泸州市的资源利用能力位于全国第69位，处于平均水平，说明泸州市对其资源的利用能力不突出但基本能够达到平均水平，对泸州市的后续发展具有积极推动作用。泸州市的环境治理能力太弱，对泸州市的可持续发展造成一定的压力，泸州市的大气治理能力相对较强，位于全国第24位，但水环境、居住环境和矿山环境治理能力均位于全国100位以后，泸州市有好的空气质量并不能改善其其余环境的恶劣现状，需要泸州市加大控制力度，积极践行可持续发展战略。

综合评价

综合来看，泸州市转型能力尚可，且在各个方面所面临的压力较小，泸州市面临的转型困难较小。但仍需要在环境保护方面（尤其是矿山开采），民生保障（尤其是在基础设施方面、医疗保障和文体服务保障方面）以及经济发展上多加注意。泸州市转型预警指数为0.388，在全部116个城市中排名96名，在西部地区资源型城市中排名第35，衰退型城市中排名第21，说明转型面临问题较小，在转型过程中较为顺利。

（5）政策建议

泸州市面临的环境压力较大，但又因为其环境治理能力较为欠缺，泸州市应该贯彻落实可持续发展战略，避免由于自身的疏忽造成严重的后果。生态文明和物质文明的并重是需要泸州市应该关注的重点问题之一，尤其是泸州市的水生态需要更加注意，在酿酒业发达的同时也要注意减小破坏环境的可能性。

积极推动产业转型发展，加快构建现代产业体系。加快调整优化白酒产业。坚持夯实基础、调整结构、拓展市场，支持泸州优势酒类企业创新营销模式，扩大市场份额，扩大生产规模，促进品牌建立，让泸州市的酒业市场更加开拓。

着力保障和改善民生，促进发展成果全民共享，同时加大民生投入力度、扶贫攻坚力度、生态建设力度。加强社会建设，保持社会和谐稳定大力发展社会事业。深化教育综合改革，推动教育均衡发展，加快中高职衔接和职业院校集团化建设步伐，推进国家中小学教育质量综合评价改革试验区工作，全面提升教育教学质量。加快构建现代公共文化服务体系，加快基本公共卫生服务项目建设，提升公共卫生服务均等化水平。

泸州市具有的资源转型压力较小，在一定程度的资源转型能力配合之下能够发挥最大程度的作用，泸州市在避免自身资源转型压力的上升的同时积极发展资源转型能力能够使泸州市的资源转型更加迅速有效。

### 6.18.4 广元市

（1）城市概况

广元市，是四川省的一个地级市，古称利州，至今已有2300多年的建城历史。素有"女皇故里"、"蜀北重镇"、"川北门户"和"巴蜀金三角"之称。地处四川盆地北部、嘉陵江上游、川陕甘三省结合部，为四川的北大门。是三国历史文化的重要走廊，女皇帝武则天的诞生地，川陕革命根据地的重要组成部分。广元是中国首批农科教结合示范区、国家园林城市、国家卫生城市、中国优秀旅游城市、国家新型工业化基地、中国温泉之乡、中国西部最具竞争力城市之一、中国军事装备生产基地、中国铁路网十个支点枢纽之一。广元也是四川省旅游资源最富集的地区之一，是国家三线建设军工基地。国家发改委批准广元市为第二批国家低碳城市试点市,广元由此成为四川省唯一一个纳入此项试点城市。[①]2015年广元市全市实现地区生产总值566.19亿元,增长9.2%,增速居全省第8位,比上年提升3位;地方一般公共预算收入34.78亿元,增长14.2%;城镇居民人均可支配收入20547元,增长9.8%;农民人均纯收入7202元,增长11.8%;居民消费价格涨幅1.9%。[②]

（2）资源特点及利用情况

到2010年为止,广元市境内已发现矿种95种,有矿产地480处,已查明资源储量的矿床378处,其中大型矿床6处（耐火黏土2处,熔剂灰岩、砂金、玻璃石英砂岩、硅灰石各一处）,中型矿床40处（沙金10处,钾长石6处,耐火黏土、晶质石墨各4处,玻璃石英砂岩、砖瓦用页岩各2处,其他8处）,小型矿床332处。2010年查明资源储量可供开采的矿种38种,储量较大的有煤、天然气、沙金、有色金属、铝土矿、硫铁矿、水泥灰岩、玻璃石英砂岩、玻璃脉石英、饰面石材等。其中,煤4.64亿吨,天然气3.78亿立方米,沙金53405千克,有色金属91902吨,铝土矿691.1万吨,硫铁矿255.71万吨,水泥灰岩18742.51万吨,玻璃石英砂岩4570.53万吨,玻璃脉石英836.85万吨,饰面石材1786.81万立方米,熔剂灰岩18700万吨,耐火黏土4660.31万吨,天然沥青361.28万吨,重晶石376.51万吨,钾长石211.95万吨,晶质石墨289.99万吨,海泡石40万吨,硅灰石246.83万吨,砖瓦页岩1510.2万平方米,建筑用沙1803.15万立方米。非金属矿产资源丰富,开发前景广阔。玻璃石英砂岩、玻璃脉石英、钾长石等名列全省前位,是四川省主要产地。

（3）指数计算结果

|  |  |
| --- | --- |
| 转型能力指数 | 0.340 |
| 转型压力指数 | 0.245 |
| 预警指数 | 0.453 |

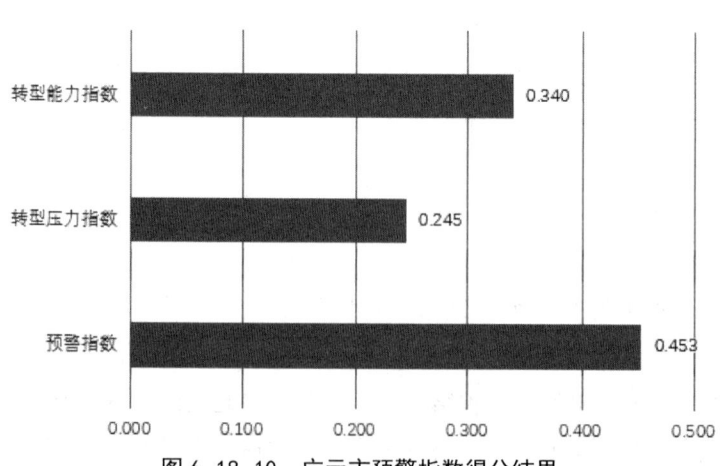

图 6.18.10 广元市预警指数得分结果

---

① 资料来源：广元市政府网站 http://www.gyxww.cn/。
② 资料来源：2015年广元市统计公报。

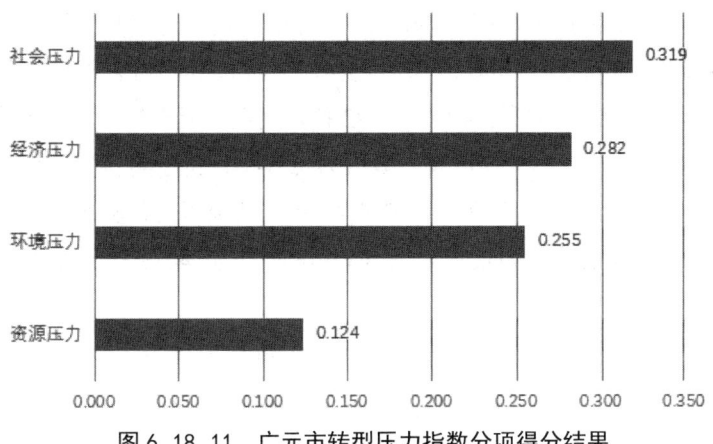

图 6.18.11　广元市转型压力指数分项得分结果

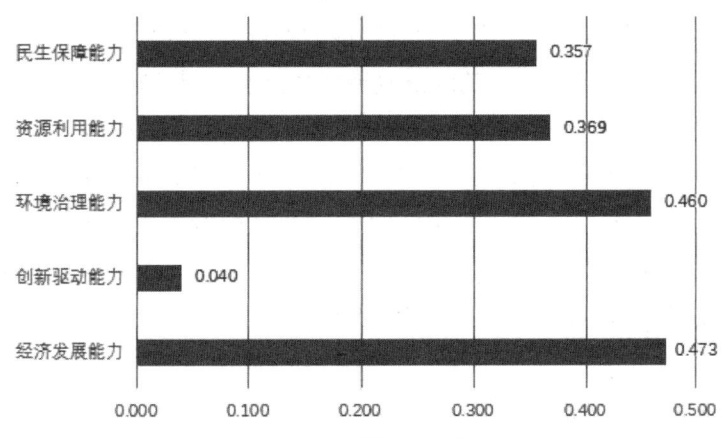

社会压力 0.319
经济压力 0.282
环境压力 0.255
资源压力 0.124

图 6.18.12　广元市转型能力指数分项得分结果

民生保障能力 0.357
资源利用能力 0.369
环境治理能力 0.460
创新驱动能力 0.040
经济发展能力 0.473

（4）指数评价

转型压力分析

广元市转型压力指数为 0.245，在全部 116 个资源型城市中排名 101 位，在西部资源型城市中均排名第 32，在成熟型资源城市中排名第 56 位。这说明广元的转型发展遇到的困难较小，资源转型相对较为容易。分项来看，广元面临的社会压力最大，但在所有资源型城市中排名位于第 49 位，在西部资源型城市中排名第 28，在成熟型资源城市中排名第 28，可见广元市现有的社会压力依旧较小，社会稳定程度较高。但从其细分项来看，广元市的就业压力位于全国第 1 位，说明在广元市寻找就业机会的可能性较小，广元市的扩大生产将可以为广元市带来一定的生产机会，同时广元市的社会保障压力也一般，位于全国第 40 位，广元市居民收到保障程度有些许不足，安全压力一般。但是由于广元市的财政压力和经济区位压力较大，导致广元市的经济发展水平受到较大的限制，但由于广元市的经济结构较为合理和经济增长动力较为充足使得广元市能够较好的面对资源转型时的经济发展，其经济发展压力仅排列于全国64位。广元的资源压力较小，位于全国第82位，说明广元在较为丰富的资源支撑下能够更好更快地完成资源转型。广元的环境压力也较小，位于全国第105位，从细分项来看，除了居住环境面临的压力位于全国第47外，其余压力都较小，广元市在资源转型的同时保证可持续发展的能力较强，生态文明的发展基本能够跟上物质文明的进步。

转型能力分析

广元市转型能力指数为0.340，在全国资源型城市中排名105位，在63个成熟型资源城市里排名第58，可以看出广元市具备的转型能力较弱。分项来看，广元市民生保障能力最强，但在全国排名位于第53位，说明广元市的民生保障能力较为一般；广元市进行的文体服务保障和居民收入保障较好，分别位于全国第29位和37位，但是其基础设施保障和医疗卫生以及教育保障能力都较弱，这在一定程度上影响了广元市的民生保障能力。其次是广元的经济发展能力位于全国第67位，经济增长速度较快的同时经济结构转换能力较强，但是经济规模和经济效率的落后极大地限制了广元市的经济发展，广元市需要进行生产再扩大以及尽可能减少必要劳动生产时间提高生产效率并获得更多利润。广元市的环境治理能力和资源利用能力均位于全国第88位，广元市的矿山环境治理能力较好，由于广元市的矿山环境压力较小，这将有利于广元市将矿产资源进行有效利用，但是广元市的居住环境难以得到改善，广元市需要加大在居民环境治理方面的力度，保证居民生活质量的提高。广元的资源利用能力一般，在进行资源转型时要尽可能地利用丰富的资源，保障资源的顺利转型。广元市的创新驱动能力位于全国第115位，创新驱动能力很弱，无论是在创新资金的投入方面还是创新基础设施建设与创新人才，广元市均不占优势，这也是广元市经济缺乏活力的原因之一，需要广元市更加重视在各个创新方面的投入。

综合评价

综合来看，广元市转型压力虽然较小，但转型能力较弱，使得广元市面临的转型困难较大。广元市需要在社会保障（尤其是在就业保障方面），经济发展和创新能力方面多加大力度。广元市转型预警指数为0.453，在全部116个城市中排名43名，在西部地区资源型城市中排名第16，成熟型城市中排名第23，说明转型面临问题较大，在转型过程中需要克服较大的困难。

（5）政策建议

经济方面，积极扩大有效消费需求。加快推进消费领域改革，引导企业根据消费升级需求调整产品结构，增加中高端、多元化的服务供给。积极引导群众改变消费观念、转变消费方式。深入实施"流通效率提升"工程，大力开展"放心舒心消费城市"创建活动,着力拓展信息、绿色、住房、旅游休闲、教育文体、康养家政等消费领域,加快培育新的消费热点。

创新方面,以提高质量和效益为中心,坚持在盘活存量中转方式,在扩大增量中调结构,走内涵式发展之。发展创新园区建设投融资模式,鼓励和引导民间资本参与园区建设,加强园区基础设施建设,强化集约节约用地,加大园区项目引进和建设力度,促进更多项目落地和竣工投产。完善创新人才引进、培育、使用政策机制,加快产学研用协同创新发展,进一步激励科技人才、大学生创新创业,形成尊重知识、尊重人才的浓厚氛围。

民生保障方面,注重改善民生,推动社会事业全面发展,针对新形势民生领域出现的新情况,更加注重保障基本民生,实施更加积极的就业政策,实施高校毕业生就业促进和创业引领计划,鼓励支持农民工和企业家返乡创业。同时抓好城镇就业困难人员、农村转移劳动力、退役军人就业工作。

### 6.18.5 南充市

(1) 城市概况

南充市处在四川省东北部、嘉陵江中游,由于处在充国南部得名,是四川省第二人口大市、中国优秀旅游城市、国家园林城市、全国清洁能源示范城市、久负盛名的"绸都";[①]。截至 2015 年,南充市管辖 3 个区、5 个县,代管 1 个县级市。年末公安户籍总人口 742.33 万人。其中,城镇人口 173.15 万人,乡村人口 569.18 万人,人口自然增长率 3.08‰,城镇化率 43.8%。全年实现地区生产总值 (GDP) 1516.20 亿元,按可比价格计算,比上年增长 7.6%。其中,第二产业增加值 741.11 亿元,增长 7.9%。人均地区生产总值 23881 元,增长 7.2%。[②]

(2) 资源特点及利用情况

南充境内金属矿产贫乏,部分非金属矿产储量丰富。南充地下盐矿资源极其丰富,南充盐盆是西南地区最大、位居全国前茅的天然盐矿,盐岩地质储量 1.8 万亿吨,石油储量 7779 万吨,天然气储量 1 千亿立方米。另有砖用页岩 5292.9 万吨,主要分布在市辖三区和阆中市;建筑用沙砾 64318 万立方米,主要分布在市辖三区、蓬安县、阆中市和南部县;砖瓦用黏土 566.52 万吨,主要分布在阆中市、南部县和西充县;膨润土 4.84 万吨,主要集中在营山县。

2011—2015 年,探矿权投放总量为 4 个,即:老君镇岩盐 1 个、营山县膨润土 3 个;新查明矿产地 4 处,新增岩盐(332 + 333)类资源量 5000 万吨、新增膨润土

---

① 资料来源:唐山市政府网站 http://www.tangshan.gov.cn/zhuzhan/tsgl/20160411/132478.html。
② 资料来源:唐山市经济与社会发展统计公报 2014。

(333)类以上资源量 60 万吨;新划定砖瓦页岩矿产地 25 处、建筑石料 10 处。加大页岩矿山整合力度,使小矿山数量减至 430 个,比 2010 年减少 27 个,年产矿石 1200 万吨以上,并建成年产矿石＞6 万吨的中型矿山 2 个;建筑石料矿山数保持在 40 个左右;岩盐建成大型矿山 2 个,年产量达到 110 万吨。至 2015 年末,采矿权数由 2010 年的 493 个减至 473 个,减少 20 个。其中:砖瓦页岩 430 个、建筑石料 40 个、岩盐 2 个、膨润土 1 个;大中型矿山比例由 2010 年的 0.42% 升至 0.88%;矿产资源节约与综合利用、矿山地质环境恢复治理和矿区土地复垦率有大幅提高。至 2015 年末,矿业及其相关行业实现工业总产值 120 亿元、工业增加值 452 个 30 亿元,保持矿业经济产值增幅高于产量增幅,矿业利税增幅高于产值增幅。①

（3）指数计算结果

图 6.18.13　南充市预警指数得分结果

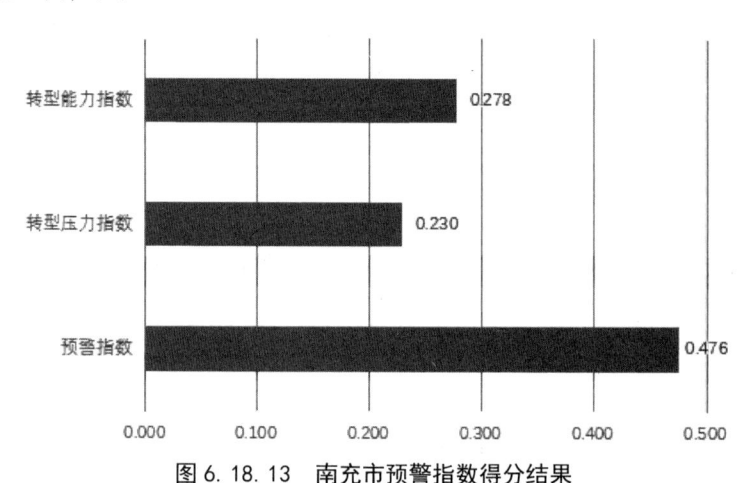

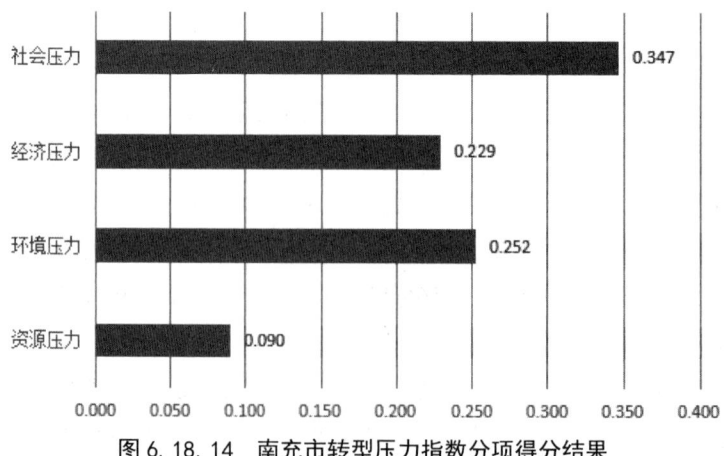

图 6.18.14　南充市转型压力指数分项得分结果

---

① 资料来源:四川省南充市矿产资源总体规划 http://www.nclr.gov.cn/web/xxgk/jhgh/kczygh/2014/1224/2881.html。

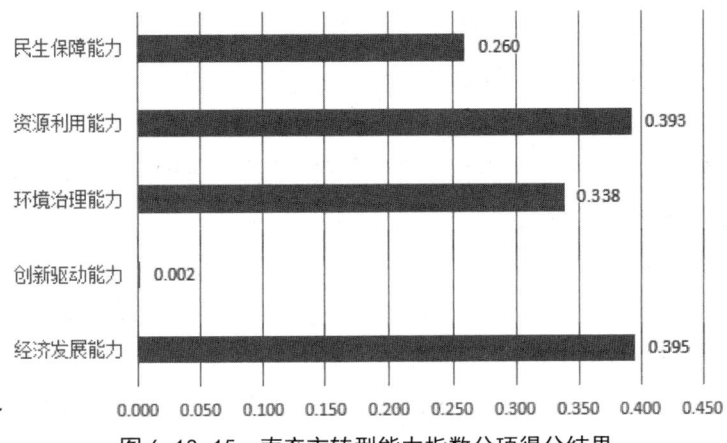

图 6.18.15　南充市转型能力指数分项得分结果

（4）指数评价

转型压力分析

南充市的转型压力指数为 0.23，位于全国所有资源型城市的第 106 名，位于西部城市中的第 34 名，位于成长型资源城市的第 12 名，这说明南充市转型中面临的阻力较小。分项来看，南充市的社会压力指数为 0.347，位于全国第 43 名，其中该市的就业压力和社会保障压力较大，主要原因在于南充市经济规模小，工作岗位少，城乡困难群众量大面宽，扶贫攻坚任务艰巨，政府财政情况难以改进社会保障机制。南充市还面临着较小的经济压力，其指数为 0.229，位于全国资源型城市第 82 名；其中，南充市的经济结构和经济区位压力较小，说明该市的经济结构较为合理，经济点和经济带设置得较为准确，但是南充市的经济增长速度较小，政府财政压力较大，说明南充需要扩大其经济规模，政府性债务包袱沉重，偿债压力日益凸显。南充市的资源压力指数为 0.09，排名全国第 95 名，这说明作为成长型资源城市，南充市的各种资源还有许多开发利用的空间，资源较为丰富多样。其次，南充市的环境压力指数为 0.252，排名全国第 106 名，可以看出南充市的环境压力较小，总体环境状态较好；细分来看，南充市的水环境、大气环境和矿山环境状况良好，说明南充市十分重视生态环境的维护，应该继续保持；但是，南充在居住环境的处理不够好，并未能很好地建设足够的公共设施，培育城市绿化，有效处理城市生活垃圾。

转型能力分析

南充市的转型能力指数为 0.278，位于全国资源型城市第 114 名，西部城市第 40 位，成长型资源型城市中第 15 名，说明南充的转型能力相比之下处于弱势。分项来看，南充市的资源利用能力指数为0.393，位于全国第79名，属于中等偏下水平，说明南充有必要继续提升资源利用效率。其次，南充市的民生保障能力为0.26，位于全国第83名，可以看出南充市在基础设施、医疗卫生和问题建设方面的较为落后，主要原因还是由于政府的财政压力。南充市的经济发展能力指数为0.395，位于全国第95名，从各项指标可以看出南充市部分经济指标增速回落，稳增长难度持续加大；产业结构性矛盾突出，投资高位增长难以为继，特别是工业投资总量小、占比低，新旧增长动力接续出现断档。南充市的环境治理能力较弱，其指数为0.338，位于全国第106名，说明南充的环境治理技术和政策有待提高；值得注意的是，南充市的生态环境较好，却对应着较低的环境治理能力，说明南充市的环境污染尚不严重。最为严重的是南充市的创新驱动能力为0.002，位于全国第116名，这说明南充市的发展方式低效粗放，创新能力严重不足，同时政府的财政危机和淡薄的创新意识难以支撑创新人才的引进和设备的购入。

综合评价

综合来看，南充市转型压力较小，但是转型能力较弱，在民生保障和创新能力方面需要着重提高。南充市转型预警指数为0.476，在所有资源型城市中排名30名，在西部地区资源型城市中排名第10，成长型城市中排名第3，说明南充市的转型面临问题较大，在转型过程中出现了反复，需要对南充市的资源转型复出更多关注。

（5）政策建议

在创新方面，打造创新创业平台。坚持把南充创新驱动发展试验区作为推动创新创业的"试验田"，加快建设大学科技园、中法文化创意产业园和创新创业孵化产业园，扎实推进中法农业科技园、农业科技孵化中心建设。积极搭建协同创新平台，促进科技基础条件平台开放共享。营造创新创业环境。深入推进商事制度改革，简化工商注册手续，进一步降低创新创业门槛。加强知识产权保护，整顿规范市场秩序，构建公平公正的市场环境。大力实施大学生创业引领计划，强化职业教育和技能培训，鼓励科技人员离岗创业并允许兼职取酬，激活创新创业主体，推动形成大众创业、万众创新的良好局面。

在社会保障方面，南充市应该切实解决民生短板，努力增进人民群众福祉。首先，办好民生大事实事。提高城乡居民基本医疗报销水平；强化"老幼病孕"免费基本公共卫生服务；强力推进扶贫解困。全面实施扶贫开发五年规划，着力抓好"五大工程、一大行动"，全面完成县级减贫规划和专项扶贫规划编制；加强贫困人口精准识别工作，建立互联互通的贫困人口和贫困村管理信息系统，不断完善动态管理机制；瞄准贫困村和贫困人口，实行一村一策、一户一策，努力提高扶贫工作精准度和实效性。南充还应该强化基本公共服务。继续加大教育投入，积极探索养老医疗一体化服务新模式。开工建设市博物馆，加快建设市规划展览馆、科技馆、地方志馆和青少年活动中心，全面完成国家公共文化服务体系示范区创建任务。完善城乡居民大病保险、城镇居民基本医疗和补充医疗保险、企业职工基本养老保险制度，开展农村区域性养老服务中心建设试点。

在经济方面，南充市应该全力支持实体经济，统筹施策稳定经济增长，促进投资稳步增长。准确把握国家产业政策和投资方向，采取特许经营、政府与社会资本合作等多种方式，撬动民间资本参与基础设施、公用事业等领域的重点项目建设。注重发挥财政投资的引领作用，扩大技术改造、科技创新等领域的投资，不断提升产业投资比重。南充还应该精心呵护实体企业。引导金融机构加大支持实体经济力度，鼓励金融服务创新。全面落实结构性减税、普遍性降费等财税支持政策。其次，应该有效扩大消费需求。坚持以新产业、新产品、新网络促进消费，增强消费对稳定增长的基础性作用。大力发展电子信息、网络通信、健康养老、节能环保等产业，培育新的消费热点。围绕优势产业、重点企业、特色产品，深入实施质量强市和商标品牌战略，大力发展节会经济，扩大"南充造"产品市场占有率。最重要的是，务实开展招商引资。始终保持招商引资高位态势，围绕重点产业，瞄准目标企业，大力开展产业招商、沿链招商。主动融入"一带一路"和"长江经济带"等开放大格局，积极申建保税物流中心和国家开放口岸、进口指定口岸，优势产业一体化布局。

### 6.18.6 广安市

（1）城市概况

广安位于四川省东北部，东、南两部分与重庆市垫江县、长寿区、渝北区、合川区接壤，西部与遂宁市蓬溪县和南充市嘉陵区、高坪区相邻，北部与南充市蓬安县和达州市渠县、大竹县毗连。广安是四川省唯一的"川渝合作示范区"。广安先后获得全国文明城市、全国卫生城市、中国优秀旅游城市、全国双拥模范城市、国家园林城市和国家森林城市等殊荣。[1] 截至2015年，广安市辖2个市辖区、3个县，1个县级市，年末全市户籍总人口为467.4万人，城镇人口120.9万人，乡村人口203.8万人，城镇化率37.2%。全市实现地区生产总值（GDP）1005.6亿元，同比增长10.6%。其中，一二三产业分别实现增加值163.3亿元、520.2亿元和322.1亿元，分别增长3.8%、11.6%和12.0%。人均GDP为31046元，增长10.2%。[2]

---

[1] 资料来源：广安市政府网站 http://www.guang-an.gov.cn/guanganinfo/。
[2] 资料来源：广安市经济与社会发展统计公报2015。

（2）资源特点及利用情况

广安市地处华蓥山中段，赋存的矿产资源主要分布在华蓥山、铜锣山、明月山三个背斜，邻水县东槽、西槽两个向斜。已探明或已发现的矿藏有煤、天然气、石油、岩盐、石灰石、硅石、玄武岩、白云岩、页岩、石膏、菱铁矿、锐钛矿、硫铁矿、铅土矿、磷矿、河沙、矿泉水、含钾岩石、耐火黏土、锂铍、锗、铬、硼、冰洲石、石英砂、辉绿岩、地热等30余种，具有较大工业价值，曾经开采和尚在开采的共有17种。

煤是广安市的主要矿产资源，已探明储量7.45亿吨（工业储量5.02亿吨）。主要分布在华蓥山脉沿线，含煤地层为二叠系平统龙潭组，二次为上三叠系须家河群。

天然气方面，广安市境内有油层伴生气和气藏气两大类。油层伴生气，在整个川中地区主要产自广安区大安镇境内的大安寨油层。根据资料分析，岳池县孔龙乡境内的石龙场构造大约有3000平方千米的范围属于大安寨油层含油气富集区带，可采储量为90亿立方米。气藏气，境内主要气层组即上三叠统香二，厚度由500米增厚到1000米左右，储集类型为孔隙——裂缝型，有3口井投产。

石油方面，在侏罗系自流井群发现凉高山组、大安寨组两个具有工业开采价值的油层。川中石油矿区及西南石油地质局对广安、龙女寺、罗渡等3个油田凉高山油层的石油储量进行测算。龙女寺油田面积300平方千米，总储量1602.86万吨；广安油田面积200平方千米，总储量1484.7万吨，探明储量168.36万吨；罗渡油田面积10平方千米，总储量97.61万吨。岳池县孔龙乡境内的石龙场油田面积152平方千米，探明石油储量364.91万吨，伴生气储量92.36亿立方米。

岩盐遍布于全境，集中在广安区、岳池县、武胜县境内，总储量2552亿吨。根据1992年地质矿产部第二地质大队调查，广安县境内岩盐资源分布800平方千米，预测总储量1000亿吨以上。已完成地勘的盐井，分布在武胜县龙女寺构造8口，广安区广安构造4口，岳池县白庙构造、罗渡构造各1口。

石灰岩广泛分布于华蓥山、铜锣山三叠系嘉陵江组、雷口坡组及侏罗系自流井群大安寨段地层中，品位高，资源储量达2.65亿吨以上，矿层厚度一般有几百米，矿脉裸露，便于开采，氧化钙含量48%—52%，达到和超过国家规定的一级矿标准。已广泛用于工业生产水泥、石灰等。

## (3) 指数计算结果

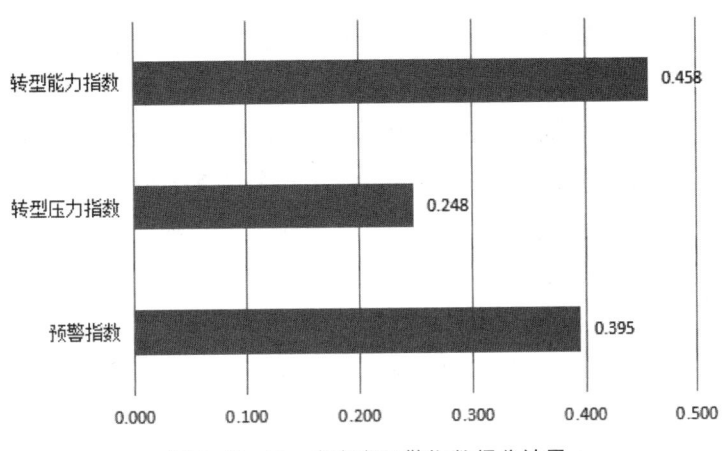

图 6.18.16 广安市预警指数得分结果

- 转型能力指数: 0.458
- 转型压力指数: 0.248
- 预警指数: 0.395

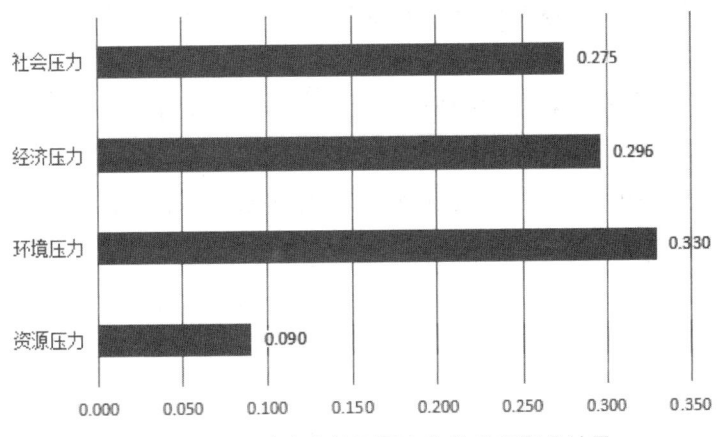

图 6.18.17 广安市转型压力指数分项得分结果

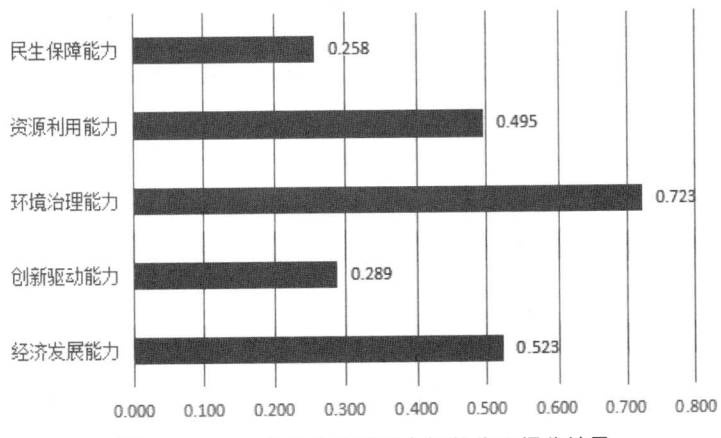

- 社会压力: 0.275
- 经济压力: 0.296
- 环境压力: 0.330
- 资源压力: 0.090

图 6.18.18 广安市转型能力指数分项得分结果

- 民生保障能力: 0.258
- 资源利用能力: 0.495
- 环境治理能力: 0.723
- 创新驱动能力: 0.289
- 经济发展能力: 0.523

（4）指数评价

转型压力分析

广安市的转型压力指数为0.248，位于全国所有资源型城市的第100名，位于西部城市的第31名，位于成熟型资源城市的第55名。这说明广安市转型中面临的阻力较小。分项来看，广安市面临着一定程度的经济压力，其指数为0.296，位于全国资源型城市第56名；细分来看，广安市的经济增长和经济结构压力较小，说明广安市的经济发展较为平稳，幅度尚可；另一方面，表明广安市的经济点和经济带的设置需要改善。广安市的财政压力很大，或与其政府财务支出与收入不均衡或财政结构不合理有关。广安市的社会压力指数为0.275，位于全国第67名，说明广安市在社会建设方面还有一定程度的提升空间；细分来看，广安市几乎没有安全压力，说明其在城市安全工作方面表现较为出色，但是广安的就业压力与社保压力较大，可以看出广安市内有一定水平的失业率，未能有足够的工作岗位提供给市民；另一方面，可以看出广安的社会保障的措施力度不够、覆盖面不广、受众不多。广安市的环境压力指数为0.33，排名位于全国第84名，可以看出广安市的环境问题总体不突出；细分来看，广安市的大气环境、水环境和矿山环境质量较为不错，说明广安市在生态保护方面的工作较为到位。但是另一方面，其居住环境压力较大，说明广安市在城市美化、功能化建设投入不足，未能为城乡居民提供较为怡人便利的周边环境。广安市的资源压力指数为0.09，排名全国第93名，说明广安市的资源较为充足，资源利用结构和开发效率处于较为合理的水平。

转型能力分析

广安市的转型能力指数为0.458，位于全国资源性城市第51名，西部城市第17位，成熟型资源型城市中第29名，说明广安市转型能力尚可。分项来看，广安市的环境治理能力较强，其指数为0.723，位于全国第15名，说明广安市在生态环境保护方面技术较为成熟，政府部门也较为重视。细分来看，广安市在大气环境、水环境的治理能力很强，应继续保持，但在矿山环境方面治理能力不够，主要原因是广安市本身的矿山环境较好，故未能发展相关保护措施，应该予以重视。广安市的经济发展能力指数为0.523，位于全国第46名，说明广安市的经济发展能力尚可，还有可以进步的空间；细分来看，广安市的经济增长较为快速高效，经济结构转换和经济效率也有较为不错的水平。但是，广安市的经济规模较小，这说明广安市各产业（尤其是第二、第三产业）的企业数量和规模有限，且广安市的外来投资数目有待增加。广安市的资源利用能力指数为0.495，位于全国第48名，说明广安市的资源利用效率尚可，但还有进步空间。最后，广安市的民生保障能力为0.258，位于全国第85名，说明广安市在人民生活方面的有效措施不够，在全国范围较为落后。广安市各项能力中最为薄弱的是其创新驱动能力，指数为0.289，位于全国第70名，属于中等偏下，可以看出广安市未能摆脱对于传统工业技术的依赖，在科技创新的研究与开发还处于起步阶段。

综合评价

综合来看，广安市转型预警指数为0.395，在全部资源型城市中排名91，在西部地区资源型城市中排名第33，成熟型城市中排名第50，说明广安市的转型难度不大。但是，一些例如在居住环境、经济规模、创新和社保方面的问题仍需要有效充分的解决。

（5）政策建议

在经济方面，坚定不移走新型工业化道路。坚持工业强市战略不动摇，围绕建设成渝地区制造业协作配套基地，促进特色产业集群发展，加速新型工业化进程。实施工业强基工程，开展质量品牌提升行动，增强核心竞争力。加快产业园区转型发展。规划建设特色鲜明的产业园区，理顺园区发展体制机制，加快完善园区配套服务设施。加快建设孵化中心、研发中心、检验检测中心。推进国家新型工业化产业示范基地和循环经济示范园区建设。

在创新驱动方面，全面建设创新型城市。借助四川被国家列为全面创新改革试验区的重大机遇，依托决策咨询暨投资促进高端专家的智力优势和资源优势，加强与中关村的战略合作，在改造传统优势产业、推进优势资源创新开发、发展生态经济等方面走出创新转型发展新路子。广安市应该坚定不移推进科技创新。实施高新技术企业倍增计划，建立培育后备库，对符合条件的入库企业和新认定企业给予支持。实施科技型中小微企业培育工程，支持打造科技型中小微企业创业基地和公共服务平台。创建高新技术产业园和特色高新技术产业基地，支持华蓥电子信息产业园、邻水高端装备制造产业园等创建省级高新技术产业园。建设广安新能源研究院、新材料研究院，设立钾盐资源开发研究院，培育院士经济。做大做强小平故里发展基金，充分发挥金融创新对技术创新的助推作用。加强知识产权保护和运用。全面实施质量强市战略。

在居住环境方面，广安市应推动城乡协调发展。大力实施城乡统筹发展战略，着力解决城乡二元制结构明显带来的深层次矛盾，促进城乡一体发展，努力形成城乡发展之间相互支撑、良性互动的发展格局。加快新型城镇化进程。积极开展国家新型城镇化试点。做好城市人口增量规划。坚持产村相融、成片推进，加快建设幸福美丽新村。加大城镇棚户区和城乡危旧房改造力度。加快建立覆盖全域、供给均衡的城乡公共服务体系。深化户籍制度改革，促进城镇稳定就业和农业转移人口进城落户，实施居住证制度，提升户籍人口城镇化率。维护进城落户农民土地承包经营权、宅基地使用权和集体收益分配权，支持引导其依法自愿有偿转让上述产权。加强城乡基础设施建设。完善城乡交通网络。

在社会保障方面，健全社会保障体系。坚持全覆盖、保基本、多层次、可持续方针，以增强公平性、适应流动性、保证可持续为重点，加快建成覆盖城乡全体居民、更加公平可持续的社会保障体系。首先，完善社会保险制度。实施全民参保计划，基本实现法定人员全覆盖。坚持精算平衡，完善筹资机制。完善职工养老保险个人账户制度。完善基本养老保险关系转移衔接政策措施，建立健全基本养老保险待遇正常调整机制。健全医疗保险稳定可持续筹资和报销比例调整机制。整合建立统筹城乡居民基本医疗保险制度，理顺行政管理体制，统一经办管理。完善城乡居民大病保险制度。鼓励商业保险机构参与医保经办。健全社会救助体系，完善城乡最低生活保障制度，健全特困人员供养制度，推行城乡医疗救助，全面开展城乡居民大病救助工作。推动建立适度普惠性儿童福利制度。建立和完善优抚安置保障体系。落实慈善捐赠税收优惠政策，大力发展慈善事业。[①]

### 6.18.7 达州市

（1）城市概况

达州是四川省下辖的地级市，位于四川省东部，是四川省的人口大市、农业大市、资源富市、工业重镇和交通枢纽，是国家"川气东送"工程的起点站。达州物产丰饶，资源富集，地处川、渝、鄂、陕四省市结合部和长江上游成渝经济带，是国家规划定位的成渝经济区、成渝城市群重要节点城市，是四川对外开放的"东大门"和四川重点建设的百万人口区域中心城市。此外，达州是中国179个公路运输主枢纽之一和四川省12个区域性次级枢纽城市之一[②]。截至2015年，全市户籍人口为682.8万人，常住人口556.76万人，城镇化率40.87%，人口自然增长率4.13‰。全市实现地区生产总值（GDP）1350.76亿元，比上年增长3.1%。其中，第二产业实现增加值581.19亿元，比去年下降0.2%。全市人均地区生产总值24342元。[③]

（2）资源特点及利用情况

截至2012年，达州市已发现矿物38种，产地250余处。其中探明储量的28种，产地146处；可开发利用的28种，已开发利用的21种。石煤已探明储量7.63亿吨，其中保有储量5.80亿吨，表外储量1.22亿吨，炼焦用煤6.39亿吨。主要分布在达川区、通川区、大竹县、宣汉县、渠县开江县及万源市境内。

---

① 资料来源：广安"十三五"规划建议。
② 资料来源：达州市政府网站 http://www.dazhou.gov.cn/aboutindex.html。
③ 资料来源：达州市经济与社会发展统计公报2015。

达州天然气远景储量达 3.8 万亿立方米，已探明天然气储量 6600 亿立方米，是全国继新疆塔里木、内蒙古鄂尔多斯气田之后最具开发潜力的大气田。中石化在宣汉普光发现迄今为止国内探明规模最大、丰度最高的特大型海相整装气田，探明天然气储量高达 3561 亿立方米，到 2009 年预计探明储量将达到 7700 亿立方米；中石油万源罗文铁山坡气田单井日产无阻流量高达 1550 万立方米，创全国陆地单井日产量之最。中石油、中石化把达州作为"十一五"期间天然气勘探、开采的主战场，建设普光、罗家寨等多个天然气净化厂，达到天然气处理能力 7400 万立方米／日，年新增商品天然气量 200 亿立方米，年产硫黄 450 万吨。

铁矿保有储量 3743 万吨，预测储量 1400 万吨，主要分布在万源市红旗、长石、城区、关坝、水田、沙滩等地。达川区新兴，宣汉县新华、樊哙、漆碑、天生、上峡等地也有分布。在万源市大竹河田坝一仙鹅一带，发现一处锰矿。矿床延伸 30 余公里仅在北段 8 公里地区内探明菱锰矿表外 D 级储量 113.5 万吨。矿石中锰最高含量 36.27%，最低 11.1%。

钒矿主要分布在万源市大竹河蒲家坝、隔档溪地区，D 级保有储量，五氧化二钒 42.88 万吨，矿石 5918 万吨。铝土矿分布于万源市花尊山一带，长 18 公里，厚 0.43 至 3.2 米。探明储量 84 万吨，平均品位 35%-51%。石灰岩在万源市、渠县、通川区境内局部地区探明保有储量 5 亿吨。大竹县、宣汉县、达川区都有出露。达州市地质储量 20 亿吨左右。

截至 2012 年，石膏已探明储量 2.3 亿吨，主要分布在渠县、万源市、达川区等区县的一些地区。岩盐矿位于达川区铁山背斜北端含盐块区，面积 12 平方公里，远景储量 2 亿吨以上；宣汉县西北含盐块区，面积 14 平方公里，远景储量 4 亿吨以上；通川区罗江、宣汉县王家含盐块区，面积 12 平方公里，远景储量 0.9 亿吨以上。

富钾卤水储量为 3.39 亿 $m^3$，探明储量 1.65 亿 $m^3$，主要分布在宣汉县境内。白云岩的远景储量 2272 万吨，硅石远景储量 5 亿吨，钾盐矿远景储量 1000 万吨，钡矿远景储量 20 万吨以上，铸石远景储量 5 亿吨以上，大理石远景储量 2000 万立方以上。其他非金属矿产耐火黏土地质储量 500 万吨，磷矿保有储量 631 万吨，硫铁矿 200 万吨，膨润土（俗称白泥巴）保有储量 11.76 万吨，页岩、粘土矿 695 万吨。[①]

---

① 资料来源：四川省达州市矿产资源概况与分布 http://www.chinabaike.com/z/keji/ck/631556.html.

（3）指数计算结果

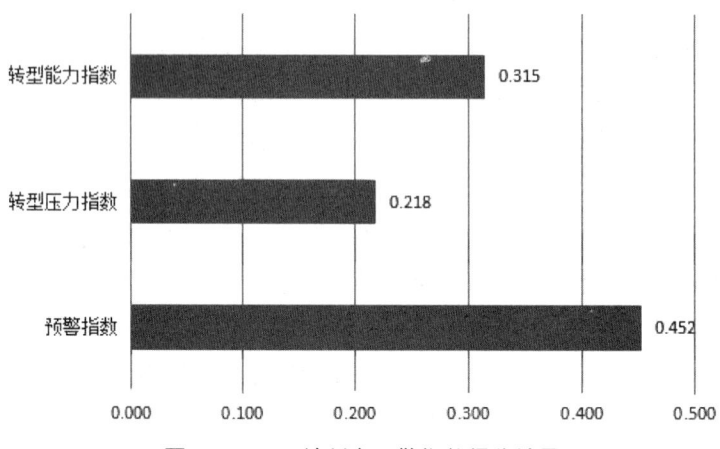

图 6.18.19　达州市预警指数得分结果

- 转型能力指数：0.315
- 转型压力指数：0.218
- 预警指数：0.452

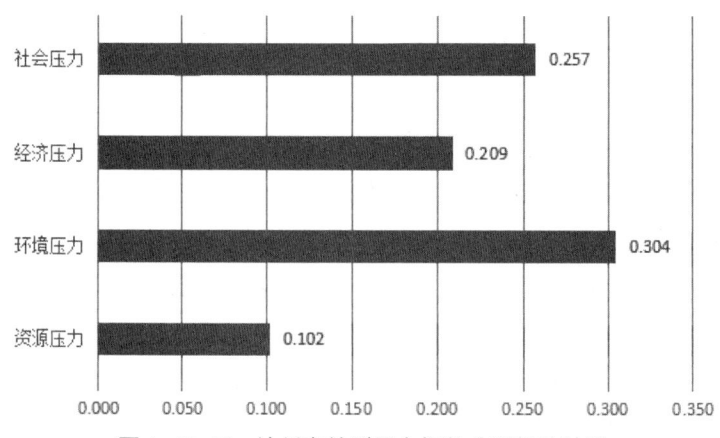

图 6.18.20　达州市转型压力指数分项得分结果

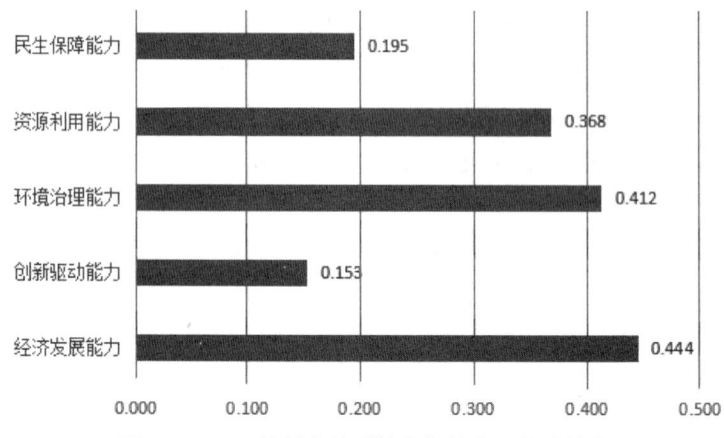

- 社会压力：0.257
- 经济压力：0.209
- 环境压力：0.304
- 资源压力：0.102

图 6.18.21　达州市转型能力指数分项得分结果

- 民生保障能力：0.195
- 资源利用能力：0.368
- 环境治理能力：0.412
- 创新驱动能力：0.153
- 经济发展能力：0.444

(4) 指数评价

转型压力分析

达州市的转型压力指数为 0.218，位于全国所有资源型城市的第 109 名，位于西部城市的第 36 名，位于成熟型资源城市的第 59 名，这说明达州市转型中面临的阻力是较小。分项来看，达州市的社会压力指数为 0.257，位于全国第 73 名。值得注意的，达州有较大的社会保障压力，说明达州市的社保覆盖范围不广，在基础设施、医疗卫生、文体服务和教育等社保指标上政策力度不够，社保体制有待完善。达州市经济压力较小，其指数为 0.209，位于全国资源型城市第 84 名。细分来看，达州市的经济增长和经济结构压力较小，但其存在一定的经济区位问题，说明达州市应该重新分配其经济点和经济带；另外，达州市的财政略微吃紧，财务结构不够合理。达州市的资源压力指数为 0.102，排名全国第 89，说明达州市的资源剩余储存量较为丰富，还有较大利用空间。达州市的环境压力指数为 0.304，排名全国第 91，说明达州市在环境治理和环境建设方面存在问题；细分来看，达州市的矿山、水资源、大气环境压力较小，但是城市的居住环境压力较大，从中可以看出达州市的城市分区不明，城乡建设不力，在绿化美化、垃圾处理等方面的措施有待加强。

转型能力分析

达州市的转型能力指数为 0.315，位于全国资源型城市第 113 名，西部城市第 39 位，成熟型资源城市中第 62 名，这说明达州市的综合转型能力很低，提升能力刻不容缓。分项来看，达州市的经济发展能力指数为 0.444，位于全国第 80 名，这说明达州市的经济发展可能遇到转型瓶颈。分项来看，达州市的经济增长速度尚可，经济效率和经济结构转换能力尚可，但是其经济规模很小，说明达州市的主导产业未能完全发挥优势，有效创造增长；而其新兴产业尚在起步阶段，发展不成熟。其次，达州市的资源利用能力指数为 0.368，位于全国第 89 名，从中可以发现达州市的资源利用效率不高。另外，达州市的环境治理能力较为弱势，其指数为 0.42，位于全国第 97 名，这也造就了达州较大的居住环境压力。细分来看，达州市在其水环境和矿山环境治理方面较为弱势，鉴于其水环境压力和矿山环境压力较小，而达州市较为依赖其天然优势，不注重该方面的治理与保护。达州市的创新驱动能力为 0.153，位于全国第 106 名，这说明达州市目前较为依赖传统产业，不注重科技创新发展。达州市并未在创新方面投入大量资金，也没有足够吸引人的政策来引进人才，其创新配套设施的建设也不够。最后，达州市的民生保障能力为 0.195，位于全国第 107 名，处于很低的水平，其中，达州市的基础设施、医疗卫生和文体服务的措施覆盖率小，力度不足，尤其需要加强。

综合评价

综合来看，达州市转型预警指数为0.452，在全部资源型城市中排名第45名，在西部地区资源型城市中排名第17，成熟型城市中排名第25，说明达州市面临着一定的转型难度。然而，主要原因在于达州市的转型压力和转型能力都不高，达州市在经济、社保等方面仍有较大问题有待解决。

（5）政策建议

在环境方面，达州市要致力加强"四个环境"建设，持续打好环境治理攻坚战，着力营造更加廉洁高效的政务环境、绿色低碳的生态环境、宜居宜业的人居环境、诚信安全的金融环境，以环境改善凝聚发展共识、集聚人才资源、推动创新创业。通过服务基层、服务企业、服务群众，不断提升政府服务能力和水平，克服疲劳症，提振精气神，再创达州发展新优势。加强中心城市建设。按照新型城镇化和现代化城市发展要求，大力发展城市经济，落实主城带动战略。坚持规划先行和刚性约束，提升完善城市空间、城市景观、城市交通、建筑风貌、重点区域控制规划，开展城市绿地系统、地下综合管廊、地下空间利用、公共服务配套等专项规划编制和州河滨水岸线规划设计。

在经济方面，达州市应该坚持内需拉动，保持经济平稳增长，扩大有效投资。继续实施重大项目带动战略，促进消费增长，强化要素保障。全面落实稳增长各项政策措施，更好支持实体经济发展。落实好金融支持政策。最重要的是，达州要坚持转型发展，推动产业优化升级，全力促进工业转型升级发展，实施产业发展路线图引领计划，培育发展节能环保装备、高端成长型产业和战略性新兴产业，改造传统优势产业，具化创新驱动。另外，达州还应该提升现代服务业。全面落实服务业支持政策，优先发展五大新兴先导型服务业。充分利用达州区位优势，完善物流体系，促进三次产业联动发展，发展现代农业。

在社会保障方面改革刻不容缓，达州市要大力发展社会事业，深化教育综合改革，构建多层次办学体系，满足多样化教育需求，推进义务教育均衡发展。推进普通高中教育、职业教育、高等教育和继续教育发展。加强校长教师交流，提升农村学校教育教学水平。抓好市中心医院业务综合楼、市妇幼保健院迁建等重点项目建设，推进县级公立医院综合改革和乡镇卫生院、村卫生室标准化改造，完善分级医疗制度，加强重大传染病防治，提高公共卫生服务能力。加快发展中医药事业。落实利益导向机制，促进人口均衡发展。大力实施文化惠民工程，重视群众体育、竞技体育发展，加强体育基础设施规划建设。

### 6.18.8 雅安市

**(1) 城市概况**

雅安,四川省地级市。位于四川盆地西缘、邛崃山东麓,东靠成都、西连甘孜、南界凉山、北接阿坝,距成都仅 115 公里。素有"川西咽喉"、"西藏门户"、"民族走廊"之称。

雅安是四川省历史文化名城、新兴的旅游城和四川省环境优美示范城市,有"雨城"之称。[1] 截至 2015 年,雅安市下辖 2 个市辖区,6 个县,年末常住人口 154.68 万人,城镇化率 42.55%,比上年提高 1.25 个百分点。全年实现地区生产总值(GDP)502.58 亿元,按可比价格计算,比上年增长 9.0%。其中,第二产业增加值 280.92 亿元,增长 10.2%,对经济增长的贡献率为 67.8%。人均地区生产总值 32524 元,增长 8.6%。[2]

**(2) 资源特点及利用情况**

雅安市是四川省矿产资源较丰富的地区之一。截止到 2001 年底,雅安市已知矿种有:煤、泥炭、天然气、煤成气、铁、铬、锰、钛、铜、铅、锌、铝土矿、镍、钴、锑、金、银、碲、铋、镓、锗、锂、砷、镉、菱镁矿、耐火黏土、冶金用白云岩、冶金用石英岩、冶金用灰岩、磷、硫铁矿、盐、石膏、钙芒硝、明矾石、水晶、珍珠岩、石棉、瓦板岩、白云母、铁矾土、水泥灰岩、水泥配料用泥岩、玻璃用脉石英、高岭土、膨润土、陶瓷用黏土、饰面用花岗岩、饰面用大理岩、砖瓦页岩、砖瓦用泥岩、砂石、砂岩、玄武岩、地下水、地下热水、矿泉水等共计 55 种,矿产地 620 处,查明资源储量的矿产 30 种,其中石棉、大理石、花岗石、菱镁矿、铋碲矿、铝土矿等矿种在四川省占有重要位置。

雅安市经省级以上主管部门批准上储量表的矿种有:煤、铁、锰、铝土矿、金、菱镁矿、硫铁矿、钙芒硝、石棉、水泥用灰岩、水泥用泥岩、高岭土、饰面用花岗岩、饰面用大理岩、矿泉水共 18 种,矿区 55 处,其中大型矿区 5 处,中型矿区 12 处,小型矿区 43 处,余则为矿(化)点。部分矿种经多年开采,保有储量已发生重大变化。

雅安市矿产资源的主要特点是:矿产种类比较齐全,包括能源、黑色金属及辅助原料、有色金属、稀有金属、贵重金属、化工原料、建筑材料、地下水等八大类矿产,其中石棉县的辉铋碲矿是目前世界上唯一的特富独立碲矿床,碲、石棉、菱镁矿、花岗石、大理石、铝土矿资源储量居四川省第一位,铅锌、钙芒硝居第三位,硫

---

[1] 资料来源:雅安市政府网站 http://www.yaan.gov.cn/htm/index.htm。
[2] 资料来源:雅安市经济与社会发展统计公报 2015。

铁矿、煤、磷矿资源也较丰富。大宗矿产分布相对集中，如宝兴的大理石、荥经和天全的花岗石、汉源的菱镁矿和磷矿、石棉县的石棉矿等，有利于统筹规划与集约开发。贫、杂矿多，共伴生矿产较多，优质矿产比较短缺，部分重要矿产开发难度大，如铝土矿以低铝高硅、高硫、高铁的一水硬铝石为主，磷矿虽含钾但磷品位较低，菱镁矿中氧化钙的含量较高，钴矿选矿难度较大，石棉矿中长棉储量仅占总储量的14%等。

（3）指数计算结果

图6.18.22 雅安市预警指数得分结果

- 转型能力指数：0.476
- 转型压力指数：0.297
- 预警指数：0.411

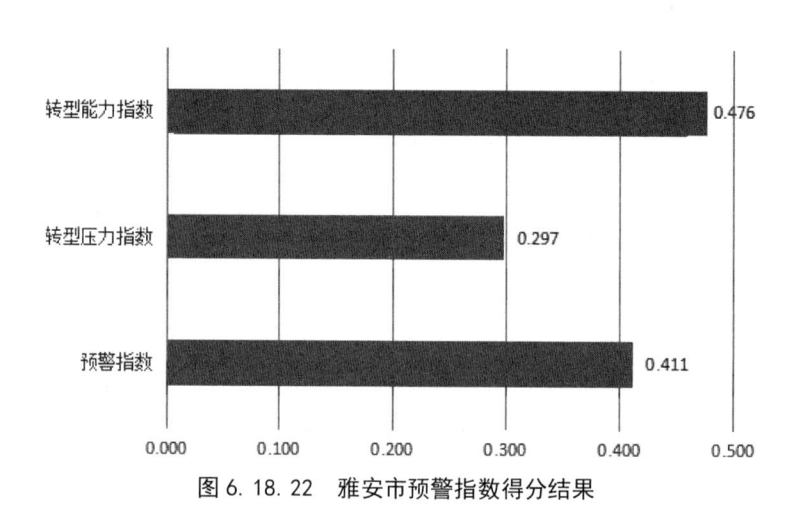

图6.18.23 雅安市转型压力指数分项得分结果

- 社会压力：0.555
- 经济压力：0.219
- 环境压力：0.312
- 资源压力：0.103

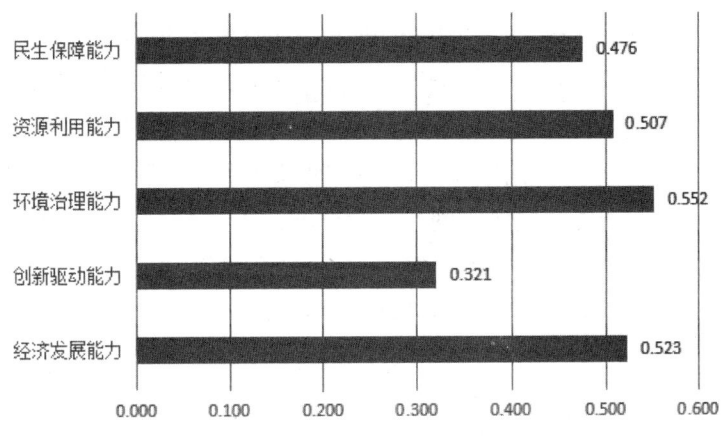

图 6.18.24　雅安市转型能力指数分项得分结果

（4）指数评价

转型压力分析

雅安市的转型压力指数为 0.297，位于全国所有资源型城市的第 80 名，位于西部城市的第 23 名，位于成熟型资源城市的第 43 名，这说明雅安市的转型压力较小。分项来看，相比于其他指标，雅安市的社会压力指数为 0.555，位于全国第 5 名，可以看出雅安面临着很大的社会压力；细分来看，尤其在社会保障和城市安全方面面临严峻的挑战，这说明雅安市推进民生改革、出台社保政策的力度不足；在城市安全方面，雅安市相关部门没法快速反应并给予及时的救济措施，安全监督体系不够成熟。另外，雅安市还面临着较小的经济压力，其指数为 0.219，位于全国资源型城市第 83 名；细分来看，其经济增长速度迅速，经济结构较为合理，但是雅安市面对的财政压力较大，说明雅安市的一般财政收入吃紧，政府开销较大。雅安市的环境压力指数为 0.312，排名全国第 87 名；细分来看，雅安市在大气环境、水环境和矿山环境方面压力较小，说明雅安市的生态环境较好，应该继续保持；然而在另一方面，雅安市的居住环境相对不好，说明雅安市的城市公共设施建设和城市美化开展不够，城市生活垃圾处理也未能得到有效的解决。雅安市的资源压力指数为 0.103，排名全国第 88 名，可以看出雅安市的资源丰富，未来资源开发潜力较大。

转型能力分析

雅安市的转型能力指数为 0.476，位于全国资源型城市第 45 名，西部城市第 15 位，成熟型资源城市中第 25 名，可以看出雅安市的转型能力尚可。分项来看，雅安市的民生保障能力为 0.476，位于全国第 20 名，可以看出雅安市的社保能力还是位于较好的水平，但其在基础设施和文体服务方面的保障能力有待提高。雅安市的资源利用能力指数为 0.507，位于全国第 45 名，说明雅安的资源利用效率尚可。雅安市的经济发展能力指数为 0.523，位于全国第 49 名，说明雅安的经济发展水平还有较大的优化空间；细分来看，雅安市的经济增长十分迅速，应继续保持；但是在另一方面，雅安市的经济结构不合理，经济规模不够大，经济效率有待提高。其次，雅安市的创新驱动能力为 0.321，位于全国第 62 名，说明雅安市的创新能力处于中下游水平；细分来看，雅安市在创新资金投入、创新基础设施、创新人才引进方面表现都不太好。主要原因是雅安市的财政吃紧，而且雅安尚处于转型的起步阶段。在新兴产业和传统产业更新方面无法照顾全面，雅安的环境治理能力稍微落后，其指数为 0.552，位于全国第 67 名，也属于中下游水平。值得注意的是，雅安的矿山环境治理能力较低，鉴于其较小的矿山环境压力，说明雅安市充分倚仗矿山天然优势，尚未深入发展矿山环境治理能力，有待改进。

综合评价

综合来看，雅安市转型预警指数为 0.411，在全部资源型城市中排名 80 名，在西部地区资源型城市中排名第 28，成熟型城市中排名第 42，说明雅安市在转型中遇见的困难和阻力不多，但该市在社会建设、城市安全和社会保障方面面临较为严峻的挑战，有待改进。

（5）政策建议

在居住环境和城市安全方面，按照雅安城市定位，科学完善城镇规划体系，同步加强城镇建设管理，不断提高城镇化水平。科学完善城镇规划体系。坚持新区建设与旧城改造并举，着力提升城市形象，改善群众居住生活条件。支持县城和重点镇建设，进一步完善城镇设施，提升承载能力，吸引人口适度集聚。切实提升城镇管理水平。加快创建省级文明城市，积极争创国家级卫生城市。坚决维护规划的权威性、统一性和完整性，依法整治违法建设行为。优化城市路网，治理易堵路段，提高通行能力。强化园林建设管护，提升城市绿化水平。加快智慧城市建设，建成数字化城市管理信息系统。加强县城、场镇和农村环境治理，全面开展城乡生活垃圾分类收集和处理，持续改善群众生活环境。

在经济方面，坚持经济工作项目化、项目工作责任化，进一步扩大投资规模，优化投资结构，强化项目管理，拉动经济平稳较快发展。全力推进重点项目建设。着力提高产业投资比重。在稳定投资增长的前提下，更加注重优化投资结构，着力引进并启动实施一批产业性投资项目，提高产业投资比重，增强发展后劲。把扩大工业投资作为优化投资结构的重中之重，积极引导房地产市场投资和消费，有步骤地推进存量土地投入开发，促进房地产行业健康发展。坚持调结构、转方式，进一步做大总量、提升质量，突出抓好重点园区、重点产业、重点企业，推动工业经济加快发展。

强化工业园区建设。着力提升园区承载能力，加快园区骨干路网、标准厂房等基础设施建设，完善服务配套。

在社会保障方面，把保障和改善民生作为工作的出发点和落脚点，积极回应民生诉求，切实加大民生投入，用心办好民生实事。大力发展社会事业。优先发展教育事业。继续推进中小学标准化建设，促进义务教育资源均衡配置；提升普通高中教育质量，加快职业教育发展区建设，扩大学前教育覆盖面，办好特殊教育和继续教育；深化教育综合改革，强化教师业务能力和师德师风建设；加强校园安全管理。大力发展卫生计生事业。推进服务重心下移，进一步健全市、县、乡、村四级医疗卫生计生服务体系；深化医药卫生体制改革，重点实施县级公立医院综合改革；全面实施分级诊疗制度，让有限的医疗资源得到合理利用；加快发展文化体育和广电新闻出版事业。强化文化基础设施建设，繁荣文艺创作，丰富群众文化生活。着力健全社会保障。抓好就业促进工作，巩固扩大城乡医保覆盖面，启动实施医疗责任保险，推进大病保险和异地就医及时结算。[1]

## 6.19 贵州省

### 6.19.1 六盘水市

（1）城市概况

六盘水，别称"中国凉都"，位于贵州西部，市名由最初下辖的六枝、盘县和水城三个特区的头一个字组成，是"三线建设"诞生的一座年轻工业城市。1978年撤地建市后撤销两个特区设县，保留一个至今，即六枝特区。六盘水地处滇、黔两省结合部，长江、珠江上游分水岭，南、北盘江流域两岸，矿产资源十分丰富。交通四通八达，是西南重要的铁路枢纽城市和物流集散中心之一。该市炎热夏季月平均气温仅19.7℃，气候宜人，是消夏避暑的天堂，有四季不同的特色旅游风光。2005年经中国气象有关专家评审，成为全国首个以气候资源打造的都市品牌。六盘水是国家西电东送的主要城市，西南乃至华南地区重要的能源原材料工业基地，煤炭、电力、冶金、建材、核桃乳、洋芋片、富硒茶、山城啤酒、矿泉水、生物制药构成了市内的重要经济发展体系。特产有风猪、猕猴桃、杜仲、天麻、核桃。[2] 2015年全市生产总值为1201.08亿元，比上年增长12.1%。其中，第一产业增加值为114.51亿元，增长

---

[1] 资料来源：2015雅安市政府工作报告。
[2] 资料来源：六盘水市政府网站 http://www.gzlps.gov.cn/。

6.9%；第二产业增加值为614.14亿元，增长12.1%，其中工业增加值528.27亿元，增长10.9%；第三产业增加值为472.43亿元，增长12.9%，其中，交通运输、仓储和邮政业增长11.2%，金融业增长19.8%，营利性服务业增长26.6%。全市人均地区生产总值41618元。①

（2）资源特点及利用情况

六盘水市矿产资源丰富。目前已发现矿种有煤、铁、铅、锌、铜、锑、镍、铀、钴、银、铊、硫铁矿、硅砂、石灰石、白云石、大理石、萤石、方解石、冰洲石、重晶石、海泡石（又称石棉）、锗、镉、镓、铟、铱、镧、砷、水晶、油页石、石膏、水泥配料黏土等30余种。已探明储量的有煤、铁、铅、锌、铀、镍、银、锗、镉、镓、铟、硫铁矿、石灰石、白云石、萤石、石膏等，其中以煤、铁、铅、锌储量为多。煤储量居全省之首。六盘水煤田可靠储量711亿吨（2000米以内），探明储量164亿吨（普、详、精查），垂深1000米以内可靠储量413亿吨，煤种齐全，煤质优良，埋藏浅。六盘水市也市境因此素有"西南煤海"、"江南煤都"之誉。

（3）指数计算结果

|  |  |
|---|---|
| 转型能力指数 | 0.356 |
| 转型压力指数 | 0.376 |
| 预警指数 | 0.510 |

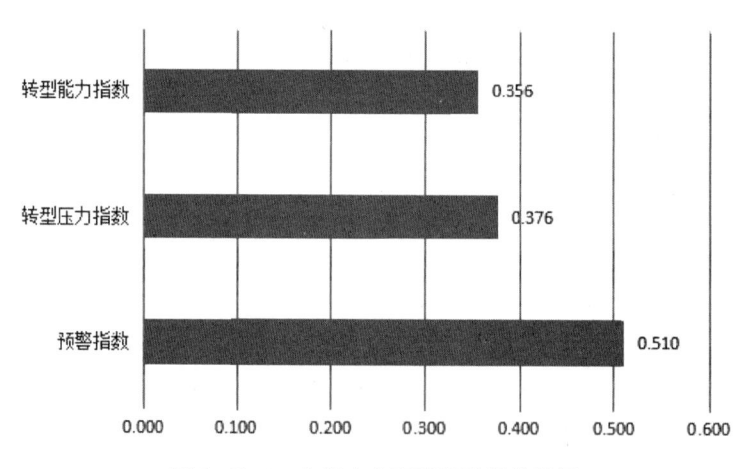

图6.19.1 六盘水市预警指数得分结果

---

① 资料来源：2015年六盘水市统计公报。

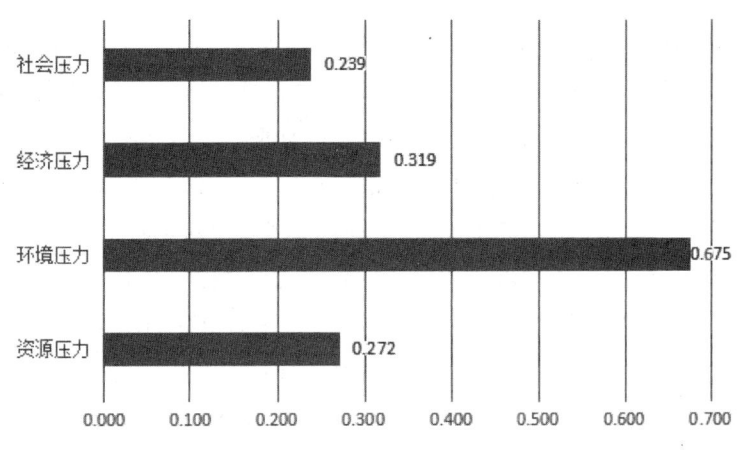

图 6.19.2　六盘水市转型压力指数分项得分结果

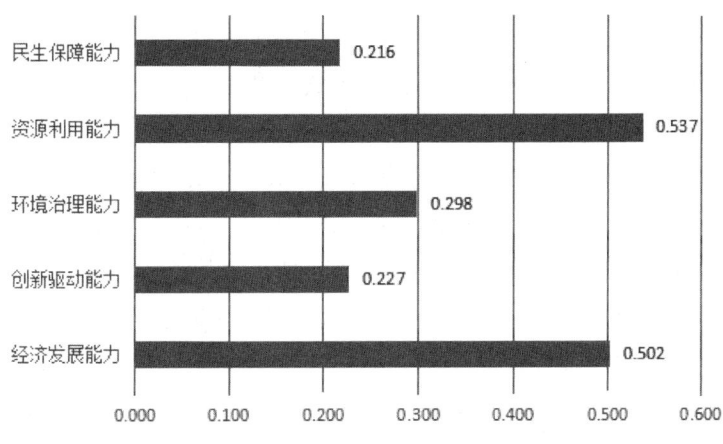

图 6.19.3　六盘水市转型能力指数分项得分结果

（4）指数评价

转型压力分析

六盘水市转型压力指数为 0.376，在全部 116 个资源型城市中排名 34 位，在西部资源型城市中排名第 7，在成长型资源城市中排名 2。这说明六盘水的转型发展遇到的困难较大。分项来看，六盘水面临最大的压力是环境压力，在所有资源型城市中排名第 2，在西部资源型城市中排名第 1，在成长型资源城市中排名第 1，从细分来看，六盘水市的居住环境压力位列全国之首，大气环境压力排列全国第 9 位，可见六盘水市在环境治理方面存在很大的缺陷，在环境治理方面的力度不到位，对城市发展将形成阻碍，可持续发展是值得六盘水市关注的问题。其次是资源压力，在所有资源型城市中排名第 44，六盘水市虽然资源品种丰富，但是人均所有资源较少，从细分项来看，资源压力中主体资源压力排到全国第13位，说明六盘水市在主体资源方面具有很大的劣势，需要进行部分调整来弥补自身资源的不足；而其他资源压力排名全国45位，属于中等靠前水平，六盘水市的其他资源压力与主体资源压力相比不算太大，但是依然需要进行关注。再次是六盘水市面临经济压力也不小，排列所有资源型城市第50位，从细分来看，经济结构压力排列全国第22位，六盘水市的经济结构较为不合理，需要对经济结构进行较大的改革，同时财政压力排在所有资源型城市中第39位，财政收入与支出不合理给六盘水市带来的财政压力不容小觑，同时六盘水市的经济区位压力位列国第49，是处于西南地区的区位压力，贵州省地势较为陡峭，多为山地，给六盘水市带来经济区位压力，好在六盘水市的经济增长压力很小，位列全国第79位，可以一定程度地克服经济区位带来的压力。最后，六盘水市的社会压力很小，位列全国第79位，民生保障工作还是需要进一步提高。

转型能力分析

六盘水市转型能力指数为0.356，在全国资源型城市中排名100位，在西部城市中排第31位，在15个成长型资源城市里排名第12，六盘水市在具有较大的转型压力的同时转型能力也较小。分项来看，六盘水市最强的是资源利用能力，但在全国排名40位，六盘水市拥有的丰富资源为六盘水市带来了很大的资源利用空间，但对于六盘水市来说资源的利用较为困难，可能与六盘水市所处地势相关。其次，六盘水市的经济发展能力也不是很强，在全国排名第57位，从细分项来看，虽然六盘水市的经济增长能力位列全国首位，说明六盘水市的经济具有极大的上升空间，但六盘水市的经济效率过低，排列全国第104位，在转型过程中提高经济效益是六盘水市进行改革的一大难点，同时，六盘水市的经济规模和经济结构转换能力都处于中等靠后水平，分别排在全国第67位和52位，六盘水市的经济具有极大的发展空间，但是却受到了经济效率和经济结构等的限制，经济难以得到较大程度的发展；六盘水市的创新驱动能力依然让人堪忧，排列全国第92位，创新人才排名全国第53位，但创新资金投入和创新基础设施排名都较为靠后，六盘水市应该充分发挥所用的创新人才资源进行发挥，不要让资金和基础设施局限了人才对六盘水的改革做出贡献。最后，六盘水市的民生保障能力和环境治理能力均排到全国所有资源型城市的100位之后，分别是101位和110位，六盘水市的丰富矿产能力排到全国108位，而大气治理能力甚至排到全国第109位，而民生保障能力同样很差，对六盘水市的民生问题需要六盘水市付出较大的关注。

综合评价

综合来看，六盘水市转型压力较大，尽管经济增长能力能够达到全国第一，但是对于六盘水来说，相关的其他能力都需要大幅度提高。六盘水市转型预警指数为0.510，在全部116个城市中排名13名，在西部地区资源型城市中排名第3，成长型城市中排名第一位，六盘水的资源转型较难，在转型过程中会出现许多问题，需要谨慎转型。

（5）政策建议

生态建设和环境保护实现新突破。生态文明建设全面推进，环境质量明显改善，环境承载能力明显增强。石漠化和水土流失得到有效治理。单位GDP能耗大幅下降。主要污染物排放控制在省下达的指标控制范围内。环境治理明显改善，空气质量AQI六参数达标天数明显增加。提升城乡生活垃圾无害化处理率、城镇污水处理率。

六盘水市需要优化全市的经济效率和经济结构等的问题，提高经济效益是六盘水市值得关注的问题，合适的结构配合适合的规模，在经济增长的保证下才能够促进六盘水市的资源转型，减小相关的阻力，在去产能方面能够有更大的突破。

六盘水应进行科技进步和人才战略实现的发展。科技创新战略和人才强市战略深入实施，科技创新体系和人才服务保障体系进一步完善。建成一批科技企业孵化器和市级以上工程技术中心、工程研究中心、企业技术中心、重点实验室、工程实验室，企业专利申请量明显增加。科技对经济社会发展的贡献率进一步提高。

六盘水需要完成脱贫攻坚和民生保障实现新突破。全面完成脱贫攻坚任务，现行标准下农村贫困人口实现脱贫，贫困县、贫困乡全部摘帽，贫困村全部出列，解决区域性整体贫困。城乡居民收入保持两位数增长，收入差距进一步缩小，中等收入人口比重上升。城乡就业更加充分。全面实施普及十五年教育，实现县域内义务教育基本均衡，高等教育加快发展，教育现代化全面推进。医疗卫生服务供给能力和服务质量显著增强，文化、社保、住房等公共服务体系更加健全，基本公共服务均等化水平提高。物价水平保持基本稳定。安全生产形势彻底好转，公共安全水平不断提升。

### 6.19.2 安顺市

（1）城市概况

安顺是贵州省下辖的地级市，位于贵州省中西部，距贵州省省会贵阳90公里。地处长江水系乌江流域和珠江水系北盘江流域的分水岭地带，是世界上典型的喀斯特地貌集中地区；东邻省会贵阳市和黔南布依族苗族自治州，西靠六盘水市，南连黔西南布依族苗族自治州，北接毕节市。安顺素有"中国瀑乡"、"屯堡文化之乡"、"蜡染之乡"、"西部之秀"的美誉，是中国优秀旅游城市，全国甲类旅游开放城市，全国唯一的"深化改革,促进多种经济成分共生繁荣,加快发展"改革试验区,民用航空产业国家高技术产业基地,贵州省级历史文化名城,是"贵州加快发展的经济特区",2009年度中国十大特色休闲城市,世界喀斯特风光旅游优选地区,全国六大黄金旅游热线之一和贵州西部旅游中心。国务院批准的第八个国家级新区贵安新区的主要组成部分。① 在省委、省政府和市委的坚强领导下,在市人大、市政协的监督、支持下,我们团结和依靠全市各族人民,坚持主基调主战略,紧紧围绕提速发展、后发赶超、同步小康的总目标,始终把全面深化改革贯穿于经济社会发展各个领域各个环节,团结奋进、攻坚克难,狠抓工作落实,全力推进工业化、城镇化、农业现代化和旅游产业化"四化"同步发展,实现经济快速增长,民生持续改善,社会事业全面进步,发展迈上新台阶。②

(2) 资源特点及利用情况

安顺地处长江水系乌江流域和珠江水系北盘江流域的分水岭地带,境内河流纵横,落差大,水能资源丰富,水力资源理论蕴藏量为450.7万千瓦,可开发利用的有295.9万千瓦。

安顺境内矿产资源比较丰富,有煤炭、铅锌矿、铝土矿、锑矿、金矿、重晶石、萤石、石膏、硅石、方解石、炼镁白云石、饰面用灰岩、水泥用灰岩等矿产资源分布。

煤炭为安顺市重要优势矿产,是"西电东送"工程主要依托的能源矿产,据全市1:50000地质填图预测远景储量(地表以下1000米以上)达130余亿吨,按现有生产能力计算,尚可服务年限在50年以上;重晶石累计储量4700万吨以上,尚可服务年限100年左右;水泥用灰岩极其丰富,预测资源量在50亿吨以上,能长期保证发展需要;冶金用硅石储量3500万吨以上,能满足生产需要;炼镁白云石预测5亿吨以上。此外已经发现待探明及开发的矿种有:汞矿、铜矿、水晶、高岭土、磷矿、冰洲石、膨润土、天青石等十余种。

在安顺境内海拔差异较大,立体气候明显,适宜多种动植物生长,已查明有药用植物2000多种,其中全国统一普查的456种重点药材中,安顺有406种,占89%。

---

① 资料来源:安顺市政府网站 http://www.anshun.gov.cn/。
② 资料来源:2015政府工作报告。

(3) 指数计算结果

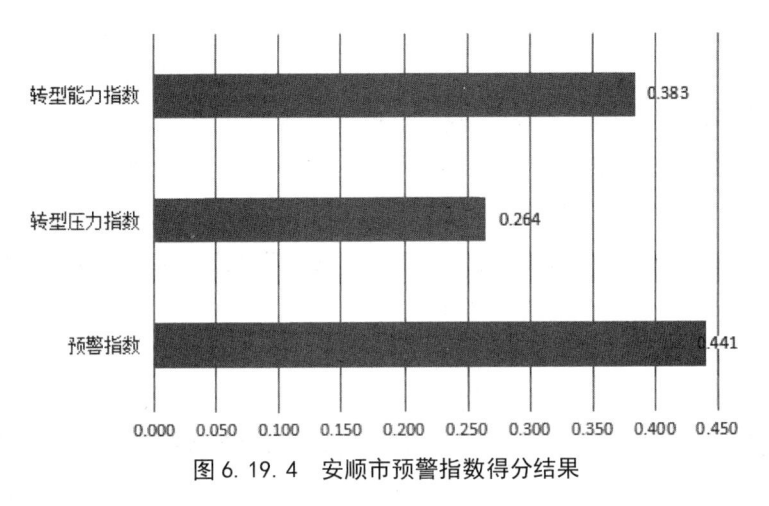

图 6.19.4　安顺市预警指数得分结果

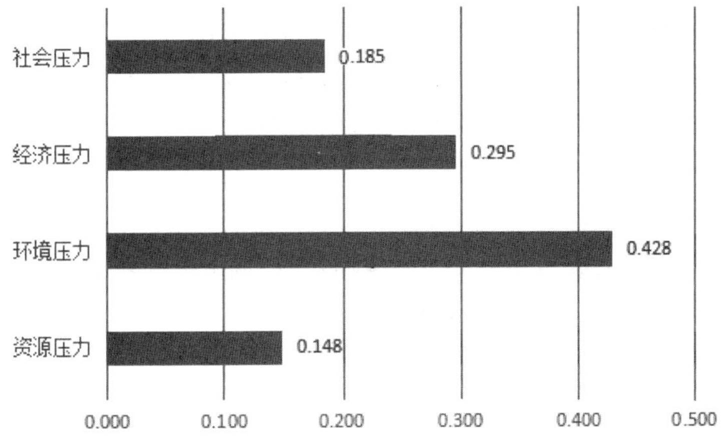

- 转型能力指数: 0.383
- 转型压力指数: 0.264
- 预警指数: 0.441

图 6.19.5　安顺市转型压力指数分项得分结果

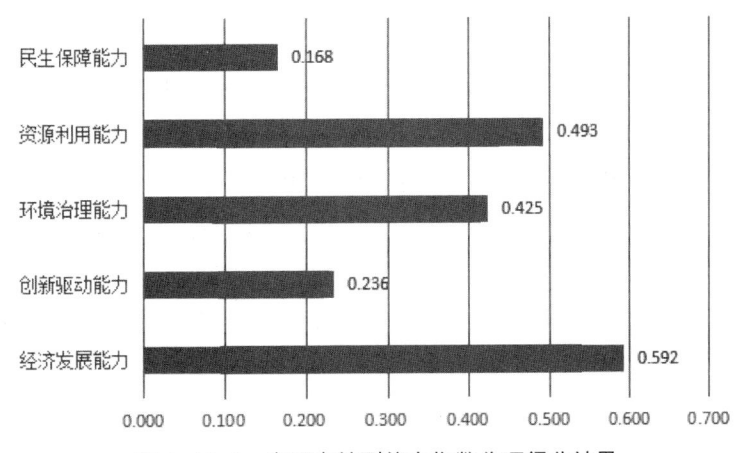

- 社会压力: 0.185
- 经济压力: 0.295
- 环境压力: 0.428
- 资源压力: 0.148

图 6.19.6　安顺市转型能力指数分项得分结果

- 民生保障能力: 0.168
- 资源利用能力: 0.493
- 环境治理能力: 0.425
- 创新驱动能力: 0.236
- 经济发展能力: 0.592

(4) 指数评价

转型压力分析

安顺市转型压力指数为0.264，在全部116个资源型城市中排名94位，在西部资源型城市中排名第28，在成熟型资源城市中排名第52。这说明安顺的转型发展遇到的困难还算一般。分项来看，安顺面临最大的压力是环境型压力，但在所有资源型城市中仍排名第53，在西部资源型城市中排名第24，在成熟型资源城市中排名第32，可见安顺市在环境保护方面存在较大的差距，对城市发展形成阻碍，但阻碍不明显。其次是经济压力，在所有资源型城市中排名第57，进一步细分可以发现，安顺市各项压力均不是很大，但经济压力中财政压力较大，排到全部资源型城市中第4，说明安顺市的转型发展较为轻松，但需要提高经济能力；其中最为突出的是财政压力，其次是经济结构压力，这说明安顺市产业结构不合理，财政收入缺乏活力，安全生产能力和财政收入能力有待改善。安顺市面临的资源压力较小，经济压力指数在全部资源型城市中排名第75；细分来看，主体资源压力排名第69，其他资源压力排名第76，均属于中等靠后阶段。安顺市社会压力相对很小，排名全国第95，远远好于全国资源型城市的平均水平，这说明安顺市的就业压力较小，有利于经济的健康增长，应当继续保持。

转型能力分析

安顺市转型能力指数为0.383，在全国资源型城市中排名92位，在63个成熟型资源城市里排名第53，可以看出安顺市虽然面临的转型压力较小但是具备的转型能力比较弱。分项来看，安顺市经济发展能力最强，全国排名21位，但这对于安顺市的经济发展来说有一定的能力和发展空间。其次是资源利用能力，在全国排名49位，说明安顺市资源上压力较小，对资源的利用能力还是不错，能够使其本身的资源得到较好的利用。分项来看，安顺市经济增长和经济结构转换能力较强，分别排名全国资源型城市的第1和第5位，但是经济规模排名很低，位于全国第105位。也就是说，安顺市遇到的问题，是在实现转型后，在较高经济增长上遇到的新问题，主要问题在于经济规模的障碍使得安顺市实现自我发展的能力不是很强。安顺市的资源利用能力尚可，全国排名49位，说明安顺市在资源利用方面具有一定的水平，有利于资源的利用和工业的增长；然而由于面临的民生保障能力较弱，现有的经济发展能力尚不足以克服目前所遇到的困难。安顺市的创新驱动能力和环境治理能力较弱，创新驱动能力全国排名第87，环境治理能力排名第94，二者都很靠后，说明安顺市在科技创新方面和环境治理尚需加强，尤其是居住环境治理等方面更加需要加强。

综合评价

综合来看，安顺市虽然转型压力不大，经济增长能力大，但是由于创新能力和环境治理等方面原因，经济规模太小，转型发展遇到了较为一些困难。安顺市转型预警指数为0.441，在全部116个城市中排名第57名，在西部地区资源型城市中排名第21，成熟型城市中排名第32，说明转型面临问题一般，问题稍显严重，可以选择适当发展。

（5）政策建议

加强生态环境建设。继续推进退耕还林、天然林保护、珠江防护林等林业重点工程建设，加强水资源管理，落实最严格的水资源管理制度，加大集中式饮用水源地保护力度。强化农业面源污染治理，加快推进农村改水、改灶、改厕、改圈，完善城乡垃圾收运系统和污水处理设施。

安顺应该适当的扩大各产业的规模，在经济能够快增长的基础下，扩大再生产，使社会经济得到更好的发展。最大限度利用安顺所拥有的资源大力发展自身的经济能力，同时提高环境治理能力，促进安顺经济可持续发展。安顺在保持经济发展能力的同时尽力发展自己的创新能力，将充分发挥自身的资源优势，尽可能扩大经济规模保证自身的发展。

安顺应加大科技创新支持力度，提升做大做强先进装备制造、电子信息、节能环保、新能源、新材料等战略性新兴产业集群，将新兴产业和现代服务业作为赢得未来竞争的"双引擎"，使其尽快成长为"参天大树"，早日挑起发展大梁，打破产业结构固化的发展瓶颈。

另外，在民生保障方面应当加大重视力度，着力在提升人民群众生活质量上实现突破，妥善做好化解过剩产能过程中职工分流安置工作，实施社会保障扩面提质工程，完善文化卫生服务体系，为经济社会发展保驾护航。

### 6.19.3 毕节市

（1）城市概况

毕节是贵州省下辖的地级市，位于贵州省西北部，贵州金三角之一，乌蒙山腹地，川、滇、黔之锁钥，长江珠江之屏障，东靠贵阳市、遵义市，南连安顺市、六盘水市，西邻云南省昭通市、曲靖市，北接四川省泸州市，是乌江、北盘江、赤水河发源地。毕节是一个承载使命的地方，是全国唯一一个以"开发扶贫、生态建设"为主题的试验区；毕节是一个产业兴起的地方，已成为国家"西电东送"的重要能源基地、国家新型能源化工基地、国家新能源汽车高新技术产业化基地、以大数据为核心的服务外包和呼叫中心，现代山地高效生态农业的加快发展进一步巩固和扩大了"乌蒙山宝·毕节珍好"农特产品公共品牌的覆盖面和影响力；毕节是一个三省通衢的地方，已逐渐成为西南地区区域性重要综合交通枢纽，2小时融入成渝、滇中、黔中经济圈，是珠三角连接西南地区、长三角连接东盟地区的重要通道。[①] 初步核算，2015年毕节市生产总值1461.3亿元，比上年增长12.9%。其中，第一产业增加值324.7亿元，增长6.9%；第二产业增加值566.6亿元，增长12.6%；第三产业增加值570.1亿元，增长15.5%；产业结构比为22.2:38.8:39.0。人均生产总值为22230元，同比增长12.3%。[②]

（2）资源特点及利用情况

毕节境内有煤、铁、铅锌、硫、黏土、高岭土、铝土、磷、硅石、重晶石、砂岩、石膏、稀土、彩石、白云岩、锑、镍、钴土、锰、铜、萤石、碧石、玛瑙等40种矿源。

其中煤储量364.7亿吨，居贵州全省之首；铁矿探明含储量2.27亿吨，占全省探明储量的51.7%；铅锌矿查明中型矿床3个、小型矿床13个；硫铁矿有大型矿床4个、中型矿床1个；磷块岩储量14.3亿吨，织金县为省内四大磷基地之一。

（3）指数计算结果

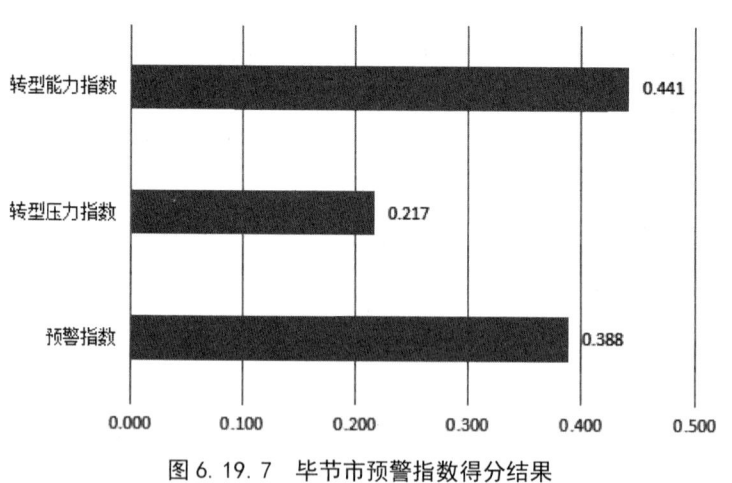

|  |  |
|---|---|
| 转型能力指数 | 0.441 |
| 转型压力指数 | 0.217 |
| 预警指数 | 0.388 |

图6.19.7 毕节市预警指数得分结果

---

① 资料来源：毕节市政府网站 http://www.bijie.gov.cn/。
② 资料来源：2015年毕节市统计公报。

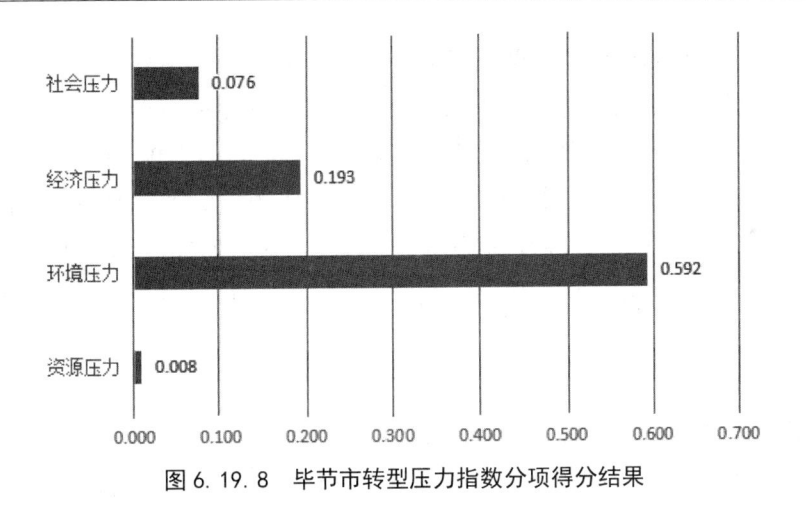

图 6.19.8 毕节市转型压力指数分项得分结果

图 6.19.9 毕节市转型能力指数分项得分结果

（4）指数评价

转型压力分析

毕节市转型压力指数为0.217，在全部116个资源型城市中排名110位，在西部资源型城市中排名第37，在成长型资源城市中排名14。这说明毕节的转型发展遇到的困难很小。分项来看，毕节面临最大的压力是环境压力，在所有资源型城市中排名第13，在西部资源型城市中排名第5，在成长型资源城市中排名第2，从细分来看，毕节市的居住环境压力位列全国之首，可见毕节市在环境治理方面存在很大的缺陷，在环境治理方面的力度不到位，对城市发展将形成阻碍，可持续发展是值得毕节市关注的问题。其次是经济压力，但在所有资源型城市中排名第91，由此可见，毕节市的经济压力相对较小，但从其细分结构来看，经济压力中经济结构压力较大，排到全部资源型城市中第28，说明毕节市虽然经济压力较小，但经济结构设置不合理；其次是经济区位压力，排名全国资源型城市第55，毕节市地处贵州西南，位置偏远，有一定的经济区位压力。由此看来，毕节市的经济结构亟待改革，同时需要克服自己在区位上的劣势。毕节市面临的资源压力和社会压力都很小，分别排列所有资源型城市第114位和第115位，从细分来看，除就业压力排名77外，其余所有的压力排名均排列于全国100位以后，均十分靠后，但就业压力是一大民生问题，虽然暂时对毕节市的资源转型没有太大的影响，但是毕节市政府还是应当充分考虑到这个问题，为广大市民带来更大的就业空间。

转型能力分析

毕节市转型能力指数为0.441，在全国资源型城市中排名66位，在15个成长型资源城市里排名第6，可以看出毕节市在面临较小的转型压力的同时依然有足够的转型能力。分项来看，毕节市资源利用能力最强，丰富资源为毕节市带来了很大的资源利用空间，同时还能够保证毕节市资源利用程度。但相对来说，毕节市的其他转型能力就处于中等靠后水平了，在剩余的能力中，排名最靠前的是经济发展能力和环境治理能力，均在全国排名第62位，从细分项来看，毕节市的经济增长能力位列全国首位，说明毕节市的经济具有极大的上升空间，能够很好地保证毕节市的经济增长，但是毕节市的经济规模太小，在全国的资源型城市中排名第111位，小的规模对于具有极大增长活力的毕节经济是十分不利的，所以，在经济转型的过程中需要毕节市政府进行经济规模的扩张，扩大再生产是值得毕节企业思考的问题；其次，毕节市的大气治理能力也较强，排列全国第13位，毕节市人民的生活环境空气状况可以得到极大的改善，但是居住环境治理能力很弱，排名全国第91位，对于毕节市居民来说，居住环境得不到改善将是他们所面临的严峻的问题。毕节市的创新驱动能力较弱，在所有资源型城市中排名第93位，创新是经济发展的重要动力，没有创新就没有活力，即使能够保持经济快速增长最后也会由于经济结构的不合理和创新性的不足导致资源枯竭，同时，毕节市的民生保障能力很弱，在所有的资源型城市中排名第114位，位列全国倒数，从细分项来看，最弱的民生保障能力便是文体服务保障能力和基础设施保障能力，民生问题是一个政府能够为人民谋福利的重要问题，毕节市需要在这些方面做得更好。

综合评价

综合来看，毕节市虽然转型压力很小，转型能力稍微有些靠后，尽管经济增长能力能够达到全国第一但是对于毕节来说相关的其他能力都需要有些提高。毕节市转型预警指数为0.388，在全部116个城市中排名95名，在西部地区资源型城市中排名第34，成长型城市中排名第13，说明转型轻松，可以直接转型，同时注意可持续发展即可。

（5）政策建议

可持续发展对于毕节甚至对于世界来说都是十分重要的，毕节所面临的环境压力较大，在进行资源开采利用的时候需要关注可持续发展，适度开发，避免过度，即使毕节的环境治理能力处于一般水平，但是更应该的是防多于治，协调发展，均衡同步地发展。

毕节市可以好好思考全市的经济结构和经济规模的问题，合适的结构配合适合的规模，在经济增长的保证下才能够促进毕节市的资源转型，减小相关的阻力，在去产能方面能够有更大的突破。

毕节应加大科技创新支持力度，坚持创新发展，推动转型升级。充分发挥先行先试的优势，把创新贯穿于全市经济社会发展的各个层面和各个环节，推动科技、制度、文化、管理、市场、产品、业态等创新，集聚创新人才、培育创新型领军企业、科技型企业，推动科技成果加快向生产力转化，加快形成以创新为主要引领的经济体系。

另外，在民生保障方面应当加大重视力度，坚持共享发展，增进民生福祉。充分发挥干群心往一处想、劲往一处使的优势，最大限度调动群众的积极性、主动性和创造性，围绕增进群众福祉、促进公平正义，切实解决好贫富不均、收入差距拉大、城乡区域公共服务水平不均等问题，让人民群众共享改革发展成果。

## 6.20 云南省

### 6.20.1 曲靖市

（1）城市概况

曲靖市位于云南省东部的地级市，是边疆中的内地，它东靠贵州省和广西壮族自治区，南边同文山州、红河州链接，西边毗邻昆明市，北边同昭通市和毕节市接壤。曲靖市拥有"滇黔锁钥"以及"云南咽喉"的美称，它地形地貌多样，是省内重要的工商城市，也是云南省"滇中城市群规划"区域中心城市，曲靖市的综合实力在整个云南省排第二位。[1] 在2015年，曲靖市的经济总量占云南省GDP的11.9%，数目为1630.26亿元，居全省第2位；曲靖市的普通公共预算收入达到了118.09亿元，占整个云南省的6.5%，居全省第4位。[2]

（2）资源特点及利用情况

截止至2015年，曲靖市已经探明29种矿产，以及225个矿产地，另外还有47种矿产资源。曲靖市拥有不同规模的矿床，其中小型、众星和大型分别有43、18、18处，矿点有146处。曲靖市的矿种也有很多，拥有多处烟煤、无烟煤、铅、锌、

---

① 资料来源：曲靖市政府网站 http://www.qj.gov.cn/。
② 资料来源：2015年曲靖市统计公报。

锗、铁、磷、硫铁矿、重晶石、石灰石、硅石、建材石料的矿产。其矿产资源总储量共有大约 354.7 亿吨,所以曲靖市拥有上万亿元的潜在经济价值以及六千多亿元的可利用经济价值。

曲靖市拥有较为齐全的煤种,主要有低灰煤、低硫煤以及高发热量煤,目前已探明 87 亿吨储量并拥有 300 亿吨的远景预测储量,分别占全省的 35.55% 和 56%;另外曲靖市还拥有占储量 95% 以上的炼焦用煤。该市的煤层大部分在 500 米垂深以内,分布在几十个乡镇、矿区和井田。另外,曲靖市已探明天然气储量约 12.81 亿立方米,可开采量约 4.8 亿立方米。

曲靖市的水泥用石灰石和硫铁矿储存量为全省第一,磷矿储存量为全省第二,铅和锰矿储存量位于全省第三,锌矿的储存量位于全省第四位;锑矿位于全省第五位;铁矿位于全省第八位。

(3)指数计算结果

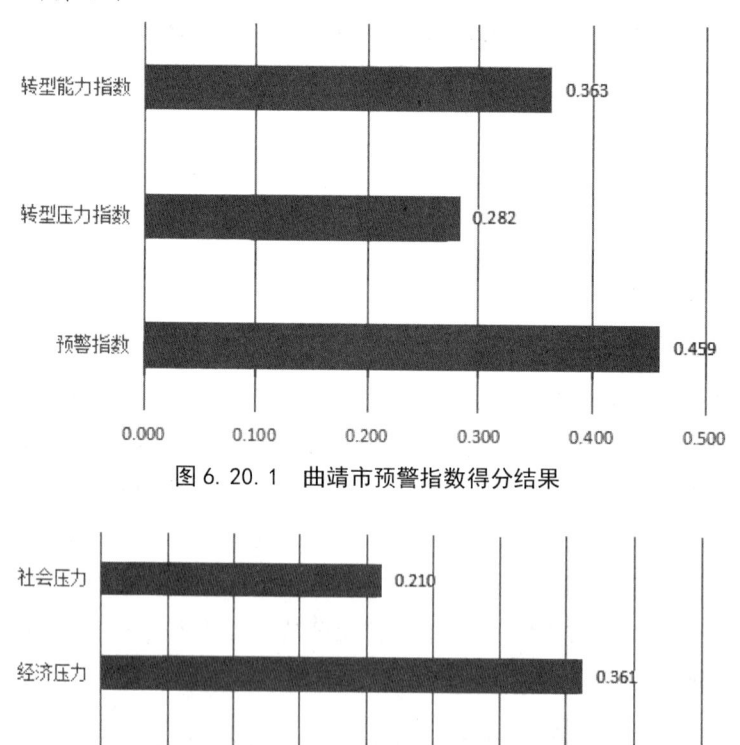

图 6.20.1 曲靖市预警指数得分结果

图 6.20.2 曲靖市转型压力指数分项得分结果

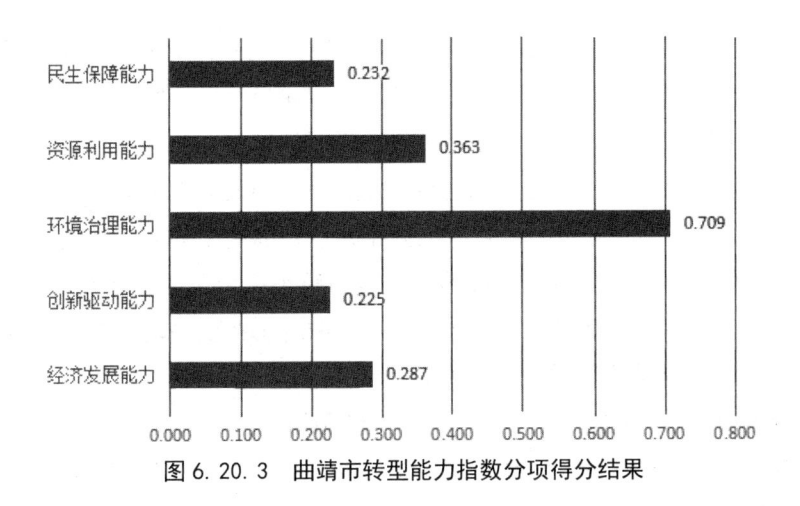

图 6.20.3　曲靖市转型能力指数分项得分结果

民生保障能力　0.232
资源利用能力　0.363
环境治理能力　0.709
创新驱动能力　0.225
经济发展能力　0.287

（4）指数评价

转型压力分析

曲靖市转型压力指数为 0.282，在全部 116 个资源型城市中排名 88 位，在中国西部资源型城市的排名中位于第 25 位，成熟型资源城市排名第 49 位。通过排名分析可以得到曲靖市的资源转型难度较小。从分项来看，曲靖面临的经济压力较大，在所有资源型城市中排名第 39 位，在西部资源型城市中排名第 16，在成熟型资源城市中排名第 22，曲靖市在经济上面临的问题较大。从细分项来看，曲靖市的经济增长压力较大，排列所有资源型城市第 11，说明曲靖市的经济增长缺乏活力，需要曲靖市增大投入，促进资源转型过程中的经济增长，而曲靖市的财政压力相对来说也较大，位于全国第 28 位，财政压力给曲靖政府带来压力，将会在一定程度上抑制曲靖市的基础发展，但曲靖市的经济结构压力和经济区位压力都较小，可以减轻曲靖在经济上面临的压力。其次是环境压力，排名全国第 65，主要压力来源于居住环境压力和大气环境压力，分别位于全国资源型城市排名的第 13 位和 37 位，其中曲靖市的矿山压力为第 57 名，水环境压力是第 98 名，总体来说，曲靖的环境压力对曲靖市的资源转型带来的困扰不是很大。曲靖市在资源上也有一定的压力，在所有资源型城市中排名第 72，说明曲靖市的资源压力一般，在资源转型过程中有可能出现一定的资源劣势。

最后，曲靖市的社会压力较小，在全国位于第 89 位，不过曲靖市在各项民生保障上还需要更大的努力，而在安全防护方面需要更加注意，保障市民的基本安全，曲靖市的就业压力较小，可以帮助减少一部分民生保障带来的压力。

转型能力分析

曲靖市转型能力指数为 0.363，在全国资源型城市中排名 97 位，在 63 个成熟型资源城市里排名第 55，可以看出曲靖市具备的转型能力相对来说非常弱。分项来看，曲靖市最强的能力是环境治理能力，在所有城市中排名第 18 位，曲靖市水环境治理能力和居住环境治理能力均排名全国第 1 位，说明曲靖市在治理水环境和居民居住环境时有较大的能力给居民带来良好的居住环境，其大气环境治理能力排名全国第 23，曲靖市对其大气环境的治理可以有较好的效果，但是曲靖市的矿山环境治理能力非常弱，排名全国第 109 位，虽然曲靖市的矿山压力较小但由于矿山环境治理能力较小，可能会使曲靖市的矿山环境慢慢变得形势严峻，曲靖市在资源转型的时候也不可忽视这一点。曲靖市的其他方面能力均较弱，均排名在全国后 90 位，最靠前的资源利用能力和创新驱动能力均排名全国第 94 位，资源利用能力较弱是由于资源丰富度较高但是资源的利用能力较弱将会导致资源的匮乏，阻碍曲靖市的资源转型。曲靖的创新基础设施较好，排名全国第 18 位，说明政府在基础设施方面还是很重视的，但是创新资金投入和创新人才的劣势严重阻碍了曲靖市的创新能力发展。曲靖市的民生保障能力排名全国第 97 位，社会压力不大，但是较弱的民生保障能力将会逐渐增大曲靖的社会压力，从细分项来看，居民收入保障能力较强，位于全国第 16 位，但是教育保障能力位于第 66 位，相对较为一般，其余各项能力都较弱，曲靖市的各项基本保证不足，需要曲靖市发挥更大的作用保障民生发展。曲靖市的经济发展能力很弱，排名全国第 109 位，经济结构转换能力一般，排名在第 76 位，说明曲靖市在资源转型之后的经济结构转换速度较为一般，经济规模排名全国第 91 位，经济效率较低，排名全国第 99 位，同时经济增长能力排名全国第 106 位，由此来看，曲靖市的各项经济能力都较弱，其经济能力较弱将会为曲靖市的资源转型带来巨大的压力。

综合评价

综合来看，曲靖市虽然转型压力不大，但是转型能力过低，在转型过程中可能会遇到很多严重的问题。曲靖市转型预警指数为 0.459，在全部 116 个城市中排名 40 名，在西部地区资源型城市中排名第 14，成熟型城市中排名第 22 位，说明转型面临问题较大，在资源转型的过程中容易出现反复现象。

（5）政策建议

曲靖市的环境压力较大，所以应该猛抓生态环境建设和生态文明建设，加大生态环境治理力度。推动低碳发展、循环发展，提高曲靖市的可持续发展能力。

曲靖市还应该努力发展现代服务业。要从规划、要素配置、政策等方面一起抓，同时发展生产性服务业以及生活性服务业。另外，曲靖市还应该推进养老服务业，例如建设健康城，建立私立养老机构。

最后，曲靖市必须以改革激发市场活力。在政策方面，曲靖市应该简政放权，减少和取消不必要的审批，利用市场来决定资源配置。另外，曲靖市应该通过培育和完善市场体系来快速建立以市场为主体的信用信息公开系统来深化在商事制度方面的改革。曲靖还要大力综合运用相关财政措施推动大众创业、万众创新。

### 6.20.2 保山市

（1）城市概况

保山市总面积约为 19,637 平方公里，是一个位于云南省西南部的地级市，外与缅甸毗邻，内与大理、临沧等城市连接。保山市下辖一区一市三县，拥有 246.8 万的人口。[①] 截止至 2015 年，保山市的 GDP 总值为 551.96 亿元，较去年增长 11.5%。保山市第一产业的增加值达到了 141.97 亿元，较去年增长 6.5%。其第二产业增加值达到了 192.05 亿元，较去年增长 14.4%；最后保山市的第三产业增加值达到了 217.93 亿元，较去年增长 11.6%。三次产业结构由上年的 27.5：34.7：37.8 调整为 25.7：34.8：39.5。[②]

（2）资源特点及利用情况

保山已经发现的矿产资源主要有 27 种类型，例如铁、铅、钛、锌、铜、锡、铍、硅灰石、大理石。其中：龙陵勐糯铅锌矿储量 245 万吨；腾冲铁矿的储量 6585 万吨；另外，腾冲硅藻土的储量 4.7 亿多吨；腾冲硅灰石储量 1.3 亿吨；腾冲高岭土储量 1700 万吨；龙陵硅石储量 1385 万吨；保山坝钛铁矿储量 528 万吨；龙陵镇安煤矿储量 1.14 亿吨。

（3）指数计算结果

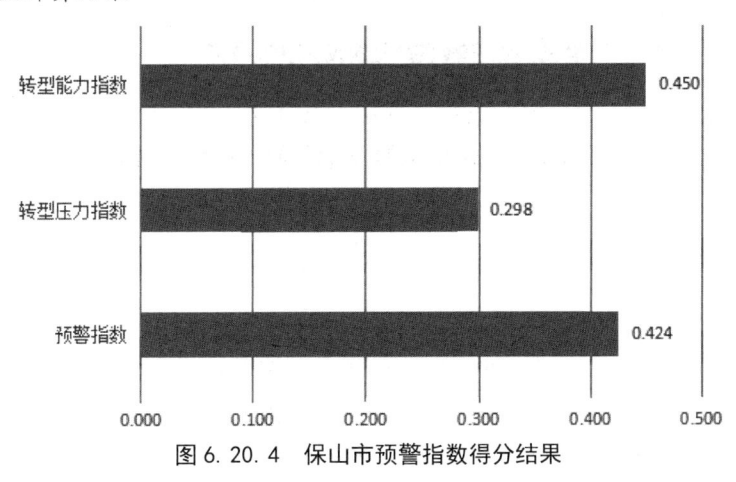

图 6.20.4 保山市预警指数得分结果

- 转型能力指数：0.450
- 转型压力指数：0.298
- 预警指数：0.424

---

[①] 资料来源：保山市人民政府门户网站 http://www.baoshan.gov.cn/。
[②] 资料来源：2015 年保山市统计公报。

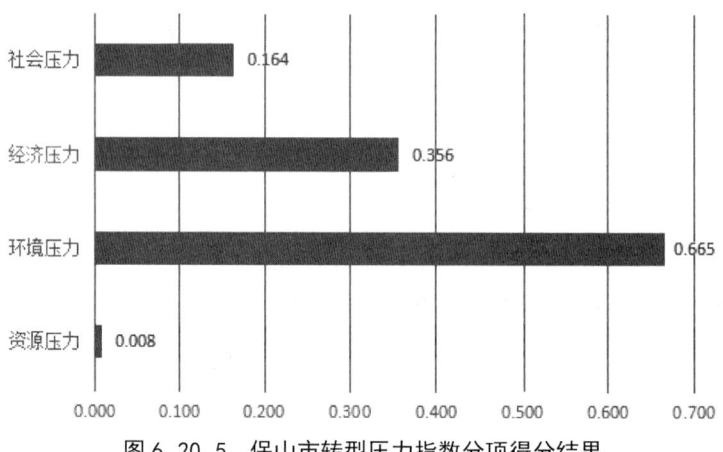

图 6.20.5　保山市转型压力指数分项得分结果

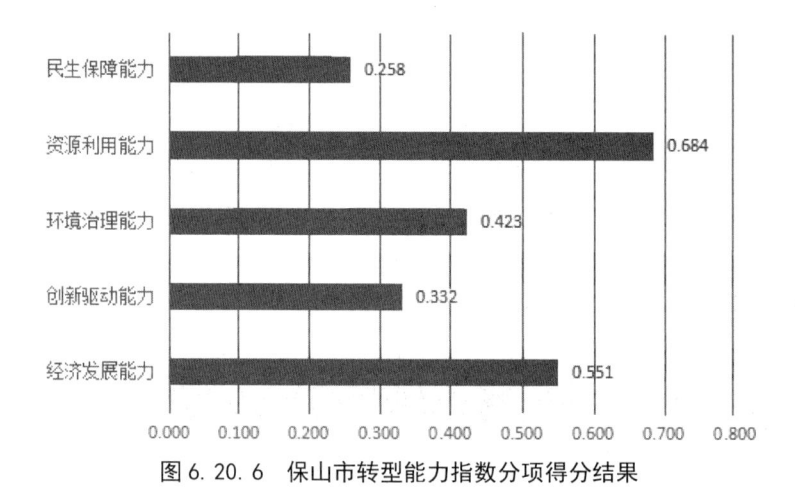

图 6.20.6　保山市转型能力指数分项得分结果

(4) 指数评价

转型压力分析

保山市转型压力指数为 0.298，在全部 116 个资源型城市中排名 78 位，该市在成熟资源型城市和西部资源型城市中分别排名第 41 和 22 位。通过排名分析可以得到保山市的资源转型难度一般。从分项来看，保山面临的环境压力最为突出，在所有资源型城市中排名第 3，在西部资源型城市中排名第 2，在成熟型资源城市中排名第 2，说明保山市在环境方面面临巨大的压力，环境治理问题是保山市所面临的刻不容缓的问题，可持续发展应该值得保山市关注。从细分项来看，保山市的水环境压力和居住环境压力都很严重，分别位于所有资源型城市第 1 和第 7，而矿山环境压力排名第 18，三者都很靠前,表明保山市在这三个环境上都需要做出努力,大气环境压力排名第 76 名,可以看出该市的大气环境压力尚可。其次是经济压力,在所有资源型城市中排名第 40,进一步细分可以发现,保山市主要经济压力来源于经济区位压力,排名所有资源型城市的第 10 位,主要由于保山市地处云南西南和缅甸交界,区位压力难以克服。幸运的是保山市的资源压力和社会压力都很小,在全国分别排到第 113 位和第 103 位,保山市丰富的资源给保山市带来了克服经济压力的动力,社会压力方面无论就业压力还是社会保障和安全,三方面保山市所面临的压力都很小,由此可见保山市在民生方面的工作做得还是很到位的。

转型能力分析

保山市转型能力指数为 0.450,在全国资源型城市中排名 62 位,在 63 个成熟型资源城市里排名第 35,可以看出保山市具备的转型能力同样属于一般水平。分项来看,保山市资源利用能力最强,所有城市中排名 21 位,这得益于保山市丰富的资源和适中的开采难度,使得保山市能够尽可能大地利用自身所拥有的资源,尤其是将排名全国第 6 的主体资源利用能力最大限度发挥。其次是经济发展能力,在全国排名 34 位,说明保山市经济压力虽然还是较大,但经济发展的能力还是可观的,应该是可以克服现实困难。分项来看,保山市的经济增长能力位于全国第 1 位,可以看到保山市在经济增长上的极大的发展空间,而同时保山市的经济结构转换能力和经济效率能力也是不错的,分别位于全国第 27 位和第 41 位,说明保山市的经济结构是较为合理的,经济效率也是高于平均水平的,但保山市的经济规模能力位于全国第 107 位,这对于保山市来说限制了其经济的发展,需要适当的扩大经济生产规模。保山市的创新驱动能力尚可,全国排名 58 位,说明保山市在创新驱动方面具有一定的水平,水平尚属一般,但还是有利于保山市的经济创新发展。然而保山市的环境治理能力排名全国第 95,与保山市的环境压力排名全国第 3 相结合,使得保山市在转型之后将会面临较为严重的环境问题,可持续发展是社会的主调,保山市需要深入思考的是要怎样保护好保山市看作优势的资源环境,不能让优势消失不见。最后是保山市的民生保障能力也较弱,位于全国第 86 位,虽然保山市所面临的社会压力不大,但如果民生保障做得不好在最后也会将民众陷入一个尴尬的境地,尤其需要发展的就是基础设施保障能力、医疗卫生保障能力和教育保障能力。

综合评价

综合来看,保山市虽然转型压力不大,但是多少受到转型能力的限制,在转型过程中需要更大的努力才能够完成顺利转型。保山市转型预警指数为 0.424,在全部 116 个城市中排名 73 名,在西部地区资源型城市中排名第 26,成熟型城市中排名第 38,说明转型面临问题一般,在转型过程中处于国家平均水平。

(5) 政策建议

保山目前面临着较大的困难，主要是不配套的产业发展、不被重视的人才引进、落后的交通设施、走低的矿产品交易价格、难度加大的财政增收等使得保山市的发展遭遇瓶颈。近年来，中国实施"一带一路一廊"的战略，使得保山市获得了重大的发展机会。

保山市需要坚持转方式调结构，同心同德做大做强产业。在农业方面，保山市应该加快使农业商业化的步伐，由原先的资源型转变到商品型，同时加大投入，建设农业基地，培养龙头企业，另外，在农业转型过程中，应当时刻保证安全的产品、高效率的生产以及绿色环保的方式。

保山市应该遵守我国发展的轨迹和方向，加强预判未来趋势，参照区域发展策略，确立新理念、立足新起点、谋划新举措、制定新目标、构建新常态，保山市还应该做好未来五年的专项规划、总体规划，努力建设小康。

此外，保山市应该坚持绿色的发展理念。优化国土开发空间布局和城乡产业布局，抓实中心城区工业企业入园工作，推动工业向园区集中，城市向生态、低碳、环保转型。保山市需要尽快转变其经济结构和发展方式，用经济优势代替生态优势，大力发展绿色种养植及其加工、清洁能源、绿色建材、生物制药、旅游文化、商贸物流、信息技术等绿色产业，倡导绿色消费以及绿色出行。保山市还应该将节能的技术进入企业，重点推广节能，开展全民节能行动。

保山市的工作目标之一是要惠民生保稳定，统筹发展社会民生。所以保山市要注重社会事业的发展，关心低收入人民的生活，维护社会和谐。

### 6.20.3 昭通市

(1) 城市概况

昭通市是位于云南东北的省辖市，正好位于云南贵州四川的交界处，被称为"小昆明"。昭通市下辖10个县。[①] 截至2015年，该市的GDP共有709.18亿元，相较上年增长8%。昭通市的第一产业增加值为140.65亿元，较去年增长5.8%，其第二产业增加值为308.93亿元，较去年增长7.8%，昭通市的工业增长了4.8%，具体为209.72亿元，昭通市的第三产业增加了259.6亿元，和去年比起来增长9.4%；昭通市的人均GDP为13112元，较去年增长了7.2%。三次产业的比重为19.83:43.56:36.61。昭通市的三种产业各拉动经济增长11.9%、46%、42.1%。[②]

---

① 资料来源：昭通市政府网站 http://www.zt.gov.cn/。
② 资料来源：2015年昭通市统计公报。

（2）资源特点及利用情况

昭通市已知的矿产资源有33种，直到2010年已经探明了22种矿产资源。其中，昭通市的煤、硫储量是云南第一，该市煤炭储量达到上百亿吨，已经探明了102.27亿吨，另外盆地的褐煤储量达到了81.98亿吨，所以昭通市成为中国南方的第二大褐煤田。另外，昭通市具有丰富的有色金属资源，是云南三大基地之一。而且该市已经探明166.92万吨铅锌矿。硫铁矿为全国五大矿区之一。

（3）指数计算结果

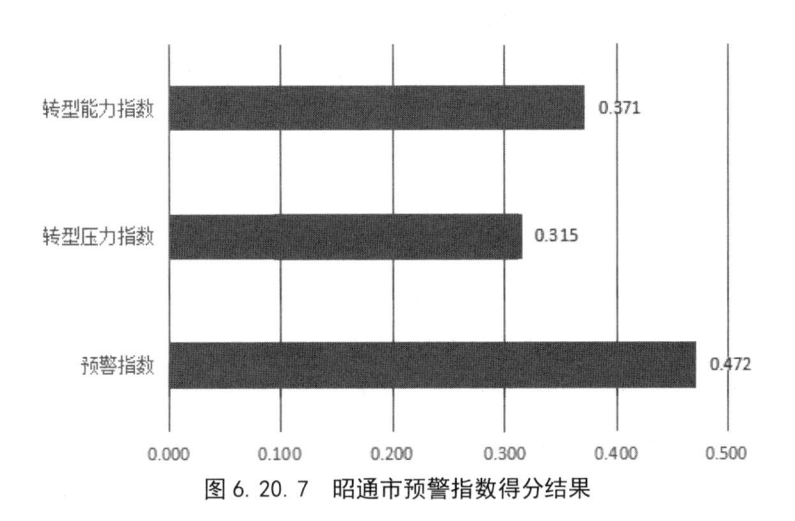

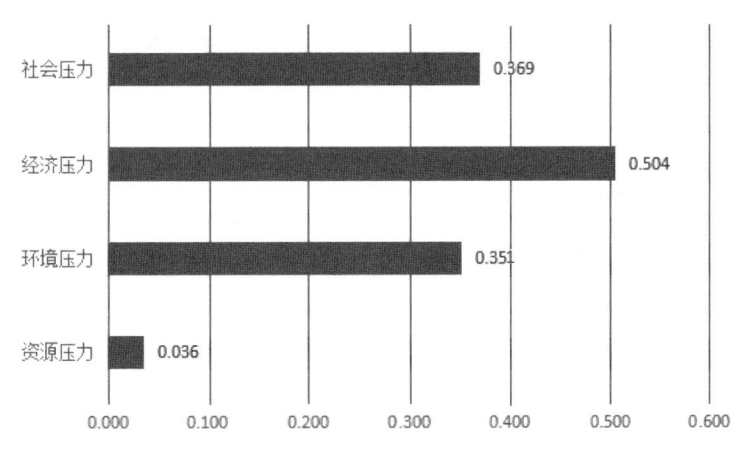

图 6.20.7　昭通市预警指数得分结果

图 6.20.8　昭通市转型压力指数分项得分结果

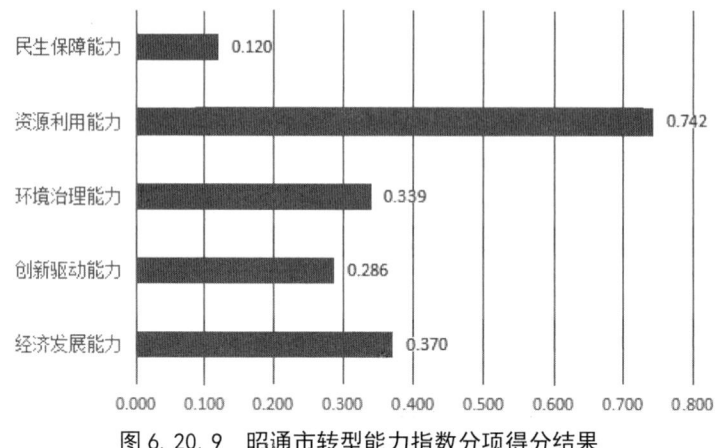

图 6.20.9　昭通市转型能力指数分项得分结果

（4）指数评价

转型压力分析

昭通市转型压力指数为0.315，在全部116个资源型城市中排名65位，在西部资源城市和成长型资源城市的排名分别为第18名和第5名。通过排名分析可以得到昭通市的资源转型难度一般。从分项来看，昭通面临的经济压力较大，在所有资源型城市中排名第21位，在西部资源型城市中排名第6位，在成长型资源城市中排名第3，昭通市在经济上面临的问题较大。从细分项来看，昭通市的经济区位压力较大，排列所有资源型城市第13，昭通市的地理位置较为偏远，进出方式多为铁路和公路，同时昭通市的经济增长压力也较大，排名全国第22位，说明昭通市的经济要想发展需要付出更大的努力，保证经济增长速度，昭通市的财政压力相对来说也较大，位于全国第25位，财政压力给昭通政府带来压力，将会在一定程度上抑制昭通市的基础发展，但昭通市的经济结构压力较小，排名全国第72位，可以稍微减轻昭通在经济上面临的压力。其次是社会压力，昭通市的就业压力较大，排名全国第10位，这将会使昭通市的经济发展受到限制，昭通市可以创造更多的就业机会，社会保障压力也较大，排名全国第23位，但安全压力低于平均水平，排名全国第73位，昭通市的安全状况还是比较可观的。其次是昭通市的环境压力一般，在全国排名第81位，但从细分项来看，昭通市的居住环境压力位于全国第1位，居住环境上具有很大的压力，对昭通市的居民来说是一件值得担忧的事情，其余环境压力相对较小，昭通市在治理环境的时候可以将居住环境治理放在首位，但是同样不可以忽视其他环境的治理。昭通市的资源压力较小，位于全国第110位，说明昭通市在资源转型过程中资源将为其带来较大的优势，同时用以弥补其他方面的不足。

转型能力分析

昭通市转型能力指数为 0.371，在全国资源型城市中排名 95 位，在 15 个成长型资源城市里排名第 10，可以看出昭通市具备的转型能力相对来说较弱。分项来看，昭通市最强的能力是资源利用能力，在所有城市中排名第 13 位，尤其是昭通市的主体资源利用能力排名全国第 1 位，说明昭通市对其主体资源将会尽可能的最大化利用，充分发挥自身具有的资源优势。昭通市的创新驱动能力较为一般，排名全国第 72 位，从细分项来看，昭通市创新基础设施建设排名全国第 40 位，创新人才排名全国第 42 位，但是由于创新资金投入不足导致昭通市的创新活力不足，需要更多的进行资金投入，可以吸收外来投资或充分利用财政收入完成资金投入。昭通市的经济发展能力、环境治理能力和民生保障能力都较弱，分别位于全国第 100、105 及 116 位。在经济发展能力方面，昭通市的经济效率比较高，位于全国 29 名，其余能力都低于平均水平，导致昭通市的经济疲软，发展能力不足。昭通市的环境治理中，大气环境治理能力排名全国第 17 位，昭通市的大气环境具有的压力较小，治理能力较强，空气质量较好，但无论是水环境居住环境还是矿山环境的治理能力都排名 100 位之后，昭通市迫切需要提高居住环境来减小居民居住环境的压力，否则将直接导致昭通市的居民生活状况下降。从民生保障能力的细分项来看，昭通市最强的能力是居民收入保障能力，但仍旧排名全国第 71 位，其余四项能力也排名全国 100 位以后，昭通市需要对民生保障的各项能力进行提高。

综合评价

综合来看，昭通市虽然转型压力一般，但是转型能力过低，在转型过程中可能会遇到很多严重的问题。昭通市转型预警指数为 0.472，在全部 116 个城市中排名 32 名，在西部地区资源型城市中排名第 11，成长型城市中排名第 4 位，说明转型面临问题较大，在资源转型的过程中容易出现一些严重问题需要昭通市着重处理。

（5）政策建议

昭通市目前要做的就是完善和落实经济增长的政策。最重要的就是出台各项细则来配套解决发展问题。加大政策落实的监督检查和跟踪问效，推动政策落地生根，千方百计促进经济平稳增长。

突出投资的关键作用，牢固树立投资是拉动经济增长第一动力的意识，着力解决好"投什么""谁来投""怎么投"等问题，多管齐下扩大有效投资。

昭通市还应该努力发展生产性和生活性的服务业。而且主要从政策、要素配置入手。昭通市还应该重视养老服务业的发展，快速建设健康城和养老院。

昭通市需要重环保治生态，着力推动绿色持续发展。加强生态建设。严格保护天然林资源，启动实施新一轮退耕还林，大力开展城镇面山、交通沿线、湖库四周等

### 6.20.4 丽江市

（1）城市概况

丽江市是云南省西北部的地级市，连接着云贵高原以及青藏高原。丽江市拥有着20600平方公里的面积，东边与彝族自治州、攀枝花市连接，南边与大理白族自治州接壤，西边与傈僳族自治州相邻，北边与连迪庆藏族自治州相连。丽江市的总人口为1244769人。[①] 丽江市2015年的GDP为2900117万元，相较去年提高了9%，高于全国、全省2.1和0.3个百分点。从三次产业看：丽江市的第一产业、第二产业和第三产业的增加值分别为445742万元、1156019万元、1298356万元。经济增长主要由第二产业支撑。第一、二、三产业对丽江市经济增长的贡献比率分别为9.09%、54.66%、36.25%。丽江市人均生产总值为22702元，相较上年增长8.5%。[②]

（2）资源特点及利用情况

丽江市拥有独特的地理构造来形成多种矿产。而且丽江的矿产资源有自己的特色，例如地台型和地槽型。目前，在发现了30多种矿产的丽江，煤、沙金、铜、大理石、石灰石、瓷土、石灰角砾岩、滑石等构成主要矿种。另外，丽江在黑色冶金工业、镍、钴等有前景。

（3）指数计算结果

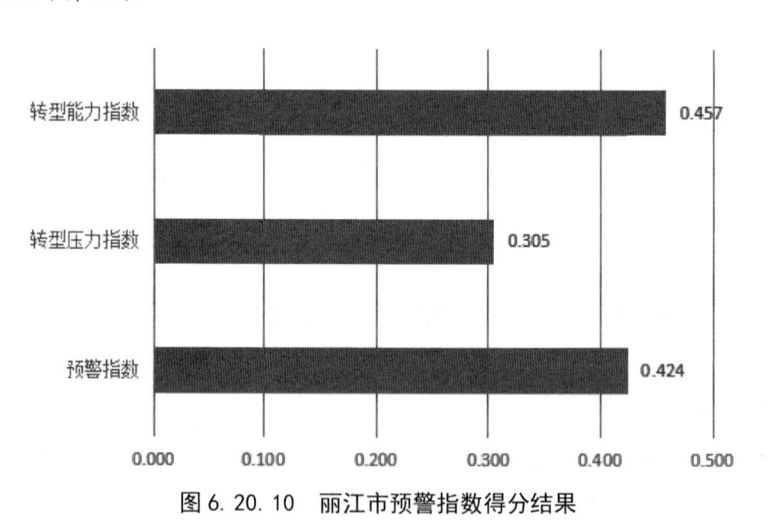

|  |  |
|---|---|
| 转型能力指数 | 0.457 |
| 转型压力指数 | 0.305 |
| 预警指数 | 0.424 |

图6.20.10 丽江市预警指数得分结果

---

① 资料来源：丽江市政务网 http://www.lijiang.gov.cn/。
② 资料来源：丽江市2015年统计公报。

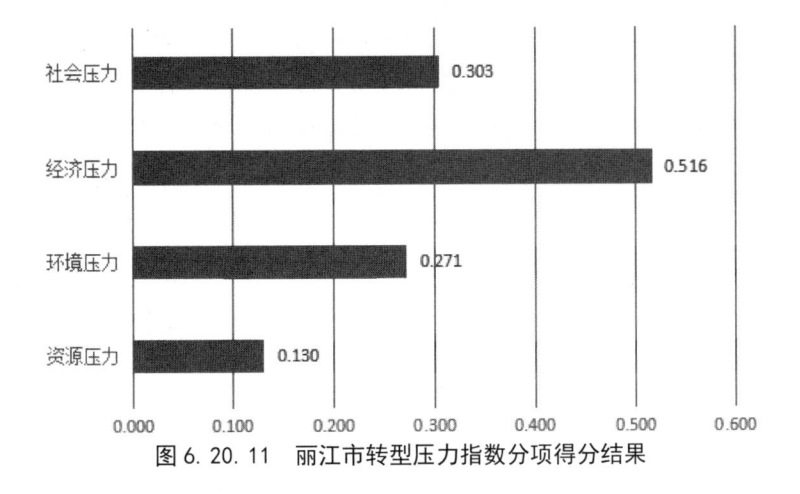

图 6.20.11　丽江市转型压力指数分项得分结果

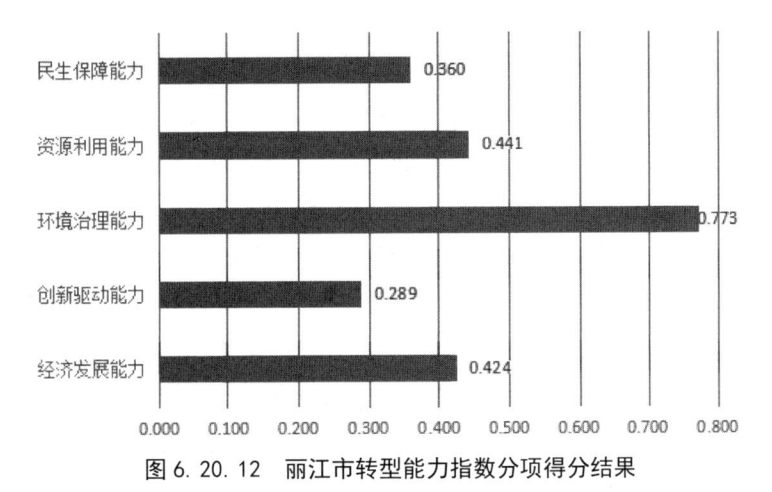

- 社会压力 0.303
- 经济压力 0.516
- 环境压力 0.271
- 资源压力 0.130

图 6.20.12　丽江市转型能力指数分项得分结果

- 民生保障能力 0.360
- 资源利用能力 0.441
- 环境治理能力 0.773
- 创新驱动能力 0.289
- 经济发展能力 0.424

（4）指数评价

转型压力分析

丽江市转型压力指数为0.305，在全部116个资源型城市中排名75位，在西部资源型城市中排名第21，在再生型资源城市中排名第10。这说明丽江的转型发展遇到的困难一般。分项来看，丽江面临的经济压力最为突出，在所有资源型城市中排名第16，在西部资源型城市中排名第3，在再生型资源城市中排名第1位，可见丽江市在经济发展上遇到的障碍较大，从其细分项来看，主要的经济压力来源于经济增长压力、经济区位压力和财政压力，给丽江市的总体经济发展带来了很大的压力。其次是社会压力，在所有资源型城市中排名第54位，进一步细分可以发现，丽江市各项社会压力均属于一般水平，但社会保障压力稍大，排名第26位，而安全压力排名全国第73位，从这两项指标看来，丽江作为旅游胜地，保安措施做得很好，但对于当地居民的民生保障需要更加引起重视。丽江市所面临的资源压力和大多数的西部城市相同，都相对较小，在全国位于第79位；细分来看，丽江市的主体资源压力相对处于中等水平，位于第55位，其他资源压力位于第79位，从此看来，丽江市在其他资源上具有一定的优势，但是主体资源处于比较一般的水平，这也是丽江市资源转型的一大局限。丽江市环境压力很小，排名全国第101位，优于全国大多数资源型城市，丽江市在环境方面的压力较小，对丽江市的资源转型来说又是一大机遇，在保护好环境的情况下进行资源转型，将为丽江市带来更多的转型便利。

转型能力分析

丽江市转型能力指数为0.457，在全国资源型城市中排名52位，在15个再生型资源城市里排名第10，可以看出丽江市具备的转型能力总体来说属于中等水平。分项来看，丽江市环境治理能力最强，全国排名10位，这将有利于丽江市继续维持较小的环境压力，有利于经济社会可持续发展。其次是民生保障能力，在全国排名51位，说明丽江的社会压力属于中等水平，其民生保障能力同样属于中等水平。在资源转型之后，如果丽江市的民生保障一直处于中等水平，将会降低群众的生产积极性。分项来看，丽江市居民收入保障能力和教育保障能力较强，分别排名全国资源型城市的第8和第24位，但是基础设施建设能力和医疗保障能力排名很低，位于全国第93位和第87位。也就是说，尽管丽江的居民收入可观，受教育程度也不错，但是在发展旅游业的时候不能完善基础设施，保障民众医疗，将成为丽江资源转型中给人民带来的一大困难。丽江市的资源利用能力和创新驱动能力一般，分别在全国排名68位和69位，说明丽江市在拥有一定的资源优势的情况下还是需要发展资源利用能力，将自身的丰富资源转变成自身的一大优势。同时，丽江市拥有的创新人才位于全国第28位，属于中等靠上的水平，丽江市应该充分发挥这一优势，尽快补足在创新资金投入和创新基础设施方面的不足，用创新带动丽江市的完美转型。丽江市的经济发展能力在全国排名第85位，排名第16位的经济结构转换能力和排名第30位的经济效率不能弥补经济增长和经济规模带来的劣势，丽江市的经济增长活力不足，规模太小将是丽江市在资源转型后所遇到的一大难点问题。

综合评价

综合来看，丽江市虽然转型能力一般，但是整体来说丽江市的转型压力不是很大，因此其转型的困难程度也处于一般水平。丽江市转型预警指数为0.424，在全部116个城市中排名74名，在西部地区资源型城市中排名第27，再生型城市中排名第8，说明转型面临问题不太大，转型过程中稍加注意可以顺利转型。

（5）政策建议

丽江市应该深化改革开放，并且深入激励改革动力。

丽江首先要解决的是发展问题，丽江要走的发展路线应该是平衡、协调、充分的，是和谐、科学、跨越的。目前整个云南省的经济发展已经进入了新常态，丽江也应该开展建设小康社会。不唯 GDP 不是不要 GDP，经济增长活力不足是需要丽江市进行加强的地方之一，也是丽江市想要发展需要解决的一大重难点问题。

丽江市目前最为优势的产业是旅游业，应该将其发扬光大，但是其他产业相比下来差距较大。所以丽江市应该着重多元产业发展，尤其是现代农业和工业的发展。丽江市应该重视各个产业发展，抓紧抓好抓成效。

丽江市应该着力抓好基础设施建设，持续发展重大项目。通过加快在各个产业的投资力度来推动经济平稳增长，促进经济转型。丽江还应该着力保障和改善民生，通过增进人民福祉来凝聚人民。

### 6.20.5 普洱市

（1）城市概况

普洱市是云南省西南的一个地级市，下辖 1 区 9 县。经过初步核算，截至 2015 年，普洱市的 GDP 为 514.41 亿元，相较上年增长 9.7%。普洱市的第一、二、三产业增加值分别为 143.13 亿元、179.28 亿元、192.01 亿元。三次产业结构由上年的 28.8:35.2:36.0 调整为 27.8:34.9:37.3。普洱市的 2015 年人均生产总值为 19789 元，相较去年上年增长 9.2%。另外该市的全员劳动生产率比上年提高 10.7%，具体为 25798 元/人。[①]

（2）资源特点及利用情况

普洱市的自然资源丰富，所以有"怀金孕宝"之誉。目前已经发现的黄金储量有 103.7 吨，其铁储量单在惠民铁矿就达到 21 亿吨，253 万吨的铜储量，35.5 万吨的铅储量。另外，普洱市的江城钾盐矿储量达两千多万吨，属于全国唯一的可溶固体钾盐矿。

---

① 资料来源：普洱市政府网站 http://www.puershi.gov.cn/。

(3) 指数计算结果

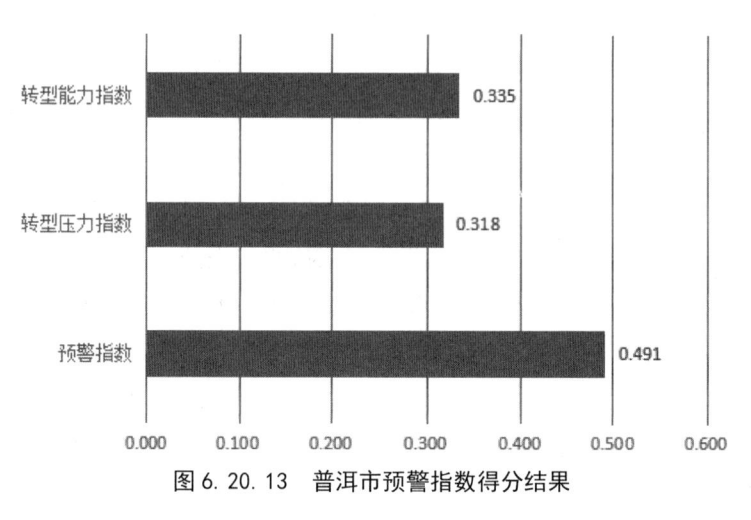

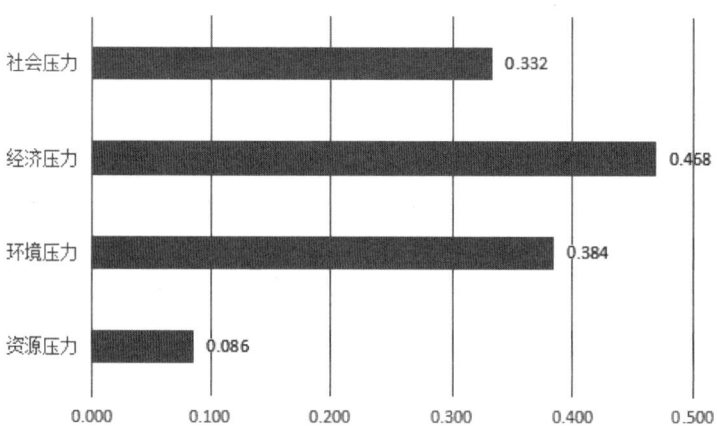

图 6.20.13　普洱市预警指数得分结果
- 转型能力指数: 0.335
- 转型压力指数: 0.318
- 预警指数: 0.491

图 6.20.14　普洱市转型压力指数分项得分结果
- 社会压力: 0.332
- 经济压力: 0.468
- 环境压力: 0.384
- 资源压力: 0.086

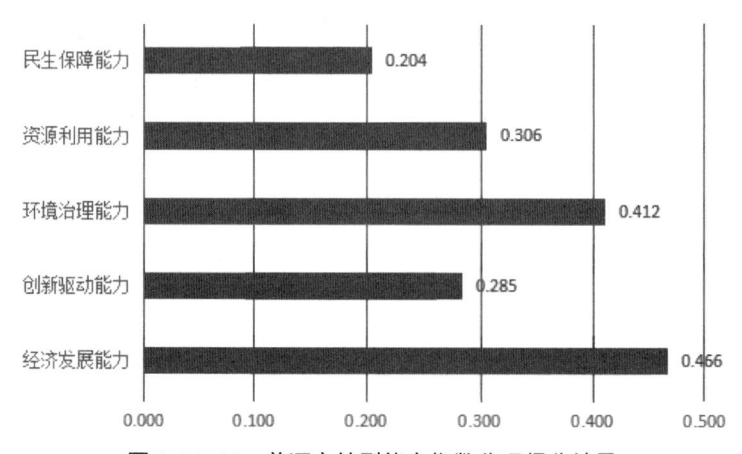

图 6.20.15　普洱市转型能力指数分项得分结果
- 民生保障能力: 0.204
- 资源利用能力: 0.306
- 环境治理能力: 0.412
- 创新驱动能力: 0.285
- 经济发展能力: 0.466

(4) 指数评价

转型压力分析

普洱市转型压力指数为0.318，在全部116个资源型城市中排名63位，该市位于西部资源型城市和成熟型资源城市分别排名第17名和第34名。通过排名分析可以得到普洱市的资源转型难度尚可。从分项来看，普洱面临的经济压力较大，在所有资源型城市中排名第25位，在西部资源型城市中排名第8，在成熟型资源城市中排名第15，说明普洱市在经济上面临的压力较大。从细分项来看，普洱市的财政压力较大，排列所有资源型城市第6，说明普洱市的财政结构十分不合理，无法达到财政收支平衡是普洱市以及其他许多城市都有的通病，经济区位压力和经济结构压力也较为靠前，分别排名第22和第34，普洱市的区位带来的压力较大，经济结构不合理将为普洱市的资源转型带来更大的压力，普洱市的经济增长压力较为一般，这样对于普洱市的经济发展阻力不大。其次是社会压力，在所有资源型城市中排名第46，进一步细分可以发现，普洱市社会保障压力排名全国所有资源型城市第20位，普洱市的人口总数较大，在社会保障方面难度较大，就业压力排名全国第48位，对普洱的资源转型还是有一定局限性。普洱市的环境压力一般，排名全国第72，主要压力来源于水环境压力和居住环境压力，分别排名全国第36位和22位，但普洱市的大气和矿山环境压力都较小，总体来说，普洱的环境压力对普洱市的资源转型带来的困扰不大。最后，普洱市的资源压力较小，在全国位于第96位，普洱市丰富的资源给普洱市带来了克服其余各项的动力，较小的资源压力在很大程度上对普洱市的资源转型有很大好处。

转型能力分析

普洱市转型能力指数为0.335，在全国资源型城市中排名108位，在63个成熟型资源城市里排名第60，可以看出普洱市具备的转型能力相对来说很弱。分项来看，普洱市最强的能力是经济发展能力，但是在所有城市中仍排名第72位，普洱市的经济结构转换能力较好，排名在第36位，说明普洱市在资源转型时的经济结构转换速度较快，经济增长能力排名第49名，普洱市的经济效率水平位于全国第61位，处于中等水平，三项能力能够很大程度上保证普洱市的经济发展，但经济规模较小，排名全国第112位，规模的不合理在部分程度上限制了普洱市的发展。其次是创新驱动能力，在全国排名73位，说明普洱市的创新能力一般，可以支持普洱市的资源转型。分项来看，普洱市的创新人才位于全国第38位，创新基础设施建设位于全国第61位，从这两方面看来普洱市的创新发展较有前途，但普洱市的创新资金投入位于全国第93位，这对于普洱市来说是十分严重的问题，需要普洱市加大资金投入力度并且尽可能地吸收外来资金，才能够使得普洱市的创新驱动能力为普洱市的资源转型带来的更大的动力。普洱市的环境治理能力属于靠后水平，位于全国第98位，从细分项来看，环境治理能力的四项指标均位于第38位—103位之间,这对于普洱市来说非常不够,普洱市需要提高自身的环境治理能力来面对普洱市的环境压力。相对来说,普洱市的民生保障能力较弱,在全国排名104位,说明普洱市面临的社会压力较大的同时具有的民生保障能力也不是很强,尤其是在基础设施、医疗卫生和教育上保障更加微弱,需要普洱市政府进行更多的投入。同时,普洱市的资源利用能力排名全国第106位,虽然普洱市的资源压力较小,但是普洱对资源的利用能力明显较小,将直接导致普洱市的资源转型过程中可能出现资源不足的情况。

综合评价

综合来看,普洱市虽然转型压力不大,但是转型能力过低,在转型过程中可能会遇到很多严重的问题。普洱市转型预警指数为0.491,在全部116个城市中排名19名,在西部地区资源型城市中排名第5,成熟型城市中排名第9位,说明转型面临问题较大,在资源转型的过程中容易出现反复现象。

(5)政策建议

普洱市的环境压力较大,在各个方面进行发展时不能遗忘可持续发展才是普洱市发展方向的硬道理,以园区建设为突破,着力推进工业强市。普洱市应该全力以赴推"绿色工业强市"的战略,完善工业园区的建设,购入先进设施,完整产业链,培养优良的服务。深入推进多规合一,推动普洱本地的生物、边贸加工、林产的工业园区建设,更要尽全力吸引外企投资。

普洱市应该实行"美丽乡村"和"新型城镇化"两手抓行动,以此来改善普洱市民的居住环境。普洱市还应该打造公共服务设施,例如完善道路建设和地下综合管网,整治河道。在生态环境方面,普洱市应该建设园林绿化,增加湿地。普洱市可以通过以上这些行动提升整个城市的品质,完善承载功能,并且提高人口集聚能力。在农村方面,普洱市必须提高居民的生活品质和生活质量,运用六大工程来实行。

普洱市应该增强财政公共服务能力,讲究为民服务,为民发展,尽力获得中央、省的补贴,增强本地金融行业的活力,保障资金活跃、同时,优化财政结构,合理分配收入支出,尽可能地减少债务。另外,将财源多元化,保证普洱市拥有持续稳定增长的财政收入。

普洱市的根本任务是改善城乡民生,全力建设社会事业。在就业方面,应该着力加大投入,采取"创业带动就业"的方法。普洱市应该提高社会保障,增加其覆盖面,实行救助、福利、安置、互助等保障标准,同时建立良性联动机制。

### 6.20.6 临沧市

(1)城市概况

临沧是云南西南的一个城市,以濒临澜沧江而得名。临沧有较多的少数民族。

临沧是链接昆明和缅甸的途径,被称之为"南方丝绸之路"。[①] 经过初步核算,2015年临沧市的GDP为502.12亿元,相较上年增长10.0%。临沧市的第一、二、三产业增加值分别为145.34亿元、169.80亿元、186.98亿元,分别增长6.1%、12.5%、9.9%。临沧市有着20077元的人均GDP,相较去年增长9.3%。[②]

（2）资源特点及利用情况

截止至2012年,16种矿种以及53个矿属在临沧被发现,临沧市拥有较多的稀有金属和贵金属,其中锗的含量是全国第一;排在全国前几名的还有稀土、非金属硅藻土、高岭土。2015年,临沧市的有色金属矿采选业、非金属矿物制品业以及黑色金属冶炼、压延加工业分别实现增加值3.49亿元、3.25亿元、1.20亿元。

（3）指数计算结果

图6.20.16 临沧市预警指数得分结果

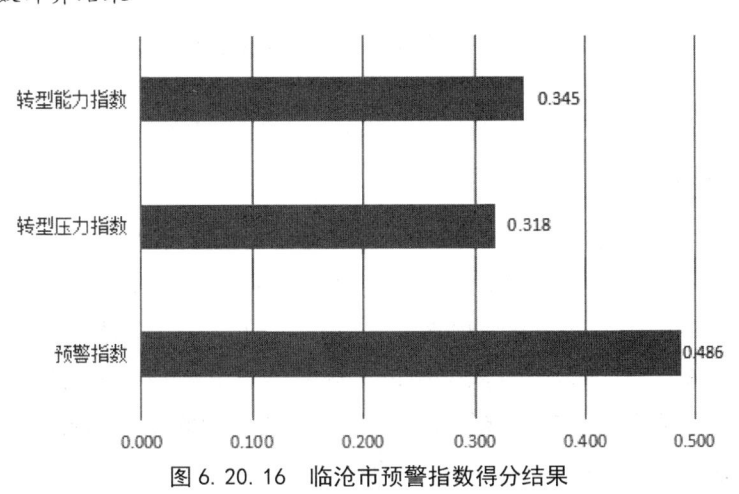

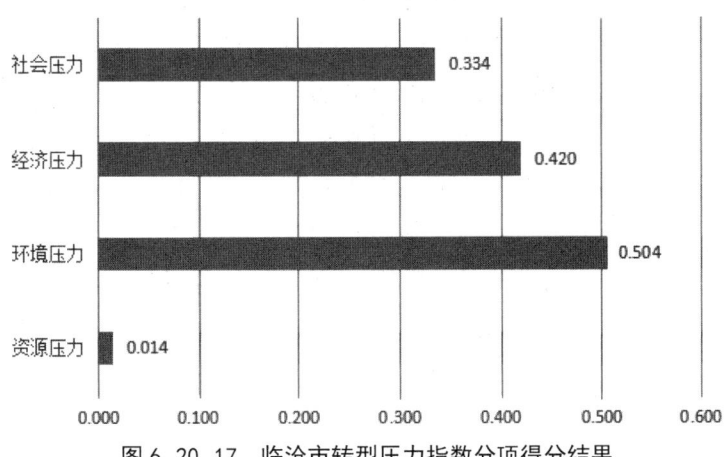

图6.20.17 临沧市转型压力指数分项得分结果

---

① 资料来源：2015年普洱市统计公报。
② 资料来源：临沧市政府网站 http://www.lincang.gov.cn/。

民生保障能力 0.206
资源利用能力 0.254
环境治理能力 0.480
创新驱动能力 0.299
经济发展能力 0.486

图 6.20.18 临沧市转型能力指数分项得分结果

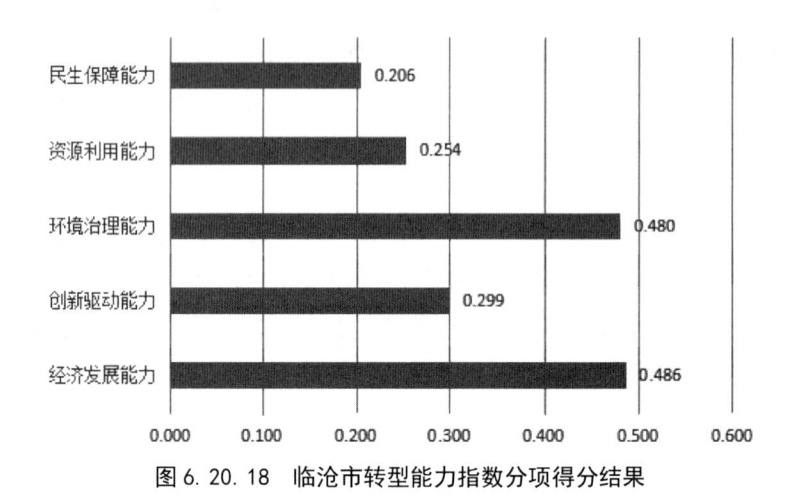

（4）指数评价

转型压力分析

临沧市转型压力指数为 0.318，在全部 116 个资源型城市中排名 62 位，在西部资源型城市和成熟型资源城市中分别排名第 16、33 位。通过排名分析可以得到临沧市的资源转型难度一般。从分项来看，临沧面临的环境压力较大，在所有资源型城市中排名第 31 位，在西部资源型城市中排名第 10，在成熟型资源城市中排名第 18，临沧市在环境方面面临一定的压力，环境压力将对临沧市的资源转型带来一定的局限性，临沧市应当采用可持续发展的模式。从细分项来看，临沧市的水环境压力和居住环境压力较为严重，分别位列所有资源型城市第 10 和第 11，大气环境排名第 67，这三项来看水环境和居民环境将是关注的重点，大气环境稍好但是仍然值得关注。好在临沧的矿山环境压力排名第 107 位，临沧的矿产资源比较丰富，带来的压力较小。其次是经济压力，在所有资源型城市中排名第 33，进一步细分可以发现，临沧市经济区位压力排名全国所有资源型城市第 1 位，主要由于临沧市地处云南西南地区，拥有不可避免的区位压力。临沧市的社会压力也较大，排名全国第 45，主要压力来源于社会保障压力，排名全国第 16 位，临沧市需要对其社会民众的保障进行大力度的加强。幸运的是临沧市的资源压力很小，在全国位于第 111 位，临沧市丰富的资源给临沧市带来了克服其余各项的动力，较小的资源压力将在很大程度上有利于临沧市进行资源转型。

转型能力分析

临沧市转型能力指数为 0.345，在全国资源型城市中排名 104 位，在 63 个成熟型资源城市里排名第 57，可以看出临沧市具备的转型能力相对来说很弱。分项来看，临沧市最强的能力是经济发展能力,但是在所有城市中仍排名第65位,临沧市的经济增长能力很强,排名全国第1,其经济效率相对来说也较强,排名全国第39,但是由于临沧市的经济规模和经济结构转型能力相对来说很小,在一定程度限制了临沧市的经济发展。其次是创新驱动能力,在全国排名67位,说明临沧市的创新能力一般,但尚可以支持临沧市的资源转型。分项来看,临沧市的创新人才位于全国第29位,创新基础设施建设位于全国第49位,这两方面看来临沧市的创新发展很有前途,但临沧市的创新资金投入位于全国第111位,这对于临沧市来说是十分严重的问题,需要临沧市加大资金投入力度并且尽可能地吸收外来资金,才能够使得临沧市的创新驱动能力为临沧市的资源转型带来的更大的动力。临沧市的环境治理能力属于较弱水平,位于全国第82位,从细分项来看,环境治理能力的四项指标均位于第55位—80位之间,这说明临沧市需要提高自身的环境治理能力来面对临沧市所面对的环境压力。相对来说,临沧市的民生保障能力落后很多,在全国排名103位,说明临沧市面临的社会压力较大的同时具有的民生保障能力也不是很强,尤其是在基础设施、医疗卫生和教育上保障更加微弱,需要临沧市政府进行更多的投入。同时,临沧市的资源利用能力排名全国第113位,虽然临沧市的资源压力较小,但是临沧对资源的利用能力明显较弱,将直接导致临沧市的资源转型过程中可能出现资源不足的情况。

综合评价

综合来看,临沧市虽然转型压力不大,但是转型能力过低,在转型过程中可能会遇到很多严重的问题。临沧市转型预警指数为0.486,在全部116个城市中排名20名,在西部地区资源型城市中排名第6,成熟型城市中排名第10位,说明转型面临问题较大,在资源转型的过程中容易出现反复。

(5)政策建议

临沧市的环境压力较大,在各个方面进行发展时,不能遗忘可持续发展才是临沧市的硬道理,积极发展绿色产业,切忌发展不平衡导致最后的环境失守。临沧应该加强森林建设,加强森林的生态保护,增加森林公园数量。临沧市应该严格遵循生态系统的管理控制,建立生态、耕地保护区以及旅游休闲区。建立国家级生态公园和自然保护区,确立以生物多样性为目的的珍稀动植物保护模式,并进行科学规范管理,发挥大自然的自我修复能力。

临沧市的工作目标之一是要惠民生保稳定,统筹发展社会民生。以保障和改善民生为天职,更加注重保障基本民生,更加关心低收入群众生活,着重发展临沧市的基础设施和医疗教育等能力,多多发展社会事业,多多建设和谐稳定的社会。

临沧市应该增强财政公共服务能力,讲究为民服务、为民发展,尽力获得中央、省的补贴，增强本地金融行业的活力，保障资金活跃、同时，优化财政结构，合理分配收入支出，尽可能地减少债务。另外，将财源多元化，保证普洱市拥有持续稳定增长的财政收入。

临沧市最重要的就是抓好三大改革。首先是生态文明改革，创新管理体制。第二是自然资源产权改革，例如通过建立生态补偿和有偿使用资源。第三是边合区建设改革。通过在边境地区加强投资融资，落实托管工作，与边境他国进行合作和协同发展，完善管理。

## 6.21 陕西省

### 6.21.1 铜川市

（1）城市概况

铜川原被称为同官，位于关中盆地、陕西省中部和陕北高原的交汇地带，毗邻延安、渭南、咸阳毗邻。交通便捷，在关中经济带发展占有重要地位，梅七和咸铜两条支线铁路连通陇海大动脉。在50多年的发展下尤其是自改革开放的快速发展下，铜川现有工业门类比较齐全、城市基础设施功能完善、农业基础条件优越、经济实力日益增强、各项社会事业全面进步，是一个综合性的工业城市。铜川是全国资源型可持续发展试点城市、全国节能减排财政政策综合示范城市创建国家卫生城市通过国家技术评估，正在创建省级文明城市。铜川市在2012年5月21日《2012年中国城市竞争力蓝皮书：中国城市竞争力报告》中的全国294个城市中位列第七[1]。到2015年为止，铜川市下辖有宜君县、印台区、王益区、耀州区和省级经济技术开发区——新区。铜川市现有总人口数共86万，包括非农业人口共45万人，城镇人口在全市总人口中占53%。2015年据初步核算，全市全年共实现生产总值达324.54亿元，相较上年增长了8.8%。其中，第二产业192.52亿元，增长8.2%。[2]

（2）资源特点及利用情况

铜川由于煤炭兴起，先有矿后有市，有丰富的自然资源，市内矿产资源储量大、种类多品位高，已探明煤炭储量共30多亿吨、优质石灰石储量共10亿吨、油页岩储量共5亿多吨、石油储量共1亿多吨，建市以来累计输出水泥共1亿多吨和原煤达5亿多吨，极大促进了国家经济发展，铜川市也是西北地区重要的能源建材基地。现已探明的矿产资源有4大类共20种，建材工业的水泥、配料、耐火黏土

---

[1] 资料来源：铜川市政府网站 http://www.tongchuan.gov.cn/。
[2] 资料来源：铜川市经济与社会发展统计公报2015。

和黄土储量位列全省第一位,铝土矿和陶瓷黏土位列第二,水泥石灰岩位列第三;全市共有煤田 522 平方公里,煤炭产量高居全省前列。现已探明保有储量的有油页岩 4.7 亿吨、原煤 25.60 亿吨、耐火黏土 3400 万吨、水泥石灰岩 4.2 亿吨和陶瓷黏土 34.7 万吨。

全市共 184 家在册的矿山企业。其中 29 家水泥用石灰岩矿山;94 家煤矿,3 家水泥配料用砂岩,2 家水泥配料用黄土,30 家砖瓦用黏土;19 家建筑用石料,3 家耐火黏土,2 家砖瓦用砂岩,1 家片石矿山,1 家高岭土矿山。当年关闭或停产 49.12% 的矿山。全市共 57246 人从事矿产资源采掘业,实现矿产资源采掘业产值达 69.66 亿元。94 家全市煤矿共保有资源储量达 15.57 亿吨,占全市 58.97% 的保有资源储量。全市设计生产能力为 1612 万吨/年(省属煤矿 150 万吨/年,地方煤矿 507 万吨/年,铜川矿务局 955 万吨/年)。全市共有 12 家国有矿山,其余均为责任有限公司或独资、集体或合资民营企业。依据开采规模,全市共 8 家设计生产能力 90 万吨/年以上,其中 5 家为 100 万—300 万吨/年,7 家为 45 万—90 万吨/年,4 家为 9 万—15 万吨/年,9 家为 5 万—8 万吨/年,其余均为年产 3 万吨的小矿山。全市煤矿总数的 84.04% 为年产 15 万吨以下矿山。[①]

(3)指数计算结果

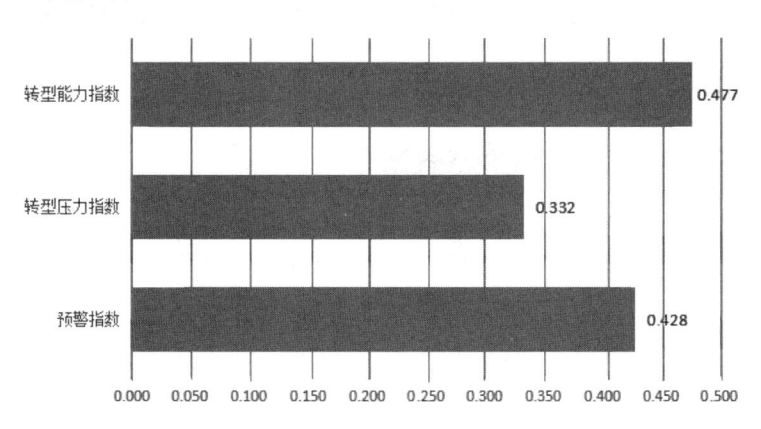

图 6.21.1 铜川市预警指数得分结果

---

① 资料来源:铜川市矿产资源总体规划(2008—2015)。

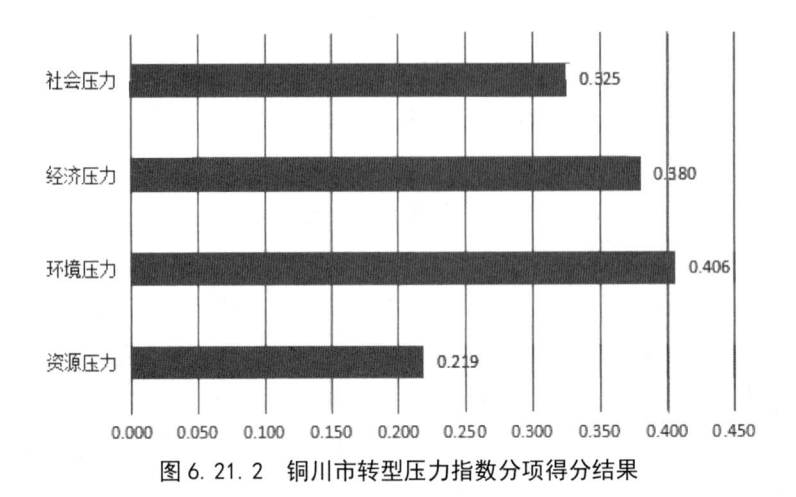

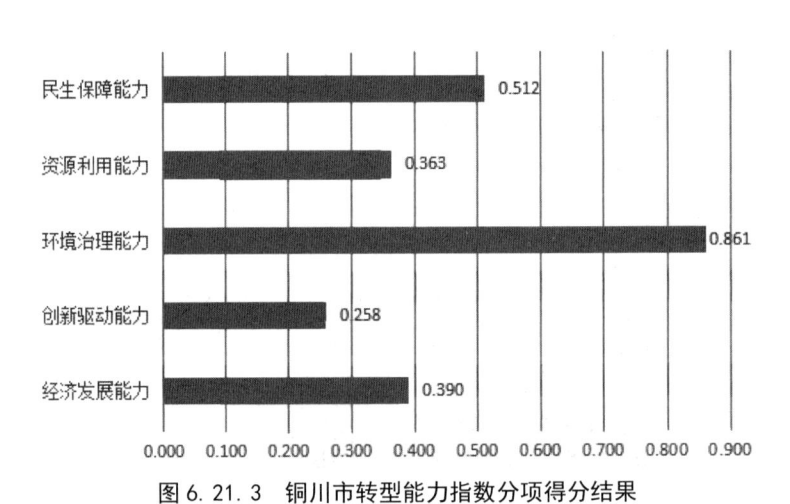

图 6.21.2　铜川市转型压力指数分项得分结果

图 6.21.3　铜川市转型能力指数分项得分结果

（4）指数评价

转型压力分析

铜川市的转型压力指数为0.332，位于全国所有资源型城市中的第54名，西部资源型城市中的第14位，衰退型城市的第15名。这说明铜川市的转型压力尚可。分项来看，铜川市面临的最大压力为环境压力，指数为0.406，位于全国资源型城市中第62名。细分来看，铜川市的大气和居住环境压力尤为突出，鉴于铜川的较强环境治理能力，这说明铜川市目前对于大气问题不够重视，同时其城市建设也有不足之处。另外，铜川市还面临着一定程度的经济压力，其指数为0.38，位于全国第37名，这说明铜川市的经济发展阻力较大。细分来看，铜川市的经济问题主要体现在其经济结构和地方财政。从中可以看出铜川市的产业结构失衡，作为衰退型城市，铜川的产业具有高度的单一性[①]，使得城市对资源产业的依赖性很大，矿产资源的开采至今依然是经济发展的主体，导致城市的发展受到限制，第三产业以及可替代产业发展落后。另一方面，铜川市财力紧张，财政收入和支出分配不够合理。另外，铜川市还面临着一定的社会压力，指数为 0.325，位于全国第 48 位，细分来看，其中安全压力较大，这说明铜川市的城市安全保障能力不够强，或与财政收入不足相关。最后，铜川市还面临一定的资源压力，指数为 0.219，排名全国第 56 名，说明铜川面临的资源压力尚可，资源衰减是不争的事实。

转型能力分析

铜川市的转型能力指数为 0.477，位于全国资源型城市的第 43 名，西部资源型城市第 13 名，衰退型城市中第 8 名。这说明铜川市的转型能力尚可。分项来看，铜川市的环境治理能力最强，指数为 0.861，列于全国资源型城市的第 4 位。这体现了铜川市能够拥有足够的技术和政策支撑来优化环境，实施污染治理，全面推广清洁能源。其次，铜川市的民生保障能力指数为 0.572，位于全国第 16 名，值得注意的是，铜川市的教育保障能力很弱，指数仅为 0.031。这说明铜川市在教育投入方面占比不高，居民受教育程度平均不高，教育普及度不够广，有待加强。铜川市的经济发展能力和资源利用能力指数分别为 0.390 和 0.363，分列全国资源型城市排名第 96 位和 93 位，说明铜川市的经济发展能力和资源利用能力较弱。在经济方面，铜川市的经济规模不大，经济效率不高，经济结构转换能力不够强；铜川市较弱的经济发展能力和资源利用能力主要是由于其单一的产业结构。作为衰退型资源城市，铜川没能很好进行科技现代化发展。最后，铜川市的创新驱动能力指数为 0.258，位于全国资源型城市第 81 名；细分来看，铜川市在创新人才方面引进能力尚可，但是在创新资金投入和创新基础设施方面的能力很弱，可以看出铜川市在城市的科技创新建设方面刚刚起步，缺乏相关经验。

综合评价

综合来看，铜川市转型压力和转型能力尚可，但是在环境治理，经济结构调整和创新能力发展等方面仍有待提高。铜川市转型预警指数为 0.428，在全部 116 个城市中排名 70 名，在西部地区资源型城市中排名第 25，衰退型城市中排名第 16，说明在其自身能力尚可的情况之下，铜川面临的转型危机还不严重，但也不容小视。

（5）政策建议

针对全市大气环境，铜川市应大力增强其治理环境的能力；更重要的是，铜川市应当重视起来，出台专门政策，加大环境保护的宣传力度。在经济方面，铜川应该坚

---

① 资料来源：对铜川市资源枯竭转型问题的思考 http://wenku.baidu.com/link?url=q1n82k6X3si09rzVewrTWLRGvZbC1ipliloa0ZqaYyAB6os5iE4-nnHoW0p5H75WPeRQiRd_-HYkhTrRDdWnrUt6xcMYq6uR5o9dScoiVE7。

持传统矿产业改造提升。另一方面,选准城市发展模式、进行产业结构调整,是铜川市转型关键。铜川应结合自身发展现状和条件,选择复合式转型模式:积极形成城市几大产业集群,促进电、煤、铝等矿产的循环经济发展,推动城市发展方式转变和经济结构调整,以减少经济发展对资源的依赖,使发展后劲增强。针对资源利用,铜川在转型过程中应大力建造新型工业体系,减轻资源约束对经济发展的矛盾,探索新能源潜力。在创新驱动方面,铜川市同样应该加大创新资金投入,加快建设创新基础设施,全面发展科技创新型社会。在教育方面,铜川应该坚持惠及民众,加大教育资金投入,多多利用各大教育资源,普及基础教育和高等教育,提高居民受教育程度。

### 6.21.2 宝鸡市

(1)城市概况

宝鸡曾被称为"雍城"和"陈仓",有"明修栈道,暗度陈仓"的典故。其地处陕西省关中西部,东接西安市和咸阳市,南连汉中市,西、西北依次毗邻甘肃省天水市和平凉市。宝鸡是宝成铁路、陇海铁路、和宝中铁路的交汇处,是欧亚大陆桥中国境内第三个大十字枢纽(郑州、徐州之后),是内陆沟通西南、西北的重要交通枢纽。宝鸡作为国家森林城市,曾获中国人居环境奖。宝鸡于2016年1月被住房和城乡建设部认定为首批"国家生态园林城市"[①]。到2014年底,宝鸡市共辖有3个区9个县,年末全市常住人口共376.33万人,全市人口自然增长率为3.54‰。据初步核算,全年全市实现地区生产总值达1788.59亿元,相较上年增长了10.4%。其中,第二产业增加值为1151.55亿元,增长了11.3%。按常住人口计算,全年全市人均生产总值共47591元,折合7329美元(汇率为1美元兑6.4936元人民币)。[②]

(2)资源特点及利用情况

宝鸡有丰富的矿产资源,现已探明202处各类矿产地,共45种各类矿种资源。铅、金、锌、镓、镉、石墨、制碱用灰岩、电石用灰岩、水泥用灰岩、红柱石、磷、钠长石、汞、透辉石、银、玻璃用石英岩、硫铁矿(硫)、饰面用花岗岩和饰面用大理岩等矿产的保有量位列全省前列。全市已探明的包括铁、煤、铜、锌、铅、汞、银、金、石墨、硫铁矿、磷、石灰岩、花岗岩、石英岩、大理岩等主要矿产的资源保有储量具有巨大的潜在经济价值。锌、铅、金为宝鸡优势矿种,其现已探明储量居全省前列。

目前,宝鸡积极调整其矿业布局和结构。改造和新建了一批大型和中型骨干企

---

① 资料来源:宝鸡市政府网站 http://www.baoji.gov.cn/site/12/html/327/334/271124.htm。
② 资料来源:宝鸡市经济与社会发展统计公报2015。

业，具有现代化采、选、冶、深加工一体化特征；鼓励和支持其对小型矿山的兼并、收购和重组，创建股份联合企业；减少了50%的矿山企业总数。有色金属和贵金属的开发利用积极形成具有采、选、冶和深加工配套完整体系的突破；使水泥用灰岩、磷、透辉石、制碱用灰岩、电石用灰岩、饰面用大理岩、饰面用花岗岩等非金属矿产的开发利用技术得到突破，进一步提高全市的矿产品加工利用水平；进一步大力开发煤炭资源，争取缓和煤炭资源供求不平衡的矛盾，进一步推广和利用环保煤；使地热开发利用形成新局面，以彻底扭转原与大、中型城市不协调的地热开发利用局面。矿产资源的开发利用布局得到优化，矿产资源合理利用与保护成效显著，破坏性开采矿产资源和乱采滥挖等现象得到有效遏制。[①]

（3）指数计算结果

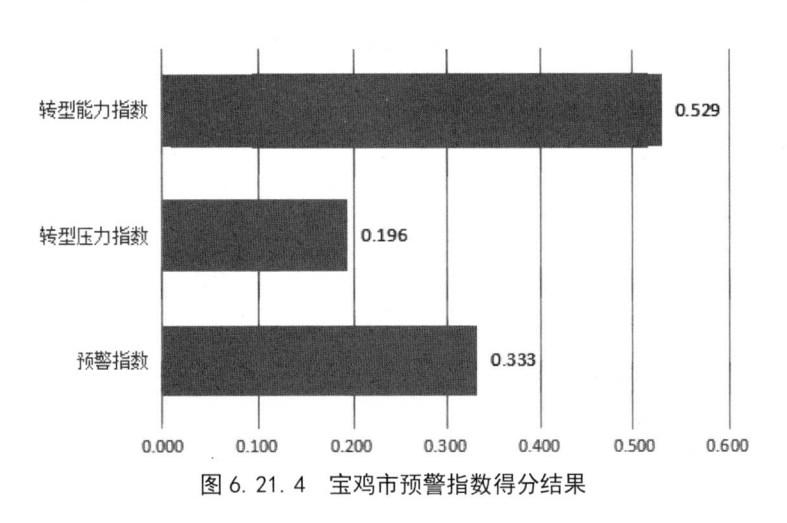

图6.21.4　宝鸡市预警指数得分结果

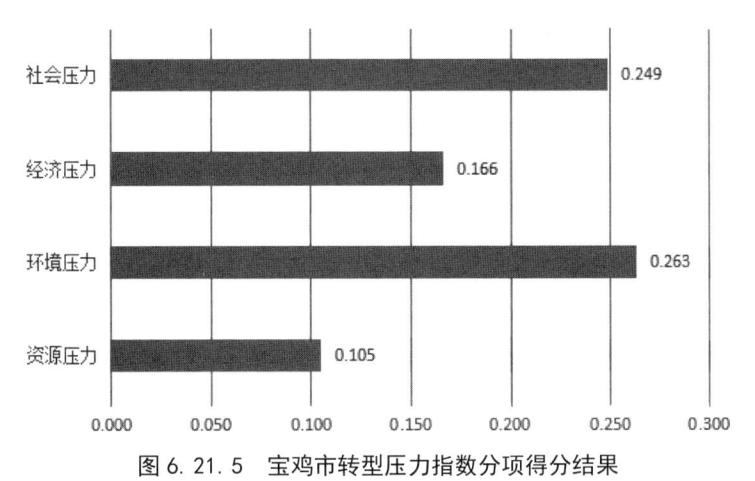

图6.21.5　宝鸡市转型压力指数分项得分结果

---

① 资料来源：宝鸡市矿产资源总体规划（2008—2020）http://www.mlr.gov.cn/kczygl/kcgh/201111/t20111103_1020652.htm。

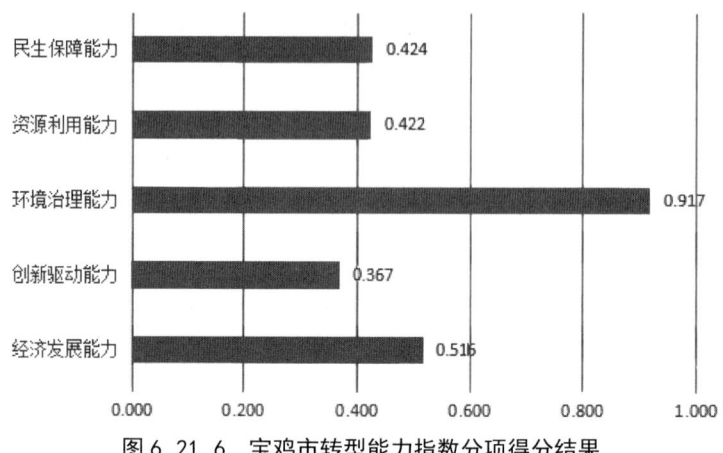

图 6.21.6　宝鸡市转型能力指数分项得分结果

（4）指数评价

转型压力分析

宝鸡市的转型压力指数为 0.196，在全国资源型城市中排名第 114 位，在西部城市中排名 39 位，在成熟型资源型城市中排名 62 位。这说明宝鸡市的转型压力很小，转型过程中面临的困难和阻碍较少。分项来看，宝鸡市面临最大的转型压力为社会压力，指数为 0.249，在全国范围内排名第 76 位，属于中等偏下。其中，宝鸡市面临的就业压力和社会保障压力较小，但安全压力较大。宝鸡市的安全压力或来自较大的居住环境压力，这说明宝鸡市的城市安全监督力不够；另一方面，也与宝鸡市未能完全做到矿山安全生产有关，或有事故发生。其次是资源压力，位于全国第 87 位，说明宝鸡市资源压力尚可。宝鸡市的经济压力指数为 0.166，在全国资源型城市排名中位于第 99 名，可以看出宝鸡市的经济压力较小。细分来看，宝鸡市的经济增长、经济区位、经济结构方面的压力都较小，这说明宝鸡市的经济平稳快速增长，且在自身经济定位方面较为擅长。而在另一方面，宝鸡市还是面临一定的财政压力，这说明在经济转型过程中，宝鸡市产业结构发生变化，相应所需投入较大，导致财政吃紧。宝鸡市的环境压力指数为 0.263，全国排名第 103 名，这说明宝鸡市的环境在全国范围内情况较好。细分来看，宝鸡市几乎没有矿山环境压力，水环境压力也较小，但却面临着较大的居住环境压力。这说明宝鸡市作为矿产资源型的工业城市，其产业发展的过程中可能牺牲了一部分居住环境。

转型能力分析

宝鸡市的转型能力为 0.529，在全国资源型城市中排名第 21 位，在西部城市中排 6 位，在成熟型城市中排名第 11 位。总体来看，宝鸡市的转型能力较强，实现成功转型的概率较大。分项来看，宝鸡市的环境治理能力很强，其指数为0.917，位于全国资源型城市前列，其中，宝鸡市在矿山环境、居住环境、水环境方面的治理能力出色，在大气环境治理方面稍显薄弱，有待加强。宝鸡市的经济发展能力达到了不错的水准，指数为0.516，在全国资源型城市中排名第54名。细分来看，宝鸡市的经济增长很快，从中可以看出宝鸡市加大项目投资、推动市场消费获得了一定成效，也说明宝鸡市的经济产生了新动能。另一方面，宝鸡市的经济规模、经济效率和经济结构转换能力尚可，有待提高，这与宝鸡市仍略带粗放式经济的发展方式有关。另外，宝鸡市的民生保障能力也不错，指数为0.424，位于全国第32位；宝鸡市在居民收入和教育保障方面相关政策和措施手段较为成熟，相关社会保障体系也较为完善，但宝鸡市在医疗卫生、文体服务、基础设施保障方面还有待加强。宝鸡市的资源利用能力指数为0.422，全国排名第74位，这说明宝鸡市节约集约利用水平尚可。宝鸡市的创新驱动能力指数为0.367，位于全国第47名，这说明其创新驱动力尚可，仍有发展空间。细分来看，宝鸡市的创新人才指数最高，但是创新资金投入和创新基础设施都不高，这或与宝鸡市的财政压力有关，另宝鸡市的科技创新发展刚刚起步，各方面建设尚且不成熟。

综合评价

宝鸡市转型预警指数为0.333，在全部116个城市中排名113名，在西部地区资源型城市中排名第37，成熟型城市中排名第63，综合来看，宝鸡市转型能力很不错，但是在居住环境、社会保障、创新驱动方面还有待加强。

（5）政策建议

针对全市环境现状，宝鸡市应着力改善全市大气环境和居住环境。居住环境中农村环境整治工作首当其冲，宝鸡市应启动市级补助项目，采取多种手段积极解决当前农村环境污染问题，包括村容村貌整顿、生活污水处理、生活垃圾处置、村庄植树绿化、养殖污染治理等。

在大气环境方面，应出台相关政策法律，并加强技术投入。城市安全方面，宝鸡市需要加强城市安全监督，并同时增强矿山安全生产能力。

经济方面，宝鸡市应当优化经济结构，提升经济效率，大量吸引投资来提升经济规模。

在社保方面，宝鸡市应当推进医疗保险从制度全覆盖向人员全覆盖，深化医药卫生体制改革，提高基层医疗服务水平。同时，应进一步加大对教育保障方面的投入，确保全市基础义务教育得到普及。

### 6.21.3 咸阳市

（1）城市概况

咸阳是陕西省地级市，地处陕西省八百里秦川腹地。咸阳东与省会西安相邻，西与国家级杨凌农业高新技术产业示范区相接，西北接壤甘肃。作为全国十佳宜居城市和中国地热城①，到 2015 年为止，咸阳共辖有 2 个区 1 个市 10 个县，2015 年末全市常住人口达 497.24 万，中心城市人口共 91.5 万，次于西安和宝鸡位列陕西第三。据初步核算，全市全年生产总值为 2155.91 亿元，按可比价计算，相较上年增长了 8.7%。其中，第二产业增加值为 1240.41 亿元，增长了 9.3%，占 57.5%。根据全市常住人口计算，全市人均生产总值为 43426 元，根据年平均汇率折算约相当于 7000 美元。全市的县域经济平均规模为 126.7 亿元，相较上年增加了 3.42 亿元。②

（2）资源特点及利用情况

咸阳市境内现已探明的矿产资源主要包括铁、煤、石灰石、陶土、石英砂岩、油页岩和石油等，主要分布于北中部台塬区。煤炭资源作为经济价值最大的矿产资源主要分布于长武县、彬县、旬邑县、永、淳化县的部分地区，现已探明储量达 110 亿吨左右，是陕西省的第二大煤田，陕西关中能源接续地，和国家确定的大型煤炭开发基地。石灰石作为咸阳市仅次于煤炭的主要矿产，集中分布于中部的乾县、礼泉县、永寿县、泾阳县以及三原县境内的北部山地一带，东西延长达 75 公里，全市储量约 3000 亿立方米。其矿石含 97% 以上的碳酸钙，含 55% 以上的氧化钙，是用于电石、水泥、轻质碳酸钙等产品生产和用于石灰烧制的优级矿石。

境内已探明 22 种矿产资源，主要包括铁、煤、石灰石、铁矿石、陶土和大理石等。共 10 种已开发利用矿产，主要包括铁、煤、石灰石、陶土、石英砂岩、油页岩和石油等，其主要分布于北中部台塬区，其中数煤炭资源经济价值最大。咸阳市区北部属渭北"黑腰带"的一部分，煤炭资源在长武县、彬县、旬邑县、永寿县和淳化县的部分地区集中分布。已探明储量共达 101 亿吨，据预测为 150 亿吨左右。该市煤种主要为长焰煤和不粘结煤，是低硫、中灰粉、低发热值至高发热值、低磷至中磷的低变质烟煤，是较好的气化用煤和动力煤，是陕西省的第二大煤田。全市南部的地热储量为 300 亿吨，总分布面积达 800 平方公里。

---

① 资料来源：咸阳市政府网站 http://www.xianyang.gov.cn/。
② 资料来源：咸阳市经济与社会发展统计公报 2015。

（3）指数计算结果

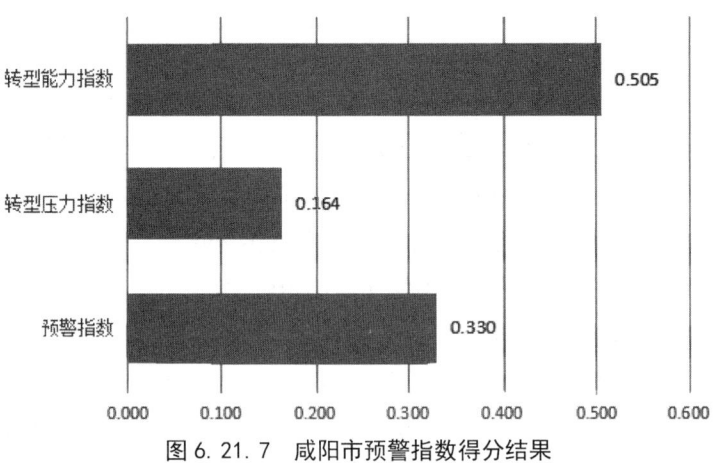

图 6.21.7　咸阳市预警指数得分结果

- 转型能力指数：0.505
- 转型压力指数：0.164
- 预警指数：0.330

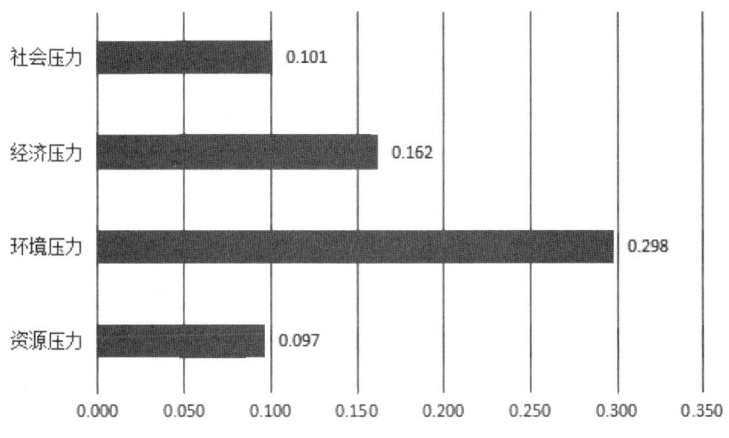

图 6.21.8　咸阳市转型压力指数分项得分结果

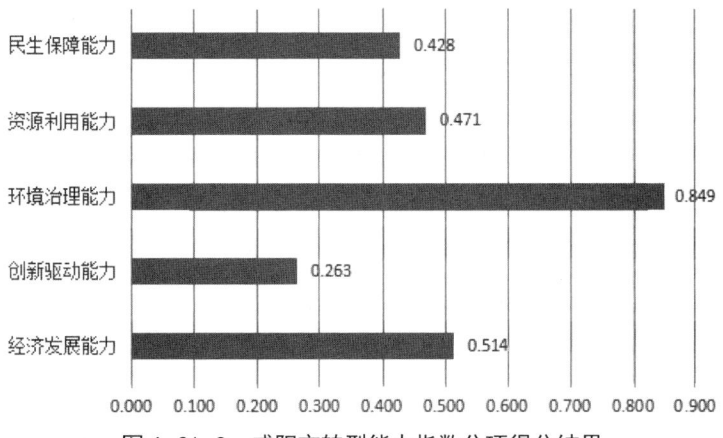

- 社会压力：0.101
- 经济压力：0.162
- 环境压力：0.298
- 资源压力：0.097

图 6.21.9　咸阳市转型能力指数分项得分结果

- 民生保障能力：0.428
- 资源利用能力：0.471
- 环境治理能力：0.849
- 创新驱动能力：0.263
- 经济发展能力：0.514

**（4）指数评价**

**转型压力分析**

咸阳市的转型压力指数为 0.164，位于全国资源型城市中的第 116 名，西部资源型城市中的第 39 名，成长型城市中第 15 名，这说明咸阳市的转型压力相对很小。分项来看，咸阳市资源压力较小，指数为 0.097，位于全国第 91 名，这说明咸阳市目前的资源尚且充足，资源的开发利用潜力较大。咸阳市面临的环境压力指数为 0.298，位于全国资源型城市的第 93 名，这说明咸阳市总体环境较好，环境治理措施基本得当。值得注意的是，咸阳市面临的居住环境压力较大，说明咸阳市在城市基础设施、城市美化建设、城市垃圾处理等方面有所欠缺。咸阳经济压力较小，其指数为 0.162，在全国资源型城市中排名第 102 位，这说明咸阳市的经济发展平稳持续，经济结构和经济区位分配合理。细分来看，咸阳市面临着一定程度的财政压力，咸阳市作为成长型城市，在产业发展方面资金投入较大，一般财政收入有待增加。其次，咸阳市社会压力指数为 0.101，在全国排名第 114 位，可以看出咸阳市在经济发展的同时着力于提升社会总体水平，注重社会的发展。咸阳市的就业率良好，城市安全监督有力，社会保障全面改善。

**转型能力分析**

咸阳市的转型能力指数为 0.505，位于全国资源型城市的第 31 名，西部资源型城市的第 7 名，成长型城市的第 2 位。从中可以看出，咸阳市的转型能力较强。分项来看，咸阳市的环境治理能力最强，指数为 0.849，位于全国第 5 位。这说明咸阳市对于生态环境的保护有一套有效衔接、运行顺畅、简便高效的管理制度体系，并拥有相关技术支持。其次，咸阳市还拥有尚可的经济发展能力和资源利用能力，其指数为 0.514 和 0.471，分别位于全国第 55 名和第 57 名。这说明，在经济方面，咸阳市的经济发展较为平稳；细分来看，咸阳市的经济增长迅速，但其经济规模较小，经济结构转换能力和经济效率有待提高。在资源利用方面，咸阳市表现尚可，但由于其仍然在成长期，利用效率不是很高，开发方式也较为不成熟。另一方面，咸阳市的民生保障能力指数为 0.428，位于全国资源型城市的第 31 位，可以看出咸阳市拥有一定的财力和实力提高人民生活水平。细分来看，咸阳市的居民收入保障能力和教育保障能力较强，但是基础设施、医疗卫生和文体服务方面有待加强。咸阳市的创新驱动能力不够充足，其指数为 0.263，位于全国第 78 名。细分来看，该市在创新人才引进能力方面较强，但在创新资金投入和创新基础设施投入能力较为弱势。这说明咸阳市正处于科技创新起步阶段。

**综合评价**

综合来看，咸阳市转型压力较小，且转型能力较强，但是在咸阳市在居住环境、财政、经济规模、社保、创新驱动方面还有待进步。咸阳市转型预警指数为 0.330,在全国资源型城市中排名 115 名,在西部地区资源型城市中排名第 39,成长型城市中排名第 15,这说明咸阳市的转型发展面临的问题较小。

(5)政策建议

首先,在居住环境方面,咸阳市应当走资源节约、环境友好的道路,要结合时代科技进步,走创新发展道路,不断提高园林绿化水平,切实加强环卫保洁能力,规范建筑施工现场管理,大力推动垃圾资源化、减量化和无害化发展以全面改善城市环境。

在经济方面,咸阳市应当扩大产业规模,走创新发展路线,大量吸引投资。

在社会保障方面,咸阳市应当努力实现促进社会公平、全社会共享改革发展成果的目标;咸阳市应当尤其促进基础设施、医疗卫生和文体服务的社会保障体系的建设,完善相关制度与法规,投入更多资金,为民谋利。

在创新驱动方面,咸阳应以产业创新主导型为模式建设国家创新型城市,充分发挥政府对创新驱动的引导作用,推动科技创新和产业创新良性互动发展。咸阳市应当加大在创新方面的资金投入,并且通过建立合理的利益激励机制,为企业、高校、院所等科技创新主体和产业创新主体提供良好环境。

### 6.21.4 渭南市

(1)城市概况

渭南市,位于陕西省关中渭河平原东部,是陕西省的人口第二大市和农业大市。渭南是新欧亚大陆桥的重要地段,以及中原地区沟通陕西以及大西北的重要节点,是丝绸之路经济带起点的关键部分,是拥有三大国家级经济区的叠加政策("陕甘宁革命老区"、"关天经济区","晋陕豫黄河金三角")的地级市,此外还是西北唯一。国家授时中心设立于渭南,是西北粮食产量第一大市和中国重要的商品粮农业基地。工业以能源化工和冶金为支柱,拥有丰富的矿产资源,拥有据中国第一位、亚洲第二位的钼矿储量。[①] 到 2015 年为止,渭南市共辖有 2 个市辖区,7 个县和 2 个县级市,年末全市常住人口为 535.99 万人,自然增长率为 3.4‰。据初步核算,2015 年全市实现生产总值共计 1469.08 亿元,可比价格增长了 8.7%。其中,第二产业增加值为 737.22 亿元,增长了 9.0%。[②]

(2)资源特点及利用情况

到 2002 年底为止,全市已探明 51 种矿产资源储量。其中共 20 种矿产资源易

---

① 资料来源:渭南市政府网站 http://www.weinan.gov.cn/zjwn/。
② 资料来源:渭南市经济与社会发展统计公报 2015。

开采、储量大。煤、金、钼、石是该市优势矿种。渭北煤田绵延 200 千米，被称为"黑腰带"，全市年产煤炭达千万吨以上，其开发利用规模为陕西省之首；钼矿现已探明储量为 1,000,115 金属吨，位列全国第二位；金矿石已探明储量占陕西省 48.4%，达 21.7 万金属吨；医饮兼用矿泉水和地热水资源丰富，"中国之冠，世界罕见"的大荔矿泉水日出水量达 5.6 万吨。全市共 4 种能源矿产，共 8 种金属矿产，共 8 种稀散、稀有、稀土元素，共 31 种非金属矿产，共 238 处矿产地。现有 38 种已探明并列入储量表的矿产，产地达 221 处。硒、钼、铜、铅、铌 5 个矿种储量位列陕西省第 1 位，钼储量位列全国前 3 位；铝土矿、铁以及铼储量位列陕西省第 2 位；金矿储量位列陕西省第 3 位；大理石、石墨和煤的储量位列陕西省第 4 位。全市煤层气集中分布于韩城和澄合矿区 1000 平方公里范围内，据估计韩城矿区的煤层气资源总量达 2080.27 亿立方米，预测可开采储量为 1907.66 亿立方米。

（3）指数计算结果

图 6.21.10　渭南市预警指数得分结果

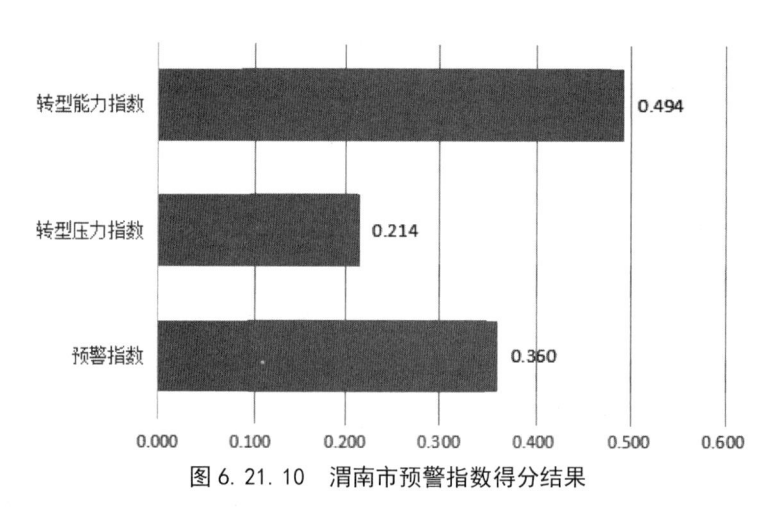

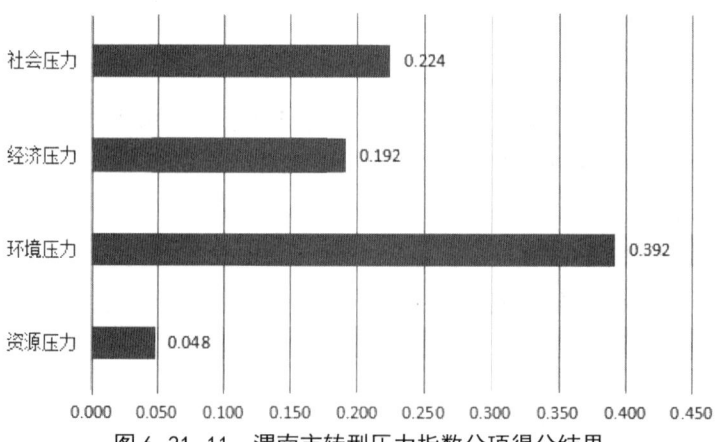

图 6.21.11　渭南市转型压力指数分项得分结果

```
民生保障能力  0.256
资源利用能力  0.516
环境治理能力  0.863
创新驱动能力  0.386
经济发展能力  0.447
```

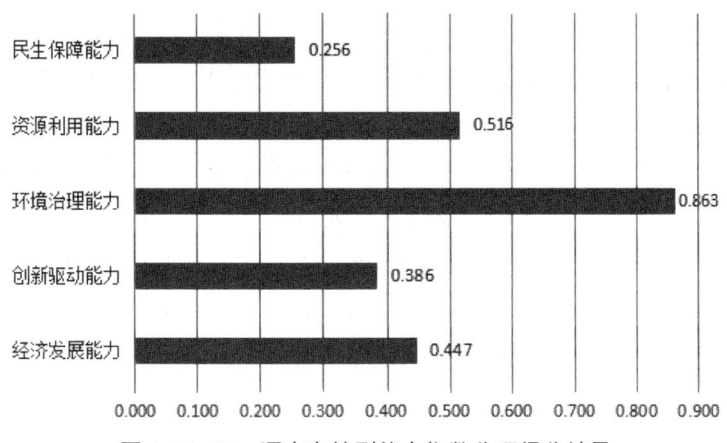

图 6.21.12　渭南市转型能力指数分项得分结果

（4）指数评价

转型压力分析

渭南市的转型压力指数为 0.214，在全国资源型城市中排名第 111 名，在西部城市中排名第 38 名，在成熟型资源城市中排第 60 名。说明渭南市的总体转型压力相对较小。分项来看，渭南市的环境压力指数最大，为 0.392，全国排名第 68 位，这说明渭南市的总体环境有不足之处。细分来看，其中水环境压力和矿山环境压力很小，但是居住环境压力很大，可以发现渭南市的城市建设不够完善，城市各方面设施急需改善。其次，渭南市面对的社会压力指数为 0.224，位于全国资源型城市第 85 位，说明渭南市的社会压力尚可；其中，该市最大的社会压力来自安全压力，这说明渭南市的安全生产能力有待提升，城市的安全监督力度也不够强。另外，渭南市还面临着一定的经济压力，指数为 0.192，排名全国第 93 位，这说明渭南市的经济发展平稳，经济各方面较为平衡；细分来看，其经济区位压力几乎没有，说明渭南市的经济增长带或经济增长点布置十分合理；另一方面，渭南市的财政压力比较大，从中可以看出渭南市的财政支出较多，财务结构分配较为不合理。渭南市面对的资源压力最小，指数为 0.048，全国排名第 106 位，从中可以发现渭南市的资源丰富，资源利用效率较高。

转型能力分析

渭南市的转型能力指数为 0.494，位于全国资源型城市的第 38 位，位于西部资源型城市的第 10 位，成熟型资源城市中的第 21 位，这体现了渭南市的转型能力较强，转型潜力较大。分项来看，渭南市的环境治理能力远远高于其他能力，指数为 0.863，位于全国第 3。这说明渭南市加强了生态环境保护与建设和生态文明建设，落实了国家一直以来倡导的绿色发展理念。渭南市的资源利用能力指数为0.516,位于全国第44名,这说明渭南市的资源利用能力尚可,并在一定程度上推进了资源的综合利用,提高了资源的使用效率,但是还有待加强,资源利用结构在转型期间有待优化。渭南市的经济发展能力指数为0.516,位于全国第77名,可见渭南的经济发展尚可。细分来看,渭南市的经济增长很快,经济结构转换能力尚可,但是经济规模较小,经济效率较低,这说明渭南市的产业结构和产业规模需要调整,渭南市的经济吸引力还不够强。渭南市的创新驱动能力指数为0.386,在全国资源型城市中排名第41位,由此发现渭南市的创新能力尚可,其中该市在创新基础设施和创新人才方面表现较好,但在创新资金投入方面相对不足,这与渭南市的财政压力有一定关联,也说明渭南市的创新转型还在起步阶段,不够全面和完善。渭南市的民生保障能力指数为0.256,在全国排名第87名,属于中等偏下,这说明渭南市的民生保障能力有待加强,尤其在基础现设、医疗卫生、文化教育等方面。

综合评价

综合来看,渭南市转型压力较小,且转型能力较强,但仍需在经济发展能力和社会保障力度方面加强投入力度。渭南市转型预警指数为0.360,在全部116个城市中排名109名,在西部地区资源型城市中排名第38,成熟型城市中排名第60,说明渭南市的转型成功性很大,发展的潜力也较强。

(5)政策建议

在居住环境方面,渭南市应当加强城市环境建设和农村建设,例如推进区域中心的发展,优化城市的空间结构,大力推动基础设施建设,依据自身条件推动特色产业发展,完善和优化城市公共服务功能,促进良好人居环境建立。在安全方面,渭南市应当提高安全生产能力,提高安全监督,建设安全服务体系。在解决财政压力方面,渭南市应当按照"十三五"规划纲要的部署推进各项改革。一方面应落实好减税降费政策,一方面应站在推进供给侧结构性改革的高度,大力实施财税体制等有关改革。再次是积极吸引民间投资。把握调结构、稳增长、促就业的重要支撑力量,推动民间资本发展。大力推动完善民间投资政策,使民间投资的创新活力和潜力得到增强。在经济方面,渭南市应当着重吸引投资、发展新兴产业来扩大经济规模,提升各产业的经济效率。最后,针对民生保障,渭南市应把握改善民生这一根本出发点,积极建设社会事业,推动全面加强文化建设、促进教育现代化水平提高、积极发展医疗卫生事业、健全社会保障体系、积极扩大社会就业、推动人口均衡发展,促进基本公共服务的均等化,将渭南打造成和谐新城。

### 6.21.5 延安市

**(1) 城市概况**

延安也被称为"延",是原陕甘宁边区政府的首府。延安地处陕北南部,北与榆林市相接,南与铜川市、咸阳市、渭南市相连,东与山西省吕梁市和临汾市隔黄河相望,西靠子午岭相邻甘肃省庆阳市。于2016年9月被国家林业局评为"国家森林城市"称号[①]。到2015年为止,延安全市共辖有2个区和11个县,年末全市常住人口达223.13万人,全市城镇化率为57.32%;人口自增率为4.32‰。据初步核算,2015年全市共实现生产总值为1198.63亿元,相较上年增长了1.7%。全市第二产业实现共增加值742.79亿元,下降了0.6%,占62.0%。全市人均生产总值为53925元,高于全省和全国平均水平。[②]

**(2) 资源特点及利用情况**

延安有丰富的矿产资源,为能源化工业发展提供了坚实基础。现已探明16种矿产资源,包括115亿吨煤炭储量,13.8亿吨石油,2000亿—3000亿立方米天然气,5000多万吨紫砂陶土。其为中国石油工业的发祥地,延安市延长县拥有大陆第一口油井,已有百年石油开发历史。"延长石油"是中国的驰名商标。

**(3) 指数计算结果**

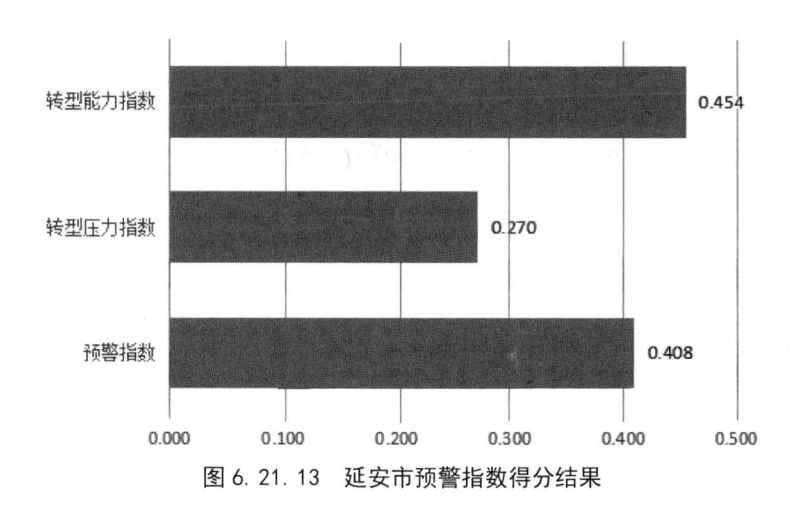

图 6.21.13 延安市预警指数得分结果

- 转型能力指数：0.454
- 转型压力指数：0.270
- 预警指数：0.408

---

① 资料来源：延安市政府网站 http://www.yanan.gov.cn/。
② 资料来源：延安市经济与社会发展统计公报2015。

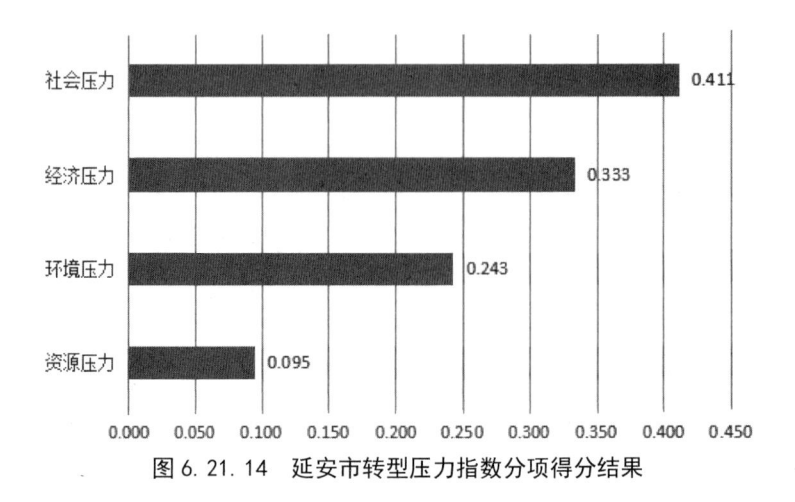

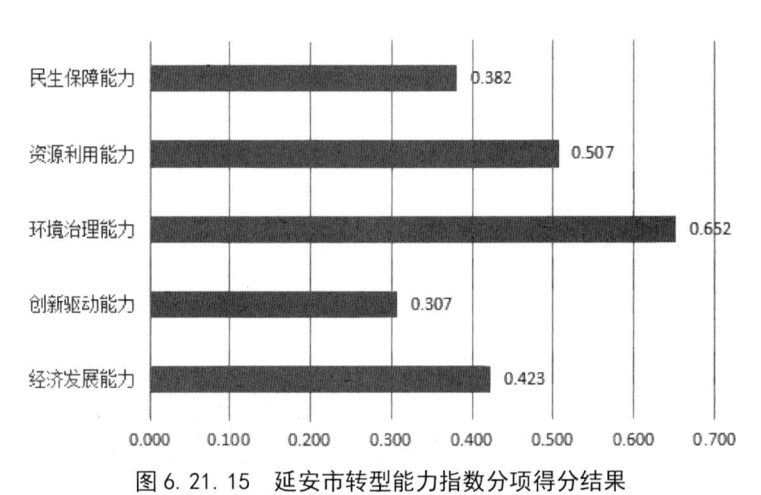

图 6.21.14　延安市转型压力指数分项得分结果

图 6.21.15　延安市转型能力指数分项得分结果

（4）指数评价

转型压力分析

延安市的转型压力指数为 0.270，在全国资源型城市中排名第 90 位，在西部城市中排名第 27 位，在成长型城市中排名第 12 位，由此可以发现，延安市的转型压力相对较小，分项来看，延安市的社会压力最大，指数为 0.411，位于全国资源型城市的第 26 位，说明延安市的社会建设有待改进；细分来看，延安市的就业压力和社会保障压力较小，但是安全压力较大，说明延安市的生产安全水平不够高，有工业开发、治安监督方面的问题。其次，延安市面临着一定程度的经济压力，指数为 0.333，位于全国第 45 位。细分来看，延安市主要面临着经济增长的压力和财政压力，这说明延安市作为成长型资源城市，其经济增长已经遇到了瓶颈期，急需产业转型，同时延安市的财政吃紧，地方财政一般收入分配架构有待改变。延安市还面临着较小的环境压力和资源压力，此二者的指数分别为 0.243 和 0.095，分别位于全国第 109 位和第 92 位。延安市几乎没有面对大气环境和矿山环境压力，但是其居住环境压力较大，这说明延安市在城市绿化、美化、城市污染方面工作不够充分。而延安市较小的资源压力则说明延安市的资源尚且充足且利用效率较不错。

转型能力分析

延安市的转型能力指数为 0.454，位于全国资源型城市的第 56 位，西部城市的第 19 位，成长型城市的第 4 位，这说明在总体上，延安市的转型能力尚可。分项来看，延安市的环境治理能力最强，指数为 0.652，排名全国资源型城市中的第 38 名，该市在水环境、居住环境、矿山环境等方面都拥有较为成熟的处理方法，但是在大气环境方面的保护力度却不够。可以看出延安市作为成长型城市，在第二产业不断发展的同时，针对大气层面的保护有所欠缺。另外，延安市的资源利用能力指数为 0.507，在全国排名第 46 位，这说明延安市的资源利用效率尚可；延安市近年来加速推进矿产资源（尤其是煤油气）综合利用项目建设进程，努力实现工业转型的战略目标。这一政策拉长了产业链条，增加了工业附加值，体现了发展循环经济的理念。其次，延安市的经济发展能力指数为 0.423，在全国排名第 86 名，可以看出延安市的经济发展能力相对落后，主要原因是经过了持续的快速增长后，在产业的转型方面遭遇了瓶颈；细分来看，延安市的经济发展水平达到一个较高的点，但是随后的经济增长速度放缓，经济结构转换能力有待加强，经济效率也有待提高。延安市的民生保障能力指数为 0.382，位于全国资源型城市的第 47 名，这说明延安市的民生保障能力尚可；细分来看，延安市在基础设施保障能力方面有所欠缺，说明延安市在其市区和农村的公共设施、便民设施等不到位。延安市的创新驱动能力指数为 0.307，在全国资源型城市中排名第 65 名，属于中等偏下。这说明延安市缺少相关产业的科学技术、人才和资金投入。

综合评价

综合来看，延安市的转型压力不大，转型能力尚可，但是该市发展遇有较为明显的瓶颈，尤其在经济发展方面和科技创新方面。延安市的转型预警指数为 0.408，在全部资源型城市中排名 83 名，在西部地区资源型城市中排名第 29，成长型城市中排名第 12，说明其转型发展的问题较小。

（5）政策建议

在城市安全方面，延安市应该突破城市安全瓶颈，提高城市安全容量，尽可能降低各种事故、灾害对城市环境安全保障系统的不利影响，延安市需要科学把握城市转型的节奏，并加快构建完善的城市安全防范体系。首先，要完善应急机制。延安市在城市灾害应急机制建设上仍存在很多问题，应逐步让应急部门成为整体风险管理建设的领导核心,提高政府和全社会的风险管理意识和能力。同时,相关部门必须系统性、有针对性地解决重大安全问题。其次,要有长远的防灾减灾规划,延安市必须在城市公共空间扩容中同步推进防灾减灾体系构建;进一步加大投入,确保城市涉及安全运转的备灾、灾害治理、救灾及恢复等经费;推动城市安全基础设施的完善,建设专业的救援队伍;进一步促进各部门之间协调合作,推动统一高效的防灾减灾指挥体系进一步建立。最后,延安市还应该引导市民增强应对灾害的心理调节和自我救助能力,强化对市民的教育和日常防灾救灾演练,以便自救。

在经济方面,延安市应着力突破经济发展的瓶颈,采取系统化的思维积极完成各项工作,促进经济社会实现新常态下的新发展。协同发展新支柱产业与骨干产业,促进经济结构调整,进一步培植新的经济增长点,推动具有延安特色的现代产业体系的构建。全方位稳增长、调结构、促转型,维持能源工业的稳定增长,推动非能源工业迅速发展。实现现代服务业和文化旅游业的突破发展。

随后,延安市应促进非公有制经济发展,贯彻提升非公有制经济的行动,例如扶持和组建一批实业集团和民营经济联合体,鼓励和支持其进入高新技术、能源转化、新能源、节能环保、新材料、公用事业和金融等领域。要紧抓重大项目建设,使固定资产投资维持较快增长。进一步增强招商引资。积极融入丝绸之路经济带,推动与周边地区的交流和合作,进一步对外开放。基于精细化工、陶瓷产业、生产性服务基地、非能源项目和农产品加工等五大重点领域,增加与省企、央企和省内外民企的对接,进一步承接产业转移,有效实施招商引资。

在环境方面,延安市应该继续狠抓居住环境,深入推进生态建设。贯彻主体功能区规划的实施,进行生态保护红线划定,对开发强度进行严厉控制。建设全国生态文明的先行示范市,进一步推进建设国家森林城市,紧紧把握天然林保护、退耕还林和三北防护林等林业重点工程,完成造林50万亩。踏实促进铁路、公路和河流沿线森林廊道的建设,进一步促进新型农村社区和城镇的人均绿化面积扩大。建设经开区湿地公园和南泥湾国家湿地公园。达成10万亩的治沟造地计划。推动延河综合治理,建成中心城区的水环境整治工程。通过对洛河的治理规划编制,推动洛河治理工作。另外,延安市积极建设美丽乡村。把握重点社区、镇和铁路、公路沿线环境的综合整治,垃圾污水处理、道路硬化、河道整治、绿化美化、厕所改造等工程协调统筹实施,推动乡村公共服务设施建立完善。规划管理乡镇、社区和中心村,推动公共基础设施、房屋建设和产业配套统一规划的实施。

在基础设施保障方面,延安市必须加快四级城镇体系建设,快速推进新型城镇化,逐步完善基础设施、公共服务和产业园区。延安市还应该全力办好民生实事,使城乡居民享受到更多改革发展成果,如继续完善城乡居民丧葬补助制度,进一步促进大学生见习补助标准和居民基础养老金的提高,优化完善独生子女家庭和高龄老人的补助制度,积极运行延安医疗集团。

在创新方面,延安市应支持和鼓励民营企业加强与科研机构以及高校的合作,推动工程技术研究中心、产业技术创新联盟和重点实验室的组建,推动城市科技成果的转化利用,增强民营企业的市场竞争力和技术创新能力。进一步推广和引进新品种和新技术,推动科技应用、农业设施装备、生产经营水平的提高,推动农业进一步提质增效。[①] 在创新人才引进方面,延安市应该加大资金投入,推出更富有吸引力的相关政策和福利。

### 6.21.6 榆林市

（1）城市概况

榆林市地处陕西省最北部,东与山西隔黄河相望,西与甘肃、宁夏、相连,北与内蒙古相邻,南与本省延安市相接,能源矿产资源富集,素有"中国的科威特"之称。神府煤田是世界七大煤田之一,陕甘宁气田是中国陆上已探明的最大整装气田。榆林是国家新能源示范城市,国家生态保护与建设示范市,中国城市竞争力100强,2013中国西北部最具投资吸引力城市[②]。到2015年为止,榆林市共辖1个区11个县,截至2015末,全市常住人口共340.11万人,自然增长率为5.15‰。城镇人口为187.06万人,占55.0%。据初步核算,榆林市全年生产总值达2621.29亿元,相较上年增长了4.3%。其中,第二产业增加值为1637.29亿元,增长了4.3%。一、二、三产业增加值占生产总值的比重依次为5.5%、62.5%和32.0%。按常住人口计算,全市人均生产总值为77267元,相当于11899美元。[③]

（2）资源特点及利用情况

榆林市全市已探明8大类共48种矿产资源,其为石油、煤炭、岩盐气、天然气等能源矿产资源的富集地,储量依次占全省的43.4%、86.2%、100%和99.9%。平均每平方公里地下共蕴藏着石油1.4万吨、煤622万吨、岩盐1.4亿吨和天然气1亿立方米。其有良好的资源组合配置,属国内外罕见。煤炭预测有6940亿吨,已探明储量为1500亿吨。全市有54%的地下含煤,约占全国煤储量的五分之一。天然气预测资源量有4.18万亿立方米,现探明4个气田,探明1.18万亿立方米储量;石油预测资源量为6亿吨,已探明3.6亿吨储量;岩盐预测资源量为6万亿吨,已探明8857亿吨储量,约占全国总量的26%;湖盐已探明储量为1794万吨。此外,其高岭

---

① 资料来源：2015政府工作报告（延安）。
② 资料来源：榆林市政府网站 http://www.yl.gov.cn/。
③ 资料来源：榆林市经济与社会发展统计公报2015。

土、煤层气、铝土矿、石英砂、石灰岩等资源也较为丰富。榆林有超过46万亿元的矿产资源潜在价值为全国的1/3。每平方米土地下平均蕴藏着煤6吨、盐40吨、天然气140立方米、油115公斤。

近年来，为还城市碧水蓝天，促进城市可持续发展，逐步减轻对传统能源的过度依赖，榆林贯彻国家电网的"以电代煤、以电代油"战略，推动新能源发展，带动城市经济转型。榆林现已引进70个新能源电站项目，总投资达1062.3亿元，总装机容量达10644.5兆瓦，其中包括29个光伏电站项目、41个风电项目。2015年，榆林预计实现48万吨标准煤/年的电能替代量。约占城市能源消费的10.4%，推动城市能源结构改善，进一步实现榆林绿色转型和节能减排。[①]

（3）指数计算结果

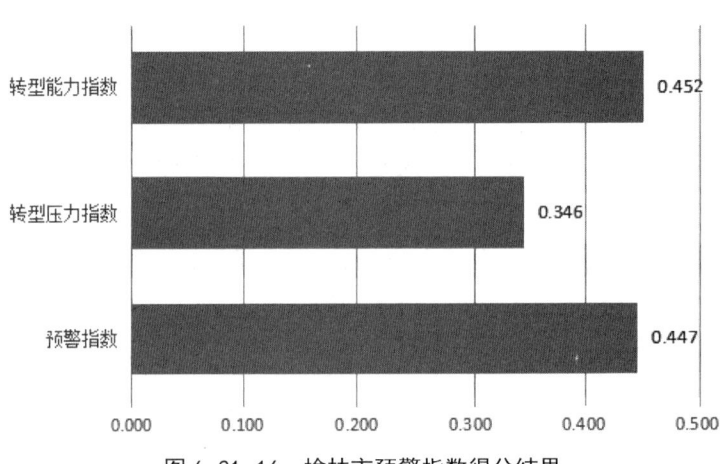

图 6.21.16 榆林市预警指数得分结果

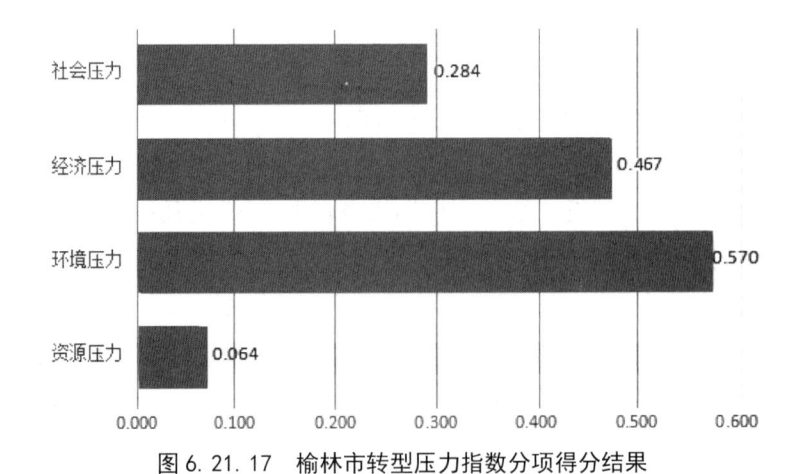

图 6.21.17 榆林市转型压力指数分项得分结果

---

① 资料来源：榆林市发展和改革委员会 http://www.yldrc.gov.cn/E_ReadNews.asp?NewsID=3075。

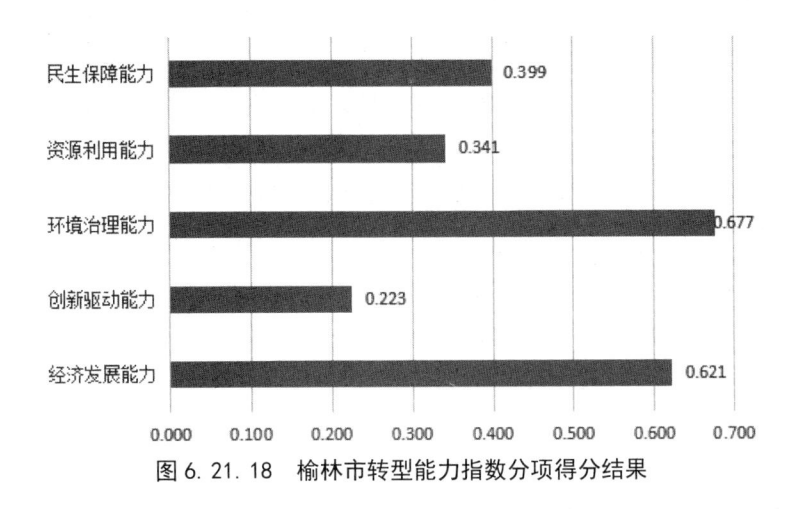

图 6.21.18 榆林市转型能力指数分项得分结果

（4）指数评价

转型压力分析

榆林市的转型压力指数为 0.346，在全国所有资源型城市中排名第 48 名，在西部城市中排名第 13 位，在成长型资源城市中排名第 4 位，这说明榆林市的转型压力相对较大。分项来看，榆林市的资源压力指数为 0.064，在全国排名第 102 名，这说明榆林市的资源利用效率较高，传统矿产产业的不合理结构已经得到了有效的调整。其次，榆林市的环境压力指数为 0.57，在全国排名第 18 名，这说明榆林市面临较大的环境压力；分项来看，榆林市具有一定程度的矿山环境压力和居住环境压力，这说明榆林市的矿产开发过程较为不合理，且造成一定面积的污染，同时农村等落后地区缺乏公共设施建设工程的开展。榆林市还面临着一定程度的经济压力，其指数为 0.467，在全国资源型城市中排名第 26 名，可以看出榆林市的经济发展遇到了一定程度的阻力；细分来看，该市经济压力最大来自经济区位，这说明榆林市的经济点和经济带的设置不够准确；榆林市的经济结构也面临着较大的压力，这与近几年榆林市重视发展旅游业等第三产业而试图尽快摆脱工业发展有很大联系。最后，榆林市还面临着一定的社会压力，其指数为 0.284，在全国资源型城市中排名第 61 位，说明榆林的社会发展有待提升。细分来看，榆林市面临这较大的安全压力，说明榆林市在城市安全预防、救济和善后方面表现不够，相关部门的工作分配有待加强。

转型能力分析

榆林市的转型能力指数为 0.452，在全国所有资源型城市中排名第 57 位，在西部城市中排名第 20 位，在成长型资源城市中排名第 5 位，从中可看出榆林市的转型能力尚可，还有很大的提升空间。分项来看，榆林市的经济发展能力指数为 0.621，在全国排名第 13 名，这说明榆林市的自身经济发展水平较高，拥有较为不错的经济基础；细分来看，榆林市目前的经济增长较为迅速，经济规模适中，经济效率较高，但该市在经济结构转换能力方面有所欠缺，说明榆林市在第二产业和第三产业之间的占比控制有待优化。其次，榆林市的环境治理能力指数为 0.677，位于全国城市中第 29 位；其中，榆林市在大气环境和水环境的治理能力稍有薄弱。榆林市拥有不错的民生保障能力，其指数为 0.399，位于全国第 37 名；细分来看，榆林市的医疗卫生保障工作和居民收入保障工作较为不错，但欠缺教育、基础设施和文体服务方面的建设，这造成榆林市的城市公共设施和娱乐场所数量不够，基础教育和高等教育的普及率不高（尤其在农村地区）。榆林市的创新驱动能力和资源利用能力指数较为落后，指数分别为 0.223 和 0.341。在创新方面，榆林市在创新人才引进和创新基础设施方面投入力度不强，缺少相关政策补贴和高科技设备购买。榆林市的资源利用效率也不高，在资源开采和投入生产的过程中存在浪费的现象。

综合评价

综合来看，榆林市转型预警指数为 0.447，在全部资源型城市中排名 51 名，在西部地区资源型城市中排名第 20，成长型城市中排名第 8，说明榆林市的转型危机得到了缓和，但仍需要警惕转型过程中出现的种种问题和阻碍。其中，榆林市需要注意其经济结构、社会保障、环境治理方面的问题。

（5）政策建议

在经济方面，把科技创新作为加快发展的主动力，把转型升级作为结构调整的主抓手，全面推进榆林经济迈向中高端。首先，榆林市应该稳定工业增长速度。坚持工业的主体地位不动摇，进一步强化分析研判和运行调度工作，健全完善各类支持政策举措，推动产能释放和产销衔接，进一步推动洗选煤产业发展，进一步推动技术改造，促进重组和整合。其次，榆林应该强化基础保障能力。着力破瓶颈和补短板，促进其经济长远发展。榆林市还应进一步增强对非公经济发展的扶持。对各项扶持政策进行全面贯彻落实，加快民营企业转型发展和走出困境步伐，引导和鼓励民营企业进入基础设施、重大能化和社会事业领域。最后，榆林市还应进一步推进工业经济转型升级。把握当前倒逼转型的有利时机，推动优势产业做大做强，使产业链加长加粗，附加值和竞争力得到提高，鼓励和支持定边等县区油气转化项目的发展。推动新能源产业发展和装备制造业发展。

在环境方面，榆林市应有效推动生态环境保护建设。积极树立改善生态环境就是发展生产力和保护生态环境就是保护生产力的理念，坚持抓好环境保护和生态建设工作，建成山川秀美和天蓝水绿的美丽榆林。持续加大生态环境建设。围绕"城市增绿、市民添福、山区造林、农民增收"思路，启动实施"榆林生态建设绿化大行动"。

对资源开采企业履行绿化责任加强监督,社会各界积极的生态建设加强引导。榆林市更需要进一步踏实促进节能减排。完善优化落后产能的退出机制,使淘汰落后产能加快步伐,积极提升重点产业和行业的技术水平。大力建设重点镇和工业园区的污水垃圾等环保基础设施,使兰炭、火电和化工等重点行业的环保设施改造和建设工作加快步伐。加强水质监测,保护水源地,保证饮用水的水源地100%达标。最后,榆林市应积极治疗采空区。贯彻"先安置、后开采"的政策,分布勘查涉煤县区煤矿采空区,使相关企业的主体责任全面落实,扎实促进采空区治理和矿区土地复垦工作,推动矿区生态环境得到持续好转。坚持红碱淖湿地保护工作,促其申报国家级自然保护区。

在社会保障方面,应推动教育事业优先发展。提高学校建设速度,推动义务教育学校的标准化建设,使职业技术教育得到大力发展,积极实行特殊教育提升计划。加强师资队伍建设,严格落实校长、教师轮岗制度,实施阳光招生、均衡编班制度,集中开展乱补课、乱收费、乱推销整治活动,推动教育事业实现均衡发展、公平发展、健康发展。在文体服务方面,落实文体惠民工程。大力投入文化事业,积极建设榆林文化艺术中心等文化项目,建设市体育中心项目,推动群众体育和竞技体育全面发展。大力建设乡村集中居住区文体设施,贯彻落实地方节目无线覆盖工程,以使农村广播电视户户通得到全面实现。积极开展和组织广场文化、节日文化、社区文化、全民阅读、文化惠民演出等活动,使群众日益增长的精神文化需求得到充分满足。

在创新方面,全面推进科技创新。紧紧把握结构调整的方向,鉴定不移的贯彻落实全市的创新驱动战略,搭建以企业为主体的全市的创新体系。综合矿产产业的转型升级需求,大力实施工业科研项目。充分利用产学研联盟,推动成果转化、科技研发、政府服务模式的创新,推动科研成果就地转化速度的提升。与其他单位或高校合作搭建能源研究院,以科技支撑榆林能源经济的发展。积极建设信息化基础,摸索电子商务园区的建设,进一步推动大数据产业发展的引进工作,有效促进"智慧榆林"建设。

## 6.22　甘肃省

### 6.22.1　金昌市

(1) 城市概况

金昌市是甘肃省省辖市,地处河西走廊东段,位于阿拉善台地南缘和祁连山北麓。北、东相连民勤县,东南靠武威市,南接肃南裕固族自治县,西南邻青海省门源回族自治县，西接壤张掖市山丹和民乐县，西北毗邻内蒙古自治区阿拉善右旗。金昌是河西走廊的主要城市之一和古丝绸之路的重要节点城市，自然生态环境比较脆弱。金昌因镍的盛产，有"祖国的镍都"之美誉。到2015年为止，金昌市共辖1个区1个县，土地总面积达9593平方公里。[①] 到2014年，全市常住人口为47.01万人，其中城镇人口为31.46万人，常住人口城镇化率为66.92%。地区生产总值达245.64亿元，相较上年增长了7.8%，全市人均生产总值为52336元，相较上年增长了7.5%。[②]

（2）资源特点及利用情况

金昌有丰富的矿产资源，到1991年底为止，已探明94处各类矿产地。包括14处大型矿床，7处中型矿床和23处小型矿床，共50处矿点或矿化点。其中有14处黑色金属矿产，20处有色及贵金属矿产，49处各类非金属矿产、11处能源矿产。38种矿种包括锰、铁、石灰岩、硅石、白云岩、萤石、水晶、黏土、水泥配料黄土、膨润土、建材花岗岩、滑石、岩棉原料辉绿岩、石膏、石油、煤、稀土和铀等。其有居全国第一位和世界第二位的丰富镍矿储量，规模巨大，仅次于加拿大萨德伯里矿，钴、铜等矿产的储量位列全国第二位。储量位列全省第一位的矿产有20种，包括铂、镍、钯、硒、钴、膨润土、伴生硫、铜和花岗岩材等。铂、镍、钯、铱、锇、铑、碲等矿产的储量均为全省100%，硒、钴、膨润土储量占全省90%以上，铜储量占全省50%以上。

金昌因企设市、缘矿兴企。该市从实际出发勘查和保护矿产，贯彻落实科学发展观，积极提高矿产资源对全市经济社会可持续发展的保障能力，并以此为根本目标，把握矿产资源合理开发利用和保护这一重点，进一步实施"建设资源节约型和环境友好型社会"的国家发展战略，踏实完成省级矿产资源规划确定的任务和目标，大力勘察矿产资源和基础地质，使资源利用的布局和结构得到优化，打造优势矿产资源的产业体系，推动科技创新，优化矿山的地质环境状况，贯彻落实"在保护中开发，在开发中保护"的方针，构建国土资源保障科学发展的新机制，使矿产资源的保障能力进一步提升，使绿色矿业循环经济得到发展，积极促进资源优势向发展优势的转化，协调兼顾地方经济社会发展、矿产资源的勘查和开发以及环境保护。

---

① 资料来源：金昌市政府网站 www.jc.gansu.gov.cn。
② 资料来源：金昌市经济与社会发展统计公报2014。

(3) 指数计算结果

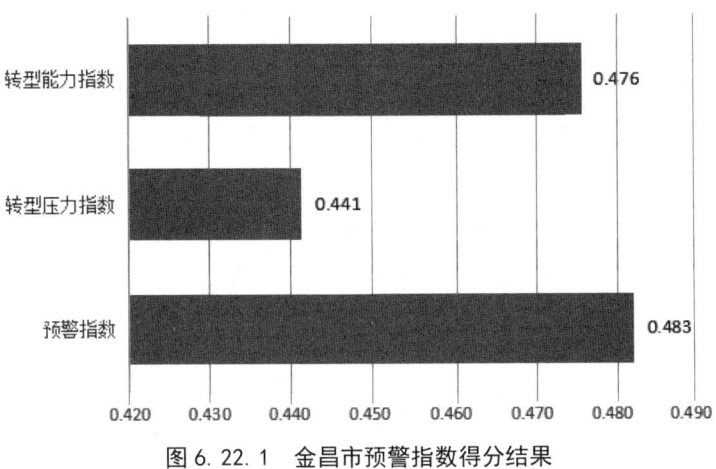

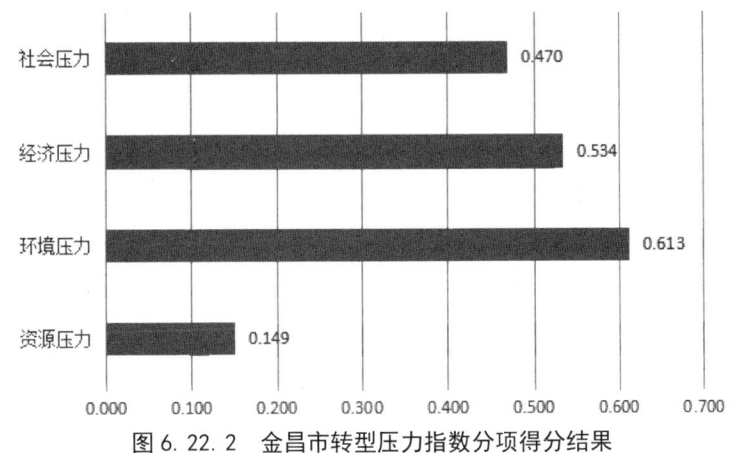

图 6.22.1　金昌市预警指数得分结果

- 转型能力指数：0.476
- 转型压力指数：0.441
- 预警指数：0.483

图 6.22.2　金昌市转型压力指数分项得分结果

- 社会压力：0.470
- 经济压力：0.534
- 环境压力：0.613
- 资源压力：0.149

图 6.22.3　金昌市转型能力指数分项得分结果

- 民生保障能力：0.621
- 资源利用能力：0.365
- 环境治理能力：0.736
- 创新驱动能力：0.213
- 经济发展能力：0.446

(4) 指数评价

转型压力分析

金昌市转型压力指数为 0.441，在全部 116 个资源型城市中排名 14 位，在西部资源型城市中排名 4 位，在成熟型资源城市中排名第 6，这说明金昌的转型发展遇到了较大的困难。分项来看，金昌面临的环境压力较为突出，在所有资源型城市中排名第 8，在西部资源型城市中排名 30 位，在成熟型资源城市中排名 5 位，可见金昌市的环境问题严重，特别是大气环境和水环境的压力指数较大，十分不利于社会经济的可持续发展。其次是经济压力，在所有资源型城市中排名 14，细分来看，金昌市的经济结构压力最突出，在全国排名 7 位，说明金昌经济结构不合理，经济负担较大，不利于经济社会发展。金昌市的社会压力较大，在所有资源型城市中排名 14 位，可见金昌市的转型发展尚有较沉重的社会负担。进一步细分可以发现，尤其是金昌市的安全压力比较严重，在全国排名第 7。这说明金昌市产业结构不合理，生产方式粗放，安全生产能力有待改善。金昌市也面临的资源压力较小，资源压力指数在全部资源型城市中排名第 74 名，说明金昌市的资源较为丰富，有利于社会经济的长远发展。

转型能力分析

金昌市转型能力指数为 0.476，在全国资源型城市中排名 44 位，在 63 个成熟型资源城市里排名 24，可以看出金昌市具备的转型能力尚可。分项来看，金昌市的民生保障能力较强，全国排名 11 位，说明金昌市在民生保障方面具有较高的水平，有利于经济的长远发展与社会稳定。然而由于面临的社会压力较重，现有的民生保障能力尚不足以客服所遇到的困难。金昌市环境治理能力较强，全国排名 13 位，特别是大气环境和居住环境的治理能力很强，在全国排名前列，这将有利于金昌市继续维持较小的环境压力，有利于经济社会可持续发展。金昌市的经济发展能力较弱，在全国排名 78 位，说明金昌市经济受产业结构影响，经济结构转换能力较弱，阻碍了经济的进一步优化。加之经济效率的低下，阻碍了金昌市的经济发展，不利于城市转型发展。尤其是有色金属、水泥、生铁、化工等主导产品价格低位震荡、需求持续低迷，工业经济发展风险加剧、困难增多、压力加大。金昌市的资源利用能力弱，在全国资源型城市中排名 92 位，可见金昌市的资源利用效率低，不利于社会经济可持续发展。金昌市的创新驱动能力也较弱，在所有资源型城市中排名 97，细分来看，金昌市各项创新驱动能力均较弱，企业欠缺技术研发能力，科技成果转化效率低下，亟须完善创新驱动机制。

综合评价

综合来看，金昌市转型压力大，转型能力一般。由于经济发展缓慢、资源利用效率低和社会压力大以及创新能力低，转型发展遇到了较为明显的困难。金昌市转型预警指数为0.483，在全部116个城市中排名24名，在西部地区资源型城市中排名8位，成熟型城市中排名12位，说明转型面临问题较大。

（5）政策建议

金昌市应努力推动经济结构调整，有效提升经济发展的效益和质量。综合增量提质和存量调整，狠抓全市基础设施互联互通，积极把握新产品、新技术、新业态和新商业模式投资方向，把握好投资在经济发展中的关键作用，使产业格局达到多元发展、多点支撑和多级突破。推动工业转型升级。坚持走循环产业链条延伸、战略性新兴产业培育和传统优势产业改造升级"三位一体"这一工业经济转型升级道路，凝聚新动能，促进新活力，推动产业高端化和产品终端化的转变和延伸。促进有色金属新材料产业的发展，基于推进金昌有色金属新材料战略性新兴产业区域集聚发展试点工作。进一步提高现代农业发展发展速度，坚持走基地规模化、品种特色化、经营产业化、生产标准化"四化共进"的现代农业转型升级的道路。使农业发展由数量增长为主向数量质量效益并重转换，使依靠物质投入和资源向依靠提高劳动者素质和科技进步转换。推动第三产业的提质增效。坚持走现代服务业多元主导、文化旅游业融合引领、传统服务业改造提升等"多业并举"的第三产业转型升级道路，提高第三产业发展的速度、比重和质量。

推动工业循环经济的发展，基于循环经济"金昌模式"的丰富和发展，围绕已经形成的全市工业循环产业基础，使产业链条得到延伸，使产业集群得到壮大，推动化工产业的精细化发展。推动全社会领域的循环，使资源循环利用体系覆盖全市，积极建设全国低碳试点城市和国家循环经济示范市。推动新能源产业发展，促进新能源电力就地消纳试点工作的实施，促进企业生产成本降低，良性发展新能源产业。把握资源的集约节约和利用，使清洁能源、清洁生产技术得到大力推广，提高资源的利用效率。推进固废利用。基于全国工业固废综合利用示范基地的建设工作，加大镍铜矿伴生铂族贵金属高效回收与综合利用、冶炼含铜废渣废酸资源化利用等项目的实施力度。积极推动电石炉净化尾气综合利用、铜渣尾矿处理、城市建筑垃圾处理循环再利用以及报废汽车回收拆解扩能改造等项目的实施。大力发展节水、绿色、生态、立体、循环生态农业。

加强和创新社会治理。坚持依法治理、系统治理、源头治理和综合治理，完善优化社会治安防控体系，推动社会治安环境的净化，使各种违法犯罪行为得到依法打击，推动矛盾纠纷化解机制、重大决策社会稳定风险评估机制、群众权益保障机制和基层维稳应急处置机制建立健全，使政府治理和居民自治、社会自我调节实现良性互动。推动基层综合服务管理平台建立健全，积极建设应急指挥平台，使各类突发公共事件得到有效应对。使最严肃的问责、最严格的监管、最严谨的标准、最严厉的处罚得到落实。保障食品药品安全。推进融合传统媒体发展和新媒体发展,做好舆论引导工作和网络管理工作,传播正能量,弘扬主旋律。深化民族团结进步,推动各族群众和衷共济、和睦相处、和谐发展。

增强科技创新能力。使企业创新主体的地位得到加强,引导和鼓励创新资源向企业的凝聚,促进企业研发中心、创新团队、协同创新平台的打造,进一步建设有色金属新材料创新创业示范园,建成投运开发区的科技孵化和检测中心,推动创新成果的资本化和产业化。贯彻落实"人才特区"工程,积极培育高水平的管理人才、高层次的创新创业人才、高技能的实用人才,吸引和凝聚更多领军型人才,鼓励和支持大众创业、万众创新,使全市经济增长更多依靠技术进步和人力资本质量。

### 6.22.2 白银市

(1) 城市概况

白银市,甘肃省下辖地级市,地处甘肃省中部,位于黄土高原和腾格里沙漠的过渡地带。白银市共辖2个区3个县,总面积为2.12万平方公里。[①] 到2015年为止,年末全市常住人口为170.99万人,其中城镇人口为79.56万人,常住人口城镇化率为46.53%。2015年全市地区生产总值达434.27亿元,相较上年增长了6.8%,全市人均生产总值为25410元,相较上年增长了6.84%。[②]

(2) 资源特点及利用情况

白银市境内有丰富的矿产资源,具有面广、点多和储量大的特点。有色金属矿种包括铅、铜、锌和其共生稀有贵金属银、金、硒、铟、碲、铊、钴等30多种。非金属矿产现已探明包括石英石、石灰石、硫铁矿、耐火黏土、伴生硫、芒硝、石膏和盐矿等13种。其中硫铁矿、石灰石、耐火黏土和伴生硫在甘肃省有重要地位。石灰石储量达10亿吨,石英石储量达1072万吨,共生硫铁矿储量达372.7万吨,占甘肃已探明硫铁矿储量的三分之一,伴生硫储量达342.8万吨,再生硫达282.2万吨,各类黏土储量达776万吨,位居省内前列,石膏储量达2亿吨,占全省已探明石膏资源的15%,芒硝储量达628吨,位列甘肃省第3位。有丰富的煤炭资源,煤炭储量达13亿吨,位列甘肃省第二位。

白银市坚持科学发展观,积极保证经济社会发展对矿产资源的需求;将规划的基本出发点定为白银市的资源型城市转型,对现有的矿产资源节约利用,积极勘察调查

---

[①] 资料来源:白银市政府网站 http://www.baiyin.cn/。
[②] 资料来源:白银市经济与社会发展统计公报2015。

和评价矿产资源,增加新的矿产地和矿产资源储量;把握"在保护中开发,在开发中保护"的指导方针,推动矿山环境状况改善,协调发展矿产资源勘查、开发和矿山环境保护。依据经济社会发展把握对矿产资源的需求趋势,引导和鼓励矿山企业通过技术改造和科技投入,使矿业企业采、选、冶工艺和综合利用水平得到全面提高,提高深加工能力,使产品产业链延长加粗,推动大中型矿业集团建立。优化和调整矿业结构,推动矿业企业集约化和规模化经营。

(3) 指数计算结果

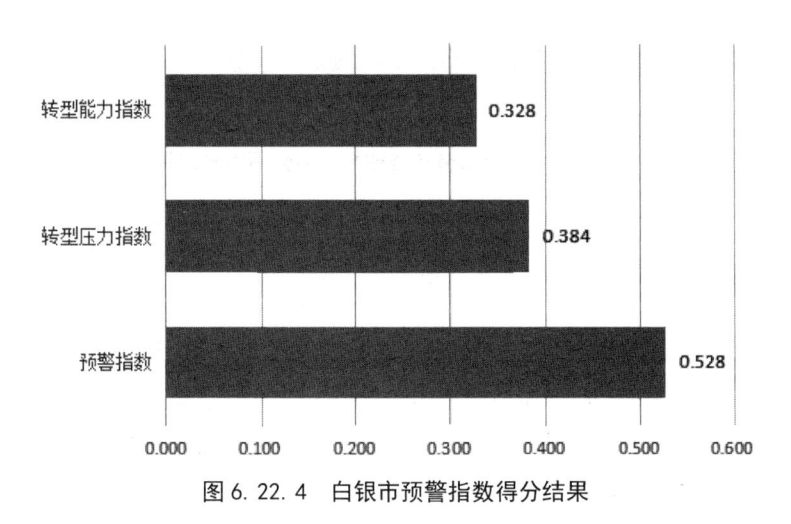

图 6.22.4　白银市预警指数得分结果

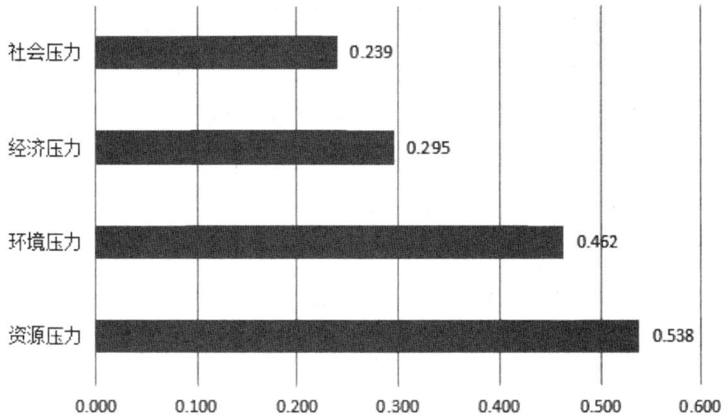

图 6.22.5　白银市转型压力指数分项得分结果

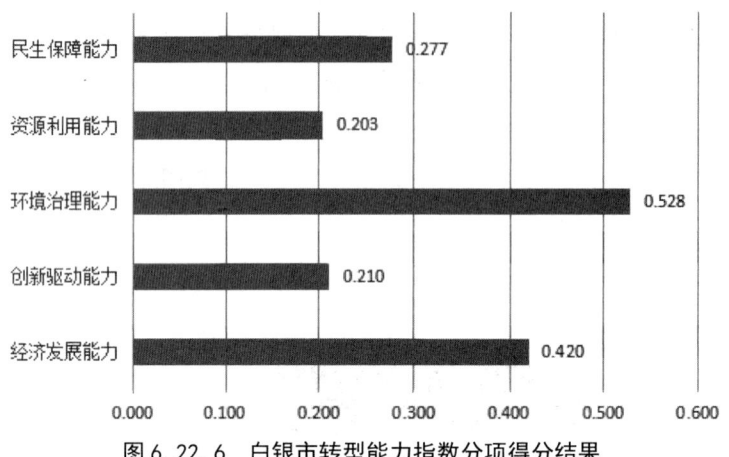

图 6.22.6　白银市转型能力指数分项得分结果

（4）指数评价

转型压力分析

白银市转型压力指数为 0.384，在全部 116 个资源型城市中排名 31 位，在西部资源型城市中排名 5 位，在衰退型资源城市中排名 12 位，这说明白银的转型发展遇到了较大的困难。分项来看，白银面临的资源压力较为突出，在所有资源型城市中排名第 18，可见白银市在资源利用效率方面存在较大的差距，资源利用效率有待提高。其次是环境压力，在全国资源型城市中排名 46 位。进一步细分可以发现，白银市的大气环境压力较大，在全国排名第 7，可见白银市的城市发展过程中，环境问题的影响很大。白银市的经济压力一般，在全国资源型城市中排名 58 位，说明白银市的经济发展水平不高，在城市转型发展过程中的经济负担较重。白银市的社会压力较小，在全国资源型城市中排名 80 位，细分来看，白银市各项社会压力均较小，城市发展面临的社会负担较小，有利于社会经济发展。

转型能力分析

白银市转型能力指数为 0.328，在全国资源型城市中排名 109 位，在 40 个西部资源型城市中排名 37 位，在 23 个衰退型资源城市里排名 21 位，可以看出白银市具备的转型能力很弱。分项来看，白银市环境治理能力比较弱，全国排名 72 位，仅有大气环境治理能力较强，在全国排名 14 位，水环境、居住环境和矿山环境的治理能力均较弱，这将不利于经济社会可持续发展。其次是民生保障能力，在所有资源型城市中排名 79 位，细分来看，白银市的各项民生保障能力均较弱，说明白银市的民生保障水平不高，加之经济负担较重，不利于经济的长远发展与社会稳定。白银市的经济发展能力较弱，在全国资源型城市中排名 87 位。进一步细分可以发现，白银市的各项经济发展能力均较弱，经济规模小，经济结构转换能力弱，经济效率低下，说白银市的经济发展水平较低，稳增长的基础还不够牢固，主导产品价格下跌，企业效益下滑，部分重点项目进度不快，经济增速有所回落。白银市的创新驱动能力也较弱，在所有资源型城市中排名 99 位，创新资金投入少，创新基础设施跟不上，创新人才稀缺，不利于白银市社会整体生产力水平的提高，阻碍了经济发展方式转变。白银市的资源利用能力很弱，在全国资源型城市中排名 116 位。可见白银市的资源利用效率很低，不利于社会经济循环发展。

综合评价

综合来看，白银市的转型压力大，转型能力弱，由于经济发展缓慢、资源利用效率低、创新能力差和民生保障水平滞后，以及环境治理能力弱，转型发展遇到了较为明显的困难。白银市转型预警指数为 0.528，在全部 116 个城市中排名第 9，在西部地区资源型城市中排名第 2，衰退型城市中排名第 6，说明转型面临问题较大，在转型过程中出现了反复。

（5）政策建议

坚持循环发展。推动农业现代化，推广应用先进实用农机具。全力改造提升传统产业。完成白银市的锌冶炼综合利用和提升改造铜冶炼技术等项目。促进战略性新兴产业发展。落实高性能抛光粉、高精度电子铜带、精铝产品开发、碳纤维原丝配套等新材料和稀土凹凸棒精细加工等产业项目。推进服务业现代化。积极发展信息产业、物联网、现代物流和金融等生产性服务业。推动现代保险业发展，推动农户和中小微企业小额等保证保险贷款业务的积极开展。沟通能源战略通道，使复合型能源基地建设步伐加快；通过引进有实力的企业和承接产业转移共同打造生产加工出口基地；积极拓展与中亚国家的开发合作，在旅游联动、文化交流、农业协作、商贸流通和园区共建等方面实现突破。把握推动企业清洁生产的重点，使环境保护大检查得到深入推进，推动工程减排。坚持种养殖废弃物综合利用、固体废物综合利用、清洁生产、农村能源建设等项目，加强公共机构节能管理，构建再生资源的回收利用体系。

贯彻创新驱动，加快园区开发步伐。促进科技创新的改革试验区建设，以高新区为主体，推进试验区的管理体制创新，争取国家差别化政策。进一步推动科技孵化器招孵凝聚社会资本，搭建西部一流的国家级孵化平台。推动建设全国的知识产权试点城市，完善优化产学研协同创新机制，使企业自主创新能力全面提高，推动新技术和新产品研发工作。完善优化科技成果的转移转化服务体系，积极转换科研院所和高校的科技成果，促进科技成果实现产业化和资本化。实施白银籍在外知名人士的"归根"工程。优化建设高新园区基础设施。大力投入园区技术设施，使园区绿化、给排水、道路、供电和污水处理厂等工程建设进一步完善。

提高民生保障能力。积极鼓励大众创业，完善和优化创业政策体系，积极搭建创业孵化基地。推动兼顾各类人员的社会保障待遇确定和正常调整机制建立健全，统筹整合城乡居民医疗保险，促进异地参保人员的医疗保险费用实现实时结算，达成网上"一站式"服务。推动教育事业优先发展，努力推动义务教育均衡发展。促进体育事业积极发展，进一步建设乡镇社区体育健身中心。推进文化事业发展步伐，落实数字图书馆推广工程。

改善生态环境。推动道路景观化、城市园林化和家园清洁化的开展。家园清洁化着重整治摊位乱摆、道路乱挖、垃圾乱倒和车辆乱停等问题。推动甘肃稀土新材料废水深度治理项目建成完善，促进白银区污水处理再生利用工程加快建设步伐。

### 6.22.3 武威市

（1）城市概况

武威市，甘肃省省辖市，地处甘肃省中部，河西走廊之门户，东与宁夏省会银川相邻，西与青海省会西宁相邻，南与省会兰州相邻，北与敦煌相通。古时素有"通一线于广漠，控五郡之咽喉"之重地之称，曾是中国的第三大城市，是西北的经济文化中心和军政中心。武威市共辖有1个市辖区，2个县和1个自治县，[①] 到2015年为止，全市常住人口共181.64万人，其中城镇人口为65.25万人，全市常住人口城镇化率达35.92%。全年地区生产总值为416.19亿元，相较上年增长了8.7%，全市人均生产总值为22931元。[②]

（2）资源特点及利用情况

武威市境内已探明10类36个矿种，包括有色金属（铜、铅、锌、镍）、黑色金属（铁、锰、钒、钛）、贵金属（金、银）、能源（煤炭、油页岩）、稀土（镧、铈）、建材（石膏、石灰岩、砂石砾料、砖瓦黏土）、化工（芒硝、湖盐、磷、重晶石、硫铁）、冶金辅料（白云岩、萤石、石英岩）和其他非金属矿产（石墨、高岭土、滑石、水晶）以及地热、矿泉水等。已发现221处各类矿床和矿点，包括已探明的5处大型矿床、9处中型矿床和48处小型矿床。油页岩、煤炭、水泥灰岩、石膏、芒硝、石墨等为其优势矿种。开发利用的矿产资源主要有石灰岩、煤、砖瓦黏土和石膏等16种。该市以初级产品和原矿为主进行矿产品的销售和加工，主要包括：石膏原矿、原煤、石膏粉、生石灰、石灰石原矿、水泥、石灰氮、电石、双氢胺和轻质碳酸钙等。煤炭已探明储量为16.7亿吨；石灰岩已探明4.02亿吨储量（其中水泥灰岩3.81亿吨、

---

[①] 资料来源：武威市政府网站 www.ww.gansu.gov.cn。
[②] 资料来源：武威市经济与社会发展统计公报 2015。

电石灰岩 0.21 亿吨），其远景储量约为 18.91 亿吨（其中水泥灰岩 15.91 亿吨、电石灰岩 3 亿吨）；石膏已探明 9.8 亿吨储量；油页岩已探明 8.73 亿吨储量；芒硝已探明 0.08 亿吨储量；石墨、钛铁矿、稀土储量依次为 667 万吨、28 万吨和 5.2 万吨，为其特有矿产，在全省独具特色。

武威市坚持贯彻科学发展观，始终把握"在保护中开发，在开发中保护"的指导方针，坚持"科技兴矿"和可持续发展的战略。紧抓保护地质环境和科学合理利用矿产资源的主线，把握提高经济效益的中心，坚持"有序有偿、供需平衡、结构优化、集约高效"的总要求，进一步宏观调控矿产资源勘查、开发利用，推进矿产资源合理利用和保护，落实矿产资源的优化配置和总量控制，增强矿产资源对全市经济社会发展的保障能力，促进矿山地质环境改善，积极构建资源节约型、环境友好型社会。加强管理矿产资源，维护矿产勘查和开采秩序，保护资源和环境，促进可持续发展。

（3）指数计算结果

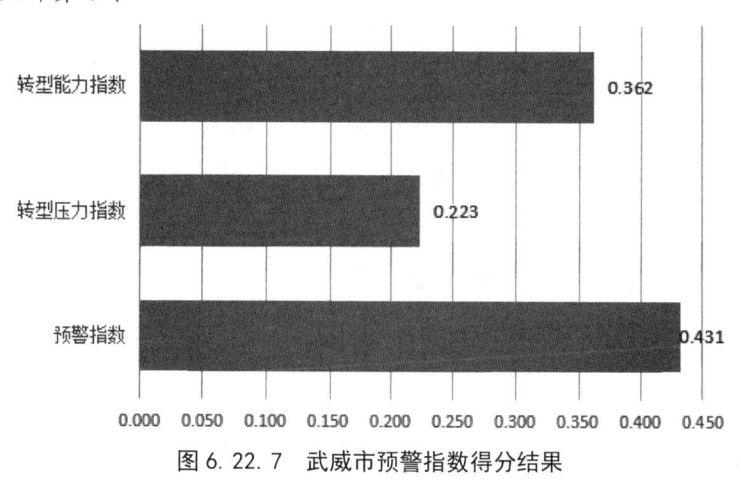

图 6.22.7　武威市预警指数得分结果

图 6.22.8　武威市转型压力指数分项得分结果

图 6.22.9　武威市转型能力指数分项得分结果

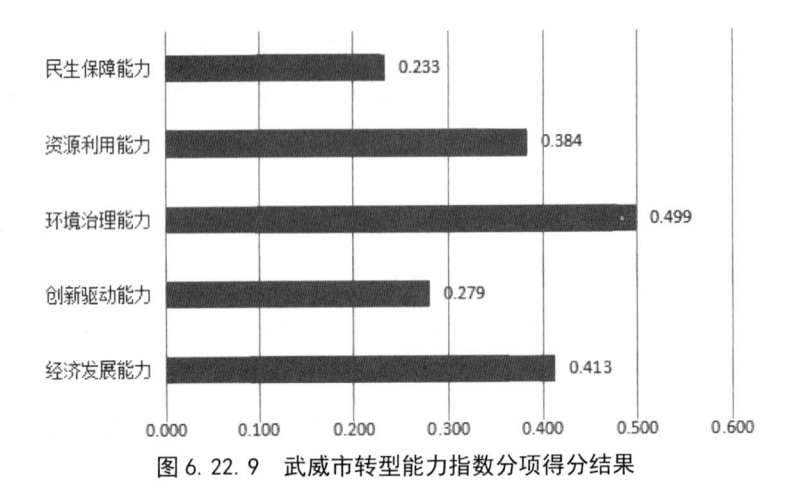

（4）指数评价

转型压力分析

武威市转型压力指数为 0.223，在全部 116 个资源型城市中排名 108 位，在西部资源型城市中排名 35 位，在成长型资源城市中排名 13 位。这说明武威的转型发展遇到的困难较小。分项来看，武威市面临的社会压力较小，在全国资源型城市中排名 72 位，其中武威市的各项社会压力均较小，在城市转型过程中的社会负担较轻，有利于社会经济发展。其次是经济压力，在全国资源型城市中排名 74 位，可见武威市承受的经济压力相对较小。细分来看，武威市的各项经济压力均较小，有利于减轻武威市的经济负担，促进城市转型发展。武威市面临的环境压力较小，在所有资源型城市中排名 74 位。细分来看，武威市的居住环境压力和大气环境压力较大，在全国排名分别为 21 名和 50 名，水环境压力和矿山环境压力则相对较小。可见武威市的环境负担相对较轻，有利于社会经济可持续发展。武威市的资源压力很小，在全国资源型城市中排名 112 位，可见武威市的资源较为丰富，能够为城市转型发展提供资源保障。

转型能力分析

武威市转型能力指数为 0.362，在全国资源型城市中排名 98 位，在 15 个成长型资源城市里排名 11 位，可以看出武威市具备的转型能力比较弱。分项来看，武威市的创新驱动能力较弱，在全国资源型城市中排名 75 位。进一步细分可以发现，创新基础设施投入还是比较大的，在全国排名 23 位，然而创新资金投入少，创新人才重视不够，这将不利于社会整体生产力水平的提高，拉低了经济增长的质量和效益，阻碍了经济发展方式转变。其次是环境治理能力，在所有资源型城市中排名 78 位，可见武威市环境治理能力较弱，不利于社会经济可持续发展。特别是大气环境和矿山环境的治理能力弱，在全国排名分别为 109 位和 79 位。只有武威市的水环境治理能力很强，在全国排名第 7。武威市资源利用能力较弱，在所有资源型城市中排名 82 位，说明武威市的资源利用效率低，资源浪费严重，对城市发展形成阻碍。武威市的经济发展能力也很弱，在全国资源型城市中排名 91 位，尤其是经济规模较小，经济效率低下，受宏观经济环境变化影响，经济下行压力加大，企业生产经营困难增多，主要经济指标增速回落。武威市的民生保障能力较弱，在所有资源型城市中排名 95 位，细分来看，武威市的各项民生保障能力均较弱，说明武威市改善民生任务重、扶贫攻坚难度大，群众反映强烈的一些突出问题还未能全面有效解决。

综合评价

综合来看，武威市虽然转型压力较小，但是由于民生保障水平滞后、经济发展缓慢、资源利用效率低和环境治理能力弱，以及创新能力差，转型发展遇到了较为明显的困难。武威市转型预警指数为 0.431，在全部 116 个城市中排名 67 名，在西部地区资源型城市中排名第 24，成长型城市中排名第 11，说明转型面临问题一般，但是问题仍然亟待解决。

（5）政策建议

武威应着力保障和改善民生。积极推动现代职业教育发展，推动建设标准化学校，大力推动县域义务教育的均衡发展。使新型农村合作医疗、城乡居民社会养老保险基础养老金和城镇居民基本医疗保险、农村低保、城镇低保、农村五保政府补助标准得到提高。努力改革医药卫生体制，使重大疾病新农合医疗保障、新农合支付方式改革和县级公立医院改革等任务得到落实。抓好城乡居民大病保险工作。推动文化体育事业发展，使重点文化工程建设步伐加快，推动市影剧院和博物馆建成，推动基层宣传文化、科学普及、党员教育、体育健身等设施的整合，进一步建设"乡村舞台"和综合文化服务中心。建成并投用市体育馆，争取游泳馆、体育健身广场、训练馆的开工建设。推动积极的就业政策更好落实，推动更高质量就业的实现，创造完善就业平台。引导和鼓励高校毕业生到企业和基层自主创业或就业。推动社会养老服务体系建立健全，促进老年服务业发展。积极发展社会救助、扶残助残、和慈善事业。促进社会服务管理工作模式创新，把握"平安县区、平安乡镇街道、平安农村社区"的创建重点，推动建设基层社会服务平台，进一步强化特殊人群和流动人口的服务和管理，加强城乡融合新型社区和"下山入川"移民区的社会管理服务。积极搭建应急管理体系，使抵御灾害能力和综合防范得到增强。加强对产品质量安全和食品药品安全的监管，保证食品药品安全。严把行业监管部门责任和安全生产主体责任，推动安全生产专项行动进一步开展。

大力进行经济结构调整，推动经济发展方式转变，进一步推动经济的循环发展。把握新兴工业经济发展。改善加强现有的企业管理，一方面用高新技术推动传统产业改造升级，一方面坚持找矿藏、引项目、建园区、创品牌、上规模、增效益，积极推动新型工业体系的构建。促进产业链经济的发展培育，打造核技术民用装备制造、风光电装备制造、碳化硅新材料、电石、飞机汽车制造、制药、物流、包装、农产品精深加工、甜高粱、液体经济、现代畜牧业等产业集群和联盟。加快新能源产业发展步伐。积极调整园区布局，促进产业布局优化。加强工业经济的运行和调度服务，扎实推进企业互保共建、和企业互为市场、重点项目的工作。积极建设循环经济试点示范园区，推动一批工业循环经济重点项目的组织和实施。促进现代农业发展。紧抓农牧业的提质增效，大力引进推广和示范新品种、新技术、新装备。推动现代服务业发展水平的提高。进一步建设城乡市场，使消费拉动力得到不断增强。大力推动招商引资和项目建设，促进经济总量不断扩大。完善和健全节能减排的目标责任制，严把主要污染物排放的控制工作，推动清洁生产，推动资源节约和综合利用。

加大生态保护建设力度。把握造林、节水、治沙和防污四个重点。推动沙产业发展模式建立，进一步推动养殖治沙和工业治沙新模式形成，对沙漠科学开发利用和科学治理保护。进行农业面源、工业点源和大气污染、水质污染、生活污染的综合治理。落实污染物排放总量的控制制度，对超标准、超总量排污和无证排污的行为严厉禁止，促进全防全控污染治理的实现，改善环境质量。

着力推进创新驱动。大力建设省级创新型试点城市，推动产学研政相结合的技术创新体系完善和优化。支持鼓励企业创造驰名商标和著名商标，组建企业集团，促进企业提升核心竞争力基于农产品加工、装备制造、生物技术应用与开发等重点领域，选拔一批重大技术创新项目，争取省和国家的专项支持。促进企业与省内外科研院所和高校的技术交流、技术合作和人才培养。

### 6.22.4 张掖市

（1）城市概况

张掖市，甘肃省省辖市。以"张国臂掖，以通西域"而得名，地处中国甘肃省西北部，河西走廊中部。自古有"塞上江南"和"金张掖"之美称。张掖市共辖有1个市辖区，4个县和1个自治县，全市总面积达4.2万平方公里。[①] 到2015年为止，年末全市常住人口为121.98万人，其中城镇人口达51.46万人，常住人口城镇化率为42.19%。全年地区生产总值达373.53亿元，相较上年增长了7.5%，全市人均生产总

---

① 资料来源：张掖市政府网站 www.zhangye.gov.cn。

值为 30704 元，相较上年增长了 7%。[①]

（2）资源特点及利用情况

张掖市矿产资源丰富，已探明 30 多种矿藏，其中芒硝、铁、煤、石灰石等储量过亿吨。已探明的金属和非金属资源的累计储量位列全省之首。张掖全市发现并评价了 33 种矿产资源，包括锰、铁、铜、锌、铅、岩金、钨、银、钼、锑、钒、铬铁、硫、沙金、煤、萤石、芒硝、滑石、凹凸棒石、石膏、钾盐、重晶石、蛭石、石棉、白云岩、耐火黏土、石灰岩、大理岩、石英岩、矿泉水、花岗岩等。全市铁矿储量达 8.93 亿吨，钼远景资源量达 102 万吨（金属量），钨远景资源量达 50 万吨（金属量），煤炭远景储量达 10.5 亿吨，原盐资源储量达 320 万吨，芒硝资源储量达 2581.3 万吨，重晶石资源储量达 1850 万吨，萤石矿资源储量达 23 万吨，冶金用白云岩资源储量达 6031 万吨，石灰石资源储量达 4.62 亿吨，石膏储量达 2.32 亿吨，含碘凹凸棒石粘土矿资源储量达 1137 万吨。

张掖全面落实科学发展观，有效服务全面建设小康张掖、和谐张掖、资源节约型张掖，促进城镇化、工业化、农业产业化和新农村建设的发展进程，把握矿产资源勘查、开发利用和管理的基础，把握改革这一动力，坚持提高矿产资源的保障能力的目标。坚持"在保护中开发，在开发中保护"的原则，统筹规划，合理布局，优化配置，加大地质找矿力度，大力发展循环经济，节约集约利用矿产资源，推动优势和特色矿业经济区建设。促进矿山地质环境的改善，积极推动经济、社会、环境和资源效益实现协调统一，推动矿业的可持续发展。

（3）指数计算结果

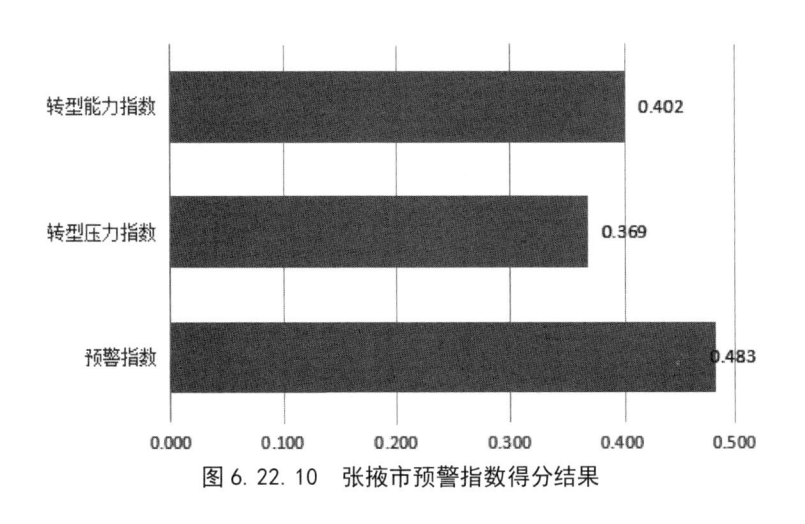

图 6.22.10 张掖市预警指数得分结果

---

① 资料来源：张掖市经济与社会发展统计公报 2015。

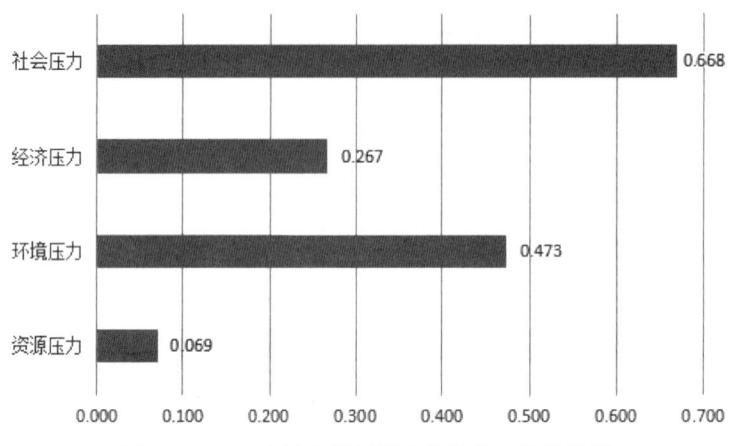

图 6.22.11 张掖市转型压力指数分项得分结果

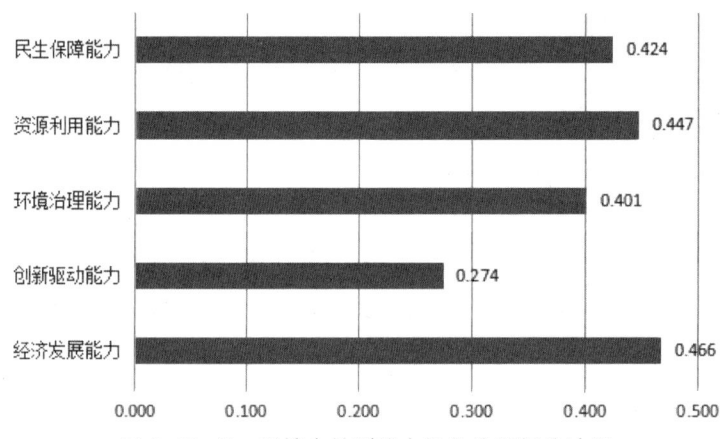

图 6.22.12 张掖市转型能力指数分项得分结果

（4）指数评价

转型压力分析

张掖市转型压力指数为0.369，在全部116个资源型城市中排名36位，在西部资源型城市中排名8位，在再生型资源城市中排名第6，这说明张掖的转型发展遇到了较大的困难。分项来看，张掖市面临的社会压力最突出，在所有资源型城市中排名第1，在再生型资源城市中排名第1，可见张掖市的社会压力很大。进一步细分可以发现，张掖市的各项社会压力均很大，就业压力、社会保障压力和安全压力在全国排名分别为第1、第11和第10，说明张掖市的工业经济发展缓慢，吸纳就业能力较弱，骨干财源培植不足，以致社会负担很重，严重制约了社会经济发展，阻碍了城市转型发展。解决就业能力、提供社保能力和安全生产能力亟待改善。其次是环境压力，在全国资源型城市中排名41位，可见张掖市的环境压力较大，不利于社会经济可持续发展。张掖市的经济压力较小，在所有资源型城市中排名70位，细看各项经济压力均较小，有利于减轻张掖市城市转型发展过程中的经济负担。张掖市面临的资源压力很小，在全国资源型城市中排名100位，说明张掖市拥有较为丰富的资源，为社会经济发展提供充足保障。

转型能力分析

张掖市转型能力指数为0.402，在全国资源型城市中排名82位，在40个西部资源型城市中排名25位，在15个再生型资源城市里排名14位，可以看出张掖市具备的转型能力比较弱。分项来看，张掖市的民生保障能力较强，在全国资源型城市中排名33位，说明张掖市在民生保障方面具有一定的水平，有利于经济的长远发展与社会稳定；然而由于面临的社会压力沉重，现有的民生保障能力尚不足以克服所遇到的困难。其次是资源利用能力，在全国资源型城市中排名67位，可见张掖市的资源利用效率较低，不利于社会经济循环发展。张掖市的经济发展能力较弱，在全国资源型城市中排名71位。进一步细分可以发现，张掖市经济总量小，产业层次低，经济效率低下，经济增长速度慢，实现转型发展的难度和压力依然较大。张掖市的创新驱动能力较弱，在所有资源型城市中排名76位，创新资金和创新人才投入力度均很小，不利于社会生产力水平的提高，阻碍了社会经济发展方式转变。张掖市的环境治理能力很弱，在全国资源型城市中排名101位，细看张掖市的各项环境治理能力均很弱，不利于社会经济的可持续发展。

综合评价

综合来看，张掖市转型压力较大，转型能力较弱，由于社会压力大、环境治理水平滞后、创新能力差和经济发展缓慢，以及资源利用效率较低，转型发展遇到了较为明显的困难。张掖市转型预警指数为0.483，在全部116个城市中排名22名，在西部地区资源型城市中排名7位，再生型城市中排名第1，说明转型面临问题已经非常严重，在转型过程中的阻碍不容忽视，亟待处理。

（5）政策建议

张掖市应推进社会治理强化和创新。使各项就业创业政策得到统筹和落实，带动各类群体实现充分就业。积极推动安全生产责任制的落实，使监管专业化水平得到大力提升，使各类重特大事故的发生得到坚决遏制。推动防灾减灾救灾管理体系的完善健全，使综合救灾能力和突发事件应急处置保障能力得到提升。建设规范化的基层食品药品监管机构，促进覆盖全过程的最严格的监管制度建立健全。强化国防后备力量的战备训练基础设施建设。大力进行法律宣传，推动公共法律服务体系覆盖城乡。依法管理宗教事务。制定和推行差异化扶持政策，积极实现民族地区的共同繁荣和进步。加强依法治理、系统治理、源头治理和综合治理，大力建设以信息化为支撑的社会治安立体防控体系，推动调处化解综合机制和社会矛盾排查预警的完善，改进加强信访和调解工作，使社会矛盾有效化解，对违法犯罪行为依法打击并严密防范，保障社会稳定和谐发展。

强化生态保护建设。重点区域生态治理得到积极落实，促进产业布局优化调整，实现资源的节约高效利用。开启中央财政补贴造林工程、退耕还林工程、森林重点火险区综合治理三期、木本油料示范基地建设、沙化土地封禁保护试点扩面等重点林业项目的新一轮实施。完善优化财政扶持政策，进一步推动农村环境整治，使秸秆焚烧、农膜污染、垃圾乱倒等突出问题得到有效解决。大力防治水、土壤和大气污染，制定并推行支持政策，促进单位和社区关闭自备锅炉。对城区的路网承载负荷进行科学设定，对道路节点严格控制分流，积极建设道路交通安全基础设施，促进绿化带隔离设施改善。积极促进环卫市场化，坚持整治城乡环境卫生，积极解决城区、中心集镇和沿路沿线村庄等重点区域的脏乱差现象。完善优化科技治污、预报预警、区域联防联控机制，使人居环境有效改善。

贯彻落实创新驱动战略，推动西部创新型城市建设。积极融合互联网与生态工业、现代农业、现代服务业，推动具有样板水平的"互联网＋"示范城市的建设，创造西部"双创城市"建设的成功经验。积极创建科技中试和成果转化基地、创业孵化综合科技服务平台和科技大市场。支持和鼓励企业、园区和科研院所在一批实用配套技术和产业关键技术实现重点突破。发挥协同效应和政策集成，促进融资方式创新，利用政府投融资平台，进一步培植多元化的资本市场。落实"本土培育"工程，积极建设企业家人才队伍，引进和吸收技术创新、创业孵化、网络经济、资本运作等方面的紧缺团队和人才。

优化经济结构。使国家推进供给侧改革的决策部署得到全面贯彻落实，积极促进要素资源市场化配置，鼓励支持三次产业优势互补、资源共享、转型升级，实现有质量、高效益、可持续发展。提升现代农业发展水平。使区域特色产业、优势主导产业和绿色有机农产品全方位提质增效，进而促进工业扩量增效。使园区的各项政策措施得到有效发展落实，大力促进发展环境和产业布局实现优化。对容积率和投资强度等控制标准进行严格执行，提高园区用地的集约化水平，市场导向和资源开发并重发展。推动旅游业提档升级，深度融合发展旅游、文化、体育和医药。

积极利用资源能源的富集优势，突破新型工业化发展瓶颈。把握生态循环型工业的发展方向，促进战略性新兴产业的培育，使装备制造、新材料、生物医药和节能环保等产业规模得到壮大。推动产业清洁化、绿色化、信息化和高新科技工程的实施。进一步加快循环经济产业区低热值煤发电、清洁能源发电、煤炭综合利用和百万吨高载能、火电、抽水蓄能电站等重点项目的建设速度。

### 6.22.5 平凉市

（1）城市概况

平凉市，甘肃省省辖市，地处甘肃省东部，泾河上游，六盘山东部，是陕甘宁交汇的几何中心，横跨陇山（关山），东与陕西咸阳相邻，西与甘肃定西、白银相连，南与甘肃天水和陕西宝鸡相接，北与宁夏固原、甘肃庆阳毗邻。被称为"陇上旱码头"，为古"丝绸之路"的必经重镇。平凉市共辖有1个区6个县，[①] 到2015年为止，年末全市常住人口为209.8万人，其中城镇人口为76.09万人，全市常住人口城镇化率为36.27%。全年地区生产总值达347.7亿元，相较上年增长了7.6%，全市人均生产总值为16595元，相较上年增长了7.3%。[②]

（2）资源特点及利用情况

平凉有丰富的矿产资源，石灰岩和煤炭储量位列全省之首，甘肃省第一大煤田华亭煤田坐落于此，是全国13个大型煤炭基地之一，其是鄂尔多斯的聚煤盆地中煤层最厚地段，总面积达150平方公里，煤层平均厚度达28.7米，全市预测煤炭地质储量达650亿吨以上，煤炭现已探明总储量占全省已探明储量的41%，为37亿吨，煤炭煤质优良，具有高发热量、高活性、低灰、低熔点和低硫的特性，是目前我国最好的气化用煤和优质动力用煤。铅锌矿、油页岩、陶土、硫铁矿等矿产资源的储量可观，且开发潜力巨大，已初步探明的石油资源量达4.3亿吨。石灰石总储量达30多亿吨，集中分布于华亭县和平凉市。2015年全年原煤产量达2373.63万吨，增长了0.14%，全年全市电、煤、建材三大行业共完成工业增加值达67.94亿元，增长1.9%，占规模以上工业增加值的81.4%。

平凉市基于打造我国重要的传统能源综合利用示范区和陇东国家级能源化工基地建设的目标定位，大力推动平凉千亿级煤电化冶循环经济产业集群，积极促进传统产业的改造升级，积极努力使农产品深加工、煤电化、新型建材和装备制造等特色优势产业做大做强，积极促进新材料、新能源等战略性新兴产业发展，坚持抓延伸、扩规模、打品牌和增效益，着力实现以煤为基和多元发展的新型工业化格局的新突破。进一步推动产业结构优化，一方面紧抓煤电产业扩能增产，一方面促进循环发展，使链条延伸加粗，进一步培育新材料和新能源产业，着力传统产业的改造提升，使工业内部结构向煤电主导、多业并举和循环发展转变的步伐进一步加快。使技术改造和产业调整等重点工业项目得到落实。持续延伸煤电化产业链条。加快传统产业提升改造步伐。积极提升农产品加工、新型建材、装备制造等传统产业的集群化水平和发展层次。

---

[①] 资料来源：平凉市政府网站 http://www.pingliang.gov.cn/。
[②] 资料来源：平凉市经济与社会发展统计公报2015。

（3）指数计算结果

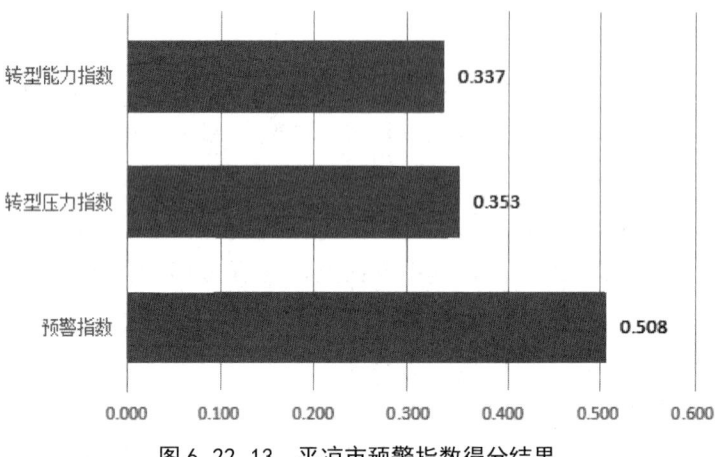

图 6.22.13　平凉市预警指数得分结果

- 转型能力指数：0.337
- 转型压力指数：0.353
- 预警指数：0.508

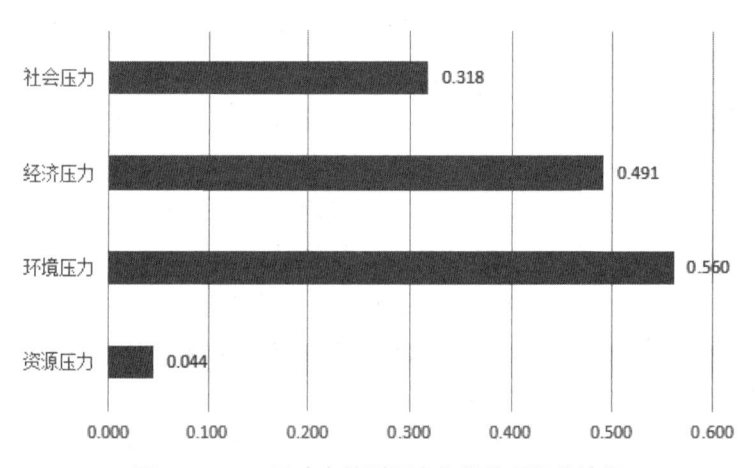

图 6.22.14　平凉市转型压力指数分项得分结果

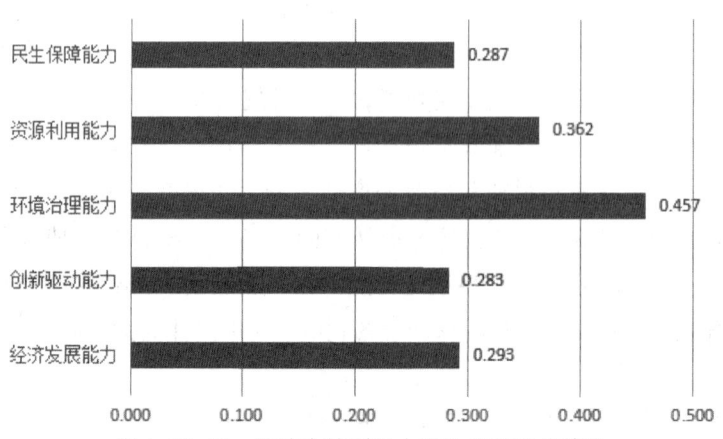

- 社会压力：0.318
- 经济压力：0.491
- 环境压力：0.560
- 资源压力：0.044

图 6.22.15　平凉市转型能力指数分项得分结果

- 民生保障能力：0.287
- 资源利用能力：0.362
- 环境治理能力：0.457
- 创新驱动能力：0.283
- 经济发展能力：0.293

(4) 指数评价

转型压力分析

平凉市转型压力指数为 0.353，在全部 116 个资源型城市中排名 42 位，在西部资源型城市中排名 10 位，在成熟型资源城市中排名第 19，这说明平凉的转型发展遇到了较大的困难。分项来看，平凉面临的环境压力较突出，在所有资源型城市中排名第 20，在成熟型资源城市中排名第 15，可见平凉市的生产方式不够环保，环境污染较严重，不利于社会经济可持续发展。其次是经济压力，在全国资源型城市中排名 23 位，细分来看，平凉市的各项经济压力均较大，严重制约了平凉市的经济发展，阻碍了城市转型升级。平凉市的社会压力一般，在所有资源型城市中排名 50 位。平凉市就业压力和社会保障压力较小，安全压力较大，安全生产能力有待提高。平凉市的资源压力较小，在全国资源型城市中排名 108 位，说明平凉市的资源较为丰富，能够满足社会经济的发展。

转型能力分析

平凉市转型能力指数为 0.337，在全国资源型城市中排名 107 位，在 40 个西部资源型城市中排名 35 位，在 63 个成熟型资源城市里排名 59 位，可以看出平凉市具备的转型能力很弱。分项来看，平凉市的创新驱动能力较弱，在全国资源型城市中排名 74 位。平凉市的创新基础设施较完善，在全国排名 16 位，但创新资金投入力度小，创新人才重视程度不高，不利于社会生产力水平的提高，阻碍了经济发展方式的转变。其次是民生保障能力，在所有资源型城市中排名 75 位，可见平凉市的民生保障水平不高，进一步细分可以发现，平凉市的各项民生保障能力均较低，城乡居民持续增收的难度加大，部分低收入群众生活还比较困难，就业和社会保障任务艰巨，医疗、教育、养老、食品药品安全、住房、社会治安等方面群众不满意的问题还比较多。平凉市的环境治理能力比较弱，在全国资源型城市中排名 89 位。其中，平凉市的居住环境治理能力很强，在全国排名第 1，但是大气环境、水环境和矿山环境的治理能力均较低，不利于社会经济可持续发展。平凉市的资源利用能力较弱，在所有资源型城市中排名 94 位，说明平凉市的资源利用效率低，不利于社会经济循环发展。平凉市的经济发展能力也很弱，在全国资源型城市中排名 106 位，细分来看，平凉市的各项经济发展能力均很弱，由于宏观经济放缓及煤炭市场持续低迷，对平凉市煤电为主的工业经济造成很大冲击。同时新的经济增长点培育发展较慢，致使地区生产总值、规模以上工业增加值等指标没有达到预期。

综合评价

综合来看，平凉市转型压力较大，转型能力较弱，由于经济发展缓慢、资源利用效率低、环境治理能力弱、民生保障水平滞后以及创新能力差，转型发展遇到了较为明显的困难。平凉市转型预警指数为 0.508，在全部 116 个城市中排名 16 名，在西部地区资源型城市中排名第 4，成熟型城市中排名第 7，说明转型面临问题较大，在转型过程中出现了反复。

（5）政策建议

平凉应大力推动项目建设，创造提速发展新引擎，坚持循环经济发展。进一步招商引资，优化结构，扩大总量，积极创造新的经济增长点，支持鼓励转型升级和科学发展。立足产业园区和工业园区，推动产业性专业招商和区域性定向招商，积极推动循环经济补链项目和战略性新兴产业的引进，使产业链进一步延伸和促进其集群式发展。严格项目准入，严把投资强度关、产业政策关、环境保护关，使招商引资转向招商选资。优化投资环境，跟踪服务落实做好，进一步推动项目落地建设步伐。推动特色优势产业标准化、规模化、市场化和品牌化，积极促进农业现代化和农民增收、农业增效。大力推动农业科技创新和推广新型技术集成，推动农业生产的机械化作业水平进一步提高。大力推动能源基地建设，打造工业发展的新格局。坚持战略性新兴产业培育双轮驱动和传统产业改造升级，进一步产业集群推动工业结构优化升级，实现工业经济升级版。发展壮大战略性新兴产业。对优势资源合理利用和配置，促进市场化运作机制的建立完善，扶持以新材料、新能源、生物产业、节能环保、信息技术、现代服务业等为重点的新兴产业快速发展。更加注重节能循环。强化公共机构的节能管理，推动重点领域的节能降耗。促进落后产能的淘汰，发展循环经济的优势产业链。落实工业技术改造、节能节水和循环经济项目。促进"畜—沼—果（菜）"的循环农业发展模式推广，进一步推动农业废弃物的循环利用。

加强生态建设。增强林业生态工程建设和重点流域生态修复保护，继续开展道路绿化和城镇面山。进一步源头治理，严把环境准入，进一步对高能耗和重污染项目进行控制。促进工业脱硝、脱硫和除尘改造，紧抓汽车尾气、城区扬尘和餐饮油烟的污染治理，进一步覆盖集中供热，推进燃煤小锅炉的淘汰，推进大气环境改善。进一步保护城乡饮用水源地，紧抓城市中地下水源井关闭和水利用，积极解决地下水的超采问题。加强管理固废危废，严管重点行业和企业环境，保证污染物的达标排放。

保障改善民生。推动创业就业，全方位促进就业政策落实，优化健全创业就业支持和服务体系，促进就业岗位的多渠道开拓。进一步覆盖社会保障，加强社保的信息化建设，稳步促进医疗、养老、失业、工伤保险待遇水平提高。推动教育均等发展和优先发展，促进教育领域的综合改革，落实专项教育的保障能力建设，积极促进"全面改薄"项目，着力建设农村小规模学校。扶持和推动体育产业的发展，促进全民健身运动。

坚持创新驱动战略的贯彻落实，强化企业的创新主体地位，进一步推动企业进行以产品结构调整为主的技术改造，推动实体经济的培育和壮大，促进高技术含量、高加工度、高附加值产品的发展,进一步打造名优商标和名牌产品,推动传统产业的优化升级大力投入科技经费,推动科技创新,进一步结合产学研,推动市科技孵化器的建成。

### 6.22.6 庆阳市

(1) 城市概况

庆阳市,甘肃省省辖市。地处甘肃省最东部,位于陕甘宁三省区交汇处,是黄河中下游黄土高原沟壑区。习称"陇东",素有"陇东粮仓"之称。庆阳市共辖有1个区7个县,全市总土地面积达27119平方公里。[①] 到2014年为止,年末全市常住人口达222.35万人,其中城镇人口达70.15万人,常住人口城镇化率为31.55%。全年地区生产总值为668.93亿元,相较上年增长了10.2%,全市人均生产总值为30090元,相较上年增长了10.1%。[②]

(2) 资源特点及利用情况

庆阳有丰富的矿产资源,主要为石油和煤炭等能源矿产。庆阳已探明的油气总储量达40亿吨,石油总资源量达32.74亿吨,石油三级储量达16.2亿吨,探明地质储量达5.16亿吨。其煤炭资源已探明的预测总储量占甘肃全省预测储量的94%,为2360亿吨,占鄂尔多斯盆地煤炭资源预测储量的11.8%,占全国煤炭资源预测储量的4.23%。庆阳还拥有10多种矿产资源包括石英砂、白云岩和石炭岩等,其开发前景良好。白云岩总储量达675.7万吨。石英砂总储量达6229万吨。石灰岩远景储量达1225.9万吨,其中有39.5万吨水泥石灰岩,1184.4万吨制碱灰岩。

庆阳近年基于国家级重要的能源化工基地建设的战略定位,以煤层气、天然气、石油、煤炭、页岩气的转化为牵引,打造油气煤电化冶材一体化的循环经济产业体系,建成煤电化冶材和石油天然气化工两个千亿级的循环经济产业链。创建地企深度融合发展新机制。巩固基础融合和产业融合核心,促进地企发展实现深度融合,实现地企做辅业、央企做主业,建造了交通投资集团、庆阳能源化工集团和水务发展集团,推动融合项目建设大平台的搭建,促进富民增收新途径的拓展,实现"庆阳长庆一家亲、共同建设大油田、幸福富裕老区人"的互促共荣发展新局面。庆阳市把"破瓶颈、夯基础、强支撑"作为实施基础设施建设项目的首要任务,以交通建设为牵引,以城镇建设为重点,以生态建设为支撑,强力推进重大基础项目,为经济转型升级提供基础支撑。

---

① 资料来源:庆阳市政府网站 http://www.zgqingyang.gov.cn/。
② 资料来源:庆阳市经济与社会发展统计公报 2014。

（3）指数计算结果

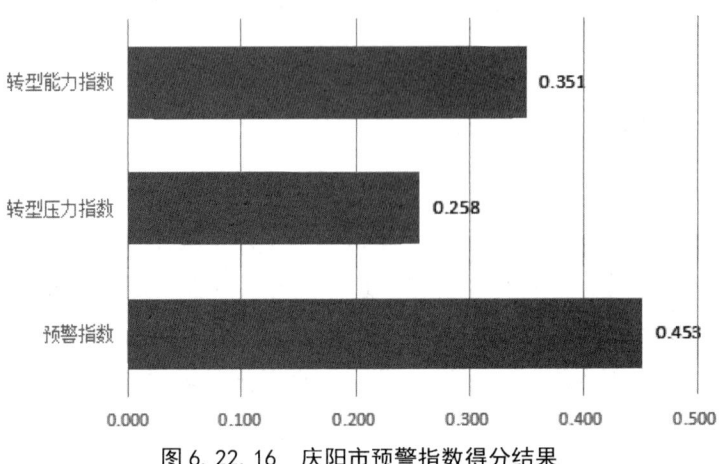

图 6.22.16　庆阳市预警指数得分结果

- 转型能力指数：0.351
- 转型压力指数：0.258
- 预警指数：0.453

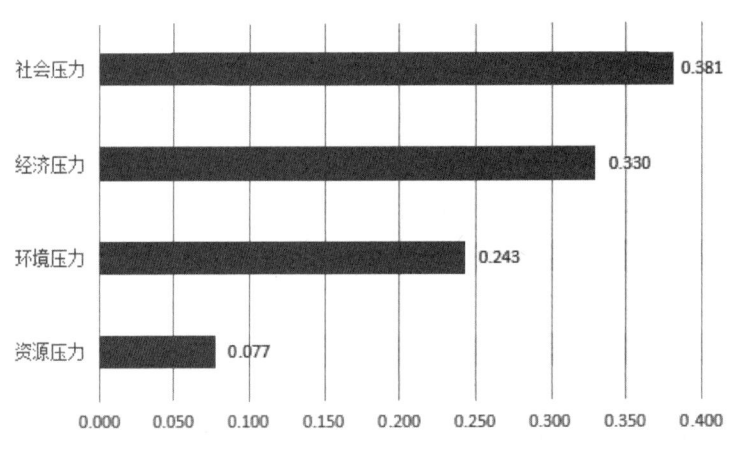

图 6.22.17　庆阳市转型压力指数分项得分结果

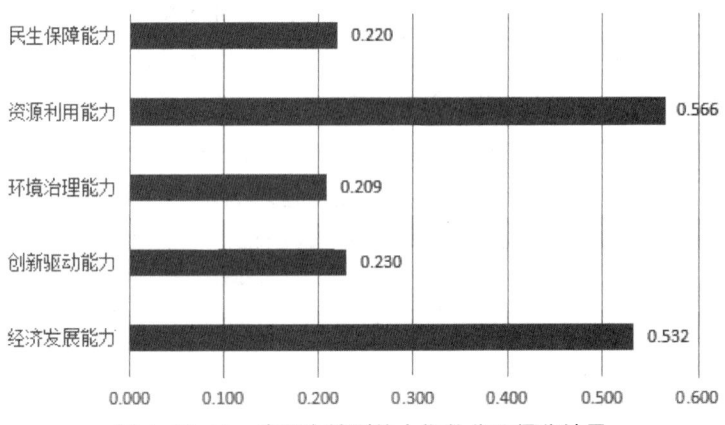

- 社会压力：0.381
- 经济压力：0.330
- 环境压力：0.243
- 资源压力：0.077

图 6.22.18　庆阳市转型能力指数分项得分结果

- 民生保障能力：0.220
- 资源利用能力：0.566
- 环境治理能力：0.209
- 创新驱动能力：0.230
- 经济发展能力：0.532

(4) 指数评价

转型压力分析

庆阳市转型压力指数为0.258,在全部116个资源型城市中排名98位,在西部资源型城市中排名30位,在成长型资源城市中排名11位。这说明庆阳的转型发展遇到了的困难较小。分项来看,庆阳市面临的社会压力较为突出,在所有资源型城市中排名35位,尤其是就业压力和安全压力较大,在全国排名分别为19位和35位,可见庆阳的城市转型发展尚有较重的社会负担,不利于社会经济的发展,安全生产能力和解决就业能力均待改善。其次是经济压力,在全国资源型城市中排名47位,细分来看,庆阳市的经济增长压力和经济结构压力较小,但是财政压力和经济区位压力较大,在全国排名分别为20位和21位,说明庆阳市在城市转型发展过程中仍有较大的经济负担。庆阳市的资源压力较小,在全国资源型城市中排名97位,说明庆阳市的资源较为丰富,资源利用效率较高,有利于社会经济的发展。庆阳市的环境压力很小,在所有资源型城市中排名108位,除居住环境压力较大外,其他环境压力均较小,有利于庆阳市社会经济可持续发展。

转型能力分析

庆阳市转型能力指数为0.349,在全国资源型城市中排名102位,在40个西部资源型城市中排名32位,在15个成长型资源城市里排名13位,可以看出庆阳市具备的转型能力很弱。分项来看,庆阳市的资源利用能力较强,在全国资源型城市中排名32位,可见庆阳市的资源利用效率较高,有利于社会经济发展,促进城市转型发展。其次是经济发展能力,在全国资源型城市中排名42位,进一步细分可以发现,庆阳市的经济规模较小,经济结构转换能力较弱,不合理的经济结构阻碍了经济的进一步优化,而由于经济效率强劲,经济增长水平较高,庆阳市实现自我发展的能力依然很强。庆阳市的创新驱动能力较弱,在所有资源型城市中排名90位,尤其是创新资金投入力度小,创新人才稀缺,在全国排名105位,这将不利于社会生产力的提高,同时阻碍了社会经济发展方式转变。庆阳市的民生保障能力很弱,在全国资源型城市中排名100位,细分来看,庆阳市的各项民生保障能力均较弱,公共服务水平较低,食品安全、医疗服务、城市管理等方面与群众的期盼还有差距。庆阳市的环境治理能力很弱,在所有资源型城市中排名115位,各项环境治理能力均很弱,环境治理问题已成为庆阳市经济发展道路上的一块绊脚石。

综合评价

综合来看,庆阳市虽然转型压力较小,但是由于环境治理能力弱、民生保障水平滞后和创新能力差以及经济的波动,转型发展遇到了较为明显的困难。庆阳市转型预警指数为0.459,在全部116个城市中排名42名,在西部地区资源型城市中排名第15,成长型城市中排名第6,说明转型面临问题较大,需要重视。

（5）政策建议

庆阳应进一步推进生态建设，积极治理北部荒漠化，整治百万亩土地和建设百万亩梯田工程。拒绝污染项目、短期项目、政绩项目。推动重点开发区环评措施的严格落实，严把高耗能和高污染项目；加强保护限制开发区；大力投入和修复禁止开发区。推动油区的环境治理，积极防治城市大气污染和农村面源污染，大力保护饮用水源地。推动环保产业发展，积极检查环境保护，促进环境质量的改善。把握"低消耗、低排放、高效率"的目标，促进矿区的标准化建设，推进"两废"处置和保护水源、生态，紧抓重点行业和领域的清洁生产和污染防治，推广绿色消费，推进技术改造，促进落后产能淘汰，保证化学需氧量、二氧化硫排放量、氨氮排放量、氮氧化物排放量控制在省上下达的范围之内。

保障改善民生。提质协调发展教育，发展学前教育，紧抓义务教育。加强高中阶段教育，使素质教育全面深化，促进育人水平全面提高。推动卫生计生服务水平的提高，积极改革公立医院，严把国家基本药物、新农合和基本公共卫生服务均等化制度。促进就业援助政策和就业创业政策的认真落实，推进产业促进就业，积极创造就业岗位。推动社会保障覆盖面的进一步扩大和稳定，促进机关事业单位工作人员的养老保险制度稳步改革，完善优化社会救助体系和养老服务体系。推动公共文化服务体系的构建，促进大剧院等重点工程的开工建设。

实施创新驱动战略。设立财政参股的产业投资引导基金、科技创新驱动基金、贷款融资担保基金，吸引和鼓励社会资本投资产业结构调整优化和科技创新驱动发展等重点领域。进一步发展科技服务能力，积极搭建技创新平台，促进以企业为主体的技术创新体系的构建，扶持和鼓励科技型中小企业的发展。推动创新成果转化机制优化完善，推进科技项目的积极实施。

推进国家级重要的能源化工基地建设，坚持"低碳、高效、可持续"理念，积极创新创造煤炭生产转化和石油石化的"两个千亿级产业链"补链、延链、扩链，推动城市资源优势向富民兴市的经济优势的转化。推进石油石化千亿级产业链建设，抓好煤炭生产转化千亿级产业链建设。扶强做大地方工业。推动各项政策措施的积极落实，从财税优惠、资金支持、促进企业信息互联互通和创业基地建设等方面，扶持小微企业和非公经济的健康发展。促进区域、产业和地企额深度融合发展，进一步发展第三产业促其水平提升、比重提高。

### 6.22.7 陇南市

（1）城市概况

陇南市，甘肃省省辖市，地处甘肃省东南部，位于秦巴山区，东与陕西相接，南与四川相通，位于陕甘川三省交会要冲，被称为"秦陇锁钥，巴蜀咽喉"。境内自然环境优渥，素被称为"陇上江南"。陇南市共辖有1个区8个县，总面积达2.79万平方公里。① 到2015年为止，年末全市常住人口达259.09万人，其中城镇人口达72.96万人，常住人口城镇化率为28.16%。2015年地区生产总值为315.14亿元，相较上年增长了9.5%。②

（2）资源特点及利用情况

陇南有丰富的矿产资源，有突出的工业开发优势。全市现已探明金属和非金属矿产有34种，矿产地达445处。其中，储量大、资源清、品位高且有开采价值的金属矿包括锌、铅、锑、铜、汞、金、铁、锰等，非金属矿包括大理石、硅、重晶石、石膏、石灰石等。其中西成铅锌矿带为我国第二大矿体，绵延300千米，近期金属储量为1200多万吨，远期金属储量为2000万吨，平均品位为4.5%—12%。现年产铅锌矿含铅为3.08万吨，含锌量12.95万吨；有14.9万吨锑金属储量，是我国的第三大矿体；已探明黄金储量达190吨，有300吨以上远景储量，已探明20余处储量400公斤以上的大中型矿床。其中文县阳山金矿探明储量为100吨，远景储量为200吨以上；礼县的岩金，近期储量为27.8吨，远期储量为50吨；文县的沙金，年产量占全省40%以上。目前有三大成矿带正在开发：一是西成铅锌矿带，横亘成县、西和、徽县等县，总面积约20平方公里，属超大型铅锌矿带；二是西和崖湾锑矿带，金属储量达14.9万吨，占全国的8%，储量位列全国第三；三是白水江、白龙江流域的黄金矿带，黄金储量达70吨以上，是甘陕川"金三角"矿带的核心地区，是甘肃省重要的采金基地。

陇南坚持科学发展观的指导，紧把全面建设小康社会目标和工业强市战略，积极勘探评价和调查矿产资源，推动矿产资源的保障能力切实提高；积极推动发展方式转变，推动利用结构和布局的优化调整，促进优势矿产资源的产业体系培育，推动科技创新，使资源利用效率得到提升，拓宽投资和资源供给渠道，合理开发利用和有效保护矿产资源，加强污染防治和生态环境保护，促进矿山地质环境状况的改善，推进资源优势转向发展优势，促进黄金、铅锌为主的有色冶金工业加速发展，促进矿产品产业链延长加粗，促进高科技产品和深加工产业发展，增加产品附加值。着力促进循环经济发展，积极打造循环经济产业集群。

---

① 资料来源：陇南市政府网站 http://www.longnan.gov.cn/。
② 资料来源：陇南市经济与社会发展统计公报2015。

（3）指数计算结果

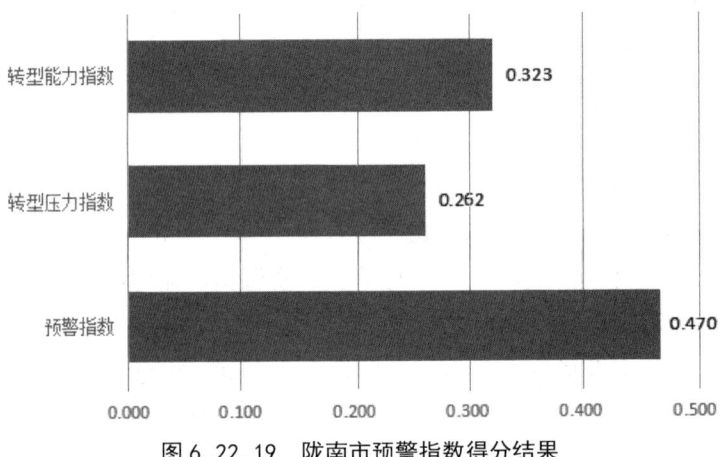

图 6.22.19　陇南市预警指数得分结果

- 转型能力指数：0.323
- 转型压力指数：0.262
- 预警指数：0.470

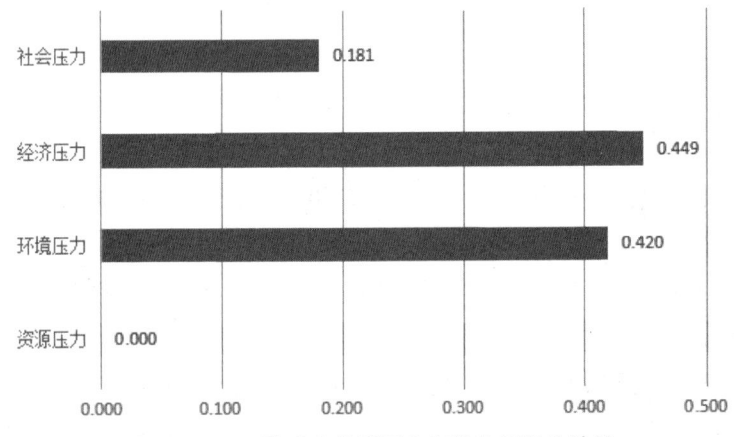

图 6.22.20　陇南市转型压力指数分项得分结果

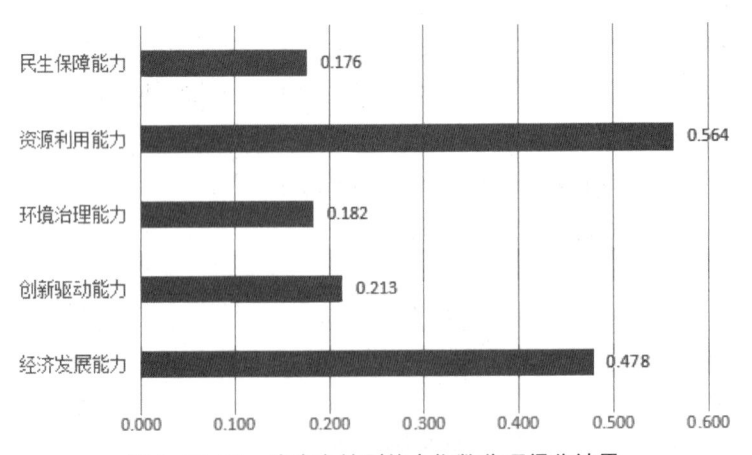

- 社会压力：0.181
- 经济压力：0.449
- 环境压力：0.420
- 资源压力：0.000

图 6.22.21　陇南市转型能力指数分项得分结果

- 民生保障能力：0.176
- 资源利用能力：0.564
- 环境治理能力：0.182
- 创新驱动能力：0.213
- 经济发展能力：0.478

**（4）指数评价**

转型压力分析

陇南市转型压力指数为0.262，在全部116个资源型城市中排名95位，在西部资源型城市中排名29位，在成长型资源城市中均排名第9。这说明陇南的转型发展遇到了的困难较小。分项来看，陇南市的经济压力较大，在全国资源型城市中排名30位，其中经济结构压力和经济区位压力较大，在全国排名均为20位，可见经济结构不合理，产业结构较为单一，经济区位分布不科学，使陇南市在城市经济发展过程中的经济负担较重，不利于城市转型发展。陇南市面临的环境压力一般，在全国资源型城市中排名56位，尤其是居住环境和水环境压力较大，在全国排名分别为第1和第23，可见陇南市的环境污染较为严重，不利于社会经济的可持续发展。陇南市的社会压力较小，在全国资源型城市中排名97位，细看各项社会压力均较小，说明陇南市的转型发展面临的社会负担较小，有利于经济的发展。陇南市的资源压力很小，在所有资源型城市中排名115位，可见陇南市的资源较为丰富，资源利用效率高，有利于社会经济的可持续发展。

转型能力分析

陇南市转型能力指数为0.323，在全国资源型城市中排名110位，在40个西部资源型城市中排名38位，在15个成长型资源城市里排名第14，可以看出陇南市具备的转型能力很弱。分项来看，陇南市的资源利用能力较强，在全国资源型城市中排名33位，可见陇南市的资源利用效率较高，有利于社会经济的循环发展。其次是经济发展能力，在所有资源型城市中排名66位，虽然经济结构转换能力比较高，在全国排名第9，但是工业产业结构仍然单一，现代服务业规模小、比重低，农业生产规模化、集约化程度不高，经济负担较重，不利于城市转型发展。陇南市的创新驱动能力也比较弱，在所有资源型城市中排名98位，特别是创新资金投入力度小，创新人才稀缺，不利于社会生产力的提高，阻碍了经济发展方式的转变。陇南市的民生保障能力很弱，在全国资源型城市中排名111位，进一步细分可以发现，陇南市的各项民生保障能力均较弱，不利于经济的长远发展与社会稳定。陇南市的环境治理能力很弱，在全国资源型城市中排名116，细看各项指标，陇南市的各项环境治理能力均较弱，不利于社会经济的可持续发展。

综合评价

综合来看，陇南市虽然转型压力较小，但是由于环境治理能力差、民生保障水平滞后和经济波动，以及创新能力低，转型发展遇到了较为明显的困难。陇南市转型预警指数为0.470，在全部116个城市中排名35名，在西部地区资源型城市中排名第12，成长型城市中排名第5，说明其转型已经面临着一定程度的问题，需要得到重视和解决。

（5）政策建议

陇南应加强生态文明建设，推动循环发展、绿色发展、低碳发展，坚持保护与开发并重，促进生态建设步伐加快，积极打造生态安全屏障。落实生态修复和治理工程。促进山水林田一体化推进，贯彻落实水生态文明城市建设试点和"两江一水"的区域综合治理等重大项目。落实退耕还林工程，通过集中连片推进，整流域、整山系、发展经济林，促进"一城两带"的经济林基地建立。推动水土流失治理、小流域综合治理、梯田建设等工程深入实施。进一步推动重金属污染治理和污染减排，大力治理水污染和大气污染，严把排污总量，促进落后产能淘汰。加强农村环境的综合整治，积极建设环境整洁村和美丽乡村示范村，积极治理规模养殖污染和农业面源污染，进一步回收利用废旧农膜，积极建设农村清洁能源。进一步建设灾害预防、监测预报和应急救援体系，使灾害防御能力得到切实提高。积极治理江河干支流和中小河流，推动堤防、病险水库除险加固等项目加快实施。进一步推动科技服务机构和入孵企业的引进工作。

提高民生保障能力。进一步加大教育投入，推进教育资源的合理配置和教育优化布局，努力均衡发展全市义务教育。积极落实农村义务教育薄弱学校的改造工程，推进学前教育、职业教育和特殊教育落实和发展，促进教育质量稳步提升，办好人民满意的教育。加快建设标准化村卫生室，做好疾病防控、传染病防治、妇幼保健等公共卫生工作。促进城乡居民大病保险启动实施，稳步推动医师多点执业和分级诊疗，改革新农合支付方式，提高城乡居民医保财政补助标准和基本公共卫生服务标准。加快建设市区书店，促进公共文化服务水平的提高。落实体育惠民工程，促进群众体育运动加快发展，提高全市竞技体育水平。将就业扶持政策做好落实，推动各类扶持高校毕业生就业的民生实事项目的切实实施。

进一步发展工业经济，促进工业转型升级。积极培育非金属、有色冶金、建材、白酒、农特产品加工、中医药制造等主导产业。大力勘探矿产资源，推动风险探矿积极开展，使工业发展后劲增强。加快水电冶金产业融合发展。支持和鼓励企业技术研发中心的建设，基于资源综合利用和节能节水加强技术改造，推动循环经济发展。积极搭建开发区融资平台，稳步推动开发区的基础设施建设，推进招商引资工作全面落实。把握企业培育、电子商务和市场体系建设的重点，推动传统服务业和现代服务业协调发展。

实施创新驱动战略。坚持创新驱动发展战略贯彻落实，大力推进经济社会转型升级发展和供给侧结构性改革。加快科研成果转化，实现规模化、系统化、低廉化开发应用。为省内外各类人才给予优惠政策、提供创业平台、打造良好环境。

## 6.23 宁夏回族自治区

### 6.23.1 石嘴山市

（1）城市概况

石嘴山市地处宁夏回族自治区北部，东、北、西三面毗邻内蒙古，南接壤银川市。东邻滔滔黄河水，西靠巍巍贺兰山，得名于贺兰山与黄河交汇处"山石突出如嘴"。石嘴山市作为宁夏能源重化工、原材料工业基地和国家重要煤炭工业城市，有"塞上煤城"之称[①]。到2015年为止，石嘴山市下辖有惠农区、大武口区和平罗县，2015年末全市常住总人口为78.8万人，相较上年末增加了1.53万人。其中，全市城镇人口为58.06万人，占全市总人口的73.7%。全市实现地区生产总值共计482.38亿元，增长了6.9%，人均GDP达到了61816元[②]。

（2）资源特点及利用情况

石嘴山市已探明十多种矿产，包括硅石、煤炭、方解石、石灰岩、石灰石、辉绿岩、白云母、白砂岩、黏土、铜、金、铝和铁等，硅石、煤、黏土等非金属的矿藏蕴藏量尤其大。全市煤炭储量为25亿吨，该市有11种全国已探明的12煤种；有"太西乌金"之称的太西煤储量达6.55亿吨，属于世界煤炭珍品，具有"三低、六高"（低硫、低灰、低磷、高比电阻率、高发热量、高机械强度、高块煤率、高精煤回收率、高化学活性）的特点；在化工、冶金、建材等行业广泛运用。硅石储量达5亿吨，是玻璃工业和硅系产品的优质原料。黏土储量达1300万吨，是水泥和陶瓷等建材工业的重要原料。

石嘴山市是"三线"建设的重要布局点和国家"一五"时期布局建设的十大煤炭工业基地之一，是宁夏工业的"摇篮"。全市电力总装机容量达351万千瓦，人均发电量位列全国地市第一。现有石嘴山高新技术产业开发区和石嘴山经济技术开发区两个国家级开发区，宁夏精细化工基地和石嘴山生态经济开发区两个省级开发区。政府和市委将产业转型升级作为城市转型发展的关键，促进新型工业化进程加快推进，已形成装备制造、新材料、冶金、电石化工四大产业集群和生物医药、新能源、现代纺织、新型煤化工四个特色产业蓬勃发展的工业发展格局，全市工业增加值占全市生产总值的55%以上，是世界重要的碳基材料制品和钽铌铍生产研发基

---

① 资料来源：石嘴山市政府网站 http://www.nxszs.gov.cn/。
② 资料来源：石嘴山市经济与社会发展统计公报2014。

地，是国内重要的深加工产品基地和镁硅基地。中色（宁夏）东方集团公司是世界钽铌行业前三强，煤机综采设备占有达30%以上的国内市场，镁及镁合金的产量占国内20%以上，碳化硅产能和煤质活性炭占全国30%以上。贯彻"四化融合"的发展，把握工业龙头，推动现代服务业和农业的统筹推进，形成了沙湖带动、环星海湖综合开发支撑的文化旅游业和陆港带动的现代物流业以及中高端消费加快发展的服务业体系[①]。

（3）指数计算结果

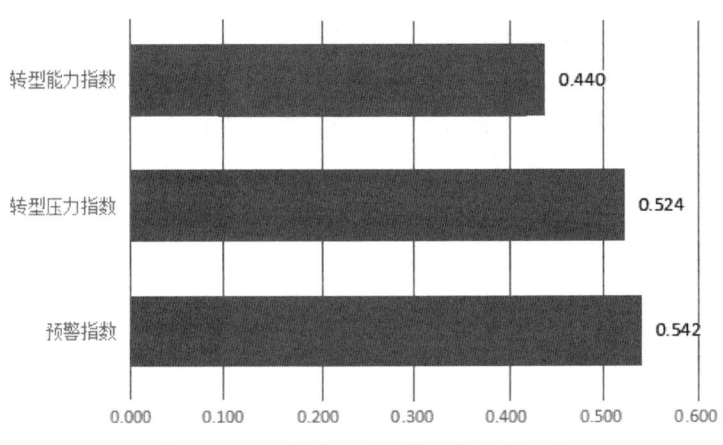

图6.23.1　石嘴山市预警指数得分结果

- 转型能力指数：0.440
- 转型压力指数：0.524
- 预警指数：0.542

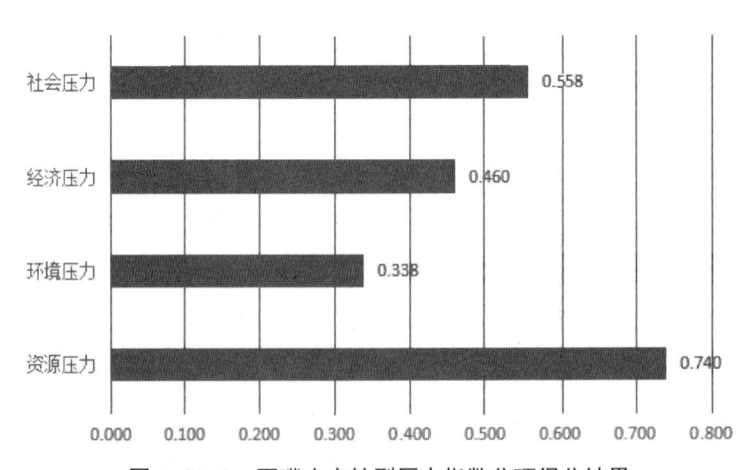

图6.23.2　石嘴山市转型压力指数分项得分结果

- 社会压力：0.558
- 经济压力：0.460
- 环境压力：0.338
- 资源压力：0.740

---

① 资料来源：石嘴山市政府网站 http://www.nxszs.gov.cn/。

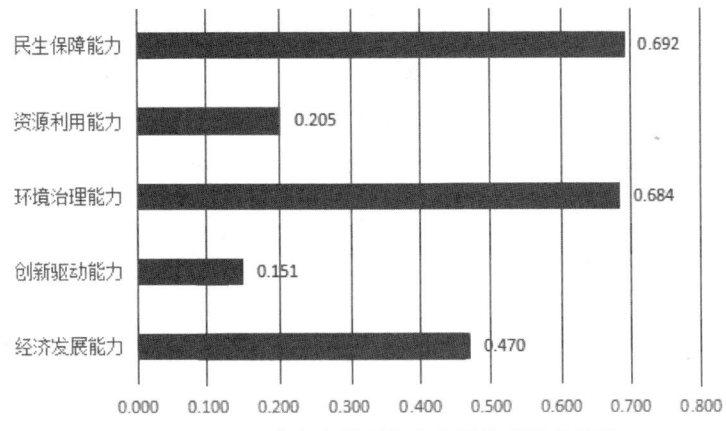

图 6.23.3　石嘴山市转型能力指数分项得分结果

（4）指数评价

转型压力分析

石嘴山市转型压力指数为 0.524，在全国 116 个资源型城市中排名 1 位，这说明石嘴山的转型发展面临着非常严重的压力。分项来看，石嘴山时面临的社会压力最为突出，在全国所有资源型城市中排名第 3，进一步细分来看，石嘴山市的安全压力和就业压力非常严重，这暴露出石嘴山市目前面临着严峻的失业问题，同时其生产过程粗放，缺乏必要的监管和规范，存在着巨大的安全隐患，不利于保持社会的稳定。其次，资源压力也非常严重，排名全国第 4，说明石嘴山市的资源储量面临着衰竭的现状，同时资源利用效率可能不高，阻碍了经济增长。同时，石嘴山市也面临着较重的经济压力，经济压力指数在全部资源型城市中排名第 27 名；细分来看，主要是财政压力、经济结构压力对整体经济造成了沉重负担，反映出石嘴山市存在着产业结构失衡、煤炭产业一产独大的现状，拖累了经济整体发展，同时财政收入短缺，无力驱动深入的产业转型。石嘴山市环境压力相对较小，排名全国 83 名，高于全国资源型城市的平均水平，这说明石嘴山市的生产方式较为环保，有利于持续发展，应当继续保持。

转型能力分析

石嘴山市转型能力指数为 0.440，在全国资源型城市中排名 67 位，在西部城市中排名第 24，在衰退型城市中排名第 14 位，可以看出石嘴山市的转型能力非常一般。分项来看，石嘴山市的民生保障能力最强，全国排名第 8 位，然而由于面临的社会压力较重，现有的民生保障能力尚不足克服所遇到的困难。分项来看石嘴山市的基础设施、医疗卫生和文体保障能力都位于全国前列，这将有助于石嘴山市缓和其社会压力,为经济转型发展保驾护航。其次是环境治理能力,在全国排名第 25 位,说明石嘴山市在经济发展过程中非常重视环境保护,既有较小的环境压力,又具备较强的环境治理能力,这有助于其经济的可持续发展。石嘴山市的经济发展能力排名全国 69 位,基本达到全国平均水平,进一步细分来看,其经济规模和产业结构尚可,但是经济效率和经济增长不够理想,这说明其主要问题在于面对工业经济快速下行局面,石嘴山市传统支柱产业如煤炭行业、能源重工行业增速明显放缓,同时石嘴山市经济结构转型并未完善,导致经济效率降低,出现衰退。石嘴山市的创新驱动能力很弱,排名全国第 107 位,分项来看,其中创新资金投入和基础设施建设发展尚可,达到了平均水平,但创新人才的培养和引进机制缺失,导致其产业转型缺乏内在驱动力。石嘴山市的资源利用能力最弱,全国排名第 115 位,加之石嘴山市面临着突出的资源压力,这进一步强调了提升资源利用效率的重要性。

综合评价

综合来看,石嘴山市面临的转型压力相当突出,但其具备的转型能力非常一般,目前其主要问题在于经济效率低下、转型不充分,同时面临着资源趋向衰竭的困境。石嘴山市转型预警指数为 0.542,在全部 116 个城市中排名第 8 位,在 40 个西部地区资源型城市中排名第 1,23 个衰退型城市中排名第 5,说明当下石嘴山市面临着严峻的转型发展困境。

(5) 政策建议

石嘴山市资源压力突出,亟待解决。把握"低碳、环保"的目标,促进煤电产业的转化升级,推动太阳能、风电和生物质发电等清洁能源产业的发展;通过煤矿联项目和资源换项目的方式,促进新的煤化工资源聚集,促进煤炭产业链条的延伸,积极推进煤制烯烃和煤制芳烃等现代煤化工项目的开展,促进电力产业清洁化和采掘产业现代化。强化节能减排,全面加强重点领域节能管理,抓好重点能耗企业能源对标工作,推动重大节能技术产品规模化生产和应用,踏实落实结构减排、工程减排以及管理减排,大力淘汰城区燃煤锅炉。

石嘴山市还应进一步改善民生和推动社会建设。特别是在产能过剩的大格局下,要妥善处理好淘汰下的过剩产能企业员工失业问题,需扎实做好失业人员安置,认真开展就业培训、产业培育和管理服务等工作。进一步覆盖全市范围内的社会保障,全方位发展社会事业,缓解社会压力,推动社会和谐稳定。

此外,石嘴山市的一大任务是进一步推进产业转型,提质增效调结。促进工业发展质量效益提高,积极促进新兴产业培育增量、传统产业优化存量、节能减排淘汰减量,推动装备制造、新材料、电石化工和冶金四大产业集群的培育和壮大,进一步加快新能源、新型煤化工和生物医药三个特色产业的发展,贯彻落实节能降耗、工业节水、治污减排、化解和淘汰落后产能四大专项行动,积极推动四大园区转型平台的构建,推动工业转型升级和结构调整[①]。

坚持创新驱动战略,引导和鼓励有条件的企业组建产业技术创新联盟和建立技术开发中心,积极进行新产品开发、关键技术攻关,推动创新成果产业化步伐加快。深度融合工业化和信息化,充分利用先进适用技术以及高新技术,促进传统产业改造升级。同时,引进和培育更多的创新人才。鼓励校地校企的深度合作,促进科研院所大专院校释放创新潜能,促进科技成果梳理、平台孵化、公司成立、与资本市场合作等关键环节的打通,促进高新技术产业和战略新兴产业的集群发展。依据产业发展专业化、信息化以及跨界嵌入的特征,促进新业态丰富,推动新模式引育,推动产业中高端化发展。积极融合互联网与各组织形式以及各产业形态,促进民间活力激发,推动产业结构转型。

## 6.24 新疆维吾尔自治区

### 6.24.1 克拉玛依市

(1) 城市概况

克拉玛依,是世界上唯一以石油命名的城市,地处新疆准噶尔盆地西北缘,下辖有独山子、克拉玛依、白碱滩和乌尔禾四个行政区,总面积达 7733 平方公里,人口达 45 万余人。"克拉玛依"为维吾尔语"黑油"之思,被称为中国石油工业的西圣地和共和国的石油长子。[②] 到 2015 年为止,总人口(不含辖区内兵团人口)为 401468 人,其中户籍人口达 299720 人,全市暂住人口为 101748 人。全市生产总值共计 670.1 亿元,相比上年增长了 0.5%,全市三次产业的结构比例为:0.76∶67.51∶1.73。全市规模以上工业企业实现工业增加值达 500.2 亿元。据可比价计算,相比上年下降了 1.2%。[③]

(2) 资源特点及利用情况

克拉玛依一号井于 1955 年 10 月 29 日喷出工业油流,成为新中国第一个大油田;经国务院批准,于 1958 年 5 月 29 日正式建市。自此在戈壁荒原上拔地而起一座石油新城。60 年来,克拉玛依不再是当初"没有草、没有水,连鸟儿也不飞"的戈壁荒原,成为中国西部的第一个千万吨级大油田,是中国重要的石油石化基地。克拉玛依

---

① 资料来源:石嘴山市 2015 年政府工作报告。
② 资料来源:克拉玛依市政府网站 http://www.klmy.gov.cn/Pages/default.aspx。
③ 资料来源:克拉玛依市经济与社会发展统计公报 2015。

油田地处准噶尔盆地，其石油天然气、煤层气、油砂矿、油页岩、煤炭和盐等自然资源极为丰富，已累计生产原油达3.4亿吨，天然气达700多亿立方米。克拉玛依有完整的石油石化产业链、实力雄厚，其石化工业园区是国家新型工业化产业（石油化工）的示范基地，克拉玛依石化和独山子石化两大石化公司具备年122万吨乙烯生产能力和2200万吨炼油加工能力，建有45亿方天然气的油气储备基地以及647万方石油。

基于自治区打造丝绸之路经济带核心区的部署和国家"一带一路"战略，克拉玛依确立了总体的战略目标，"立足西部、面向中亚，跳出克拉玛依发展克拉玛依，打造世界石油城"，大力促进丝绸之路经济带核心区的石油中心打造，建造了油气生产、技术服务、炼油化工、机械制造、工程教育和油气储备"六大基地"；积极促进多元经济发展，积极推动金融、旅游、信息"三大新兴产业"发展；促进城市发展支撑体系的构建，积极搭建最安全城市和高品质城市"两个平台"，努力成为一座丝绸之路经济带上的现代化区域中心城市。

基于坚实的石油石化产业链基础，该市工程技术服务已走出国门，全市有科研机构34家、地方技术服务企业100余家，面向12个国家和地区包括俄罗斯、苏丹、哈萨克斯坦、巴基斯坦等提供油气总包服务，引进100余家国内外知名装备制造企业包括中船重工、宝钢、哈里伯顿、江苏金石等落户油城，打造了中国西部乃至中亚地区最具影响力、国内规格最高的石油装备展及交易平台：中国（克拉玛依）国际石油天然气及石化技术装备展。

（3）指数计算结果

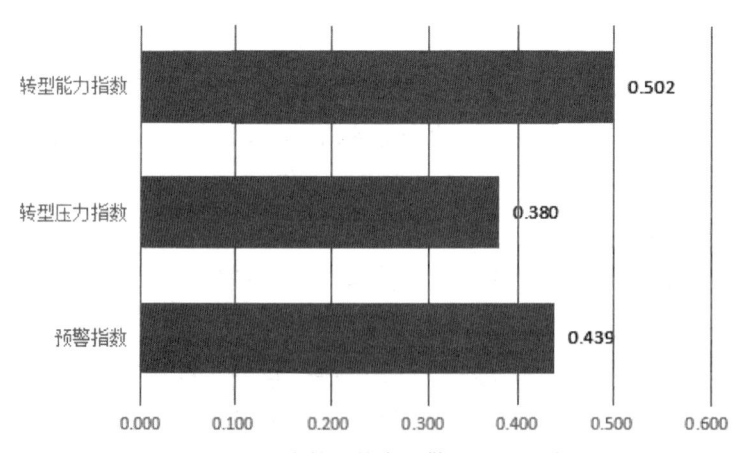

图6.24.1 克拉玛依市预警指数得分结果

- 转型能力指数：0.502
- 转型压力指数：0.380
- 预警指数：0.439

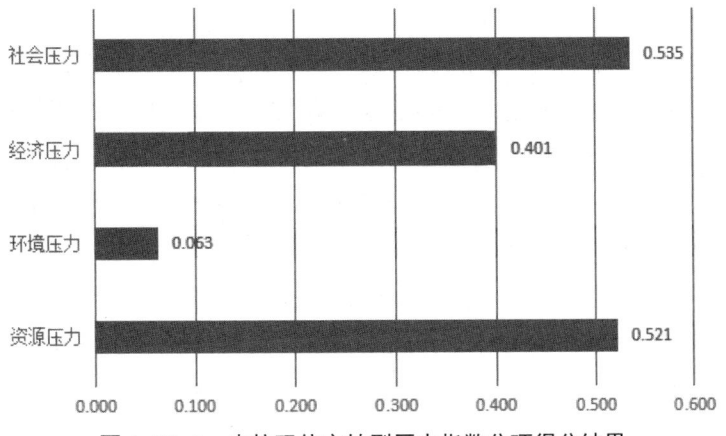

图 6.24.2 克拉玛依市转型压力指数分项得分结果

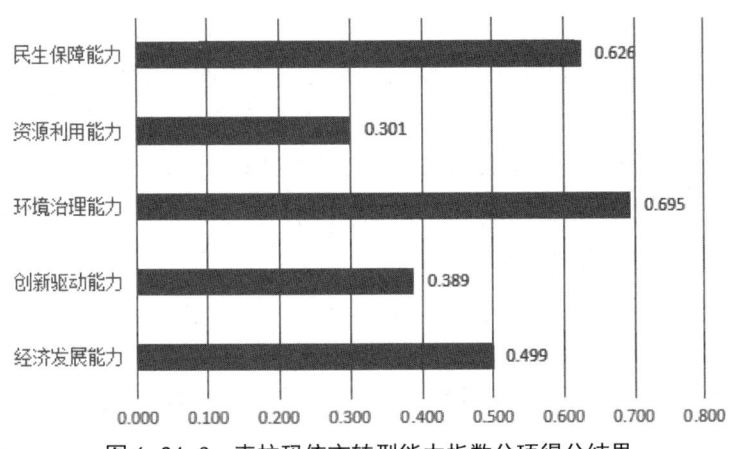

图 6.24.3 克拉玛依市转型能力指数分项得分结果

（4）指数评价

转型压力分析

克拉玛依市转型压力指数为 0.387，在全部 116 个资源型城市中排名 33 位，在 40 个西部资源型城市排名 6 位，在成熟型资源城市中排名第 15。这说明克拉玛依的转型发展遇到了较大的困难。分项来看，克拉玛依面临的社会压力较大，位于全国第 6 位。细分来看，主要是其安全生产压力过大（位于全国第 19 位）。其次是资源压力，位于全国第 21 位，位于成熟型城市第 8 位，这说明克拉玛依的资源利用效率方面和其他城市存在较大的差距，对城市发展形成明显阻碍。克拉玛依的经济压力不小，位于全国第 35 位，而这又主要是由于其缓慢的经济增长导致。克拉玛依几乎无环境压力，有利于持续发展，应当继续保持。

转型能力分析

克拉玛依市转型能力指数为 0.500，在全国资源型城市中排名 33 位，在西部城市中排名第 8，在 63 个成熟型资源城市里排名第 17，可以看出克拉玛依市具备的转型能力还是比较强的。分项来看，克拉玛依市民生保障能力最强，位于全国第 10 位，尤其是其基础设施保障能力和文体服务保障能力均位于全国第 1 位。其次是其环境治理能力，位于全国第 21 位，这将有利于克拉玛依市继续维持较小的环境压力，有利于经济社会可持续发展。克拉玛依市的创新驱动能力在全国处于中等偏上水平，位于第 39 位，如若在创新人才的培养上再加大力度，其创新能力将得到很好的提高。克拉玛依的经济发展能力在全国处于中等水平，位于第 58 位，这主要是由于其经济规模小，经济效率低下导致。最为严重的是资源利用能力，在全国位于 107 位，在 63 个成熟型资源城市位于第 60 位。这极大的约束了资源的使用和开发。

综合评价

综合来看，克拉玛依的转型压力较大，不过其转型能力也较强。尤其需要注意的是资源的开发利用。此外，处理好安全生产、人才培养等问题对于经济发展也有重要意义。克拉玛依市转型预警指数为 0.443，在全部 116 个城市中排名 59 名，在西部地区资源型城市中排名第 22，成熟型城市中排名第 33，说明转型面临问题尚可，未构成极大问题，但仍需引起注意。

（5）政策建议

积极提高民生服务的水平，大力建设民生基础，多角度多方面地为群众办实事和好事，有效改善居民群众的生活质量和空间。除了民生服务和社会建设外，还应该致力于改善辖区环境卫生、提升辖区公共安全，努力确保居民群众的生活环境更加安全、更加优美。

大力推进资源节约。鼓励绿色消费理念和低碳生产、低碳生活方式，推动资源节约型社会的建设。积极促进节能减排各项措施的认真落实。推动节能减排目标责任的强化，有效利用节能资金的引导促进作用，支持和引导企业开展节能技术改造，推动单位产品能耗降低。鼓励纳入国家重点用能管理企业，以促进节能技术改造步伐的加快。落实节能重点工程，加强工业、交通、建筑和公共机构等重点领域的节能减排和监管，落实既有非节能建筑的改造任务，积极建设试点小区项目和绿色建筑试点项目。增强科技创新的作用，强化环保动力。进一步促进园区的循环化改造，进一步推动再生资源回收利用的产业化。大力改造城市供热系统的技术，促进能效提高，推动城市集中供热系统的改造项目完善。

深化经济体制改革。首先，进一步推动国有企业产权制度等系列改革，鼓励发展混合所有制和股份制经济。第二，进一步深化投融资体制改革。进一步规范政府的投资行为,加强投资者的合法权益的保护,创造有利于各类投资主体有序公平竞争的市场环境。 第三,积极鼓励和支持非公有制经济的发展。 根据"非禁即入"原则,放宽市场准入,坚持就业为导向,把握中小微企业这一重点,优化环境、破除壁垒、加快发展,释放和激发全社会的创业创新积极性,进一步增加非公有制经济的比重。 大力推进人才强市建设。 贯彻螺丝人才优先发展的战略,推动人才发展政策创新和体制改革,打造具有国际竞争力的人才制度优势。 积极调整人才结构,以克拉玛依市的新兴产业发展亟须的信息、金融、软件开发、旅游产品开发、动漫设计制作、产业经营,以教育、外事、医疗等为重点,梳理紧缺人才的目录,着力创新领军人才的引进。 落实完善人才优惠政策,落实更开放的创新人才引进政策,加大引进急需紧缺人才力度。 促进人才发展的体制机制创新,促进人力资本配置优化,剔除人才流动障碍,鼓励兼职兼薪和人才自由流动,促进纵向流动性和横向流动性发展。 促进服务保障体系和人才评价激励机制的完善。 进一步与周边国家的合作培训与人才交流,巩固与上海市的人才对口支援体系,大力推动派出学习和人才引进。 让各类人才成为推动全市改革发展、促进全市社会稳定的中坚力量,更好地满足克拉玛依市创新驱动发展的需要。

# 第七章 结论与建议

## 7.1 结论

根据上述分析，可以看出，我国有 17 座地级资源型城市转型预警指数超过 0.5，占到全部资源型城市的约七分之一。值得注意的是，其中不仅有衰退型资源城市，也有成长型和再生型城市。可见面临转型困难的不仅是衰退型资源城市，而是贯穿资源型城市生命周期的全过程。其中预警指数前四位的城市均为东北城市，说明东北地区转型困难的严重性。

从区域来看，东北地区资源型城市的转型预警指数均值显著高于其他地区，东部地区显著低于其他地区，中西部地区没有显著差别。分项来看，东部地区面临的转型压力较低，面临的主要压力是资源压力，其次是社会压力；转型能力最强，总体能够实现自我转型发展。中部地区转型压力较大，最突出的压力是环境和资源压力，转型能力一般，较为缺乏的能力是经济发展能力和社会保障能力。西部地区压力最小，但是经济压力和社会压力相对突出；转型能力较差，其中创新驱动能力最差，其次是资源利用能力和环境保护能力。东北地区转型压力最大，各项压力均较为突出，转型能力最弱，各分项指标表现均较差。

分生命周期阶段来看，衰退型城市转型预警指数均值最高，并且与其他三者均有显著差异，再生型资源城市最低，但是与成长型和成熟型资源城市没有显著差异。分项来看，成长型资源城市转型压力最小，但是由于是发展初期，经济压力较大；转型能力也最小，尤其是创新驱动能力、环境保护能力和民生保障能力，需要及早培养。成熟型资源城市面临的转型压力较大，但是环境压力较为突出，其次是经济和社会压力；转型能力也较强，如果及早动手，总体上可以依靠自身力量完成转型，但是创新驱动能力和民生保障能力相对较弱，需要特别加强。衰退型资源城市转型压力最大，分项指标也全面突出，转型能力较弱，尤其在经济发展和资源利用方面能力最弱。再生型资源城市转型压力依然较大，尤其是社会遗留问题依然较为严重，另外由于资源枯竭和资源相关产业规模较大，资源压力大；转型能力最强，假以时日，大多可以自主完成转型。

## 7.2 政策建议

### 7.2.1 区域政策建议

东部地区资源型城市转型情况较好，压力较轻，能力最大，但是资源和社会压力相对突出。对东部地区，更多的是给予更宽松的政策环境，使得城市本身的发展能力得以充分发挥。另外应支持东部地区城市加大节能减排力度，提高资源利用效率，增强资源利用能力，缓解资源压力；应支持东部资源型城市进一步完善社会保障体系，逐步消除社会压力。

中部地区资源型城市转型情况一般，压力较大，能力中等，其中资源环境压力较为突出，经济发展和社会保障能力不足。因此对中部地区资源型城市，一方面要对资源利用和环境治理给予专项政策支持，另一方面要支持中部地区资源型城市改善经济发展环境，提高经济效益，提升民生保障能力，保证城市顺利转型。

西部地区资源型城市转型情况较差，虽然面临的压力最轻，但是转型能力较弱，尤其是创新驱动能力、资源利用和环境保护能力弱。因此国家应该通过政策倾斜，支持西部地区加强科技创新，提升资源利用效率和清洁生产能力，保证城市可持续发展。

东北地区资源型城市转型情况最为严峻，面临转型压力最大，尤其是经济社会压力较重，而转型能力较差，尤其是经济发展能力、环境保护能力和资源利用能力较差。对于东北城市，国家应当给予全方位的扶持，尤其对于经济基础设施建设与社会保障负担，应建立专项资金扶持；另外，应鼓励东北地区资源型城市推进体制机制改革，形成更有效率的经济发展环境；应支持东北地区资源型城市发挥技术创新优势，调整产业结构，发展高技术产业，提升传统产业技术水平，提升资源利用水平，促进经济转型发展。

### 7.2.2 生命周期阶段政策建议

成长型资源城市面临的总体压力最轻，但是由于处于发展初期，经济压力较重；转型能力最弱，尤其是创新驱动能力、民生保障能力和环境保护能力最弱。对于成长型资源城市，一方面要积极支持发展经济，提高社会发展与人民生活水平，另一方面，应出台政策促进成长型资源城市提升科技水平，实现集约发展；健全社会保障机制，抵御未来风险；加强环境保护能力，防止污染物积累。

成熟型资源城市总体压力较轻，但是环境压力较重，另外社会压力逐渐开始显现；转型能力中等，但是经济发展能力和创新驱动能力相对较弱，未来将面临较明显的发展难题。对于成熟型资源城市，应当在环境治理上给予专项政策与资金支持，另外应当支持成熟型城市转变发展方式，调整产业结构，提升科技创新水平，实现多元化发展。

衰退型资源城市全方位压力都较重，尤其是经济社会压力更为突出；转型能力较差，尤其是经济发展能力欠缺。对于衰退型资源城市，国家应当从经济发展、社会保障、环境治理与恢复等方面出台系统性的政策，帮助衰退型资源城市解决所遇到的问题，走出困境；同时应当协助衰退型资源城市改善经济发展条件，进一步调整产业结构，加强经济基础设施建设，培养城市自我造血能力。

再生型资源城市面临的压力并不小，尤其是资源压力与社会压力遗留仍然较重；但是再生型资源城市转型能力全面突出，因此能够实现转型。对于再生型资源城市，国家一方面应当在一段时间内继续对社会保障遗留问题予以资助，另一方面应当出台政策支持资源相关产业在更广阔范围内组织原料来源，提升资源利用效率，降低资源压力。

## 7.3 进一步研究方向

本文构建了全国地级资源型城市转型能力指数和转型压力指数，建立了地级资源型城市预警系统，并针对全国地级资源型城市进行了预警研究。在此基础上对全国地级资源型城市进行了分地区、分生命周期阶段的转型压力和能力特点分析，并给出了相应的政策建议。本文首次建立了基于压力与能力指数分析的资源型城市预警系统，对资源型城市研究有创新意义，并且对资源型城市转型政策实践有一定的指导意义。本文仅对资源型城市的能力和压力因素进行了静态分析，对各因素对城市转型效果的作用机理和作用强度并未深入涉及，另外没有涉及长时间尺度资源型城市的转型动态分析。这些领域将会作为继续研究的方向。

# 主要参考文献

《全国资源型城市可持续发展规划》，http://www.gov.cn/zwgk/2013-12/03/content_2540070.htm。

李虹等著：《中国资源型城市转型指数：各地级市转型评价2016》，商务印书馆2016年版。

Adriaanse A., The Hague: A Study on the Development of Indicators for Environmental Policy in the Netherlands, *Environmental Policy Performance Indicators*, Uitgeverij, 1993.

叶文虎、仝川：《联合国可持续发展指标体系评述》，《中国人口资源与环境》1993年第3期。

Illing.M. and Liu.Y., An Index of Financial Stress for Canada, *Bank of Canada Working Paper*, No. 2003-14, June.

任志远、黄青、李晶：《陕西省生态安全及空间差异定量分析》，《地理学报》2007年第4卷。

胡炳清、覃丽萍、柴发合等：《环境压力指数及我国大气环境压力状况评价》，《中国环境科学》2013年第9期。

孔令曦、韩传峰：《我国矿业城市综合竞争力评价方法》，《同济大学学报（自然科学版）》2005年第2期。

龙如银、何颜：《矿业城市综合实力的评价与比较研究》，《中国矿业》2005年第5期。

沙景华、欧玲：《矿业循环经济评价指标体系研究》，《环境保护》2008年第4期。

余敬、高谋艳：《矿业城市矿产资源可持续力比较评价》，《地球科学（中国地质大学学报）》2007年第1期。

余际从：《矿业城市界定及可持续发展能力研究》，地质出版社2009年版。

余敬、苏顺华、张忠俊等：《矿产资源可持续力》，中国地质大学出版社2009年版。

鲍超、方创琳：《干旱区水资源对城市化约束强度的时空变化分析》，《地理学报》2008年第11期。

# 附表

表1 城市名单

| | | | |
|---|---|---|---|
| 河北省 | 松原市 | 山东省 | 广元市 |
| 唐山市 | 黑龙江省 | 淄博市 | 南充市 |
| 邯郸市 | 鸡西市 | 枣庄市 | 广安市 |
| 邢台市 | 鹤岗市 | 东营市 | 达州市 |
| 张家口市 | 双鸭山市 | 济宁市 | 雅安市 |
| 承德市 | 大庆市 | 泰安市 | 贵州省 |
| 山西省 | 伊春市 | 莱芜市 | 六盘水市 |
| 大同市 | 七台河市 | 临沂市 | 安顺市 |
| 阳泉市 | 牡丹江市 | 河南省 | 毕节市 |
| 长治市 | 黑河市 | 洛阳市 | 云南省 |
| 晋城市 | 江苏省 | 平顶山市 | 曲靖市 |
| 朔州市 | 徐州市 | 鹤壁市 | 保山市 |
| 晋中市 | 宿迁市 | 焦作市 | 昭通市 |
| 运城市 | 浙江省 | 濮阳市 | 丽江市 |
| 忻州市 | 湖州市 | 三门峡市 | 普洱市 |
| 临汾市 | 安徽省 | 南阳市 | 临沧市 |
| 吕梁市 | 淮南市 | 湖北省 | 陕西省 |
| 内蒙古自治区 | 马鞍山市 | 黄石市 | 铜川市 |
| 包头市 | 淮北市 | 鄂州市 | 宝鸡市 |
| 乌海市 | 铜陵市 | 湖南省 | 咸阳市 |
| 赤峰市 | 滁州市 | 衡阳市 | 渭南市 |
| 鄂尔多斯市 | 宿州市 | 邵阳市 | 延安市 |
| 呼伦贝尔市 | 亳州市 | 郴州市 | 榆林市 |
| 辽宁省 | 池州市 | 娄底市 | 甘肃省 |
| 鞍山市 | 宣城市 | 广东省 | 金昌市 |
| 抚顺市 | 福建省 | 韶关市 | 白银市 |
| 本溪市 | 三明市 | 云浮市 | 武威市 |
| 阜新市 | 南平市 | 广西壮族自治区 | 张掖市 |
| 盘锦市 | 龙岩市 | 百色市 | 平凉市 |
| 葫芦岛市 | 江西省 | 贺州市 | 庆阳市 |
| 吉林省 | 景德镇市 | 河池市 | 陇南市 |
| 吉林市 | 萍乡市 | 四川省 | 宁夏回族自治区 |
| 辽源市 | 新余市 | 自贡市 | 石嘴山市 |
| 通化市 | 赣州市 | 攀枝花市 | 新疆维吾尔自治区 |
| 白山市 | 宜春市 | 泸州市 | 克拉玛依市 |

表2 中国地级资源型城市转型预警指数排名

| 城市名 | 预警指数排名 | 预警指数 | 城市名 | 预警指数排名 | 预警指数 |
|---|---|---|---|---|---|
| 双鸭山市 | 1 | 0.611 | 南充市 | 30 | 0.476 |
| 七台河市 | 2 | 0.597 | 忻州市 | 31 | 0.472 |
| 鸡西市 | 3 | 0.594 | 昭通市 | 32 | 0.472 |
| 鹤岗市 | 4 | 0.565 | 承德市 | 33 | 0.471 |
| 吕梁市 | 5 | 0.550 | 临汾市 | 34 | 0.470 |
| 伊春市 | 6 | 0.546 | 陇南市 | 35 | 0.470 |
| 淮南市 | 7 | 0.546 | 乌海市 | 36 | 0.469 |
| 石嘴山市 | 8 | 0.542 | 邯郸市 | 37 | 0.469 |
| 白银市 | 9 | 0.528 | 衡阳市 | 38 | 0.462 |
| 张家口市 | 10 | 0.523 | 鄂州市 | 39 | 0.460 |
| 娄底市 | 11 | 0.518 | 曲靖市 | 40 | 0.459 |
| 阜新市 | 12 | 0.513 | 淮北市 | 41 | 0.454 |
| 六盘水市 | 13 | 0.510 | 庆阳市 | 42 | 0.453 |
| 白山市 | 14 | 0.510 | 广元市 | 43 | 0.453 |
| 晋城市 | 15 | 0.509 | 晋中市 | 44 | 0.452 |
| 平凉市 | 16 | 0.508 | 达州市 | 45 | 0.452 |
| 辽源市 | 17 | 0.500 | 贺州市 | 46 | 0.450 |
| 长治市 | 18 | 0.493 | 河池市 | 47 | 0.449 |
| 普洱市 | 19 | 0.491 | 平顶山市 | 48 | 0.449 |
| 临沧市 | 20 | 0.486 | 本溪市 | 49 | 0.449 |
| 大同市 | 21 | 0.484 | 宿州市 | 50 | 0.447 |
| 张掖市 | 22 | 0.483 | 榆林市 | 51 | 0.447 |
| 朔州市 | 23 | 0.483 | 牡丹江市 | 52 | 0.446 |
| 金昌市 | 24 | 0.483 | 马鞍山市 | 53 | 0.445 |
| 通化市 | 25 | 0.480 | 葫芦岛市 | 54 | 0.444 |
| 鞍山市 | 26 | 0.480 | 韶关市 | 55 | 0.444 |
| 阳泉市 | 27 | 0.480 | 邢台市 | 56 | 0.441 |
| 攀枝花市 | 28 | 0.479 | 安顺市 | 57 | 0.441 |
| 黑河市 | 29 | 0.479 | 唐山市 | 58 | 0.440 |

续表

| 城市名 | 预警指数排名 | 预警指数 | 城市名 | 预警指数排名 | 预警指数 |
|---|---|---|---|---|---|
| 克拉玛依市 | 59 | 0.439 | 池州市 | 88 | 0.399 |
| 呼伦贝尔市 | 60 | 0.438 | 郴州市 | 89 | 0.397 |
| 鹤壁市 | 61 | 0.437 | 百色市 | 90 | 0.397 |
| 三明市 | 62 | 0.435 | 广安市 | 91 | 0.395 |
| 云浮市 | 63 | 0.433 | 运城市 | 92 | 0.392 |
| 松原市 | 64 | 0.433 | 徐州市 | 93 | 0.391 |
| 莱芜市 | 65 | 0.431 | 南平市 | 94 | 0.390 |
| 景德镇市 | 66 | 0.431 | 毕节市 | 95 | 0.388 |
| 武威市 | 67 | 0.431 | 泸州市 | 96 | 0.388 |
| 焦作市 | 68 | 0.430 | 龙岩市 | 97 | 0.387 |
| 濮阳市 | 69 | 0.429 | 宿迁市 | 98 | 0.386 |
| 铜川市 | 70 | 0.428 | 宣城市 | 99 | 0.384 |
| 抚顺市 | 71 | 0.426 | 邵阳市 | 100 | 0.383 |
| 盘锦市 | 72 | 0.425 | 滁州市 | 101 | 0.381 |
| 保山市 | 73 | 0.424 | 临沂市 | 102 | 0.378 |
| 丽江市 | 74 | 0.424 | 宜春市 | 103 | 0.376 |
| 济宁市 | 75 | 0.421 | 铜陵市 | 104 | 0.366 |
| 萍乡市 | 76 | 0.421 | 淄博市 | 105 | 0.364 |
| 吉林市 | 77 | 0.419 | 泰安市 | 106 | 0.363 |
| 赣州市 | 78 | 0.416 | 洛阳市 | 107 | 0.363 |
| 南阳市 | 79 | 0.411 | 大庆市 | 108 | 0.360 |
| 雅安市 | 80 | 0.411 | 渭南市 | 109 | 0.360 |
| 黄石市 | 81 | 0.410 | 湖州市 | 110 | 0.352 |
| 亳州市 | 82 | 0.409 | 枣庄市 | 111 | 0.351 |
| 延安市 | 83 | 0.408 | 东营市 | 112 | 0.339 |
| 新余市 | 84 | 0.407 | 宝鸡市 | 113 | 0.333 |
| 赤峰市 | 85 | 0.401 | 鄂尔多斯市 | 114 | 0.333 |
| 自贡市 | 86 | 0.399 | 咸阳市 | 115 | 0.330 |
| 三门峡市 | 87 | 0.399 | 包头市 | 116 | 0.315 |

表3 中国地级资源型城市转型预警分项指数排名

| 城市名 | 预警指数 | 转型压力指数 | 转型能力指数 | 资源压力 | 环境压力 | 经济压力 | 社会压力 | 经济发展能力 | 创新驱动能力 | 环境治理能力 | 资源利用能力 | 民生保障能力 |
|---|---|---|---|---|---|---|---|---|---|---|---|---|
| 双鸭山市 | 1 | 8 | 115 | 76 | 25 | 2 | 16 | 113 | 89 | 112 | 110 | 82 |
| 七台河市 | 2 | 2 | 111 | 36 | 43 | 1 | 22 | 110 | 105 | 36 | 112 | 92 |
| 鸡西市 | 3 | 15 | 116 | 77 | 50 | 6 | 13 | 112 | 68 | 114 | 111 | 106 |
| 鹤岗市 | 4 | 7 | 101 | 64 | 30 | 3 | 18 | 114 | 42 | 103 | 35 | 81 |
| 吕梁市 | 5 | 19 | 112 | 101 | 12 | 4 | 65 | 116 | 113 | 91 | 15 | 89 |
| 伊春市 | 6 | 18 | 106 | 107 | 28 | 11 | 2 | 111 | 109 | 55 | 97 | 50 |
| 淮南市 | 7 | 5 | 85 | 24 | 4 | 8 | 105 | 115 | 32 | 43 | 102 | 18 |
| 石嘴山市 | 8 | 1 | 67 | 4 | 83 | 27 | 3 | 69 | 107 | 25 | 115 | 8 |
| 白银市 | 9 | 31 | 109 | 18 | 46 | 58 | 80 | 87 | 99 | 72 | 116 | 79 |
| 张家口市 | 10 | 16 | 91 | 47 | 33 | 29 | 8 | 90 | 103 | 61 | 61 | 70 |
| 娄底市 | 11 | 23 | 96 | 22 | 47 | 65 | 42 | 79 | 108 | 60 | 64 | 108 |
| 阜新市 | 12 | 11 | 74 | 39 | 7 | 24 | 32 | 102 | 82 | 71 | 24 | 74 |
| 六盘水市 | 13 | 34 | 100 | 44 | 2 | 50 | 79 | 57 | 92 | 110 | 40 | 101 |
| 白山市 | 14 | 38 | 103 | 81 | 92 | 13 | 15 | 84 | 55 | 113 | 90 | 56 |
| 晋城市 | 15 | 9 | 63 | 71 | 21 | 5 | 20 | 103 | 91 | 32 | 25 | 46 |
| 平凉市 | 16 | 42 | 107 | 108 | 20 | 23 | 50 | 106 | 74 | 89 | 95 | 75 |
| 辽源市 | 17 | 17 | 70 | 16 | 96 | 43 | 4 | 61 | 64 | 104 | 16 | 66 |
| 长治市 | 18 | 4 | 29 | 67 | 1 | 7 | 70 | 108 | 6 | 66 | 18 | 52 |
| 普洱市 | 19 | 63 | 108 | 96 | 72 | 25 | 46 | 72 | 73 | 98 | 106 | 104 |
| 临沧市 | 20 | 62 | 104 | 111 | 31 | 33 | 45 | 65 | 67 | 83 | 113 | 103 |
| 大同市 | 21 | 37 | 83 | 61 | 42 | 18 | 63 | 98 | 96 | 56 | 78 | 30 |
| 张掖市 | 22 | 36 | 82 | 100 | 41 | 70 | 1 | 71 | 76 | 101 | 67 | 33 |
| 朔州市 | 23 | 20 | 68 | 43 | 58 | 9 | 62 | 99 | 71 | 33 | 41 | 54 |
| 金昌市 | 24 | 14 | 44 | 74 | 8 | 14 | 14 | 78 | 97 | 13 | 92 | 11 |
| 通化市 | 25 | 49 | 93 | 60 | 29 | 32 | 83 | 56 | 26 | 111 | 85 | 80 |
| 鞍山市 | 26 | 32 | 75 | 3 | 85 | 73 | 91 | 27 | 51 | 74 | 108 | 49 |
| 阳泉市 | 27 | 10 | 39 | 30 | 34 | 12 | 47 | 105 | 21 | 90 | 10 | 25 |
| 攀枝花市 | 28 | 12 | 40 | 14 | 63 | 10 | 99 | 64 | 36 | 102 | 55 | 6 |
| 黑河市 | 29 | 46 | 90 | 90 | 66 | 22 | 30 | 73 | 102 | 76 | 59 | 58 |

续表

| 城市名 | 预警指数 | 转型压力指数 | 转型能力指数 | 资源压力 | 环境压力 | 经济压力 | 社会压力 | 经济发展能力 | 创新驱动能力 | 环境治理能力 | 资源利用能力 | 民生保障能力 |
|---|---|---|---|---|---|---|---|---|---|---|---|---|
| 南充市 | 30 | 106 | 114 | 94 | 106 | 82 | 43 | 95 | 116 | 106 | 79 | 83 |
| 忻州市 | 31 | 45 | 81 | 105 | 10 | 19 | 87 | 104 | 52 | 86 | 72 | 27 |
| 昭通市 | 32 | 65 | 95 | 110 | 81 | 21 | 40 | 100 | 72 | 105 | 13 | 116 |
| 承德市 | 33 | 30 | 65 | 52 | 90 | 15 | 21 | 89 | 100 | 63 | 23 | 55 |
| 临汾市 | 34 | 52 | 87 | 85 | 27 | 28 | 71 | 107 | 101 | 68 | 27 | 59 |
| 陇南市 | 35 | 95 | 110 | 115 | 56 | 30 | 97 | 66 | 98 | 116 | 33 | 111 |
| 乌海市 | 36 | 3 | 11 | 1 | 64 | 49 | 37 | 3 | 24 | 26 | 114 | 5 |
| 邯郸市 | 37 | 29 | 59 | 34 | 59 | 67 | 10 | 83 | 35 | 8 | 91 | 88 |
| 衡阳市 | 38 | 64 | 89 | 40 | 89 | 104 | 11 | 33 | 111 | 85 | 54 | 57 |
| 鄂州市 | 39 | 50 | 77 | 15 | 77 | 111 | 66 | 40 | 83 | 58 | 103 | 43 |
| 曲靖市 | 40 | 88 | 97 | 72 | 65 | 39 | 89 | 109 | 94 | 18 | 94 | 97 |
| 淮北市 | 41 | 22 | 37 | 35 | 22 | 34 | 57 | 97 | 48 | 59 | 20 | 24 |
| 庆阳市 | 42 | 98 | 102 | 97 | 108 | 47 | 35 | 42 | 90 | 115 | 32 | 100 |
| 广元市 | 43 | 101 | 105 | 82 | 105 | 64 | 49 | 67 | 115 | 88 | 88 | 53 |
| 晋中市 | 44 | 53 | 72 | 70 | 32 | 36 | 60 | 101 | 88 | 27 | 77 | 22 |
| 达州市 | 45 | 109 | 113 | 89 | 91 | 84 | 73 | 80 | 106 | 97 | 89 | 107 |
| 贺州市 | 46 | 89 | 94 | 86 | 75 | 59 | 44 | 82 | 110 | 40 | 76 | 76 |
| 河池市 | 47 | 44 | 61 | 115 | 9 | 48 | 17 | 75 | 114 | 69 | 1 | 93 |
| 平顶山市 | 48 | 66 | 78 | 42 | 35 | 42 | 111 | 81 | 66 | 53 | 75 | 65 |
| 本溪市 | 49 | 35 | 46 | 10 | 88 | 66 | 81 | 31 | 29 | 70 | 99 | 19 |
| 宿州市 | 50 | 99 | 99 | 95 | 16 | 86 | 112 | 76 | 56 | 96 | 81 | 105 |
| 榆林市 | 51 | 48 | 57 | 102 | 18 | 26 | 61 | 13 | 95 | 29 | 98 | 37 |
| 牡丹江市 | 52 | 73 | 80 | 68 | 112 | 38 | 12 | 18 | 19 | 107 | 105 | 61 |
| 马鞍山市 | 53 | 6 | 8 | 5 | 6 | 60 | 55 | 24 | 17 | 57 | 6 | 23 |
| 葫芦岛市 | 54 | 27 | 30 | 17 | 60 | 41 | 68 | 88 | 40 | 22 | 8 | 99 |
| 韶关市 | 55 | 41 | 48 | 50 | 39 | 103 | 7 | 15 | 27 | 84 | 38 | 91 |
| 邢台市 | 56 | 51 | 54 | 54 | 14 | 61 | 78 | 94 | 112 | 7 | 14 | 94 |
| 安顺市 | 57 | 94 | 92 | 75 | 53 | 57 | 95 | 21 | 87 | 94 | 49 | 112 |
| 唐山市 | 58 | 26 | 27 | 25 | 79 | 44 | 25 | 19 | 46 | 11 | 65 | 40 |

续表

| 城市名 | 预警指数 | 转型压力指数 | 转型能力指数 | 资源压力 | 环境压力 | 经济压力 | 社会压力 | 经济发展能力 | 创新驱动能力 | 环境治理能力 | 资源利用能力 | 民生保障能力 |
|---|---|---|---|---|---|---|---|---|---|---|---|---|
| 克拉玛依市 | 59 | 33 | 33 | 21 | 115 | 35 | 6 | 58 | 39 | 21 | 107 | 10 |
| 呼伦贝尔市 | 60 | 39 | 41 | 84 | 55 | 17 | 27 | 17 | 28 | 73 | 63 | 41 |
| 鹤壁市 | 61 | 74 | 71 | 26 | 57 | 106 | 94 | 74 | 23 | 75 | 101 | 45 |
| 三明市 | 62 | 24 | 22 | 19 | 37 | 90 | 33 | 22 | 12 | 54 | 50 | 29 |
| 云浮市 | 63 | 92 | 84 | 57 | 98 | 107 | 24 | 43 | 31 | 87 | 70 | 115 |
| 松原市 | 64 | 96 | 88 | 53 | 107 | 53 | 74 | 29 | 104 | 77 | 47 | 90 |
| 莱芜市 | 65 | 25 | 19 | 7 | 44 | 78 | 98 | 38 | 8 | 48 | 104 | 13 |
| 景德镇市 | 66 | 68 | 64 | 55 | 45 | 68 | 64 | 44 | 57 | 50 | 86 | 38 |
| 武威市 | 67 | 108 | 98 | 112 | 74 | 74 | 72 | 91 | 75 | 78 | 82 | 95 |
| 焦作市 | 68 | 21 | 15 | 2 | 49 | 98 | 84 | 39 | 20 | 41 | 28 | 26 |
| 濮阳市 | 69 | 86 | 73 | 38 | 54 | 71 | 110 | 59 | 85 | 45 | 42 | 84 |
| 铜川市 | 70 | 54 | 43 | 56 | 62 | 37 | 48 | 96 | 81 | 4 | 93 | 16 |
| 抚顺市 | 71 | 72 | 53 | 31 | 104 | 62 | 56 | 45 | 84 | 39 | 84 | 21 |
| 盘锦市 | 72 | 28 | 17 | 8 | 102 | 63 | 51 | 48 | 77 | 30 | 17 | 15 |
| 保山市 | 73 | 78 | 62 | 113 | 3 | 40 | 103 | 34 | 58 | 95 | 21 | 86 |
| 丽江市 | 74 | 75 | 52 | 79 | 101 | 16 | 54 | 85 | 69 | 10 | 68 | 51 |
| 济宁市 | 75 | 40 | 25 | 29 | 15 | 72 | 100 | 23 | 22 | 20 | 66 | 48 |
| 萍乡市 | 76 | 83 | 60 | 49 | 48 | 97 | 59 | 26 | 10 | 99 | 100 | 44 |
| 吉林市 | 77 | 85 | 58 | 51 | 95 | 55 | 52 | 36 | 33 | 108 | 52 | 17 |
| 赣州市 | 78 | 107 | 86 | 98 | 51 | 81 | 101 | 41 | 37 | 82 | 109 | 78 |
| 南阳市 | 79 | 104 | 79 | 62 | 94 | 54 | 106 | 70 | 25 | 93 | 51 | 98 |
| 雅安市 | 80 | 80 | 45 | 88 | 87 | 83 | 5 | 49 | 62 | 67 | 45 | 20 |
| 黄石市 | 81 | 61 | 32 | 27 | 52 | 89 | 82 | 50 | 34 | 17 | 58 | 35 |
| 亳州市 | 82 | 87 | 47 | 104 | 19 | 51 | 92 | 68 | 49 | 81 | 5 | 113 |
| 延安市 | 83 | 90 | 56 | 92 | 109 | 45 | 26 | 86 | 65 | 38 | 46 | 47 |
| 新余市 | 84 | 57 | 26 | 23 | 78 | 101 | 58 | 9 | 63 | 35 | 96 | 12 |
| 赤峰市 | 85 | 43 | 12 | 80 | 71 | 20 | 38 | 37 | 54 | 37 | 3 | 67 |
| 自贡市 | 86 | 84 | 36 | 48 | 111 | 52 | 36 | 60 | 44 | 100 | 2 | 69 |
| 三门峡市 | 87 | 79 | 34 | 65 | 17 | 92 | 77 | 52 | 38 | 34 | 36 | 42 |

续表

| 城市名 | 预警指数 | 转型压力指数 | 转型能力指数 | 资源压力 | 环境压力 | 经济压力 | 社会压力 | 经济发展能力 | 创新驱动能力 | 环境治理能力 | 资源利用能力 | 民生保障能力 |
|---|---|---|---|---|---|---|---|---|---|---|---|---|
| 池州市 | 88 | 59 | 20 | 69 | 67 | 79 | 9 | 32 | 50 | 2 | 43 | 62 |
| 郴州市 | 89 | 97 | 50 | 66 | 76 | 116 | 23 | 20 | 80 | 9 | 62 | 96 |
| 百色市 | 90 | 58 | 18 | 37 | 23 | 75 | 96 | 92 | 5 | 64 | 22 | 68 |
| 广安市 | 91 | 100 | 51 | 93 | 84 | 56 | 67 | 46 | 70 | 15 | 48 | 85 |
| 运城市 | 92 | 56 | 14 | 83 | 5 | 46 | 86 | 93 | 43 | 23 | 4 | 39 |
| 徐州市 | 93 | 76 | 23 | 13 | 100 | 115 | 93 | 4 | 9 | 49 | 83 | 64 |
| 南平市 | 94 | 82 | 24 | 45 | 70 | 108 | 39 | 30 | 60 | 44 | 11 | 72 |
| 毕节市 | 95 | 110 | 66 | 114 | 13 | 91 | 115 | 62 | 93 | 62 | 12 | 114 |
| 泸州市 | 96 | 102 | 49 | 78 | 26 | 113 | 104 | 63 | 3 | 109 | 69 | 60 |
| 龙岩市 | 97 | 47 | 10 | 46 | 36 | 77 | 34 | 16 | 13 | 51 | 7 | 73 |
| 宿迁市 | 98 | 112 | 69 | 63 | 97 | 105 | 88 | 11 | 16 | 92 | 73 | 109 |
| 宣城市 | 99 | 93 | 35 | 99 | 82 | 76 | 29 | 35 | 4 | 79 | 71 | 71 |
| 邵阳市 | 100 | 115 | 76 | 103 | 69 | 110 | 107 | 53 | 86 | 65 | 29 | 110 |
| 滁州市 | 101 | 71 | 13 | 73 | 11 | 85 | 69 | 47 | 2 | 80 | 30 | 77 |
| 临沂市 | 102 | 105 | 42 | 41 | 73 | 87 | 116 | 12 | 30 | 42 | 87 | 63 |
| 宜春市 | 103 | 113 | 55 | 109 | 61 | 114 | 75 | 51 | 53 | 14 | 60 | 102 |
| 铜陵市 | 104 | 13 | 1 | 11 | 24 | 80 | 28 | 14 | 1 | 19 | 31 | 7 |
| 淄博市 | 105 | 55 | 5 | 6 | 110 | 96 | 90 | 6 | 11 | 28 | 56 | 9 |
| 泰安市 | 106 | 103 | 28 | 59 | 38 | 112 | 113 | 10 | 61 | 16 | 53 | 34 |
| 洛阳市 | 107 | 91 | 16 | 28 | 86 | 100 | 102 | 25 | 14 | 47 | 37 | 28 |
| 大庆市 | 108 | 81 | 9 | 20 | 116 | 69 | 31 | 8 | 79 | 52 | 39 | 2 |
| 渭南市 | 109 | 111 | 38 | 106 | 68 | 93 | 85 | 77 | 41 | 3 | 44 | 87 |
| 湖州市 | 110 | 69 | 6 | 33 | 80 | 109 | 41 | 5 | 15 | 46 | 26 | 14 |
| 枣庄市 | 111 | 77 | 7 | 32 | 40 | 88 | 108 | 28 | 7 | 24 | 19 | 36 |
| 东营市 | 112 | 60 | 3 | 9 | 99 | 95 | 109 | 1 | 45 | 12 | 34 | 3 |
| 宝鸡市 | 113 | 114 | 21 | 87 | 103 | 99 | 76 | 54 | 47 | 1 | 74 | 32 |
| 鄂尔多斯市 | 114 | 70 | 4 | 58 | 114 | 31 | 19 | 7 | 59 | 31 | 9 | 4 |
| 咸阳市 | 115 | 116 | 31 | 91 | 93 | 102 | 114 | 55 | 78 | 5 | 57 | 31 |
| 包头市 | 116 | 67 | 2 | 12 | 113 | 94 | 53 | 2 | 18 | 6 | 80 | 1 |

表4 东部地区地级资源型城市转型预警分项指数排名

| 城市名 | 预警指数 | 转型压力指数 | 转型能力指数 | 资源压力 | 环境压力 | 经济压力 | 社会压力 | 经济发展能力 | 创新驱动能力 | 环境治理能力 | 资源利用能力 | 民生保障能力 |
|---|---|---|---|---|---|---|---|---|---|---|---|---|
| 张家口市 | 1 | 1 | 20 | 14 | 3 | 2 | 2 | 19 | 19 | 16 | 12 | 13 |
| 承德市 | 2 | 6 | 17 | 16 | 15 | 1 | 4 | 18 | 18 | 17 | 5 | 10 |
| 邯郸市 | 3 | 5 | 16 | 10 | 10 | 5 | 3 | 17 | 13 | 2 | 19 | 16 |
| 韶关市 | 4 | 8 | 14 | 15 | 7 | 14 | 1 | 8 | 10 | 18 | 8 | 17 |
| 邢台市 | 5 | 10 | 15 | 17 | 1 | 4 | 11 | 20 | 20 | 1 | 3 | 18 |
| 唐山市 | 6 | 4 | 11 | 6 | 13 | 3 | 6 | 10 | 15 | 3 | 13 | 8 |
| 三明市 | 7 | 2 | 7 | 5 | 5 | 11 | 7 | 11 | 5 | 15 | 9 | 5 |
| 云浮市 | 8 | 17 | 19 | 18 | 17 | 16 | 5 | 16 | 12 | 19 | 15 | 20 |
| 莱芜市 | 9 | 3 | 6 | 2 | 9 | 8 | 15 | 15 | 2 | 12 | 20 | 3 |
| 济宁市 | 10 | 7 | 10 | 7 | 2 | 6 | 16 | 12 | 9 | 6 | 14 | 9 |
| 徐州市 | 11 | 14 | 8 | 4 | 19 | 20 | 14 | 2 | 3 | 13 | 17 | 12 |
| 南平市 | 12 | 16 | 9 | 12 | 11 | 17 | 9 | 14 | 16 | 10 | 2 | 14 |
| 龙岩市 | 13 | 9 | 5 | 13 | 4 | 7 | 8 | 9 | 6 | 14 | 1 | 15 |
| 宿迁市 | 14 | 20 | 18 | 20 | 16 | 15 | 12 | 6 | 8 | 20 | 16 | 19 |
| 临沂市 | 15 | 19 | 13 | 11 | 12 | 9 | 20 | 7 | 11 | 9 | 18 | 11 |
| 淄博市 | 16 | 11 | 2 | 1 | 20 | 13 | 13 | 4 | 4 | 8 | 11 | 2 |
| 泰安市 | 17 | 18 | 12 | 19 | 6 | 19 | 19 | 5 | 17 | 5 | 10 | 6 |
| 湖州市 | 18 | 13 | 3 | 9 | 14 | 18 | 10 | 3 | 7 | 11 | 6 | 4 |
| 枣庄市 | 19 | 15 | 4 | 8 | 8 | 10 | 17 | 13 | 1 | 7 | 4 | 7 |
| 东营市 | 20 | 12 | 1 | 3 | 18 | 12 | 18 | 1 | 14 | 4 | 7 | 1 |

表5 中部地区地级资源型城市转型预警分项指数排名

| 城市名 | 预警指数 | 转型压力指数 | 转型能力指数 | 资源压力 | 环境压力 | 经济压力 | 社会压力 | 经济发展能力 | 创新驱动能力 | 环境治理能力 | 资源利用能力 | 民生保障能力 |
|---|---|---|---|---|---|---|---|---|---|---|---|---|
| 吕梁市 | 1 | 7 | 37 | 33 | 7 | 1 | 17 | 37 | 37 | 34 | 5 | 30 |
| 淮南市 | 2 | 2 | 31 | 7 | 2 | 4 | 32 | 36 | 12 | 13 | 35 | 3 |
| 娄底市 | 3 | 11 | 35 | 5 | 20 | 17 | 7 | 24 | 35 | 22 | 24 | 35 |
| 晋城市 | 4 | 4 | 19 | 26 | 11 | 2 | 3 | 31 | 32 | 8 | 8 | 19 |
| 长治市 | 5 | 1 | 9 | 23 | 1 | 3 | 20 | 35 | 4 | 24 | 6 | 20 |
| 大同市 | 6 | 12 | 30 | 19 | 18 | 7 | 15 | 28 | 33 | 18 | 29 | 11 |

续表

| 城市名 | 预警指数 | 转型压力指数 | 转型能力指数 | 资源压力 | 环境压力 | 经济压力 | 社会压力 | 经济发展能力 | 创新驱动能力 | 环境治理能力 | 资源利用能力 | 民生保障能力 |
|---|---|---|---|---|---|---|---|---|---|---|---|---|
| 朔州市 | 7 | 8 | 21 | 16 | 27 | 5 | 14 | 29 | 26 | 9 | 16 | 21 |
| 阳泉市 | 8 | 5 | 14 | 11 | 16 | 6 | 8 | 33 | 9 | 33 | 4 | 7 |
| 忻州市 | 9 | 13 | 29 | 36 | 5 | 8 | 27 | 32 | 20 | 32 | 26 | 9 |
| 临汾市 | 10 | 15 | 33 | 29 | 14 | 9 | 21 | 34 | 34 | 25 | 9 | 23 |
| 衡阳市 | 11 | 21 | 34 | 14 | 36 | 32 | 2 | 8 | 36 | 31 | 20 | 22 |
| 鄂州市 | 12 | 14 | 26 | 4 | 32 | 35 | 18 | 11 | 28 | 20 | 36 | 16 |
| 淮北市 | 13 | 10 | 13 | 12 | 12 | 10 | 10 | 27 | 17 | 21 | 7 | 6 |
| 晋中市 | 14 | 16 | 23 | 25 | 15 | 11 | 13 | 30 | 31 | 7 | 28 | 4 |
| 平顶山市 | 15 | 22 | 27 | 15 | 17 | 12 | 36 | 25 | 25 | 17 | 27 | 25 |
| 宿州市 | 16 | 33 | 36 | 30 | 8 | 25 | 37 | 23 | 22 | 36 | 30 | 34 |
| 马鞍山市 | 17 | 3 | 2 | 2 | 4 | 16 | 9 | 4 | 7 | 19 | 3 | 5 |
| 鹤壁市 | 18 | 25 | 22 | 8 | 26 | 33 | 29 | 22 | 10 | 26 | 34 | 18 |
| 景德镇市 | 19 | 23 | 20 | 18 | 19 | 18 | 16 | 13 | 23 | 16 | 31 | 13 |
| 焦作市 | 20 | 9 | 5 | 1 | 22 | 29 | 25 | 10 | 8 | 12 | 10 | 8 |
| 濮阳市 | 21 | 28 | 24 | 13 | 25 | 19 | 35 | 19 | 29 | 14 | 17 | 29 |
| 萍乡市 | 22 | 27 | 18 | 17 | 21 | 28 | 12 | 6 | 5 | 37 | 33 | 17 |
| 赣州市 | 23 | 35 | 32 | 31 | 23 | 23 | 30 | 12 | 14 | 30 | 37 | 28 |
| 南阳市 | 24 | 34 | 28 | 20 | 37 | 15 | 33 | 21 | 11 | 35 | 19 | 32 |
| 黄石市 | 25 | 20 | 10 | 9 | 24 | 26 | 24 | 15 | 13 | 4 | 21 | 12 |
| 亳州市 | 26 | 29 | 15 | 35 | 10 | 14 | 28 | 20 | 18 | 29 | 2 | 37 |
| 新余市 | 27 | 18 | 8 | 6 | 33 | 31 | 11 | 1 | 24 | 11 | 32 | 2 |
| 三门峡市 | 28 | 26 | 11 | 21 | 9 | 27 | 23 | 17 | 15 | 10 | 14 | 15 |
| 池州市 | 29 | 19 | 7 | 24 | 29 | 21 | 1 | 7 | 19 | 1 | 18 | 24 |
| 郴州市 | 30 | 32 | 16 | 22 | 31 | 37 | 4 | 3 | 27 | 2 | 23 | 31 |
| 运城市 | 31 | 17 | 4 | 28 | 3 | 13 | 26 | 26 | 16 | 6 | 1 | 14 |
| 宣城市 | 32 | 31 | 12 | 32 | 34 | 20 | 6 | 9 | 3 | 27 | 25 | 26 |
| 邵阳市 | 33 | 37 | 25 | 34 | 30 | 34 | 34 | 18 | 30 | 23 | 11 | 36 |
| 滁州市 | 34 | 24 | 3 | 27 | 6 | 24 | 19 | 14 | 2 | 28 | 12 | 27 |
| 宜春市 | 35 | 36 | 17 | 37 | 28 | 36 | 22 | 16 | 21 | 3 | 22 | 33 |
| 铜陵市 | 36 | 6 | 1 | 3 | 13 | 22 | 5 | 2 | 1 | 5 | 13 | 1 |
| 洛阳市 | 37 | 30 | 6 | 10 | 35 | 30 | 31 | 5 | 6 | 15 | 15 | 10 |

表6 西部地区地级资源型城市转型预警分项指数排名

| 城市名 | 预警指数 | 转型压力指数 | 转型能力指数 | 资源压力 | 环境压力 | 经济压力 | 社会压力 | 经济发展能力 | 创新驱动能力 | 环境治理能力 | 资源利用能力 | 民生保障能力 |
|---|---|---|---|---|---|---|---|---|---|---|---|---|
| 石嘴山市 | 1 | 1 | 24 | 2 | 26 | 10 | 2 | 23 | 36 | 11 | 39 | 5 |
| 白银市 | 2 | 5 | 37 | 5 | 12 | 26 | 30 | 33 | 34 | 22 | 40 | 24 |
| 六盘水市 | 3 | 7 | 31 | 8 | 1 | 22 | 29 | 14 | 28 | 38 | 11 | 33 |
| 平凉市 | 4 | 10 | 35 | 33 | 7 | 7 | 21 | 39 | 21 | 27 | 33 | 22 |
| 普洱市 | 5 | 17 | 36 | 28 | 22 | 8 | 18 | 25 | 20 | 31 | 35 | 35 |
| 临沧市 | 6 | 16 | 33 | 35 | 10 | 13 | 17 | 20 | 16 | 25 | 37 | 34 |
| 张掖市 | 7 | 8 | 25 | 30 | 11 | 29 | 1 | 24 | 23 | 33 | 20 | 12 |
| 金昌市 | 8 | 4 | 14 | 13 | 3 | 2 | 5 | 28 | 32 | 7 | 30 | 7 |
| 攀枝花市 | 9 | 3 | 11 | 4 | 17 | 1 | 36 | 19 | 6 | 34 | 17 | 4 |
| 南充市 | 10 | 34 | 40 | 27 | 34 | 32 | 15 | 36 | 40 | 36 | 25 | 25 |
| 昭通市 | 11 | 18 | 28 | 34 | 25 | 6 | 14 | 38 | 19 | 35 | 6 | 40 |
| 陇南市 | 12 | 29 | 38 | 39 | 15 | 11 | 35 | 21 | 33 | 40 | 10 | 37 |
| 乌海市 | 13 | 2 | 3 | 1 | 18 | 21 | 12 | 2 | 4 | 12 | 38 | 3 |
| 曲靖市 | 14 | 25 | 29 | 12 | 19 | 16 | 32 | 40 | 30 | 9 | 32 | 31 |
| 庆阳市 | 15 | 30 | 32 | 29 | 35 | 19 | 10 | 9 | 27 | 39 | 9 | 32 |
| 广元市 | 16 | 32 | 34 | 18 | 33 | 28 | 20 | 22 | 39 | 26 | 28 | 17 |
| 达州市 | 17 | 36 | 39 | 23 | 29 | 34 | 27 | 29 | 35 | 30 | 29 | 36 |
| 贺州市 | 18 | 26 | 27 | 20 | 24 | 27 | 16 | 30 | 37 | 17 | 24 | 23 |
| 河池市 | 19 | 12 | 21 | 39 | 4 | 20 | 6 | 26 | 38 | 21 | 1 | 29 |
| 榆林市 | 20 | 13 | 20 | 31 | 6 | 9 | 24 | 4 | 31 | 13 | 34 | 13 |
| 安顺市 | 21 | 28 | 26 | 14 | 13 | 25 | 33 | 6 | 26 | 28 | 16 | 38 |
| 克拉玛依市 | 22 | 6 | 8 | 6 | 40 | 14 | 4 | 15 | 7 | 10 | 36 | 6 |
| 呼伦贝尔市 | 23 | 9 | 12 | 19 | 14 | 4 | 9 | 5 | 5 | 23 | 19 | 14 |
| 武威市 | 24 | 35 | 30 | 36 | 23 | 30 | 26 | 34 | 22 | 24 | 27 | 30 |
| 铜川市 | 25 | 14 | 13 | 10 | 16 | 15 | 19 | 37 | 25 | 3 | 31 | 8 |
| 保山市 | 26 | 22 | 22 | 37 | 2 | 17 | 37 | 7 | 12 | 29 | 7 | 27 |
| 丽江市 | 27 | 21 | 18 | 16 | 31 | 3 | 23 | 31 | 17 | 6 | 21 | 16 |
| 雅安市 | 28 | 23 | 15 | 22 | 28 | 33 | 3 | 11 | 14 | 20 | 13 | 9 |
| 延安市 | 29 | 27 | 19 | 25 | 36 | 18 | 8 | 32 | 15 | 16 | 14 | 15 |
| 赤峰市 | 30 | 11 | 4 | 17 | 21 | 5 | 13 | 8 | 11 | 15 | 3 | 19 |
| 自贡市 | 31 | 24 | 9 | 9 | 37 | 23 | 11 | 16 | 9 | 32 | 2 | 21 |

续表

| 城市名 | 预警指数 | 转型压力指数 | 转型能力指数 | 资源压力 | 环境压力 | 经济压力 | 社会压力 | 经济发展能力 | 创新驱动能力 | 环境治理能力 | 资源利用能力 | 民生保障能力 |
|---|---|---|---|---|---|---|---|---|---|---|---|---|
| 百色市 | 32 | 15 | 5 | 7 | 8 | 31 | 34 | 35 | 2 | 19 | 8 | 20 |
| 广安市 | 33 | 31 | 17 | 26 | 27 | 24 | 25 | 10 | 18 | 8 | 15 | 26 |
| 毕节市 | 34 | 37 | 23 | 38 | 5 | 35 | 40 | 17 | 29 | 18 | 5 | 39 |
| 泸州市 | 35 | 33 | 16 | 15 | 9 | 40 | 38 | 18 | 1 | 37 | 22 | 18 |
| 渭南市 | 36 | 38 | 10 | 32 | 20 | 36 | 31 | 27 | 8 | 2 | 12 | 28 |
| 宝鸡市 | 37 | 39 | 6 | 21 | 32 | 38 | 28 | 12 | 10 | 1 | 23 | 11 |
| 鄂尔多斯市 | 38 | 20 | 2 | 11 | 39 | 12 | 7 | 3 | 13 | 14 | 4 | 2 |
| 咸阳市 | 39 | 40 | 7 | 24 | 30 | 39 | 39 | 13 | 24 | 4 | 18 | 10 |
| 包头市 | 40 | 19 | 1 | 3 | 38 | 37 | 22 | 1 | 3 | 5 | 26 | 1 |

表7 东北地区地级资源型城市转型预警分项指数排名

| 城市名 | 预警指数 | 转型压力指数 | 转型能力指数 | 资源压力 | 环境压力 | 经济压力 | 社会压力 | 经济发展能力 | 创新驱动能力 | 环境治理能力 | 资源利用能力 | 民生保障能力 |
|---|---|---|---|---|---|---|---|---|---|---|---|---|
| 双鸭山市 | 1 | 3 | 18 | 15 | 2 | 2 | 6 | 18 | 15 | 17 | 17 | 15 |
| 七台河市 | 2 | 1 | 17 | 8 | 6 | 1 | 8 | 15 | 18 | 3 | 19 | 17 |
| 鸡西市 | 3 | 5 | 19 | 16 | 7 | 4 | 4 | 17 | 10 | 19 | 18 | 19 |
| 鹤岗市 | 4 | 2 | 14 | 13 | 5 | 3 | 7 | 19 | 6 | 12 | 5 | 14 |
| 伊春市 | 5 | 7 | 16 | 19 | 3 | 5 | 1 | 16 | 19 | 6 | 13 | 7 |
| 阜新市 | 6 | 4 | 8 | 9 | 1 | 8 | 11 | 14 | 13 | 8 | 4 | 12 |
| 白山市 | 7 | 12 | 15 | 17 | 12 | 6 | 5 | 12 | 8 | 18 | 12 | 8 |
| 辽源市 | 8 | 6 | 7 | 4 | 14 | 12 | 2 | 10 | 9 | 13 | 2 | 11 |
| 通化市 | 9 | 14 | 13 | 12 | 4 | 9 | 18 | 9 | 2 | 16 | 11 | 13 |
| 鞍山市 | 10 | 10 | 9 | 1 | 10 | 19 | 19 | 3 | 7 | 9 | 16 | 6 |
| 黑河市 | 11 | 13 | 12 | 18 | 9 | 7 | 9 | 11 | 16 | 10 | 9 | 9 |
| 本溪市 | 12 | 11 | 4 | 3 | 11 | 17 | 17 | 5 | 3 | 7 | 14 | 4 |
| 牡丹江市 | 13 | 16 | 10 | 14 | 18 | 10 | 3 | 2 | 1 | 14 | 15 | 10 |
| 葫芦岛市 | 14 | 8 | 3 | 5 | 8 | 11 | 15 | 13 | 5 | 1 | 1 | 18 |
| 松原市 | 15 | 19 | 11 | 11 | 17 | 13 | 16 | 4 | 17 | 11 | 7 | 16 |
| 抚顺市 | 16 | 15 | 5 | 7 | 16 | 15 | 14 | 7 | 14 | 4 | 10 | 5 |
| 盘锦市 | 17 | 9 | 2 | 2 | 15 | 16 | 12 | 8 | 11 | 2 | 3 | 2 |
| 吉林市 | 18 | 18 | 6 | 10 | 13 | 14 | 13 | 6 | 4 | 15 | 8 | 3 |
| 大庆市 | 19 | 17 | 1 | 6 | 19 | 18 | 10 | 1 | 12 | 5 | 6 | 1 |

### 表8 成长型地级资源型城市转型预警分项指数排名

| 城市名 | 预警指数 | 转型压力指数 | 转型能力指数 | 资源压力 | 环境压力 | 经济压力 | 社会压力 | 经济发展能力 | 创新驱动能力 | 环境治理能力 | 资源利用能力 | 民生保障能力 |
|---|---|---|---|---|---|---|---|---|---|---|---|---|
| 六盘水市 | 1 | 2 | 12 | 2 | 1 | 9 | 12 | 7 | 9 | 13 | 6 | 12 |
| 朔州市 | 2 | 1 | 7 | 1 | 6 | 1 | 9 | 14 | 4 | 4 | 7 | 6 |
| 南充市 | 3 | 12 | 15 | 9 | 11 | 13 | 6 | 13 | 15 | 12 | 13 | 8 |
| 昭通市 | 4 | 5 | 10 | 12 | 9 | 3 | 5 | 15 | 5 | 11 | 3 | 15 |
| 陇南市 | 5 | 9 | 14 | 15 | 5 | 5 | 13 | 9 | 12 | 15 | 5 | 13 |
| 庆阳市 | 6 | 11 | 13 | 10 | 13 | 8 | 4 | 5 | 8 | 14 | 4 | 11 |
| 贺州市 | 7 | 7 | 9 | 6 | 8 | 11 | 7 | 10 | 14 | 6 | 12 | 7 |
| 榆林市 | 8 | 4 | 5 | 11 | 3 | 4 | 8 | 2 | 11 | 2 | 15 | 3 |
| 呼伦贝尔市 | 9 | 3 | 3 | 5 | 4 | 2 | 3 | 3 | 1 | 8 | 11 | 4 |
| 松原市 | 10 | 10 | 8 | 3 | 12 | 10 | 11 | 4 | 13 | 9 | 9 | 9 |
| 武威市 | 11 | 13 | 11 | 13 | 7 | 12 | 10 | 12 | 6 | 10 | 14 | 10 |
| 延安市 | 12 | 8 | 4 | 8 | 14 | 7 | 2 | 11 | 3 | 5 | 8 | 5 |
| 毕节市 | 13 | 14 | 6 | 14 | 2 | 14 | 15 | 8 | 10 | 7 | 2 | 14 |
| 鄂尔多斯市 | 14 | 6 | 1 | 4 | 15 | 6 | 1 | 1 | 2 | 3 | 1 | 1 |
| 咸阳市 | 15 | 15 | 2 | 7 | 10 | 15 | 14 | 6 | 7 | 1 | 10 | 2 |

### 表9 成熟型地级资源型城市转型预警分项指数排名

| 城市名 | 预警指数 | 转型压力指数 | 转型能力指数 | 资源压力 | 环境压力 | 经济压力 | 社会压力 | 经济发展能力 | 创新驱动能力 | 环境治理能力 | 资源利用能力 | 民生保障能力 |
|---|---|---|---|---|---|---|---|---|---|---|---|---|
| 鸡西市 | 1 | 7 | 63 | 40 | 29 | 3 | 9 | 61 | 39 | 63 | 62 | 57 |
| 吕梁市 | 2 | 9 | 61 | 54 | 9 | 1 | 34 | 63 | 61 | 53 | 10 | 48 |
| 淮南市 | 3 | 2 | 47 | 10 | 3 | 5 | 58 | 62 | 14 | 21 | 55 | 9 |
| 张家口市 | 4 | 8 | 52 | 20 | 20 | 17 | 3 | 49 | 56 | 32 | 35 | 37 |
| 娄底市 | 5 | 10 | 54 | 9 | 28 | 34 | 25 | 44 | 58 | 31 | 37 | 59 |
| 晋城市 | 6 | 3 | 36 | 35 | 16 | 2 | 12 | 54 | 49 | 18 | 14 | 23 |
| 平凉市 | 7 | 19 | 59 | 59 | 15 | 14 | 30 | 57 | 42 | 51 | 52 | 41 |
| 长治市 | 8 | 1 | 16 | 30 | 1 | 4 | 38 | 59 | 3 | 35 | 11 | 25 |
| 普洱市 | 9 | 34 | 60 | 51 | 44 | 15 | 27 | 37 | 41 | 58 | 59 | 55 |
| 临沧市 | 10 | 33 | 57 | 61 | 18 | 18 | 26 | 34 | 38 | 46 | 63 | 54 |
| 大同市 | 11 | 17 | 45 | 27 | 26 | 10 | 33 | 52 | 51 | 29 | 45 | 16 |

续表

| 城市名 | 预警指数 | 转型压力指数 | 转型能力指数 | 资源压力 | 环境压力 | 经济压力 | 社会压力 | 经济发展能力 | 创新驱动能力 | 环境治理能力 | 资源利用能力 | 民生保障能力 |
|---|---|---|---|---|---|---|---|---|---|---|---|---|
| 金昌市 | 12 | 6 | 24 | 38 | 5 | 8 | 10 | 43 | 52 | 9 | 50 | 5 |
| 阳泉市 | 13 | 4 | 22 | 13 | 21 | 7 | 28 | 56 | 9 | 52 | 7 | 13 |
| 攀枝花市 | 14 | 5 | 23 | 4 | 35 | 6 | 54 | 33 | 17 | 60 | 32 | 3 |
| 黑河市 | 15 | 23 | 51 | 48 | 37 | 13 | 17 | 38 | 55 | 41 | 33 | 29 |
| 忻州市 | 16 | 22 | 44 | 57 | 7 | 11 | 48 | 55 | 29 | 48 | 41 | 14 |
| 承德市 | 17 | 14 | 37 | 23 | 53 | 9 | 13 | 48 | 53 | 33 | 13 | 27 |
| 临汾市 | 18 | 27 | 49 | 44 | 17 | 16 | 39 | 58 | 54 | 37 | 16 | 30 |
| 邯郸市 | 19 | 13 | 33 | 15 | 33 | 36 | 6 | 47 | 16 | 6 | 49 | 47 |
| 衡阳市 | 20 | 35 | 50 | 16 | 52 | 54 | 7 | 15 | 59 | 47 | 31 | 28 |
| 鄂州市 | 21 | 25 | 41 | 5 | 46 | 60 | 35 | 21 | 45 | 30 | 56 | 21 |
| 曲靖市 | 22 | 49 | 55 | 36 | 36 | 22 | 49 | 60 | 50 | 13 | 51 | 52 |
| 广元市 | 23 | 56 | 58 | 42 | 59 | 33 | 29 | 35 | 63 | 50 | 47 | 26 |
| 晋中市 | 24 | 28 | 39 | 34 | 19 | 20 | 32 | 53 | 48 | 17 | 44 | 12 |
| 达州市 | 25 | 59 | 62 | 47 | 54 | 46 | 40 | 45 | 57 | 57 | 48 | 58 |
| 河池市 | 26 | 21 | 34 | 63 | 6 | 26 | 11 | 40 | 62 | 38 | 1 | 49 |
| 平顶山市 | 27 | 36 | 42 | 17 | 22 | 24 | 61 | 46 | 37 | 27 | 43 | 34 |
| 本溪市 | 28 | 16 | 26 | 3 | 51 | 35 | 45 | 12 | 12 | 39 | 53 | 10 |
| 宿州市 | 29 | 54 | 56 | 50 | 12 | 48 | 62 | 41 | 32 | 56 | 46 | 56 |
| 牡丹江市 | 30 | 39 | 43 | 31 | 61 | 21 | 8 | 6 | 8 | 61 | 58 | 31 |
| 邢台市 | 31 | 26 | 30 | 24 | 10 | 32 | 44 | 51 | 60 | 5 | 9 | 50 |
| 安顺市 | 32 | 52 | 53 | 39 | 31 | 31 | 52 | 8 | 47 | 54 | 27 | 61 |
| 克拉玛依市 | 33 | 15 | 17 | 8 | 62 | 19 | 2 | 31 | 20 | 15 | 60 | 4 |
| 鹤壁市 | 34 | 40 | 38 | 11 | 32 | 55 | 51 | 39 | 11 | 40 | 54 | 22 |
| 三明市 | 35 | 11 | 12 | 6 | 24 | 49 | 19 | 9 | 5 | 28 | 28 | 15 |
| 云浮市 | 36 | 50 | 46 | 25 | 56 | 56 | 15 | 23 | 13 | 49 | 39 | 63 |
| 莱芜市 | 37 | 12 | 8 | 1 | 27 | 41 | 53 | 20 | 4 | 24 | 57 | 6 |
| 保山市 | 38 | 41 | 35 | 62 | 2 | 23 | 57 | 16 | 33 | 55 | 12 | 45 |
| 济宁市 | 39 | 18 | 14 | 12 | 11 | 38 | 55 | 10 | 10 | 14 | 38 | 24 |
| 吉林市 | 40 | 47 | 32 | 22 | 55 | 29 | 31 | 18 | 15 | 62 | 29 | 8 |
| 赣州市 | 41 | 58 | 48 | 52 | 30 | 44 | 56 | 22 | 18 | 45 | 61 | 43 |
| 雅安市 | 42 | 43 | 25 | 46 | 50 | 45 | 1 | 26 | 36 | 36 | 25 | 11 |

续表

| 城市名 | 预警指数 | 转型压力指数 | 转型能力指数 | 资源压力 | 环境压力 | 经济压力 | 社会压力 | 经济发展能力 | 创新驱动能力 | 环境治理能力 | 资源利用能力 | 民生保障能力 |
|---|---|---|---|---|---|---|---|---|---|---|---|---|
| 亳州市 | 43 | 48 | 27 | 56 | 14 | 27 | 50 | 36 | 26 | 44 | 5 | 62 |
| 赤峰市 | 44 | 20 | 5 | 41 | 43 | 12 | 22 | 19 | 31 | 20 | 3 | 35 |
| 自贡市 | 45 | 46 | 20 | 21 | 60 | 28 | 21 | 32 | 23 | 59 | 2 | 36 |
| 三门峡市 | 46 | 42 | 18 | 28 | 13 | 50 | 43 | 28 | 19 | 19 | 20 | 20 |
| 池州市 | 47 | 30 | 9 | 32 | 38 | 42 | 4 | 13 | 27 | 2 | 22 | 32 |
| 池州市 | 47 | 30 | 9 | 32 | 38 | 42 | 4 | 13 | 27 | 2 | 22 | 32 |
| 郴州市 | 49 | 53 | 28 | 29 | 45 | 63 | 14 | 7 | 44 | 7 | 36 | 51 |
| 广安市 | 50 | 55 | 29 | 49 | 49 | 30 | 36 | 24 | 40 | 11 | 26 | 44 |
| 运城市 | 51 | 29 | 7 | 43 | 4 | 25 | 47 | 50 | 22 | 16 | 4 | 19 |
| 南平市 | 52 | 45 | 13 | 18 | 42 | 57 | 23 | 11 | 34 | 22 | 8 | 39 |
| 龙岩市 | 53 | 24 | 4 | 19 | 23 | 40 | 20 | 5 | 6 | 25 | 6 | 40 |
| 宣城市 | 54 | 51 | 19 | 53 | 48 | 39 | 16 | 17 | 2 | 42 | 40 | 38 |
| 邵阳市 | 55 | 63 | 40 | 55 | 41 | 59 | 59 | 29 | 46 | 34 | 17 | 60 |
| 滁州市 | 56 | 38 | 6 | 37 | 8 | 47 | 37 | 25 | 1 | 43 | 18 | 42 |
| 宜春市 | 57 | 61 | 31 | 60 | 34 | 62 | 41 | 27 | 30 | 10 | 34 | 53 |
| 泰安市 | 58 | 57 | 15 | 26 | 25 | 61 | 63 | 4 | 35 | 12 | 30 | 18 |
| 大庆市 | 59 | 44 | 3 | 7 | 63 | 37 | 18 | 3 | 43 | 26 | 21 | 1 |
| 渭南市 | 60 | 60 | 21 | 58 | 40 | 51 | 46 | 42 | 21 | 4 | 24 | 46 |
| 湖州市 | 61 | 37 | 2 | 14 | 47 | 58 | 24 | 2 | 7 | 23 | 15 | 7 |
| 东营市 | 62 | 32 | 1 | 2 | 57 | 52 | 60 | 1 | 24 | 8 | 19 | 2 |
| 宝鸡市 | 63 | 62 | 11 | 45 | 58 | 53 | 42 | 30 | 25 | 1 | 42 | 17 |

### 表10 衰退型地级资源型城市转型预警分项指数排名

| 城市名 | 预警指数 | 转型压力指数 | 转型能力指数 | 资源压力 | 环境压力 | 经济压力 | 社会压力 | 经济发展能力 | 创新驱动能力 | 环境治理能力 | 资源利用能力 | 民生保障能力 |
|---|---|---|---|---|---|---|---|---|---|---|---|---|
| 双鸭山市 | 1 | 5 | 23 | 20 | 4 | 2 | 6 | 22 | 19 | 22 | 19 | 20 |
| 七台河市 | 2 | 2 | 22 | 12 | 10 | 1 | 8 | 20 | 21 | 8 | 20 | 23 |
| 鹤岗市 | 3 | 4 | 18 | 19 | 7 | 3 | 7 | 23 | 9 | 19 | 7 | 19 |
| 伊春市 | 4 | 9 | 20 | 23 | 6 | 4 | 1 | 21 | 23 | 13 | 17 | 13 |
| 石嘴山市 | 5 | 1 | 14 | 3 | 20 | 7 | 2 | 14 | 22 | 5 | 22 | 3 |
| 白银市 | 6 | 12 | 21 | 6 | 12 | 12 | 18 | 16 | 20 | 16 | 23 | 18 |
| 阜新市 | 7 | 6 | 17 | 14 | 1 | 6 | 10 | 19 | 16 | 15 | 4 | 17 |

续表

| 城市名 | 预警指数 | 转型压力指数 | 转型能力指数 | 资源压力 | 环境压力 | 经济压力 | 社会压力 | 经济发展能力 | 创新驱动能力 | 环境治理能力 | 资源利用能力 | 民生保障能力 |
|---|---|---|---|---|---|---|---|---|---|---|---|---|
| 白山市 | 8 | 13 | 19 | 22 | 21 | 5 | 5 | 15 | 11 | 23 | 14 | 14 |
| 辽源市 | 9 | 8 | 15 | 5 | 22 | 10 | 3 | 12 | 14 | 20 | 1 | 16 |
| 乌海市 | 10 | 3 | 3 | 1 | 18 | 11 | 11 | 1 | 6 | 6 | 21 | 1 |
| 淮北市 | 11 | 11 | 7 | 11 | 2 | 8 | 14 | 18 | 10 | 14 | 3 | 7 |
| 韶关市 | 12 | 14 | 9 | 16 | 8 | 22 | 4 | 4 | 7 | 17 | 8 | 22 |
| 景德镇市 | 13 | 18 | 13 | 17 | 11 | 14 | 17 | 8 | 12 | 12 | 13 | 11 |
| 焦作市 | 14 | 10 | 4 | 2 | 14 | 20 | 20 | 7 | 5 | 10 | 5 | 8 |
| 濮阳市 | 15 | 22 | 16 | 13 | 16 | 15 | 23 | 11 | 18 | 11 | 9 | 21 |
| 铜川市 | 16 | 15 | 8 | 18 | 17 | 9 | 12 | 17 | 15 | 1 | 15 | 5 |
| 抚顺市 | 17 | 19 | 11 | 9 | 23 | 13 | 13 | 9 | 17 | 9 | 12 | 6 |
| 萍乡市 | 18 | 21 | 12 | 15 | 13 | 19 | 16 | 5 | 4 | 18 | 18 | 12 |
| 黄石市 | 19 | 17 | 6 | 8 | 15 | 18 | 19 | 10 | 8 | 2 | 10 | 9 |
| 新余市 | 20 | 16 | 5 | 7 | 19 | 21 | 15 | 2 | 13 | 7 | 16 | 4 |
| 泸州市 | 21 | 23 | 10 | 21 | 5 | 23 | 21 | 13 | 2 | 21 | 11 | 15 |
| 铜陵市 | 22 | 7 | 1 | 4 | 3 | 16 | 9 | 3 | 1 | 3 | 6 | 2 |
| 枣庄市 | 23 | 20 | 2 | 10 | 9 | 17 | 22 | 6 | 3 | 4 | 2 | 10 |

表11 再生型地级资源型城市转型预警分项指数排名

| 城市名 | 预警指数 | 转型压力指数 | 转型能力指数 | 资源压力 | 环境压力 | 经济压力 | 社会压力 | 经济发展能力 | 创新驱动能力 | 环境治理能力 | 资源利用能力 | 民生保障能力 |
|---|---|---|---|---|---|---|---|---|---|---|---|---|
| 张掖市 | 1 | 6 | 14 | 15 | 3 | 8 | 1 | 13 | 14 | 14 | 8 | 6 |
| 通化市 | 2 | 7 | 15 | 11 | 2 | 2 | 8 | 11 | 8 | 15 | 13 | 12 |
| 鞍山市 | 3 | 5 | 12 | 1 | 7 | 9 | 11 | 9 | 12 | 11 | 15 | 8 |
| 马鞍山市 | 4 | 1 | 3 | 2 | 1 | 6 | 6 | 7 | 5 | 10 | 1 | 4 |
| 葫芦岛市 | 5 | 3 | 8 | 7 | 4 | 3 | 7 | 15 | 10 | 4 | 2 | 14 |
| 唐山市 | 6 | 2 | 7 | 8 | 6 | 4 | 2 | 6 | 11 | 3 | 7 | 7 |
| 盘锦市 | 7 | 4 | 5 | 4 | 13 | 7 | 3 | 10 | 15 | 6 | 3 | 3 |
| 丽江市 | 8 | 10 | 10 | 14 | 12 | 1 | 5 | 14 | 13 | 2 | 9 | 9 |
| 南阳市 | 9 | 13 | 13 | 12 | 9 | 5 | 14 | 12 | 7 | 13 | 5 | 13 |
| 徐州市 | 10 | 11 | 6 | 6 | 11 | 15 | 12 | 2 | 1 | 9 | 12 | 11 |
| 宿迁市 | 11 | 15 | 11 | 13 | 10 | 14 | 9 | 4 | 4 | 12 | 10 | 15 |
| 临沂市 | 12 | 14 | 9 | 10 | 5 | 10 | 15 | 5 | 9 | 7 | 14 | 10 |
| 淄博市 | 13 | 8 | 2 | 3 | 14 | 12 | 10 | 3 | 2 | 5 | 6 | 2 |
| 洛阳市 | 14 | 12 | 4 | 9 | 8 | 13 | 13 | 8 | 3 | 8 | 4 | 5 |
| 包头市 | 15 | 9 | 1 | 5 | 15 | 11 | 4 | 1 | 6 | 1 | 11 | 1 |

## 课题组成员名单

张文彪　康正瑶　王江甜　赵思原
严　琳　曹联瑢　林燕玲　卓倩云

## 致谢名单

黄淀一　李明烨　甘　睿　冯依然
张惠泽　李婧鑫